HISTOIRE

RELIGIEUSE, POLITIQUE ET LITTÉRAIRE

DE LA

COMPAGNIE DE JÉSUS.

IV.

IMPRIMERIE DE BEAU, A SAINT-GERMAIN-EN-LAYE.

SAINT FRANÇOIS DE HIÈRONYMO,

Missionaire de la Compagnie de Jésus.

HISTOIRE

RELIGIEUSE, POLITIQUE ET LITTÉRAIRE

DE LA

COMPAGNIE DE JÉSUS

COMPOSÉE

SUR LES DOCUMENTS INÉDITS ET AUTHENTIQUES

PAR J. CRÉTINEAU-JOLY.

Ouvrage orné de portraits et de fac-simile.

TROISIÈME ÉDITION,

REVUE, AUGMENTÉE ET ENRICHIE D'UNE TABLE ALPHABÉTIQUE DES MATIÈRES.

TOME QUATRIÈME.

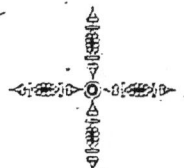

PARIS,

Mme Ve POUSSIELGUE-RUSAND, ÉDITEUR,

RUE DU PETIT-BOURBON SAINT-SULPICE, 3.

LYON,

J.-B. PÉLAGAUD, LIBRAIRE,

GRANDE RUE MERCIÈRE, 39.

1851

HISTOIRE

DE LA

COMPAGNIE DE JÉSUS.

CHAPITRE PREMIER.

Le Jansénisme. — Jansénius et Duvergier de Hauranne, abbé de Saint-Cyran. — Leurs caractères. — Intrigues de Saint-Cyran. — Causes de leur haine contre les Jésuites. — Saint-Cyran cherche à attirer dans son parti le cardinal de Bérulle et Vincent de Paul, les Oratoriens et les Lazaristes, pour les opposer à la Compagnie de Jésus. — Sur leur refus, il gagne à sa cause les religieuses de Port-Royal-des-Champs. — La famille Arnauld. — Ses accommodements avec le Ciel. — La Mère Angélique et le chapelet secret du Saint-Sacrement. — Les Jésuites l'attaquent. — Saint-Cyran se porte leur défenseur. — Saint-Cyran compose le *Petrus Aurelius*, et Jansénius le *Mars Gallicus*. — Mort de l'Évêque d'Ypres. — Il soumet son traité inédit de l'*Augustinus* au jugement de Rome. — Politique de Saint-Cyran pour accroître le nombre de ses prosélytes. — Les femmes et les grands seigneurs. — Les premiers solitaires de Port-Royal. — Antoine Le Maître et son humilité. — Les Constitutions de Port-Royal. — Saint-Cyran mis au donjon de Vincennes. — Antoine Arnauld et Sacy. — Les Jésuites se procurent des épreuves de l'*Augustinus*. — Ils demandent que ce livre soit supprimé avant sa publication. — Pensée fondamentale de l'*Augustinus*. — Les Jésuites belges et français attaquent l'ouvrage. — Les Jansénistes le défendent. — Il est condamné par le Saint-Siége. — Antoine Arnauld entre en lice. — Le Père de Sesmaisons et la princesse de Guéménée. — Le livre de *la Fréquente Communion*. — Le Père Petau et Arnauld. — Le Jésuite Nouet et sa rétractation. — Déclaration de saint Vincent de Paul. — Mort de Saint-Cyran. — Singlin le remplace. — Le Jansénisme devient à la mode. — Méthode d'enseigner des Jansénistes. — Leurs livres élémentaires. — Leurs grands hommes. — Quelques Évêques séduits par eux. — Portrait des Jansénistes. — Le cardinal de Retz se fait leur disciple. — Les Jansénistes prennent part à la Fronde. — Des universitaires jansénistes. — Le Docteur Cornet et les cinq Propositions. — La Sorbonne fait alliance avec les Jésuites, M. Olier et Vincent de Paul. — Le *Jansénisme confondu* et le Père Brisacier. — Condamnation du Jésuite par le Coadjuteur. — Olier et Abelly refusent de lire en chaire l'acte du Coadjuteur. — Les Jansénistes envoient à Rome trois des leurs. — Députation du Clergé de France. — Le Jansénisme est condamné. — La Mère Angélique et les Jansénistes prennent sous la protection de leur vertu les vices du cardinal de Retz. — Par lui, ils sont maîtres du diocèse de Paris. — Arnauld et la Sorbonne. — Arnauld provoque la première *Provinciale*. — Portrait de Pascal. — Les *Provinciales*. — Enthousiasme qu'elles produisent. — Silence des Jésuites et causes de ce silence. — Habileté de Pascal. — Le Probabilisme et le Probabiliorisme. — Conséquences des deux opinions. — Théophile de Corte et Alphonse de Liguori, probabilistes. — Les Jansénistes conseillent tour à tour la coquetterie, l'assassinat et la direction d'intention. — Le Parlement condamne les *Provinciales*, et le Père Daniel y répond par les *Entretiens de Cléanthe et d'Eudoxe*. — Création du Conseil de Conscience. — Le Père Annat. — Le surintendant Fouquet, ami des Jansénistes. — Hardouin de Péréfixe, Archevêque de Paris, et Bossuet veulent dé-

IV.   **1**

tourner les religieuses de Port-Royal de leurs idées. — Les Pères Annat et Ferrier
négocient avec Gilbert de Choiseul, Evêque de Comminges. — Lettres de ce
dernier à Henri Arnauld, Evêque d'Angers. — La paix, donnée par les Jésuites,
est rompue par le grand Arnauld. — Les religieuses et les solitaires de Port-
Royal sont dispersés. — *Relation de la Mère Angélique de Saint-Jean.* —
Nicole et le chancelier Le Tellier. — L'Archevêque de Sens et l'Evêque de Châlons, pacificateurs. — Arnauld consent à la paix, parce qu'elle ne vient pas des
Jésuites. — Paix de Clément IX. — La *Morale pratique des Jésuites.* —
L'abbé de Pontchâteau et Arnauld. — Les Jésuites accusés par le Jansénisme des
livres commandés par lui. — Rancé et Bouhours. — La *Perpétuité de la Foi* et
les *Essais de Morale.* — Arnauld et Nicole. — Causes de division entre les
Evêques et les Jésuites. — L'Archevêque de Sens les excommunie. — Le cardinal Le Camus les poursuit à Grenoble. — L'Evêque de Pamiers les accuse. —
Leur différend avec don Juan de Palafox, Evêque d'Angelôpolis. — Les Jansénistes et Palafox. — La lettre de Palafox au Pape. — Pourquoi Palafox ne fut-il
pas canonisé? — Le cardinal Calini devant le Consistoire, en 1777.

La Société de Jésus vient d'avoir à combattre en Europe contre le Luthéranisme et le Calvinisme. Elle n'a pu qu'affaiblir
cette formidable hérésie qui, partagée en mille sectes, qui, marchant sous des drapeaux différents, fait taire ses haines ou ses
ambitions lorsqu'il s'agit d'attaquer l'Eglise. Les armes de Gus-
tave-Adolphe et de Bernard de Weimar, secondées par la politique du cardinal de Richelieu, lui ont conquis droit de cité en
Allemagne. Du sein de tant de passions mises en mouvement,
il surgit une innovation religieuse. Luther, Calvin et leurs
adeptes s'étaient séparés avec violence de la Communion romaine : ils avaient brisé le joug de la Foi catholique pour inau-
gurer la liberté d'examen et le triomphe de la pensée individuelle. Tout avait été mis en jeu afin de développer cette
crise. Il n'était plus possible de provoquer un pareil éclat. Il se
présenta d'autres hommes qui, avec des maximes moins abso-
lues, essayèrent de se placer entre les deux camps et de vivifier
par d'éternelles discussions les systèmes théologiques étouffés
par la guerre de Trente-Ans, sous la grande voix des batailles.
Ces hommes furent appelés Jansénistes, du nom même de l'Evêque flamand qui, par son livre de l'*Augustinus*, donna naissance
à la secte.

Jansénius, né à Ackoi en Hollande, dans l'année 1585, étudiait au collége des Jésuites de Louvain. Il sollicita son admission
dans leur Société; ses désirs ne furent pas exaucés. Les chefs
de l'Institut refusaient d'avoir Jansénius pour frère : il se déclara leur ennemi. De l'école des Jésuites il accourut à celle de

Jacques Baïus, qui, dans sa chaire à l'Université de Louvain, ressuscitait les doctrines de son oncle. Les idées sont comme les passions : elles se modifient, elles se transforment, mais elles ne se voient condamnées au silence que lorsqu'elles sont devenues impuissantes. Bellarmin et Tolet avaient amené Michel Baïus à une rétractation. Cette rétractation, obtenue par deux Jésuites, fut pour les disciples du chancelier universitaire un nouveau motif de défiance et d'animosité contre l'Institut de Jésus. L'amour des discussions fit cause commune avec l'orgueil froissé, et du Baïanisme mort au berceau naquit une autre erreur.

A Louvain, Jansénius avait pour condisciple, pour ami, Jean Duvergier de Hauranne, né à Bayonne en 1581, et plus connu dans l'histoire sous le nom de l'abbé de Saint-Cyran. Formés par Jacques Baïus et par le chancelier Janson à l'interprétation des œuvres de saint Augustin, servant de champ-clos à tous les novateurs, ces deux jeunes gens se prirent d'enthousiasme pour le Docteur d'Hippone, qui semblait fournir des arguments à leur haine contre les théories scolastiques de l'Ordre de Jésus. Les commencements de leur carrière furent difficiles. Ils voyagèrent, ils étudièrent, ils vécurent tantôt séparés, tantôt réunis; mais, dans leurs entretiens ou dans leurs correspondances, ils ne perdirent jamais de vue le but qu'ils se proposaient. Jansénius le suivait avec ce flegme germanique qui recèle souvent une opiniâtreté invincible. Duvergier de Hauranne, ardent, toujours prêt au combat, ne laissait jamais reposer son esprit tracassier et les inquiétudes de son imagination. L'un fut la tête et l'autre le bras. Jansénius, dialecticien plus serré, se chargea d'élaborer la doctrine qu'ils allaient répandre. Saint-Cyran dut accepter le rôle qui convenait à son caractère remuant. La pensée de l'œuvre appartint à Jansénius; l'autre la développa : il lui chercha, il lui trouva des adeptes. L'*Augustinus* n'avait pas encore paru, et déjà Saint-Cyran en avait si bien su faire ressortir la beauté que, dans les cénacles d'intimes, on proclamait avec admiration et sur parole ce livre tout resplendissant de génie. Ce n'est qu'un commentaire aride de saint Augustin, une thèse sur la *grâce* et sur la prédestination :

thèse mille fois agitée, mille fois résolue. Mais Duvergier de
Hauranne avait besoin de l'imposer comme un chef-d'œuvre.
Il y réussit même avant sa publication. « Plusieurs personnes
distinguées par leur piété et leur érudition, séculiers et réguliers, dit Libert Fromond dans la *Vie de Jansénius*, son
maître, l'animaient à ce travail, de peur que, si la mort abré-
geait les jours de l'auteur, ce livre, qu'ils comparaient à la Vé-
nus d'Apelles, ne demeurât imparfait. »

. Ainsi que toutes les doctrines dont le dernier mot est un
mystère, celle du futur évêque d'Ypres, exaltée par Saint-Cyran, évoqua des prosélytes. Il les choisit de préférence dans les
hautes classes de la société, et, afin de triompher plus sûrement, il contraignit son visage sévère à grimacer des flatteries
dont sa réputation d'austérité doublait le prix. Il se fit de ses
louanges intéressées un appui auprès des grands et des prélats.
Sans divulguer ses desseins, il eut l'art de se préparer à la cour,
dans le clergé et au fond des provinces plusieurs apologistes,
auxquels il recommandait la discrétion, comme s'il leur eût
confié ses plans. *Occultè, propter metum Judæorum*, « du
secret, car nous avons les Juifs à redouter, » fut son mot d'ordre [1]. Les Juifs auxquels il fait allusion, ce sont les Catholiques,
et surtout les Jésuites.

Un merveilleux travail s'opérait alors en France. Le Calvinisme était vaincu : l'Eglise marchait rapidement à de glorieuses destinées. Saint-Cyran comprit que là seulement il rencontrerait, soit dans les Instituts religieux, soit parmi les prêtres
de science et d'énergie, des hommes assez forts pour donner à
ses systèmes une consécration publique. Jansénius et lui ne
songeaient sans doute pas à rompre avec l'Unité. Ils n'avaient
ni dans la tête ni dans le cœur la pensée arrêtée d'une hérésie
ou d'un schisme. Ils n'aspiraient qu'à réveiller des disputes
que la sagessse des Pontifes, que la prudence des Jésuites et
celle des Dominicains avaient assoupies dans les Congrégations
de Auxiliis. Mais, comme tous ceux qui se laissent emporter
par une idée, Jansénius et Saint-Cyran devaient aller beaucoup

---

[1] *Interrogatoire subi à Vincennes par l'abbé de Saint-Cyran, et publié en
1740 par un Janséniste.*

plus loin que leurs prévisions. Ils cédaient d'abord à un entraînement scolastique, au désir de se poser en doctes adversaires
des théologiens de la Compagnie de Jésus. Ce désir, que l'étude
autorisait et que l'érudition jointe à la Foi pouvait renfermer
dans de justes limites, devint peu à peu une passion. L'orgueil
s'empara de ces vigoureuses natures, et la haine pour les disciples de saint Ignace de Loyola leur fit toucher le point auquel
ils n'avaient jamais cru qu'ils aboutiraient.

Le cardinal de Bérulle et Vincent de Paul avaient fondé deux
Congrégations où le talent, associé à de pieux dévouements, enfantait des miracles. Saint-Cyran s'imagina qu'un sentiment
d'émulation, de jalousie peut-être, devait germer au fond de ces
cœurs de prêtres, et qu'en sachant le faire vibrer il parviendrait
à leur inculquer ses doctrines. Duvergier de Hauranne avait déjà
des affinités scientifiques avec Richelieu, Évêque de Luçon, dont
il pressentait la haute fortune. Il tenta de s'en créer de plus
étroites avec le fondateur de l'Oratoire et le père des Lazaristes.
Il sonda Pierre de Bérulle. Quand il espéra que ses principes ne
seraient pas repoussés, il consulta Jansénius pour savoir s'il
fallait tenter un coup décisif. Le théologien belge n'avait pas les
exaltations du prêtre béarnais. Il ne s'enivrait pas de ses rêves et
ne prenait point des chimères pour la réalité. Le 2 juin 1623, il
répondit à son ami : « Telles gens sont étranges quand ils épou-
sent quelque affaire. Je juge par là que ce ne seroit pas peu de
chose si mon ouvrage étoit secondé par quelque compagnie semblable ; car, étant une fois embarqués, ils passent toutes les bornes, *pro et contra*. Je trouve bon que vous ne disiez rien au
Général de l'Oratoire de l'*Augustin*, car je crois qu'il n'est pas
encore temps. »

La sagacité du docteur de Louvain épargnait une défaite à
Saint-Cyran. Le caractère de Vincent de Paul, qui appelait la
confiance, l'amitié qu'il témoignait à l'apôtre du Jansénisme
encore en germe, ses idées de perfection, tout s'arrangeait pour
lui persuader que le fondateur des Sœurs de la Charité ne serait pas aussi rebelle à ses insinuations que le cardinal de Bérulle. Il essaya par la flatterie d'entrer plus avant dans son
cœur ; mais, quand il se fut démasqué, Vincent de Paul rom-

pit avec lui. « Saint-Cyran, écrit-il [1], me parla un jour ainsi :
Dieu m'a donné et me donne de grandes lumières : il m'a fait
connaître que depuis cinq ou six cents ans il n'y a plus d'E-
glise. Avant, cette Eglise était comme un grand fleuve qui
avait des eaux claires ; mais maintenant ce qui semble l'Eglise
n'est plus que de la bourbe. Le lit de cette rivière est encore le
même, mais ce ne sont plus les mêmes eaux. Je lui représen-
tai que tous les Hérésiarques avaient pris ce prétexte pour établir leurs erreurs, et je lui citai Calvin. — Calvin, me répondit-il, n'a pas mal fait tout ce qu'il a entrepris, mais il s'est mal
défendu : *Benè sensit, malè locutus est.* »

Ces paroles ouvrirent les yeux de Vincent de Paul : Saint-
Cyran ne fut plus pour lui qu'un ecclésiastique dangereux dont
il se sépara avec éclat. Les premières tentatives de l'embau-
cheur janséniste n'avaient pas réussi. Il sentait les obstacles
qu'il lui faudrait vaincre pour attirer à sa cause des Congrégations d'hommes ; et, regardant ces obstacles comme insurmontables, il essaya d'un nouveau plan. Pour recruter des prosélytes à sa coalition théologique, Duvergier s'était vu contraint
d'étudier les faiblesses de l'humanité. Le Clergé résistait à ses
séductions ; il s'adressa aux Instituts de femmes. Les religieuses, selon lui, avaient une imagination enthousiaste que la solitude disposait à recevoir toutes sortes d'impressions. Il les jugeait plus faciles à tromper et à exalter que des prêtres vieillis
dans le ministère ou au milieu des controverses. Il était donc
possible de leur inspirer une certaine ardeur pour les innovations. En leur donnant de l'importance dans le monde, on avait
tout lieu d'espérer que ce spectacle frapperait vivement l'esprit
de la multitude.

Il existait près de Chevreuse, dans un vallon à six lieues de
Paris, un monastère de filles soumis à la règle de saint Benoît.
Ce monastère se nommait Port-Royal, parce que Philippe-Au-
guste, s'étant égaré à la chasse, avait été retrouvé dans ce lieu
par les seigneurs de sa suite [2]. Au commencement du dix-sep-

---

[1] *Vie de saint Vincent de Paul* par Abelly, Evêque de Rhodez, liv. II, ch. XII.
Voir aussi dans les *Mémoires de Trévoux* (mars et avril 1726), deux lettres du
Saint à l'abbé d'Orgny.
[2] *Mémoires de Dufossé*, liv. I.

tième siècle, Henri IV avait nommé à cette abbaye Angélique Arnauld, l'une des filles du fameux avocat. Plusieurs membres de cette famille avaient embrassé le Calvinisme ; ils le pratiquaient publiquement, et ce fut peut-être à cette considération que les Arnauld, placés sur la lisière des deux camps, durent une partie de l'importance qu'ils acquirent. On les a toujours peints sous les couleurs les plus favorables ; ils avaient flatté le pouvoir afin d'en obtenir des grâces ou des honneurs ; mais dans leurs écrits ils ouvraient une large voie à l'opposition. L'esprit révolutionnaire n'a voulu leur tenir compte que de cette opposition. Il a même essayé de faire oublier des capitulations de conscience que la verve des futurs Pascals aurait flétries de toute leur indignation, s'il eût été possible de trouver chez les Jésuites des aveux tels qu'on en rencontre dans les *Mémoires de la Mère Angélique.* La fille d'Antoine Arnauld, de l'avocat qui s'est créé un nom en combattant la morale relâchée des Jésuites, parle ainsi de son père [1] : « Quand j'eus plus de quinze ans, feu mon père me fit un tour d'adresse qui me causa un extrême dépit... Il écrivit, comme je le jugeai par une ligne que j'en lus, une ratification de mes vœux, me la présenta, sans m'en avoir parlé, et me dit sur-le-champ : Ma fille, signez ce papier. » Cela était assez mal écrit, et je crois qu'il l'avait fait à dessein, afin que je n'eusse pas le temps ni le moyen de le lire ; je n'osai lui demander ce que c'était, tant je lui portais de révérence... Je signai cet acte en crevant de dépit en moi-même. »

Le faux du père est avoué par la fille ; il va être constaté par le père lui-même [2]. « Lorsque j'eus dix-sept ans, qui est l'âge, raconte encore Angélique, qu'on avait dit à Rome que j'avais pour obtenir mes bulles, quoique je n'en eusse encore que neuf, mon père y renvoya pour dire la vérité en demandant pardon du mensonge, et obtint de nouvelles bulles. »

Antoine Arnauld, qui subtilise à Rome des bulles pour ses filles, à ses filles des signatures pour faire sa paix avec Rome, est l'avocat qui, en 1594, plaidait contre les Jésuites rentrés dans leur patrie, qui, en 1603, adressait son *Franc et véritable dis-*

[1] *Mémoires de la Mère Angélique*, t. II, p. 259.
[2] *Idem*, t. I, p. 326.

cours au roy, et accusait les Pères d'avoir *renardé et épié* le moment de rétablir leur Institut. Arnauld, si expert en fait d'accommodements avec le ciel, avait ainsi créé à sa famille de grandes positions. Angélique, jeune, belle, instruite, faisait servir ces avantages à sa propre perfection et à celle des autres. Elle avait entrepris la réforme de sa communauté, où la discipline et la régularité souffraient beaucoup des discordes intestines. La Mère Agnès, sa sœur puînée, se dévoua comme elle à cette vie d'humilité dont l'éclat de leurs vertus formait presque une gloire mondaine. En 1624, leur réputation avait attiré un si grand concours de néophytes qu'il fallut pourvoir à l'accroissement de la pieuse famille. Angélique se sentait appelée sur un plus vaste théâtre. Elle étouffait dans Port-Royal-des-Champs. Deux années après, l'abbaye fut abandonnée, et Port-Royal de Paris les reçut au faubourg Saint-Jacques.

Zamet, évêque de Langres, professait pour cette femme extraordinaire une vénération dont saint François de Sales avait lui-même offert l'exemple. Il lui parla de créer un nouvel Institut dont la pensée-mère serait l'adoration perpétuelle du Saint-Sacrement. Angélique accueillit avidement cette idée : de concert avec Agnès, elle composa le *Chapelet secret du Saint-Sacrement*, dans lequel, soit erreur, soit calcul, elle laissa échapper quelques opinions assez rapprochées des enseignements que Jansénius et Duvergier de Hauranne essayaient de ressusciter. Les Jésuites, pour qui le nom d'Arnauld n'était pas une recommandation, car il y avait sous ce nom un double levain d'hérésie, censurèrent l'écrit. Les Jésuites n'ignoraient pas que le Calvinisme s'agitait toujours et qu'il cherchait des prosélytes partout. L'Eglise, aux yeux des Pères de la Compagnie, se trouvait en présence d'un danger imminent; il fallait le conjurer. La guerre fut déclarée.

Un auxiliaire inattendu se jeta dans la mêlée pour défendre les religieuses de Port-Royal; cet auxiliaire fut Saint-Cyran. Les filles d'Arnauld ne le connaissaient pas. Il n'avait eu avec elles aucun rapport spirituel; mais elles jouissaient d'une incontestable réputation de vertu, elles étaient célèbres dans le monde ainsi que dans le cloître : on les admirait; et, sans le savoir, elles entraient à pleines voiles dans ses théories. Duvergier de Hauranne se persuada qu'il y avait au fond de cet événement tout un avenir de luttes contre la Compagnie de Jésus, et peut-être le triomphe de sa pensée augustinienne. Il défendit l'œuvre de Port-Royal avec la vivacité que tant d'espérances à peine conçues lui inspiraient. Saint-Cyran s'était porté l'avocat offi-cieux des religieuses de Port-Royal. Il en devint le directeur et l'oracle. La Mère Angélique exerçait sur sa famille et sur une partie de la cour un ascendant qu'elle devait autant à la supériorité de sa vertu qu'à celle de son esprit. Elle gouvernait Arnauld d'Andilly, son frère, l'un des hommes les plus ai-mables de Paris, et sans contredit le plus ambitieux, sous des apparences de désintéressement et de religion [1]. Elle imposait sa volonté aux protecteurs qu'elle donnait à son mo-nastère. Saint-Cyran, maître de la confiance d'Angélique, l'initia à ses projets de réforme. Afin d'entretenir dans ces cœurs dévots le feu qu'il y avait soufflé, il leur recommanda le se-cret : il s'entoura de mystères, il ordonna même que ses lettres fussent brûlées pour ne laisser aucune trace des moyens par lui employés [2]. L'influence dont il jouissait auprès de l'Abbesse de Port-Royal, celle que sa physionomie pleine de componction et ses paroles brûlantes lui avaient conquise déci-dèrent le Père Joseph à le charger de la direction des Filles du Calvaire [3]. Saint-Cyran mit en œuvre les mêmes ressorts qu'à Port-Royal : il obtint les mêmes résultats ; mais le fameux Ca-pucin n'eut pas de peine à s'apercevoir du changement opéré dans l'âme des religieuses. Ce fut le premier indice qui révéla au cardinal de Richelieu la naissance et les dangers d'une nou-velle secte.

Cependant le Chapelet secret, que les Jésuites avaient at-taqué, était supprimé par la cour de Rome. Il fallait se sou-mettre à la décision du Siége apostolique ou sortir d'une douce obscurité pour résister par la controverse au jugement de l'Eglise. Saint-Cyran les encouragea dans leur obstination. Lui-même,

<hr/>

[1] Voir la Vérité sur les Arnauld, par Pierre Varin. (2e vol., chez Poussielgue, à Paris, 1847.)

[2] Interrogatoire de l'abbé de Saint-Cyran.

[3] Histoire de Port-Royal, par Racine, 1re partie.

marchant plus franchement à la réalisation de ses desseins, commença à répandre le germe de son erreur. Il voulait se venger des Jésuites : il lui importait donc de se créer des appuis dans l'épiscopat. Les Pères de l'Institut avaient eu des démêlés de juridiction avec l'Evêque de Calcédoine, Vicaire apostolique dans la Grande-Bretagne. Saint-Cyran prit ce prétexte pour s'improviser le champion de l'autorité épiscopale au détriment des Ordres religieux. Son ouvrage intitulé *Petrus Aurelius* parut en 1636, imprimé aux frais du Clergé de France. Moins d'une année après, le 13 septembre 1637, ce même Clergé voyait se dissiper son illusion, et il revenait de son premier jugement. En ce temps-là Jansénius, qui sentait le besoin de s'attacher des partisans en Belgique, prêcha qu'il était sage et utile de secouer le joug de l'Espagne, de se cantonner à la manière des Suisses ou de s'unir dans une fédération avec les Etats-Généraux de Hollande. Son plan de république aristocratique n'était pas fait pour lui gagner les faveurs de Philippe d'Espagne. Afin de rentrer en grâce auprès de ce prince, il publia une satire virulente contre les rois de France sous le titre de *Mars Gallicus*. Ce pamphlet, en quatre-vingt-huit chapitres, est un manifeste dans lequel l'auteur prend à partie la mémoire de chaque Monarque, depuis Clovis jusqu'à Louis XIII ; et, selon l'expression de Bayle [1], Jansénius « y crie de la manière la plus maligne et la plus odieuse. » Le prêtre flamand prodiguait l'insulte au peuple qui lui avait accordé une longue hospitalité. A la prière du Président Rose, le Cardinal-Infant, gouverneur des Pays-Bas, récompensa cette ingratitude en le nommant Evêque d'Ypres. Trois ans après, le 6 mai 1638, Jansénius mourut victime de la peste. Il mourut dans des sentiments chrétiens et en soumettant l'œuvre de sa vie à l'approbation ou à la censure du Saint-Siége. L'*Augustinus*, soit pressentiment, soit crainte de fomenter une hérésie, avait été condamné par son auteur à une obscurité viagère. Par une lettre adressée au Pape, par son testament, par une déclaration contenue dans le texte de l'ouvrage, l'Evêque d'Ypres proclamait

---

[1] Bayle, *Dictionnaire historique et critique*, article *Jansénius*.

qu'il était enfant d'obéissance et que les décrets émanés de la Chaire apostolique seraient toujours les guides de sa foi. « Je suis résolu, écrivait-il[1], de suivre jusqu'à la mort, comme j'ai fait depuis mon enfance, et de prendre pour arbitres de mes opinions l'Eglise romaine et le successeur de Pierre. Je sais que l'Eglise est bâtie sur cette pierre, que quiconque ne bâtit pas avec Pierre est un destructeur; et qu'il est le dépositaire fidèle de la Foi des Pères. Je veux donc vivre et mourir dans la Foi et dans la Communion de ce successeur du Prince des Apôtres, de ce Vicaire de Jésus-Christ, de ce chef des Pasteurs, de ce Pontife de l'Eglise universelle. J'adopte tout ce qu'il prescrit; je rejette, je condamne, j'anathématise tout ce qu'il rejette, condamne et anathématise. Je ne me flatte pas d'avoir bien saisi partout le sens de saint Augustin. Je suis homme, sujet à l'erreur comme les autres hommes, et j'abandonne mon ouvrage au jugement du Saint-Siége et de l'Eglise romaine, ma mère. Dès ce moment j'accepte, je rétracte, je condamne et anathématise tout ce qu'elle décidera que je dois accepter, rétracter, condamner et anathématiser. »

Ces paroles si explicites n'ont rien des réticences de l'hérésiarque; elles sont dignes d'un Evêque qui désire garder dans son cœur la foi qu'il a transmise à son troupeau. Nous les acceptons comme l'expression de la pensée intime de Jansénius. Sans trop nous occuper des mystérieuses correspondances entre Saint-Cyran et lui, par lesquelles il cherche des faux-fuyants, des moyens dilatoires pour résister au Siége apostolique, nous pensons que, si Jansénius eût survécu à la publication de son ouvrage, il aurait eu le courage de le désavouer. Cet homme n'avait ni dans le cœur ni dans la tête l'opiniâtreté qui produit les sectaires; mais à côté de lui, et le dominant par l'intrigue ou par la colère, il se trouvait un autre homme qui ne pardonnait jamais. L'Evêque d'Ypres, en composant l'*Augustinus*, ne voyait qu'une guerre de théologiens à susciter aux Jésuites; les représailles du Baïanisme avaient été poussées si loin que Jansénius reculait devant son œuvre. Duvergier en avait médité la

---

[1] *Augustinus*, proœm., c. XXIX. Epilog., in t. III, p. 445 (édit. de Rotterdam).

portée ; son esprit malfaisant s'y attacha avec d'autant plus de force qu'il en pressentit les résultats. « Saint-Cyran est Basque, disait le cardinal de Richelieu au Père Joseph, il a les entrailles ardentes, et, des vapeurs qu'elles portent à sa tête, il se forme des imaginations extravagantes, qu'il érige en dogmes et en oracles. »

Jansénius avait mis la dernière main à son livre, puis il était mort, le déférant officiellement à la censure de l'Eglise. Son disciple, son maître plutôt, avait, par de secrètes manœuvres, si bien disposé quelques intelligences d'élite à saluer l'*Augustinus* comme un chef-d'œuvre de morale et de science spirituelle ; il avait su, avec tant d'art, flatter les passions hostiles à la Compagnie de Jésus, que ce n'était déjà plus seulement une conspiration théologique qui allait éclater, mais un complot politique dont Saint-Cyran se faisait le chef mystérieux. Les Jésuites régnaient par l'éducation ; Duvergier de Hauranne osa disputer cette prééminence, que l'Université leur laissait. Il fonda l'école de Port-Royal et, par une habileté incontestable, il y réunit comme dans un faisceau toutes les gloires que les Pères n'avaient pu enrôler sous leur bannière. On s'emparait ainsi de la génération naissante, on la façonnait aux doctrines dont personne n'appréciait les conséquences. L'avenir était ouvert aux projets du réformateur, il songea à s'assurer le présent.

A cette époque d'austérité et de galanterie, d'intrigues politiques et de dévouement, de passions littéraires et de querelles scolastiques, les femmes et les écrivains exerçaient sur la société française une influence prodigieuse. Les adeptes de Saint-Cyran crurent qu'il fallait à tout prix les attirer dans leur camp. Pour réussir, ils apprirent à se conformer à chaque caractère ; ils utilisèrent le mécontentement des uns, le dégoût des autres, les affections et la prévention de tous. Ils s'improvisèrent rigides avec ceux qui professaient des principes sévères, souples avec les hommes qui n'avaient pas de but déterminé. Ils prièrent avec les dévots ; ils cachèrent dans l'ombre les vices de ceux dont ils prévoyaient qu'un jour ils auraient besoin ; ils s'attachèrent à rendre aux femmes trop compromises par de volages amours une splendeur de vertu dont quelques démonstrations

publiques effaçaient à leurs yeux les remords inconstants. Ils
glorifièrent les écrivains que Richelieu rassemblait en Académie ;
ils se concilièrent leur amitié, et on les vit grandir Chapelain [1], Scudery et Gomberville. Ils prirent même sous le patronage de leur austérité le roman de *Clélie*, qui, dans un de ses
épisodes, laissait tomber sur eux quelques louanges empha-
tiques.

Un semblable plan était la contre-partie de l'Ordre de Jésus.
Destiné à le battre en brèche et à vaincre son crédit ostensible
par des moyens occultes, il ne s'arrêtait pas là. Les filles
d'Arnauld offraient à Saint-Cyran une communauté de femmes
aptes à propager ses opinions ; il jugea utile de fonder une congrégation de solitaires qui n'auraient pour mission que l'étude,
et qui devaient en peu de temps jeter sur leur retraite une
belle auréole littéraire. Religieux dans le monde, publicistes
dans le cloître, ils s'isolaient de leurs familles, ils renonçaient
au mariage et aux emplois civils, afin de se consacrer tout entiers à la science et aux lettres. On offrait comme appât, à des
cœurs que l'érudition et l'innocence de leur vie rendaient can-
dides, une perfection chimérique. On alliait la sévérité des
règles du couvent aux délicatesses d'un goût épuré ; on leur
apprenait à confondre les innovations les plus ingénieuses avec
l'amour des anciens. Persuadés que le calme de la solitude,
que les images de paix extérieure dont ils seraient entourés
ramèneraient souvent ces profonds esprits du bien qu'ils rê-
vaient au mal relatif qui frapperait leurs regards dans l'organi-

[1] Dans les *Œuvres du docteur Arnauld* (t. III, p. 78. Lettre 652) l'inflexible
Janséniste parle ainsi de son frère : « Je me souviendrai toujours de ce que m'a dit
autrefois M. d'Andilly, que quand on lui faisait présent de quelque livre, et qu'il
craignait qu'il ne fût pas trop bon, il en faisait le remerciment sitôt qu'il l'avait
reçu, avant que d'avoir eu le temps d'en pouvoir rien lire, afin de n'être pas obligé
de dire ce qu'il en pensait. »

Le Maître de Sacy, une des gloires de Port-Royal, écrit dans son testament littéraire, recueilli par Fontaine (*Mémoires*, t. II, p. 523) : « Vous pouvez m'être
témoin avec quelle précaution j'ai toujours pris garde de parler favorablement,
autant que je le pouvais, des ouvrages de tout le monde ; soit saints, soit profanes,
soit en vers, soit en prose. J'ai toujours estimé tout, jusqu'au poème de la *Pucelle*,
parce qu'il semble que, ayant quelque réputation d'éloquence, on mépriserait les
autres. »

Quel dommage que Pascal n'ait pas trouvé dans les Œuvres d'Escobar de semblables aveux d'une bienveillance calculée ? avec quel art il aurait su faire ressortir
sous le style des *Provinciales* cette captation qui s'étendait à toute la littérature !

sation de la société humaine, on espéra que cette opposition de
pensées en produirait inévitablement une autre sur les écrits.
Ainsi façonnés, ils pouvaient devenir de formidables leviers,
croire comme des enfants aux songes qu'on dicterait à leur foi
et se battre, la plume à la main, pour faire triompher au dehors
l'idée si pieusement caressée dans leur solitude. Cette idée exa-
gérait la servitude de l'homme par rapport à Dieu et sa liberté
par rapport aux princes de la terre.

. Une telle connaissance du cœur des gens de lettres a quelque
chose de merveilleux. Duvergier de Hauranne et ses premiers
adeptes avaient scruté jusque dans leurs abîmes ces caractères
indépendants que l'enthousiasme entraîne beaucoup plus loin
que leur volonté. Saint-Cyran savait qu'en donnant un mobile
religieux ou politique à des génies fervents, à des imaginations
que le contact du monde n'a pas dépouillées de leur roideur
primitive, ces génies portent si loin la vérité en triomphe, qu'ils
arrivent jusqu'aux dernières limites de l'erreur. Il savait encore
qu'une studieuse retraite envenime les haines littéraires, et
qu'elle transforme en poignard acéré la plume que les aveugle-
ments de la Foi ou les nécessités de la polémique confient à des
mains jusqu'alors chrétiennement charitables. Mais ce sectaire,
dans le sein duquel fermentaient tant de passions contraires, et
qui les faisait toutes servir à une seule fin, ne fut pas retenu
par le spectacle des vertus dont il allait troubler le calme. Il ne
respecta point ces intelligences catholiques qu'il détournait de
leur source pour les associer à de mesquines préventions ou à
des rêves d'hérésie dont ils proclamaient l'idée, tout en confes-
sant comme Jansénius qu'ils étaient des enfants soumis. Saint-
Cyran, doué d'une incroyable persistance, eût été dangereux
avec un autre génie que celui de l'intrigue ; mais il ne fut que la
goutte d'eau qui tombe sur le rocher, et qui ne creuse jamais,
parce qu'elle n'a pas en elle un principe dissolvant.

Par la rigidité, on séduisait les hommes faits ; on capti-
vait l'esprit des jeunes filles par l'indulgence. Les femmes
étaient réservées à devenir les instruments et les victimes du
parti. Saint-Cyran traça à Port-Royal des constitutions où l'austérité du fondateur se cache sous les formes les plus bénignes,

« On leur enseignera, dit-il en parlant des novices[1], qu'elles
ne doivent pas trop s'inquiéter si elles tombent dans quelques
fautes ; que ce n'est pas seulement par les fautes que com-
mettent les novices qu'on porte jugement d'elles, mais aussi par
la manière dont elles se relèvent, et que toutes les âmes qui
aiment Dieu peuvent dire comme l'épouse : « Je suis noire, mais
je suis belle. »

La puissance de Saint-Cyran se concentrait dans quelques
maisons où les vertus ainsi que les talents se trouvaient héréditaires : par esprit de famille, elles étaient opposées à la Compagnie de Jésus. Ce fut là qu'il choisit les fondateurs de Port-
Royal-des-Champs. Il avait pris Angélique Arnauld comme son
porte-voix à l'oreille des femmes ; il désigna Antoine Le Maître,
le plus célèbre avocat de Paris, et conseiller d'Etat à vingt-huit
ans, pour servir de drapeau à sa nouvelle institution. Le Maître
fut vaincu par sa tante Angélique. Bientôt après, trois jeunes
prêtres, distingués par leur talent, Antoine de Singlin, Claude
Lancelot et Toussaint Desmares, accoururent partager la retraite dans laquelle Le Maître agitait son humilité. Ces solitaires
rompaient avec le monde ; ils sacrifiaient leurs rêves d'ambition,
de grandeur et de fortune à de pieuses chimères ; mais l'esprit
turbulent de Duvergier de Hauranne leur avait inspiré une
pensée tour à tour superbe ou revêche, ne s'accordant en aucun
point avec les mortifications qu'ils s'imposaient. Il y a loin, et
bien loin, des lettres d'Antoine Le Maître à la correspondance
et aux discours si éloquents d'abnégation des premiers Jésuites.
Nous avons cité les paroles, les écrits de François de Borgia,
de Louis de Gonzague, d'Aquaviva et de Xavier. Mettons en
parallèle une œuvre sortie des entrailles du premier néophyte
de Port-Royal. « On n'a point ouï dire peut-être depuis un siècle, mandait Le Maître à Singlin[2], qu'un homme, au lieu et
en l'état où j'étais, dans la corruption du palais, dans la fleur
de mon âge, dans les avantages de la naissance et dans la vanité
de l'éloquence, lorsque sa réputation était la plus établie, ses
biens plus grands, sa profession plus honorable, sa fortune plus

[1] *Constitutions de Port-Royal* (édit. de 1665).
[2] *Mémoires de Fontaine*, t. 1.

avancée, et ses espérances plus légitimes, ait laissé tout d'un coup tous ces biens, ait brisé toutes ces chaînes, se soit rendu pauvre au lieu qu'il travaillait à acquérir des richesses, qu'il soit entré dans les austérités au lieu qu'il était dans les délices, qu'il ait embrassé la solitude au lieu qu'il était assiégé de personnes et d'affaires, qu'il se soit condamné à un silence éternel au lieu qu'il parlait avec assez d'applaudissements. Cependant, quoique ce miracle soit plus grand et plus rare que celui de rendre la vue aux aveugles et la parole aux muets, notre siècle est si peu spirituel, que l'on a seulement considéré comme une chose extraordinaire ce qu'on devait révérer comme une chose sainte. »

Cet hommage rendu par Le Maître à sa modestie, ce bilan d'humilité déposé au pied de la Croix, avec une candeur si gonflée d'orgueil, ne se rencontrent dans aucun Jésuite. Ils ne se prennent pas à s'admirer eux-mêmes pour imposer aux autres l'admiration de leurs personnes. Ce sentiment trace à l'instant même la ligne de démarcation qui va les séparer. Les Solitaires de Port-Royal, quelque chose qu'ils fassent, seront toujours pleins d'eux-mêmes; ils rapporteront tout à leur individualité. Les Jésuites, au contraire, s'effaceront devant la gloire personnelle pour affronter le mépris public et s'exposer au danger; ils ne se condamneront à être grands qu'afin de glorifier l'Eglise ou leur Compagnie. Les uns partaient du principe de l'isolement, les autres de celui de l'association. Aucune communauté d'opinions n'était possible entre eux; la guerre seule devait surgir, la guerre éclata avant même l'établissement des ermites de Port-Royal. Le Jansénisme, dont ils s'improvisaient les Missionnaires, n'était encore qu'en germe; pourtant les Jésuites avaient appris qu'un nouvel ennemi naissait pour le Saint-Siége et pour eux : ils s'apprêtèrent à le combattre.

Le 5 juin 1638, un mois après la mort de Jansénius, Duvergier de Hauranne fut, par ordre du cardinal de Richelieu, enfermé au donjon de Vincennes. La captivité d'un homme n'a jamais entravé le progrès d'une idée. Richelieu s'était rendu compte des plans de l'abbé de Saint-Cyran. Il l'éloignait de son cénacle, espérant ainsi paralyser le malaise intellectuel, dont le développement se révélait à sa perspicacité si plein de dangers encore inconnus. Saint-Cyran, prisonnier, resplendit de l'éclat que la persécution attache à un nom. Comme tous les ministres longtemps à la tête des affaires, et qui gouvernent en brisant autour d'eux les obstacles, Richelieu était craint et abhorré. L'opposition a inévitablement les chances de succès en sa faveur; on se venge du pouvoir en exaltant ses victimes. Saint-Cyran se posa en martyr du cardinal et des Jésuites; ses disciples l'accueillirent, ils le présentèrent ainsi.

Du fond de son cachot il les dominait d'une façon absolue. C'est dans cet espace de temps que sa nouvelle secte vit accroître son empire et qu'elle put compter avec orgueil ses conquêtes. Séricourt et Sacy, frères de Le Maître, Antoine Arnauld, leur oncle, et presque aussi jeune qu'eux; de Bascle, gentilhomme du Quercy, le docteur Guillebert, Thomas du Fossé, et plusieurs autres sollicitèrent leur admission à Port-Royal. Les familles les plus illustres et le secrétaire d'Etat Chavigny prirent parti pour le captif. La commisération ou la bienveillance les inspirait; on eut l'adresse de leur persuader que ce n'était pas seulement de la pitié, mais un effet de la grâce et un acte d'adhésion. Dans le même moment, les partisans de Jansénius agissaient à Louvain. Le docteur était mort en abandonnant son *Augustinus* à la décision de l'Eglise; ses disciples, sans attendre que le Saint-Siége eût parlé, livrèrent l'ouvrage à l'impression.

C'était une œuvre dont depuis vingt ans tous les docteurs s'entretenaient; la curiosité était excitée au plus haut degré; chacun s'efforçait de pénétrer le mystère dont s'entourait le commentateur du grand Evêque d'Hippone. Les Jésuites de Belgique furent plus habiles que le gouvernement : par des moyens que la probité littéraire n'autorise jamais, et que la politique conseillera toujours, ils surent, en s'étayant de ce texte de saint Jérôme [1], « on ne doit point tolérer l'accusation d'hérésie, et à cet égard l'indifférence est déjà un scandale, » ils

---

[1] *Sanctus Hieronymus, ad Pammachium.*

surent trouver le secret d'obtenir les bonnes feuilles de l'*Augustinus*. Ce fut le Père Guillaume Wiskerk qui, à l'aide d'un
ouvrier de l'imprimeur Zeghers, donna cet exemple d'indis-
crétion.

Les Jésuites étudièrent le livre; et, après en avoir mesuré la
portée, ils communiquèrent à l'internonce pontifical, Paul
Stravius, l'œuvre inédite qu'ils s'étaient procurée d'une manière
subreptice. Le venin du Jansénisme était à découvert; afin de
prévenir les troubles, ils demandèrent la suppression de l'écrit
avant qu'il fût mis en vente. Leur activité dans une cause où ils
opposaient depuis longtemps école à école, système à système, parut aux indifférents plutôt une satisfaction accordée
au Père Lessius qu'une affaire intéressant l'Eglise. On vit percer
l'homme sous ce zèle qui, pour servir la Catholicité, employait
des armes peu loyales; on soupçonna l'amour-propre des Jésuites d'avoir grossi l'erreur, afin de se débarrasser sans combat
d'un ennemi importun. Les partisans de Jansénius s'emparèrent
de l'opinion. L'Université de Louvain, qui avait à sa tête Gérard
Van-Vern et Libert Fromond, se coalisa avec eux, et, malgré
les injonctions de la cour de Rome, l'*Augustinus* fut publié
en 1640.

L'argument principal du novateur est que toute grâce intérieure est irrésistible. C'était la négation du libre arbitre, et,
selon Lamotte, un des esprits les plus judicieux du dix-septième
siècle [1], une pureté purement passive qui signifie seulement
l'usage différent que le Créateur peut faire de nos volontés, et
non pas l'usage que nous en pouvons faire nous-mêmes avec
son secours. » On y enseignait que, d'après saint Augustin, le
plaisir est le seul ressort qui nous fait agir. Quand le plaisir
procède de la grâce, il nous porte à la vertu; s'il naît de la cupidité, il nous pousse au vice. La volonté de l'homme est toujours nécessairement déterminée à suivre celui de ces deux
plaisirs qui triomphe dans son âme. « Le point capital du livre
de Jansénius, dit Lafitau [2], et le fond de son système, était
donc que, depuis la chute d'Adam, nous sommes toujours invin-

[1] *Lettre de La Motte à Fénelon, du 1er janvier* 1714.
[2] *Histoire de la Constitution* Unigenitus, t. 1, p. 4.

ciblement nécessités à faire le bien et le mal : le bien, lorsque
c'est la grâce qui prédomine en nous ; le mal, lorsque c'est la
cupidité qui y prévaut. »

Cet ouvrage renversait les fondements de la liberté humaine :
sous une affectation de piété, l'auteur s'y érigeait en contempteur
superbe de la foi et de la tradition. La prévoyance de la Société
de Jésus n'avait point été en défaut ; les Pères ne reculèrent
pas devant des ennemis qui, afin de combattre plus sûrement
l'Eglise, proclamaient à haute voix qu'ils la respectaient du fond
de leurs entrailles, et que rien ne pourrait jamais les séparer de
la Communion romaine. Luther et Calvin, les maîtres de Jansénius, avaient été moins habiles dans leurs violences que l'E-
vêque d'Ypres dans sa vénération conditionnelle. Ils attaquaient
de front le dogme et la morale ; Jansénius se montrait plus circonspect : il se plaçait au cœur même de la citadelle qu'il aspirait à démanteler ; il s'y plaçait en sollicitant peut-être de bonne
foi une décision solennelle à laquelle un trépas imprévu ne lui
permit point de souscrire. Il y avait de l'audace et de la ruse
dans le pamphlet in-folio. Saint-Cyran ne cessait de le prôner en
France, ses adeptes en Belgique l'élevaient jusques aux nues ;
il obtint en peu de mois les honneurs de la persécution, la
persécution le propagea. Les Jésuites avaient essayé de l'étouffer
en germe. On s'était opposé à leur dessein ; le scandale venait
avec le schisme ; les Jésuites acceptèrent la bataille qu'ils avaient
voulu éviter.

Les sectateurs du Jansénisme furent attaqués avec vigueur
par les Pères Jean de Jonghe et Ignace Derkennis, à Louvain ;
par les Pères de Champs et Petau, à Paris. Les docteurs de
Sorbonne Hallier, Habert et Cornet s'associèrent à leurs efforts ;
les Jansénistes répondirent avec amertume. A Paris ainsi qu'à
Bruxelles, dans les écoles comme dans la magistrature, on
n'entendit plus argumenter que de grâce efficace et de grâce
suffisante ; mais Saint-Cyran qui, de Vincennes, dirigeait cette
levée de boucliers théologiques, ne voulut pas rester en arrière
du mouvement que la cour de Rome imprimait. Les partisans
de l'*Augustinus* étaient déjà nommés Jansénistes par le Souverain-Pontife. Afin de limiter le nombre de leurs adversaires,

ils se prirent à répandre le bruit qu'il n'y avait dans ce démêlé qu'une nouvelle phase de la guerre entre les Thomistes et les Molinistes. Pour mieux faire saisir leur pensée, ils signalèrent leurs détracteurs sous le nom de disciples de Molina. On donnait ainsi à l'Eglise un air de cabale ; le système auquel on rattachait ses enseignements et ses censures, c'était le système des Jésuites. Les amis de l'*Augustinus* pouvaient donc dire qu'ils ne se trouvaient en désaccord qu'avec les enfants de saint Ignace de Loyola ; ils affirmèrent que les sentences portées par le Saint-Siége dans cette épineuse discussion étaient suggérées par ces derniers, partie au procès. Une idée aussi audacieuse qu'habile servit aux Jansénistes pour mettre en doute l'indépendance de la cour de Rome. Elle devint le point de départ de leur polémique ; ils n'y renoncèrent jamais, car elle offrait une thèse toujours nouvelle à leurs interminables débats. L'historien anglais Gibbon ne s'est point laissé prendre à cette ruse de guerre, et, dans le scepticisme de sa pensée, il a cru résumer ainsi la discussion : « Les Molinistes, dit-il [1], sont écrasés par l'autorité de saint Paul ; et les Jansénistes sont déshonorés par leur ressemblance avec Calvin. » Les Augustiniens de Belgique étaient, comme ceux de France, bien décidés à n'accepter que sous condition le jugement du successeur des Apôtres. Ils ne niaient pas son autorité ; ils la discutaient. Ils promettaient de s'y rendre lorsqu'elle aurait élevé la voix, et tous les ordres, toutes les admonitions paternelles, toutes les prières du Saint-Siége arrivaient à leurs oreilles entachés de quelque violence jésuitique. Ils se faisaient une gloire d'obéir ; mais Rome n'avait parlé que par la bouche des Jésuites ; pour eux la sentence offrait quelque chose de suspect. Baïus et ses adhérents avaient mis en question les bulles de Pie V et de Grégoire XIII. Les Jansénistes inventèrent des sophismes de chiffres, de dates et de doctrine pour annuler celle qu'Urbain VIII lança contre eux le 6 mars 1642.

Nous avons dit la situation que la politique de Richelieu faisait alors à la Chaire romaine et à l'Eglise gallicane. Le car-

1. *Histoire de la Décadence*, t. viii, ch. xxxiii.

dinal aspirait au patriarcat. Ses projets ambitieux se modifièrent
pourtant en face du schisme, dont il avait apprécié la portée.
Après sa mort, qui précéda celle de Louis XIII de quelques mois,
la bulle *In eminenti* fut présentée au conseil des affaires ecclésiastiques, où siégeaient le cardinal Mazarin, le chancelier
Séguier, Vincent de Paul et quelques docteurs. Le conseil,
fidèle aux traditions de Richelieu, accepta la bulle qui condamnait le Jansénisme ; et le héros de la charité chrétienne révèle
sur quels motifs Mazarin, Séguier et lui basèrent leur opinion.
« Dans une lettre à l'abbé d'Orgny, raconte Collet, historien
de sa *Vie* [1], Vincent de Paul déclara que la doctrine de Baïus,
déjà flétrie par plusieurs Papes, est renouvelée par l'Évêque
d'Ypres, que les desseins de Jansénius et de Saint-Cyran doivent naturellement rendre leur doctrine suspecte ; que le dernier avait avoué à M. de Chavigny, secrétaire d'Etat, qu'ils
s'étaient proposé de décréditer les Jésuites sur le dogme et sur
l'administration des Sacrements ; et, que dans l'affaire présente
il ne s'agit ni de Molina ni de la science moyenne. »

Saint-Cyran, que la reine régente avait tiré du donjon de
Vincennes, et les Solitaires de Port-Royal, qui fêtaient sa mise
en liberté comme l'aurore d'un jour plus beau, ne s'effrayèrent
pas d'une semblable démonstration. Le Pape et les hommes les
plus prudents de France se prononçaient contre eux. Ils jugèrent que les troubles inséparables d'une minorité seraient un
coup de parti pour leurs opinions, ils persistèrent donc. L'enseignement de Jansénius était condamné. Saint-Cyran lui évoqua
un vengeur, et Antoine Arnauld se jeta dans la lice. Athlète
armé de toutes-pièces, violent à l'attaque, impétueux à la défense, le jeune docteur, qui avait subi sa licence de Sorbonne
ad stuporem des examinateurs, possédait tous les secrets du
polémiste. Il en avait la vigueur et les colères éloquentes. Iras-
cible dans la lutte, il foudroyait ses adversaires ; sans pitié pour
eux, il ne les abandonnait qu'après avoir épuisé tous les traits
de sa mordante logique ou de son implacable hyperbole. Et
cependant le Judas Machabée du Jansénisme avait, comme le

[1] *Vie de saint Vincent de Paul*, t. 1, liv. v. p. 538.

Père Garasse, comme presque tous les hommes habitués au pugilat de l'esprit, de grandes qualités de cœur. Sa vie privée ne fut qu'un acte de bonté continu. Elle s'accordait si peu avec ses écrits que du Fossé, un de ses admirateurs, essaya de résoudre ce problème. Afin de le faire comprendre, il dit [1] : « L'exemple de Moïse, que Dieu appelle le plus doux des hommes, quoiqu'il eût tué un Egyptien pour défendre un de ses frères, brisé avec une juste colère les Tables de la loi et fait passer au fil de l'épée vingt-trois mille hommes pour punir l'idolâtrie de son peuple, fait bien voir qu'on peut allier ensemble la douceur d'une charité sincère envers le prochain avec un zèle plein d'ardeur pour les intérêts de Dieu. »

Arnauld, désigné par Saint-Cyran, se disposait à entrer dans l'arène, lorsqu'une lettre de Pierre de Sesmaisons, de la Compagnie de Jésus, vint lui fournir le texte de son premier ouvrage. Sesmaisons écrivait à Anne de Rohan, princesse de Guéméné; il la détournait de confier la direction de son âme aux Jansénistes; mais la princesse, encore belle et toujours avide de plaisirs, avait plus à espérer de l'austérité de Saint-Cyran que des prétendus accommodements de conscience des Pères de l'Institut. Elle était l'hôte de Port-Royal-des-Champs, l'amante de Paul de Gondi, coadjuteur de l'archevêché, et elle plaçait ses élégantes coquetteries sous la sauvegarde du vieux Arnauld d'Andilly. « D'Andilly, ainsi parle le cardinal de Retz dans ses *Mémoires* [2], était encore plus amoureux d'elle que moi, mais en Dieu, purement et spirituellement. » La lettre du Père de Sesmaisons fit naître l'idée aux Jansénistes d'initier toutes les classes de lecteurs à la doctrine nouvelle; et, dit Schœll [3], « Antoine Arnauld, âgé de trente-un ans, publia en 1643 un livre qui fait époque dans l'histoire ecclésiastique de France. Il était dirigé contre les Jésuites, et portait le titre : *De* (c'est-à-dire *contre*) *la fréquente Communion.* »

Cette substitution de préposition, œuvre de l'annaliste protestant, est moins un trait d'esprit qu'un jugement profond sur

---

[1] *Mémoires de du Fossé,* liv. IV, ch. II. — Voir aussi la *Vérité sur les Arnauld.*
[2] *Mémoires du Cardinal de Retz,* t. I.
[3] *Cours d'Histoire des Etats européens,* t. XXVIII, p. 72.

cet ouvrage. Le style nerveux d'Antoine, sa phrase tranchante comme un glaive, révélaient un nouveau langage aux Français. On le lut avec avidité; car il avait su, pour éblouir les masses, offrir un adroit mélange de la vérité et de l'erreur. Les Jansénistes exaltèrent l'œuvre du docteur Arnauld, les Jésuites la rabaissèrent peut-être trop. Le Père Petau, l'un de ces hommes que l'érudition n'empêche point d'être éloquents, prit la défense de la vérité, et il démontra avec chaleur le péril auquel Arnauld exposait les âmes chrétiennes. La question était controversée. Arnauld avait eu l'art de la présenter sous des formes si captieuses qu'elle séduisit les uns et qu'elle amena les autres à des distinctions tellement subtiles que, dans ces débats, dont la chaire retentissait aussi bien que la presse, il provoqua une savante confusion. Quinze prélats de l'Eglise gallicane approuvèrent l'œuvre du docteur de Sorbonne, que les réfutations du Père Petau et les louanges intéressées du Jansénisme avaient popularisée [1]. On se passionnait pour ou contre *la fréquente Communion* avec cette vivacité qui n'accorde jamais à la réflexion que le droit de déplorer le mal accompli. On s'échauffait à chercher le vrai sens de l'auteur, on le commentait, on l'approuvait, on le censurait. Dans cette querelle de mots, dont la France sera toujours le théâtre, chacun prenait feu. Le Père Nouet ne se contenta pas d'attaquer Arnauld ; dans la chaire de Saint-Louis des Jésuites, il incrimina avec plus de zèle que de prudence les quinze Archevêques ou Evêques adhérant aux doctrines professées par le Janséniste. Louis XIII venait de

---

[1] Racine, leur élève, leur ami et leur adepte, nous initie aux moyens employés par les Jansénistes pour conquérir et éterniser cette popularité dont ils se montraient si avides , autant dans un but de secte que dans une satisfaction de vanité littéraire. Dans la préface de sa *Deuxième lettre à Nicole* (*Œuvres de Racine*, t. VI, p. 84, le grand poète s'exprime ainsi : « Ce n'est pas leur coutume (des Jansénistes) de laisser rien imprimer pour eux qu'ils n'y mettent quelque chose du leur. On les a vus plus d'une fois porter aux docteurs les approbations toutes dressées ; la louange de leurs livres est une chose trop précieuse. Ils ne s'en fient pas à la louange de la Sorbonne ; les avis de l'imprimeur sont d'ordinaire des éloges qu'ils se donnent eux-mêmes, et l'on scellerait à la Chancellerie des priviléges fort éloquents , si leurs livres s'imprimaient avec privilége. »

Plus loin, page 88, Racine continue : « Surtout, louez vos Messieurs et ne les louez pas avec retenue. Vous les placez justement après David et Salomon. Ce n'est pas assez, mettez-les devant. Vous ferez un peu souffrir leur humilité; mais ne craignez rien; ils sont accoutumés à bénir tous ceux qui les font souffrir. »

mourir ; la reine-régente et Mazarin voyaient leur autorité encore
mal affermie, et comme le Clergé était réuni en assemblée générale, ils n'osèrent pas déplaire à une opposition qui, quoiqu'en
évidente minorité, ne laissait pas que d'inquiéter le pouvoir.
Ces prélats demandaient satisfaction ; les Jésuites ne la refusèrent pas, dit le procès-verbal de l'assemblée ; le Père Nouet la
donna par écrit, en présence et du consentement de ses supérieurs. En voici le texte : « Je, soussigné, Jacques Nouet, Prêtre
de la Compagnie de Jésus, ayant été averti que Messeigneurs les
Prélats s'estimoient offensés sur le rapport qui leur a été fait de
quelques sermons que j'ai prêchés en l'église de Saint-Louis,
pendant les mois d'août, septembre et octobre, dans lesquels on
m'accusoit d'avoir soutenu que la doctrine contenue dans le
livre *De la fréquente Communion*, composé par M. Arnauld,
Docteur de Sorbonne, et approuvé par plusieurs de nosdits Seigneurs, étoit pire que celle de Luther et de Calvin, et que la plus
saine partie de nosdits Seigneurs les Prélats condamnoit ladite
doctrine, qu'il falloit fuir comme des lépreux ceux qui l'avoient
approuvée :

» Déclare n'avoir rien dit en mesdits sermons de tout ce que
dessus ; protestant en outre que s'il m'étoit échappé dans la
chaleur du discours de dire quelques-unes des choses ci-dessus,
je serois prêt de monter en chaire pour le désavouer et pour
demander pardon à nosdits Seigneurs. Paris, le 29 novembre
1643. »

Cette rétractation négative devint sous la plume des Jansénistes
un triomphe pour eux, un échec pour l'Ordre de Jésus. Le peuple n'en pouvait comprendre la portée, on la traduisit en fait
plus saisissant à ses yeux ; on affirma que Nouet avait été contraint d'implorer pardon à deux genoux, au milieu même de
l'assemblée du Clergé. Les sectaires n'étaient pas en majorité ; la
plupart des Evêques et des docteurs de Sorbonne censuraient
leurs principes ; mais avec toutes les oppositions habilement
dirigées, ils savaient que, pour émouvoir les masses, il fallait
toujours leur offrir l'impossible comme une réalité, et grossir les
succès afin de corroborer la foi de leurs adeptes. Le Père Nouet
se retirait du combat, il désertait la chaire ; les Jansénistes es-

pérèrent qu'il serait aussi facile de vaincre tous leurs détracteurs; on les vit alors abuser de leur triomphe pour consacrer l'opinion émise par Arnauld.

Le mal était invétéré ; Anne d'Autriche crut qu'il n'y avait d'autre remède possible que de soumettre l'affaire à la décision du Saint-Siége. Dans le Conseil des Ministres, le chancelier Séguier jugea, dit Omer Talon [1], qu'elle ne pouvait être discutée et jugée en France, à cause des approbations qui avaient été données à ce livre par plusieurs Evêques, lesquels par ce moyen s'étaient engagés.

Ce n'étaient pas les Jésuites seulement qui critiquaient le livre *De la fréquente Communion*. Malgré l'approbation de quelques Evêques, le Clergé de France, et Vincent de Paul à sa tête [2], ne faillirent point à leur devoir. Arnauld et ses adeptes ne cessaient de se glorifier de l'assentiment de ces prélats; ils le portaient jusqu'au pied du trône, comme un paratonnerre. Vincent de Paul ne leur permit pas ce dernier subterfuge. « J'ai répondu à la reine, mande-t-il dans une lettre du 29 mai 1653, adressée à un grand-vicaire de Chartres, qu'il était vrai que monseigneur de N... avait signé les livres de Jansénius et *De la fréquente Communion*, mais c'était sans les lire, n'en ayant pas eu le loisir ; mais qu'il était dans de bons sentiments. A quoi Sa Majesté a répliqué en demandant si l'on pouvait signer les livres sans les voir. Je lui ai dit que feu monseigneur de N... m'avait assuré qu'il avait signé le livre *De la fréquente Communion* sans l'avoir lu. »

La déclaration d'un homme tel que Vincent de Paul offrait à la polémique des Jésuites une autorité qui, aux yeux des Catholiques, devait les absoudre d'une certaine véhémence. L'œuvre d'Arnauld, si vivement blâmée à Paris, fut enfin déférée à l'examen de la cour apostolique; par décret du 25 janvier 1647,

[1] *Mémoires d'Omer Talon* (collection Petitot), t. LX, p. 280.
[2] Dans une lettre à l'abbé d'Orgny, saint Vincent de Paul, en parlant du livre *De la fréquente Communion*, dit : « Si cet ouvrage a servi à une centaine en les rendant plus respectueux à l'égard des sacrements, il y en a pour le moins dix mille à qui il a nui en les en retirant tout-à-fait..... Que plusieurs curés de Paris s'en plaignent, qu'à Saint-Sulpice on avait trois mille communions de moins qu'à l'ordinaire, qu'à Saint-Nicolas-du-Chardonnet, quinze cents personnes avaient manqué à ce devoir de religion, et qu'il en était ainsi des autres. » (Vie de saint Vincent, par Collet, t. I, liv. V, p. 529.)

Rome en condamna la préface. Mais la mort ne laissa pas à Duvergier de Hauranne le temps de savourer l'avantage qu'il avait obtenu. Le 11 octobre 1643, cet homme fut frappé d'apoplexie : le travail, l'intrigue, le mouvement et les austérités avaient rempli sa vie; les solitaires de Port-Royal en firent leur martyr. Antoine Arnauld lui succéda dans les honneurs de la persécution, et Singlin dans la direction du parti.

Les Jansénistes, n'étant pas les plus nombreux, doublèrent leurs forces en exagérant leurs succès. Ils avaient besoin de protecteurs et d'enthousiastes pour semer dans le monde les principes qu'ils fomentaient; ils accaparèrent les vertus chancelantes qui les couvraient de l'éclat d'un grand nom, les prélats dont les mœurs étaient un démenti formel jeté aux vœux du sacerdoce. Confondant en un même esprit la voluptueuse Marie de Gonzague et les rigidités de la Mère Angélique, la pieuse roideur du médecin Hamon et la licence du cardinal de Retz, ils arrivèrent en peu de temps à se créer une position inexpugnable. Ils se glorifiaient de leur humilité, ils s'admiraient dans leur abnégation, ils appelaient l'Europe entière à saluer leur génie. Tout cela s'opérait avec tant de candeur; ils parlaient, ils faisaient parler d'eux avec une telle conviction de supériorité, que la France fut séduite par cet orgueil collectif. On crut à leur conscience, parce qu'ils avaient de l'éloquence ou du talent; on se persuada que l'erreur ne devait jamais souiller leurs lèvres, parce qu'ils se prétendaient irréprochables. On les accepta désintéressés de tous les biens du monde, parce qu'ils avaient soin d'accuser les Jésuites d'avidité et de captation [1]. Le préjugé une

[1] Une lettre du célèbre abbé de Rancé, l'ami de la plupart des chefs du Jansénisme, nous offre une preuve entre mille de ce désintéressement si vanté par eux. Cette lettre se trouve dans le *Nain de Tillemont*, p. 66. « Je vous confesse, écrit l'abbé de la Trappe, qu'une des premières choses qui me rendit suspecte la conduite de ces Messieurs (les Jansénistes), fut une rencontre qui se passa. J'avais résolu de me retirer du monde, de quitter les bénéfices dont je jouissais depuis l'âge de dix ou onze ans. Je parlai de mon dessein à un de mes amis qui me demanda si je n'avais pas pris conseil des Jansénistes sur un fait si important. Je lui dis que non, que je m'étais contenté de consulter les règles de l'Église. Il me pressa de prendre leur avis; et comme je lui dis que cela n'était point nécessaire, il me répliqua qu'il le ferait lui-même et qu'il me dirait leur pensée. Véritablement, il me surprit, lorsque, deux jours après, il me vint trouver, et me proposa comme un expédient admirable une ouverture à laquelle je ne m'attendais pas, qui était de ne me point défaire de tous mes bénéfices; mais de les garder pour en distri-

fois établi, ils purent vivre longtemps sur cette réputation qu'ils se façonnaient de leurs propres mains.

Ils grandissaient à la cour, ils régnaient sur quelques écoles. D'un côté, le duc de Luynes et Bernard de Sévigné, les Liancourt et Claude de Sainte-Marthe, la duchesse de Longueville et Cambout de Pont-Château, neveu du cardinal de Richelieu et marquis de Coislin; de l'autre, Pierre Nicole et Blaise Pascal, le duc de Roannez et Domat, n'oubliaient rien pour seconder les vues des premiers Solitaires. La popularité leur arrivait avec la puissance; afin de conserver l'une en éternisant l'autre, ils se mirent à composer des ouvrages élémentaires dont leur amour éclairé des lettres sentait si vivement le besoin. Lancelot, Arnauld et Nicole préparèrent les méthodes d'enseignement des langues mortes et vivantes, les principes de la grammaire générale, de la logique et de la géométrie. Sacy se chargea de ressusciter les racines grecques. Le Maître acheva son traité des règles de la traduction française. Dans le même temps, d'autres solitaires appliquaient ce nouveau cours d'instruction; ils formaient Racine et Pomponne, le duc de Chevreuse, les deux Bignon et de Harlay, du Fossé et Tillemont, laborieux annaliste, dont Gibbon a pu dire : « C'est le mulet des Alpes, il pose le pied sûrement et ne bronche point. » Placés sur un terrain glissant, en butte aux hostilités des Jésuites et des Universitaires, toujours sous le coup des censures pontificales, ils se firent une loi de la tolérance envers les indifférents [1].

---

buer le revenu aux Jansénistes qui étaient dans la persécution. Il est vrai, que je ne pus goûter ni comprendre que des gens qui voulaient passer pour être entièrement détachés de toutes les choses d'ici-bas fussent capables de faire paraître un sentiment aussi intéressé que celui-là. »

[1] Un écrivain judicieux et impartial a porté ce jugement littéraire sur MM. de Port-Royal : « Nous ne contesterons pas, dit M. l'abbé Maynard, les services que Port-Royal a rendus à l'enseignement des lettres anciennes par ses méthodes et ses traductions... Mais quant au style (Pascal excepté), quelle sécheresse le plus souvent, quelle vulgarité, quelle absence d'onction et d'éloquence ! Port-Royal n'a que des qualités négatives. On chercherait en vain une véritable beauté dans ses innombrables volumes. Il a su éviter les fautes, il n'a pas mal écrit, voilà tout : c'est le médiocre à sa suprême perfection. Et il y a bien de la vérité dans ce mot que M. de Maistre prononce sur chaque ouvrage parti de là : il n'est ni assez bon ni assez mauvais pour venir d'ailleurs. » (Pascal, sa vie et son caractère... par M. l'abbé Maynard, t. II, p. 423, 426. Paris, 1826.)

Cette tactique, que la supériorité de l'esprit pouvait aussi bien inspirer que l'amour du prosélytisme et les calculs de secte, donna les résultats prévus ; car « malheureusement, dit Voltaire [1], les Solitaires de Port-Royal furent encore plus jaloux de répandre leurs opinions que le bon goût et l'éloquence. » Ils n'étaient implacables que pour leurs ennemis avoués. La Compagnie de Jésus apparaissait au premier rang. Entre ces familles illustrées par le barreau, par des services rendus à l'Etat ou aux lettres, et l'Ordre de saint Ignace de Loyola, il y avait guerre pour ainsi dire de tradition. C'étaient les Guelphes et les Gibelins de la polémique ; on se battit avec toutes sortes d'armes. Les Pères de l'Institut avaient pour eux le Saint-Siége, le gouvernement, et les esprits sages qui prennent effroi de toute innovation dans les matières religieuses. Les Jansénistes, avec leur ambitieuse devise : *Ardet amans, spe nixa fides*, réunissaient autour d'eux quelques Evêques séduits par l'éclat du talent, les hommes que tourmentait la prospérité des Jésuites, et cette masse flottante qui forme l'opinion publique, et qui penche tantôt d'un côté, tantôt de l'autre, selon les impressions ou les caprices du moment. Vincent de Paul et Olier marchaient avec la Compagnie contre les nouveaux théologiens, et la Mère Angélique ne craignait pas de résumer ainsi la position du père des orphelins : « M. Vincent, écrivait-elle le 12 mars 1655, décrie Port-Royal plus doucement à la vérité que les Jésuites ; mais, par un zèle sans science, il désire autant sa ruine que les autres par une malice toute franche. »

Le rigorisme des uns se plaçait en face de la condescendance des autres. Les disciples de Saint-Cyran accusaient l'Institut de Loyola d'user de trop d'indulgence en faveur des grands et des petits. Ils s'opposaient à un excès imaginaire par un excès réel qui, en théorie, rendait le ciel inaccessible aux fragilités de l'homme : et d'Alembert, avec son scepticisme philosophique, a caractérisé d'une manière plus spirituelle que vraie par son ensemble cette double position.

« Le Janséniste, dit-il dans la *Destruction des Jésuites*

---

[1] *Siècle de Louis XIV*, t. III, ch. XXXVII.

en France [1], impitoyable de sa nature, l'est également et dans le dogme et dans la morale qu'il enseigne ; il s'embarrasse peu que l'une soit en contradiction avec l'autre ; la nature du Dieu qu'il prêche (et qui heureusement pour nous n'est que le sien) est d'être dur comme lui, et dans ce qu'il veut qu'on fasse et dans ce qu'il veut qu'on croie. Que penserait-on d'un monarque qui dirait à un de ses sujets : Vous avez les fers aux pieds, et vous n'êtes pas le maître de les ôter ; cependant je vous avertis que si vous ne marchez tout-à-l'heure, et longtemps, et fort droit, sur le bord de ce précipice où vous êtes, vous serez condamné à des supplices éternels ? Tel est le Dieu des Jansénistes ; telle est leur théologie dans sa pureté originelle et primitive. Pélage, dans son erreur, était plus raisonnable. Il dit à l'homme : Vous pouvez tout, mais vous avez beaucoup à faire. Cette doctrine était moins révoltante, mais pourtant encore incommode et pénible. Les Jésuites ont été, si on peut parler de la sorte, au rabais du marché de Pélage ; ils ont dit aux Chrétiens : Vous pouvez tout, et Dieu vous demande peu de chose. Voilà comme il faut parler aux hommes charnels, et surtout aux grands du siècle, quand on veut s'en faire écouter.

» Ce ne sont pas les seules précautions qu'ils aient prises ; car ils ont pensé à tout. Ils ont eu (à la vérité en petit nombre) des casuistes et des directeurs sévères, pour le petit nombre de ceux qui par caractère ou par scrupule voulaient porter dans toute sa rigueur le joug de l'Evangile. Par ce moyen, se faisant, pour ainsi dire tout à tous, suivant une expression de l'Ecriture (dont à la vérité ils détournaient tant soit peu le sens), d'un côté ils se préparaient des amis de toute espèce, et de l'autre ils réfutaient ou croyaient réfuter d'avance l'objection qu'on pouvait leur faire, d'enseigner universellement la morale relâchée, et d'en avoir fait la doctrine uniforme de leur Compagnie [2].

---

[1] *Destruction des Jésuites*, par d'Alembert, p. 64.

[2] Avec son philosophisme du dix-huitième siècle qui tendait à la négation de tous les principes, d'Alembert a pu écrire le passage que nous venons de citer, mais de ces paroles, à la vérité, il y a loin. Il existe un milieu entre le rigorisme et le relâchement, c'est la morale modérée et sûre qui garde un juste tempérament entre les deux excès. Les Jésuites, il est vrai, étaient plus exigeants envers les per-

Jusqu'alors la guerre n'avait produit aucun résultat; mais, en 1648, les Solitaires commencèrent à espérer qu'il n'en serait plus ainsi désormais. Paul de Gondi gouvernait le diocèse de Paris avec le titre de coadjuteur de l'Archevêque, son oncle. Il était l'ami d'enfance d'Antoine Arnauld; il cherchait dans les ressources de son génie inquiet, plutôt que dans une vie régulière, le pouvoir dont il se montrait si avide. Sa vanité nourrissait beaucoup de projets; afin de les réaliser, il fallait s'appuyer sur une corporation. Les Jésuites ne possédaient pas, ils ne briguaient pas sa confiance. Pour le soutenir dans les séditions et dans les intrigues qu'il méditait, il fit alliance avec les disciples de Saint-Cyran. On lui pardonna la dépravation de ses mœurs, « en considération, dit le Janséniste Fontaine [1], de ses très-excellentes qualités et de son fort grand désir d'avoir pour amis les gens de mérite. » Lorsque ce pacte entre le vice ambitieux et la vertu turbulente fut conclu, ils levèrent le masque, l'Université retentit de discussions passionnées; elle devint une arène où les jeunes candidats, assurés de la protection du Coadjuteur, purent en toute liberté développer les enseignements de l'Evêque d'Ypres. Le mal était contagieux : Nicolas Cornet, le maître de Bossuet, exerçait alors les fonctions de syndic de Sorbonne. Avec cette haute intelligence dont l'immortel Evêque de Meaux a célébré la modération, Cornet étudia, il approfondit la doctrine de Jansénius; puis il résuma en sept propositions les erreurs accumulées dans l'*Augustinus*. En 1649, il les dénonça à la Sorbonne, qui les réduisit à cinq; et « c'est, dit Bossuet [2], de cette expérience, de cette connaissance exquise, et du concert des meilleurs cerveaux de la Sorbonne, que nous est né cet extrait des cinq propositions qui sont comme les justes limites par lesquelles la vérité est séparée de l'erreur, et qui, étant, pour ainsi parler, le caractère propre et singulier des nouvelles opinions, ont donné le moyen à toutes les autres de courir unanimement contre leurs nouveautés inouïes. »

sonnes appelées à la perfection; à l'égard des autres, ils ne demandaient pas comme nécessaires, les vertus de conseil, mais simplement l'observation des commandements; en cela ils suivaient l'Eglise et son Divin Auteur.

[1] *Mémoires de Fontaine*, t. II.

[2] *Oraison funèbre du docteur Nicolas Cornet*, par Bossuet.

Les Jésuites, par la force des choses, se trouvaient les alliés de l'Université de Paris; la Sorbonne et Cornet avaient levé l'étendard. On accusa les Pères d'être les fauteurs mystérieux de la mesure prise. Une année après, l'assemblée générale du Clergé s'ouvre à Paris, et quatre-vingt-huit Evêques transmettent au pape Innocent X les cinq propositions; ils les défèrent à son jugement souverain. Les Jésuites ne furent plus seuls incriminés pour avoir dirigé le coup que les Prélats de France portaient à l'*Augustinus*. Ils y avaient pris une large part; mais d'autres revendiquèrent avec eux la portion de gloire qui leur revenait, et, dit M. Faillon, le biographe du fondateur de Saint-Sulpice [1], « M. Olier signala encore son zèle dans cette occasion. Les Jansénistes l'ont même accusé d'avoir été du nombre des solliciteurs qui employèrent jusqu'aux menaces pour obtenir la signature de quatre-vingts ou quatre-vingt-cinq Evêques. Il est inutile de le justifier sur ce point : de telles inculpations doivent être regardées comme des éloges, quand on voit l'historien du Jansénisme appeler saint Vincent de Paul un dévot ignorant, demi-Pélagien et Moliniste, à qui les Evêques cédèrent afin de se délivrer de ses importunités. »

L'orgueil froissé poussait les Solitaires à des injustices que la postérité déplore; dans le même moment, un Jésuite, emporté par une colère que le bon droit ne légitime jamais, répondit aux injures par d'autres injures. *Le Jansénisme confondu*, ouvrage que le Père Brisacier dirigeait contre Arnauld, parut, on l'accueillit à Port-Royal comme une bonne fortune. Les Jésuites avaient pour eux la vérité : ils oublièrent que ceux qui la soutiennent ne doivent pas la représenter sous la forme du pamphlet. Arrivés à leur point culminant, ils se sentaient appuyés; mais, en face des controversistes qui s'élançaient sur eux, ils aimèrent mieux laisser au sarcasme qu'à la raison le soin de venger l'Eglise et leur Institut. Le sarcasme ne se contint pas toujours dans les bornes de la modération, et *le Jansénisme confondu* fut plutôt un triomphe pour cette cause qu'un succès pour les Jésuites. A peine ce livre eut-il été publié, que les Solitaires se plaignirent avec amertume des

_____
[1] *Vie de M. Olier*, t. II, p. 162.

attaques dont les religieuses de Port-Royal étaient l'objet : le
Coadjuteur fut appelé à se prononcer. A la même époque il
briguait le chapeau de cardinal ; il crut être obligé à des ménagements envers la vérité. Il n'ignorait pas que les cinq propositions seraient flétries à Rome ; il se garda bien de les approuver ; mais Brisacier, dans l'excès de son zèle, avait ouvert
une voie aux censures. Paul de Gondi en profita, et, le 29 décembre 1651, il accorda aux Jansénistes la satisfaction suivante : « Naguère, dit le Prélat avec une réserve qui dut autant
coûter à ses goûts belliqueux qu'à la vengeance non assouvie
de Port-Royal ; naguère certain livre a été mis au jour sous
ce titre : *Le Jansénisme confondu*, où l'auteur, sous prétexte
de défendre la sainte doctrine de l'Evangile, a tellement exercé
sa passion que, non content d'user d'un style très-piquant contre ceux qu'il tient pour adversaires, il s'est tant oublié que de
charger une communauté de religieuses d'infinité de calomnies
et d'opprobres [1], jusqu'à l'accuser d'hérésie quant à la doctrine

[1] C'est à la page 6 et à la page 33 de la 4e partie de cet ouvrage que les Jansénistes trouvèrent surtout matière à accuser, et ce sont les deux passages suivants
qui leur fournirent le texte de la condamnation archiépiscopale. Le Père Brisacier
s'exprimait ainsi .

« Pendant que les Catholiques voueront la pauvreté, la chasteté, l'obéissance,
la fréquentation des Sacrements suivant les conseils de Jésus-Christ, les dévots
Jansénistes feront un autre vœu de Religion, rare et nouveau, de ne recevoir ni
absolution, ni communion pendant toute leur vie, non pas même à la mort, pour
imiter le désespoir de Jésus-Christ quand il fut abandonné à la croix par son Père,
afin que tout ce que Jésus-Christ est n'ait point de rapport avec nous, suivant le
Chapelet et les règles prescrites aux Filles du Saint-Sacrement, par honorable
homme, apôtre de l'Evangile extravagant, le sieur Hauranne de Saint-Cyran ;
mais, qui plus est, elles seront obligées de les observer et feront une nouvelle
Religion qu'on appellera les Filles impénitentes, les Désespérées, les Asacramen-
taires, les Incommuniantes, les Fantastiques, les Calaghannes, les Vierges folles, et
tout ce qu'il vous plaira. L'original en sera au Port-Royal et la copie à Cour-
Cheverny, sous la direction du sieur Calaghan [*]. »

Plus loin, à la page 33 de cette même partie, l'auteur du *Jansénisme confondu*
dit que, dans les imputations qu'il soulève contre les sectaires, il n'a pas parlé
des fautes d'impureté, et il continue en ces termes :

« Je n'ai pas voulu ajouter un quatrième péché fort ordinaire aux Hérétiques,
qui est celui de la chair, parce qu'il n'est pas universel ; quoique je sache fort bien
une infinité d'histoires infâmes que Dieu a permises dans tous les novateurs pour
confondre leur superbe, et que je n'ignore pas que les maximes de ceux qui naissent aujourd'hui en sont le grand chemin ; et que je n'aie pas oublié parmi le
bruit des canons et de la guerre ce que m'a appris saint Jérôme : *Difficile est hæ-
reticum reperire qui diligat castitatem* ; j'ai mieux aimé les supprimer et les
couvrir sous les paroles pudiques de saint Paul que de les révéler pour les raisons
que j'ai dites ailleurs. »

De ces deux passages, le premier peut s'appliquer et s'applique en effet aux re-

[*] Calaghan, prêtre Janséniste, était curé de Cour-Cheverny, au diocèse de Blois.

et quant aux mœurs d'impureté. Après avoir considéré ledit libelle et icelui fait voir et examiner par personnes doctes et pieuses, nous l'avons condamné et condamnons par ces présentes, comme injurieux, calomnieux, et qui contient plusieurs mensonges et impostures. »

La vengeance offerte aux Jansénistes par leur complice politique n'était pas absolue ; il fallait faire lire ce jugement pastoral dans toutes les églises de Paris. Les curés les plus renommés par leur science et par leur piété refusèrent de le publier au prône. « De ce nombre étaient MM. Chapelas, Olier et Abelly, raconte M. Faillon dans la *Vie du curé de Saint-Sulpice* [1] ; on les accusa depuis, et la supposition est tout-à-fait vraisemblable, d'avoir, de concert avec le docteur Hallier et les Jésuites, voulu empêcher l'Archevêque de donner cette censure, ou au moins obtenir qu'elle ne fût pas publiée. Contraints néanmoins par les hauts commandements du Prélat, ils la publièrent, en ajoutant que l'Archevêque n'avait pas condamné par là les sentiments exposés dans le livre du *Jansénisme confondu*, mais simplement pris la défense des religieuses de Port-Royal, dont il était parlé en cet écrit. »

Avec des adversaires comme les premiers sectateurs de Jansénius, toujours prêts au combat, et ne voyant que dans des luttes incessantes le triomphe de leurs idées, un pareil acte offrait assez de surface, même à travers ses réticences, pour leur permettre de guerroyer contre les Jésuites. La forme, là comme souvent, emportait le fond. On se dispensa de répondre aux démonstrations du Père Brisacier ; l'on ne voulut voir dans son livre que les passages où la véhémence théologique s'imprégnait à tort du fiel de la satire. La vérité empruntait l'accent de la colère ; les Jansénistes, qui n'étaient pas plus modérés que Bri-

ligieuses de Port-Royal. Il fait allusion au Chapelet secret du saint Sacrement et à plusieurs autres pratiques connues des disciples de Saint-Cyran. Le témoignage de la Mère Agnès Arnauld, abbesse de Port-Royal, écrivant à Saint-Cyran, ne laisse aucun doute sur ce point. « Il y a de nos filles, disait-elle, qui ne sont pas confessées depuis quinze mois, et c'est de quoy étonner un confesseur qui ne demande que des paroles et non des dispositions. » Le second regarde la secte en général, et plus spécialement les hommes, *les Sectaires*. Ce fut sur ces deux passages que le futur cardinal de Retz basa une condamnation, et ce sont les paroles qui arrachèrent aux Jansénistes tant d'imprécations contre l'audace sacrilège du Père Brisacier.

[1] *Vie de M. Olier*, t. II, p. 185 (note 7 du 9ᵉ livre).

IV.   3

sacier, firent de l'indignation de commande, et ils continuèrent leurs attaques. Ils triomphaient à Paris, ils essayèrent de se préparer à Rome une victoire moins facile, mais aussi plus décisive. L'assemblée générale du Clergé avait déféré au Saint-Siége les cinq propositions. Onze évêques seulement refusaient de s'associer à la censure préventive que l'Église gallicane prononçait; ce fut au nom de ces Évêques que les Jansénistes députèrent à Rome Louis de Saint-Amour, Noël de La Lane et Desmares. Vincent de Paul, le Père Dinet, confesseur du jeune roi, et Olier, ne restèrent pas en arrière. Les docteurs Joisel, Hallier et Lagault furent chargés de représenter le Clergé de France dans les discussions qui allaient s'ouvrir auprès du Saint-Siége, et le Père Brisacier les accompagna comme mandataire des Jésuites de Paris.

Les sectaires savaient qu'il y aurait toujours avantage pour eux à éterniser les discussions et à changer du jour au lendemain le terrain de la polémique. Ils avaient à lutter contre Rome et contre l'Eglise de France. La Compagnie de Jésus et la Sorbonne, la presque unanimité de l'épiscopat et des docteurs des Sociétés religieuses étaient ouvertement hostiles aux innovations qu'ils prêchaient; mais la splendeur littéraire qui couvrait leur nom, mais ce sentiment de ténacité que l'orgueil en commun fait concevoir à des hommes isolés, que le talent grandit encore moins qu'une opiniâtre résistance au pouvoir établi, tout devait provoquer chez les Jansénistes une haute idée de leur position. Les mesures de douceur employées par le Saint-Siége, les vivacités théologiques des Jésuites persuadaient aux novateurs que leur prestige ne devait que s'accroître, et que ces réunions solennelles où ils étaient appelés à discuter leurs principes deviendraient pour la cause un écho retentissant : le bruit et l'éclat leur étaient nécessaires. Louis de Saint-Amour, à Rome, se servit avec une perfide adresse des armes que l'indulgence de l'Eglise laissait à sa disposition [1].

[1] L'un des députés des Evêques auprès du Pape pour la condamnation des cinq propositions, M. Lagault, écrivait de Rome à saint Vincent de Paul, le 15 juillet 1653 :

« Innocent X n'a rien omis de ce qui était nécessaire pour lever tout prétexte de plainte. Après vingt-cinq Congrégations et plus, tenues par MM. les Cardinaux,

Dans son journal, il expliqua à sa guise toutes les circonstances. Il dénatura les caractères, il calomnia les personnes, en mettant de côté l'intervention de Vincent de Paul, d'Olier et de la presque unanimité du Clergé français. Il ne s'en prit qu'aux Jésuites : les Jésuites furent pour lui, ainsi que pour chaque disciple de l'Evêque d'Ypres, le rempart qu'il fallait abattre, afin de pénétrer au cœur de la Chaire apostolique; les Jansénistes usèrent de tous les artifices; mais l'Eglise vit le piège qui lui était tendu. Les conférences avaient commencé le 12 avril 1651; le 31 mai 1653, Innocent X, après s'en être fait rendre compte, et avoir lui-même examiné les cinq propositions, déclara par une bulle qu'elles étaient bien renfermées dans l'*Augustinus*, et que le Saint-Siége les tenait pour hérétiques [1].

il en a tenu dix devant lui de plus de quatre heures entières; ensuite, il a bien voulu entendre ces Messieurs les Jansénistes, puisqu'ils le souhaitaient, quoiqu'il n'y fût en aucune façon obligé, particulièrement ayant refusé d'être ouis devant MM. les Cardinaux; mais ils débutèrent si mal devant lui à la première audience, qu'il ne leur a pas accordé la seconde, laquelle ils ne demandaient que pour traîner, et voulaient tenir, disaient-ils, jusqu'à vingt-cinq audiences. Ils ne dirent jamais un mot de ce dont il s'agissait; ils s'amusèrent à invectiver contre les Jésuites, et à prouver qu'ils étaient auteurs de plus de cinquante hérésies. Le Pape voyant leur dessein, s'est enfin résolu à passer outre. Ils n'ont aucun sujet néanmoins de se plaindre de lui : car, nous n'avons encore eu qu'une seule audience de lui, et eux, depuis qu'ils sont à Rome, ils en ont eu plus de huit ou neuf. Depuis la décision, ils en ont encore eu une de plus d'une heure où ils ont protesté d'obéir. À vous dire franchement, néanmoins, je doute que tous le fassent; ils s'en retournent promptement en France, nonobstant les chaleurs; il y a très-grand sujet de craindre que ce ne soit pour empêcher l'effet de la Bulle.» (Vie de saint Vincent de Paul, par Abelly, liv. II, ch. XII. Item par Collet, t. I, p. 555.)

[1] Voici le texte même et la condamnation de ces cinq fameuses propositions :
« Quant à la première de ces propositions : *Quelques commandements de Dieu sont impossibles à des justes qui désirent et qui tâchent de les garder selon les forces qu'ils ont alors; et ils n'ont point de grâce par laquelle ils leur soient rendus possibles*, nous la déclarons téméraire, impie, blasphématoire, frappée d'anathème, hérétique, et comme telle nous la condamnons.

» Seconde proposition : *Dans l'état de la nature corrompue, on ne résiste jamais à la grâce intérieure*. Nous la déclarons hérétique, et comme telle nous la condamnons.

» Troisième proposition : *Pour mériter et démériter, dans l'état de la nature corrompue, on n'a pas besoin d'une liberté exempte de la nécessité d'agir; mais il suffit d'une liberté exempte de contrainte*. Nous la déclarons hérétique, et comme telle nous la condamnons.

» Quatrième proposition : *Les semi-Pélagiens admettaient la nécessité d'une grâce intérieure et prévenante pour chaque action en particulier, même pour le commencement de la Foi; et ils étaient hérétiques, en ce qu'ils prétendaient que cette grâce était de telle nature, que la volonté de l'homme avait le pouvoir d'y résister ou d'y obéir*. Nous la déclarons fausse et hérétique, et comme telle nous la condamnons.

» Cinquième proposition : *C'est une erreur des semi-Pélagiens de dire que Jésus Christ soit mort, ou qu'il ait répandu son sang pour tous les hommes*

A partir de ce jour, le Jansénisme qui, dans ces âmes si
fortement trempées et dans ces génies si littérairement audacieux, ne pouvait être qu'une erreur, devint un schisme. Ils
avaient assez de candeur et de foi pour courber la tête sous la
décision de l'autorité pontificale ; mais c'était beaucoup plus à
la Compagnie de Jésus qu'à l'Eglise universelle qu'ils en voulaient. L'Eglise les condamnait ; leur orgueil froissé leur persuada que les Jésuites allaient se glorifier d'un pareil triomphe.
Pour ne pas être écrasés sous cette ovation hypothétique, qui
humiliait des rêves de vanité si longtemps caressés, ils mirent
leur intelligence révoltée au service d'une jalousie passagère.

Les Pères de la Compagnie de Jésus ne prenaient aucune
part aux troubles dont la Fronde remplissait le royaume. Adoptés, favorisés, estimés par la France entière, ils avaient des
choses plus utiles à entreprendre, de plus heureuses concep-
tions à mener à bonne fin. La Fronde n'était qu'une émeute
de femmes coquettement politiques et de princes qui aspiraient
en même temps aux honneurs de la popularité et au bénéfice
plus réel du pouvoir. Dans ces étranges conflits, les Jésuites se
tinrent à l'écart ; ils n'étaient ni pour Mazarin ni pour le Coadjuteur ; ils n'abritaient pas la gravité de leur ministère sous les
inconstances de la belle duchesse de Longueville ou sous les
passions batailleuses de la grande Mademoiselle. La guerre civile ruinait les campagnes ; ils y portèrent toute l'ardeur de leur
charité.

Les Jansénistes ne se résignèrent pas à cette discrétion ; ils

sans exception. Nous la déclarons fausse, téméraire, scandaleuse ; et, si on l'entend en ce sens que Jésus-Christ soit mort pour le salut des seuls prédestinés, nous
la déclarons impie, blasphématoire, injurieuse et dérogeant à la bonté de Dieu,
hérétique, et comme telle nous la condamnons.

» C'est pourquoi nous défendons à tous fidèles Chrétiens, de l'un et de l'autre
sexe, de croire, d'enseigner ou de prêcher, touchant lesdites propositions, autrement qu'il n'est contenu dans notre déclaration et définition présente, sous les
censures et autres peines de droit ordonnées contre les hérétiques et leurs fauteurs.
Nous enjoignons pareillement à tous les Archevêques, Evêques, comme aussi aux
Inquisiteurs de l'hérésie, de réprimer absolument et de contenir dans le devoir,
par les censures et les peines susdites, tous les contredisants et les rebelles, im-
plorant même contre eux, s'il en est besoin, le bras séculier. Et, par ce jugement
sur les cinq propositions, nous n'entendons pas approuver, en façon quelconque,
les autres opinions qui sont contenues dans le livre ci-dessus nommé de Cornelius
Jansénius.

» Donné à Rome, le 31 mai 1653. »

s'étaient mis en campagne avec le cardinal de Retz; ils continuèrent la guerre pour son compte, même après l'arrestation
et l'exil volontaire du Coadjuteur. Il portait à l'étranger son
cynisme de mœurs, son luxe désordonné et ses bruyants plaisirs. A Paris, dans les chaires et au pied des autels, les Jansénistes, qu'il avait placés à la tête de l'administration diocésaine,
représentaient Paul de Gondi comme le martyr de l'autorité
épiscopale. Ils ordonnaient des prières publiques plutôt pour
son retour que pour sa conversion; ils versaient des larmes hypocrites sur les infortunes d'un prélat dont par calcul ils avaient
épousé les intérêts, et dont, par une triste condescendance, leur
austérité encourageait les dépravations. Aux jours de sa puissance, le Coadjuteur s'était appuyé sur les Solitaires de Port-
Royal; lorsque, errant en Europe, il n'eut plus qu'à lutter
contre des adversaires dont ses débauches ne cessaient de grossir le nombre, on vit la pureté de la Mère Angélique caution-
ner les scandales du cardinal de Retz. Il prodiguait aussi facilement ses banales tendresses que sa fortune; les religieuses
de Port-Royal vinrent à son secours [1], et, par esprit de parti,
elles subventionnèrent des turpitudes dont le récit, même le
plus chastement atténué, aurait fait rougir leur front. La pudeur
de ces femmes se serait effarouchée à la seule pensée du vice,
et, afin de jouer jusqu'au bout le rôle auquel les besoins de
l'opposition janséniste les dévouaient, il leur fallut fermer les
yeux sur les déportements dont retentissaient toutes les ruelles
de Paris [2].

L'intrigue politique venait en aide à l'intrigue religieuse.
Maîtres du diocèse de Paris, dont le Coadjuteur était, malgré le
gouvernement, proclamé par eux archevêque après la mort de

---

[1] *Histoire ecclésiastique* de l'abbé Racine, t. x. — *Histoire de Port-Royal*,
1re partie.

[2] Jean Racine, dans sa fameuse *Lettre à Nicole* (*Œuvres de Racine*, t. vi, p. 23),
s'adresse en ces termes aux Jansénistes qui avaient été et qui plus tard devaient
encore être ses admirateurs et ses coreligionnaires : « Qu'une femme fût dans le
désordre, qu'un homme fût dans la débauche, s'ils se disaient de vos amis, vous
espériez toujours dans leur salut; s'ils vous étaient peu favorables, quelque vertueux qu'ils fussent, vous appréhendiez toujours le jugement de Dieu pour eux.
La science était traitée comme la vertu : ce n'était pas assez, pour être savant, d'avoir
étudié toute sa vie, d'avoir lu tous les auteurs. Il fallait avoir lu Jansénius, et n'y
avoir point lu les propositions. »

son oncle, les Jansénistes cherchaient à ruiner la Compagnie de Jésus. A la faveur des divisions qui régnaient dans le royaume, ils s'étaient adjugé un pouvoir illimité que l'éclat de leurs talents semblait consacrer. Le Pape avait flétri les cinq propositions extraites de l'*Augustinus*, il ne leur restait qu'à obéir ou qu'à se précipiter dans l'hérésie; ils ne furent ni assez humbles pour se soumettre, ni assez audacieux pour rompre avec l'Eglise. Ils condamnèrent à leur tour les cinq propositions; mais tout en déclarant qu'elles n'étaient point contenues dans le livre de l'Evêque d'Ypres, ils maintinrent avec plus de savantes obstinations que jamais l'innocence de ses doctrines et l'orthodoxie de ses partisans. Afin de combattre la Société de Jésus, ils se plaçaient dans son propre camp; l'autorité pontificale elle-même était impuissante pour les en chasser.

Singlin, Arnauld, Le Maître, Nicole, Lancelot, Sacy, Domat, et les autres chefs du Jansénisme, montaient à l'assaut. Ils poursuivaient les Jésuites sans relâche. La cause des cinq propositions grandissait à mesure que se fabriquaient les pamphlets théologiques; elle devenait une affaire d'Etat; les ducs de Luynes et de Liancourt secondaient le mouvement des esprits. Arnauld voulut le développer plus rapidement, et, dans une lettre adressée à un duc et pair de France, il jeta le gant de défi à ses antagonistes. C'était réclamer la persécution; les Jansénistes en sentaient le besoin : la lettre d'Arnauld fut déférée à la Sorbonne. Le docteur se cacha; Le Maître, Nicole et Fontaine le suivirent dans son mystérieux asile. La Sorbonne, soutenue contre les factions par la présence du chancelier Séguier, déclara, le 29 janvier 1656, impies, scandaleux et hérétiques, les principes posés par Arnauld.

Cet homme si amant de la controverse avait fait défaut au procès. Ce n'était pas au pied d'un tribunal, même le plus éclairé du monde, qu'il prétendait vider ses querelles, mais devant l'opinion publique, qui se laisse si facilement séduire par des paradoxes ou entraîner par d'habiles mensonges. Les Jésuites étaient étrangers à la Sorbonne, l'Université n'avait pour eux qu'un sentiment d'éternelle rivalité; cependant par un décret elle s'associait à leurs principes. Du fond de sa retraite,

Arnauld avait composé une apologie ; mais, comme il arrive souvent aux polémistes les plus incisifs, l'écrivain, à la verve toujours abondante lorsqu'il attaquait, était resté dans sa défense au-dessous de son talent, au-dessous-même de son courage. Ses amis qui écoutaient cette lecture étaient stupéfaits d'une pareille transformation. Arnauld s'aperçoit de leur accueil glacial, et, secouant d'un air de regret sa tête, dont l'ampleur extraordinaire semble écraser la ténuité de son corps, il s'écrie : « Vous n'approuvez pas mon ouvrage, et j'avoue qu'il ne vaut rien. » A ces mots, il se tourne vers un Solitaire dont les traits amaigris, dont les yeux brillants de fiévreuse énergie, et le large front couronné de beaux cheveux flottants, avaient plus d'une fois trahi l'inspiration. Arnauld fixe sur lui son regard perçant ; puis, modeste au profit de sa cause, il l'interpelle ainsi : « Mais vous, qui êtes plus jeune, vous devriez bien faire quelque chose. »

La provocation était directe ; Blaise Pascal y répondit par la première *Provinciale*.

Voltaire, qui se connaissait en calomnie, a écrit [1] : « De bonne foi, est-ce par la satire des *Lettres Provinciales* qu'on doit juger de la morale des Jésuites ? »

Le comte de Maistre les a surnommées les menteuses, et, dans ses *Soirées de Saint-Pétersbourg* [2], il dit : « Pascal, polémique supérieur, au point de rendre la calomnie divertissante. »

Le vicomte de Chateaubriand, dans ses *Études historiques* [3], porte le même jugement : « Et pourtant, s'écrie-t-il, Pascal n'est qu'un calomniateur de génie ; il nous a laissé un mensonge immortel. »

Le génie peut se servir, à l'égard du génie, de ces expressions qui deviennent des jugements ; l'histoire, qui ne doit avoir ni enthousiasme ni colère, ne se contente pas d'une parole poétique arrachée à un sentiment de justice ou de rivalité. Il n'appartient qu'à des esprits d'élite d'être cruels envers la mémoire

[1] *Lettre au Père de Latour*, année 1746.
[2] *Soirées de Saint-Pétersbourg*, t. 1, sixième entretien.
[3] *Études historiques*, *Histoire de France*.

de Pascal, comme il n'a appartenu qu'aux adversaires quand même de la Compagnie de Jésus d'accepter sans garantie les assertions dont l'auteur des *Provinciales* se constitua l'organe. Il importe donc de se préserver de l'admiration des uns et de l'acerbe censure des autres ; il faut rester calme en parlant d'un livre qui, depuis près de deux cents ans, a toujours eu le secret de surexciter les passions.

Homme d'imagination vigoureuse et de science profonde, réunissant au plus haut degré l'intelligence qui conçoit et la faculté qui perfectionne, écrivain à qui la Foi inspirait la sublimité des pensées, Pascal avait déjà jeté sur le monde savant les plus vives lumières. Géomètre et philosophe, érudit et prosateur célèbre, il avait voué à la défense du Christianisme sa merveilleuse facilité à tout comprendre et à tout expliquer. Il s'était épris de cet amour de la solitude, de ces doctrines sévères que prêchaient des voix éloquentes. Son esprit maladif ne déployait de la force qu'en donnant un corps à l'énergie de ses idées : Pascal, toujours vrai dans les sciences exactes, toujours admirable lorsque, descendant des hauteurs célestes, il jetait un regard sur le monde, se laissait entraîner à des colères indignes de son génie et à des rêves qui déparaient sa gloire. La première *Provinciale* fut un chef-d'œuvre d'atticisme moqueur et de naïve élégance. Les dix-sept autres, qui la suivirent à des époques indéterminées, poussèrent l'art de la plaisanterie à ses dernières limites. Ce fut de la bonne, de l'excellente comédie avant Molière ; ce n'est pas de la vérité. « En attribuant à ses adversaires, dit M. Villemain [1], le dessein formel et prémédité de corrompre la morale, il fait une supposition exagérée. » Mais qu'est-ce donc qu'un homme qui, en reprochant aux autres une morale relâchée, oublie assez les premiers devoirs de la probité littéraire pour exagérer une hypothèse ?

Chacune de ses *Provinciales* recèle une prodigieuse malice ; néanmoins cette malice, dont les contemporains de Pascal, plus habitués que les générations suivantes aux subtilités théologiques, ont célébré le mordant, a perdu pour nous beaucoup

---

[1] *Discours et Mélanges littéraires*, par M. Villemain, page 362 (édit. 1823).

de sa saveur primitive. Quand il y avait encore des Jansénistes,
quelques femmes, d'un goût plus mondain, professaient déjà
cette opinion. Madame de Grignan, à qui la marquise de Sévigné trouvait tant d'esprit, s'écriait : C'est toujours la même
chose! et, le 21 décembre 1689, sa mère l'en grondait [1]. La
monotonie du plan était encore un défaut capital, que toutes
les sottises prêtées au Jésuite interlocuteur ne rachetaient pas.

Les *Provinciales* sont aujourd'hui, comme le *Tartufe*,
une œuvre qu'on applaudit de confiance, et qui pénètre d'un
ennui plein d'admiration tous ceux qui croient devoir à leurs
préjugés contre les Jésuites [2] une lecture attentive de ces deux
ouvrages. Leurs titres seront beaucoup plus long-temps populaires que leur texte. Pascal avait réussi au-delà même des
espérances du Jansénisme. Son ton railleur, son style qui s'as-
souplissait à toutes les exigences, son implacable causticité,
révélèrent aux Pères de la Compagnie de Jésus un antagoniste
comme ils n'en avaient pas encore rencontré, et aux Solitaires
de Port-Royal un défenseur assez vertueux dans ses complai-
sances pour se prêter à toutes les supercheries que l'on im-
poserait à sa confiance. Afin de défendre Arnauld, qu'il saluait
comme son maître, qu'il acceptait pour son ami, Pascal avait
produit un glorieux pamphlet. On fourvoya ses sentiments de
respect et d'affection. De l'appui que son génie accordait à un
homme dont la réputation était compromise, on le fit passer à
l'attaque de ceux qui, répétait-on sans cesse, s'étaient faits ses
plus implacables ennemis.

Pascal, comme tous les écrivains ensevelis dans des études
abstraites, n'entendait rien aux passions humaines; il les défi-
nissait par intuition; il scrutait les âmes sans avoir jamais été
à même d'étudier leurs penchants. Enivré de louanges, il
s'aveuglait sur son ouvrage, parce que, autour de lui, chacun
s'empressait de célébrer, au nom du ciel, la satire que de

---

[1] *Lettres de madame de Sévigné* (lettre DCCCIII).

[2] Le *Tartufe*, que l'on représente encore comme une épigramme en action
contre les Jésuites, n'a point eu ce but dans l'intention de l'auteur. Molière connaissait trop bien les hommes et ses anciens maîtres pour affubler ces derniers d'un
rôle semblable. L'abbé de Choisy, qui était à l'affût de tous les bruits et des causes
secrètes de chaque événement, prétend que Molière avait en vue l'abbé Roquette
lorsqu'il peignit le personnage de l'hypocrite.

perfides encouragements faisaient découler de sa plume. Il apparaissait comme le vengeur de Port-Royal ; Port-Royal abusa de l'enthousiasme qu'il avait soufflé au cœur du sublime Solitaire pour faire servir les inépuisables ressources de son esprit à d'étroites combinaisons de parti. On l'égara dans le dédale des subtilités sur la Grâce, on le fit l'exécuteur des haines jansénistes ; on fournit à son génie, devenu calomniateur par entraînement, des textes tronqués, des passages mutilés, sur lesquels il devait jeter la sève de ses épigrammes [1]. Alors Pascal écrivit un

[1] Nous ne cherchons point à mettre Pascal en contradiction avec les auteurs sur lesquels il s'appuie ; mais, dans l'intérêt de l'histoire, nous avons dû remonter aux sources qu'il indique, et vérifier par nous-même quelques-uns des textes cités par l'auteur des *Provinciales*. Nous n'en apporterons que trois qui serviront à démontrer la fidélité de la plupart des autres.

Dans la sixième *Provinciale*, Pascal établit que les Jésuites professent des maximes relâchées propres pour tous les états, et il ajoute : « Ce qui serait simonie selon saint Thomas, ils l'ont rendu exempt de simonie, comme ces paroles de Valentia vous l'apprendront. » C'est la conclusion d'un long discours où il en donne plusieurs expédients, dont voici le meilleur à mon avis. C'est à la page 2039 du tome III : « Si l'on donne un bien temporel pour un bien spirituel, c'est-à-dire *de l'argent pour un bénéfice*, et qu'on donne l'argent comme le prix du bénéfice, c'est une simonie visible ; mais si on le donne comme le motif qui porte la volonté du collateur à le conférer, ce n'est point simonie, encore que celui qui le confère considère et attende l'argent comme la fin principale. »

La première édition des *Provinciales* in-4°, au lieu du verbe *conférer*, emploie celui de *résigner*, avec ces mots latins en garantie : *Non tanquàm pretium, sed tanquàm motivum ad resignandum.* Ces paroles ne se trouvent point dans la théologie du Jésuite Valentia. On les retrancha aux éditions suivantes, parce que l'imposture était trop palpable ; néanmoins le reste de la citation fut conservé. Nous venons de recourir à l'ouvrage même du Père Valentia : mais à la page indiquée par Pascal, mais avant comme après, il nous a été impossible de rencontrer un texte se rapportant à celui des *Provinciales*. Ce sont des mots pris çà et là dans un long chapitre, et appliqués à des matières autres que celle traitée par le Jésuite. Pascal ne s'occupe que des Bénéfices, et Valentia parle en ce troisième point des ministères ou actes du ministère ecclésiastique, comme dire la messe, réciter l'office, etc. Il se demande d'abord si pour ces actes on peut recevoir de l'argent sans simonie, et il répond : Oui : — *autrement*, ajoute-t-il à cette fameuse page 2039 du tome III, *il faudrait condamner l'usage universel dans l'Eglise, suivant lequel les services spirituels que les ecclésiastiques rendent au peuple, se rendent à condition de certaines rétributions temporelles qui servent à l'entretien des ministres.* Puis, s'appuyant sur la doctrine de saint Thomas, il déclare que la *rétribution temporelle qu'on donne ou qu'on reçoit ne doit pas être le prix du spirituel, mais seulement le motif qui porte à la conférer ou à le recevoir.*

Saint Thomas dit en effet (2, 2. q, 100, art. 2) « donner ou recevoir quelque chose pour l'administration du spirituel comme paiement ; cela est simoniaque ; mais il est permis de le recevoir comme une rétribution pour sa nécessité ou pour son entretien. »

Pascal a été évidemment trompé ou il trompe sur le compte du Père Valentia. Les textes sont plus convaincants que la plaisanterie la mieux aiguisée ; et les textes, les voilà dans toute leur pureté. Arrivons maintenant au Père Bauny, dont le *Lutrin* de Boileau a immortalisé la *Somme*. Pascal parlant du Père Bauny, toujours dans

livre qui, au dire de Lemontey [1], « fit encore plus de mal à la religion que d'honneur à la langue française. » C'est, avoue le protestant Schœll, plus équitable que beaucoup de Catholiques [2], « un ouvrage de parti, où la mauvaise foi attribuait aux Jésuites des opinions suspectes que depuis longtemps ils avaient blâmées, et qui mit sur le compte de toute la Société certaines extravagances de quelques Pères espagnols et flamands. »

Les points dogmatiques traités par Pascal ont été décidés contre lui par l'Église universelle ; mais, en jouteurs prévoyants,

sa sixième *Provinciale*, s'écrie : « Il y a du plaisir à voir ce savant casuiste pénétrer le pour et le contre d'une même question qui regarde encore les prêtres, et trouver raison pour tout, tant il est ingénieux et subtil. Il dit dans un endroit (c'est dans le Traité x, pag. 474) : « *On ne peut pas faire une loi qui oblige les curés à dire la messe tous les jours, parce qu'une telle loi les exposerait indubitablement*, HAUD DUBIÈ, *au péril de la dire quelquefois en péché mortel.* » Et néanmoins, continue Pascal, dans le même Traité x, pag. 441, il dit que « *les prêtres qui ont reçu de l'argent pour dire la messe tous les jours, la doivent dire tous les jours, et ne doivent pas s'excuser sur ce qu'ils ne sont pas toujours assez bien préparés pour la dire, puisqu'on peut toujours faire l'acte de contrition, et que s'ils y manquent, c'est de leur faute, et non pas celle de celui qui leur a fait dire la messe.* »

La contradiction est flagrante sans aucun doute ; mais se trouve-t-elle dans le Père Bauny, ainsi que l'affirme Pascal ? Nous ouvrons le Traité x de Bauny, nous courons à la page 474, et nous lisons : « *Possevin et autres théologiens ont écrit qu'il ne pourrait y avoir de loi qui obligeât à célébrer tous les jours le saint sacrifice, parce que cette loi exposerait sans nul doute au péril de commettre un péché mortel ceux qui ne seraient pas bien disposés.* » A la page 441 du même Traité, nous lisons encore : « *Lorsqu'un prêtre convient avec une personne de dire pour elle la messe une fois tous les ans ou tous les jours, il pèche s'il ne s'acquitte pas de ce devoir ou par lui-même ou par un autre.* » Bauny est encore plus explicite ; il déclare que si le prêtre ne dit pas ou ne fait pas dire la messe, il est tenu de rendre la somme entière à qui elle appartient. Ensuite, s'adressant l'objection que ce serait mettre ce prêtre dans une occasion presque inévitable de pécher, le Jésuite répond deux choses : la première, que *ce prêtre peut en tout temps faire un acte de contrition, qu'il peut à chaque instant revenir à Dieu par la charité et par la haine du péché, et que s'il ne le fait pas, c'est sa faute et non celle d'autrui* ; la seconde est que, *n'étant pas obligé de s'acquitter de ce sacré ministère par lui-même, mais le pouvant faire par un autre, il dépend de lui, s'il ne se trouve pas prêt au saint sacrifice, de faire dire la messe par un autre prêtre* ; en quoi il n'y a ni danger, ni péché.

Pascal a oublié dans ses *Provinciales* ce texte de la page 441, qui explique toute la pensée de Bauny, et s'il a éprouvé du « plaisir à voir ce savant casuiste pénétrer le pour et le contre d'une même question, » il faut avouer que les honnêtes gens doivent rougir pour l'honneur des lettres en signalant de pareilles fraudes.

Nous pourrions suivre ainsi à la piste toutes les altérations, toutes les falsifications de textes auxquelles Pascal a eu le malheur de prêter son nom. Une dernière, encore plus grave que les autres, suffira pour démontrer qu'avec un pareil système on peut dénaturer jusqu'à l'Évangile. — Dans la cinquième *Provinciale*, Pascal, voulant prouver que les Jésuites ont abandonné la morale des Saints Pères

[1] *Histoire de la Régence*, t. 1, p. 156.
[2] *Cours d'histoire des États européens*, t. XXVIII, p. 79.

les Jansénistes s'occupaient beaucoup moins de justifier leur
théologie que d'écraser leurs ennemis. Ils avaient sous la main
un levier qui battait en brèche la Compagnie de Jésus; ils renoncèrent à la poursuivre sur les hauteurs toujours ardues et
souvent inaccessibles de la Grâce, ils l'attaquèrent dans les
œuvres vives de la morale. En grossissant les rêves scolastiques
des uns, en dénaturant les systèmes créés par d'autres, on
poussa Pascal à mettre en suspicion tous les enfants de saint
Ignace de Loyola. Le génie est indulgent comme la force : les
Jansénistes le dépouillèrent de ce caractère pour le rendre
l'interprète de leur animosité. Alors Pascal, oubliant le respect
dû à sa gloire, cacha les virulences de Port-Royal sous une

afin de lui substituer une morale nouvelle et opposée à la leur, fait ainsi parler
son Jésuite : Ecoutez notre Père Cellot (De Hier., lib. VIII, cap. XVI, pag. 714),
qui suit en cela notre fameux Père Reginaldus : « Dans les questions de morale,
les nouveaux casuistes sont préférables aux anciens Pères, quoiqu'ils fussent
plus proches des Apôtres. » Et c'est en suivant cette maxime que Diana parle de
cette sorte (p. 5, Tr. VIII, reg. 31) : « Les bénéficiers sont-ils obligés de restituer le revenu dont ils disposent mal? Les anciens disaient qu'oui, mais les
nouveaux disent que non. Ne quittons pas cette opinion qui décharge de l'obligation de restituer. »
    Le savant Diana n'est pas Jésuite ; il appartient à l'Institut des Théatins ; il ne se
voit donc en cause que par une habile confusion de Pascal, qui a pu aussi bien
altérer ses textes qu'il a tronqué ceux de la Compagnie de Jésus. La cinquième
Provinciale cite Cellot et Réginald. Ecoutons ce que disent ces deux Pères : l'accusation est grave, elle importe à la morale. Voici les paroles de Réginald dont
Pascal fait un si étrange abus :
    « Dans le choix des auteurs, j'ai toujours eu devant les yeux le salut des âmes
pour la plus grande gloire de Dieu, persuadé que, pour définir les difficultés qui
naissent dans les matières de la foi, plus les auteurs sont anciens, plus leurs décisions acquièrent d'autorité, parce qu'ils ont été eux-mêmes plus voisins des
sources de la tradition et des doctrines apostoliques; mais pour la solution des cas
embarrassants de morale, l'autorité des docteurs modernes connus par l'éminence
de leur savoir est préférable, parce qu'ils ont une pleine connaissance des mœurs
et des usages de leur temps. »
    Le Père Cellot se conforme à cette doctrine. Nous lisons à la page indi-
quée par Pascal : « On doit, dit Réginald, tirer des anciens la décision des
difficultés qui regardent la foi; mais pour les difficultés qui s'élèvent touchant les mœurs du Chrétien, il faut en chercher la solution chez les auteurs nouveaux, qui ont une pleine connaissance des mœurs et des usages de
leur temps. »
    Dans ces deux textes, copiés sur l'original, il est question des auteurs anciens,
en général, et non pas spécialement des Saints Pères; mais cela n'arrangeait pas
aussi bien les Jansénistes. Pascal, de son autorité privée, a évoqué les Pères, ignorant peut-être que de leur temps la théologie sur les Bénéfices n'existait pas encore.
En rapprochant ces textes formels et la citation des Provinciales, on est forcé de
convenir qu'il y a erreur manifeste, erreur dans l'interprétation, erreur dans la
conclusion, erreur de droit, erreur de fait surtout.
    Nous n'avons pas cru devoir pousser plus loin dans cet ouvrage les recherches
sur de pareilles matières; nous l'avons entrepris pour la satisfaction de notre conscience; et souvent les mêmes abus d'altération se sont présentés.

gaieté flexible et enjouée. Il prodigua, dans les questions les plus difficiles, le charme d'une vive satire et l'austérité des principes les plus absolus.

La cour, la ville et la France furent attentives avec l'Europe au cri d'alarme qui s'élançait de la solitude, et, par un prodige d'esprit, Pascal eut l'art de faire accepter aux gens du monde une théorie qui n'allait ni à leur goût ni à leurs mœurs. Pascal opposait la rigueur à l'indulgence; il dénaturait la logique de l'Evangile pour contraindre les Chrétiens à se réfugier dans le désespoir. Il rendait Dieu inabordable, afin de rendre impossibles les Jésuites, qui avaient essayé de réaliser une transaction entre la perfection infinie et la vicieuse organisation de l'homme. Les Jésuites, profondément versés dans la connaissance du cœur humain, pensaient que l'extrême sévérité enfantait l'extrême relâchement, et qu'un sage tempérament relevait les défaillances. Ils respectaient la mystérieuse majesté du dogme, et ne cherchaient qu'à populariser la Religion en combinant la pratique de la morale avec quelques sentiments du monde.

Entre ces deux prescriptions, le monde n'hésita pas. Les frivolités de boudoir, les élégances de cour, les passions qui ne s'étaient jamais cachées, même sous la transparence d'un voile, les tiédeurs chrétiennes, les corruptions de salon, les déréglements de l'esprit, jetèrent avec Pascal l'anathème sur les accommodements proposés par quelques casuistes de la Compagnie. Le monde s'était plaint, depuis l'origine du Christianisme, de l'austérité de certains préceptes; les Jésuites venaient au secours de ces doléances, et le monde par un revirement dont les *Provinciales* avaient seules l'honneur, se prenait à accuser les Jésuites. « On tâchait dans ces lettres, dit Voltaire [1], de prouver qu'ils avaient un dessein formé de corrompre les mœurs des hommes, dessein qu'aucune secte, qu'aucune société n'a jamais eu, ni pu avoir. Mais il ne s'agissait pas d'avoir raison, il s'agissait de divertir le public. »

L'explication des *Provinciales* est tout entière dans ces derniers mots, dont Voltaire lui-même posséda si bien le prestige. Le public, que Pascal avait diverti, se révolta à l'idée que les

---

[1] *Siècle de Louis XIV*, t. III, c. XXXVII.

Jésuites, condescendants à des besoins mille fois proclamés, tentaient de lui faire moins âpre le chemin du ciel. Il se rangea du côté des casuistes qui hérissaient la morale d'obstacles insurmontables ; puis, les Solitaires de Port-Royal aidant, il fut avéré par la coquetterie, par l'adultère, par la mauvaise foi dans les affaires, par l'égoïsme ou par l'indifférence, que les rigueurs d'un Dieu créé à l'image du Jansénisme souriaient bien plus à nos faiblesses que les trésors d'indulgence dont les Jésuites mettaient le dépôt entre ses mains célestes. Le monde fut encore une fois inconséquent. Les disciples de Jansénius ne consentirent pas à le laisser jouir seul de cette prérogative ; Pascal et Arnauld, les deux colonnes de Port-Royal, attaquaient avec toute espèce d'armes. L'insulte s'appuyait sur la calomnie, la colère servait de guide à la dialectique. Le Père Garasse était dépassé, et, afin d'autoriser ces débauches de l'intelligence, Arnauld publia une dissertation « pour la justification de ceux qui emploient en écrivant, dans de certaines circonstances, des termes que le monde estime durs. » Dans une autre œuvre sortie de sa plume, il prouva qu'on avait « le droit d'injurier et de railler cruellement ses adversaires. »

En présence de ces hostilités, qui tendaient au renversement de la Compagnie de Jésus, hostilités dont les chefs de Port-Royal ne cachaient pas les espérances, les Jésuites se plongèrent dans une inexplicable quiétude. Pascal leur disait [1] : « Votre ruine sera semblable à celle d'une haute muraille qui tombe d'une chute imprévue, et à celle d'un vaisseau de terre qu'on brise, qu'on écrase en toutes ses parties, par un effort si puissant et si universel, qu'il n'en restera pas un test avec lequel on puisse puiser un peu d'eau ou porter un peu de feu, parce que vous avez affligé le cœur du juste. » Ces menaces éloquentes, cette artillerie de pamphlets, sapant à la longue le rempart derrière lequel les Jésuites s'abritaient, l'empressement général qui accueillit une pareille polémique, car la mobilité française se lassait du bonheur des Pères, rien ne les fit sortir de leur tranquillité. Ils avaient poussé le cri de guerre, et maintenant que

---

[1] *Œuvres de Pascal*, seizième *Provinciale*.

les combattants étaient dans l'ardeur de la mêlée, ils semblaient vouloir laisser passer au-dessus de leurs têtes le dard qui les atteignait au cœur.

Ce ne fut point par crainte d'envenimer ces débats, ou par une confiance trop grande dans la bonté de leur cause, que les Jésuites se tinrent sur la réserve. Ils s'étaient jusqu'alors montrés théologiens trop belliqueux pour qu'on puisse attribuer leur modération à un pareil motif. Ils savaient qu'il n'y a jamais d'ennemis à dédaigner, et, lorsque ces ennemis se présentaient avec la vigueur de Pascal, de Sacy et d'Arnauld, le dédain eût été une faute impardonnable : les Pères ne la commirent point. Dans cette passe d'armes scolastique, à laquelle le génie convoquait l'Europe, ils n'ignoraient pas que le jeune roi Louis XIV, que le Saint-Siége, que l'autorité des deux puissances enfin serait de leur côté ; mais il y avait intérêt de religion, intérêt de corps, à répondre. Cependant les Jésuites se turent. C'est que, depuis longtemps déjà, ils n'avaient plus eu besoin de former à la controverse des esprits hardis ; c'est que surtout, écrasés sous l'amertume des *Provinciales*, ils ne furent ni assez audacieux pour évoquer un vengeur, ni assez habiles pour retourner contre les Jansénistes les sarcasmes qu'on aiguisait à leur détriment. Les Jésuites, qu'on a si souvent accusés, n'ont jamais su, n'ont jamais peut-être voulu se défendre avec d'autre glaive que celui dont la raison armait leur bras. A quelques exceptions près, ils furent froids et discrets comme la prudence, lorsque leur Ordre a été mis en cause. L'éloquence de la parole, celle du fait surtout, leur a manqué rarement ; ils faisaient l'apologie de leur Institut avec cette sobriété qui n'exclut pas l'enthousiasme intime, mais qui ne le communique pas toujours. Dispersés sur le globe, ils éparpillaient leurs talents plutôt selon les nécessités de l'Eglise, que d'après les calculs de la prévoyance humaine. Lorsque le jour des luttes arrivait, ils ne mettaient en ligne que des intelligences convaincues, que des cœurs dévoués, mais peu d'hommes dignes de se mesurer avec un athlète aussi exceptionnel que Pascal. Ils avaient, en 1654, publié l'œuvre du Père de Champs, *de hæresi Janseniana*, livre clair et substantiel, écrit en latin, et que, par conséquent, les savants seuls

étaient appelés à consulter. Le Père Pirot entreprenait l'apologie
de leurs casuistes, apologie maladroite, qui donnait gain de
cause à Pascal, et que la Compagnie désavoua en même temps
qu'elle était condamnée par un grand nombre d'Évêques. Les
Pères Nouet et Annat se prirent corps à corps avec Pascal; ils
eurent pour eux la logique et la vérité; ce n'était pas assez
pour triompher d'un homme irrésistible, parce qu'il se faisait
insaisissable, et qu'avec une épigramme il évitait de répondre à
la question précise qu'on lui posait.

Les Jésuites se rendirent compte de la situation qui leur était
faite; ils essayèrent d'amortir le coup en intimidant Louis de
Montalte, l'auteur encore anonyme des *Provinciales*. Le Père
Frétat fit des démarches auprès de Perrier, conseiller à la Cour
des aides de Clermont, à qui les premières lettres étaient adressées. Ces démarches furent sans effet. Le Père Annat voulut in-
terposer l'autorité de son nom, de sa vertu et de sa science;
Pascal lui lança la dix-septième *Provinciale*. Pascal était étroite-
ment uni à Port-Royal; il comptait même au nombre des Solitaires, et, tout en démasquant la prétendue duplicité des Jésuites,
le sublime écrivain ne craignait pas de l'imiter. » Le crédit que
vous pouvez avoir, disait-il au confesseur du roi, est inutile à mon
égard; je n'ai besoin, par la grâce de Dieu, ni du bien ni de l'autorité de personne : ainsi, mon père, j'échappe à toutes vos prises.
Vous pouvez bien toucher Port-Royal, mais non pas moi. On a
bien délogé des gens de Sorbonne; mais cela ne me déloge pas
de chez moi. Vous pouvez bien préparer des violences contre des
prêtres et des docteurs, mais non pas contre moi qui n'ai pas
ces qualités. Et ainsi peut-être n'aurez-vous jamais affaire à une
personne qui fût si hors de vos atteintes, et si propre à combattre
vos erreurs, étant libre, sans engagement, sans relation, sans
affaires, assez instruit de vos maximes, et résolu de les pousser
autant que je croirai que Dieu m'y engagera. »

Dans la seizième *Provinciale* Pascal porte encore plus loin
la colère. Ce n'est plus cette ironie des premières lettres, cette
délicatesse dans la raillerie qui assura son éternel succès. Il se
sentait attaqué par la raison, et ce génie si audacieux, tout en
sachant très-bien que le public n'accepterait pas les preuves

concluantes opposées par les Jésuites à ses sarcasmes, s'avouait cependant à part lui qu'il était battu, moins par l'esprit que par le bon sens. Tout le monde le proclamait vainqueur; mais en face de sa conscience, il ne se déguisait point sa défaite. Cette pensée désenchantait le triomphe; elle donnait de l'amertume à son esprit; souvent elle lui arrachait de ces paroles qui sont un mensonge et une honte : ainsi il s'écriait [1] : « Qui le croira? le croirez-vous vous-mêmes, misérables que vous êtes? » Et ces paroles tombaient sur le Père Annat, dont les Jansénistes eux-mêmes ont loué la modération; sur le Père Etienne de Champs, l'ami, le confident du grand Condé; sur le Père Denis Petau, le plus savant homme de son temps, et dont la seule récréation consistait à former à la vertu les enfants les plus pauvres et les plus grossiers; sur le Père Gabriel Cossart [2], qui a été célébré par des élèves tels que Fleury, Santeuil et Du Périer; sur Vincent de Paul et sur tous ceux qui, à leur exemple, répudiaient la doctrine de Jansénius [3]. Ces *misérables*, ainsi interpellés par Pascal, et qui se faisaient, disait-il, les corrupteurs publics de la morale, étaient depuis cent ans la lumière et les colonnes de l'Eglise universelle. Les Papes, les Rois, les Evêques, les Saints, comme Charles Borromée, François de Sales et Vincent de Paul, se laissaient diriger par eux dans les voies du salut, ou marchaient avec eux dans les œuvres de la charité. Ils devaient sacrifier à leur

[1] Seizième *Provinciale*.

[2] Le Père Cossart, le plus illustre professeur de son temps, était non moins renommé par ses bonnes œuvres que par ses talents. Il avait établi à Paris une maison de jeunes orphelins connue sous le nom de *Collége des Cossartins*.

[3] Quand les Jansénistes avaient intérêt à renier leur maître, ils le faisaient eux-mêmes sans aucun scrupule. Robert Arnauld d'Andilly, le frère du grand Arnauld, l'intrigant par excellence, s'est vu obligé de se réfugier à Port-Royal, espérant que, par cette retraite, il pourrait conjurer l'orage que la cour fait gronder sur sa tête. Il a renoncé pour lui à tout projet ambitieux : mais il ne cesse d'en rêver en faveur de son fils Simon de Pomponne. On a refusé au père la place qu'il demande pour l'enfant; le 23 juin 1653, d'Andilly écrit à la reine-mère Anne d'Autriche : « Ce crime, Madame, dont on m'accuse, est que je suis Janséniste. Sur quoi, puisque la nécessité me contraint de dire à Votre Majesté ce que mon extrême retenue m'a empêché jusqu'ici de lui dire en des termes si précis; je lui dirai sans crainte que le prétendu Jansénisme est une telle chimère que je puis, en la présence de Dieu, protester à Votre Majesté, sur mon salut, qui m'est plus cher que mille vies, que je ne sais du tout ce que c'est. »

D'Andilly faisait ici, autant qu'il était en lui, chanter le coq de saint Pierre, et cependant au martyrologe de Port-Royal, ce vieillard est honoré comme la colonne du Temple janséniste.

IV.   4

ambition et à leur politique l'Evangile, la morale, l'honneur
du Saint-Siége, la paix de l'Europe et celle des consciences.
Néanmoins la même estime leur était témoignée; Pascal les
démasquait, et les pontifes, et les rois, et les peuples n'ouvraient point les yeux à la vérité. Sans connaître autrement que
par prescience la tactique des partis, le Solitaire se posa en
victime; d'une main il saisit la plume qui tuait les Jésuites, de
l'autre il montra la palme du martyre qu'il ne subissait qu'en
imagination. On le crut sur parole. Comme il avait pris à tâche
de tout dénigrer, de tout confondre; comme son art de présenter les choses était irrésistible, l'opinion publique se laissa dominer par cet homme qui, d'un jeu d'esprit, faisait une révolution dans les idées. Pascal incriminait le passé et l'avenir
des Jésuites; il mettait sur la sellette leurs docteurs et leurs
principes. Afin de leur faire la partie plus belle, on altérait les
textes de Vasquez, de Sa, de Tolet, de Sanchez et d'Escobar;
on exhumait les ouvrages inconnus destinés à la même torture.
Pascal crut aux citations que ses amis lui arrangeaient. Il frappa
sur la Compagnie de Jésus avec une massue dont il n'avait pas
éprouvé la trempe. Cette massue porta de rudes coups; elle
rendit odieuses ou ridicules des opinions oubliées; mais il en
est une qui surnage encore. C'est à celle-là que l'historien doit
s'arrêter, car d'elle découlent, selon les *Provinciales*, tous les
relâchements et tous les désordres dont la morale et l'Eglise
ont été affligées. Cette doctrine fut flétrie par Pascal, par Arnauld, par Nicole et par les adversaires de l'Institut, sous le nom
de probabilisme. Etudions donc un système, qui, par ses conséquences, a été, au dire des Jansénistes, et pourrait être encore
si funeste.

Tout homme de quelque expérience sait que, malgré la précision et la clarté des lois divines et humaines, il s'offre
néanmoins une multitude de cas où leur application est difficile
à déterminer : ici c'est une collision de devoirs dont on ne peut
établir la préférence; là c'est un concours de circonstances
imprévues qui empêche d'apprécier à fond la volonté du législateur. Les traités de morale et de jurisprudence, anciens ou
modernes, offrent à chacune de nos obligations une infinité

de cas sur lesquels les opinions des plus savants sont partagées : ces opinions s'entourent de motifs tellement graves que, depuis plusieurs siècles, elles se maintiennent au même degré de vraisemblance. Si l'on juge de l'avenir par le passé, cette divergence durera jusqu'à la fin du monde, à moins que l'Eglise n'intervienne, et que, par une solution décisive, elle ne termine des controverses s'assoupissant parfois sous la lassitude, et se réveillant tout-à-coup, selon les passions ou les besoins du moment. On ne peut pas toujours s'abstenir, et il est défendu d'agir avec un doute pratique de la moralité de son acte. Que faire donc, lorsqu'il n'y a pas de loi certaine, lorsque les avis sont plus ou moins favorables, soit à la liberté, soit à une loi présumée existante ?

Les uns soutiennent qu'on peut en sûreté de conscience adopter une opinion qui n'a contre elle aucun devoir certain et qui a de graves motifs en sa faveur. On appelle *probabilistes* ces théologiens, parce que le caractère essentiel d'une opinion probable consiste à n'avoir rien de certain contre elle et de puissantes raisons pour elle.

Les autres prétendent qu'il n'est pas permis de suivre une opinion probable ; ils n'accordent d'extension à la liberté que dans le cas où les motifs sur lesquelles elle s'appuie paraissent beaucoup plus fondés en raison que ceux du système favorable à la loi. On les désigne comme *probabilioristes*, parce qu'ils sont censés approuver après avoir comparé.

Il fallait réprimer les abus qui pouvaient se glisser dans ces manières différentes de penser, et se prémunir contre l'excès de deux extrêmes. La sagesse de l'Eglise obvia à ce double danger. Elle interdit de se prévaloir d'opinions probables à ceux qui par état doivent procurer un effet par des moyens sûrs : aux prêtres, dans la forme et dans la matière des sacrements ; aux médecins, dans le choix des remèdes ; aux magistrats, dans le jugement des causes civiles ; à tous les hommes, quand il s'agit d'éviter quelque dommage au prochain. Puis, tenant la balance égale entre les adversaires ou les défenseurs exagérés du probabilisme, l'Eglise condamne ceux qui affirment qu'on n'est jamais autorisé à embrasser une opinion favorisant la liberté, fût-elle la plus probable parmi toutes les probables ; et elle flétrit ceux qui enseignent qu'il suffit d'une probabilité quelconque, même frivole.

Si on s'en réfère à la lettre du système, le probabiliorisme réclame une étude et un discernement que l'on ne peut exiger de la majorité des confesseurs ordinaires. Ils doivent examiner tous les sentiments, approfondir les motifs sur lesquels ils s'appuient, se constituer juges, et adopter l'avis qui leur paraît le plus probable. Ils décident ainsi par eux-mêmes, ou ils placent leur conscience sous la sauvegarde du maître dont ils auront suivi les leçons. De simples magistrats ecclésiastiques qu'ils étaient, ils s'érigent en législateurs, rendant le joug facile ou pesant, selon les caprices de leur pensée. Le probabilisme, au contraire, se montre inexorable sur les exigences de la loi ; il se renferme dans les limites du conseil pour tout ce qui est plus utile, mais qui n'est pas d'une obligation évidente.

Quand la Compagnie de Jésus fut créée, son fondateur lui enjoignit de s'attacher toujours et partout à la doctrine la plus commune, la plus approuvée, la plus saine, la plus sûre, la plus solide, la meilleure et la plus convenable. Cette agglomération de qualités requises résulte de sept points des Constitutions de saint Ignace. Les probabilioristes et les ennemis des Jésuites y ont cru voir la condamnation expresse de leur adhésion au probabilisme et ne cessent de le leur reprocher. Mais selon les Jésuites, ce reproche tout spécieux qu'il est n'a rien de réel, voici comment ils l'expliquent : dans le système des probabilioristes, c'est essentiellement au jugement privé de chacun qu'il est réservé de choisir parmi des opinions sur lesquelles les hommes les plus éclairés et les plus saints sont partagés depuis des siècles ; et il doit faire ce choix après s'en être rapporté encore à ses propres lumières pour la valeur intrinsèque des raisons, et pour le poids et le mérite des autorités sur lesquelles ces opinions sont fondées. Or, dans un tel arbitrage individuel, impossible d'y trouver aucune des garanties que saint Ignace exige pour qu'un système soit admissible dans la Compagnie. Malgré la tourmente janséniste qui a entraîné une partie des écoles dans le probabiliorisme, malgré la vogue dont ce système a joui, un instinct providentiel empêcha les disciples de l'Institut d'abandonner une règle de conduite tracée par les plus grands génies du plus beau siècle de la théologie, règle qui a continué de compter parmi ses défenseurs des hommes aussi distingués par la science que par l'éclat de leurs vertus. En effet, le probabilisme n'était pas né avec les Jésuites, il est destiné à leur survivre; il ne se lie à leur existence que parce que le plus grand nombre des théologiens de l'Institut l'adopta, et que ses rivaux en firent une arme contre les Pères, arme que tout le monde a voulu manier.

Au moment où les Jésuites naissaient, en 1540, le probabilisme régnait dans l'Ecole. Le Dominicain Barthélemy Médina, dans son ouvrage intitulé : des *Expositions dorées*, avait déjà coordonné en système les éternelles maximes d'équité régissant les codes du monde civilisé. Il parut tout naturel de n'être pas plus sévère dans la répartition des miséricordes célestes que dans l'interprétation des lois civiles, ou dans l'administration de la justice criminelle. C'était l'ère de la théologie; les plus célèbres casuistes y enseignaient les principes du probabilisme. Nider, Prieras, Hacquet, Mercado, Lopez, Victoria, Ildephonse, Alvarez, Duval, Gamaches, Isambert, Bonacina, Maldère, Bail et Du Metz le professaient, soit avant les Pères de la Compagnie, soit en même temps qu'eux.

Il trouva des antagonistes, et un Jésuite italien, Paul Comitolo, passe pour être le premier qui le combattit; mais la querelle engagée ne sortait pas de l'enceinte des Universités catholiques. Ce furent Pascal, et Nicole, après lui, sous le pseudonyme de Wendrock, qui s'emparèrent des arguments de Comitolo. Ils les tournèrent contre la Société religieuse dont ce dernier fut l'un des membres. Les enfants de saint Ignace avaient embrassé la doctrine du probabilisme : Pascal la flagellait avec des sarcasmes si étincelants de malice et d'originalité, Nicole l'attaquait avec une si savante confusion de textes altérés et de dilemmes menteurs, que toute réfutation, d'avance réduite à la vérité la plus sèche, ne devait jamais contre-balancer les effets d'une aussi terrible agression. De l'Ecole la dispute était transportée dans les salons et dans les boudoirs. Selon la parole de Voltaire, Pascal divertissait le public.

Une partie du Clergé ne tarda point à regarder comme perdue la cause du probabilisme. Un rigoureux probabiliorisme, mis en opposition par les sectateurs de Jansénius, s'infiltra partout; il devint le système à peu près exclusif des écoles françaises. Cet enseignement prit le nom de morale exacte; son triomphe pourtant ne fut point universel. Les Jésuites ne renoncèrent pas à leur manière de penser; la plupart des autres Instituts et des Universités marchèrent sur leurs traces.

Nous n'avons point à rechercher les invectives et les raisons que jetaient à la foule les deux camps, essayant de faire prévaloir leurs idées. Ce n'est pas à nous à demander si, depuis que le probabilisme fut regardé en France comme la base de tout désordre, les mœurs ont été plus pures et si les hommes sont devenus meilleurs. Nous ne voulons même pas savoir si les Solitaires de Port-Royal, mécontents de Pascal qui les avait vengés, ne lui ont point reproché les variations de son esprit, et s'ils n'ont pas publié contre lui des accusations qui les accusent eux-mêmes. Peu importe, en effet, que les Jansénistes, dévorés intérieurement par la guerre civile ou par les envieuses colères qui la provoquent, aient mis en doute la solidité de son jugement, et qu'ils aient écrit de cet immortel polémiste [1] : « On ne peut guère compter sur son témoignage, soit au regard des faits qu'il rapporte, parce qu'il en était peu instruit, soit au regard des conséquences qu'il en tire et des intentions qu'il attribue à ses adversaires, parce que sur des fondements faux ou incertains il faisait des systèmes qui ne subsistaient que dans son esprit. » La question pour nous n'est ni avec Pascal ni avec les Jésuites; c'est une thèse que ne peuvent juger les épigrammes des uns et les syllogismes des autres. Elle importe à la morale chrétienne; l'Eglise seule a le droit de prononcer. Quand elle eut pour Pontife l'un des hommes les plus éminents de son siècle, quand l'Ordre de Jésus allait disparaître sous

---

[1] *Lettres d'un ecclésiastique à un de ses amis* (Bayle, *article* Pascal).

les incessantes hostilités des Jansénistes et des philosophes
réunis par une communauté de haines, la plus grande gloire à
laquelle puisse prétendre une opinion fut ménagée au probabilisme.

En 1740, mourut dans la Toscane le Père Théophile de
Corte, religieux de l'Etroite-Observance de Saint-François. Le
renom de ses vertus, les grâces obtenues, par son intercession
portèrent les supérieurs de son Ordre et plusieurs Evêques à
solliciter du Saint-Siége sa béatification. Un des premiers soins
de l'Eglise en de telles circonstances est l'examen des doctrines
professées dans les ouvrages imprimés ou dans les manuscrits. Le
Père Théophile avait enseigné le probabilisme; il avait poussé si
loin ce système qu'on lisait cette note dans un recueil d'opinions
morales écrit de sa propre main et tiré presque entièrement de
la théologie de Diana : « Les confesseurs doivent connaître toutes
les opinions pour s'en servir avec prudence, et, quand cela se
peut, avec probabilité, afin de ne pas imposer aux fidèles des
charges qu'ils ne veulent ou ne peuvent pas porter. » A cet axiome
aussi clairement formulé, le Promoteur de la Foi refuse d'introduire la cause de béatification. Théophile ne se contentait pas
d'appuyer ses démonstrations sur les casuistes de la Compagnie
de Jésus; il invoquait dans ses manuscrits l'autorité de Diana,
l'un des plus célèbres docteurs de l'ordre des Théatins. Dans le
même temps toute l'Italie retentissait des clameurs que Concina
et Patuzzi élevaient contre Alphonse de Liguori, Evêque de
Sainte-Agathe, qui, déjà saint aux yeux du monde avant d'être
offert par l'Eglise à la vénération des fidèles, soutenait le probabilisme par l'éloquence de ses vertus et par la pureté de sa morale.
Le refus du Promoteur de la Foi n'arrêta point la marche des
événements, et, dans les actes du procès, déposés aux archives
de la Congrégation des Rites, on lit que, le probabilisme n'ayant
jamais été censuré, ne saurait nuire au succès d'une béatification.
La cour de Rome le décidait ainsi en 1766 ; le procès suivit son
cours, et les vertus de Théophile furent plus tard approuvées au
degré héroïque. De semblables difficultés s'élevèrent après la
mort d'Alphonse de Liguori : elles s'évanouirent devant les
mêmes motifs.

De cette exposition des faits il résulte qu'un système mis en pratique par des saints dont le talent ne fait pas plus de doute que l'expérience en théologie, et jugé exempt de tout reproche par le Siége apostolique, dans des circonstances où il déploie la plus minutieuse, la plus sévère circonspection, ne saurait jamais être le principe d'une morale relâchée. Ce n'est plus la réputation scolastique des Jésuites qui se trouve en jeu, c'est l'honneur, c'est l'autorité de Rome. Malgré l'anathème dont Pascal et Nicole frappèrent le probabilisme, il faut bien convenir que des plaisanteries plus ou moins acérées ne doivent jamais prévaloir sur la sagesse de l'Eglise.

Par l'organe de Pascal, les Jansénistes blâmaient les prêtres de la Compagnie de Jésus de leur condescendance, et, au même moment, Singlin, le chef des Solitaires de Port-Royal, couvrant de leur silencieuse approbation les déportements du cardinal de Retz, Singlin disait à la galante duchesse de Longueville [1] : « Les personnes de votre condition doivent se contenter d'être sobres dans leur vivre, sans se porter à des abstinences ou à des austérités qui seraient aussi dangereuses à l'esprit qu'au corps. » Pascal, Arnauld et Nicole accusaient les Jésuites d'avoir toujours à leur disposition les arguments les plus étranges pour légitimer un attentat; et dans une lettre que l'abbé de Saint-Germain, aumônier de la reine Marie de Médicis, adressait à Chamontel, on lit [2] : « Ce qui est à ma connoissance, c'est que par l'avis et permission de Jansénius un nommé Alpheston entreprit de massacrer le cardinal de Richelieu, et aussi le coup de mousqueton fut tiré dans le palais de Bruxelles contre feu M. de Puy-Laurens, duquel coup on pouvoit tuer plusieurs personnes, si l'outil duquel on se servoit n'eût perdu dix-sept balles de vingt, les trois restantes ayant blessé trois hommes à la tête. »

Singlin conseillait la coquetterie, Jansénius l'assassinat, Saint-Cyran la direction d'intention, avec le moyen d'appliquer les maximes évangéliques de telle sorte que, selon le reproche adressé par Pascal aux Jésuites, elles pussent satis-

[1] *Mémoires de Fontaine*, t. III.
[2] *Histoire* de Duchesne.

faire tout le monde. « J'ai ouï dire à M. de Saint-Cyran, écrivait Vincent de Paul [1] à l'abbé d'Orgny le 10 septembre 1648, que s'il avoit dit des vérités dans une chambre à des personnes qui en seroient capables, que, passant dans une autre, où il en trouveroit d'autres qui ne le seroient pas, il leur dirait le contraire. »

De pareils aveux, sortis de la bouche des fondateurs de la secte, méritent d'être enregistrés. Pascal, Arnauld, Sacy et Nicole, contempteurs de la morale relâchée, des équivoques et des restrictions mentales, étaient battus avec leurs propres armes. Ces armes, les Jésuites ne surent pas les tourner contre le Jansénisme. Ils négligèrent leur défense, et quand, plusieurs années après la mort de Pascal, le Père Daniel l'entreprit dans ses *Entretiens d'Eudoxe et de Cléanthe*, il eut pour lui la froide raison, mais jamais les rieurs. Le talent inimitable, la verve comique de l'auteur des *Provinciales*, manquèrent aux écrivains qui s'efforçaient de le réfuter. Il était facile de prouver les erreurs dans lesquelles il tombait, le Père Daniel les démontra victorieusement [2]; mais l'homme qui, dans une vie

---

[1] *Vie de saint Vincent de Paul*, par Collet, t. I, liv. v, p. 531.

[2] Le succès de ce livre fut grand cependant, s'il faut s'en rapporter à Bayle. Dans ses *OEuvres diverses*, t. IV, p. 711, il écrivait, à la date du 26 août 1694 : « La réponse du Père Daniel aux *Provinciales* a disparu quasi avant de paroître. Elle ne coûtoit que 50 sols, et l'on dit qu'on a offert d'en rendre un louis d'or de 24 francs à ceux qui l'avoient achetée, s'ils vouloient la rendre. On croit qu'on n'a pas voulu la laisser paroître choquante comme elle est pour M. Nicole. » Louis XIV, au dire de Bayle, supprima l'œuvre du Père Daniel pour ne pas raviver les querelles. Ainsi, au plus haut degré de leur faveur, les Jésuites ne pouvaient même pas obtenir la faculté de se défendre.

Voici ce qu'un critique cité par Bayle (à *l'article Pascal*) dit de l'ouvrage du Père Daniel : « Il paraît depuis quelque temps une réponse aux *Lettres provinciales* qui les bat entièrement en ruine, et qui néanmoins ne leur fera pas grand mal. Comment cela se peut-il faire ? C'est que, quoique cette réponse fasse voir évidemment les injustices outrées, les médisances atroces, les faussetés injurieuses hardiment répandues dans toutes ces lettres contre une des plus célèbres sociétés qui soutiennent les intérêts de l'Eglise ; cependant, il y a si longtemps qu'elles ont mis, par leur tour plaisant et enjoué, le parti des rieurs (grand et fort petit) de leur côté, qu'elles sont en possession d'une autorité, d'un crédit qu'il sera très-difficile de leur ôter. Les Jésuites auront beau rendre des services considérables à l'Eglise et au public ; bien des gens ne laisseront pas de lire avec un esprit de facile crédulité les *Lettres Provinciales*, et ne voudront pas seulement voir la réponse, ni même en entendre parler. En vérité la prévention est en cette occasion un jugement bien injuste, bien cruel, bien opiniâtre, puisque (quoique ces lettres aient été condamnées par les Papes, par les Evêques, par les Docteurs, et brûlées par la main du bourreau d'après les arrêts des Parlements et du Conseil d'Etat) elle s'est mise en telle possession des esprits qu'elle résiste à toutes ces puissances. » (Extrait des *Plus belles lettres françaises*, t. III, p. 322. Ce recueil était rédigé par Richelet.)

de trente-neuf années, toujours frêle, toujours maladive, a pu tout à la fois être le rival d'Archimède et de Galilée, le précurseur de Molière et de Boileau, l'égal de Démosthène et de Bossuet, l'émule de Tertullien dans l'apologie de la Religion chrétienne, et qui, selon une judicieuse remarque de Nicole, semble plutôt être né pour inventer que pour apprendre, cet homme devait difficilement trouver des antagonistes à sa taille. Le Père Daniel tentait donc une lutte inégale. L'impression produite par Pascal était ineffaçable.

Le Parlement d'Aix fit brûler ces lettres, les Evêques les censurèrent, le Pape les condamna le 14 mars 1658; le 14 octobre 1660, elles furent encore brûlées sur la place de Grève, par arrêt du Conseil. Les Jansénistes devenaient redoutables; la persécution les grandissait, comme elle a toujours vivifié les minorités. Pierre de Marca, l'un des plus savants jurisconsultes de son temps, rédigea un formulaire qui, adopté par l'assemblée générale du Clergé, dut être proposé à la signature des dissidents. Les Jansénistes résistèrent avec quatre prélats : Henri Arnauld, évêque d'Angers; Pavillon, évêque d'Aleth; Buzanval, évêque de Beauvais; et Caulet, évêque de Pamiers. Louis XIV gouvernait enfin par lui-même. « Un des premiers soins du roi, dit Schœll [1], fut d'établir, sous le nom de *Conseil de conscience*, un comité chargé d'examiner les sujets présentés pour les grands bénéfices ecclésiastiques qui seraient vacants. Ce conseil se composa de Pierre de Marca, Archevêque de Toulouse; d'Hardouin de Péréfixe, Evêque de Rodez, qui avait été le précepteur du roi, et du Père Annat, Jésuite, son confesseur, un des membres les plus illustres de l'Ordre. On ne pouvait pas, ajoute l'historien protestant, réunir trois hommes plus vertueux, plus désintéressés, plus exempts de prévention. »

C'était tuer le Jansénisme dans l'avenir, que d'exclure ses adeptes de toutes les dignités cléricales; mais il fallait encore pourvoir aux besoins du présent. Le monarque ordonna de fermer les écoles de Port-Royal. L'opposition des Solitaires en-

[1] *Cours d'histoire des Etats européens*, t. XXVIII, p. 22.

vahissait la politique par les affaires religieuses. Le surintendant Fouquet, grâce à l'entremise de Simon de Pomponne, fils d'Arnauld d'Andilly, entretenait de mystérieuses relations avec les chefs des Jansénistes ; Fouquet est arrêté à Nantes, le 5 septembre 1661. Le cardinal de Retz, qui, dans Louis XIV à vingt ans, pressent le grand roi, ne juge pas opportun de continuer la lutte qu'il a si longtemps soutenue : il se démet de l'archevêché de Paris, et Hardouin de Péréfixe, après la mort de Marca, lui est choisi pour successeur. Péréfixe résolut d'apaiser les troubles que Paul de Gondi avait entretenus dans le diocèse ; il chargea Bossuet de vaincre l'obstination des religieuses de Port-Royal. La logique du futur Évêque de Meaux échoua devant ces femmes de vertu, que la vanité aveuglait. Elle se crurent plus savantes théologiennes que lui, et se réfugiant dans leur ambition du martyre, elles repoussèrent la main que le génie leur tendait. L'Archevêque ne fut pas plus heureux que Bossuet, et pour les caractériser, il s'écria en leur présence : « Vous êtes, il est vrai, pures comme des anges, mais orgueilleuses comme des démons. »

Tandis que l'Archevêque de Paris et Bossuet, d'un côté, essayaient, à force d'indulgence, de ramener au bercail de l'Eglise ces religieuses, dont les Jansénistes avaient formé leur avant-garde ; de l'autre, le Père Annat, que Racine, dans son *Histoire de Port-Royal*, a peint sous les traits d'un persécuteur acharné des Solitaires, cherchait quelque expédient pour mettre un terme à tant de divisions. Gilbert de Choiseul, Évêque de Comminges, et partisan de Jansénius, reçut, au mois d'août 1662, ordre du roi de travailler à cet accommodement, de concert avec Annat et le Jésuite Ferrier. Le 20 mars 1663, il écrivait à Henri Arnauld, Évêque d'Angers [1] :

« Le Père Ferrier, qui est un des plus habiles théologiens de la Compagnie, et qui a enseigné douze ans la théologie à Toulouse, a eu plusieurs conférences avec ces Messieurs, et, par la grâce de Dieu, elles ont fort heureusement réussi. Car MM. de La Lanc. et Girard, dont vous connaissez, sans doute, le mérite,

---

[1] *Lettres de M. Antoine Arnauld*, t. 1, p. 317 (Nancy, 1727).

ayant parlé pour tous, ont si nettement exposé leur doctrine sur
les cinq propositions condamnées, que, se réduisant seulement
aux sentiments des Thomistes, mais à se servir même des termes
de leur école, il ne peut rester le moindre soupçon d'erreur entre
eux. Mais le Père Ferrier n'a pas cru que ce fût assez qu'ils se
purgeassent de ce soupçon d'hérésie touchant les cinq propositions, il a pensé qu'il était encore nécessaire qu'ils donnassent
des marques plus particulières de leur attachement et de leur
soumission au Saint-Siége. C'est pourquoi il leur a proposé de
déclarer qu'ils reçoivent les décisions que les Papes Innocent X
et Alexandre VII ont faites sur ce sujet, dans leurs constitutions,
et qu'ils s'y soumettent. »

Des *Provinciales* de Pascal, des *Enluminures* de Sacy, des
Imaginaires de Nicole, à ces conférences, racontées par un
prélat janséniste à un frère du grand Arnauld, il y a loin. Les
Solitaires de Port-Royal et leurs adhérents sentaient que l'heure
de négocier avait sonné. Les Jésuites s'étaient montrés les plus
faibles dans cette guerre de sarcasmes ; ils recouvrèrent l'avantage sur le terrain d'une discussion calme et approfondie. Ils
laissaient à leurs rivaux le droit d'adopter le Thomisme, c'est-
à-dire de suivre les doctrines des Dominicains, opposées au Mo-
linisme ; ils faisaient toutes les concessions possibles, concessions
d'amour-propre et d'école ; mais ils exigeaient que les novateurs
se soumissent à l'autorité pontificale. La Compagnie de Jésus
avait de cruelles représailles à exercer contre une secte qui venait
de prendre à partie ses statuts, ses principes, ses théologiens, et
qui avait fait passer tout cela au crible de ses ingénieuses moqueries. Cependant elle fut modérée ; pour conquérir la paix, elle
se prêta à tous les sacrifices. « Comme cette affaire, disait plus
haut, Choiseul dans la même lettre à l'Evêque d'Angers, a été
commencée de concert avec les Pères Annat et Ferrier, Jésuites,
elle se continue avec eux, et je vous dois rendre ce témoignage
de leur sincérité, que, dans toute la suite, il m'a toujours paru
qu'ils étaient véritablement amis de la paix, qu'ils y travaillaient
de la meilleure foi du monde, et que, s'ils avaient de la fermeté
en quelque occasion contre les sentiments de ceux qu'on appelle
Jansénistes, cela ne venait pas d'aucune aversion de leurs per-

sonnes, mais de l'attachement qu'ils ont à l'autorité du Saint-Siége et du désir d'établir solidément la tranquillité que nous cherchons. »

La position est nettement dessinée ; les démarches concilian-tes des Jésuites ont produit un rapprochement ; et déjà même il est permis d'espérer qu'une paix prochaine étouffera jusqu'au dernier germe de ces discordes. Le Nain, maître des requêtes ; l'abbé de Barcos, neveu et héritier de Saint-Cyran ; Henri Ar-nauld et d'Andilly, frères du docteur, acceptent la transaction proposée par les Pères de l'Institut ; néanmoins celui-ci n'est pas ébranlé. Le Nain lui écrit [1] : « Et, pour me servir des termes d'un des premiers magistrats du royaume [2], vous serez con-damné, et devant Dieu, et devant les hommes, si vous ne voulez pas croire au Prélat aussi éclairé, aussi vertueux et aussi éloigné de tout soupçon que M. de Comminges. « En face d'une pareille adjuration, Antoine Arnauld reste inflexible ; ses frères se joignent à Le Nain pour le presser d'accepter les conditions offertes. Elles étaient inspirées, dictées peut-être par les Jé-suites ; ce caractère de fer ne veut pas fléchir devant des en-nemis qu'il a combattus avec tant d'acharnement. La paix a été ménagée par eux, Arnauld persiste dans ses idées belli-queuses ; il fait rompre les négociations, et, le 24 août 1664, les religieuses de Port-Royal se voient enlevées de leur couvent et transférées dans d'autres maisons par la force militaire.

La Mère Angélique n'existait plus, mais sa sœur Agnès, mais ses trois nièces, filles de d'Andilly, Angélique de Saint-Jean, Marie-Thérèse et Marie de Sainte-Claire, avaient hérité de ses vertus et de son opiniâtreté. Elles voulurent se montrer dignes de leur famille. La dispersion des religieuses de Port-Royal retentissait par toute la France ; le 15 février 1665, une bulle d'Alexandre-VII applaudit à la contrainte que le pouvoir s'est cru en droit d'exercer. Ces femmes, que la société, que l'étude des beaux modèles, avaient façonnées à la vigueur des pensées et à l'élégance du style, ne se laissent pas abattre par ce coup

[1] *Lettres de M. Arnauld*, t. I, p. 414.
[2] Le premier président de Lamoignon.

d'Etat. Leur plume trace le récit de leurs souffrances, et, du
couvent des Annonciades, où elle est reléguée, la Mère Angélique de Saint-Jean fait entendre une voix aussi éloquente que
persuasive. « C'était, dit un écrivain janséniste [1], une fille qu'on
peut assurer n'avoir rien eu des faiblesses de son sexe : tout
était grand et mâle en elle. Son esprit paraissait tellement supérieur à tous les autres, que les plus grands hommes l'admiraient comme un prodige. »

Cette communauté des Annonciades, dans laquelle vivait
retirée la maréchale de Rantzaw, avait pour directeurs les Pères
de la Compagnie de Jésus. « Je ne saurais exprimer, raconte
Angélique de Saint-Jean [2], quelle impression cela me fit tout
d'un coup ; j'en tremblai depuis les pieds jusqu'à la tête, autant
de surprise que de crainte. » Cette terreur janséniste se calma
cependant ; elle écouta le Père Nouet ; elle rendit même justice
à ses principes et à son érudition. Ayant assisté à une conférence
donnée par un autre prêtre de l'Institut, elle écrivait : « J'en-
tendis un bonhomme qui parle encore son vieux gaulois, mais
qui, dans le fond, fit un discours tout-à-fait solide et qui supposait de bonnes maximes sur la Grâce. J'eus une satisfaction
particulière de voir la Grâce victorieuse dans la bouche de ses
ennemis, quand même ce bonhomme ne le serait pas personnellement, car toujours il en porte l'habit. » Puis après ces
étranges éloges, arrachés par la conviction, reprenant ses préjugés de famille, Angélique Arnauld s'écrie : « Voilà ce que
j'avais à dire des Jésuites ; car je n'en ai vu aucun de plus
près, grâce à Dieu. »

Les solitaires de Port-Royal subirent la même destinée que
les religieuses : la force les dispersa. Les uns s'étaient réfugiés
en province, les autres dans des asiles que l'amitié et l'admiration leur ouvraient à Paris : les plus célèbres d'entre eux habi-
taient l'hôtel de la duchesse de Longueville, sœur du grand
Condé. Douze prélats venaient d'être nommés pour instruire le
procès des Evêques de Beauvais, d'Aleth, de Pamiers et d'An-

---

[1] *Mémoires de Du Fossé*, liv. III, c. x.
[2] *Relation de la captivité de la Mère Angélique de Saint-Jean* (sous nom
d'imprimeur).

gers, oracles du Jansénisme. Une violente tempête menaçait cette secte; elle trouva dans Lyonne et Le Tellier, deux secrétaires d'Etat de Louis XIV, un appui dont elle sut tirer avantage. Le Tellier, le premier promoteur de la révocation de l'édit de Nantes, entra en pourparlers avec Nicole; il l'instruisit des décisions du Conseil, il accepta de sa main les arguments à faire valoir contre les accusations dont le Jansénisme était l'objet [1].

Alexandre VII venait de mourir. Le cardinal Rospigliosi, son successeur sous le nom de Clément IX, poursuivait l'œuvre commencée. Les Jansénistes, Arnauld à leur tête, s'avouaient bien qu'il n'était plus possible de lutter, enseignes déployées. Les prélats qui les avaient ostensiblement soutenus, ceux qui prenaient une part moins active à cette opposition moitié religieuse, moitié politique, se sentaient placés sur un terrain glissant. Le Saint-Siége et le roi ne voulaient plus laisser fermenter tant de levains de discorde. Les Solitaires dispersés se prêtèrent à la médiation de Gondrin, Archevêque de Sens, et de Félix Vialart, Evêque de Châlons-sur-Marne. Ces deux prélats adressèrent, avec dix-neuf de leurs collègues, une supplique au Pape pour lui demander d'accueillir des propositions pacifiques. Clément IX charge le Nonce Bargellini de traiter cette affaire. Bargellini arrve à Paris, il est circonvenu par les Jansénistes. Le grand Arnauld consent bien à se soumettre à l'autorité du Pontife romain; mais il faut que les Jésuites soient tenus à l'écart de toute conférence. Il exige qu'on leur fasse un mystère de cette paix qu'il a refusée, et qu'il va recevoir à des conditions plus rigoureuses. Sa gloire aura beaucoup à en souffrir, mais sa haine sera satisfaite. Arnauld se contente de cette vengeance. La Lane, Nicole et lui négocièrent avec le Nonce, sous les yeux de la princesse de Conti et de la duchesse de Longueville. « Ainsi ces dames, dit le Janséniste Fontaine [2], étaient comme la lumière des Evêques. Elles les conduisaient comme par la main, elles leur montraient tous les pas qu'ils devaient faire, et leur mettaient les paroles dans la bouche. »

[1] *Histoire ecclésiastique* de l'abbé Racine, t. XII.
[2] *Mémoires de Fontaine*, t. IV.

Antoine Arnauld, heureux de conclure une paix forcée sans l'intervention de la Société de Jésus, prodiguait alors à Louis XIV des éloges où l'érudition se mêle à l'élégance du style. Il acceptait tout des mains du Nonce apostolique; mais Pavillon, l'un des quatre Evêques dissidents, résiste aux prières de Barcos et d'Arnauld lui-même. Le prélat est indomptable. Une lettre de l'Archevêque de Sens, qui bataillait depuis longtemps contre les enfants de Loyola, met un terme à sa ténacité. « Quel triomphe pour les Jésuites, lui mande-t-il, de voir échouer une chose de cette conséquence, qu'on avait voulu leur cacher, et de se trouver plus élevés qu'ils ne l'ont jamais été par ce qui devait les ruiner sans ressource ! »

Cet argument de parti était décisif. Pavillon adhéra, en haine de l'Institut, aux actes qu'on lui proposait. Après mille chicanes de mots, faites par les disciples de Jansénius, chicanes qui roulaient tantôt sur l'adoption du formulaire, tantôt sur la distinction établie par eux entre la signature pure et simple et la signature sincère, Clément IX accepta leur soumission au mois de février 1669. La paix était résolue; les Jansénistes reparurent dans Paris. Arnauld y fut l'objet de la plus vive curiosité. Il s'y prêta beaucoup plus en chef de parti qu'en homme dont le talent devait le mettre au-dessus de cette banale admiration. Mais les anciens Solitaires de Port-Royal n'avaient pas renoncé à leurs intrigues. Afin de gagner du temps, ils s'étaient résignés à une obéissance conditionnelle. Cette obéissance leur permit de réunir leurs efforts contre la Société de Jésus. Le Père Bourdaloue commençait en cette même année à remplir les chaires de la capitale du bruit de ses talents : ce fut sur lui qu'ils dirigèrent leurs coups. Bourdaloue devenait le rival de leur fameux Desmares, dont Boileau a fait l'éloge [1]. Ils essayèrent d'immoler l'orateur naissant au prédicateur vieilli dans l'art de la parole. A force de génie et de modération, le Jésuite sut les réduire à une respectueuse estime.

La paix conclue n'était qu'un armistice. Les Provinciales avaient porté un coup terrible aux Jésuites. On essaya de renou-

---

[1] Desmares, dans Saint-Roch, n'aurait pas mieux prêché (xᵉ Satire). —

veler ce grand succès littéraire en défigurant l'histoire comme Pascal avait altéré les textes. L'abbé de Pontchâteau, ce marquis de Coislin si actif, si remuant, si prodigue de sa fortune et de sa liberté en faveur de son parti, avait eu la première idée d'un ouvrage que Saint-Martin et Gilles d'Asson préparèrent avec lui, et auquel Antoine Arnauld mit la dernière main. Il parut sous le titre de *Morale pratique des Jésuites*. C'était une compilation de forfaits controuvés, indigne des Solitaires de Port-Royal. Le prétexte de la charité couvrit cette attaque, à laquelle huit volumes semblaient ne pas pouvoir suffire; et les auteurs, alors anonymes, ne craignirent pas de dire, en débutant contre les Pères de la Société : « Ce n'est point dans le dessein de les décrier et de leur nuire. L'on prend Dieu à témoin que l'on n'y a été poussé que par la charité que l'on a pour eux et par la douleur sincère que l'on a de les voir dans de si malheureux engagements. On gémit de ce qu'ils sont la cause de la perte de tant d'âmes qu'ils séduisent et qu'ils entraînent avec eux dans le précipice. »

Ce subterfuge de langage, cachant la violence sous le manteau de la charité, ne trompa personne. *La Morale pratique* avait pour but de représenter les Jésuites comme une agrégation aussi funeste à l'Eglise qu'au pouvoir temporel. On les voyait tout à la fois pêcheurs de perles à Cochin, usuriers et marchands à Carthagène et aux Indes, faux-monnayeurs à Malaga, Juifs à Gênes, idolâtres dans l'empire chinois, hérétiques au Japon, généraux d'armée et souverains au Paraguay, négociants partout, banqueroutiers sur plusieurs points. Une pareille charité, dont saint Paul n'avait pas songé à définir le caractère, fut traduite au Parlement, et le 10 septembre 1669 il rendit un arrêt ainsi conçu . « Sur ce qui nous a été représenté par le procureur du roi, qu'il est averti que depuis quelques jours certaines personnes mal affectionnées à la Compagnie de Jésus semaient en cette ville un libelle scandaleux intitulé : *Morale pratique*, prétendu imprimé à Cologne, chez Gervinus Quintel, en 1669, par lequel et par les faussetés dont il est rempli, par le ramas qui a été malicieusement fait d'une infinité de mémoires inventés à plaisir et de pièces supposées, il est aisé de

IV. 5

juger, aussi bien que par les termes d'aigreur dont l'auteur s'est servi, qu'il a eu dessein de décrier la Société et la conduite des Jésuites. »

La sentence porte que le livre sera lacéré et brûlé en place de Grève par la main du bourreau. Trois jours après, cette sentence fut exécutée.

Pour perdre la Compagnie de Jésus dans le présent et dans l'avenir, le Jansénisme faisait arme de tout. Il supposait ses adversaires capables des crimes les plus noirs et des hérésies les plus grossières ; mais cela ne multipliait pas assez rapidement son petit troupeau. Afin d'ameuter les haines contre les Pères de l'Institut, il fallait lui créer des ennemis. Le Jansénisme eut l'art de les choisir parmi les hommes les plus vertueux de leur siècle. On avait essayé, mais inutilement, de surprendre la religion de Vincent de Paul ; on fut plus heureux avec l'abbé de Rancé. Retiré dans sa solitude de La Trappe, ce grand homme de pénitence se mêlait d'une manière active aux bruits du monde et aux querelles religieuses. Attaché par des amitiés nouvelles et par d'anciens souvenirs à tous les chefs du parti, il a plus d'une fois laissé percer sous son humilité la douleur que lui font éprouver des critiques plus ou moins passionnées. Rancé était en butte à des attaques amères et anonymes. Les Jansénistes et le docteur Arnauld lui persuadèrent que la Compagnie de Jésus seule pouvait avoir intérêt à le poursuivre dans ses œuvres ou dans ses projets, et, le 24 août 1685, Arnauld écrivait : « On a imprimé en Hollande un libelle très-injurieux contre la personne et contre le livre de M. l'abbé de La Trappe ; il y est parlé tant de fois et si hors de propos du Père Bouhours (Jésuite) et de ses divers ouvrages, qu'on ne peut s'empêcher de croire qu'il en soit l'auteur [1]. »

La double accusation est nettement formulée ; le libelle très-injurieux avait été en effet imprimé ; il contient de virulentes apostrophe à l'adresse de Rancé et des éloges savamment distribués pour le Père Bouhours ; mais, ainsi que ne peut s'empêcher de le croire la charité janséniste d'Arnauld, ce n'est pas ce

---

[1] Œuvres d'Arnauld, t. II, p. 554.

Jésuite qu'il faut accuser d'un pareil ouvrage. L'auteur était un Protestant nommé Larroque, qui fut plus tard, et par la protection de Port-Royal, employé aux affaires étrangères sous le marquis de Torcy, élève et gendre d'Arnauld de Pomponne. Afin de susciter aux Jésuites un nouvel ennemi, les pieux Solitaires soudoyaient une plume hérétique, ils faisaient attaquer Rancé et ils attribuaient aux disciples de Loyola les pamphlets que la secte inspirait à Larroque. Rancé se laissa prendre à cet habile calcul. L'amour-propre de l'écrivain, la plus tenace de toutes les vanités, refusa de s'effacer sous le cilice du cénobite.

Arnauld s'aperçut enfin que des rivalités, que des colères théologiques ne devaient pas être poussées aussi vivement. Pour les racheter, cet homme, si âcre dans ses passions studieuses, se mit à composer son livre immortel de la *Perpétuité de la Foi* [1]. Nicole dans le même temps écrivait ses *Essais de morale*, où la solidité des pensées et la force des raisonnements s'unissent à la pénétration et à la finesse. On était Janséniste par opposition. Les hommes graves accueillirent ces deux ouvrages avec bonheur, mais les femmes ne se contentèrent pas d'être justes envers Arnauld et Nicole ; elles les mirent à la mode, et, selon le témoignage de madame de Sévigné, elles dévorèrent les *Essais de morale*. Cette charmante affiliée de Port-Royal, tout en ne croyant parler qu'à l'oreille de sa fille, révélait au monde entier le secret du parti. « L'Esprit-Saint, écrit-elle [2], souffle où il lui plaît, et c'est lui-même qui prépare les cœurs où il veut habiter. C'est lui qui prie en nous par des gémissements ineffables. C'est saint Augustin qui m'a dit tout cela. Je le trouve bien Janséniste et saint Paul aussi. Les Jésuites ont un fantôme, qu'ils appellent Jansénius, auquel ils disent mille injures, et ne font pas semblant de voir où cela remonte. »

Le Jansénisme était la source et l'occasion de plus d'un démêlé entre les Evêques et la Compagnie de Jésus ; mais, avant que la secte n'existât, des contestations s'étaient déjà élevées entre le Clergé régulier et séculier, entre le Corps épiscopal et

---

[1] Ce livre a été composé en grande partie par Nicole.
[2] *Lettres de madame de Sévigné*, t. 11 ; lettre DXXV.

les Ordres religieux. Presque partout la prédication en fut cause.
C'est ici le lieu de les expliquer.

Avant le Concile de Trente, les Réguliers, en vertu de leurs
priviléges, étendaient fort loin l'exercice de leur juridiction. Le
Concile restreignit ce pouvoir, et il statua qu'aucun prêtre ne
pourrait annoncer la parole divine et confesser, sans l'assentiment de l'Evêque, nonobstant tout usage ou privilége contraire[1]. Il déclara en outre qu'aucun ecclésiastique, même régulier,
n'entendrait les confessions, à moins qu'il ne remplit les fonctions curiales ou qu'il fût agréé par l'Ordinaire[2]. Cette double
décision du saint Synode était claire. Dans la pratique elle amena
beaucoup de conflits : elle divisa souvent l'Episcopat et les Religieux. A mesure que les uns et les autres s'éloignèrent de la
lettre et du sens véritable que les Pères de l'assemblée y avaient
attachés, l'erreur se glissa dans les esprits. Le Saint-Siége seul
chercha toujours à établir l'équilibre entre les prétentions exagérées des uns et des autres ; et, si sa balance pencha en faveur
de l'un des deux partis, ce fut invariablement aux droits légitimes de l'épiscopat qu'il accorda cette prérogative.

En Allemagne, les Evêques, qui, pour la plupart, étaient en
même temps princes temporels, abandonnèrent aux Réguliers
toute la liberté dont ces derniers jouissaient avant la tenue du
Concile ; mais en France, où les Evêques s'occupaient avec plus
de vigilance des intérêts de leurs diocèses, mais dans les pays
nouvellement conquis par le Christianisme, où les prélats étaient
tous missionnaires, les Réguliers, et les Jésuites spécialement,
virent surgir plus d'un obstacle autour d'eux. Mille différends
naquirent de l'interprétation même des décrets de Trente[3]. Le
19 février 1633, le cardinal de Richelieu voulut étouffer ce
germe de divisions sans cesse renaissantes : il fit signer aux
Cordeliers, aux Dominicains, aux Jésuites et à tous les Ordres
résidants à Paris un acte par lequel ils déclaraient, tant en leur
nom qu'en celui de leurs frères, ne pouvoir confesser sans l'approbation de l'Ordinaire. Cet acte reconnaissait aux prélats le

---

[1] *C. Trid.*, sess. xxiv. *De Reform.*, c. iv.
[2] *C. Trid.*, sess. xxiii, c. xv.
[3] Voir les *Propositions des réguliers mendiants d'Angers*, 1656.

droit de révoquer quand bon leur semblait les confesseurs pour incapacité notoire ou scandale public. Plus tard, en 1670, Clément X (de la famille Altiéri), afin de ne laisser aucun prétexte aux abus, donna la bulle *Superna*, où il pose en principe les actes du Synode. Il ajoute que les Réguliers, une fois approuvés simplement, peuvent entendre les confessions à toutes les époques de l'année, même au temps pascal. Selon cette bulle, qui fait loi, ces Réguliers ne sont privés de l'autorité d'absoudre que pour une cause déterminante et relative à l'administration du sacrement de pénitence.

Telle était la situation des deux partis. On discutait plutôt sur le droit que sur le fait; mais ces discussions ne sortaient jamais de l'enceinte du cloître ou de l'officialité. Pour les Jésuites seuls on chercha à envenimer la question et à la présenter comme un empiétement de leur part. Quelques Évêques essayèrent d'interdire aux Réguliers le pouvoir de confesser et de communier les fidèles dans le temps pascal. Des brefs de Rome maintinrent ce privilége. Zamet, évêque de Langres, Sourdis, archevêque de Bordeaux, et Caumartin, évêque d'Amiens, succombèrent à diverses époques dans cette lutte cléricale. Ces querelles sont effacées de la mémoire des hommes; celle que Louis-Henri de Gondrin suscita aux Jésuites a eu plus de retentissement.

Gondrin, élève des Pères, et porté par eux à l'archevêché de Sens, était l'un des plus fervents appuis du Jansénisme. A peine installé dans son diocèse, il s'occupa de mettre en pratique les leçons qu'il avait secrètement reçues. Port-Royal ne demandait qu'un peu d'air et de liberté pour faire triompher ses principes. La tolérance invoquée en faveur des Solitaires ne devait jamais s'étendre jusqu'aux Pères de la Compagnie. Le Jansénisme redoutait leur action sur le peuple et sur les enfants; les Jésuites furent exclus du droit qu'Arnauld et Pascal réclamaient avec une si vigoureuse dialectique. Gondrin se crut tenu de suivre à la lettre les théories de Port-Royal sur l'égalité; et dans les *Registres du Conseil privé du Roi* [1] on trouve relatées toutes les circonstances du débat. » Le différend qui est entre les parties, y lit-

___
[1] Arrêt du 4 mars 1653.

on, a commencé par des défenses que ledit Archevêque leur voulut faire, quatre ou cinq jours avant le dimanche des Rameaux de l'an 1650, d'entendre les confessions pendant la semaine de Pâques, bien qu'ils fussent en possession de les entendre en tout temps, à Sens comme en toutes les autres villes du royaume où ils ont été établis suivant le droit et la liberté qui en a été octroyée à tous les Fidèles par les bulles des Papes ; ce qui est reçu par la coutume universelle de l'Eglise de temps immémorial ; et, pour parvenir à ce dessein, il s'avisa de quereller les Religieux sur leur approbation, sachant qu'ils ne la pourroient faire voir par écrit, ne l'ayant reçue de lui que verbalement ; ce qui étoit suffisant et avoit été pratiqué jusque à ce temps de la sorte en tous les autres diocèses. A cette fin il donna ordre au sieur de Bénjamin, son official, de faire assigner par-devant lui le Père Recteur du collége pour dire en vertu de quoi lui et les autres Péres du collége entendoient les confessions ; et, à faute de comparoir le troisième jour, qui fut le samedi devant les Rameaux, contre toutes formes de justice, ledit official prononça une sentence qui fut suivié de trois ou quatre autres et d'une ordonnance dudit sieur Archevêque, portant défense aux Pères Jésuites, sur peine d'excommunication, d'entendre les confessions par tout son diocèse, faute de montrer leur approbátion. »

Déjà le Père Nicolas Godet, recteur du Collége de Sens, avait fait appel au Saint-Siége ; cet appel suspendait l'exécution des menaces de l'Ordinaire. Les Jésuites, légitimement approuvés, ne cessèrent point d'administrer le Sacrement de pénitence. L'Archevêque transportait dans le confessionnal les subtilités de l'école ; les Pères se défendirent en publiant un petit livre intitulé *Théotime, ou Dialogue instructif sur l'affaire présente des Jésuites de Sens.* Gondrin était affilié à la secte ; il n'aimait donc pas la contradiction. Il fit censurer le *Dialogue instructif* par son Synode provincial ; mais le Souverain-Pontife était intervenu, et avait accordé un juge à désigner entre trois prélats. La Compagnie choisit l'Évêque de Senlis, et le promoteur de la métropole fut assigné devant lui. Gondrin invoqua l'autorité du Parlement. Le Conseil du roi se dé-

clara pour les Pères. Ce conflit de juridiction laissait aux parties le loisir de s'accommoder ou d'envenimer la querelle.
Gondrin, dont les Solitaires de Port-Royal encourageaient les
excès de pouvoir, ne cessait de lancer des lettres monitoires
contre les Jésuites, qui, sûrs de la justice de leur cause, ne
voulaient pas céder à certaines inimitiés dont l'origine leur était
connue. Ils résistaient aux injonctions du prélat, le prélat se décide à les excommunier. Le 26 janvier 1653, il paraît dans la
chaire de sa cathédrale. Selon une lettre du Père Godet [1], l'Archevêque fit descendre la gravité sacerdotale au niveau des passions de parti, et il s'écria : « La morale des Frères de l'Ordre
surnommé de Jésus est plus digne de l'Alcoran que de l'Évangile ;
pour théologie, ils n'ont qu'une philosophie hérissée de subtilités
plus païennes que chrétiennes. » Puis, s'adressant aux fidèles :
« Ils vous menaceront, ajouta-t-il, de fermer leurs colléges,
mais ils n'auront garde de le faire, sinon je vous donnerai des
maîtres bien supérieurs à ces rebelles ; ainsi, expulsons ces
ordres hérétiques, schismatiques, pernicieux. Habitants du diocèse de Sens, je vous avertis que, dès publiques monitions faites
contre eux, toutes confessions que vous leur aurez faites ou leur
ferez, sont nulles, sacriléges, et je me réserve à moi seul la censure par vous encourue. »

« Alors, continue la relation manuscrite du Père Godet,
adressée au Général de la Société de Jésus, alors, prenant en
main une torche allumée, l'Archevêque, revêtu de ses ornements pontificaux, et entouré de son clergé, lit à haute voix
la formule d'excommunication. A l'instant même, les cierges
s'éteignent. Il y avoit tant de véhémence dans sa voix, tant de
désordre dans son geste, que plusieurs hommes graves m'ont
assuré qu'après une telle scène, leur attachement à la Foi catholique n'avoit pu se soutenir que par une grâce spéciale de Dieu.
Voyez si Votre Paternité ne pourroit pas elle-même ou par ses
amis engager le Saint-Père à prendre des mesures pour ramener
monseigneur notre Archevêque à une conduite plus équitable
envers nous, plus conforme à sa haute dignité, et moins funeste
à la religion. »

[1] *Archives du Gesù.*

La sentence d'excommunication était évidemment arrachée par les Solitaires de Port-Royal. Les cours de Rome et de France en connaissaient la source aussi bien que les Jésuites ; elles avaient intérêt à s'y opposer. Le Général de l'Ordre sentit qu'une nouvelle lutte aggraverait la position ; il enjoignit aux Pères de Sens d'accepter l'interdit. Cet état de choses, que des négociations souvent entamées, encore plus souvent rompues, ne purent jamais améliorer, dura jusqu'à la mort de Gondrin ; mais, en 1675, le premier acte de son successeur, Jean de Carbon de Montpesat, fut de lever l'excommunication lancée. Il fit rouvrir aux Jésuites leurs églises, fermées depuis vingt-cinq ans, il leur rendit visite ; et, pour gage de réconciliation, il voulut que le Père Chaurand, célèbre missionnaire, préchât l'Avent et le Carême dans sa cathédrale.

A peine la mort de Gondrin mettait-elle un terme à ces différends, qu'ils se renouvelaient sur un autre point. Ignace de Loyola avait, dans ses Constitutions, recommandé d'honorer les Ordinaires et de leur obéir. Néanmoins, un certain nombre de prélats ne cessèrent, dans le dix-septième siècle, d'élever la voix contre les empiétements de la Société de Jésus. Le Parlement et l'Université ne l'attaquaient plus, elle trouvait des adversaires dans l'épiscopat, dont elle devait être l'auxiliaire. Un de ceux qui, à cette époque, manifestèrent contre les Jésuites la plus vive animosité, fut Etienne Le Camus, Evêque de Grenoble. Sa piété était aussi notoire que sa science ; on le citait pour son zèle et pour la régularité de ses mœurs. Mais, ce prélat, promu, en 1686, à la dignité de cardinal, témoigna à l'Institut de Loyola une de ces aversions instinctives que rien ne semble justifier, et dont cependant chaque page de sa vie offre un exemple. Cette répulsion avait éclaté si souvent que les Jésuites en prenaient leur parti. Sur sa demande, et sans examen, ils retiraient des chaires ou de l'enseignement tous les Pères qui, dans le diocèse de Grenoble, avaient, par leur popularité, encouru sa disgrâce. Cet état de choses durait depuis longtemps, lorsque, fort des concessions obtenues, Le Camus en sollicite une nouvelle. Le Père Saint-Just, préfet du Collège depuis quinze ans, lui porte ombrage. Il est aimé

des familles et des enfants : il faut qu'il s'éloigne. Plusieurs
membres du Parlement s'adressent à la duchesse de Savoie et
au Général de l'Ordre des Jésuites pour se plaindre de cette
persécution. L'Evêque apprend ces démarches, il frappe d'interdit le Jésuite, et il allègue une accusation grave, mais dont
la preuve n'est pas administrée par lui. Saint–Just, fort de son
innocence, s'irrite d'être condamné sans avoir été entendu, et
de se trouver sous le poids d'imputations qu'il regarde comme
calomnieuses. Avec l'autorisation de son chef, le recteur du
Collége de Grenoble, il dépose une plainte au Parlement. Oliva
était Général de l'Institut, Le Camus lui écrit, il exige que
force reste à l'autorité. Oliva comprend qu'il vaut mieux donner
un exemple de subordination, et sacrifier un Jésuite, que de
laisser s'envenimer ces questions toujours difficiles. Il charge
Louis de Camaret, provincial de Lyon, de signifier à Saint-Just
et au recteur de Grenoble les peines qu'il leur inflige pour avoir
offensé le prélat.

Voici en quels termes, le 21 septembre 1679, Camaret rend
compte au Général de la Compagnie de l'exécution de ses volontés :

« Les ordres de Votre Paternité ont trouvé une parfaite et
prompte soumission de la part du Père recteur du Collége de
Grenoble et du Père Saint-Just. Ils ont accepté l'un et l'autre,
avec générosité et amour, le châtiment que vous leur annoncez.
Cependant, je dois le dire, nos Pères ont été entraînés par un
exemple que nous ne devons pas, sans doute, approuver, et
encore moins suivre : ce sont les appels fréquents et presque
journaliers que tous les autres Ecclésiastiques, soit séculiers,
soit réguliers, font dans ce royaume des sentences de l'Ordinaire aux cours de Parlement. J'ajouterai que si le Père Saint-
Just s'est adressé à un tribunal laïque, ce n'était pas pour en
appeler de la censure de l'Évêque de Grenoble, qui est une peine
spirituelle, mais de la calomnie publiée, et qui a été l'occasion
de la censure. Ce n'est pas contre l'Evêque qu'il a demandé
justice, mais contre des méchants qui attaquaient sa réputation. Eu égard à cette obéissance complète du recteur et aux
embarras que lui suscite l'Evêque, j'ose donc prier Votre Paternité

de le délivrer de l'interdit auquel elle l'a soumis pour le punir de sa faute. »

Dans l'intimité d'une correspondance qui ne fut jamais destinée à voir le jour, le Provincial de Lyon, s'adressant au Général, faisait la part des torts. Il justifiait son subordonné, tout en l'accusant d'avoir été trop vif dans la défense de son honneur attaqué ; et, pour ne pas réveiller les susceptibilités du cardinal Le Camus, il passait condamnation sur le Père Saint-Just, injustement puni, selon lui.

Un différend, dont la cause première tenait aussi à des rivalités de juridiction, occupait, à peu près dans le même temps, l'Eglise persécutée d'Angleterre. Il subsiste même encore, tout en se transformant. Les Jansénistes, en cette occasion, se liguèrent avec les Puritains et les Episcopaux de la Grande-Bretagne ; ils prirent parti en faveur de Richard Smith, Évêque de Calcédoine et Vicaire apostolique. Smith croyait que les priviléges des Ordres religieux étaient contraires à l'exercice de ses pouvoirs. Les Pères Floyd, Wilson et Cellot, de la Compagnie de Jésus, cherchèrent à expliquer la position des Réguliers. Une violente polémique s'engagea ; les livres des trois Pères furent condamnés à Paris[1], et Smith se vit privé de son titre par le Saint-Siége[2]. Les Jansénistes entretenaient ces divisions ; ils les fomentaient même. Comme ils étaient parvenus à gagner à leur secte quelques prélats, ces prélats s'associèrent de gré ou de force à cette guerre de détails et d'arguties dont retentissaient les diocèses de Sens et de Grenoble. A Agen, les Pères Maria, Dupont et Masson luttaient contre Joly, Evêque de cette ville ; à Pamiers, Caulet, l'un des parti-

---

[1] L'ouvrage du Père Cellot, de Hierarchia ecclesiastica, fut mis à l'index à Rome.

[2] Dans son ouvrage intitulé Port-Royal (t. 1er, pag. 327), Sainte-Beuve juge ainsi le Vicaire apostolique Richard Smith : « Cet Evêque, reçu d'abord par tous les fidèles de sa communion avec beaucoup de respect et d'espérances, s'était mis bientôt en lutte avec les Moines, et en particulier avec les Jésuites du pays, au sujet des droits épiscopaux qu'il revendiquait dans toute leur force et avec plus de rigueur peut-être qu'il n'était prudent sur un terrain si mal affermi. Il abrogeait les priviléges des religieux et leur ôta, par exemple, le pouvoir de conférer les sacrements sans la permission de ses officiers ; mais le secret, souvent nécessaire en pays hérétique, ne s'accordait pas toujours avec ces formalités. Bref, il voulut être trop Gallican en Angleterre, là où il suffisait d'être Catholique à tout prix. »

sans de Jansénius, adoptait dans sa cathédrale la même marche que Gondrin : il frappait les Jésuites d'excommunication. Le 12 mai 1668, il publiait la relation de ces événements, et il la terminait ainsi : « Cette histoire sera très-propre pour confirmer celle d'Angélopolis, et l'on n'aura plus de peine à croire les excès que les Jésuites du Mexique et du Paraguay ont commis dans l'Amérique, quand on verra ceux que les Jésuites de Pamiers ont osé commettre à la vue de toute l'Eglise gallicane. »

En racontant les démêlés survenus au Paraguay entre Bernardin de Cardenas et les Missionnaires de la Société de Jésus, nous avons déjà fait allusion aux actes invoqués par l'Évêque de Pamiers. Le nom de Juan de Palafox a été prononcé dans cet ouvrage avec le respect que ses vertus et ses talents inspirent ; mais l'histoire ne vit pas seulement de vénération pour les hommes illustres, elle est forcée de s'appuyer sur les documents, et de baser ses récits sur les témoignages que les archives mettent à sa disposition. Juan de Palafox, esprit lucide, cœur débordant de charité, homme plein de dons apostoliques, a vu son nom servir d'étendard contre une Société religieuse à laquelle, à différentes époques, il paya un tribut d'admiration fraternelle. Ces sentiments d'équité, ces hommages rendus à un zèle dont il fut le témoin, s'effacent devant les hostilités qu'il ouvrit. Les adversaires de l'Institut ont oublié ce que Palafox avait dit, avait écrit en faveur de la Compagnie, pour ne se souvenir que de ses attaques. Palafox a été un saint à leurs yeux par le seul motif qu'il s'était déclaré l'ennemi des Jésuites. Ses vertus, que nous honorons, ne furent acceptées qu'à ce prix ; des conditions aussi étranges ont été maintenues jusqu'à nos jours. Voyons ce qu'il y a de réel dans des événements dont chaque parti a si diversement essayé de tirer avantage.

Palafox était Évêque d'Angélopolis ou de la Puebla de los Angeles, au Mexique ; il avait longtemps vécu en bonne intelligence avec les Jésuites, quand tout-à-coup il exigea d'eux des dîmes et des redevances non autorisées par l'usage. De ce désaccord naquit un conflit de juridiction entre le prélat et les Missionnaires. Les Jésuites firent résistance ; Palafox n'y était pas habitué; il crut les vaincre en lançant sur eux un interdit général. La cause fut portée en cour de Rome, et le 14 mai 1648, un bref d'Innocent X, résumant les deux sentences de la Congrégation des cardinaux, distribuait le blâme et l'éloge avec une impartiale fermeté. L'Evêque avait eu tort de céder à un premier mouvement de colère, encore plus tort de retirer les pouvoirs ecclésiastiques à des Religieux déjà approuvés et qui, dans l'exercice du ministère, n'avaient encouru aucun reproche.

Mais si le bien des fidèles et l'intérêt de l'Eglise doivent l'emporter sur les rancunes personnelles d'un Evêque, l'obéissance cléricale ne peut jamais, dans le doute, accepter comme injuste l'ordre qui lui est intimé par l'autorité supérieure. Les Jésuites, selon l'appréciation du même bref, n'étaient pas restés dans cette position que la prudence leur a si souvent conseillée. Ils en avaient appelé à des juges-conservateurs dans un cas où l'injure n'était pas plus évidente que la violence. Ils auraient dû se soumettre à une décision, peut-être inique à leurs yeux, et attendre le jugement du Saint-Siége.

Aux termes de la sentence pontificale, le droit de l'Evêque fut reconnu; mais la Congrégation des cardinaux le blâma dans le fait. Elle s'exprime ainsi : « Il résulte de toutes les procédures que les crimes imputés aux Pères sont demeurés sans preuves, et il ne paraît pas qu'aucun d'eux soit tombé dans le cas d'excommunication. Les censures prétendues par ledit Evêque ne sont donc pas justifiées. » Et ailleurs les cardinaux concluent : « Au reste, la Sacrée Congrégation exhorte sérieusement, au nom du Seigneur, et avertit ledit Evêque que, se souvenant de la douceur chrétienne, il doit agir avec affection paternelle envers la Compagnie de Jésus, qui, selon son louable Institut, a travaillé et travaille encore sans relâche et avec tant de succès dans l'Eglise de Dieu, et que, la reconnaissant pour un auxiliaire fort utile en la conduite de son Eglise, il la traite favorablement et reprenne pour elle sa première bienveillance. La Congrégation se le promet et s'assure qu'il le fera, ne doutant ni de son zèle, ni de sa vigilance, ni de sa piété. »

Sauf quelques réserves de droit, les Jésuites obéirent aussitôt; ils demandèrent des pouvoirs à don Juan de Palafox.

Tandis que la cour de Rome partageait les torts et distribuait la louange avec tant d'équité, le prélat, cédant à un inconcevable mouvement de terreur, s'était éloigné d'Angélopolis. « Pour adoucir la rage de mes ennemis, écrit-il lui-même au Pape, je me vis obligé de m'enfuir dans les montagnes, de chercher dans la compagnie des scorpions et des serpents, et autres animaux vénimeux, la sûreté et la paix que je n'avais pu me procurer au milieu de cette implacable Compagnie de Religieux. Après avoir passé vingt jours avec grand péril de ma vie et dans un tel besoin de nourriture, que nous étions réduits à n'avoir pour tout mets et pour tout breuvage que le seul pain de l'affliction et l'eau de nos larmes, enfin nous découvrîmes une petite cabane où je fus caché près de quatre mois. Cependant les Jésuites n'oublièrent rien pour me faire chercher de tous côtés; ils employèrent pour cela beaucoup d'argent, dans l'espérance, si on me trouvait, de me contraindre d'abandonner ma dignité ou de me faire mourir. »

L'accusation est aussi formelle que possible[1]; mais, en 1815, elle évoqua au conseil du roi d'Espagne un réfutateur désintéressé, qui présenta les faits sous un autre point de vue. Don Guttierez de la Huerta, traitant la question des Jésuites et du prélat, disait dans son rapport[2] : « Personne n'ignore que le départ de Palafox fut volontaire et par motif d'agrément; qu'il se rendit à la maison de campagne du licencié don Joseph Maria Mier, habitant de la Puebla. Cette demeure était contiguë à celle d'Otumba, appartenant aux Jésuites. Mier l'accompagna lui-même dans ce voyage avec sa famille et ses domestiques, et la grotte imaginaire fut transformée plus tard en chapelle sur la route royale qui descend de la Puebla à Salaya pour aller à Vera-Cruz. Il y aura un peu plus d'un demi-siècle qu'on voyait encore au même endroit le palmier à l'ombre duquel le révérend Palafox avait coutume de dire son bréviaire, suivant la tradition, pendant son séjour à cette campagne. »

Don Guttierez de la Huerta démontre, par le témoignage des ennemis de la Compagnie de Jésus, que ce lieu si horrible où

---

[1] Palafox la démentit plus tard dans sa défense canonique.
[2] Ce rapport est déposé aux Archives de Madrid.

Palafox n'a vu que des scorpions et des serpents, que des rochers escarpés et des précipices, n'était alors comme aujourd'hui qu'une contrée opulente et célèbre par la beauté de son paysage. Les Jansénistes le savaient sans doute aussi bien que lui; mais de telles exagérations étaient une bonne fortune pour leur cause, elles devaient enfanter des crédulités passionnées. Arnauld reproduisit, avec une habile pitié, toutes ces tortures inventées dans un accès de délire; il se fit contre la Société de Jésus un bouclier de la vertu de don Juan lui-même.

Dans sa lettre adressée au Pape le 8 janvier 1649, lettre que, selon les besoins de sa cause, il a tour à tour avouée et niée, et dont les Jansénistes ont eu la cruauté de démontrer l'existence, — car en accusant Palafox elle les justifiait, — ce dernier parle de ses tourments, de ses craintes, et il charge les Jésuites de forfaits impossibles à une Société religieuse [1]. Les démentis que l'évêque d'Angélopolis donnait à son œuvre, et que les Solitaires de Port-Royal réfutaient victorieusement [2], plaçaient ce prélat dans une situation inextricable [3]. Il fut appelé en Espagne et

---

[1] Don Palafox, qui se savait appuyé en Europe, ne s'arrêtait pas à des plaintes personnelles; il disait dans le même écrit : « Quel autre ordre religieux, très-Saint-Père, a été aussi préjudiciable à l'Eglise universelle, et a rempli d'autant de troubles toutes les provinces chrétiennes? Mais il n'y a pas sujet de s'en étonner. La raison en est, si Votre Sainteté me permet de le dire, que la singularité si extraordinaire de cette Compagnie la rend plutôt à charge à elle-même qu'utile et respectable aux autres, car elle n'est entièrement ni ecclésiastique séculière, ni ecclésiastique régulière. » Et ailleurs : « Quel autre ordre s'est jamais si fort éloigné des véritables principes de la Religion chrétienne et catholique? » Palafox ajoute encore à ces accusations. « Leur puissance, dit-il en parlant des Jésuites, est aujourd'hui si terrible dans l'Eglise universelle, si elle n'est réprimée, leurs richesses sont si grandes, leur crédit si extraordinaire, qu'ils s'élèvent au-dessus de toutes les dignités, de toutes les lois, de tous les conciles, de toutes les constitutions apostoliques, en sorte que les Evêques (au moins en cette partie du monde) sont réduits ou à mourir et à succomber en combattant pour leur dignité, ou à se soumettre à ce qu'ils désirent, ou au moins à attendre l'issue douteuse d'une cause très-juste et très-sainte, en s'exposant à une infinité de hasards, d'incommodités et de dépenses, et en demeurant dans un continuel péril d'être accablés sous leurs fausses inculpations. »

[2] Journal de Saint-Amour, 3ᵉ partie, c. xiii.

[3] Palafox, qui, malgré ses vertus, ne montra dans toute cette affaire que les inconsistances et les faiblesses de l'humanité, ne craignait pas, quatre années après, de rendre une éclatante justice à la Compagnie de Jésus. Dans sa défense canonique adressée au roi d'Espagne Philippe IV, en 1653, il s'exprime ainsi : « La religion de la Société du saint nom de Jésus est un Institut admirable, etc. (Voy. au tom. III de cette histoire, chap. 5, pag. 269). Et dans sa réponse au mémorial des Jésuites adressée au même prince en 1652, tout en blâmant quelques particuliers, il proclame toujours le corps entier de la Compagnie : un ordre reli-

transféré sur le siége d'Osma , petite ville de la Vieille-Castille. Les inquiétudes de son zèle et les ardeurs de son esprit lui sus- citèrent de nouveaux embarras. Il n'avait plus les Jésuites à combattre; il s'en prit au gouvernement de Philippe IV. «Par le mémoire que vous avez fait imprimer, lui mandait le mo- narque dans un lettre dont l'original est déposé aux archives des finances d'Espagne, vous avez mis en oubli vos obligations de ministre et d'Evêque : de ministre, parce que, sans avoir égard aux besoins pressants de nos sujets, vous êtes contraire à leur soulagement; d'Evêque, parce que vous supposez ce qui n'est pas, en disant que j'ai ordonné qu'on ne s'embarrassât point des censures... Souvenez-vous que, quand vous vîntes en Espagne, vous trouvâtes l'état ecclésiastique tranquille et exempt de tout ce qui troublait le vôtre dans les Indes. Modérez l'im- pétuosité de votre zèle, sinon j'y apporterai remède.

> Moi, le Roi. »

En dehors de ces exubérances de vertu, Palafox, au Mexique ainsi qu'en Espagne, avait laissé un grand renom de science et de piété. Après sa mort, les adversaires de la Compagnie de Jésus s'emparèrent de son illustration ; ils se firent de la sainteté du prélat une arme contre les Pères. Il importait à leur polé- mique de voir l'évêque d'Osma placé sur lès autels par le Sou- verain Pontife; ils sollicitèrent sa canonisation comme un triomphe de parti. Les Jésuites s'y opposèrent, et l'honneur leur en faisait un devoir. Dès 1694, Charles II, roi d'Espagne, fit auprès d'Innocent XII les premières démarches. Thyrse Gonzalès, alors Général de l'Institut, adressa une requête à ce prince; elle suffit pour suspendre la première attaque; on se contenta d'informer. En 1726, Benoît XIII admit la cause du serviteur de Dieu. En 1741, Benoît XIV chargea le cardinal Passionei de faire le rapport sur la réputation de sainteté ainsi que sur les vertus de Palafox. Ce cardinal, célèbre à plus d'un

gieux si respectable, si illustre, une société si sainte, si régulière, etc. Et, ajoute-t-il : « Mon intention, Sire, n'est pas de ternir la gloire d'un Institut si saint, ni de déplaire à ses enfants... tant pour l'amour que je porte à leur Sainte Mère, la Compagnie de Jésus, etc., etc. » Difesa canonica, p. 14, (Venezia, 1764.) Et Ri- posta, p. 130, 131, 29 (Lugano, 1763).

titre, était un ennemi déclaré de la Société de Jésus. Il ne
trouva rien de contraire à la foi ou aux bonnes mœurs dans les
écrits de don Juan; il ne rechercha pas ce qu'ils pouvaient renfermer d'hostile à la vérité ou à la charité chrétienne. En conséquence, le 10 décembre 1760, au moment où l'orage grondait
sur les Jésuites, la Congrégation des Rites, pressée par Charles III d'Espagne, pensa qu'on pouvait passer outre.

La Société de Jésus fut supprimée, et, comme dernière
satisfaction, ce roi exigea la béatification de Palafox. Le 28 janvier 1777, le Pape Pie VI sollicita les suffrages des cardinaux.
Christophe de Murr, l'un des Protestants les plus instruits du
dix-huitième siècle, a conservé, dans son *Journal pour
l'histoire des arts et de la littérature* [1], le discours prononcé par le cardinal Calini en présence du Souverain-Pontife
et du Consistoire. Nous traduisons sur le texte latin ces paroles
si pleines de graves accusations :

« Je n'apporterai ici qu'un argument, dit l'orateur, un argument qui, dès le temps où la cause de Palafox fut introduite,
a toujours été mis en avant comme un obstacle à sa béatification. Cet argument n'a pas cessé d'être l'objet de nos délibérations; jusqu'à présent il est resté dans toute sa force :
c'est la lettre écrite par don Palafox à Innocent X. Dans
cette lettre l'Evêque d'Osma, parmi beaucoup d'injures contre
les autres Ordres religieux, répand surtout des torrents de malice sur la Société de Jésus; il affirme qu'elle est corrompue
et nuisible à l'Eglise de Dieu. Il y a plus de cent ans que
cette lettre a été écrite, et depuis ce temps, où et quand
a-t-on trouvé parmi les Jésuites aucun signe de corruption?...
Il vient de finir, Très-Saint-Père, ce long et déplorable
procès qui a suivi la destruction de l'Ordre de Jésus, et
qui aurait dû la précéder. Les pièces ont été remises entre
vos mains; jugez, si on peut y trouver, je ne dis pas une
faute de tout l'Institut, mais au moins l'ombre ou la moindre apparence de faute. Après tant de recherches, tant de
moyens employés, tant de discussions, vous pouvez l'attester,

---

[1] *Journal pour l'histoire des arts et de la littérature,* par Christophe de
Murr, t. x, p. 203.

Saint-Père, ainsi que je puis le dire avec une entière connaissance de cause, rien, non, rien n'a pu être découvert qui
soit à la charge de la Compagnie. »

L'Ordre des Jésuites avait été supprimé trois ans auparavant. La béatification de Palafox était un dernier triomphe
accordé à leurs vainqueurs, Catholiques, Jansénistes, Protestants ou Philosophes; le roi d'Espagne l'exigeait en menaçant
d'un schisme. Christophe de Murr, après avoir enregistré ce
discours, dont le respect pour la mémoire de Palafox nous
empêche de reproduire la conclusion, ajoute que Pie VI écrivit
à Charles III qu'il ne pouvait en conscience déclarer l'héroïcité
des vertus de l'évêque d'Osma. Alors le roi renonça à cette affaire, quoique, dans l'origine, il l'eût poussée même avec plus
de chaleur que la destruction de la Compagnie [1].

Ainsi, en maintenant, en démontrant l'authenticité de la
lettre de don Juan, authenticité qui servait leur colère, les
Jansénistes ont plus fait contre Palafox que les Jésuites eux-
mêmes. Ils ont fourni à la Congrégation générale des Rites, présidée par Pie VI, un document dont il était impossible de ne
pas arguer dans une canonisation que les ennemis de la Com-

[1] La béatification de Palafox, venant échouer à Rome lorsque la Société de
Jésus n'existait plus, est un fait grave dont les annalistes n'ont pas manqué de
s'emparer. Nous avons cité Christophe de Murr, un protestant consciencieux; il
nous reste à produire la version d'un Catholique qui essaie de couvrir ces événements de sa spirituelle partialité. Le comte Alexis de Saint-Priest, pair de France,
a publié en 1844 une *Histoire de la Chute des Jésuites*, et à la page 196 on lit :
« Au dix-huitième siècle, le nom de Palafox se reproduisait sans cesse dans les dépêches adressées à Rome. Le roi d'Espagne se montrait infatigable à poursuivre la
canonisation, les autres cours catholiques l'appuyaient dans ses démarches. La
résistance du parti jésuitique fut aussi tenace que les sollicitations de l'Espagne
furent ardentes; rien ne put lasser les combattants. Ce débat dura cinquante et un
ans, sous quatre pontificats, encore n'eut-il pas d'issue. Après une dernière séance
tenue par Pie VI, sur la béatification du saint personnage, le Pape recueillit les
voix et ne décida rien. »
  « Le roi d'Espagne, continue le comte de Saint-Priest, exigeait une canonisation,
les Jésuites voulurent aussi un saint; ils le cherchèrent longtemps, ils le trouvèrent
enfin !... C'était un Français !... Il se nommait Labre. »
  Dans une note ajoutée au texte, l'écrivain ne s'arrête plus aux contes des ruelles
diplomatiques qu'il a enchâssés dans son ouvrage comme des diamants, il articule
un fait; ce fait n'est qu'une erreur manifeste. « Labre, dit-il à la page 199, ne fut
déclaré bienheureux que sous le pontificat de Pie VII. Ce fut une des conséquences du triomphe des Jésuites. »
  Nous avions cru jusqu'à présent que les pairs de France jouissaient du droit
de confectionner les lois, mais personne ne se doutait qu'ils eussent celui de faire
des bienheureux. Le vénérable Labre ne l'est encore que de la main de M. de
Saint-Priest.

IV.   6

pagnie ne cessaient de réclamer. Ce document, les Jésuites s'étaient toujours efforcés, sur la parole de Palafox, de le nier, d'en suspecter l'origine, ou tout au moins d'en atténuer les effets [1].

[1] En 1767, quand don Juan de Palafox servait aux philosophes de bélier pour battre en brèche la Compagnie de Jésus agonisante, Dinouart publia, sous le voile de l'anonyme, une vie de ce même Palafox qui, au dire d'un critique renommé, ne devait guère contribuer à faire canoniser l'Evêque d'Osma. « *Nihil ad cano-*. *nizationem confert mendax hujus episcopi vita, nuper in Jesuitarum odium ab Josepho Dinouart, nomen reticente, gallicè vulgata.* » (Voir le *Notio temp.* de Danès, continué par M. Paquot. Louvain, 1773, p. 525).

CHAPITRE II.

La onzième Congrégation Générale se réunit à Rome pour nommer un Vicaire-Général, du vivant même de Goswin Nickel, Général de l'Ordre. — Le Père Oliva est élu. — Son caractère. — Les Assistants. — Progrès de la Compagnie dans les Provinces de Milan et de Naples. — Sa situation en Portugal. — Alphonse VI et la reine-régente, Louise de Gusman. — Le comte de Castel-Melhor, premier ministre. — Le Père André Fernandez, nommé grand-inquisiteur, refuse cette dignité. — Mariage d'Alphonse VI avec mademoiselle d'Aumale. — Le Père François de Ville l'accompagne à Lisbonne. — Caractère du roi et ses déportements. — Le maréchal de Schomberg et le Jésuite seuls protecteurs de la reine. — Amour de l'Infant don Pedro pour elle. — La reine se retire dans un couvent. — Don Pedro la protége contre le roi. — Le Chapitre de Lisbonne prononce la séparation. — Abdication d'Alphonse VI. — Régence de don Pedro. — Les Cortès envoient une députation à la reine pour la prier d'épouser l'Infant, son beau-frère. — Conduite des Jésuites pendant ces événements. — Le Père de Ville et le Père Emmanuel Fernandez. — Ce dernier est nommé aux Cortès. — Lettre du Général de l'Ordre concernant cette élection. — Fernandez y renonce. — Les Jésuites ont-ils contribué à la décadence du Portugal? — Sont-ils aussi habiles qu'on le prétend? — Causes véritables de la décadence. — Le Père Vieira. — Mort de Philippe IV d'Espagne. — Marie-Anne d'Autriche, régente d'Espagne, nomme son confesseur, le Père Nithard, grand-inquisiteur et conseiller d'État. — Le Jésuite refuse. — Le Pape le contraint d'accepter. — Inimitié de don Juan d'Autriche pour la reine et pour son confesseur. — Le Clergé se ligue contre le Jésuite. — Mesures que prend Nithard. — Don Juan triomphe. — Le Père Nithard abandonne l'Espagne. — Son désintéressement. — Il est élevé au cardinalat. — Décadence de l'Espagne. — Charles II et son règne. — Les Jésuites en Pologne. — Casimir, roi et Jésuite. — Sobieski et le Père Przeborowski, son confesseur. — Przeborowski bénit les Polonais avant la bataille de Choczim. — Sobieski est élu Roi. — Le Père Vota devient son conseiller. — Il le décide à entrer dans la ligue d'Augsbourg contre Louis XIV. — Politique de Vota blâmée par les historiens français. — Sobieski remporte la victoire de Vienne. — Il devient odieux aux Polonais. — Mécontentement de Jacques, son fils aîné, apaisé par le Jésuite. — Sobieski meurt entre les bras de Vota. — Les Jésuites en Angleterre. — Restauration de Charles II. — Portrait de ce prince. — Les Catholiques se réunissent à Arundel-House et demandent l'abrogation des lois de persécution. — Le Parlement se montre disposé à l'accorder, à condition que les Jésuites seront expulsés d'Angleterre. — Divisions dans le parti catholique. — Évocation des doctrines ultramontaines. — On accuse les Jésuites d'être la cause de la peste et les auteurs de l'incendie de Londres. — L'Anglicanisme excite la multitude contre eux. — Charles II proscrit les Jésuites. — Caractère du duc d'York. — Il se fait Catholique. — Le Pape et le Père Simons interviennent dans sa conversion. — Les Jésuites, conspirateurs en Angleterre, sont défendus par Antoine Arnauld. — Complot découvert par un faux Jésuite français. — Ses révélations. — Crédulité du peuple. — Luzancy devant le conseil privé. — Le docteur Tonge et Titus Oates. — Caractère de ces deux hommes. — Conspiration qu'ils inventent. — Le Père Bedingfield. — Oates feint de se convertir au Catholicisme. — Il se présente pour se faire Jésuite. — Son interrogatoire devant le roi. — Coleman et ses lettres au Père Lachaise. — Lord Shaftesbury voit dans ce complot un moyen d'arriver au pouvoir. — Son portrait. — Mort du juge de paix Edmond Godfrey. — Révélation de Bedloë contre les Jésuites. — Shaftesbury et Burnet. — Oates dénonce le Pape et le Général des Jésuites comme ayant créé un nouveau gouvernement en Angleterre. — Arrestation des Pères de l'Institut et des Lords catholiques. —

Pendant les trente premières années qui virent le Jansénisme faire en France une guerre si acharnée à la Compagnie de Jésus, les autres provinces s'étaient, à l'exception de la Belgique, tenues à l'écart. Il n'entrait point dans les vues de la Société de lancer toutes ses forces sur un même point. La lutte était son élément; elle se savait née pour être discutée ; elle ne s'effrayait donc pas des vivaces inimitiés que la jalousie et la haine suscitaient contre l'Institut. Patiente, parce qu'elle se croyait au-dessus des orages, et parce qu'il ne lui restait plus qu'à se maintenir dans la faveur des rois et dans celle encore plus mobile des peuples, la Société de Jésus n'avait peut-être pas assez pris au sérieux ses nouveaux antagonistes. Elle avait bien jugé qu'une secte qui n'osait aller ni à l'hérésie ni au schisme n'était pas dangereuse pour le Saint-Siége ; elle pressentait même, selon le cours ordinaire des choses de ce monde, qu'une autre génération de Pascals et d'Arnaulds n'était pas possible. Mais elle oubliait, dans ses prévisions, que les Jansénistes, en se cramponnant au giron de l'Eglise, devaient à la longue faire plus de mal aux Jésuites que tous les Protestants. Les Protestants ne mesuraient point assez la portée de leurs coups. Ils frappaient avec la même arme et sur le dogme et sur la discipline ; ils avaient pour ennemis naturels la cour de Rome, les princes catholiques et l'Institut. Les Jansénistes, au contraire, se proclamaient aussi dévoués au Saint-Siége qu'à leur foi religieuse et politique ; ils étaient les fils respectueux du Vicaire de Jésus-Christ, les courtisans les plus ingénieux de Louis XIV. S'ils cherchaient à écraser la Société fondée par Loyola, ce n'était que dans l'intérêt de l'Eglise et des monarques qu'ils agissaient.

Les Jésuites ne sentirent pas assez que cette position intermédiaire leur créait plus d'un péril. Pascal était mort, Arnauld vieillissait, les Solitaires de Port-Royal se dispersaient; les Pères s'imaginèrent que de nouveaux événements enfanteraient de nouvelles passions. Maîtres de l'éducation de la jeunesse, guides spirituels des monarques, ils se virent entraînés au courant du siècle, sans songer qu'ils laissaient derrière eux un corps hostile qui saurait faire alliance avec tous les mécontents et flatter toutes les ambitions.

Au plus fort de la guerre dont la première période vient de finir, la onzième Congrégation Générale se tint au Gesù, en exécution du bref d'Innocent X, et dans les actes de cette assemblée il ne fut fait aucune mention de la lutte soutenue en France. L'on dirait que ces hommes réunis des divers points du globe pour connaître la situation de leur Institut, ont à faire prévaloir une pensée plus haute que celle dont les Jésuites français semblent préoccupés. Ils sont à Rome, sous les yeux du Pontife, dans cette ville qui n'a plus de passions, parce qu'elle les a toutes épuisées. Leur premier soin tend à écarter toute espèce de discussion qui ne se concilierait pas avec le vœu de leur fondateur. La Congrégation, ouverte le 8 mai et fermée le 27 juillet 1661, commença par l'élection d'un Vicaire. Goswin Nickel, le Général de l'Ordre de Jésus, se sentait vieillir; ses infirmités ne lui permettaient plus de gouverner avec l'application et la vigueur nécessaire. Il demandait aux Jésuites de le décharger d'une responsabilité trop grande, en lui donnant un appui. On se rendit à sa prière, et il fut arrêté qu'un Vicaire serait élu avec droit de succession. Mais, avant de procéder au choix de celui qui allait partager le pouvoir suprême, la Congrégation, pour manifester sa déférence envers la Chaire apostolique, sollicita du Pape l'autorisation dont elle n'avait pas besoin. Alexandre VII l'accorda par bref, et, le 7 juin, Jean-Paul Oliva fut nommé Vicaire-Général perpétuel, avec future succession et pouvoir de gouverner. Il réunit quarante-neuf voix sur quatre-vingt-onze.

Oliva, qui exerça ces fonctions durant trois années, et qui, après la mort de Goswin Nickel, fut Général pendant dix-sept ans, descendait d'une famille ducale de Gênes. Son aïeul et son

oncle avaient été Doges de la République; lui-même avait fui
les honneurs pour se précipiter dans l'humilité. Au milieu des
prêtres distingués que la Compagnie agglomérait autour d'elle,
Oliva s'était fait un renom de science et de sagesse qui avait
franchi l'enceinte des cloîtres. Maître des novices pendant dix
ans, recteur du Collége Germanique, éminent théologien,
homme versé dans la connaissance des affaires, il était encore
doué du don de la parole, et il avait plus d'une fois brillé
comme orateur dans la chaire du sacré palais. Ami du grand
Condé et de Turenne, il avait recueilli le dernier soupir d'Innocent X, qui, pour mourir saintement, l'avait appelé à son
agonie. Tel était le chef que la Société de Jésus se donnait.
Elle désigna pour Assistants d'Italie, d'Allemagne, d'Espagne et
de France, les Pères Alexandre Flisco, de Noyelles, Sébastien
Izquierdo et Claude Boucher. L'Admoniteur du Vicaire-Général
fut le Père Nicolas Zucchi, dont cinquante ans d'apostolat n'a-
vaient pas épuisé la vigueur.

La Congrégation rendit trente-six décrets qui n'ont aucune
valeur historique. Elle avait pu constater ses progrès; ce qui se
passait alors en Italie devait lui révéler son importance. Les
grandes villes possédaient toutes des maisons de l'Ordre; les
Provinces de Milan et de Naples, si fécondes et si riches, ne
voulurent pas rester en arrière du mouvement: un Collége fut
fondé à Cuneo, en 1628, par la marquise Malaspina et le comte
de Monbasilio. En 1635, le prince Maurice, cardinal de Savoie,
créa le noviciat de Chieri. En 1642, la ville de Bormio, à l'entrée de la Volturena, sentit la nécessité d'avoir des Jésuites pour
la préserver de l'hérésie zwinglienne qui se répandait chez les
Grisons; ce Collége fut bâti l'année suivante. Jérôme del Bene,
noble génois, consacra sa fortune à un établissement pour les
Pères; il prit le nom de son bienfaiteur. En 1660, la cité de
Saluzzola suivait l'exemple de Bormio. Les avantages que les
habitants en recueillirent furent si notoires, qu'au milieu de
1679, Maria-Baptista, duchesse de Savoie, posa elle-même la
première pierre du Collége des Nobles à Turin, et que, pour
ne pas retarder l'œuvre à laquelle elle attachait son nom, elle
donna un de ses palais, où les Jésuites ouvrirent leurs classes.

Six ans plus tard, le cardinal Frédéric Visconti, archevêque de Milan, conçut la même idée; il la mit à exécution. Les Jésuites, qui gouvernaient la célèbre Académie de Bréra, préparèrent les réglements du nouveau Gymnase. En 1699, le comte Sylvestre Olivieri offrit à la Société de Jésus une maison d'exercices. En 1705, la ville de Savigliano forma une résidence destinée à devenir un Collége de l'Institut.

Le royaume de Naples, dans le même laps de temps, exauçait le même vœu des populations. En 1630, le marquis della Villa fondait le pensionnat des Nobles. L'année suivante, dans le tremblement de terre et dans l'éruption du Vésuve, qui, les 15, 16 et 17 décembre, ébranlèrent la ville et portèrent le deuil et la consternation au fond de tous les cœurs, les Jésuites se présentent pour rassurer le peuple, qui, en face d'un double fléau, ne sait que se désespérer. L'Eglise de la Maison-Professe était le lieu d'asile que la foule avait choisi; les Jésuites se multiplièrent à la Torre del Greco, à Bosco, à Portici, à Resina, où le danger menaçait avec plus de certitude, où la misère et la mort apparaissaient sous toutes les formes. Ils encouragèrent les uns, ils adoucirent le sort des autres, ils créèrent des refuges pour les familles abandonnées. La charité des Pères provoqua la reconnaissance. Quelques mois après, le marquis Spinelli Foscaldo fondait un Collége à Paola. D'autres s'élevaient sur divers points de la Sicile, à Palerme, à Messine, à Syracuse, à Bideno, à Sicli, à Noto, à Alcamo, à Mazarino, à Caltagirone, à Mazzara et à Trapani. Ici les grands du royaume s'associaient au peuple; là le peuple achevait seul l'œuvre dont il éprouvait le besoin pour lui et pour ses enfants.

Tandis que cet élan se communiquait de cité en cité, et que de toute l'Italie il ne se faisait entendre qu'un cri pour réclamer des Pères de l'Institut, le Portugal se trouvait en proie à des déchirements intérieurs. Alors, de même qu'au temps des rois don Sébastien et don Henri, le nom de la Société de Jésus se mêla, par le tribunal de la pénitence et par la politique, à ces révolutions de palais dont la multitude prenait l'initiative.

En 1656, Jean IV de Bragance était mort. Les Jésuites ne l'avaient aidé à monter sur le trône que d'une manière très-in-

directe; à son exemple, ils avaient laissé agir les événements.
Quand il eut ceint le diadème, les enfants de Loyola acceptèrent le fait accompli, et se firent du nouveau roi un protecteur
aussi ardent que les derniers princes de la maison d'Emmanuel.
Jean IV régnait par la grâce de Louise de Guzman, son épouse,
qui avait su si habilement conspirer contre l'Espagne. Les Pères
étaient en Portugal et dans ses possessions d'outre-mer les leviers de la civilisation. Le roi, par gratitude et par calcul, as-
pira à doubler leur force. Il combla de ses bienfaits les Missionnaires qui partaient pour les Indes, pour la Chine, pour le Brésil,
pour le Maragnon ou pour l'Afrique. Il enrichit les Provinces de
Goa, de Cochinchine et de Macao; puis, comme si tant de royales
faveurs ne révélaient pas assez la confiance que les Jésuites lui
inspiraient, Jean IV voulut qu'ils dirigeassent toute sa famille.

Le Père Nuñez fut donné pour confesseur à la reine et à
l'Infant; le Père André Fernandez fut celui du Souverain. Jusqu'alors, même en Portugal, ces fonctions n'avaient rien eu de
politique. Le roi ouvrit à Fernandez la porte de son conseil
privé, et le Jésuite y siégea. Quand la mort enleva Jean de Bragance, la tutelle d'Alphonse VI fut confiée à sa mère. Louise
de Guzman conserva au Père Fernandez l'estime que le dernier
roi lui avait témoignée; elle forma même le projet de lui faire
accepter les fonctions de Grand-Inquisiteur, déjà refusées par lui.
Cette dignité, la seconde du royaume, était incompatible avec les
vœux des profès de l'Institut; elle n'allait ni aux tendances ni
aux mœurs des Jésuites. François de Borgia en avait décliné le
fardeau en Espagne, Fernandez l'imita en Portugal. Une telle
réserve ne parut point étrange à la cour de Lisbonne, où les
Jésuites avaient offert tant d'exemples d'abnégation personnelle.
On ne pouvait le séduire par l'appât des honneurs, on espéra
vaincre ses résistances en offrant à sa famille une des places les
plus enviées du palais. « Mais, répondit le Jésuite, que me pro-
posez-vous! Je suis né de parents pauvres et obscurs. Il n'en
est aucun qui puisse avec bienséance paraître à la cour; n'y
songeons donc ni pour eux ni pour moi. » Ce refus mit fin aux
sollicitations. André Fernandez mourut en 1660, et les Jésuites
continuèrent à diriger la famille royale.

Alphonse VI, cependant, n'était plus mineur. A la sagesse de sa mère il faisait succéder les débordements. Souvent on l'avait vu, dans une folle ivresse, parcourir les rues de Lisbonne, escorté d'une troupe de spadassins et se livrant à tous les excès. La reine Louise était pour lui un reproche vivant; il l'éloigna, et comme il s'avouait son incapacité, il prit pour ministre dirigeant le comte de Castel-Melhor. Le favori d'un pareil roi se trouva par hasard doué de quelques-unes des qualités qui constituent l'homme d'Etat. Mais, afin de dominer Alphonse, il avait fallu qu'il sacrifiât sa dignité d'homme, et qu'il rendît odieuse à un fils la mère qui venait de déployer, pendant sa régence, autant de vertus que de courage. Castel-Melhor se réduisit à ce rôle d'ambitieux vulgaire. Lorsque son pouvoir fut affermi, il sentit que, pour arrêter dans sa dépravation naissante un prince déjà à moitié abruti, il devait lui inspirer les goûts de la famille, et l'attacher au trône par l'amour paternel. En 1663, il lui fit épouser Marie-Isabelle de Savoie-Nemours, jusqu'alors connue sous le titre de mademoiselle d'Aumale.

La nouvelle reine n'avait à Lisbonne que deux amis, le maréchal de Schomberg, qui conduisit les Portugais à la victoire contre les Espagnols, et le Père François de Ville, le guide de sa jeunesse. Elle tombait tout-à-coup des plaisirs si-délicats de la cour de Louis XIV en face d'un prince que ses emportements, que ses actes de folie, que ses débauches mêlées de cruautés rendaient hideux. Elle essaya d'abord de cacher les tristesses qui oppressaient son cœur; mais des événements inattendus compliquèrent cette situation. L'abbé Grégoire, dans son *Histoire des Confesseurs des Rois*, s'exprime ainsi [1] : « Jean IV eut pour successeur l'imbécile Alphonse VI, qui avait épousé Marie de Nemours. La reine, maltraitée par son mari, conçut de l'inclinaison pour son beau-frère don Pédro, puîné d'Alphonse. Elle et don Pédro avaient pour confesseurs des Jésuites rusés. Ces Pères avaient grandement à cœur : 1° d'écarter du gouvernement don Alphonse, qui avait choisi pour confesseur un Bénédictin au lieu de s'adresser à leur Société; 2° de conserver le gouvernement à sa femme, dont ils dictaient les

[1] P. 243.

résolutions. Il se concertèrent pour donner à l'Etat un mauvais roi et à la reine un mauvais mari en élevant son beau-frère sur le trône. L'irritation générale de la nation contre Alphonse offrait toutes les chances de succès. Le Père de Ville, Jésuite français, confesseur de la reine, et un Père Verjus, autre Français de la même Société, prétendirent que le mariage était nul parce que le roi était impuissant. Quoique le prince soutînt verbalement le contraire, on lui extorqua un écrit par lequel il déclarait que la reine était vierge. On connaît les suites de cette intrigue. Alphonse VI détrôné devint beau-frère de sa propre femme, mariée à don Pédro, qui cependant ne prit le titre de roi qu'après la mort d'Alphonse. »

Comme ses devanciers ou ses successeurs dans l'art de torturer les faits relatifs aux Jésuites, Grégoire ne s'occupe ni d'être juste ni de chercher à présenter les événements sous leur vrai jour. L'exactitude historique passe après les préjugés de parti, et on l'immole à des haines de convention. A en croire ce récit, les Jésuites seuls auraient agi, auraient conspiré pour détrôner Alphonse VI. La raison la plus déterminante que Grégoire en offre, c'est que ce prince « avait choisi pour confesseur un bénédictin au lieu de s'adresser à leur Société. » Ainsi, d'après cet évêque constitutionnel et régicide, les Jésuites auraient brisé le principe d'hérédité dans la maison de Bragance, ils auraient exposé le royaume aux troubles qu'engendre l'usurpation, parce qu'Alphonse n'abritait pas sous le confessionnal de l'un d'eux les crimes de sa pensée et les excès d'une vicieuse organisation. L'assertion de l'abbé Grégoire se trouve démentie par les témoignages contemporains. Alphonse avait le même directeur que don Pedro, son frère, et ce directeur était membre de la Compagnie. Dans ces événements, qui agitèrent les cours de l'Europe, la part des Jésuites est grande sans aucun doute. Il ne faut ni la dissimuler ni l'atténuer ; mais l'histoire ne doit pas lui donner des proportions qu'elle n'eut jamais.

Les écrivains qui se sont occupés de cette question, dans laquelle le droit de la légitimité est mis en cause, se montrent unanimes pour accuser Alphonse. Roi malheureux, il a succombé dans la lutte ; ses défauts ont dû s'exagérer par le fait

seul de ses infortunes. Les historiens de tous les temps ont l'habitude de ne jamais protester contre le bonheur, et ils acceptent à peu près sans examen le pouvoir qu'un caprice de la
fortune ou qu'une conspiration audacieuse ont établi. Nous ne
déserterons pas aussi légèrement le principe constitutif des trônes
et de la famille; et, tout en restreignant les actes reprochés
aux Jésuites, nous blâmerons leur intervention dans une déchéance royale qu'ils ne provoquèrent pas, mais à laquelle ils
applaudirent. La politique et l'amour, l'ambition et la diplomatie, le vœu des Cortez et la voix du peuple ont trempé dans
ce complot. Il faut restituer à chacun le rôle qu'il a joué.

Dans la quatrième partie de l'*Histoire du Portugal* par
le continuateur de Faria y Souza, dans l'*Histoire générale
du Portugal*, par de La Clède; dans l'*Histoire universelle*,
écrite par des Anglicans, Alphonse n'excite pas même cette
vulgaire pitié qui s'attache aux souverains déchus. Vertot,
dans ses *Révolutions de Portugal*, est aussi explicite que
ces annalistes. Tous parlent en termes méprisants de ce prince,
qui, d'après eux, n'eut aucune des qualités de l'homme et du
roi. L'historien du Portugal et Vertot [1] le montrent parcourant les rues de Lisbonne l'épée à la main, et se précipitant
sur ses sujets, quelquefois même sur les gardes de nuit. Les
autres déclarent avec Faria y Souza [2] « qu'après qu'il eut épousé
Marie de Savoie, il ne s'écoula pas beaucoup de temps sans
que les nobles et le peuple soupçonnassent que le titre de reine
et de femme du monarque n'était qu'un voile pour couvrir
son impuissance. »

« Comme on n'espérait pas, dit La Clède [3], que le roi eût
des enfants, on songea à marier sans délai l'Infant. Les marquis de Noza et de Sande en parlèrent vivement au favori, et
celui-ci au roi, qui fit dire à l'Infant qu'il n'avait qu'à indiquer
la princesse de l'Europe pour laquelle il se sentait le plus de
penchant. » Un autre écrivain, Frémont d'Ablancourt, chargé

[1] Faria y Souza, *Historia del regno de Portugal*, 4ᵉ partie, p. 404. — Vertot,
336.

[2] Faria y Souza, *ibidém*, p. 405.

[3] T. ii, p. 771.

d'affaires de France en Portugal, affirme [1] que « le roi, connaissant son état et pour assurer la tranquillité du royaume,
chargea son confesseur, qui était aussi celui de don Pédro, son
frère, de dire à ce prince qu'il eût à prendre pour épouse une
princesse d'Europe à son choix. »

Jusqu'alors Alphonse, conseillé par Castel-Melhor, son ministre, ou inspiré par un sentiment dynastique auquel sa vie
entière paraissait le rendre étranger, ne s'est donné avec son
frère ou avec la reine aucun de ces torts publics qui initient les
peuples aux scandales des divisions dont souvent l'intérieur des
familles royales est le théâtre. Marie de Savoie était l'une de
ces victimes qu'un mariage fait par ambassadeurs jette sur le
trône. Avec un tel époux elle n'avait que des douleurs de toute
espèce à attendre; cette jeune princesse ne put en supporter le
lourd fardeau. Ses oncles, le cardinal de Vendôme et l'Evêque-
duc de Laon, plus connu sous le titre de cardinal d'Estrées,
lui avaient recommandé de prendre confiance dans le maréchal
de Schomberg. Sa position était délicate : elle chargea le Père
de Ville de s'en ouvrir de sa part au vieux soldat. » Ce Religieux
de la Compagnie de Jésus, raconte d'Ablancourt [2], qui a été
très-fidèle à sa maîtresse et qui s'est gouverné avec beaucoup
d'esprit et de prudence, approuva le dessein de la reine, et le
communiqua au comte de Schomberg; et, comme ils avaient
déjà l'un pour l'autre une estime réciproque, il lui fit un détail
circonstancié des disgrâces de cette princesse. »

Ces disgrâces, Pédro les connaissait avant eux : don Pédro,
jeune, ambitieux et beau, n'avait pu voir, sans éprouver une
vive passion pour elle, cette Française si élégante qui venait unir
son sort au destin d'Alphonse. Il l'aima d'abord secrètement;
mais l'œil exercé de Castel-Melhor plongea dans cette mystérieuse
tendresse. Pour préserver le Portugal des malheurs qu'il entre-
voyait, il songea à marier l'Infant. Don Pédro devinait que son
amour était partagé. Sa belle-sœur, toujours dans les larmes,
laissait involontairement échapper le secret de son cœur; et

[1] *Mémoires concernant l'histoire de Portugal depuis la paix de Westphälie
jusqu'en 1668.*
[2] *Ibidem.*

don Pédro, comptant sur l'avenir, refusait d'accéder aux propositions que le roi lui faisait. Chaste au milieu de cette passion qu'elle eût voulu se cacher à elle-même, la reine était devenue un éternel sujet de honte et d'effroi pour Alphonse ainsi que pour Castel-Melhor. Ils lui firent éprouver mille persécutions sourdes : ils accablèrent ses officiers de mauvais traitements. Les choses allèrent si loin que Marie de Savoie, toujours dirigée par le Jésuite, crut devoir tenter auprès d'Alphonse une démarche pacifique. « Par ordre de la Reine , dit le continuateur de Faria y Souza [1] , son directeur parla de cette affaire au confesseur de l'Infant, et ces deux Prêtres s'efforcèrent de réunir le Roi et la Reine dans ces circonstances si délicates. Les dissensions qui s'élevaient à la cour empêchèrent tout accord. »

Don Pédro avait pu facilement se créer un parti. Personne ne songeait à favoriser une usurpation ; lui-même, dans l'intérêt de ses droits éventuels, se montrait éloigné de cette idée. Mais les hommes politiques s'alarmaient d'une situation qui, en face de l'Espagne toujours prête à ressaisir son ancien pouvoir, menaçait d'enfanter de nouveaux orages. Alphonse VI était universellement méprisé, son ministre se rendait odieux. Marie de Savoie, pour sauver sa vertu et sa gloire, car, dit Vertot [2], « ses partisans publiaient que le ministre voulait que le Roi eût des enfants à quelque prix que ce fût, et qu'il se flattait, à la faveur d'une porte mystérieuse, de couvrir la honte du Prince aux dépens de l'honneur de la Reine. » Marie de Savoie prit une détermination extrême.

Elle était bien malheureuse ; mais en acceptant le conseil que Schomberg et le Père de Ville donnaient à sa pudeur indignée, elle offrait à don Pédro une espérance et un appui dont le jeune Prince n'allait pas manquer de profiter. Ces calculs furent-ils faits, ou la reine en fuyant voulut-elle seulement se dérober à l'attentat que son misérable époux méditait, c'est ce qu'il est d'impossible d'éclaircir. Cependant, le 21 novembre 1667, Marie déserta la cour, et se retira dans un monastère de

[1] *Historia del regno de Portugal*, 4e partie, p. 405.
[2] *Révolutions de Portugal*, p. 366.

religieuses de Saint-François. A peine entrée dans cet impénétrable asile, elle écrivit à don Alphonse : « Pour obéir à ma conscience, disait-elle dans ce billet[1], j'ai pris la résolution de sortir du palais. Personne ne sait mieux que vous que je ne suis point votre femme. En conséquence, je redemande ma dot avec la permission de retourner dans ma patrie et auprès des miens. »

Le roi sentit quel coup lui était porté, et, dans sa fureur, il accourut au monastère afin d'en forcer les portes; don Pédro s'y trouvait avant lui pour protéger Marie. Il était accompagné d'une grande foule de citoyens. Ce concours de peuple et la présence même de l'Infant, tout prouve que des indiscrétions avaient été commises, et que la fuite de la reine servait de prétexte à une révolution. Don Alphonse, à l'aspect de son frère et de la multitude, recula intimidé; il rentra dans le palais. Bientôt, privé de son ministre et réduit à ses seules inspirations, il fit éclater ses extravagants désespoirs; il était fou. La noblesse et le corps municipal se réunirent à l'instigation de Pédro. Ils arrachèrent à don Alphonse un acte d'abdication en faveur de son frère ; et les Cortez, assemblées le .er janvier 1668, s'empressèrent de ratifier ce qui avait été fait. Les Cortez même exigèrent davantage. On pressa don Pédro de prendre le titre de roi à la place de celui de régent, que, par un respect sagement dynastique, il se proposait de conserver jusqu'à la mort d'Alphonse VI. L'Infant triompha enfin de la volonté du peuple et de celle des Cortez : il ne fut que le régent du royaume.

Mais une question plus scabreuse restait à juger. Don Pédro aspirait à rompre l'union d'Alphonse avec Marie ; la princesse se montrait aussi empressée que lui. Du fond de sa retraite elle s'était adressée au Chapitre de la cathédrale de Lisbonne pour faire annuler son mariage avec le roi. Alphonse, pressé de reconnaître l'invalidité de cette union, qui n'avait pas été consommée, déclara qu'il n'y adhérerait qu'après avoir consulté des théologiens. Les théologiens qu'il désigna se rangèrent à l'avis des Cortez[2]. Alphonse tint sa parole, et le 24 mars 1668

[1] *Historia del regno de Portugal*, 4e partie, p. 406.
[2] *Catastrophe de Portugal na deposiçao del rey don Alfonso VI*, per Leandro

le Chapitre, sur la demande de la reine et le témoignage du roi, cassa l'alliance contractée sous de si funestes auspices. « Quoiqu'elle eût un peu tardé, disent les écrivains anglicans [1], la sentence était claire et décisive. Cela paraîtra moins étonnant lorsqu'on saura que don Alphonse reconnut par écrit signé de sa main la vérité de ce que la Princesse alléguait, ne forma aucune opposition, et n'entreprit jamais d'appeler de la sentence. »

L'opinion de ces historiens protestants ne nous a pas convaincus, elle n'aurait pas plus convaincu les Jésuites que la reine elle-même; aussi s'empressa-t-on d'en appeler à une autorité moins complaisante que celle du Chapitre de Lisbonne. Tandis que les chanoines de la cathédrale délibéraient, Marie de Savoie fit partir pour la France le secrétaire de ses commandements, Verjus, comte de Crécy. Ce diplomate, qui plus tard sera nommé ambassadeur auprès de la Diète germanique, et qui joua un grand rôle dans ces affaires, avait un frère, membre de la Société de Jésus. On le confondit ou on feignit de le confondre avec lui, afin de prêter à l'Institut une action déterminante que le Père Verjus n'a pas pu exercer, puisqu'à la même époque ce Jésuite résidait en France; mais cette parenté lui devint historiquement funeste. A peine le comte de Crécy, qui devait informer Louis XIV des changements survenus en Portugal, fut-il arrivé à Paris, qu'il y trouva le cardinal de Vendôme, oncle de Marie et légat de Clément IX. « De Verjus, raconte La Clède [2], qui ne pouvait douter de l'impuissance d'Alphonse, en parla au cardinal. Il l'assura en même temps que les Portugais souhaitaient que l'infant don Pédro épousât la reine, en cas que son mariage avec le roi fût déclaré nul. » La sentence du Chapitre de Lisbonne ne paraissait pas douteuse; mais, pour la corroborer, la dispense d'un empêchement d'honnêteté publique était nécessaire. Le cardinal-légat hésitait; l'Évêque de Laon et le secrétaire d'Etat pour les affaires étrangères, de Lyonne, renommé par son attachement au Jansénisme,

Dorea Caceres y Souza. — *Histoire universelle*, par une société de gens de lettres anglais, t. LXXIII, p. 507.

[1] *Ibidem*, t. LXXIII, p. 585.
[2] *Histoire générale de Portugal*, t. II, p. 779.

triomphèrent de ses scrupules. Ils relurent la bulle contenant ses pouvoirs ; ils y trouvèrent nettement exprimé celui qu'on invoquait [1]. Le 6 mars 1668, il accorda la dispense que le comte de Crécy sollicitait ; à son retour à Lisbonne, ce dernier put offrir à la reine l'acte qui lui rendait sa liberté.

Les Cortez étaient encore réunies ; il fallut pour les occuper leur préparer une espèce de comédie à jouer. La reine, par pudeur ou par souvenir de ses maux passés, manifestait le désir de se retirer dans sa famille. Le Père de Ville lui en donnait le conseil ; mais alors les Etats du royaume intervinrent. Ils connaissaient l'amour du régent pour Marie de Savoie ; ils n'ignoraient même pas qu'elle n'y était point insensible. Ils lui envoyèrent une députation solennelle qui la supplia d'épouser l'infant, parce que, disent les Cortez, le Portugal n'est pas en position de rendre la dot. Une démarche semblable fut faite auprès du régent par les Cortez, déclarant avec fierté qu'elles n'approuveraient jamais toute autre union. Le prince se montra plus facile que la reine ; il accéda promptement à un vœu qui était le plus cher de ses rêves ; mais il fallait obtenir le consentement de Marie. « La Maison de Ville, raconte la Clède [2], joignit ses prières à celles des trois Etats, et tous allèrent ensemble trouver la reine pour la déterminer à leur accorder la grâce qu'ils lui demandaient. Touchée de leur empressement, elle céda à leurs désirs. »

Le 2 avril 1668, le mariage de Marie de Savoie fut célébré avec don Pédro, régent du Portugal. L'Espagne avait intérêt à repousser une alliance qui rompait ses trames. Elle se plaignit de ce que le Saint-Siége n'avait pas été consulté. Le Père de Ville engagea la reine-régente à soumettre la question au Pape ; elle fut examinée à Rome par la Congrégation des cardinaux et par les plus savants casuistes. Sur leur avis motivé, Clément IX, le 10 décembre 1668, ratifia la sentence de nullité, et confirma la dispense que son légat s'était cru en droit d'accorder.

Nous avons expliqué la position qu'un Jésuite prit dans ces

[1] *Mémoires* de Frémont d'Ablancourt. — *Histoire universelle*, par les Anglais, *ibidem*.

[2] *Histoire générale de Portugal*, t. ii, p. 778.

événements. Le Père de Ville a, selon nous, excédé les bornes
de l'affection paternelle envers cette jeune femme abandonnée,
et qui n'avait pour appui sur les marches du trône qu'un Jésuite
et un soldat protestant. Mais, en dehors de la violation du principe monarchique, dans laquelle le Père et Schomberg ont beaucoup moins trempé que les Cortès et les Portugais, il faut reconnaître avec les historiens que jamais circonstances ne furent plus
impérieuses. Il faut surtout mettre en parallèle la situation du
pays sous Alphonse VI et celle que don Pédro lui fit. Or, selon
La Clède [1], « on ne pouvait compter sur le roi un seul moment.
Tout languissait cependant ; les finances étaient épuisées, le
commerce n'allait plus ; toutes les affaires étaient suspendues. »
Les auteurs anglicans font en d'autres termes le tableau de la
régence de don Pédro : « Il s'appliqua, disent-ils [2], avec toute
l'ardeur et la vigilance possibles, et à se mettre en état de bien
gouverner le royaume, et à faire de son autorité un usage propre
à l'honorer. Il diminua les dépenses de l'Etat, il licencia la plus
forte partie des troupes, mit le meilleur ordre qu'il put dans les
finances, et offrit lui-même dans cette cour l'exemple de l'économie, dont il jugeait l'imitation nécessaire à ses sujets, afin
qu'ils pussent réparer jusqu'à un certain point les maux et les
désastres auxquels ils étaient exposés, après avoir vécu pendant
si longtemps sous une domination étrangère. » Le continuateur de Faria y Souza ajoute [3] : « Il chérissait ses sujets ; tous
célébraient son administration ; preuve qu'elle était bonne, car
autrement les Portugais, nobles et plébéiens, ne manquent pas
de murmurer. »

Ces historiens, qui appartiennent à diverses nations, mais qui
tous, dans leurs ouvrages, sont plus ou moins des adversaires de
la Compagnie de Jésus, s'accordent à louer les mesures que prit
le régent don Pédro ; et quand il s'agira de prononcer sur les
vertus d'un roi, nous préférerons toujours le témoignage d'écrivains impartiaux à celui d'un régicide. Ce ne sont pas les Jésuites qui ont décerné la régence à l'Infant et provoqué l'abdication

[1] *Histoire générale de Portugal*, t. II, p. 778.
[2] *Histoire universelle*, t. LXXIII, p. 523.
[3] *Historia del regno de Portugal*, ibid.

    IV.

forcée d'Alphonse ; c'est l'accord unanime de tous les ordres de l'Etat. S'ils outre-passèrent leurs droits constituants, il est juste d'avouer que les Jésuites n'avaient point autorité pour les rappeler à leur devoir. Le Père de Ville était le guide spirituel de Marie de Nemours ; il recevait ses confidences : il a dû nécessairement être consulté par elle sur l'affreuse position que le roi Alphonse lui faisait. Les avis qu'il suggéra à cette princesse furent-ils toujours exempts d'arrière-pensées politiques, nous ne prononçons pas ; mais, à la même époque et dans le même pays, le Général de la Compagnie trouva une occasion de manifester l'opinion de l'Institut sur les Pères qui se mêlaient activement aux débats politiques, et il la saisit.

Le Père Antoine Fonseca était donné pour confesseur à don Alphonse, relégué à l'île Tercère, puis ramené au château de Cintra, où il mourut en 1683. Don Pédro se proposa de récompenser les Jésuites des services qu'ils lui avaient rendus, et le Père Emmanuel Fernandez fut nommé directeur de sa conscience. Le régent n'avait qu'un parti en Portugal, car, aux yeux de plusieurs, le pacte fondamental venait d'être violé dans son essence. Il lui importait donc de s'entourer d'hommes de tête et de talent. A ces deux titres, il fit nommer, en 1667, le Jésuite son confesseur député aux Cortès. Cette dignité était en opposition avec les vœux des Jésuites, avec les Constitutions de saint Ignace et avec tous les précédents. Elle l'entraînait dans le mouvement des affaires politiques ; le Général de l'Ordre est averti de cette infraction à la discipline de l'Institut, et, le 8 janvier 1668, il adresse de Rome, au Père Antoine Barradès, provincial de Portugal, la lettre suivante :

« Vous étiez absent de Lisbonne, mon Révérend Père, lorsque tout récemment le Père Emmanuel Fernandez a donné l'exemple d'accepter une place dans l'assemblée des trois Ordres du royaume, au milieu des hommes les plus qualifiés du Portugal. Cette manière d'agir, outre qu'elle est contraire à celle qui a toujours été suivie dans les cours de l'Empereur, du roi de France et en Pologne, ne peut se concilier avec le troisième vœu simple qu'ajoutent les Profès à leurs vœux solennels, et dont je ne puis moi-même accorder dispense, surtout depuis la déclaration d'Urbain VIII, rendue, en forme de bref, le 16 mars, commençant par ces mots : *Vota quæ Deo*. Elle est incompatible avec nos Constitutions, avec le décret 79ᵉ de la cinquième assemblée générale, avec les monitoires généraux et avec la quatrième règle prescrite aux confesseurs précisément sur de semblables affaires. Je ne puis me taire en présence d'un tel événement, et j'attendrai avec une impatiente sollicitude la lettre de Votre Révérence, qui m'attestera votre vigueur à défendre nos lois, et à laver la Compagnie de la tache dont cette faiblesse commence à ternir son nom. Les supérieurs sont strictement obligés, et cette obligation charge gravement notre conscience, de prendre, sans admettre ni retard ni excuse, des mesures efficaces pour détourner le Père Fernandez de siéger aux Cortès. Dans ce but, je sollicite, j'implore le patronage du Prince Sérénissime, le concours de son directeur, le zèle de Votre Révérence et de plusieurs autres Pères.

» Si Son Altesse royale accorde aux prières du Père Fernandez la permission de se démettre d'une dignité en opposition à ses vœux, que Votre Révérence lui en rende de très-humbles actions de grâces, en votre nom, en mon nom, au nom de toute la Compagnie. Si, ce qui me paraît incroyable, le confesseur refusait de faire cette demande, ou, ce que je ne puis croire non plus, si le prince refusait de l'exaucer, Votre Révérence devra renouveler à peu près la démarche digne d'éloges que fit auprès d'Urbain VIII le Père Mutio de pieuse mémoire. Pour détourner le Souverain-Pontife du désir qu'il manifestait de conférer la dignité épiscopale au Père Fernand Salazar, le Général de l'Ordre, accompagné de tous les Profès résidant à Rome, alla se jeter aux pieds de Sa Sainteté, et la conjura avec supplications et avec larmes de maintenir notre humilité et notre discipline.

» De même, Votre Révérence, accompagnée des trois recteurs du Collége de San-Antonio, du séminaire des Irlandais et du Noviciat, des quatre consulteurs de la province, le Père Antoine Vieira, qu'il faudra mander absolument en quelque lieu qu'il puisse être, les Pères Carvalho, André Vaz, Georges Acosta ; des quatre procureurs de différentes Provinces, Jean

d'Alméida, de celle du Portugal ; Jean Zugarte, de celle du
Japon ; Adrien Pedro, de celle de Goa et de la Chine ; François
de Mattos, de celle du Brésil ; se jettera ainsi escorté au pied
du trône à l'ombre duquel la Compagnie se fait gloire d'être
née, d'avoir grandi et de s'être propagée jusqu'aux extrémités
des deux mondes. Vous rappellerez au prince les bienfaits dont
nous lui sommes redevables ainsi qu'aux rois ses ancêtres. Vous
le conjurerez au nom de cette bienveillance passée d'ajouter à
tant de prérogatives dont cette royale famille nous a comblés
la grâce de nous laisser la plus précieuse de toutes, qui consiste dans la fuite des dignités, comme des affaires temporelles,
et dans l'observation stricte de notre Institut. Vous lui rappellerez, vous lui exposerez les lois de la Compagnie dont je
parlais tout-à-l'heure et les décrets qui la régissent, décrets
sanctionnés par les Censures ecclésiastiques, que peut-être le
Père Fernandez n'a pas encore encourues, parce que dans sa
conduite il aura suivi l'opinion erronée de quelque conseiller
ignorant plutôt qu'une malicieuse préméditation. Mais dites-lui
que désormais il serait inexcusable s'il restait encore au Conseil
après avoir été détrompé par le légitime interprète de l'Institut.

» Auparavant vous représenterez de ma part les mêmes
choses au Père ; et, si, comme j'en ai l'espérance, il se montre
docile et résigne aussitôt cette dignité, je regarderai le mal
comme guéri en grande partie, et je prendrai des mesures
pleines de douceur pour remédier à tout. Mais, si, ce qu'à
Dieu ne plaise ! il se montrait sourd à mes ordres, et conti-
nuait à siéger aux Cortès et à s'occuper d'affaires politiques, il
sera de votre devoir de le déclarer infidèle à son vœu et à nos
préceptes, atteint par les censures qui les sanctionnent, dépouillé de la charge de Préposé de la Maison-Professe et de
celle de consulteur de la Province, privé de toute voix active
et passive. Cependant, que Votre Révérence, avant d'aborder
le prince et à la suite de l'audience, prévoie et dispose toutes
choses de concert avec les recteurs, consulteurs et procureurs
dont j'ai parlé plus haut. Vous les réunirez d'avance en con-
sultation ; vous les obligerez, en vertu de la sainte obéissance,
à la loi du secret absolu, et leur ordonnerez de m'écrire dans

des lettres séparées ce que chacun d'eux jugera convenable. Si, pour quelque raison que je ne puis prévoir, vous étiez absent de Lisbonne quand y arrivera ma lettre, elle sera remise pour être ouverte et lue au Père Vieira, le premier des consulteurs de la Province par l'ancienneté de la profession et par la connaissance du sens de nos règles et de nos usages en ces matières. Réunis ainsi au nom du Seigneur, puissiez-vous tous recevoir de sa clémence un cœur bien disposé pour accomplir sa volonté et des paroles droites qui plaisent au prince, mais, avant tout, à Dieu que vous voudrez bien aussi prier pour moi votre serviteur en Jésus-Christ !

» PAUL OLIVA. »

Ce document est un irréfragable témoignage de cette ambition d'humilité dont la Compagnie de Jésus fut travaillée. On les appelait aux honneurs parlementaires, on les faisait les arbitres suprêmes des questions d'Etat : ils pouvaient, en suivant cette impulsion, dominer leur pays ou se grandir dans l'opinion en popularisant par la tribune leurs talents et leur Institut. Aquaviva a exilé le Père Claude Matthieu pour l'empêcher d'être le courrier de la Ligue, Oliva menace d'interdire Emmanuel Fernandez s'il continue à siéger dans une assemblée politique. Matthieu accepta l'exil, Fernandez se soumet comme lui à l'ordre du Général des Jésuites : il abdique ses fonctions aux Cortès, il renonce à la gloire qu'il s'est promise et aux espérances que le régent don Pédro a conçues. Son obéissance fut si complète que le 16 avril 1668 Oliva écrivait au Provincial Barradès :

« Après un mûr examen de toutes les démarches que vous avez faites, j'ai la joie de couronner l'œuvre en donnant au Père Fernandez les éloges que méritent sa vertu et sa prompte soumission à résigner ses trop splendides emplois. Il m'a écrit qu'il estimait plus pour lui-même l'office du dernier Frère Coadjuteur de la Compagnie que les plus brillantes dignités dans le siècle. La consolation, l'espoir que ces sentiments inspirent à mon cœur paternel, je laisse à Votre Révérence le soin de les lui exprimer, en me recommandant à ses saintes prières. »

Don Pédro avait consenti à ce sacrifice ; mais il lui était impossible de se séparer de son ami. Fernandez dirigea sa conscience jusqu'en 1693, année dans laquelle mourut le Jésuite. Le régent était depuis longtemps devenu roi par le trépas de son frère Alphonse. Le Père Sébastien de Magelhans succéda à Fernandez dans les fonctions de confesseur du Monarque.

L'influence des Jésuites en Portugal, leurs riches établissements et la confiance que les rois leur témoignaient ont fait accuser les Pères d'avoir été la cause ou tout au moins l'occasion de la décadence de cet empire. Les écrivains irréfléchis l'ont proclamé : ceux qui s'efforçaient d'être hostiles à la Société de Jésus, sans vouloir néanmoins blesser trop au vif la vérité, se sont contentés de l'insinuer. La ruine du Portugal comme Etat est un fait avéré ; mais faut-il l'imputer aux Jésuites directement ou indirectement ? Sont-ils la cause plus ou moins éloignée qui a produit cette décadence ? Telle est la question que la plupart des hommes ont résolue avant même de l'avoir sérieusement examinée.

Après avoir étudié les Jésuites dans leurs actes, dans leurs correspondances intimes et dans leurs relations soit avec les peuples, soit avec les princes, nous croyons qu'on leur a fait une part beaucoup trop large. On a voulu voir partout leur main dirigeante. Les uns leur ont attribué tout le bien qui se faisait, les autres tout le mal. On les a peints comme le mobile des mesures les plus opportunes ou les plus désastreuses. Leur nom revient à chaque page des annalistes, ici béni par des voix pieuses, là chargé de malédictions. Pour rester dans le vrai, nous n'acceptons ni les apothéoses ni les inculpations dont ils furent l'objet. On a accusé les Jésuites de crimes qui sont enfin expliqués par l'histoire. On leur a prêté une audace machiavélique, une profonde connaissance des passions humaines, un art merveilleux pour les mettre en jeu et une habileté traditionnelle que la génération mourante léguait à celle qui la remplaçait comme un moyen assuré de dominer les masses et d'étouffer ses ennemis. C'est par l'exposé des faits que nous avons réduit à leur juste valeur ces reproches ou ces éloges. Il en sera de même pour cette sagacité, pour ce système d'intrigues si bien ourdies dont le réseau, dit-on, enveloppa le monde.

A nos yeux, les Jésuites n'ont été qu'un accident dans les événements politiques auxquels ils touchèrent. Ils n'y ont pris part que lorsque ces événements se rattachaient de près ou de loin à la Religion ; mais dans presque tous ils jouèrent un rôle beaucoup plus passif qu'actif. Ils ont compté parmi eux des législateurs, des diplomates célèbres, des hommes même qui plus d'une fois triomphèrent de la force par l'adresse. Mais ces exceptions, quelque nombreuses qu'elles puissent être, ne feront jamais que la Compagnie de Jésus devienne pour un écrivain impartial une agrégation d'ambitieux qui a grandi par l'astuce, et qui s'est maintenue par une prudence hypocritement consommée. Leur sagacité tant vantée a créé un mot nouveau dans la langue française; mais ce *jésuitisme*, dont les partis ont abusé, ne peut pas faire transiger avec la vérité. Les Pères de l'Institut furent bien plus souvent trompés qu'ils ne trompèrent eux-mêmes.

Toutes les fois qu'un ennemi se dresse devant eux, on les voit faiblir ; partout où ils sont attaqués avec vigueur, ils se défendent mollement. Ici on trouve ces hommes si versés dans l'intrigue servant de jouet à des calomniateurs qui trahissent l'hospitalité ; là ils couvrent de la charité de leur protection quelques remords imposteurs, ils reçoivent sous leur toit des vertus hypothétiques, ils accordent leur confiance à tous ceux qui ont intérêt à en disposer ; et, si la fortune leur sourit dans les cours, il est bien rare que ce sourire soit le fruit d'une combinaison de la Société de Jésus. La Société n'est forte qu'en face des dangers qui menacent l'Église, elle n'est vraiment redoutable que lorsque la Chrétienté pousse un cri de détresse. Alors le soldat catholique, rêvé par Ignace de Loyola, apparaît pour combattre avec la plume, avec la parole, et pour offrir son sang en témoignage de sa foi. C'est le martyre qu'il espère, et non pas les honneurs du triomphe. Mais l'Institut, pris à ses époques les plus florissantes, n'a jamais su mériter la réputation de finesse répréhensible qui lui a été faite.

En Allemagne, en France, en Italie, ainsi que dans leurs

Missions au delà des mers, les Jésuites sont grands dans les combats de la Foi : ils succombent partout dans les luttes où l'intrigue remplace le dévouement, où l'intérêt de corps est substitué à l'intérêt religieux. C'est principalement dans la Péninsule que ces faits ressortent avec le plus d'évidence. Ainsi on leur reproche d'avoir été les moteurs ou les témoins de l'affaissement politique du Portugal. Les Jésuites se sont condamnés au silence ; cependant, l'histoire à la main, ils pouvaient suivre pas à pas et indiquer à l'esprit le plus prévenu les causes de cette ruine. Ces causes, les voici :

Le Portugal était, sous le règne de Jean III, à son plus haut point de prospérité. L'or du Nouveau-Monde affluait sur ses rivages. Les ambitions, les passions, les vices eux-mêmes, qui rencontraient un nouveau mobile, cherchaient, dans une gloire aventureuse, des sources de richesses et de plus larges théâtres. Les plaisirs que ces ardentes imaginations évoquaient sous des climats brûlants, le luxe dont chacun s'efforçait de jouir au milieu de périls inconnus, et sur une terre où la férocité prenait à tâche de s'abriter à l'ombre de la Croix, tout cela dût inévitablement produire de tristes effets. La génération d'Albuquerque avait assisté à un prodigieux enfantement d'idées. De ces idées traduites en faits, il résultait une corruption précoce et un affaiblissement graduel dans les intelligences. Ce fut à ce moment que les Jésuites entrèrent dans le royaume. Leur apostolat, leur enseignement ne purent que retarder la décomposition dont le corps social était travaillé. Elle germait avec l'oisiveté, elle grandissait avec le faste, elle devait éclater avec les révolutions. Les révolutions vinrent. La minorité de don Sébastien, ses rêves de conquérant catholique, ses désastres de croisé sur la rive africaine, précipitèrent la catastrophe. Le Portugal alors tomba à la merci des Espagnols ; il ne fut plus qu'une province de l'empire de Philippe II.

Des haines vivaces existaient entre les deux nations. L'Espagne, dont le joug était détesté, avait un intérêt de patrie et d'amour-propre à écraser le peuple portugais ; elle donna satisfaction à ce double intérêt. Elle épuisa la fortune publique, elle chercha à étouffer le sentiment d'indépendance. Afin de porter

un coup mortel à la grandeur portugaise, ses rois et leurs ministres laissèrent les Anglais ainsi que les Hollandais s'emparer des
plus riches colonies qu'Emmanuel avait léguées à son pays.
Quand l'Espagne, affaiblie elle-même sous le poids des guerres,
traitait avec les nouvelles puissances maritimes, elle persévérait
dans son système de ruiner le Portugal. Le bénéfice de la paix
n'était pas applicable à ses habitants ; et, « pour achever
de les affaiblir, dit La Clède [1], les Castillans firent, en 1609,
une trêve peu honorable avec les Hollandais, dans laquelle ils
comprirent tous les sujets alliés de l'Espagne excepté les Portugais. »

La guerre continua donc ; elle devait être, elle fut désastreuse.
En face de ces intrépides Bataves, qui se créaient une patrie en
disant à la mer : Tu ne seras pas plus forte que notre industrieuse activité, que pouvaient faire des hommes efféminés, un
peuple n'ayant pas même sa nationalité à défendre ? En 1640, la
conspiration dirigée par une femme et par un intrigant audacieux
porta sur le trône la famille de Bragance. Les Espagnols, qui n'a-
vaient pas prévu ce mouvement, essayèrent de le conjurer par
une guerre qui dura près de trente ans, et que don Pédro ter-
mina en 1668. Ce roi, qui, selon l'abbé Grégoire, fut donné au
Portugal par les Jésuites, « eût rétabli les affaires de ce pays, si,
comme le font observer les Anglais auteurs de l'Histoire universelle [2], elles eussent pu être rétablies. » La prépondérance maritime de la Hollande et de l'Angleterre était un fait accompli.
Le Portugal, ainsi que tous les empires, avait eu ses jours de
gloire ; il allait, dans un vain souvenir de splendeur éclipsée,
subir la condition des choses humaines : il tombait tandis que
d'autres nations s'élevaient.

Dans une pareille décroissance, où chaque année semble marquée par une calamité au dehors, par des troubles au dedans, les
Jésuites ont-ils pu, au milieu du tumulte des armes et en présence de ces mœurs corrompues, réaliser un miracle ? Dispersés
dans les Missions, renfermés au fond de leurs Colléges, ou admis

[1] *Histoire générale du Portugal*, t. II, p. 394.
[2] *Histoire universelle*, par une société de gens de lettres anglais, t. LXXIII,
p. 525.

à la cour, leur a-t-il été possible de comprimer les événements et les tendances morales qui en découlaient? Par l'éducation, il leur fut permis peut-être de suspendre les progrès du mal; par le conseil, ils ont pu faire entrer dans le cœur du monarque des idées de réforme; mais là durent s'arrêter leurs espérances même les plus ambitieuses. Ils disposaient en maîtres absolus de l'enseignement public; néanmoins le Portugal déclinait sans cesse, tandis que, à la même époque et sous le même système d'éducation, la France, l'Allemagne catholique et la Pologne parvenaient à leur apogée de gloire littéraire, administrative ou militaire.

Cette période de l'histoire du Portugal n'a cependant pas manqué de Jésuites savants et de professeurs habiles. Elle a même compté dans les rangs de l'Institut un homme que la *Bibliotheca lusitana*, de Barbosa Machado, présente comme un des personnages les plus illustres qu'ait produits le royaume : c'est le Père Antoine Vieira, né à Lisbonne le 6 février 1608. Reçu dans la Compagnie de Jésus, le 5 mai 1623, Vieira s'était voué aux Missions transatlantiques. Théologien, poète, orateur, philosophe, historien, il unissait à tous les dons de l'esprit la force de la volonté et l'énergie de l'intelligence. Ambassadeur de Jean IV à Paris, en Hollande et à Rome, il savait être tout à la fois un profond diplomate, un élégant prédicateur et un docte controversiste. A Amsterdam, il triomphait, dans une discussion publique, du fameux rabbin Manassès-Ben-Israël; il refusait à Rome d'être le confesseur de Christine de Suède, pour consacrer sa vie au service de son pays. Il cherchait dans les Missions au delà des mers, dans les collèges, à la cour et dans les chaires, à réveiller l'esprit national, dont l'assoupissement était pour lui un supplice. D'autres Jésuites, moins célèbres, mais aussi actifs, s'efforçaient de secouer cette torpeur. Ils ne furent pas plus heureux que le Père Vieira, qui, le 18 juillet 1697, mourut au Brésil, à l'âge de quatre-vingt-neuf ans.

A partir de cette époque, l'histoire politique de la Compagnie de Jésus se résume en celle des confesseurs des rois. Quand les Jésuites ne prennent aucune part aux événements, on les y mêle malgré eux. On grossit ou on atténue leur influence; on les fait les inspirateurs de toutes les fautes commises, on les rend étrangers à toute pensée populaire. L'Institut de Loyola avait un pied dans les palais; il était une puissance, et une puissance d'autant plus formidable, que l'individu ne demandait rien, ne pouvait rien demander pour lui-même. De son plein gré, il reportait à la Compagnie tout entière l'ascendant privé dont ses vertus, ses talents ou l'aménité de son caractère le faisaient jouir auprès des princes. La force de l'Ordre se centuplait ainsi; mais en même temps les Jésuites se créaient dans chaque royaume de nouveaux ennemis, plus dangereux que les Parlements et les Universités dont ils avaient enfin triomphé. Leur protection ou leur amitié était un titre à la faveur, quelquefois une source de fortune.

Ils savaient qu'aux jours du péril ces reconnaissances si expansives se transformeraient en ingratitude ou en trahison; mais ils parurent ne pas vouloir apprendre que l'envie et l'ambition froissées évoquaient des hostilités de cour mille fois plus à craindre que celles de l'Ecole. Placés sur un terrain glissant, devenus le point de mire des intrigues dont leur perspicacité monastiquement spirituelle ne saisissait pas toujours les fils, ils étaient forcés de faire des mécontents.

Ces mécontents se trompaient dans leurs calculs; ils accusèrent les Jésuites de les avoir desservis. Leurs vœux n'étaient pas satisfaits; la Compagnie porta la peine de ces insuccès. Aux haines précédentes, mais vivaces encore, se joignirent des auxiliaires qui ne pardonnent jamais l'échec qu'ont souffert leur vanité personnelle et leur orgueil de famille.

A Lisbonne, nous avons vu les Jésuites mêlés à une révolution de palais que le peuple salua comme une ère de régénération. Ils travaillent avec le nouveau souverain à rendre au Portugal son ancienne splendeur; à Madrid, dans le même temps, un Jésuite gouverne l'Espagne; il se trouve tout à la fois le premier ministre de la reine-régente et la cause d'une funeste division dans la famille royale.

Philippe IV, malgré quelques heureuses qualités, est un prince dont le règne fut aussi fatal à l'Espagne que celui de Rodrigue le Goth. Il avait senti peu à peu décroître sous sa main dé-

bile la prépondérance de la maison d'Autriche. L'œuvre de
Charles-Quint et de Philippe II s'en allait par lambeaux. Le
Roussillon, la Cerdagne, la Jamaïque, une partie des Pays-Bas
et le Portugal, s'étaient l'un après l'autre détachés de la res-
plendissante couronne que les deux premiers rois de la branche
autrichienne avaient posée sur la tête de leurs successeurs. Les
vieilles bandes espagnoles perdaient leur prestige en Italie et en
Belgique. La Catalogne s'insurgeait ; à Naples, Masaniello le
pêcheur révélait la force populaire, et l'armée portugaise, instruite à vaincre par Schomberg, frappait un coup décisif dans
les plaines de Villaviciosa. Philippe ressentit si cruellement ces
revers, qu'il mourut en 1665, laissant l'Espagne appauvrie,
mutilée, et au milieu des embarras d'une régence. Son fils, âgé
de quatre ans, lui succéda sous le nom de Charles II. Par une
mollesse et par une incurie encore plus déplorable, il fit descendre avec lui dans la tombe l'influence de l'Espagne. La mère
du jeune roi, Marie-Anne d'Autriche, vit aussitôt ses frontières
menacées, d'un côté, par les armées de Louis XIV ; de l'autre,
par les Portugais [1]. Philippe IV avait laissé un fils naturel, un don
Juan d'Autriche. Essayant de rattacher à sa fortune les Espagnols, encore séduits par les souvenirs du glorieux bâtard de
Charles-Quint, le nouveau don Juan croyait son bras assez vigoureux pour soutenir la monarchie expirante, et, afin de gouverner l'Etat, il s'était créé un parti. Ce parti ne s'attaquait pas
directement à la reine-mère, il la frappait dans son confesseur,
dans son ministre. Ce ministre était le Jésuite Everard Nithard,
né le 8 décembre 1607, au château de Falkenstein.

Le Père Nithard, âgé de près de soixante ans, s'était, après
avoir longtemps professé la morale et la philosophie à l'Université de Gratz, vu choisi par l'empereur Ferdinand III pour
diriger la conscience et les études de ses enfants. Il avait élevé
l'archiduc Léopold-Ignace, qui régna après lui ; et lorsque
Marie-Anne d'Autriche épousa Philippe IV, Nithard la suivit en
Espagne comme son confesseur. Dans cette cour, que le funeste
ministère d'Olivarès avait corrompue et rapetissée, le Jésuite

---

[1] Ortiz, *Compendio de la historia de España*, t. vi.

parut un prodige aux yeux de ce pauvre monarque accablé sous les murmures de son peuple, et vieilli dans les misères d'une royale étiquette. Nithard avait des idées de gouvernement; il faisait entendre de sages conseils. Il parlait d'économie et de vigilance à un homme qui venait de voir fondre dans ses mains les trésors du Nouveau-Monde, et qui, à la fin de son règne, laissait l'Etat obéré, la royauté avilie, et l'Espagne morte sous les richesses dont elle n'avait pas su profiter pour développer l'industrie et l'agriculture. Enfant d'un pays dont le travail est la fortune, membre d'une Société religieuse qui a proscrit l'oisiveté comme un crime, Nithard ne comprenait rien à cet affaissement de la puissance publique. Philippe IV, qui jusqu'alors ne s'était entouré que de flatteurs, retrouvait assez d'énergie dans son âme épuisée pour sourire aux plans de réforme du Jésuite; la mort l'empêcha de les exécuter peut-être.

A peine au timon des affaires, Marie-Anne ne veut partager qu'avec son confesseur les soins du gouvernement; ce n'est pas d'une manière occulte qu'elle l'investit du pouvoir, mais à la face du monde entier. Elle a confiance dans sa fermeté, elle l'élève aux fonctions d'Inquisiteur-Général et de Conseiller d'Etat. Nithard décline ces honneurs; il allègue pour motif de son refus le vœu d'abnégation que font les Profès de la Société de Jésus. Le Saint-Siége peut en délier : Marie-Anne supplie Alexandre VII d'ordonner à Nithard de se soumettre à son injonction. Le Pontife commande, et le 26 septembre 1666 parut à Madrid le décret qui nommait le Jésuite Grand-Inquisiteur. Ce décret fait mention de la longue et opiniâtre résistance du Père.

Dans la position des choses, Marie-Anne accumulait sur la tête de son confesseur toutes les violences du parti que Juan d'Autriche dirigeait. Elle s'exposait elle-même à des calomnies dont sa vertu n'eut pas plus à souffrir que celle de Nithard; ces calomnies devaient à la longue rendre impossible l'exercice de son autorité; c'était à ce but qu'elles tendaient. Le Père se voyait dans une situation ayant plus d'une analogie avec celle de Mazarin en France, mais le Jésuite allemand n'avait ni les ressources d'esprit, ni l'astuce, ni la flexible persistance du cardinal italien. Pour se maintenir, il ne s'appuyait que sur

des moyens publiquement avoués : au milieu d'une cour aussi
féconde en intrigues, ce n'était pas assez. Son père et sa mère
professaient le culte luthérien, « ce qui, dit Amelot de La Houssaye dans ses *Mémoires* [1], choqua d'autant plus le clergé,
que, d'après les lois du pays, nul ne pouvait être admis aux
moindres charges, si, dans sa famille paternelle ou maternelle,
on trouvait une tache ou même un soupçon d'hérésie. »

Don Juan ne dédaigna pas d'exploiter cette circonstance.
Il mit en jeu la susceptibilité espagnole, il accusa Nithard des
calamités que la guerre avec la France faisait peser sur la
Péninsule; il se présenta comme le seul homme capable de
réparer tant de désastres. Cette opposition devenait factieuse :
don Juan est nommé gouverneur des Pays-Bas. Il n'accepte
pas un ordre d'exil caché sous une dignité précaire; il se met
en route pour Madrid, afin de faire agréer son refus. Défense
lui est faite d'approcher à plus de vingt lieues de la capitale.
Il se retire à Consuegra, et dans cette ville il trama, dit-on,
un complot contre la vie du Jésuite-Ministre. Ce complot,
auquel le caractère impétueux, mais plein de probité, de Juan
aurait eu bien de la peine à se prêter, et dont personne n'a
pu offrir le moindre indice, nous semble une de ces inven-
tions que les partis mettent en avant pour perdre leurs antagonistes. Il fournit à don Juan un prétexte d'action. Philippe IV
avait, dans son testament, gardé le plus profond silence sur lui.
Don Juan devinait, par cet oubli, la haine que lui avait vouée
Marie-Anne. Il ne lui était pas possible de s'en venger directement; il s'en prit à Nithard. Nithard possédait la confiance
de la reine-régente ; le prince immola le Jésuite à ses ressentiments.

L'ordre avait été donné d'arrêter l'Infant et de le renfermer
dans l'Alcazar de Tolède. Il se réfugia sur l'Ebre, et, de la forteresse de Flix, il fit paraître un mémoire justificatif pour lui,
et accusateur contre la reine et contre le Jésuite. Don Juan
connaissait sa puissance ; il savait que les grands et la plupart
des moines étaient ses auxiliaires : il ne craignit pas de récla-

---

[1] *Mémoires d'Amelot de La Houssaye*, t. 1, p. 345.

mer le bannissement du Père. Le 23 février 1669, à la tête des
milices qu'il a réunies, il se pose en agresseur. Ses emportements, ses menaces et les sourdes calomnies qu'il faisait cir-
culer plaçaient Nithard sur un terrain favorable ; il en profite
pour adresser au prince une lettre dans laquelle il réduit à leur
valeur les crimes qu'on lui impute. Le Jésuite demande au
prince, qui se constitue son rival, des preuves de ses alléga-
tions, il parle avec la dignité de l'innocence ; mais ses paroles
tombent sur des cœurs aigris, sur des hommes ambitieux et
qui n'aperçoivent dans Nithard qu'un obstacle à leur fortune.
Elles furent stériles à cet époque. Les historiens catholiques
qui s'occupèrent de ces événements n'ont même pas osé faire
allusion à son mémoire. Un auteur protestant, l'Anglais Coxe,
a seul été impartial pour l'étudier ; seul il a rendu justice à
l'écrit et au caractère du Jésuite [1] : « C'est un ouvrage, dit-il,
plein de sagesse, qui indique beaucoup de talent, et respire la
bonne foi et la conviction de l'innocence. Le Père Nithard y
réduit à de justes proportions les accusations vagues et non
prouvées de don Juan, prince d'ailleurs estimable sous d'autres
rapports, néanmoins ambitieux et emporté, et qui, dans cette
affaire, usa de moyens que condamnent l'honneur et la conscience. »

Ainsi que l'historien anglais, le prince espagnol n'ignorait sans
doute pas toutes ces choses ; mais il aspirait à devenir maître du
royaume pendant la minorité d'un enfant maladif, il rêvait peut-
être la couronne en cas de mort : il sacrifia la vérité à une inimitié de famille et à de vastes projets.

Nithard n'avait pour appui que la reine, dont l'instinct de
mère devinait les espérances du bâtard de Philippe IV, son
époux ; elle s'épouvantait de sa solitude au milieu d'une cour
sans énergie et d'un peuple irrité de ses revers et de sa pom-
peuse misère. Nithard était son conseil ; elle y tenait par affection, par estime et par opposition à don Juan ; mais le
Jésuite ne pouvait lutter contre les difficultés qu'on lui sus-
citait de tous côtés. Marie-Anne était abandonnée par les

---

[1] *L'Espagne sous les rois de la maison de Bourbon*, t. I, Introd., p. 157.

conseillers même de la Couronne dévoués à l'Infant; elle
essaya de capituler avec lui. « Don Juan déclare, ajoute
Amelot [1], que si le Père Nithard ne sort pas sans délai par
une porte de Madrid, il en sortira par les fenêtres de sa
maison. »

Un auteur contemporain a publié à Paris, au moment même
où les faits venaient de s'accomplir, une *Relation de la sortie
d'Espagne du Père Nithard* [2], et cet événement n'y est pas
raconté avec la crudité morose qui dépare les récits de La Houssaye. « Depuis longtemps, y lit-on, le Jésuite sollicitait la
permission de se retirer. Un dimanche, après avoir confessé la
reine, il se jette à ses pieds et il la conjure de ne plus s'opposer
à son départ. Marie-Anne fondit en larmes; elle persistait dans
son refus; mais, le renvoi du Père devenant une question d'Etat,
elle se vit contrainte de céder à l'empire des circonstances. En
1669, Nithard put enfin s'éloigner. Don Juan avait pris les
armes le 23 février; deux jours après, le 25, la reine-mère
signait le décret suivant :

« Jean-Everard Nithard, religieux de la Société de Jésus,
mon confesseur, conseiller d'Etat et Inquisiteur-Général, m'ayant
suppliée de lui permettre de se retirer hors du royaume, quoique très-satisfaite de sa vertu et de ses autres bonnes qualités,
aussi bien que de son zèle et de ses soins à me rendre service,
ayant égard à l'instance qu'il m'a faite et pour d'autres considérations, je lui ai accordé la permission de se retirer où il
voudra, en Allemagne ou à Rome. Mais, pour témoignage de
mon contentement et de ma reconnaissance des services par
lui rendus à l'Etat, je veux qu'il conserve ses titres, ses charges
et ses revenus. Je veux, de plus, qu'il parte revêtu du titre
d'ambassadeur extraordinaire en Allemagne ou à Rome.

                                        » Moi, la Reine. »

Le Père Nithard faisait en s'éloignant cesser un conflit dans
lequel le nom d'un Jésuite intervenait. Don Juan, heureux de sa
victoire sur la reine-régente, n'en demanda pas davantage

[1] *Mémoires* d'Amelot de La Houssaye, t. I, p. 346.
[2] In-4°, Paris, 1669. Imprimé en espagnol et en français.

pour le moment. Il aurait même ratifié et au delà toutes les
dignités que Marie-Anne accumulait sur la tête de son confesseur ; mais Nithard, dont le ministère avait été si tristement
célèbre, ne voulut pas accepter les honneurs et les pensions
qui compensaient un exil si désiré. « Nous devons, ainsi s'exprime Coxe [1], dire à la louange de ce ministre disgracié qu'il
donna un singulier exemple de désintéressement. Il refusa les
offres d'argent qui lui furent faites par plusieurs personnes,
entre autres par le cardinal d'Aragon et le comte de Peñaranda.
Il préféra, pour employer sa propre expression, quitter l'Espagne en pauvre prêtre, comme il était venu. Ce n'est pas sans
peine qu'on put lui faire recevoir 200 pistoles de la part de sa
protectrice pour son voyage de Rome, à la place d'une pension
de 2,000 piastres ; mais il refusa l'ambassade qui lui fut alors
proposée. »

Don Juan s'était flatté que son opposition au Jésuite le rendrait maître des affaires, et qu'ainsi il saurait communiquer à
l'Espagne un sang nouveau. Il succomba à la peine ; il devint
plus odieux que Nithard. A l'exemple de toutes les oppositions,
il avait fait de magnifiques promesses, et la réalité l'écrasa.
Nithard n'était pas un de ces favoris vulgaires que les princes
oublient dans leurs proscriptions. Il n'avait donné à Marie-Anne
que de sages conseils. Son souvenir lui était cher ; elle voulut
lui accorder un témoignage de son estime, en le forçant à recevoir le titre de premier ministre. Le Pape l'avait virtuellement relevé de ses vœux ; la reine-régente le nomma ambassadeur d'Espagne près le Saint-Siège ; il fut sacré Archevêque
d'Edesse ; puis enfin, le 22 février 1673, Clément X le décora
de la pourpre romaine. Le Jésuite, prince de l'Eglise, mourut
en 1681.

Pour secouer la torpeur dans laquelle les héritiers de Charles-
Quint et de Philippe II avaient plongé l'Espagne, il lui eût fallu
un roi à la taille de ces monarques, ou tout au moins des ministres comme le cardinal Ximenez. Les uns n'étaient pas plus possibles
que les autres ; car, sous des princes sans volonté, sans

---

[1] L'Espagne sous les rois de la maison de Bourbon, t. I, Introd., p. 26.

intelligence, l'énergie des hommes d'Etat s'use vite, ou elle est si promptement calomniée qu'on la condamne à un perpétuel exil. Les souverains de la maison d'Autriche avaient tous les éléments de succès, un empire sur les terres duquel le soleil ne se couchait jamais, ainsi que le disaient les Espagnols avec un orgueil métaphorique si bien approprié à la fierté de leur langue; des peuples fidèles, et un respect religieux pour le culte des ancêtres. Il ne leur manquait qu'un Louis XIV ou un Sobieski pour développer tant de généreuses qualités. De Philippe IV, ils tombèrent dans l'éternelle enfance de Charles II, espèce de roi fainéant qui proscrivit sa mère, qui la rappela; qui prit pour ministre don Juan d'Autriche, et qui l'abandonna à la haine publique. Enfin, aussi fatigué de régner que de vivre, il se renferma tantôt à l'Escurial, tantôt dans les bosquets del Prado, consumant sa languissante existence au milieu des femmes, des nains et des animaux rares que lui fournissaient ses provinces d'outre-mer.

En face de cette prostration de la royauté, les Jésuites, ne rencontrant aucun appui sur le trône, tentèrent, par une éducation nationale, de vaincre la léthargie du peuple. Mais le peuple se conformait aux goûts de son roi; il était triste de ses tristesses, malade des maux sous lesquels Charles II s'affaissait. Le peuple espagnol, patient comme la véritable force, semblait attendre que la mort du souverain mît un terme à son agonie. Il pressentait, il invoquait peut-être des déchirements intérieurs pour le tirer de sa somnolence. Les Jésuites, soumis à cette action délétère, suivirent l'exemple du peuple; ils attendirent comme lui une circonstance que la guerre de succession produisit.

Pendant ce temps, les Pères de la Compagnie de Jésus prenaient dans d'autres contrées de l'Europe un développement nécessaire à son existence. Ils ne cessaient de s'étendre en Allemagne. En Pologne, sous l'épée victorieuse de Jean Sobieski, ils réalisaient dans les armées et dans les collèges la fin de leur Institut. Pour que les Jésuites obtiennent sur les multitudes une influence prépondérante, il faut qu'ils trouvent à la tête des affaires un prince énergique ou un pouvoir qui ne consente pas à s'annihiler. Monarchie ou république, légitimité ou droit électif, le mode de gouvernement leur importe peu, pourvu que ces gouvernements soient forts. Ils ne se déploient à leur aise qu'à l'abri d'une autorité que les factieux ne viennent pas tirailler. Alors, renfermés dans les attributions que saint Ignace de Loyola leur a tracées, assurés d'avoir un lendemain, parce qu'ils connaissent la pensée dirigeante, ils se livrent sans précipitation et sans crainte aux travaux de l'apostolat. Dans la dernière moitié du dix-septième siècle, nous les voyons en Espagne faibles et irrésolus comme le gouvernement. En Pologne, à la même époque, ils apparaissent aussi entreprenants qu'au jour de leur fondation, ou lorsque le Père Jules Mancinelli, qui passa soixante-deux ans de sa vie dans la Compagnie, répandait sur le Nord les lumières de sa foi et les ardeurs de sa charité.   •

C'est que sur le trône de Pologne il se rencontrait un homme qui avait foi en leur mission comme eux avaient confiance en son génie. Cet homme était Jean Sobieski. La Pologne appréciait la Société de Jésus; elle avait vu les Pères populariser la morale et l'esprit national sous ses rois Bathori, Sigismond et Ladislas. Pour récompenser tant de sacrifices, elle appelait au trône Jean-Casimir qui, le 25 septembre 1643, avait pris l'habit de la Compagnie, et que, quatre ans après, Innocent X forçait de recevoir le chapeau de cardinal. Casimir, roi et Jésuite, apaisa les factieux qui divisaient le royaume, et, quand il jugea que sa mission de souverain était accomplie, il abdiqua en 1668. Son règne fut celui de la paix et de l'éducation publique. Cette éducation était puissante, parce qu'elle s'adressait à des natures vigoureuses, à des cœurs qu'une civilisation trop hâtée n'amollissait pas. Les Jésuites formaient à la vertu et à la science [1] ces Français du Nord, si amants de leur

___

[1] En 1665, le prince Radzivill, chancelier de Lithuanie, dédiait à la Compagnie de Jésus un livre qu'il avait écrit sous le titre de *Historia passionis Christi punctatim animæ devotæ per tres libros et capita exposita* (*Warsoviæ*, 1665). Nous lisons dans l'épître dédicatoire : « J'ai entendu, dit le chancelier, mon frère Radzivill, de glorieuse mémoire, palatin de Vilna et général du grand-duché de Lithuanie, qui était protestant, me faire cet aveu : « Quoique nous ayons, me disait-» il, des personnes chargées de découvrir et de noter les fautes des Religieux, nous » n'avons jamais pu rien trouver de répréhensible dans la Société de Jésus. D'après » mon sentiment, je les déclare hommes de probité. »

liberté et de la gloire militaire. Ils s'en faisaient aimer dans les colléges, ils les suivaient dans les camps; ils étaient les orateurs de l'armée, les médecins du blessé, les apôtres de la charité chrétienne au milieu des batailles ; les grandes familles et le peuple les acceptaient comme des guides. Ils arrivaient avec Jacques Sobieski sous les murs de Moscou, ils marchaient avec Zolkiewski contre les Turcs, avec Czarneski contre Charles-Gustave de Suède. Dans une de ces invasions si fréquentes en de semblables guerres, le Père André Bobola fut surpris à Pinsk, le 16 mai 1657, par une troupe de Cosaques. Les Cosaques détestaient tous les catholiques; mais les Jésuites étaient pour eux un objet spécial de haine. Bobola jouissait de la confiance des Polonais ; ils lui font subir tous les genres de martyre. Cette fraternité de dangers avait établi entre les Pères de l'Institut et les enfants de la Pologne une alliance que le temps cimentait, et que le règne de Jean Sobieski consacra.

Fils de ses œuvres, ainsi que cette Noblesse si fière de sa rude indépendance, Sobieski était déjà le héros de la Pologne. Vaillant soldat, habile général, grand politique, il possédait encore les qualités de l'esprit et du cœur. Le sabre pour lui n'était pas le dernier effort de l'intelligence, et sa raison, mûrie par l'expérience des Jésuites, lui donnait dans les Diètes un ascendant presque souverain. Depuis vingt ans, les Polonais le regardaient comme le bouclier de leur liberté ; car, né en 1629, il n'avait cessé de combattre pour la défense et pour l'honneur de son pays. En 1672 Mahomet IV et Coprogli, son visir, franchissent le Danube à la tête de cent cinquante mille soldats. Ils investissent les murailles de Kaminieck, le boulevard de la Pologne. Cent mille Tartares, conduits par leur khan, Sélim-Ghéraï, et d'innombrables hordes de Cosaques secondent, sur la Vistule, les mouvements de l'armée mahométane. Le roi de Pologne, Michel Koribut-Wiecnowiecki, jaloux de Sobieski, vient de mettre sa tête à prix. En face du péril, le prince cherche son salut dans la fuite. Mais le soldat ne désespère ni de son courage ni de sa foi. Il a sous sa tente le Père Przeborowski, son confesseur et son ami. Le général et le Jésuite ont

pensé que, devant cette irruption de barbares, il fallait que la
Croix triomphât, ou que la Pologne fût réduite en cendres.
Le 11 novembre 1673, anniversaire de la fête de saint Martin
de Tours, Slave de nation, Sobieski paraît à la tête de son
armée. La neige couvrait la terre; mais les Polonais demandent
à vaincre ou à mourir. Sobieski et Jablonowski, qui, avec
leurs états-majors, ont passé une partie de la nuit en prières,
ne veulent pas comprimer cet héroïque élan. « Soldats de
Pologne, s'écrie Sobieski, vous allez combattre pour la patrie,
et Jésus-Christ combat pour vous. » A ces mots, l'armée
s'incline sous la main du Jésuite, qui bénit tout à la fois
et ceux qui vont succomber et ceux qui vont triompher. Puis
la bataille de Choczim commença. Elle fut terrible. Vingt
mille Turcs restèrent sur le terrain, un plus grand nombre
périt dans les eaux du Dniester. Quand le canon eut cessé de
gronder sur cette plaine fumante de carnage, le Père Przeborowski, qui n'avait eu à partager que les dangers de la bataille,
dressa de ses mains un autel. « Il donna, dit M. de Salvandy,
sa bénédiction aux soldats de la Croix; et, inclinés sur leurs
armes, les yeux mouillés des pleurs de la reconnaissance et de
la joie, ils entonnèrent avec lui l'hymne de louanges au Dieu
qui prescrit la paix aux hommes, et qu'invoquent les. armées [1]. »

Sobieski inaugurait sa royauté future. Le roi Michel mourut
le jour même de cette victoire, qui en couronnait tant d'autres;
et lorsque, dans la Diète de l'élection, chacun se demandait
à qui l'on confierait le sceptre, « A celui qui l'a le plus
vaillamment défendu! s'écria Jablonowski, le frère d'armes
et l'émule du vainqueur de Choczim.—Vive Sobieski! Qu'il
règne sur nous! » Telle fut la réponse qui s'élança de tous
les cœurs. Jean Sobieski était roi. A force de victoires et de
dextérité diplomatique, il contraignit les Turcs à signer la
paix. Alors il ne songea qu'à faire fleurir dans son empire la
Religion et les belles-lettres. Les Jésuites l'avaient puissamment
secondé; ils trouvaient dans la reine de Pologne, Marie d'Ar-

---

[1] *Histoire de Pologne avant et sous le bon roi Sobieski*, par N.-A. de Salvandy, t. II, p. 144.

quien, une protectrice éclairée. Ils étaient les conseillers du
roi; le Père Vota vint encore augmenter le prestige de la Compagnie.

Vota avait été chargé par le Pape d'ouvrir en Russie des
négociations relatives à la réunion des Grecs avec l'Eglise latine.
Cette mission ne fut pas plus heureuse que celle du Père Possevin; mais, arrivé à Varsovie, Vota, à qui l'empereur Léopold
et le Souverain-Pontife accordaient toute leur confiance, n'eut
pas de peine à gagner celle de Sobieski. Ce prince se plaisait
dans l'entretien des savants, il aimait surtout à s'entourer de
Jésuites. La conversation si brillante d'érudition et d'esprit du
Père Vota, ses connaissances variées en philosophie, en éloquence, en poésie, en peinture et en musique, son intelligence
des hommes et des affaires, firent vivement désirer au roi de
s'attacher un Religieux qui pouvait rendre tant de services
à la Pologne. Le Père Przeborowski n'existait plus, Vota le
remplaça dans l'intimité du héros. Le Jésuite devint son confesseur et pour ainsi dire son principal conseiller. Quelques
années s'écoulèrent ainsi; mais en 1683 l'Allemagne était
menacée d'une nouvelle invasion. Les Turcs, dont la politique
de Louis XIV s'était fait d'utiles auxiliaires contre la maison
d'Autriche, s'apprêtaient à porter la guerre au sein de l'empire
germanique.

La gloire de Sobieski retentissait en Europe. Le grand roi,
à l'apogée de sa puissance, sollicita l'alliance de ce soldat élu roi
par ses pairs, et qu'il avait compté au nombre de ses mous-
quetaires. L'Empereur Léopold, de son côté, fit appel à la
valeur et aux intérêts de la Pologne. Le Pape Innocent XI écrivit
à Sobieski pour lui dire qu'en dehors de la politique humaine
et des négociations, il y avait une question qui dominait toutes
les autres : c'étaient l'honneur et l'avenir de la Chrétienté, que
les armes musulmanes s'apprêtaient à compromettre. Les ambassadeurs de Louis XIV s'opposèrent à ce principe, qui vivifiait
les forces de l'Allemagne. Ils étaient insinuants et fiers de la
splendeur de leur patrie ; mais ils avaient auprès du roi un
concurrent. Le Père Vota, né en Piémont, était sujet d'un
prince uni avec la maison d'Autriche. Polonais par adoption,

il devait au roi le conseil le plus favorable à la Pologne et à la Catholicité. La France, séparée de cet Etat par d'autres royaumes, n'était qu'une alliée inutile, tandis que les empereurs ses voisins pouvaient l'aider avec efficacité soit contre les Turcs, soit contre les Russes. Vota fit valoir ces motifs auprès de Sobieski; peut-être même rappela-t-il à son âme ulcérée les hauteurs déplacées de Louis XIV et l'insulte que la cour de Versailles avait faite à la reine Marie d'Arquien, qui, parce qu'elle était née Française, ne put jamais obtenir les honneurs dus à la majesté souveraine.

Quoi qu'il en soit, le Jésuite fixa les irrésolutions de Sobieski. Le roi de Pologne entra dans la ligue d'Augsbourg, et le 12 septembre 1683, il sauvait l'empire germanique par une victoire. Sobieski, ainsi qu'il le mandait au Pape, était venu, il avait vu, il avait vaincu. La capitale de l'Autriche était délivrée, et le Père Vota put appliquer à son royal pénitent les paroles de l'Evangile qui avaient déjà salué le triomphe d'Huniade et celui de don Juan d'Autriche : « Il fut un homme envoyé de Dieu qui s'appelait Jean, » s'écria le Jésuite dans la vieille basilique de Saint-Etienne. L'Allemagne et l'Italie s'unirent à cet éloge; l'empereur Léopold seul ne s'y associa que du bout des lèvres. Son trône venait d'être raffermi par Sobieski; il acquitta une pareille dette par une orgueilleuse ingratitude [1]. La victoire remportée sous les murs de Vienne était le salut de l'empire; mais elle ajournait les ambit'eux projets de Louis XIV. Les écrivains français n'ont pas pardonné au Jésuite Vota la détermination qu'il fit prendre à la Pologne. L'abbé Coyer, auteur d'une *Histoire de Sobieski*, Faucher, qui a laissé une *Vie du Cardinal de Polignac,* l'accusent de s'être mis en opposition avec les intérêts de leur patrie. Cette patrie est la nôtre aussi, mais elle n'était pas celle de Vota; mais, en éloignant le roi de Pologne d'une alliance avec Louis XIV, ce Jésuite faisait acte de nationalité, et en même temps il servait la cause de la Foi ca-

[1] Après la bataille de Vienne, l'empereur Léopold se montra si froid, si dédaigneux envers le grand capitaine, que Sobieski, prenant congé de Léopold, ne put s'empêcher de lui dire : « Mon frère, je suis bien aise de vous avoir rendu ce petit service. » Un bon mot fut la seule vengeance que le roi de Pologne tira du prince qui n'avait pas su défendre sa couronne, et qui n'osait même pas honorer son sauveur.

tholique. Il ne mérite donc point le reproche qui lui est adressé, et dont, quoique Français, nous ne croyons pas devoir accepter l'injustice.

Pour juger un homme à sa valeur, il faut le voir à distance; les héros eux-mêmes ont besoin de cet intervalle entre la vie et la gloire que les passions contemporaines ne se décident jamais à accorder. Sobieski était, avant tout, un monarque guerrier. Il devait plaire à un peuple soldat : la Pologne se plaignit d'être ruinée par ses victoires. Le roi avait deux fils, Jacques et Constantin. Par une de ces faiblesses dont les cœurs de père ont seuls le secret, Sobieski se prit à entourer son dernier né des témoignages de son affection. Jacques avait été formé par lui au maniement des armes; il était violent et ambitieux, il aspirait à continuer en Pologne la race des Jagellons; et, se persuadant que, si Sobieski conservait le sceptre dans sa famille, ce sceptre serait l'héritage de son jeune frère, le prince chercha à se créer un parti. La discorde éclatait déjà entre le père et le fils : l'un parlait de maudire, l'autre de fuir à l'étranger, et peut-être de fomenter des dissensions civiles. Vota était le confident des douleurs paternelles. Il lisait dans cette âme que des désespoirs de toute nature accablaient; il songe à calmer la colère irréfléchie de Jacques. Il accourt auprès de lui; il lui fait sentir l'injustice de ses soupçons et le peu de fondement de ses jalousies contre un frère que son âge encore tendre rendait l'objet des caresses du roi. Jacques résista longtemps au Jésuite; mais enfin, vaincu par ses prières, il se laissa conduire à l'armée dont Sobieski prenait le commandement. Il fléchit le genou devant le monarque, il implora un pardon qui, au même instant, tombait du cœur de ce malheureux père. Le lendemain, le héros, entre ses deux fils, ouvrait la campagne par une victoire.

Les Polonais, insatiables de combats, se fatiguaient de ce prince, dont la guerre était l'élément. Ils lui reprochaient avec amertume les fautes politiques de son règne, ils aspiraient à ressaisir une indépendance que la fermeté de Sobieski leur paraissait toujours prête à compromettre. Ces préventions dégénérèrent en haine; elles empoisonnèrent son existence. C'était dans le sein de Vota qu'il épanchait ses tristesses; il se sentait

frappé au cœur, et cet homme que les plus grands périls n'a-
vaient pu effrayer, qui avait tenu dans ses mains les destinées
du monde, se désolait de ne plus voir attaché à son nom un
prestige de popularité. Le sceptre de Pologne échappait à ses
enfants ; le roi se voyait mourir, et, dans les cruelles prévisions
du trépas, il jetait avec terreur un dernier regard sur l'avenir
de cette nation qu'il avait glorifiée. En 1696, le 17 juin, qui,
par une étrange coïncidence, était le jour de sa naissance et de
son élection, Sobieski comprit qu'il fallait dire adieu à la terre.
Le Père Vota et l'abbé de Polignac, élève des Jésuites et ambassadeur de France à Varsovie, reçurent ses suprêmes confidences ; ils adoucirent si bien le terrible passage du trône à
l'éternité que, quand Sobieski, frappé d'apoplexie, eut repris
ses sens, il dit : « Je me trouvais bien. » Ce regret de vivre
encore, si brièvement exprimé dans les bras de la mort, était un
reproche pour la Pologne, un encouragement pour le Jésuite.
Vota pria de nouveau avec lui, et Sobieski s'éteignit à l'âge de
soixante-six ans. « Il accepta, dit l'historien Zaluski, le sacrifice
de mourir plus volontiers qu'il n'avait accepté, vingt-trois ans
auparavant, celui de régner ; car alors il lui fallut plus de quarante-huit heures de combat avant de se rendre aux vœux du
pays. Ici, il ne combattit point, il déposa, sans se plaindre, dans
cette journée solennelle, la couronne et la vie, pour les échan-
ger contre une autre vie et, je le crois fermement, contre une
autre couronne. »

Au moment où le midi et le nord de l'Europe voyaient les
Jésuites obtenir sur Louis XIV et Sobieski un ascendant religieux qui, par la force des choses, devait rejaillir sur la politique, ils apparaissaient au grand jour dans l'Angleterre elle-
même. Leur action se faisait sentir au palais de Wite-Hall ; là,
comme partout, ils subirent le contre-coup des préventions, des
colères ou des enthousiasmes irréfléchis.

La République des Saints se divisait ; Olivier Cromwel était
mort roi par le fait, léguant à Richard, son fils, un pouvoir
que la gloire, le crime et une sage administration avaient ci-
menté. Cet héritier du vieux Noll était un honnête homme.
Pour continuer la dictature de son père, déguisée sous le titre

ambitieusement modeste de Protecteur, il fallait s'associer aux cruautés des Indépendants et des Presbytériens contre les Catholiques, et se résigner à devenir ou leur chef ou leur esclave. Richard pensa que le diadème de la Grande-Bretagne ne valait pas le sacrifice de son repos et de sa probité; il renonça à la glorieuse mais sanglante succession que lui laissait Cromwell, et, du fond de son obscurité, il regarda passer les événements. Le général Monck, un des soldats de l'Indépendance, jugea que les excès du Puritanisme entraîneraient l'Angleterre à sa perte. Il voyait les promoteurs les plus désintéressés de la République des Saints se disputer l'autorité, il constatait un malaise universel, un affaissement du pouvoir qui ne vient qu'à la suite des corruptions législatives ou des mépris du peuple : il résolut d'y mettre un terme. A la tête des armées, il transige avec la royauté proscrite, et, le 8 juin 1660, Charles Stuart, fils de Charles Ier, est rappelé au trône par cette même nation qui, moins de onze ans auparavant, s'était rendue solidaire du régicide.

Charles II fut un souverain que le malheur conduisit au scepticisme politique. Il avait eu le temps de méditer, dans les cours étrangères, sur la position faite aux princes exilés. Il savait que rien ne réussit par eux, que rien ne se tente en leur faveur. Ils sont là pour devenir l'appoint d'un marché, ou les victimes des terreurs diplomatiques. Sa chevaleresque ardeur de Worcester, son Odyssée de misère après cette bataille, les dangers personnels qu'il a courus sous Montrose, le La Rochejaquelein des clans écossais, les lâches abandons du principe monarchique que les rois ou leurs ministres consommaient, tout avait donné à cet esprit superficiel et frondeur une maturité d'égoïsme dont, une fois parvenu au trône, rien ne put déranger les calculs. Voluptueux, plein d'insouciance, il ne vit dans sa restauration qu'un moyen de forcer le plaisir à compenser les amertumes de l'exil. Indifférent à tous les cultes, il n'osa pas cependant laisser aux Catholiques le droit de l'accuser d'ingratitude ou d'injustice. Il connaissait leur fidélité à son père, fidélité qui ne s'était jamais démentie; il signa donc à Bréda une déclaration de liberté de conscience qui leur pro-

mettait des jours plus heureux. Le peuple anglais accueillit avec
des transports inexprimables le roi qu'il avait si souvent maudit
dans ses clubs et poursuivi sur les champs de bataille. Quand
les plus bruyants éclats de l'ivresse publique furent calmés,
Charles II résolut de tenir sa parole : il essaya de mitiger les lois
pénales dont les rigueurs pesaient sur les Catholiques.

Ils se réunirent à Arundel-House, au mois de juin 1661, et
ils présentèrent à la Chambre des Lords une pétition tendant à
faire abolir les décrets sanguinaires, les mesures exceptionnelles,
les writt de persécution et de confiscation dont ils avaient été
l'objet depuis Henri VIII. Malgré l'acharnement de Clarendon,
ce bill allait être accepté à peu près dans son ensemble, lorsqu'un membre du Parlement fit la motion « qu'aucun Jésuite
ne serait apte à jouir du bénéfice de l'acte projeté. » Cette exclusion, pleine de ruse calviniste, était un outrage à l'égalité,
une leçon pour les Catholiques. Les uns repoussèrent avec
énergie toute mesure flétrissante ; les autres s'imaginèrent que
les disciples de Loyola devaient renoncer à leur Institut et donner
à la paix un gage d'abnégation. L'hérésie venait de jeter la
discorde dans le camp des Catholiques. Il y en avait qui se persuadaient que la proscription de l'Ordre de Jésus serait une
sauvegarde pour eux. L'Anglicanisme ne se montrait hostile
qu'à la Compagnie : ils l'offraient en holocauste. Les uns disaient
que l'Eglise vivrait bien sans les Jésuites ; les autres, qu'ils lui
étaient nuisibles par leur impopularité auprès des Protestants.
Le plus grand nombre, cependant, envisageait la question sous
un point de vue moins étroit. Ils demandaient que l'unité se fît
dans le parti ; ils avaient souffert tous ensemble, ils conseillaient
de vaincre ou de succomber tous ensemble. Le sacrifice des
Jésuites rendait l'Anglicanisme plus exigeant, et, après avoir
obtenu une première victoire due à la lâcheté, il ne fallait pas
compter qu'ils s'arrêteraient à une seule exclusion parlementaire.
En laissant poser le principe de proscription, les Catholiques se
résignaient à en accepter les conséquences, et quand ils seraient
décimés, ces conséquences n'offriraient aucun obstacle dans
l'application. L'Anglicanisme caressait maintenant les Papistes
afin de les affaiblir ; mais ils devaient craindre de se voir persé-

cutés à leur tour, et de ne plus trouver dans l'appui du Clergé séculier les lumières et le courage dont ils auraient besoin au jour du danger. Déserter la cause des Jésuites par timidité ou par calcul, c'était rouvrir la voix des iniquités, restreindre la liberté de conscience, et fournir aux sectaires un argument dont ils sauraient bien se servir en temps opportun. L'existence de la Société de Jésus n'était pas, sans doute, si intimement liée à l'existence de l'Eglise, que la mort de l'une dût entraîner la chute de l'autre; mais les Catholiques anglais prétendaient que la difficulté ne consistait pas en cela. Il s'agissait pour eux d'être ou de n'être pas, de pouvoir faire élever leurs enfants selon leurs vœux, ou de courber la tête sous le joug protestant. Les deux opinions évoquèrent des défenseurs. Une guerre civile éclata en controverses et en pamphlets ; le comité d'Arundel-House se changea en Forum. Les Catholiques n'avaient pu s'entendre ; le Parlement profita de ces divisions qu'il provoquait. Le bill de liberté religieuse fut ajourné; de nouveaux événements le rendirent impossible.

Les questions politiques les plus importantes s'effacent avec le temps. Elles meurent sous de nouvelles ambitions, ou elles se transforment. Il n'en est pas ainsi des matières religieuses. Celles-ci, qui touchent au fond, à l'essence même de la société, peuvent sommeiller dans des jours de calme ou d'inertie. Quand sonne l'heure des troubles de l'esprit, précurseurs des tumultes populaires, elles reparaissent toujours jeunes, toujours vivaces. Cette question de l'ultramontanisme, que Bellarmin et Bossuet, que l'Eglise gallicane et les Docteurs de Rome ont si souvent agitée, n'a jamais pu être résolue. A des temps donnés, elle revient dans la polémique, comme un bélier qui doit battre en brèche le rempart de la Catholicité. Mais la prudence des Souverains-Pontifes et les événements eux-mêmes ont brisé cette arme. Ce que les théologiens les plus érudits, ce que les légistes les plus savamment acrimonieux de France n'avaient su faire, l'Eglise romaine l'a réalisé en laissant tomber en désuétude un pouvoir moral qu'elle n'exerça jadis que dans l'intérêt des peuples opprimés. Ce ne sont plus les Papes qui ébranlent le trône des rois, mais les idées révolutionnaires.

Quand, dans un espace de douze années, on voit la République française et l'empereur Napoléon suivre à deux reprises différentes l'exemple du connétable de Bourbon et de Charles-Quint, lorsque Pie VI meurt en exil, lorsque son successeur est enlevé de Rome par quelques gendarmes, nous croyons qu'il est au moins superflu de rentrer dans un débat que d'un côté la violence, que de l'autre la sagesse, ont tranché à jamais.

Au siècle de Charles II et de Louis XIV, on ne discutait déjà plus sur les choses, mais sur les mots. Le pouvoir du spirituel et du temporel était mieux défini et plus distinct. Les Jésuites en Angleterre se rendaient aussi bien compte qu'en Italie et en France des doctrines que consacraient les nouveaux besoins de la société. Et lorsque Clarendon avance que les Pères, craignant d'être exclus des avantages de l'acte, firent dissoudre le comité à Arundel-House, en déclarant que les Catholiques ne pouvaient en sûreté de conscience dépouiller le Pape de son autorité temporelle, « Clarendon, au dire de Lingard[1] peu suspect de partialité envers la Compagnie, Clarendon est, comme de coutume, inexact. Les Jésuites furent réellement exclus des avantages de l'acte ; et dans leurs raisons, publiées par eux à cette époque, ils proclament que depuis l'année 1618 tous les membres de la Compagnie, par ordre de leur Général, sont obligés, sous peine de censure, de ne pas enseigner la doctrine dont il s'agit ici, soit en paroles, soit par écrit. » Le témoignage des historiens du temps confirme l'assertion de Lingard.

Les Jésuites ne fournissaient aucun prétexte à la persécution. La tempête révolutionnaire les avait dispersés, mais ils ont en eux un principe de vie si tenace, mais ils savent depuis si longtemps que la lutte est la première condition de leur existence, que le rétablissement de la monarchie les trouva encore plus forts qu'auparavant. Depuis la restauration de Charles II, ils se livraient aux travaux du ministère ou de l'éducation, sans s'occuper des querelles qui, à leur sujet, divisaient les Catholiques anglais. Ils pensaient qu'en face d'une révolution à peine vaincue, il ne leur restait qu'un parti à

---

[1] *Histoire d'Angleterre*, par le docteur Lingard, t. XII.

prendre , celui de la prudence. Ils temporisèrent donc. Néanmoins il y avait dans les esprits trop de ferments de discorde pour que cette sagesse ne fût pas calomniée. En 1605
la peste sévit à Londres; en 1666 un immense incendie éclate
dans cette ville : plusieurs quartiers deviennent la proie des
flammes; la ruine produit l'exaspération. L'Anglicanisme s'empare du double fléau. A cette multitude aigrie par le malheur
il montre les Catholiques, et les Jésuites surtout, comme les
auteurs des désastres : ce sont les Jésuites qui empoisonnent
les sources d'eau, les Jésuites qui, par des maléfices, ont propagé la contagion, les Jésuites qui, pour anéantir le Calvinisme
ont condamné au feu la capitale de la vieille Angleterre. La
Chambre des Communes s'associe par un acte législatif à des
impostures dont elle a le secret : elle adresse au roi une pétition pour le supplier de mettre un terme à l'insolence et aux
progrès des Papistes. Vingt enquêtes sont ordonnées. L'Anglicanisme les commence avec une rigueur pleine d'éclat. Elles
ne révèlent aucun Jésuite coupable ; mais elles ont servi à tenir
en haleine les préjugés et les injustices. Charles II sent qu'il faut
céder à des colères qu'il n'ose comprimer ; car, avant tout, il
veut mourir roi après avoir si longtemps vécu proscrit. Les
difficultés s'amassent autour de lui, il les ajourne ou les conjure
par des palliatifs. Ces palliatifs constitutionnels doivent tuer sa
dynastie. Le roi n'a pas d'enfants légitimes : il lègue d'avance
à son successeur tous les embarras que suscitent à la monarchie son bonheur viager et les haines protestantes. Le Parlement
exige qu'il fasse de l'arbitraire : Charles II se résigne à bannir
les Jésuites et à ordonner l'exécution des lois contre les récusants. « Il oubliait ses amis, dit Bévil Higgons [1], et obligeait
ses ennemis. En voulant par là ramener une espèce d'hommes
que nuls bienfaits ne pouvaient rendre reconnaissants, il né-
gligea ceux qu'aucune injustice n'aurait contraints à se détacher de sa cour. »

Pendant ce temps, Jacques, duc d'York, son frère et l'héritier de la couronne, lisait l'*Histoire de la Réforme* du docteur

_____

[1] *Abrégé de l'histoire d'Angleterre*, p. 370.

Heylin. Cette lecture l'amenait à croire qu'il y avait pour lui
obligation de se réconcilier avec l'Eglise universelle. Le duc
d'York était un prince au jugement droit, d'une bravoure incontestable, mais qui ignorait que la prudence est quelquefois
une vertu politique. Plus franc, moins volage dans ses amours,
plus économe que Charles II, soldat sous le grand Condé et
sous Turenne, amiral d'Angleterre dans sa lutte avec la Hollande, il a vaincu Opdam en 1665, et tenu tête au terrible
Ruyter en 1672. Mais il ne sait pas, comme le roi, se prêter
à des caprices législatifs; il aime, dans les ardeurs de son caractère, à rompre en visière au fanatisme qu'il ne partage pas.
La vérité brille à ses yeux, il l'accepte. Pourtant, par une exception à ses tendances habituelles, il s'efforce de cacher sous
la profession publique du culte anglican la croyance catholique
qui illumine son âme. Le Père Simons est consulté par lui. Ce
Jésuite déclare qu'une pareille duplicité est coupable; le Souverain-Pontife adhère à cet avis. Jacques révèle au roi ses scrupules de conscience. Le roi, catholique par instinct, y applaudit,
ainsi que lord Arundel, sir Thomas Clifford et lord Arlington.
Sûr de lui-même et de son frère, le duc d'York fait profession
publique de fidélité au Saint-Siége.

Charles éprouvait des besoins d'argent sans cesse renaissants.
Il avait ses maîtresses à enrichir, son Parlement à acheter et
toujours des goûts nouveaux à satisfaire. Louis XIV, qui tenait
en laisse le gouvernement britannique, subventionnait ses ministres, fatale redevance que les Anglais acquitteront avec usure
lorsque la France tombera entre les mains du cardinal Dubois
et de ses imitateurs: Charles Stuart était besogneux. Les Cham-
bres ne secouraient sa détresse que lorsque le roi consentait
à mettre les Jésuites hors la loi. On accumulait ainsi les décrets de proscription dans les limbes parlementaires afin de les
sanctionner par leur multiplicité. La Compagnie de Jésus était
l'arbre qu'il fallait déraciner pour voir sécher sur pied toutes les
jeunes plantes catholiques. Ce système fut suivi avec une rare
adresse, et il échoua cependant.

On tourna contre les Pères les hostilités du peuple. On se
fit une arme de sa passion d'indépendance, de ses goûts de

marchand, de ce puritanisme exagéré qu'il fait passer dans ses
habitudes et dans sa vie. On lui montra le duc d'York toujours prêt à briser par les Jésuites l'œuvre que deux révolutions cimentaient. La spoliation du Clergé avait créé d'immenses
fortunes territoriales. L'extinction des Ordres religieux avait
supprimé les dîmes et les corvées. On persuada à l'aristocratie
et à la classe bourgeoise que les Jésuites, maîtres de l'esprit du
duc d'York, n'aspiraient qu'à ressusciter tout cela. L'aristocratie et le peuple avaient intérêt à être trompés. Ils se prirent
volontairement au piége qu'on leur tendait; et, pour entretenir
ces impressions si favorables à l'hérésie, l'Anglicanisme se mit
à inventer ou à patroner les fables les plus absurdes. Le règne
de Charles II se trouve encadré dans un complot permanent
dont les Jésuites sont l'âme.

Cette politique, basée sur une imposture perpétuelle, alla si
loin que le docteur Janséniste Antoine Arnauld ne consentit pas
à voir périr sous des calomnies anglaises l'ennemi qu'il s'était
flatté de terrasser avec la massue de sa dialectique. Il eut un
jour le courage de la vérité; et, en face de tant de misérables
subterfuges, il laissa sortir de son cœur des accents d'une conscience honnête. Il s'écria, dans son *Apologie pour les Catholiques* [1] : « Ce que disait Isaïe du peuple juif est vray aujour-
d'huy à la lettre du peuple d'Angleterre. *Omnia quæ loquitur
populus iste, conjuratio est* [2] : tout y est présentement conjuration. Un Jésuite, autorisé par le Roi, étant aumônier de
sa belle-sœur, conseille à un moyne apostat de retourner
dans son couvent, c'est une *conjuration ;* il conduit quelques
filles catholiques qui veulent vivre dans Londres en religieuses,
conjuration ; il désireroit que quelques prêtres pussent aller
prêcher la Foi aux Infidèles dans quelques endroits de l'Amérique occupés par les Anglois, *conjuration.* Rien sans doute
n'est plus ridicule, et après cela l'on voudra que nous soyons
assez simple pour croire que ce n'est pas pour la Religion que
l'on persécute les Catholiques en Angleterre, mais seulement
pour la conspiration. »

---

[1] *Apologie pour les Catholiques*, par Arnauld, p. 474. Liége, 1682.
[2] Isaïe, cap. VIII, vers. 12.

Arnauld posait le doigt sur la plaie ; il en sondait, il en faisait sonder la profondeur ; il démasquait le plan de l'Anglicanisme, et cet homme, que des rivalités de doctrine avaient entraîné dans les iniquités de parti pris, ne s'avouait pas que lui-même donnait l'exemple des accusations passionnées. Il flétrissait les Anglais mentant à l'histoire et insultant à la raison publique. Il se portait le vengeur de la Compagnie de Jésus, et il l'attaquait avec des armes pareilles. Les Puritains ne s'effrayèrent pas de cette tardive probité. Dans leur haine contre les enfants de Loyola, ils comptaient pour auxiliaires les Jansénistes. Ces derniers sacrifièrent la vérité, si éloquemment proclamée par le grand Arnauld, à des misères de coterie, à des vanités de plume, à de pauvres triomphes d'amour-propre, à une ombre de popularité qu'il ne faut jamais mendier en s'appuyant sur quelques sophismes ou sur de lâches capitulations de conscience.

L'athlète du Jansénisme s'exprimait ainsi en 1682. Nous allons, dans le récit des faits, montrer si son indignation était juste. Dans l'année 1675, un Français, fils d'une comédienne nommée la Beauchâteau, arrive en Angleterre. Il se fait appeler Hippolyte du Châtelet de Luzancy, et a jusqu'à ce jour mené une vie aventureuse. Sous-maître dans un collége, domestique, puis inculpé de faux à Montdidier en Picardie, il se présente à Londres comme renégat de la Compagnie de Jésus. Poussé par un sentiment de foi calviniste, il demande à être reçu dans le sein de l'Eglise anglicane. Cette église l'accepte sans aucune information ; elle ouvre ses chaires au *Jésuite français ;* elle salue sa prétendue apostasie comme une victoire ; elle le comble de bienfaits ; et, se plaçant au niveau des partis qui ne rougissent pas d'employer les plus vils instruments, l'Eglise anglicane l'entoure de prévenances. Luzancy ne se déguisait pas que la calomnie devait payer tant de honte ; il espérait même acquérir de nouveaux droits à de plus hautes faveurs. Il se met en relation avec les chefs du Protestantisme dans le Parlement, et il accuse les Jésuites. Le Père Saint-Germain était choisi par la duchesse d'York pour confesseur : c'est sur lui que Luzancy jette son dévolu. Saint-Germain, dit-il, l'a surpris dans sa demeure ; il lui a appuyé un poignard sur la poitrine, et, en le menaçant de mort, il l'a contraint à signer un acte de rétractation. L'imposture était évidente. Il n'y a qu'un cri dans toute l'Angleterre; l'Angleterre se lève en masse pour s'épouvanter de l'insolence des Papistes. Ordre est donné par le roi d'arrêter le Père Saint-Germain : la Chambre des Lords rend un bill qui encourage l'apostasie; celle des Communes, toujours plus ardente, demande que tous les Jésuites, que tous les prêtres catholiques soient plongés dans les cachots.

Devant le conseil privé, Lusancy persiste dans ses dires. On a cru si facilement à l'incroyable qu'il pousse jusqu'à l'absurde. Il annonce un complot des Catholiques contre les Protestants. Ce complot, dont les Jésuites sont les instigateurs, doit éclater simultanément à Londres et à Paris. Il noiera dans un fleuve de sang tous les Dévoyés de l'Eglise : le roi Charles, le duc d'York, les plus grandes familles de l'Europe y sont affiliés. En gage de la sincérité de ses paroles, il appelle des témoins hérétiques. Ces témoins comparaissent; ils ignorent tout; ils nient tout. Les Anglicans avaient trop d'intérêt à être trompés pour se laisser aussi aisément désabuser. Il fallait que le peuple ajoutât foi à la conspiration des Jésuites et du Papisme. Le Parlement maintint les décrets que l'imposture dictait à l'arbitraire; mais un ministre du culte réformé, Justel, ne consentit pas à laisser ainsi triompher le mensonge. Il démasqua Luzancy [1]. Un autre prit la défense du Père Saint-Germain. Les haines de l'Anglicanisme étaient infaillibles : le Parlement se hâta de blâmer sévèrement ceux qui venaient au secours de la vérité. Lusancy resta un martyr pour les suppôts de la religion

---

[1] Antoine Arnauld lui-même, dans son *Apologie pour les Catholiques* (pages 476 et 477) démontre que cet imposteur, si chaudement adopté par les Anglicans, était indigne de toute créance. Il s'exprime ainsi : « Le faux nom de Luzancy, sous lequel il s'est fait connoître depuis son apostasie, est une marque insigne de son esprit fourbe. J'ai oublié son vrai nom ; mais tout le monde sait qu'il est le fils d'une comédienne... Etant encore enfant, il passa par Port-Royal-des-Champs, et y coucha une nuit ou deux. C'est d'où il a pris le nom de Luzancy, parce qu'il y avoit là un homme de qualité et de grande vertu qui portoit ce nom... En Angleterre, il se vantoit qu'il avoit été longtemps auprès de M. Arnauld, et qu'il l'avoit aidé à répondre à M. Claude. On sut cela par M. Justel qui, étant fort honnête homme, rougit de cette impudence, et en fit des plaintes en Angleterre. Il fut réduit à dire que le nom de Luzancy, qu'il portoit, n'avoit rien de commun avec M. de Luzancy de Port-Royal, et que c'étoit le nom d'une autre famille de Brie en Champagne ; mais les gentilshommes de cette famille le renoncèrent. »

d'Henri VIII et d'Elisabeth. Compton, évêque de Londres, le prit sous sa protection : il fut reçu maître-ès-arts à l'Université d'Oxford, et installé vicaire de Dover-Court dans le comté d'Essex.

La fortune de cet aventurier devait en tenter d'autres; trois ans après, Titus Oates mit au jour son complot. Cet Anglais se trouvait dans les mêmes conditions d'existence que Luzancy; comme son devancier, il avait passé par beaucoup d'opprobres avant d'arriver à être le sauveur de l'Anglicanisme. Ministre anabaptiste sous Cromwell, épiscopal sous la restauration, perdu de dettes et d'honneur, il ne lui restait plus qu'à jouer un rôle infâme. Le docteur Tonge, une de ces natures mobiles qui s'impressionnent de la terreur qu'elles veulent communiquer aux autres, était à Londres un des plus fougueux adversaires de la Société de Jésus. Dans des pamphlets trimestriels, il inventait pour les masses de ces ignobles calomnies qui iront toujours à leur instinct sauvage ou moqueur; Tonge finit par se prendre lui-même au piége de ses récits. Les Jésuites ne conspiraient pas : d'accord avec Oates, il leur arrange un complot, et il est décidé que ce dernier s'insinuera auprès d'eux, soit pour trouver la clef de leurs trames, soit pour en créer. Oates feint de se convertir à la Foi catholique; il implore son admission dans la Société de Jésus. Sa prière est exaucée, Oates part pour le Collége des Jésuites anglais à Valladolid. Cinq mois après, ses vices le font chasser de cette maison. Tonge l'exhorte à ne pas désespérer de son hypocrisie, et cet homme triomphe, à force de larmes, des répugnances du Père Whitbread, Provincial d'Angleterre. Il entre au Collége de Saint-Omer; il sollicite d'être reçu comme Novice dans l'Ordre, on lui répond en l'expulsant. Le 24 avril 1669, la Congrégation provinciale s'était tenue dans le palais de Saint-James, où le duc d'York habitait. Cette assemblée triennale est transformée en un conseil extraordinaire, dans lequel les Jésuites ont discuté, approuvé les moyens les plus sûrs d'assassiner le roi et d'abolir l'Anglicanisme. Oates et Tonge viennent de trouver un point d'appui; il ne leur reste plus qu'à organiser le plan de conspiration. Ils en combinent tous les effets : ici ils fabriquent

de fausses lettres, là ils encadrent tous les noms catholiques qu
retentissent à leurs oreilles.

Jamais peut-être, dans les annales du monde, complot ne
fut ourdi avec une plus merveilleuse ineptie. Les impossibilités matérielles éclataient à chaque pas ; elles révélaient partout des impossibilités morales. Quand, le 13 août, Kirkby
annonça au roi que des meurtriers, apostés par les Jésuites,
allaient attenter à sa vie, le roi ne put s'empêcher de sourire, et
i continua sa promenade dans le parc de Windsor. Tonge fut
néanmoins mandé à la cour ; il développa le complot dont,
mieux que personne, il connaissait les ramifications. Il fallait
frapper un coup décisif. Oates raconte qu'il est le principal
agent des Jésuites, qu'il possède tous les secrets de l'Ordre,
et, en témoignage de sa véracité, il écrit au lord trésorier
que, ce jour-là même, le Père Bedingfield, confesseur du
duc d'York, doit recevoir par la poste des lettres relatives à la
conspiration.

« Par un heureux hasard, dit le roi Jacques II dans ses *Mémoires*, le lord trésorier ne se trouva pas à Windsor quand ce
billet y parvint, et M. Bedingfield, passant devant l'hôtel des
postes au moment où la malle arrivait, entra lui-même et demanda ses lettres. On lui en remit cinq réunies dans un gros
paquet. Elles étaient signées des noms de Whitbread, Fenwick,
Ireland, Blondel et Fogarty. Les quatre premiers appartenaient
à la Société de Jésus ; il connaissait leur écriture, il s'aperçut
aussitôt que ces lettres étaient fausses. Il soupçonna de mauvais
desseins, et les communiqua sur-le-champ au duc d'York qui
les remit au roi. »

Bedingfield avait, sans le savoir, rompu les premiers fils
du complot. Les lettres qui lui servaient de base portaient des
caractères si évidents de falsification, que, « dans le cours du
procès, selon la version de Lingard [1], les avocats de la Couronne
jugèrent opportun de les supprimer. » Oates était pris dans ses
propres filets ; il en sortit par un coup d'éclat : il attesta par
serment devant le juge de paix, sir Edmond Bury Godfrey, la

---

1 *Histoire d'Angleterre*, I, XIII, ch. I.

sincérité de ses dépositions. Le Parlement allait s'assembler : le duc d'York presse le conseil privé d'appeler à sa barre le révélateur, et d'établir une minutieuse enquête sur la vérité ou sur l'imposture de ses accusations. Oates paraît devant les Lords du conseil privé. Là, il déclare que les Jésuites, soudoyés par le Pape et par Louis XIV, ont formé le projet d'anéantir la religion anglicane, d'assassiner le roi et même le duc d'York, s'il ne trempe pas dans l'attentat; que le Père Lachaise, directeur du roi de France, met à leur disposition des sommes considérables, et que l'Irlande et l'Ecosse s'associent à ce complot. Son apostasie simulée lui a permis de pénétrer cette trame. C'est lui qui en a été l'agent le plus actif, lui qui connaît les mystérieuses complications qui lient le Général des Jésuites au Saint-Siége, lui qui a tout vu, qui a tout su, qui a tout lu, et qui, au risque de sa vie, révèle tout par amour de la vieille Angleterre. À Madrid, il a visité don Juan d'Autriche, l'allié des Jésuites; à Paris, le Père Lachaise l'a reçu comme un envoyé de Dieu, et lui a compté dix mille livres sterling. Oates dit avoir été mis en relation avec l'Infant. Le roi lui enjoint de décrire sa personne; Oates répond sans hésiter : « Don Juan, homme grand, maigre et brun. »

C'était le type de l'Espagnol; le dénonciateur avait des chances pour tomber dans le vrai; mais, raconte Lingard [1], « Charles se tourna vers son frère et sourit. Tous deux connaissaient personnellement le prince; ils savaient qu'il était petit de taille et d'un teint très-blanc. « Et, ajoute le roi, où avez-vous vu le Père Lachaise compter les 10,000 livres sterling? Oates réplique avec la même assurance : — Dans la maison des Jésuites attenante au Louvre. — Drôle! s'écrie le monarque, les Jésuites n'ont pas de maison à un mille du Louvre [2]. »

A de semblables récits, le conseil privé se garda bien de partager la juste indignation de Charles. L'absurdité du complot en faisait la force à ses yeux; il ordonna de saisir tous les papiers

---

[1] *Histoire d'Angleterre*, t. XIII, ch. I.

[2] La Compagnie de Jésus ne possédait que trois établissements à Paris, et tous trois se trouvaient dans des quartiers fort éloignés du Louvre. La Maison-Professe était située dans la rue Saint-Antoine; le Noviciat, rue du Pot-de-Fer, et le Collége de Louis-le-Grand, rue Saint-Jacques.

des Jésuites et de s'emparer de leurs personnes. La correspondance la plus intime des Pères accusés, celle de La Colombière, aumônier de la duchesse d'Yorck, et qu'Oates désignait comme le confident du Père Lachaise, ne produisit aucun résultat. Les lettres de Coleman, secrétaire de la duchesse d'York, offrirent plus de prise aux interprétations. Coleman, placé au second rang, était un de ces hommes comme on en rencontre tant dans les partis, avide, ambitieux, se faisant de l'intrigue un devoir de conscience, et cherchant, par l'exagération de son zèle ou par le crédit qu'il s'attribuait, à devenir le pivot des affaires.

Un traité secret avait été conclu, en 1669, entre Louis XIV et Charles II, pour rétablir la Religion catholique dans la Grande-Bretagne. Les Pères Annat et Ferrier, successivement confesseurs du roi de France, et les Jésuites anglais n'étaient pas restés étrangers à cette négociation. Coleman n'ignorait point ces détails, et il en parlait au Père Lachaise. « Nous avons entrepris un grand ouvrage, lui mandait-il. Il n'y va pas moins que de la conversion des trois-royaumes et de l'entière subversion de cette pestilente hérésie qui, depuis quelque temps, a dominé sur cette partie septentrionale du monde. Nous n'avons jamais eu de si grandes espérances depuis le règne de notre reine Marie. » Dans une autre lettre, Coleman s'exprimait ainsi : « Je désirais ardemment la continuation d'une correspondance avec le Père Ferrier, connaissant que les intérêts de notre Roi, de mon maître le duc, et de Sa Majesté Très-Chrétienne étaient d'être si bien unis, qu'on ne les pût séparer qu'en les détruisant tous. »

Coleman savait que les membres du Parlement étaient à l'enchère; il écrivait encore au Jésuite : « J'assurai M. de Rouvigny [1] que les Flamands et les Espagnols n'épargnaient pas l'argent pour animer contre la France le grand trésorier, le seigneur garde, tous les évêques et ceux qu'on appelle vieux chevaliers. Ils n'étaient pas moins habiles à décrier le Papisme. Ils se servaient trop bien de la bourse, qui est le moyen le plus efficace de se faire des amis, pour ne pas animer tout le monde contre

[1] M. de Rouvigny était alors chargé d'affaires de France à Londres.

le duc (d'York) comme le patron de la France et de la Religion catholique. » « Le roi (Charles II), ajoute Coleman, commanda à M. de Rouvigny de traiter avec le duc, et de recevoir et d'exécuter ses ordres ; mais qu'il désirait qu'on ne lui fît aucune proposition concernant la religion, et que de telles affaires fussent renvoyées au Père Ferrier ou à M. de Pomponne. »

C'est sur cette correspondance, dont Oates n'avait jamais eu le secret, que l'Anglicanisme, en dehors de lui, se mit à échafauder une nouvelle conspiration, dont les Jésuites furent l'âme. Les Protestants les accusaient d'avoir tenté de rétablir le Catholicisme en Angleterre par le fer et par l'effusion du sang. Antoine Arnauld se porta le défenseur de l'Institut. « On voit par ces lettres de M. Coleman, dit le Janséniste dans son *Apologie* [1], qu'il n'écrivoit au Père Ferrier, et après sa mort au Père Lachaise, qu'afin qu'ils fussent les entremetteurs auprès du Roi, et que rien ne se faisoit sans la participation de Sa Majesté. » Puis, revenant au complot prétendu des Jésuites, Arnauld s'écrie : Peut-on dire cela après avoir lu ces lettres, qui marquent que tout se traitoit avec le Roy par l'entremise du Père de Lachaise ou de M. de Pomponne, sans faire soupçonner Sa Majesté d'avoir approuvé ces desseins cruels et sanguinaires qu'on attribue faussement aux Catholiques ? ce qui seroit une calomnie si diabolique, que l'on ne peut en avoir donné la moindre idée sans mériter d'être en exécration, non-seulement à toute la France, mais à tout le genre humain. »

La probité d'Arnauld, implacable ennemi des Jésuites, leur rend un témoignage éclatant ; mais ce témoignage, qui convaincra la postérité, ne put désarmer les haines politiques de l'Anglicanisme. Les deux Pères dont Coleman se faisait le correspondant « avaient toujours, dit Lingard, rejeté ses offres ; » les preuves étaient sous les yeux du conseil privé. Les Lords passèrent outre. Coleman fut arrêté, et il rejoignit dans les cachots les complices que la raison d'Etat lui assignait. Sur ces entrefaites, sir Edmond Bury Godfrey, qui reçut la première déposition solennelle d'Oates, est trouvé mort. Deux chirur-

---

[1] *Apologie des Catholiques*, p. 271.

giens déclarent que son corps porte des traces de violence. Il était l'ami des Jésuites et celui de Coleman; les hérétiques en font un martyr du *papist plot*. Godfrey est tombé sous leurs coups ; afin d'enflammer les passions populaires, on expose le cadavre à la curiosité, c'est-à-dire à la vénération publique [1]. On parle de massacre universel, d'incendie général, d'empoisonnement en masse. Partout et toujours on montre au peuple la main des Jésuites préparant ces attentats. Le Parlement s'assemble; il simule l'épouvante; il demande au roi de prendre toutes les mesures imaginables pour sa sûreté; lui-même s'entoure de précautions insolites; puis il ordonne une enquête sur les délations de Titus Oates. Le comte de Shaftesbury la préside. Courtisan du pouvoir, quel qu'il fût, cet homme a servi tous les partis, professé toutes les religions, et n'a songé qu'à ses intérêts. Orateur brillant, publiciste consommé, esprit mobile, génie aussi vaste que pervers, Shaftesbury a réduit la trahison en système. Chaque opinion l'a vu outrer son principe ; il les a trahies l'une après l'autre. Révolutionnaire plutôt par besoin que par conviction, il accepta la République des Saints et Cromwell. Il se rallia avec Monk à la cause de la royauté, lorsqu'il sentit crouler sous ses pieds l'édifice républicain. Pendant de longues années, ministre du roi, il a donné des gages au Catholicisme, comme il en offrit à chaque culte dominant.

500 livres sterling étaient promises à celui qui découvrirait les auteurs de la mort de Godfrey. L'imposture savait qu'elle évoquerait partout des dupes ou des complices; lord Shaftesbury était là pour les encourager. Le 4 novembre 1698, Bedloë se présente au Parlement, afin de gagner la récompense légalement votée. Il révèle que lord Bellassis est l'instigateur de

---

[1] Les Anglais, qui ont des raisons concluantes pour tout, ne purent jamais expliquer l'intérêt qu'avaient les Jésuites à la mort de ce juge de paix, qui leur rendait plus d'un service. Les Puritains, les Presbytériens et les Episcopaux s'en tirèrent en répandant à profusion un sonnet dont voici les trois derniers vers, qui se rapportent aux Pères de la Compagnie :

> Ils ont assassiné sir Edmond Godefroy,
> Car au bout de son nom ils ont rencontré roy,
> Pour satisfaire un peu le chef de leur Eglise.

Ainsi les enfants des régicides de 1649 accusaient, en 1678, les Jésuites d'avoir tué ce magistrat, parce qu'au bout de son nom ils rencontraient roi, et que ce meurtre devait être agréable à un Souverain-Pontife.

l'assassinat, et que lui-même, aidé de plusieurs Jésuites, attira sir Edmond dans la cour de l'hôtel de Sommerset, qu'occupe la reine, et que là ce magistrat fut assassiné par d'autres Jésuites. L'heure que Bedloë indiquait frappe le roi. Il interroge ses officiers, il charge son fils naturel, le duc de Monmouth, de prendre de nouveaux renseignements. Bientôt il est avéré que Charles II lui-même était à Sommerset avec une sentinelle à chaque porte, et une compagnie des gardes dans la cour, au moment même où cette cour aurait été le théâtre d'un crime imaginaire dont Beldoë s'accusait avec tant de componction.

La conspiration d'Oates et de Beldoë jouait de malheur. Shaftesbury persiste à se faire de ces honteux moyens une planche de salut parlementaire. « Eh! ne voyez-vous pas, lui disait le docteur Burnet, une des lumières de l'Eglise anglicane, que tous les témoins qui vont abonder ici ne seront que des coupe-jarrets? » Shaftesbury répondit — c'est Burnet lui-même qui le consigne dans ses *Mémoires* : — « Et vous, ne voyez-vous pas que, plus notre complot sera extravagant, plus le peuple, ivre de merveilleux, sera crédule? Quel que puisse être leur témoignage, gardons-nous de l'affaiblir. Ces gens-là semblent tombés du ciel même pour sauver l'Angleterre du Papisme et de la tyrannie. »

Il est triste de le dire, mais la dégradation du peuple, constatée avec ce cynisme de l'intelligence, était vraie alors comme elle le sera toujours. Shaftesbury ne croyait ni à la royauté, ni à l'Anglicanisme, ni aux Jésuites; il n'avait foi qu'en son ambition. Les Jésuites et les Catholiques de la Grande-Bretagne furent un levier; il s'en servit pour renverser les Stuarts ou pour se faire acheter par eux. Oates et Bedloë avaient enfin rencontré un homme digne de les comprendre, ils n'ignoraient pas que Shaftesbury, ennemi personnel du duc d'York et des Jésuites, qui le méprisaient, serait, en toutes circonstances, leur conseil et leur appui. Ils marchaient à grands pas dans la voie des révélations qu'ils n'avaient encore qu'indiquées, et le complot se déroula sous leur main. Le 25 octobre 1678, Oates fit lire à la Chambre des Lords[1] une déposition qui incriminait Innocent XI, « l'un des plus saints Papes, dit Arnauld,

---

[1] *Procès des Jésuites dans la conspiration de Titus Oates*, p. 320.

qui se soient assis depuis longtemps sur la chaire de saint
Pierre[1]. » En vertu des pouvoirs qu'il tient de ce successeur
des Apôtres, Paul Oliva, Général de la Compagnie de Jésus,
est investi du gouvernement des trois-royaumes, et il nomme
aux premières charges de l'Etat. Oates avait lu en original le
bref, dans lequel Innocent XI a pris, dit-il, le titre de roi de la
Grande-Bretagne. Oates déclarait avoir lu de même les ordonnances des Jésuites, désignant comme chancelier lord Arundel ;
comme trésorier, le comte de Powis ; comme général en chef,
lord Bellassis, et lieutenant-général, lord Petre. Les lords
Pierre et Richard Talbot obtenaient le commandement de l'Irlande ; sir Godolphin devenait garde du sceau privé ; Coleman,
secrétaire d'Etat ; et le vicomte de Stafford se chargeait d'un
emploi que Titus Oates était assez discret pour ne pas spécifier.
Le Général des Jésuites avait organisé de Rome tout ce gouvernement ; et, afin de le consolider, le Père Withbread, Provincial
de la Compagnie en Angleterre, se laissait forcer la main pour
accepter l'archevêché de Cantorbéry. Oates avait vu les brevets
authentiques, et Shaftesbury feignit d'y croire. Le jour même,
Arundel, Powis, Stafford, Petre et Bellassis sont écroués à la
Tour de Londres. Le lendemain, lord Castlemaine, le rival de
Shaftesbury, est dénoncé comme Jésuite et complice de l'attentat. Il rejoint sous les verrous les Lords et les Pères de la Société
de Jésus.

Les discours, les actes, les terreurs de Shaftesbury, les imprécations qu'il dictait aux journaux, avaient frappé le peuple anglais
de vertige. Le Parlement mit à profit ces frayeurs pour enlever
un projet de loi qui n'avait jamais pu obtenir la sanction législa-
tive. Le serment du *Test*[2] fut adopté, et les Catholiques, princes,

---

[1] *Apologie pour les Catholiques*, p. 288.

[2] L'acte du *Test*, presque entièrement annulé par le bill sur l'émancipation
rendu sous le règne de Guillaume IV, obligeait tous les officiers civils et militaires
à prêter leur serment et à faire leur déclaration contre la transsubstantiation, en
l'une des cours royales de Westminster, ou aux *Quatre sessions*, dans les six mois
du *calendrier* à compter de leur admission ; comme aussi à recevoir dans le même
temps le sacrement de la sainte Cène conformément à l'usage de l'Eglise d'Angleterre, dans quelque église publique, immédiatement après le service divin et le
sermon, et à en remettre à la Cour un certificat signé du ministre et des marguil-
liers ; enfin à en donner aussi la preuve par deux témoins dignes de foi ; le tout à
peine d'une amende de 500 livres sterling, et d'être déclarés inhabiles à posséder
leurs offices. (*Commentaires sur les lois anglaises,* par Blackstone, t. v, p. 285.)

pairs, membres des Communes ou autres, furent éloignés à tout
jamais des assemblées législatives et de la présence du souverain.
C'était exclure le duc d'York et du trône et de l'Angleterre. Charles II connaissait l'innocence de son frère ; celle des Jésuites et
des Catholiques lui était démontrée. Mademoiselle de Quérouel,
une Française qu'il avait élevée au rang de duchesse de Ports-
mouth, et qui était enfin parvenue à fixer l'inconstance de ses
désirs, ne put jamais inspirer à cet égoïsme sur le trône une
courageuse pensée de justice. Charles Stuart ne protestait que
par des bons mots contre le fanatisme de la multitude ; il osa
même en arranger de nouveaux lorsque le sang des Jésuites et
des Catholiques coula dans les supplices.

« La procédure commencée contre cinq Jésuites, accusés par
Oates, et mis en jugement au mois de février 1679, entretenait
l'avide et stupide fureur du peuple, raconte Mazure[1]. Parmi
ces religieux, le Père Ireland se trouvait accusé d'avoir donné
les ordres convenus avec sa Compagnie pour tuer le roi. Quant
à Grove et Pikering (laïcs attachés à la chapelle de la reine), ils
avaient, dit-on, reçu ordre de tirer sur Sa Majesté à Windsor,
le premier pour quinze cents livres sterling, le second pour le
prix de trente mille messes, qu'il avait préféré au salaire de son
confrère. Ils avaient épié le roi à Windsor ; et le pistolet avait
manqué trois fois. D'abord la pierre n'avait pas allumé le feu,
ensuite on avait oublié l'amorce ; enfin, à la troisième fois, les
régicides, toujours malhabiles, n'avaient mis que des balles
sans poudre dans le pistolet. Autant de miracles, disait-on,
pour sauver la vie de Sa Majesté. Dans ce qui était personnel
au Père Ireland, il prouva inutilement l'alibi. L'autorité légale
du serment d'Oates et de Bedloë consacra juridiquement ces
fables grossières, et les jurés se prononcèrent contre les accusés. Après leur déclaration, le chevalier Guillaume Scroggs,
chef de justice, leur dit : Oui, messieurs les jurés, vous avez
agi en bons sujets et en très-bons Chrétiens. Que les coupables
aillent maintenant jouir de leurs trente mille messes. »

Quels étaient donc alors et ces magistrats, et ce peuple an-

---

[1] *Histoire de la révolution d'Angleterre de* 1688, par Mazure, inspecteur général de l'Université de France, t. 1, p. 246.

glais qui, en face de tant d'innocents, ne trouvaient dans leur
pitié ou dans leur politique qu'un misérable sarcasme?

Fox, en parlant de ce procès, n'a pu s'empêcher de flétrir
une semblable comédie, et le grand orateur anglais ne craint
pas de dire [1] : « Dans cette affaire, des témoins si méprisables
que leurs dépositions eussent été inadmissibles dans la cause
la plus insignifiante et sur les moindres circonstances, affirmèrent des faits si improbables ou plutôt si évidemment impossibles, qu'eussent-ils été attestés par Caton lui-même, on
n'aurait pas dû y croire; et ce fut néanmoins sur ces seules dépositions qu'un grand nombre de personnes innocentes furent
condamnées à mort et exécutées, et que plusieurs pairs furent
emprisonnés. Les accusateurs, procureurs et avocats généraux
poursuivirent ces accusations avec toute la fureur à laquelle
on pouvait s'attendre dans de pareilles circonstances; les jurés
partagèrent naturellement la frénésie qui égarait la nation, et
les juges eux-mêmes, dont le devoir était de les exhorter à se
tenir en garde contre de pareilles impressions, firent scanda-
leusement tout ce qu'ils purent pour confirmer leurs préjugés
et pour enflammer leurs passions. »

Charles II ne croyait pas au complot; le Parlement, les magistrats et le Clergé anglican partagèrent l'incrédulité du roi; mais
le sang des Jésuites était une satisfaction, les Jésuites furent
destinés à l'échafaud. Six Pères [2], qu'Oates, Bedloë, Prance,
Dugdale et les complices de leur imposture incriminèrent, pé-
rirent par la main du bourreau; le Parlement, qui craignait la
France, se contenta d'expulser du territoire britannique le Père
Claude La Colombière.

Le bill de l'*Habeas corpus* [3], la garantie des libertés anglaises, passa à la faveur de cette soif de sang que l'hérésie
allumait dans les entrailles de la nation. On venait de tuer des

---

[1] *History of the early part of the reign of James II.*

[2] Voici leurs noms : Ireland, Withbread (*ou* Harcourt), Fenwick, Waring, Ga-
van et Turner. Trois autres Jésuites, Harvey, Colton et Jenison moururent en prison.

[3] L'*Habeas corpus* est la suite du fameux bill des droits obtenu par le Parlement.
C'est l'interprétation de l'article de la Grande Charte, qui s'exprimait ainsi : « Nul
homme libre ne peut être arrêté ou emprisonné qu'en vertu du jugement de ses
pairs, ou par une permission, ou par ordre exprès du Roi » Le *warent* qui ordonne
au geôlier de présenter le corps du prisonnier commence par ces mots : *Habeas
corpus.*

Jésuites, on voulut lui offrir le spectacle de ses pairs catholiques mourant à leur tour sur la claie. L'exaspération était portée à son comble : Shaftesbury triomphait. Le vicomte de Stafford, l'ami de la Société de Jésus, fut traîné devant la justice protestante. C'était un vieillard de soixante-dix ans, qui avait usé ses forces au service de la cause monarchique. Sous les malédictions de ce peuple d'insulteurs, Stafford retrouva son ancienne énergie. « Il fit observer, ainsi s'exprime David Hume[1], l'infamie des témoins, les contradictions et les absurdités de leurs dépositions, leur extrême indigence pour des gens qui se disaient engagés dans une conspiration avec des rois, des princes et des seigneurs. Enfin, il renouvela sa protestation d'innocence d'un air d'effusion et de simplicité plus persuasif que les ornements de la rhétorique. » Malgré l'évidence, il fut condamné à être pendu et écartelé. Charles II n'eut pas le courage de faire grâce à ses loyales vertus. La joie féroce des Presbytériens et des Anglicans autour de l'échafaud des Jésuites effrayait ses lâchetés ; il osa seulement commuer en décapitation la peine du gibet ; clémence infâme, qui permettait aux ennemis des Stuarts de prendre la mesure de leur gratitude.

Le roi abandonnait aux républicains la tête du vieux soldat royaliste. Les républicains proposèrent au Parlement, par l'organe de deux schériffs, de déclarer que le prince n'avait pas le droit d'arrêter le cours de la justice. « Rien, ajoute Hume[2], ne marque mieux la furie de ces temps-là que de voir lord Russell, malgré les vertus et l'humanité de son caractère, seconder le barbare scrupule des schériffs. » Le 29 décembre 1680, Stafford mourut sur l'échafaud. La même destinée n'atteignit point les lords Arundel, Powis, Petre, Bellassis et Talbot. On se contenta de les tenir captifs le plus longtemps possible.

Les Catholiques ne trouvèrent qu'iniquité dans leurs juges. Lord Russell et Algernon Sidney s'étaient constitués leurs ennemis les plus acharnés. Peu d'années après, par un de ces systèmes d'équilibre politique qui consiste à décimer ou à flétrir tous les partis au profit d'un impossible milieu, Russell, Sidney

[1] Hume's *History of England*.
[2] *Ibidem*.

et le comte d'Essex furent chargés du même crime qu'ils venaient de poursuivre dans les Jésuites. Ils avaient été sans pitié
pour les Catholiques; au moment où de nouveaux Titus Oates
inventèrent le complot de Rye-House, les accusés se virent en
face des mêmes préventions et des mêmes injustices [1]. Shaftesbury avait perdu les uns, Jeffreys perdit les autres.

Charles II, frappé d'apoplexie, succomba le 16 février 1685.
Il mourut Catholique [2], après avoir, par une hypocrite faiblesse, renié sa foi et laissé persécuter la religion que son intelligence lui disait être la seule vraie. Au lit de mort, il se repen-
tit de ses lâchetés; dans les bras du Bénédictin Huddleston, qui,
après la bataille de Worcester, avait été l'un de ses sauveurs,
il confessa des fautes qui, aux yeux de l'histoire, seront toujours des crimes. Il légua au duc d'York, son frère, une couronne qu'il avait compromise; et quand Jacques II monta sur
le trône, la dynastie des Stuarts était déjà condamnée. Le nouveau roi fut pourtant proclamé aux acclamations de toute la
Grande-Bretagne. On le savait Catholique fervent, mais on espérait qu'il serait juste, et qu'après avoir si longtemps souffert
pour sa religion, il se ferait de la tolérance un devoir et un
bouclier. La députation des Quakers, qui vint le saluer à son
avénement, lui dit : « On nous assure que tu ne crois pas plus
que nous à l'Église anglicane, nous espérons donc que tu nous
accorderas la liberté que tu t'es accordée à toi-même. »

L'Angleterre se laissa imposer l'erreur et la guerre civile.
Elle se fit persécutrice pour conserver le culte que Henri VIII
et Elisabeth l'avaient forcée d'accepter. Le Parlement, de son
côté, ne cessait de poursuivre le Papisme dans les Jésuites,
qui s'en montraient les plus courageux défenseurs. Afin de réaliser le plan conçu par le nouveau monarque, il fallait savoir
dicter sa volonté comme les deux derniers Tudor. C'était la

---

[1] Dans la *Vie de Jacques II,* par le docteur Clarke, et dans plusieurs historiens
de l'Angleterre, le complot de Rye-House est admis comme réel. Ces écrivains citent à l'appui de leurs dires les révélations du duc de Monmouth et les intrigues
de lord Shaftesbury, qui prirent, selon eux, une part active à cette conspiration.
Les protestants républicains, dont Russell et Sidney étaient les chefs, ont pu, comme
quelques Catholiques, chercher dans un mouvement politique le triomphe de leurs
idées; mais de ce mouvement à un assassinat il y a loin.

[2] Dépêche de M. de Barillon, ambassadeur de France à Londres.

pensée que lui inspirait Louis XIV en écrivant, dans le mois d'août 1685, à Barillon, son ambassadeur : « Il sera facile au Roi d'Angleterre, mandait le Roi de France [1], et aussi utile à la sûreté de son règne qu'au repos de sa conscience, de rétablir l'exercice de la Religion catholique, qui engagera principalement tous ceux qui en font profession dans son royaume à le servir plus fidèlement. Au lieu que, s'il laisse perdre une conjoncture aussi favorable qu'elle l'est à présent, il ne trouvera peut-être jamais tant de disposition de toutes parts à concourir à ses desseins ou à souffrir qu'il les exécute. »

Cette politique n'allait pas au caractère indécis de Jacques II. Il s'était montré digne du trône jusqu'à l'heure où il y fut appelé. A partir de ce jour, il hésita perpétuellement entre le bien qu'il ambitionnait et le mal dont il redoutait les efforts. Il rêva d'être roi constitutionnel, sachant parfaitement que ce titre absorberait son pouvoir. La facilité avec laquelle Henri VIII, Marie et Elisabeth firent adopter les variations les plus étranges et les plus contradictoires en fait de culte public ne fut point pour lui une leçon. Il crut qu'il arriverait à son but sans énergie et sans secousse. Il se flatta d'obtenir par des voies détournées ce qui, en de telles circonstances, doit toujours être emporté de haute lutte, au risque de périr dans une glorieuse tempête. Il chercha dès appuis dans tous les camps : c'était éveiller les trahisons et se mettre à la merci du Protestantisme, qui déjà faisait cause commune avec Guillaume d'Orange, son gendre.

A peine roi, Jacques avait rendu à la liberté les Catholiques et les Quakers que l'inquisition anglicane tenait dans ses cachots. Il professait publiquement sa religion à White-Hall, il accordait à ses sujets la même faculté. Il les honorait assez pour supprimer, de sa seule autorité, cette fête du fanatisme si chère aux vieux Anglicans, et dans laquelle le Pape et le diable étaient brûlés chaque année sur le même bûcher. Les Jésuites, proscrits la veille, traqués dans les cités ou dans les campagnes, exposés aux insultes publiques et aux outrages

---

[1] Pièces justificatives de l'ouvrage de Fox : *A History of the early part of the reign of James II.*

parlementaires, avaient vu, comme par enchantement, changer leur position. La multitude, dont on n'excitait plus les méfiances toujours stupides, les accueillait avec respect ou du moins avec indifférence. Elle n'ignorait pas que les inventeurs des derniers complots avouaient une partie de leurs mensonges; elle revenait d'elle-même à des sentiments plus modérés. Jacques II s'applaudissait de ce calme dans les esprits; il ne prévoyait pas qu'il pût être le précurseur d'un orage; et, remettant les affaires entre les mains de Sunderland, le ministre de son choix, il ne s'occupa que de balancer tous les intérêts et de donner satisfaction à toutes les croyances.

Lord Spencer, comte de Sunderland, était un de ces politiques comme chaque révolution en produit. Courtisan des rois et flatteur des peuples, diplomate escomptant ses dévouements, ou se faisant payer d'avance ses trahisons calculées, il avait possédé la confiance de Charles II et de son Parlement. A ce titre, il combattit les tendances catholiques du duc d'York, et même il demanda qu'il fût banni du territoire. Jacques II oublia les injures dont il cessait d'être l'objet par son avénement au trône. Sunderland était habile; en voyant la marche de l'esprit public, le ministre comprit que l'Angleterre pouvait revenir au Catholicisme avec la même facilité qu'elle s'en était éloignée : il s'empressa de lui en donner l'exemple. Selon le témoignage de Fox, il disait alors [1] : « Le Roi mon maître n'a rien si avant dans le cœur que l'envie de rétablir la Religion catholique. Il ne peut même, d'après le bon sens et la droite raison, avoir d'autre but. Sans cela, il ne sera jamais en sûreté, et se trouvera toujours exposé au zèle indiscret de ceux qui échaufferont les peuples contre la Catholicité tant qu'elle ne sera pas plus pleinement assurée. »

Sunderland parlait en politique éclairé par expérience; il méditait les grandes leçons de l'histoire. Comme Louis XIV, il désirait voir Jacques II renoncer aux demi-mesures qui compromettent toutes les causes. Il servait le roi sans amour et sans haine, mais avec intelligence. Lorsque la catastrophe de 1688

---

[1] *History of the early part of the reign of James II.*

eut amené la chute des Stuarts, les fidèles quand même le soupçonnèrent d'avoir trempé dans le complot du Protestantisme.
Guillaume d'Orange se l'attacha plus tard, et le créa lord cham-
bellan. Néanmoins il ne faut pas oublier que des caractères de la
trempe de celui de Sunderland sont plutôt faits pour administrer
que pour gouverner. Sunderland ne trahit pas le roi, qu'il croyait
énergique; il l'abandonna au moment où il s'aperçut que Jacques II s'abandonnait lui-même. Il ne se sentait pas de force à
maîtriser les événements : il s'arrangea pour n'être pas entraîné
par eux. Les Jacobites l'ont taxé de perfidie : c'est la dernière
consolation des partis vaincus. Sunderland, comme tant d'esprits faibles ou ambitieux, porta sa fidélité de prospérité en prospérité et son ingratitude de malheur en malheur; mais, si le Monarque eût écouté ses conseils et ceux que lui donnait le Père
Petre, il n'aurait jamais été contraint de subir ces reproches[1].

Edouard Petre, frère de lord Petre, que les dénonciations
d'Oates avaient fait mourir prisonnier à la Tour de Londres,
résidait à la cour de White-Hall plutôt en qualité d'ami de
Jacques II que comme Jésuite. Il n'était pas son directeur
spirituel, mais son conseil. Les confesseurs du roi furent d'abord
le capucin Mansuet, né en Lorraine, et renvoyé sous prétexte qu'il n'était pas Anglais ; puis le Père John Warner[2], de
la Société de Jésus. Petre néanmoins exerçait un grand empire sur Jacques II. L'Ordre entier, et la Province d'Angleterre principalement, avait beaucoup souffert pour ce prince.
On voyait les Jésuites triomphants après avoir été si longtemps
persécutés. Cette subite transformation inquiétait quelques
esprits. Des prêtres séculiers prenaient ombrage de la puis-

---

1 Dans ses négociations et dans ses dépêches des 18 et 27 septembre, ainsi
que du 22 novembre 1688, le célèbre comte d'Avaux, ambassadeur de France
en Hollande, ne juge pas aussi favorablement que nous lord Sunderland.
Il l'accuse d'être vendu au prince d'Orange et de trahir le roi, dont il est
le principal ministre. Cette accusation peut être fondée à partir de l'année
1688, car alors Jacques II avait perdu sa couronne, quoiqu'il fût encore roi
de nom.

2 Sir Jones Warner et sa femme embrassèrent la Foi catholique, l'un en 1664,
l'autre en 1667. Le même jour, ils se séparèrent pour vivre, le mari dans l'Ordre
des Jésuites, la femme dans celui de Sainte-Claire, à Gravelines. Le Père Warner
fut Provincial de la Société, recteur du Collége de Saint-Omer, enfin confesseur
de Jacques II, qu'il suivit en France. Il y mourut dans l'année 1692, et c'est alors
probablement que Petre fut appelé à lui succéder.

IV. 10

sance qu'on leur attribuait; le Protestantisme s'avouait battu:
certains Catholiques essayèrent d'inspirer au roi des préventions contre la Compagnie. On proclama qu'elle était trop
exclusivement française. « Le Nonce du Pape, monseigneur
d'Adda, écrit en 1686 Barillon à Louis XIV, entretient une
bonne intelligence avec le Père Petre et les autres Jésuites,
c'est-à-dire autant qu'il l'ose, car on n'est pas persuadé que le
Pape les favorise, ni qu'il veuille les accréditer ici ou ailleurs.
Je sais qu'on a dit au Roi qu'il ne devait pas se fier entièrement
aux Jésuites, parce qu'ils étaient trop attachés aux intérêts de
Votre Majesté. Ce discours vient de Rome et ne fait aucune impression sur l'esprit de ce Prince. Au contraire le crédit du Père
Petre continue et augmente. »

Ce Jésuite était dans une position exceptionnelle. Issu d'une
famille distinguée qui avait offert plus d'un gage de fidélité aux
Stuarts, il se croyait moins lié à son Ordre qu'à la dynastie
écossaise. Aussi Jacques II s'était-il empressé de solliciter le
Pape Innocent XI pour que Petre fût élevé à la dignité épiscopale.
Le comte de Castlemaine, son ambassadeur, n'obtint qu'un
refus péremptoire basé sur les Constitutions des Jésuites. Le
Saint-Siége n'admettait pas la demande royale. Jacques, par
l'entremise du cardinal d'Este, frère de la reine, exige qu'un
chapeau de cardinal soit réservé à Petre, le 24 septembre 1687.
Le Souverain-Pontife fut inflexible.

Il fit plus : il députa vers le Père Général, Thyrse Gonzalès,
le Père Maracci son confesseur, pour le prévenir de ce qui se
tramait contre les lois et contre l'honneur de la Compagnie [1].

Le chapeau de cardinal était sollicité en faveur de Petre par
le roi Jacques d'Angleterre. A peine Thyrse Gonzalès en est-il
officiellement informé que, le 22 novembre 1687, il mande au
Provincial, John Keynes :

---

[1] Dans les précédentes éditions de cette Histoire, nous avions accusé le Général
de la Compagnie de Jésus de n'avoir pas protesté contre les tentatives ambitieuses
d'un Jésuite. Nous prenions les faits tels qu'ils se présentaient. De nouvelles recherches faites aux archives du Gesù à Rome ont été plus heureuses que les premières. Elles nous ont fourni la minute de plusieurs lettres du Père Général
Thyrse Gonzalès qui disculpent entièrement les chefs de l'Ordre. Ces pièces
démontrent qu'au lieu de rester sourds à la voix de leur conscience, ils firent pour
Petre convoitant les dignités, ce qu'ils avaient fait pour Fernandez appelé aux
Cortès portugaises.

« Nous avons un Pape non-seulement très-saint par son titre, mais saint en vérité, et qui ne recherchant que le plus grand bien de l'Eglise s'y consacre entièrement. Comme il est dépouillé de toute affection de la chair et du sang, il a en horreur dans les ecclésiastiques, principalement dans les religieux, tout ce qui révèle l'ambition. De là vient que comme Sa Sainteté soupçonne que la demande de la pourpre romaine en faveur du Père Edward Petre, faite par le roi d'Angleterre, que sa Béatitude chérit tendrement et regarde comme l'apôtre de la Grande-Bretagne et auquel par conséquent elle tient à faire plaisir, prend sa source dans les prétentions et l'ambition de ce Père, la chose lui a souverainement déplu. Sa Sainteté est contristée de se voir réduite à la cruelle alternative ou de créer cardinal un Jésuite ambitieux, ou de refuser à un roi qu'elle chérit ce que celui-ci lui demande. C'est ce que m'a déclaré le R. P. Louis Maracci [1], confesseur de Sa Sainteté, et il m'a dit d'écrire au Père Petre, afin qu'à l'imitation des cardinaux Bellarmin, Tolet, Jean de Lugo et des autres religieux de la Compagnie qui n'ont accepté la pourpre que malgré eux et par contrainte, il refuse de toutes ses forces cet honneur et qu'il persuade au roi de se désister de cette proposition ou plutôt de cette demande.

» Pour moi, je suis certain que le Père Petre n'ambitionne pas cette dignité, parce que je ne saurais me persuader qu'un religieux qui a fait le vœu solennel de ne rechercher ni directement ni indirectement, par lui-même ou par d'autres, aucune dignité quelconque, se soit rendu coupable d'un tel sacrilége, sachant surtout combien cet homme a déjà souffert pour la Foi catholique, et l'imminent danger qu'il a couru d'être pendu par les hérétiques. D'ailleurs, quand même le Père eût été ambitieux jusqu'à ce point, et que dans son cœur il eût ardemment désiré la pourpre, je ne pourrais néanmoins pas encore croire qu'il eût été assez hardi pour manifester ce désir, ni assez simple pour solliciter auprès d'un prince, remarquable par sa prudence, une dignité dont il se serait montré à jamais indigne en l'ambitionnant.

» Néanmoins, parce que notre Institut le demande et que la ré-

[1] Maracci était un religieux de la Congrégation des Clercs réguliers de la Mère de Dieu.

putation de la Compagnie l'exige, je prie Votre Révérence de sug-
gérer en mon nom à ce Père de détourner de lui cet honneur par
un sentiment d'humilité sincère, et d'y opposer même de la résistance, en évitant toutefois d'offenser le roi ; mais en le suppliant
de lui laisser la consolation de servir Jésus-Christ dans la profession et l'humilité religieuse. J'ai cru qu'il était mieux de confier à
votre prudence le soin d'avertir ce Père que de lui écrire moi-
même. »

La réponse du Provincial d'Angleterre à cette dépêche si explicite est une justification de Petre. Le Général y ajouta foi ; il
la fit mettre sous les yeux du Pape. Innocent XI chargea Maracci
d'écrire à Gonzalès qu'il ne lui restait plus aucun soupçon au sujet de l'ambitieux dessein prêté à ce Jésuite ; mais tandis que ces
lettres s'échangent, Jacques II se persuade que le Souverain-Pontife et l'Ordre de Jésus vont résister au plus ardent de ses vœux.
Les dignités ecclésiastiques ne pouvaient pas devenir le partage
du disciple de l'Institut, son conseil bénévole ; il le nomme secrétaire du cabinet, il l'investit officiellement de sa confiance.
Petre se laissa charger de tant d'honneurs, le 6 novembre 1688,
avant même d'avoir reçu la lettre par laquelle le Général enjoint
au Père Keynes de lui faire de vives remontrances. Keynes,
pour complaire au roi, trompait le Pape et le chef de la Société.
Le Provincial anglais favorisait évidemment les vues de Jacques II et les désirs de son subordonné dans la hiérarchie cléricale, car à peine Gonzalès a-t-il appris à quel rôle politique est
réservé le Père Petre, qu'il écrit encore, au Provincial, le 8 janvier 1688 :

« Déjà je n'avais pas été peu surpris que le Père Edward eût
accepté l'office d'aumônier du roi, office si considéré que les
Evêques eux-mêmes ont coutume de le regarder comme un honneur. Néanmoins Votre Révérence m'ayant fait connaître que
cet emploi, quelque honorable qu'il soit, n'est cependant pas
une dignité, j'ai acquiescé à son jugement, quoique je n'ap-
prouvasse pas que l'affaire se fût traitée et conclue à mon insu.
Mais aujourd'hui je suis bien autrement et bien grandement
surpris, que vous ayez permis, et cela aussi sans nous consulter, que ce même Père Edward reçût la charge de conseiller d'E-

tat, car, bien que cette charge ne vous semble pas devoir être comptée parmi celles que nos vœux nous interdisent, il ne manquait certainement pas de motifs de nous consulter pour savoir s'il fallait accepter un emploi insolite jusqu'à ce jour dans la Compagnie, et tout à la fois si éclatant et si exposé aux traits de l'envie; ou plutôt s'il ne serait pas plus convenable de supplier le Roi, même en mon nom, afin que Sa Majesté, se contentant de consulter en particulier un homme cher et fidèle, renonçât à l'honorer publiquement du titre et de la charge de conseiller d'Etat. Et, certes, le nom seul de conseiller d'Etat porte avec lui le maniement de ce genre d'affaires que nos règles nous interdisent expressément. Que faut-il faire maintenant? J'ai besoin, avant de rien déterminer, de consulter les Assistants; je vous le ferai savoir plus tard. »

La sécheresse de cette dépêche ne laisse planer aucun doute sur les intentions du Général de l'Institut. Keynes et Petre comprirent que Jacques II pouvait seul amortir le coup qui les frappait. Ils s'abritèrent derrière son immuable volonté, et, le 13 mars 1688, le Père Thyrse mande au Provincial : « J'ai appris avec plaisir par votre lettre que le Père Edward, en bon religieux qu'il est, a tenté de détourner le roi de lui accorder de tels honneurs; mais il m'eût été agréable de l'apprendre de ce Père lui-même pour ma plus grande consolation, ainsi que je m'y attendais et que l'ont pratiqué déjà tous les autres Pères de la Compagnie qui furent confesseurs ou théologiens des rois ou des princes. Mais quelle conduite Votre Révérence tiendra-t-elle dans ces circonstances? Comme ce n'est pas à moi, mais à nos Constitutions qu'elle doit le demander, il ne m'est pas permis de répondre autre chose. »

En présence d'une ténacité dont Jacques II avait déjà offert plus d'une preuve, les Jésuites qui ont marqué le mécontentement de leur Ordre, se résignent à en appeler aux Constitutions même de saint Ignace. Ils n'osent pas rompre tout-à-fait avec le Provincial d'Angleterre et avec Petre, car ils les sentent appuyés, mais ils ont le courage de déplaire. Cependant, ils s'avouaient que souvent il était difficile d'empêcher les Monarques de confier aux Pères de la Société, leurs sujets, des fonctions peu en harmonie avec les règles d'un ordre religieux.

Le Général et les Assistants pressentaient bien le danger qui naîtrait d'une telle violation du pacte fondamental; afin d'en éviter de plus graves, ils se croyaient obligés de tolérer cet abus. Ainsi, vers la même époque, Joseph Ier, empereur d'Allemagne, vit son confesseur mandé à Rome, parce que les affaires de l'Etat l'occupaient beaucoup plus que le ministère saint auquel il s'était voué. Le Nonce du Pape, d'accord avec le Général de la Compagnie, exigeait le départ du Jésuite. « L'Empereur irrité déclara, raconte Grégoire [1], que, s'il fallait absolument que son confesseur allât à Rome, il n'irait pas seul, et que tous les Jésuites des Etats autrichiens l'accompagneraient pour ne jamais reparaître dans aucun endroit de la monarchie. »

De semblables menaces furent-elles adressées par Jacques d'Angleterre, nous l'ignorons ; mais, pour prémunir les souverains et pour rattacher à leurs règles quelques Jésuites à l'esprit ambitieux ou inquiet, la seizième Congrégation ne voulut laisser planer aucun doute sur ses intentions. Dans son vingt-sixième décret, elle prit des mesures encore plus efficaces que par le passé.

On y lit : « Quoique nos lois défendent assez clairement et expressément à aucun des nôtres de s'immiscer en aucune façon dans les affaires publiques et séculières des princes, regardant le gouvernement de l'Etat, et qu'un nouveau décret ne soit pas nécessaire sur cet objet ; néanmoins la Congrégation, afin de montrer sa sollicitude en un point aussi important, a ordonné aux nôtres, si parfois les princes désiraient les charger de quelque affaire politique, de les avertir, avec une religieuse modestie et fermeté, que nos lois nous interdisent de nous mêler de ces sortes de choses. »

L'Angleterre sortait d'une lutte acharnée pour rentrer dans une autre. Jacques II, avec des idées bien déterminées, pouvait arriver au but qu'il s'était proposé, mais il ne fallait ni tergiversations ni concessions. Il ne s'agissait plus d'être Catholique ou Protestant, on l'avait adopté malgré son culte ; il ne sut pas

---

[1] *Histoire des Confesseurs*, p. 169.

être roi. Petre du moins, soit scrupule, soit prévision, ne se regarda plus comme Jésuite. « Le dimanche 9 novembre 1687, qui suivit sa promotion, dit Lingard, le nouveau dignitaire parut à la chapelle de White-Hall, non plus dans le costume ordinaire de son Institut, mais dans celui d'un prêtre séculier, et, quelques jours après, par ordre du souverain, il prit place parmi les conseillers privés (11 nov.). Les Jésuites, le Père d'Orléans entre autres, dans son *Histoire des Révolutions d'Angleterre*, à l'année 1688, mettent en doute la fidélité de Sunderland. Au nombre des griefs qu'ils lui imputent se trouve celui d'avoir introduit le Père Petre dans le conseil [1]. Si le comte de Sunderland fut traître en forçant l'amitié de Jacques II à jeter un défi pareil aux Anglicans, le Père Petre est bien plus coupable, à notre avis, car il céda ou à une ambition blâmable ou à une violence morale que ses vœux, que l'intérêt de sa Compagnie devaient lui faire repousser comme une mauvaise pensée. Son installation au conseil était une arme qu'on offrait au Protestantisme. Jacques jouait sa couronne dans des oscillations perpétuelles; et, avec ce caractère toujours hésitant, il n'était pas possible de réaliser quelque bien.

Il avait pris le Père Petre, son favori, pour l'agent ostensible de sa politique. Les Protestants et Guillaume d'Orange s'emparèrent de cette double faute. Dans ce même temps, Dykvelt, ambassadeur de Hollande à Londres, reçut du gendre de Jacques II communication d'une lettre qui, disait ce dernier, venait d'être interceptée. C'étaient les Jésuites de Liége qui l'avaient adressée à leurs frères de Fribourg. Authentique ou controuvée, cette lettre annonçait que le roi de la Grande-Bretagne s'était fait affilier à l'Institut; il en avait témoigné une joie infinie, et promettait de prendre les intérêts de sa nouvelle

[1] On lit dans un ouvrage anglais, publié en 1820 sous le titre : *A Short view of the history of the Christian Church*, *by the rev. Jos. Reeve*, vol. III, p. 342, le passage suivant : « Pendant ce temps-là, le perfide comte de Sunderland donnait à la nation de nouveaux sujets de jalousie et de mécontentement, en poussant le roi à des démarches impopulaires. Ce fut à sa suggestion qu'au commencement de l'année suivante le roi créa un conseil secret, composé de Catholiques, pour y traiter des matières religieuses. Dans ce conseil, se trouvaient le comte de Powis, les lords Arundel, Bellassis, Dover et Castlemain, avec le Père Petre; mais Sunderland était le premier moteur de tout ce que décrétait et exécutait ce conseil religieux. »

patrie adoptive avec autant de vivacité que les siens propres. Il
comptait sur elle pour obtenir des missionnaires capables de
ramener son empire au Catholicisme. On y lisait encore que
Jacques avait répondu à un de ses plus dévoués serviteurs,
gémissant de voir deux hérétiques appelés à succéder à la
couronne : « Dieu saura bien susciter un héritier qui soit
exempt d'erreur, et qui nous garantisse de cette lèpre, nous et
notre postérité. »

Sur une telle correspondance, dont l'original n'a jamais pu
être représenté, Guillaume d'Orange et ses adhérents bâtirent
les hypothèses les plus invraisemblables, et qui toutes trouvèrent créance chez les Calvinistes. Un Jésuite était à la tête du
gouvernement britannique, il n'en fallut pas davantage pour
convaincre les sectaires que Jacques II était peut-être Profès
des quatre vœux. On accusa la Société tout entière, et Petre,
comme son chargé d'affaires spécial, de préparer les choses
pour produire bientôt un faux prince de Galles, et pour jeter la
couronne des trois-royaumes sur la tête d'un enfant inconnu
dont la reine se déclarerait la mère. Marie de Modène, seconde
épouse de Jacques II, avait une frêle santé ; mais elle était trop
jeune pour qu'on pût la juger stérile. Cette lettre, attribuée
aux Jésuites, qui, par une étrange péripétie, devenaient tout-à-
coup les arbitres d'un pays où ils s'étaient vus si longtemps
martyrs ; cette lettre provoqua des soupçons, elle excita des
défiances. Les hérétiques les croyaient capables de tous les
crimes ; ils acceptèrent avec enthousiasme ceux que les Jésuites
semblaient avouer dans leur correspondance supposée.

La conspiration ourdie par le prince d'Orange arrivait à son
terme, et, sans le vouloir, le Père Petre avait été l'un de ses
instruments. Le Jésuite pressentait bien le traître et l'usurpateur dans Guillaume : esprit concentré, nature ingrate, mais
caractère entreprenant, que les défaites laissaient presque aussi
indifférent que les victoires, ce prince ne connaissait du vice
et de la vertu que ce qu'il en fallait pour corrompre ou pour
tromper les hommes. Guillaume avait eu l'art, par d'habiles
condescendances et par de respectueuses démonstrations, de
capter l'amitié de Jacques. Le roi ne permettait pas que devant

lui on taxât d'ingratitude ou de perfidie la conduite du Hollandais. Il était l'époux de sa fille bien-aimée; et Jacques, dont le
cœur avait une noble expansion de loyauté, niait l'imposture
dans les autres. « C'est ainsi, dit Hume [1], qu'un monarque dont
tous les torts se réduisaient à des imprudences et à des erreurs,
éprouva un supplice auquel échappèrent les Domitien et les
Néron. Ces monstres ne furent pas abandonnés par leurs propres enfants. » Dès le 13 juillet 1685, Louis XIV tâchait d'exciter des soupçons sur les trames de Guillaume; il écrivait à
Barillon [2] : « Le prince d'Orange cherche des prétextes pour
introduire des troupes étrangères en Angleterre; il pourrait
bien, pour ses fins particulières, désirer d'avoir dans ce pays
des troupes qui lui seraient dévouées, et dont il disposerait ensuite contre les intérêts du roi. » L'inexplicable aveuglement
de Jacques avait résisté aux avis de Louis XIV; il résista de
même aux preuves de culpabilité que Petre lui mit sous les
yeux. Il croyait aux affections de famille, à ces liens que des
ambitions longtemps comprimées brisent avec une si dédai-
gneuse hypocrisie. Il fallut tout l'ascendant de Louis XIV ou le
dévouement du Jésuite pour que le roi pût écouter sans colère
les motifs de défiance que le prince d'Orange inspirait aux amis
des Stuarts. On lui faisait toucher du doigt les manœuvres ar-
tificieuses de son gendre, on lui révélait ses espérances secrètes; dans l'attitude des Anglicans, on lui indiquait un complot prochain. Jacques II souriait de cet air de confiance béate
qui perd les dynasties, et, trop honnête homme pour soupçonner le mal, il refusait même d'ajouter foi au crime prouvé.

Ce fut dans ce tiraillement intérieur que s'écoula l'année
1687; elle avait amassé la tempête, et Jacques, dont le ministère était divisé, n'osait, pour la conjurer, que suivre des im-
pulsions contradictoires. La faiblesse ou l'impéritie dans l'acte
démentait immédiatement la violence dans la parole. Jacques
pensait être fort en menaçant ou en faisant de la corruption
parlementaire. Ses intimidations ne produisirent aucun effet,
car les ennemis de son pouvoir sentaient qu'il n'était pas de

[1] Hume, *History of England, James the second.*
[2] Lettre de Louis XIV à Barillon.

taille à les réaliser. Ses achats de consciences législatives, le négoce le plus lucratif pour un roi constitutionnel, n'aboutirent qu'à des hontes sans profit. Jacques avait épuisé toutes les demi-mesures et perdu ses avantages, il en appela enfin aux moyens extrêmes. Jeffreys fut le magistrat de ses colères tardives. Jeffreys était moins impitoyable que les juges d'Henri VIII, d'Elisabeth et de Jacques 1er, condamnant au nom du Protestantisme ; il fut plus odieux qu'eux tous ; il est encore en horreur dans l'histoire. Le roi voyait le pouvoir lui échapper, il essaya de le raffermir en accordant à tous ses sujets une déclaration de liberté de conscience.

Mais, en politique comme en religion, il n'y a que les vaincus qui demandent la liberté, afin de s'en faire une arme contre l'autorité régnante. Cet acte blessait au vif les intérêts de l'Anglicanisme, le droit de prier librement froissait ses passions. L'Anglicanisme jugea que ce serait le tombeau de sa puissance ; il s'éleva contre une pareille concession, dont les cultes rivaux devaient seuls profiter. L'archevêque de Cantorbéry, les évêques de Saint-Asaph, de Bath, d'Ely, de Bristol, de Peterborough, de Chichester, portèrent au pied du trône les doléances de leur Eglise. Ils avaient commencé par réclamer la liberté : leur religion triomphait, ils invoquaient l'arbitraire. Jacques tenta un coup de force : il fallait en cette conjoncture s'appuyer sur les principes dont le Protestantisme naissant s'était fait un bouclier ; le roi aima mieux invoquer la force. Le 18 juin 1687, il fit conduire à la Tour les évêques opposants, et il agit en cela contre l'opinion de Sunderland et de Petre [1], qui déploraient les funestes résultats de la mesure dont cependant les archevêques de Saint-André et de Glasgow reconnurent l'opportunité.

Jusqu'alors les complices de Guillaume d'Orange avaient manqué de motifs pour ainsi dire légaux et déterminants. La révolution projetée ne s'était personnifiée dans aucun fait populaire ; Jacques II lui offrait des martyrs à honorer, le peuple les accepta comme drapeau. On augmenta dans des proportions

---

[1] M. de Barillon, dans sa dépêche à Louis XIV, dit que le roi reçut le conseil de renoncer à la poursuite des prélats, et il ajoute : « Cet avis est celui de Milord Sunderland et du Père Petre. »

gigantesques la faveur dont jouissait Petre ; on fit de ce Jésuite qui s'isolait de son Institut une conspiration permanente. Petre devint le but de tous les sarcasmes, de toutes les calomnies qui rejaillirent inévitablement sur la Société de Jésus. La Société de Jésus fut le mot d'ordre donné aux prédicants et aux écrivains de l'Anglicanisme. On l'accusait sous mille formes diverses ; on voulait lui passer sur le corps pour renverser plus facilement le trône légitime et la Religion catholique. Le Père Petre ne comprit pas que cette impopularité qu'on lui faisait était aussi dangereuse pour sa Compagnie que pour le Saint-Siége. Il resta sous ce feu roulant d'imprécations, et la monarchie s'écroula sans que peut-être il eût donné au roi un conseil fatal. Jacques II du moins lui rendit cette justice ; un jour, il dit à Versailles devant Louis XIV : « Ceux qui imputent mes malheurs au Père Petre ont grand tort. Si j'avais écouté ses avis, je ne serais pas où je suis. » Tristes aveux de l'exil, que l'histoire doit enregistrer, mais qui n'excuseront jamais ni le roi ni son favori.

La révolution de 1688 n'a été qu'un complot de famille, dans lequel on fit intervenir la religion comme moyen pour soulever les multitudes. Jacques II s'endormit au milieu des protestations de fidélité ; il se réveilla dans les bras de la trahison. Sunderland s'était fait Catholique le 10 juin 1688, le jour même où naissait le prince de Galles, dont le Pape Innocent XI était le parrain. Cet enfant écartait du trône Guillaume d'Orange ; on contesta sa légitimité, on calomnia sa mère, on accusa Petre d'une supposition impossible. Puis, quand Guillaume eut pris ses dispositions, acheté l'armée et corrompu l'épiscopat [1], il débarqua à Torbay en novembre 1688. La famille des Stuarts était rayée du livre des rois ; l'insulte la suivit jusque dans la magnifique hospitalité que Louis XIV accorda à ses infortunes.

[1] Il y eut néanmoins des officiers, des évêques, des villes entières et tout un peuple, l'Irlande et une partie de l'Écosse, qui gardèrent leur fidélité au monarque légitime. Seize prélats anglicans protestèrent contre l'usurpation. L'archevêque de Cantorbéry fit répondre à la nouvelle reine, la fille de Jacques II, qui lui demandait sa bénédiction : « Quand elle aura obtenu celle de son père, je lui donnerai volontiers la mienne. » Le roi fut suivi dans son émigration par un grand nombre de familles anglaises, écossaises et irlandaises, qui offrirent au monde un exemple de dévouement au principe monarchique ; mais, pour neutraliser l'action incessante d'un usurpateur, ces courageuses fidélités ne suffisent pas, elles se condamnent à une glorieuse misère, et ce n'est pas ainsi que l'on rétablit un trône.

Jacques II avait été faible, irrésolu sur le trône ; il fut plus grand dans l'adversité que ses malheurs eux-mêmes. Louis XIV, ennemi personnel de Guillaume d'Orange, avait trop l'instinct de la royauté pour subir sans combat les faits accomplis. Il donna des flottes et des troupes à Jacques II ; mais les prospérités du roi victorieux furent impuissantes contre la néfaste destinée qui s'attachait aux Stuarts. Le Père Petre avait accompagné son souverain : il ne s'en sépara ni dans les entreprises à main armée ni dans les tristesses de l'exil. Le monarque avait succombé ; les Protestants espérèrent que sa chute entraînerait celle de la Compagnie de Jésus. Dans cette intention, ils publièrent un pamphlet que Bayle, Protestant lui-même, a flétri en ces termes [1] : « On a si peu profité de l'indignation des honnêtes gens contre l'histoire fabuleuse et satirique du Père Lachaise, que, cinq ans après, on a mis au jour un autre ouvrage pire que celui-là. C'est depuis le commencement jusqu'à la fin un tissu de fables grossières et d'aventures chimériques racontées avec la dernière impudence, et avec un style tout farci de saletés. Voici le titre de ce bel ouvrage : *Histoire des amours du père Peters, Jésuite, confesseur de Jacques II, ci-devant roi d'Angleterre, où l'on voit ses aventures les plus particulières et son véritable caractère, comme aussi les conseils qu'il a donnés à ce prince touchant son gouvernement.* »

Et, honteux des impostures qu'il signale, Bayle ajoute, avec une indignation aussi vraie dans son siècle que dans le nôtre : « Tant qu'il se trouvera des gens qui achèteront ces sortes de livres, il y aura des libraires qui en paieront la composition et l'impression, et par conséquent il y aura des personnes assez malhonnêtes pour consacrer à cela leur plume vénale. Le mal est donc sans remède. »

Le règne de Jacques II, comme celui de tous les princes qui perdent leur dynastie, n'est qu'un enchaînement de fautes et de calamités. La plus impardonnable, dans sa position, fut de créer conseiller d'État un homme qui, par sa vocation et par

[1] Bayle, *Dictionnaire historique et critique*, article *Annat*, note B.

ses vœux, devait rester en dehors de la politique. Mais si le roi d'Angleterre, aveuglé par son amitié pour le Père Petre, a été coupable en lui accordant sa confiance et en bravant ainsi l'opinion publique, le Jésuite assume sur sa tête une responsabilité encore plus grande. Il ne s'agit point ici de la prépondérance qu'il exerça en bien ou en mal, dans les conseils de la couronne. Cette prépondérance peut se discuter; elle s'explique de mille façons; car aucun document ne révèle sa portée. Mais en acceptant des fonctions étrangères à son Institut, mais en s'offrant comme l'arbitre des affaires, le Père Petre aurait dû assez connaître la vigilante malice des ennemis de son Ordre pour savoir qu'il le compromettait dans le présent et dans l'avenir. Un Jésuite, membre du conseil privé d'Angleterre, et faisant retomber sur ses frères toutes les insultes qu'il était si facile de prévoir, donnait à leurs adversaires un avantage qu'ils ne perdirent jamais. Le succès aurait pu jusqu'à un certain point légitimer son infraction aux règles si sagement établies; le succès fit défaut à la cause des Stuarts.

Par le Père Petre, cette cause, qui porta malheur à ses loyaux adhérents, devint pour la Compagnie une source d'injustices. Les Jésuites anglais eux-mêmes étaient restés en dehors des événements qui signalèrent les dernières années du règne de Jacques II, on ne les en accusa pas moins. D'un côté on montrait la faiblesse des rois catholiques, de l'autre apparaissait l'ambition sans frein d'une Société religieuse qui, non contente de diriger la conscience des princes, cherchait encore à saisir le gouvernail des affaires publiques. En politique, on est toujours disposé à pardonner au crime heureux, on l'élève même sur le pavois; il n'en sera jamais ainsi pour les fautes. Celle de Petre, à quelque point de vue qu'on l'envisage, soit dans son principe, soit dans ses résultats, est de ce nombre. Les Catholiques anglais triomphants avaient invoqué la liberté de conscience; l'Anglicanisme leur fit cruellement sentir que cette liberté n'était qu'un rêve.

CHAPITRE III.

De l'éducation chez les Jésuites. — Plan de cette éducation tracé par saint Ignace.
— La quatrième partie des Constitutions. — Fin qu'elles se proposent. — Politique de l'éducation. — Manière d'enseigner. — Objet des études. — Choix des classiques — Les châtiments corporels. — Le système de saint Ignace est-il encore applicable ? — Son respect pour la liberté des enfants. — L'instruction gratuite à tous et pour tous, sans distinction de culte. — Les Congrégations Générales s'occupent de l'enseignement public. — Examen du *Ratio studiorum*. — — Pourquoi les Jésuites n'ont-ils pas substitué l'étude des Pères de l'Eglise aux auteurs païens? — Examen de cette question classique. — Les Jésuites écrivent des ouvrages élémentaires. — Le *livre du Jésuite*. — Principes de grammaire, de prosodie et de littérature. — Grammaires composées dans tous les idiomes. — Les Jésuites lexicographes. — Tous les Jésuites professeurs. — Les Jésuites créent l'éducation nationale. — L'égalité dans l'éducation. — Les Congrégations de la Sainte-Vierge. — Plan de ces associations. — La bulle d'or de Benoît XIV. — Moyens employés par les Jésuites pour rendre l'instruction facile à la jeunesse. — Affection des maîtres pour leurs élèves. — Représentations théâtrales. — Le Collége de Louis le-Grand. — Les élèves célèbres des Jésuites. — Régime intérieur. — Bacon et Leibnitz jugeant le système d'éducation de la Société de Jésus.

Jusqu'à présent, nous avons suivi la Compagnie de Jésus dans les phases si diverses de son histoire, nous l'avons vue au milieu des peuples et à la cour des rois, dans la guerre et dans la paix, dans la victoire ou dans la défaite. Cette existence multiple ne touche pas encore à son terme, les Pères ont d'autres luttes à soutenir, d'autres périls à affronter, de nouveaux triomphes à espérer, d'infatigables adversaires à combattre; mais avant de les accompagner au fond de toutes les régions où ils ont propagé le Christianisme, il faut pénétrer dans l'intérieur de leurs colléges. C'est le seul moyen d'expliquer leur action dans le passé, et celle qu'ils vont déployer dans les fécondes années qui précédèrent leur chute. Le Jésuite nous est apparu tantôt avec les princes, tantôt avec les peuples ; nous l'avons montré dans les conseils des Pontifes et parmi les nations civilisées. Il a porté la parole de Dieu à toutes les extrémités du monde, se pliant avec un égal amour aux mœurs errantes des sauvages et aux besoins moraux des sociétés européennes. Il nous reste à le voir parmi les enfants, à étudier le plan que saint Ignace traça pour façonner à la vertu, à la science et à l'amour de la patrie les générations naissantes.

Quand Loyola roulait dans sa tête ce système d'éducation, quand il le mûrissait par l'expérience, et qu'après l'avoir tout entier écrit de sa main, il le fondait dans le corps même de ses Constitutions, dont il forme la quatrième partie, le seizième siècle prenait possession de sa gloire. Les grands saints, les grands agitateurs, les grands poètes, les grands peintres, les écrivains et les artistes sublimes, dont les œuvres sont consacrées par le temps, embrasaient le monde de la plus vive lumière. L'Italie, qui les avait enfantés, Rome surtout, qui encourageait, qui récompensait magnifiquement leur génie, Rome était la mère des belles-lettres et des arts, l'asile pieux où l'érudition et le bon goût trouvaient des maîtres ainsi que des admirateurs. Ce fut au milieu de ces merveilles, évoquées par Léon X et par ses successeurs, qu'Ignace de Loyola composa le traité qui sert de base à l'éducation donnée par les Jésuites.

Dans la pensée de cet homme, qui sut si habilement manier les esprits et développer jusqu'à leur dernière puissance les idées d'abnégation et de dévouement individuel pour les faire servir au triomphe du principe d'association, l'enseignement dut, avant tout, être moral. Loyola connaissait trop bien le prix du savoir, il avait soumis son intelligence à de trop rudes épreuves pour dédaigner ou négliger les études préliminaires ; mais, avant d'initier les enfants aux sciences humaines, il s'occupa de faire germer dans les cœurs la doctrine religieuse. L'instruction fut à ses yeux un moyen, et, dans le préambule de la quatrième partie des Constitutions, il ne cache point la fin à laquelle il tend. Il s'exprime ainsi :

« Le but auquel aspire directement la Compagnie est d'aider les âmes de ses membres et celles du prochain à atteindre le dernier terme pour lequel elles ont été créées. A cet effet, il faut joindre à l'exemple d'une vie pure la science et la méthode pour l'exposer : aussi, après avoir jeté dans l'âme de ceux qu'on admet au noviciat le fondement solide du renoncement à soi-même et du progrès dans la vertu, on s'occupera de l'édifice des belles-lettres et de la manière de s'en servir, afin d'arriver plus aisément à mieux connaître et à mieux honorer Dieu, notre Créateur et notre Seigneur. »

Lorsque, dans le vᵉ chapitre, il détermine l'objet des études, Loyola élargit encore sa pensée. Il explique par quels motifs il veut que sa Société, à peine née, embrasse la carrière de l'enseignement. « Comme le but des connaissances qu'on acquiert dans l'Ordre est d'être, avec l'assistance de la grâce divine, utile à notre âme et à celle du prochain, ce sera là aussi, en général comme en particulier, la mesure et la règle d'après lesquelles on décidera à quelles études nos élèves doivent s'attacher et jusqu'à quel point ils s'y appliqueront. »

L'histoire, la poésie, la peinture, les sciences elles-mêmes, tout, dans ce siècle privilégié, prenait sa source dans la Religion, tout s'y rapportait, tout y revenait. Les travaux d'Erasme, de Bembo et de Sadolet; la lyre du Tasse, de Vida et de Sannazar; les pinceaux de Michel-Ange et de Raphaël se mettaient exclusivement au service de l'idée chrétienne. Ils la glorifiaient dans leurs œuvres littéraires, sur la toile ou sur le marbre; Loyola voulut la glorifier par la jeunesse, et, au chapitre XI, il dit : « La même raison de charité qui fait qu'on se charge des colléges et qu'on y tient des classes publiques pour élever dans la bonne doctrine et dans les bonnes mœurs non-seulement les nôtres, mais plus encore les étrangers, pourra aller jusqu'à nous faire accepter la charge de quelques Universités, afin de multiplier le bien que nous pouvons faire, et de l'étendre, autant par les sciences qu'on y enseignera que par les personnes qui y viendront prendre des grades, pour aller ensuite enseigner avec plus d'autorité ce qu'elles y auront appris. »

Telle est la fin que le législateur des Jésuites assigne à son Institut. Il veut, en popularisant l'instruction, propager l'éducation. Comme l'Université de France, il ne dit pas, il ne permet pas qu'on dise [1] : « Nous ne faisons pas plus de citoyens que de dévots dans nos colléges. Nous instruisons, nous n'élevons pas. Nous cultivons et développons l'esprit, mais non le cœur. » Ce plan qui a quelque chose d'athée et qui transforme chaque maison d'éducation en une boutique de teinturier littéraire n'a rien de commun avec le but que Loyola poursuit. La science aura

[1] *De l'instruction intermédiaire*, par M. Saint-Marc Girardin, conseiller de l'Université, t. II, p. 177.

son prix à ses yeux et aux yeux de ses compagnons; mais elle
ne sera distribuée que pour relever la dignité de l'homme et
initier l'enfant à tous les devoirs de la vie sociale.

Cette fin était aussi utile en politique qu'en religion; elle con-
cordait avec les institutions civiles, avec les croyances de la Catholicité; elle opposait une digue au torrent des doctrines nova-
trices, dont l'Italie, la France et les Etats d'outre-Rhin étaient
menacés. Ignace de Loyola ne procédait pas par des voies révolutionnaires, il n'envahissait point, il ne détruisait pas; il cherchait à conserver au contraire. L'autorité pour lui comme pour
ses disciples semblait plutôt résider dans la possession que dans
le droit. A leurs yeux, la consécration du pouvoir ne tenait pas
à des règles immuables; ils l'acceptaient, ils le servaient, quelle
que fût son origine ou sa nature.

Monarchie ou république, légitimité ou usurpation admise
par les peuples, ils ne discutaient rien; ils cherchaient à s'accommoder de tout. Ce système de condescendance a souvent
fourni contre les Jésuites des armes, dont les partis se servirent. Sans entrer dans les exaltations des uns et dans les désespoirs des autres, nous pensons, qu'à part les individualités,
un Ordre ainsi constitué ne devait pas se laisser arrêter par
des calculs terrestres. La foi en ses convictions, la fidélité à ses
serments est toujours un acte honorable pour celui qui peut
combattre par l'épée, par la parole ou par l'isolement. Les Jésuites ne se trouvent point dans ce cas; ils ne sont pas nés
pour défendre les trônes ou pour consolider les républiques.
Leur mission ne doit tendre qu'à propager le Christianisme et
les bonnes mœurs. Les partis vaincus les ont accusés de trahison ou de maladresse; on leur a reproché la flexibilité de leurs
principes en face des révolutions. Mais, chargés d'intérêts plus
grands que ceux qui se débattent les armes à la main, étrangers
par leur ministère à toutes les commotions, ils se sont fait un
précepte de ne discuter aucun gouvernement. Ils obéissent à
la loi humaine, afin de ramener les hommes à l'obéissance
due aux lois divines. Cette séquestration volontaire, que les
partis ne veulent pas comprendre, et qui a donné tant de force
à la Société de Jésus, est une obligation de son Institut. Elle a

charge de répandre la Foi par l'éducation; elle est chrétienne
avant tout. Elle se voit donc condamnée, avec le Saint-Siége
et le Clergé, à rester muette sur des événements qui peuvent
froisser ses affections ou ses espérances, et qui, en produisant
un autre ordre de choses, lui accordent la même liberté pour
prêcher ou pour instruire.

Ce n'était pas une agrégation politique, mais une Société religieuse, que saint Ignace avait en vue. Tout se dirigeait vers
ce but : les Missions au-delà des mers, la vie intérieure et extérieure, l'éducation surtout. Loyola n'attachait sa Compagnie
à aucun mode de gouvernement, il ne la concentrait dans aucun pays; elle devait être l'avant-garde de l'Eglise militante.
Ses rangs étaient ouverts à tous les dévouements, à toutes les
intelligences; elle les accueillait sans acception de patrie; elle
se contentait de leur recommander la fidélité à Dieu et au Pape,
bien persuadée que ce double devoir ne les rendrait que plus
fidèles aux lois de l'Etat dans lequel ils auraient à remplir le
sacerdoce de l'éducation.

Ce qui ressort implicitement de la pensée de Loyola se trouve
expliqué avec lucidité lorsqu'il s'agit de l'objet des études. Au
cinquième chapitre de la quatrième partie de ses Constitutions,
il aborde la manière dont l'enseignement sera distribué; et, en
établissant des catégories que la connaissance des hommes rend
indispensables, il ajoute : « Puisque en général les lettres humaines, la grammaire et la rhétorique des diverses langues, la
logique, la philosophie naturelle et morale, la métaphysique, la
théologie, enfin l'Ecriture sainte, servent à atteindre ce but,
ceux qu'on envoie aux colléges s'adonneront à ces études. Si dans
les colléges le temps ne permettait pas d'étudier les Conciles,
le droit canon, les Saints-Pères et les autres règles de conduite,
chacun, après en être sorti, pourrait le faire en particulier avec
l'approbation de ses supérieurs, surtout s'il a pénétré fort avant
dans la science théologique. Selon l'âge, l'esprit, les goûts et
l'instruction de chacun, selon aussi l'utilité commune qu'on en
espère, le sujet peut être exercé ou sur toutes les sciences,
ou sur une seule, ou sur quelques-unes. Celui qui ne pourrait
les embrasser toutes devrait chercher à exceller en une seule. »

Le fondateur ne se contente pas de ces précautions, dont les minutieux détails ne rapetissent point la grandeur. La théologie et le droit canon étaient le terme où tout venait aboutir. Loyola sent que l'esprit d'un siècle aussi actif, quelquefois aussi téméraire, engendrera d'autres activités, et que l'intelligence des masses ne restera pas plus stationnaire que la pensée individuelle. A ses yeux, l'éducation des cloîtres, celle même des Universités, a besoin d'un nouveau levier : il va le demander à toutes les branches d'instruction. Elles n'existent pas encore, il les crée, et il recommande l'étude des lettres humaines, l'éloquence, la poésie et l'histoire. Il exige des professeurs spéciaux pour le latin, le grec et l'hébreu, les trois langues-mères; il en veut même pour le chaldéen, l'arabe et l'indien, « quand, fait-il observer, on le jugera utile au but que nous nous proposons. »

Ignace n'a pas encore épuisé l'objet des études. Il sait que, comme la théologie, les arts et les sciences exactes disposent les âmes à la connaissance de Dieu, qu'ils les élèvent et les fortifient : Ignace les fait entrer dans son plan. Il n'en exclut que la médecine et le droit civil, études, dit-il, plus étrangères que les autres à sa Société. Puis, par cette exclusion trop absolue, craignant d'engager l'avenir, il se ravise tout-à-coup. En maintenant la loi portée, il admet que la jurisprudence et la médecine peuvent être enseignées dans les Universités de l'Institut, à la seule condition qu'il ne se chargera pas lui-même de ce fardeau.

C'était un homme d'oraison et d'initiative, mais un homme qu'aucun enthousiasme n'éblouissait, et dont la sagacité se rendait compte de chaque mouvement du cœur, de chaque agitation de l'esprit. Il a éprouvé des uns et des autres : il les règle dans une mesure parfaite. Si l'amour des lettres ne surpasse pas la piété, ce qui dans son idée eût été un blasphème, l'étude du moins prévaudra sur les mortifications. « S'il faut prendre garde, déclare-t-il au quatrième chapitre, que l'ardeur de l'étude n'attiédisse dans les écoliers l'amour de la vertu solide et de la vie religieuse, il ne faut pas non plus trop donner aux pénitences, aux prières et aux longues méditations.

Si le Recteur jugeait convenable d'accorder à quelqu'un en
particulier une permission plus étendue sur cet objet pour des
raisons spéciales, il devra toujours le faire avec discrétion. Il
n'est pas moins agréable à notre Dieu et Seigneur, il lui sera
même plus agréable de les voir s'appliquer aux lettres qu'on
apprend dans l'intention sincère de le servir, et qui réclament
en quelque sorte l'homme tout entier, que de consacrer à de
pareilles pratiques le temps des études. »

L'objet de l'éducation est défini. Pour en assurer le succès,
Ignace en détermine l'ordre. Il y consacre le sixième chapitre.

« Afin que les écoliers, y lit-on, fassent de notables progrès
dans les sciences, il faut qu'ils s'efforcent avant tout de conserver la pureté de l'âme et d'avoir une intention droite dans
leurs études, sans chercher autre chose dans les lettres que la
gloire de Dieu et le bien des âmes, et qu'ils implorent souvent dans leurs prières le secours de la grâce, afin d'avancer
par la science vers ce but.

» En outre, ils prendront la résolution d'appliquer sérieusement et constamment leur esprit à l'étude, convaincus qu'ils
ne peuvent rien faire de plus agréable à Dieu dans les colléges,
que de s'y consacrer avec l'intention dont on vient de parler.

» Il faut aussi écarter les obstacles qui détournent l'esprit
des études, soit qu'ils viennent des dévotions et des mortifications excessives et non autorisées, ou bien des soins et des
occupations étrangères.

» Voici l'ordre à suivre dans ces études : on s'appuiera sur
l'étude de la langue latine comme sur un fondement solide
avant d'aborder les arts libéraux, sur ceux-ci avant de commencer la théologie scolastique, et sur cette dernière avant de
s'appliquer à la théologie positive. L'Ecriture sainte pourra
s'apprendre en même temps ou après. Quant aux langues, on
pourra les apprendre avant ou après, selon que le supérieur le
jugera convenable, eu égard à la diversité des circonstances et
aux différentes dispositions des personnes.

» Tous les écoliers suivront les leçons des professeurs publics, selon la volonté du Recteur du collége ; et ces professeurs, nous devons le désirer, qu'ils soient ou non membres

de la Société, auront de la science, de l'exactitude, de l'assiduité et du zèle pour le progrès de ceux qui suivent les cours
et les autres exercices littéraires.

Il y aura, s'il est possible, une bibliothèque commune
dans les colléges. En outre, chacun aura les livres qui lui sont
nécessaires.

» Les écoliers suivront assidûment les leçons, seront exacts
à s'y préparer, à les repasser après les avoir entendues, à
questionner sur ce qu'ils n'auront pas compris, prenant du
reste des notes suffisantes pour remédier par la suite au défaut
de la mémoire.

» Comme il est très-utile, surtout pour ceux qui étudient
les arts et la théologie scolastique, d'avoir l'habitude de la discussion, les écoliers assisteront aux disputes ordinaires des
écoles qu'ils fréquentent, quand mêmes elles ne dépendraient
pas de la Société, et tâcheront, sans cependant blesser la modestie, de se faire particulièrement remarquer par leur savoir.
Il convient aussi que dans notre collége, chaque dimanche ou
quelque autre jour de la semaine, quelqu'un, désigné par le
Recteur, élève de philosophie ou de théologie, soutienne une
thèse dans l'après-dîner, à moins qu'une cause particulière n'y
apporte empêchement. Les propositions de ces thèses devront
être affichées la veille au soir sur les portes des écoles, afin que
ceux qui le voudront puissent y venir pour argumenter ou pour
entendre. Après que le répondant a donné quelques preuves
de sa thèse, chacun peut attaquer à sa volonté, qu'il appartienne à la maison ou qu'il n'y appartienne pas. Il faut néanmoins qu'il y ait un président pour diriger l'argumentation,
pour faire ressortir de la discussion et proclamer dans l'intérêt
des auditeurs la doctrine qu'il faut suivre, enfin pour donner
le signal de la fin de la dispute et répartir le temps de manière
que tous, autant que possible, puissent argumenter.

» Outre ces deux exercices publics, on disputera tous les
jours en classe, à un temps donné, sous la direction d'un président, afin que par ce moyen les esprits soient plus exercés,
et que les difficultés qui se trouvent dans ces sciences soient
mieux éclaircies pour la gloire de Dieu.

» Ceux qui étudient les lettres humaines auront aussi leurs moments fixés pour conférer et discuter sur les choses qui concernent leurs études en présence de quelqu'un qui puisse les diriger ; et les dimanches ou d'autres jours marqués ils défendront alternativement, dans l'après-dîner, des thèses dont les sujets seront pris dans leurs Facultés respectives ; où bien ils s'exerceront à des compositions en vers ou en prose, soit qu'ils improvisent sur un sujet donné au moment même pour éprouver leur facilité, soient qu'ils ne fassent que lire en public des morceaux composés à tête reposée sur une matière donnée d'avance.

» Tous, mais surtout les humanistes, parleront habituellement latin, et apprendront par cœur ce que les maîtres leur auront prescrit. Ils exerceront soigneusement leur style par des compositions, et elles seront corrigées par un homme capable. Il sera aussi permis à quelques-uns, selon la volonté du Recteur, de lire en particulier certains autres auteurs que ceux qui sont expliqués dans les classes ; et toutes les semaines, à un jour marqué, un des plus anciens lira, dans l'après-dîner, un discours latin ou grec sur une matière propre à édifier les personnes de la maison comme les étrangers, et qui les anime à la perfection dans le Seigneur.

» De plus, ceux qui étudient les arts et la théologie, et même tous les autres, auront des moments particuliers et tranquilles d'étude pour mieux se rendre compte des matières traitées en public.

» S'il y avait des changements à apporter aux répétitions, aux disputes et à l'usage de parler latin, par suite des circonstances de temps, de lieux et de personnes, on en laissera la décision à la sagesse du Recteur.

» Pour favoriser le succès des études, il serait bon de désigner quelques élèves d'égale force qui se provoquassent par une sainte émulation. Il sera bon aussi d'envoyer de temps en temps au Provincial ou au Général quelque échantillon de leurs travaux, tantôt dans un genre, tantôt dans un autre : par exemple, une composition s'ils sont humanistes, des dissertations s'ils étudient en philosophie ou en théologie.

» Après avoir achevé le cours d'une Faculté, il sera bon de revenir sur le même sujet en particulier en lisant un auteur ou plusieurs, à la volonté du Recteur. On pourra aussi, si le Recteur le juge à propos, rédiger sur ces matières un sommaire avec plus de netteté et de rigueur qu'on ne l'avait fait pendant son cours, alors qu'on était moins savant qu'après avoir parcouru la carrière entière des études. Ces rédactions ne seront permises qu'à ceux qui sont distingués par leur savoir, leur esprit et leur jugement. Les autres pourront profiter de leur travail. Il conviendrait encore que ces écrits fussent approuvés du maître. Pour faire usage de ces analyses, il sera commode de mettre des notes en marge et de faire une table des matières, afin de pouvoir trouver plus aisément ce qu'on cherche.

» Ils se prépareront pour soutenir leurs actes publics aux époques fixées, et ceux qui, après un examen diligent, en auront été jugés dignes pourront être promus aux grades ordinaires, sans rien perdre de leur humilité et dans l'unique but d'être plus utiles au prochain pour la gloire de Dieu. »

Ce code, où tout est prévu, fut rédigé spécialement en faveur des scolastiques de la Compagnie de Jésus; néanmoins, dans ses dispositions si larges, il convient à tous les élèves, car, à la fin du troisième chapitre, Loyola écrit : « Les étudiants doivent se conduire comme les scolastiques de la Société pour la fréquentation de la confession, pour les études et pour la façon de vivre, bien qu'ils portent un autre vêtement et qu'ils aient dans le même collége une habitation séparée. Les élèves externes doivent le suivre aussi en ce qui les regarde, et ils ont des règles particulières de conduite. »

La pensée d'Ignace n'est pas encore entièrement à jour; il faut qu'elle se porte sur le mode d'instruction et qu'elle détermine la vigilance qui prémunira contre la corruption. Dans le quatorzième chapitre, il s'occupe du choix des Classiques à mettre entre les mains de la jeunesse. « On se servira en général, recommande-t-il, des livres qui, dans chaque matière, offrent le savoir le plus solide et le moins de dangers. » Il sait, avec Juvénal, que le plus grand respect est dû à l'enfant; il ne veut pas que la science devienne un passe-port pour une dépra-

vation anticipée, et que les tableaux de volupté dont les poètes
ont rempli leurs chants souillent ces imaginations ardentes et
curieuses. Il aspire bien à créer des savants, des orateurs et
des hommes instruits ; mais pour lui ces considérations ne sont
que secondaires. Il a reçu de la famille un dépôt sacré, des cœurs
purs ; il s'efforce de les rendre au monde avec la même virginité
d'âme et d'esprit. La virginité, dans les enfants, c'est l'espérance
de la force dans l'homme : il la conserve comme un trésor ; il
repousse toute idée, toute image qui pourrait la souiller. A cet
effet, voici ce qu'il ordonne, par le quatorzième chapitre :

« Quant aux œuvres de littérature, latine et grecque, il faudra s'abstenir, autant que possible, dans les universités ainsi
que dans les collèges, de mettre entre les mains de la jeunesse
les livres dans lesquels quelque chose pourrait nuire aux bonnes mœurs, si l'on a d'abord retranché les faits et les expressions déshonnêtes. S'il est absolument impossible d'expurger un
auteur, comme Térence, il vaut mieux ne pas l'étudier. »

Ces prescriptions sont pleines de prévoyance ; elles s'accordent parfaitement avec celles que Quintilien recommande. Le
grand rhéteur ne veut pas seulement qu'on forme la jeunesse
à l'école du beau ; il exige que le beau soit avant tout bon et
honnête. Il interdit donc aux jeunes gens la lecture des ouvrages trop libres. Il déclare [1] qu'il faut choisir avec soin les
auteurs, et même les passages de l'ouvrage ; puis il ajoute :
Horatium in quibusdam interpretari nolim. Quintilien, avant
les Jésuites, avait pris ces mesures classiques. On n'y trouva
jamais une objection à opposer ; quand les Pères les adoptèrent,
elles firent surgir de vives récriminations. Loyola ne consent
point à transiger avec la morale ; mais, dans l'intérêt de la
science, il se montre toujours disposé à accepter tous les perfectionnements que le temps et le génie des hommes introduiront
dans l'éducation publique. Il a recommandé de suivre saint
Thomas pour la théologie et Aristote pour la philosophie ; il ne
conseille de s'attacher à ces maîtres que jusqu'au jour où de nouvelles lumières viendront briller à l'horizon de l'Ecole. Il pres-

---

[1] In his non auctores modò, sed etiam partes operis elegeris. (Q. in prœm.,
lib. 1, cap. xiv.)

sent les améliorations utiles; il laisse aux siens la faculté de
les adopter après examen.

Il a pourvu aux biens de l'âme et du corps, à ce qui est dû
à Dieu, au pays et à la famille; il pourvoit maintenant à la
sanction de ses lois universitaires. Il ajoute, dans le seizième
chapitre : « Quant à ceux qui manqueraient d'application à
leurs devoirs, et à ceux qui commettraient des fautes contre
les bonnes mœurs, et à l'égard desquels les paroles amicales et
les exhortations ne suffiraient pas, un correcteur étranger à la
Société sera établi pour contenir les enfants et châtier ceux qui
le mériteront et qui sont en âge de recevoir ce châtiment. Si
les avis et la correction ne suffisaient pas, si le coupable ne
laissait aucun espoir d'amendement et semblait nuisible aux
autres, il vaut mieux le renvoyer des classes que de le retenir quand il profite peu pour lui et qu'il nuit aux autres.
S'il se présentait un cas où l'expulsion ne serait pas une
réparation suffisante du scandale donné, le Recteur verra ce
qu'il convient de faire en outre; cependant, autant que possible, il faut agir dans un esprit de douceur et sans violer
la paix et la charité envers personne. »

Des reproches sérieux ont été adressés à cette gradation,
qui commence par les avis et finit par le châtiment corporel. Dans nos mœurs actuelles, nous savons tout ce que cet
usage a d'insolite; mais, comme la soumission est la première vertu du citoyen, la docilité doit être la première vertu de l'enfance. Il faut s'appliquer à assouplir de bonne heure sa
volonté, ou se résigner à la voir se roidir de telle sorte qu'elle
ne supportera aucun joug et brisera toutes les entraves. C'est à
la famille qu'il appartient de commencer cette œuvre, que le
maître continuera. Ignace ne faisait point d'utopie humani-
taire ; dans les peines corporelles destinées aux caractères indomptables ou aux natures invinciblement paresseuses, il usait
du seul moyen conseillé par le Sage dans le livre des Pro-
verbes et par l'expérience. Cette expérience, saint Augustin
l'avait déjà constatée de son temps lorsqu'il disait [1] : « L'homme

[1] De Civitate Dei, lib. xxii, cap. xxii, n° 1, 2, t. vii, p. 785.

naît dans une ignorance profonde et complète. Il ne sort de
ces ténèbres qu'à force de douleurs, de travail et de crainte.
Quel est le but de ces diverses mesures employées pour cor-
riger les défauts des enfants? Pourquoi des maîtres, des pé-
dagogues, des férules, des verges? Pourquoi ces châtiments
sévères que l'Ecriture sainte veut que l'on inflige à un enfant
chéri, de peur que son indocilité n'augmente et ne puisse
plus être domptée? Pourquoi donc? C'est que nous ne parve-
nons à retenir qu'au moyen du travail, que nous oublions sans
travail; c'est que nous n'apprenons qu'au moyen du travail
et que nous désapprenons sans travail. C'est qu'il faut des
efforts pour être actifs et qu'il n'en faut pas pour être oisifs. »

Le châtiment corporel était employé dans les familles, dans
les colléges, et principalement au sein de l'Université de Paris[1].
Ses historiens officiels enregistrent, en effet, des récits de fla-

---

[1] Piron avait été élève des Jésuites, et, au moment de la suppression de l'Ordre,
il écrivit à l'un de ses amis une lettre dans laquelle il fait une allusion aussi juste
que spirituelle à ce mode de punition, qui a contenu tant d'écoliers dans le devoir.
Après avoir dit que les Parlements se vengeaient des Jésuites, qui les avaient
fait fouetter par leur *maudit correcteur*, le poète ajoute : « Admirez ma bonho-
mie ! Malgré ce malheur et mon talent pour les épigrammes, de mille que j'ai faites
et que je puis faire, je n'en ferai ni n'en ai jamais fait contre ces bons Pères. J'ai
trouvé indigne de ma tête de venger les injures faites à mon derrière. » (Lettre
inédite de Piron.)

Tous les élèves de l'Université de France ne sont pas d'aussi bonne composition
que Piron; Boiste le grammairien, auteur du Dictionnaire qui porte son nom,
Boiste, né en 1765 et mort en 1824, s'exprime ainsi, à la page 619 de ses *Nouveaux principes de grammaire* :

« Nous supposons que quelques lecteurs, nos contemporains, ont gardé l'aimable souvenir de ce bon et tant regrettable temps du régime universitaire, temps
auquel un M. L'Hermite, de détestable mémoire, professeur émérite de sixième
au collége d'Harcourt, faisait fouetter au milieu de la classe, par un homme de
six pieds, fouetter! disons plus exactement, déchirer les reins du pauvre enfant
qui n'avait pas été assez robuste pour attendre dans la cour pendant une petite
demi-heure, les pieds dans la neige, par six degrés de froid, qu'il plût à MM. les
professeurs de quitter un bon feu pour venir partager avec leurs écoliers le froid
glacial d'une halle entourée de gradins... Il faut ajouter, pour la vérité, qu'on
adoucissait ce cœur de roche avec quelques livres de bougie, de chocolat, de sucre
et de café offertes aux étrennes. »

Au dire de Boiste, né après la destruction de l'Ordre de Jésus en France, l'Université avait conservé l'usage du fouet dans ses colléges. Du Boullay, dans son
Historia Universitatis Parisiensis (t. VI, p. 538), et Crevier, dans l'*Histoire de
l'Université* (t. VI, p. 400), citent le fait suivant, qui remonte au 31 janvier 1561 :
« Un étudiant, nommé Thomas de La Ferrière, fut condamné, par arrêt du Parlement, à la *salle* (c'est-à-dire au fouet), pour avoir insulté Jean Stuart, principal
du collége de Boncourt. Le recteur, accompagné des doyens et des procureurs, se
transporta au collége de Boncourt avec le lieutenant-criminel, et là, le coupable
subit les peines auxquelles il était condamné. »

gellations d'écoliers qui fournissent plus d'une scène où le rire se mêle à des détails odieux. Le fouet a disparu du Code scolastique ; les Frères des écoles chrétiennes ont seuls conservé la férule. C'est avec elle qu'ils gouvernent leur peuple de petits enfants ; la crainte qu'ils provoquent n'affaiblit point l'amour qu'ils inspirent, tandis que le cachot, qui a remplacé la flagellation dans les colléges universitaires, corrompt la vertu et ne sert qu'à endurcir l'opiniâtreté. Plus d'un de ces jeunes gens, condamnés à la solitude et au vice, a pu dire, comme le grand Condé : « J'étais entré innocent en prison, j'en sors coupable. »

Dans les Etats les plus constitutionnels de l'Europe, en France et en Angleterre, où l'on cherche à relever la dignité de l'homme, la peine corporelle existe contre les marins et les soldats.

La loi militaire, qui sent le besoin de l'obéissance, permet de frapper de verges les défenseurs du pays, et cette peine mitigée, la seule efficace pour les enfants, aurait été aux yeux du législateur une barbarie dans l'éducation au seizième siècle. Les Jésuites avaient trouvé ces punitions en vigueur dans les Universités, ils les acceptèrent en les adoucissant ; ils les firent disparaître lorsque les mœurs se modifièrent. Maintenant, si un enfant est insoumis ou trop paresseux, ils en appellent à sa famille ; s'il est incorrigible, ils le renvoient.

Tel est le plan d'études élaboré par Loyola. Nous n'avons omis que des détails concernant spécialement la Société de Jésus, et corroborant dans leur active piété cet ensemble de lois. C'est le thème sur lequel ont travaillé tous les Pères, lorsqu'ils ont composé des livres élémentaires ou des traités d'enseignement. Ils purent, selon les temps, commenter ce code, y faire des additions, essayer de l'appliquer aux nouveaux besoins des peuples ; mais il ne subit jamais de retranchements essentiels. Le *Ratio studiorum*, qui en est l'explication authentique, avec les ordonnances annexées par les divers Généraux, a seul force de loi. Ce projet ne devait pas, comme tant d'autres, rester à l'état d'utopie. Tout ce que saint Ignace de Loyola concevait était pratique. Des obstacles pouvaient bien naître dans l'exécution de ses plans, mais il se présentait encore plus de facilités pour en assurer le triomphe. Il ne s'agissait pas, en effet,

d'accommoder cette idée aux nécessités et aux vœux d'une seule
famille, d'une seule cité, d'un seul empire ; dans l'intention du
législateur, il fallait qu'elle pût suffire à tous les royaumes civi-
lisés du monde, et que la France, l'Italie, l'Espagne, le Portugal, l'Allemagne, l'Angleterre et les Indes, l'acceptassent comme
le fondement de l'éducation.

Il y a trois cents ans que ce système a été conçu, et, en
l'étudiant sans préjugés, on est contraint d'avouer qu'il est encore jeune et neuf. A part de légères modifications que la prévoyance d'Ignace a elle-même indiquées, et qui roulent sur le
choix des auteurs ou sur l'introduction de quelques cours spéciaux, il conviendra à toute société qui ne place pas sa force
dans une incrédulité sensualiste, de même qu'il a convenu à la
jeunesse des seizième, dix-septième et dix-huitième siècles. Des
écrivains modernes, qui étudient superficiellement le plan des
Jésuites, ou qui ont intérêt à le condamner, se hâtent de prononcer leur jugement sur d'aussi graves matières. Après l'avoir
reconnu bon pour le passé, ils le déclarent suranné pour les
générations futures, par le seul motif qu'il ne peut se modifier.
L'Institut des Jésuites, dans sa partie dogmatique et morale, ne
doit, il est vrai, subir aucune altération ; mais sa partie disciplinaire se transforme selon les circonstances et les lieux.

Ainsi, pour n'en citer qu'un exemple, on l'a souvent blâmé
d'avoir parqué les jeunes gens afin de mieux les élever et de
pouvoir leur donner une instruction plus régulière [1]. On a dit

---

[1] A ceux qui accuseraient les Jésuites d'avoir été les inventeurs ou les propagateurs du système d'éducation dans les pensionnats, on pourrait répondre que les
Jésuites ont trouvé les pensionnats déjà établis dans l'Université de Paris ; que pour
eux les pensionnats sont l'exception et non la règle. On le voit dans tout leur Institut. Saint Ignace, dans ses *Constitutions* (part. IV, c. III), n'admet d'abord que
quelques pensionnaires pauvres, et en petit nombre, qui seraient élevés aux frais
de la Compagnie, ou bien quelques jeunes gens riches, que l'on admettrait pour
certaines raisons particulières. — Dans la première Congrégation générale, on demanda si on pouvait se charger d'un pensionnat-collège offert par le roi de Portugal ; — on répondit (décret 126, 1. Cong.) que, vu les services rendus à l'Ordre
par ce prince, on le pouvait, mais que ce n'était que par une dispense particulière :
Et hoc quidem ex quâdam dispensatione concedi. — Plus tard, la cinquième
Congrégation Générale émit le vœu qu'autant que possible la Compagnie ne se
chargeât point de pensionnats ; qu'on laissait cependant au Général la commission
d'examiner quand il serait expédient de le faire. Enfin, en France où, lors de
leur suppression en 1762, les Jésuites comptaient plus de quatre-vingts établissements ou collèges, ils n'avaient, dans tout le royaume, que quatorze ou quinze
pensionnats.

que les Jésuites détruisaient ce besoin de liberté si essentiel à certains caractères, et sans lequel il est impossible d'étudier avec goût, par conséquent avec fruit. Cette objection nous semble plus spécieuse que fondée; une lecture attentive des Constitutions la résout en faveur même de saint Ignace. Il a permis les pensionnats, c'est-à-dire les maisons où les jeunes gens destinés au monde seraient tenus renfermés pendant le temps de leur éducation; mais les pensionnats dans le système de la Compagnie de Jésus, sont peu nombreux en comparaison des externats; encore n'existaient-ils que pour ceux dont l'instruction devait être plus soignée. Quant aux externes, qui composaient la principale force des colléges, il voulut, en les admettant à fréquenter gratuitement les classes, qu'ils donnassent leurs noms et qu'ils s'engageassent à observer les réglements. Néanmoins il n'a pas reculé devant la liberté dont les Universités allemandes font jouir leurs disciples. En cette matière, ce sont ces Universités qu'on offre pour modèles; Loyola les a devancés, en disant, au chapitre XVII, paragraphe III, de la quatrième partie de ses Constitutions : « Ceux qui voudront suivre les cours ou les classes de la Société feront inscrire leurs noms, et promettront obéissance au Recteur et aux lois. » Telle est la règle établie pour les externes ; mais Ignace savait que, dans son siècle ainsi que dans les autres générations, il se trouverait des esprits légers ou turbulents, des enfants nés au sein de l'hérésie ou des cœurs qui refuseraient de sacrifier leur indépendance à cette soumission que tous les colléges, que tous les professeurs exigent. Pour ne pas priver d'instruction tant de catégories de jeunes gens, il déclare, à la note d, qui correspond à ce paragraphe III : « Si quelques-uns de ceux qui se présentent ne voulaient ni promettre d'observer les règles, ni donner leur nom, on ne devrait pas pour cela leur interdire l'entrée des classes, pourvu qu'ils se conduisent avec sagesse, et qu'ils ne causent ni trouble ni scandale. On pourra le leur faire entendre, en ajoutant cependant qu'on ne leur donnera pas les soins particuliers qu'on prend de ceux dont les noms sont inscrits sur les registres de l'Université ou de la classe, et qui s'engagent à en suivre les lois. »

Cette libéralité d'instruction offerte à tous et distribuée à tous, a quelque chose de si large dans son principe et dans ses applications, elle laisse si bien l'indépendance la plus absolue à chaque jeune homme, qu' elle interdit aux maîtres le droit de demander le nom des auditeurs qui viennent assister à leurs leçons. Une semblable latitude n'existe peut-être dans aucune Université; et c'est saint Ignace de Loyola qui la comprend, qui la révèle, qui l'autorise ! Le fondateur porte son respect pour la liberté individuelle jusque dans les détails les plus minimes. Au chapitre XVI, il dit qu'avant la classe le maître et les écoliers réciteront une courte prière, et à la note *c*, il ajoute : « Si cette prière ne devait pas se faire avec attention et piété, il faudrait l'omettre. alors le professeur se contenterait de faire le signe de la croix, et commencerait ensuite sa classe. »

Après avoir analysé l'œuvre de Loyola, il est utile d'examiner de quelle manière les Congrégations Générales ont procédé. Dans la première, qui s'ouvrit le 19 juin 1558, les disciples d'Ignace avaient depuis deux ans perdu leur père. De vastes projets étaient soumis à leur appréciation. Néanmoins, au milieu des difficultés qui les entourent, ces hommes qui, comme Laynès, Salmeron, Canisius, Pelletier, Polanque et Natal, se trouvaient chaque jour en contact avec les têtes couronnées ou avec les Pontifes, n'oublièrent pas qu'il leur restait à accomplir une mission dont ils devaient faire un apostolat littéraire. Ils posèrent en principe la libre concurrence, comme un élément de sage émulation; ils voulurent que leurs leçons fussent gratuites, même dans le cas où un Jésuite occuperait quelque chaire dans les Universités étrangères à la Compagnie. Ce fut ce renoncement à la fortune qui souleva contre l'Ordre de Jésus tant de colères. Les autres corps enseignants n'osaient pas l'imiter, ils le calomniaient.

Les Pères de la deuxième assemblée générale marchèrent sur les traces de leurs prédécesseurs; ils rendirent de nouveaux décrets pour perfectionner l'œuvre de Loyola. Les premiers avaient refusé l'opulente succession de Jérôme de Colloredo, l'un des leurs, succession que le légataire destinait à un Collége nouveau; les seconds refusent l'Université de Valence, que la ville leur offrait avec de riches revenus. Le huitième décret donne la clef de cette modération calculée : il recommande au Général de n'accepter de nouveaux établissements que par de très-graves motifs, parce qu'il faut conduire ceux qui existent au plus haut degré possible de perfection. Ce ne sont pas les disciples qui manquent à la Société naissante, mais les professeurs. Elle a besoin de maîtres ; la deuxième Congrégation y pourvoit en créant des écoles normales dans lesquelles ils se formeront à la pratique de l'enseignement. Les Jésuites ne cherchent point à s'étendre au détriment de l'instruction des peuples ; ils établissent trois catégories de maisons, et ils déterminent le nombre des régents nécessaires à leur prospérité. Les Collèges de première classe en posséderont vingt ; ceux de seconde, trente ; ceux de troisième, appelés Universités, soixante-dix au moins.

La Congrégation suivante hérita de l'esprit de ses devancières ; mais ce fut dans la quatrième, où Claude Aquaviva fut élu Général, que les Pères résolurent de mettre la dernière main à l'organisation de leur plan d'études. Aquaviva était un homme supérieur ; sa capacité avait fait concevoir de grandes espérances ; il aspirait à les réaliser par l'éducation. Le 5 décembre de l'année 1584, le Général des Jésuites présenta au Souverain-Pontife les six Pères choisis pour régler la méthode d'enseignement. Ils étaient pris dans tous les royaumes catholiques, afin que chacun pût mettre en relief les mœurs et les besoins de sa patrie. Les Pères Jean Azor pour l'Espagne, Gaspar Gonzalès pour le Portugal, Jacques Tyrius pour la France, Pierre Busée pour l'Autriche, Antoine Goyson pour l'Allemagne, formèrent cette commission, dont le principal soin fut de réunir, de coordonner tous les systèmes, toutes les théories, toutes les règles sur l'éducation, et d'en faire un code applicable à l'universalité des peuples. Ces six Jésuites étaient, par leur longue expérience, dignes de cette œuvre, à laquelle on adjoignit à Rome le Père Etienne Tucci. Le travail des commissaires dura près d'une année ; il devint la base du *Ratio studiorum*. Ce travail avait été approuvé par l'Eglise et par la Société de Jésus ; mais, afin de lui donner toute la perfection possible, Aquaviva ne s'en tint pas là. Il désigna douze Jésuites renommés par leur science et déjà célébrés dans l'enseignement ; puis il les chargea de discuter et d'approfondir le *Ratio studiorum*. Son choix tomba sur les Pères Fonseca, Coster, Moralès, Adorno, Clerc, Dekam, Maldonat, Gagliardi, Acosta, Ribera, Gonzalès et Pardo.

Le *Ratio studiorum* est le recueil des règles générales et particulières que suivront les professeurs de toutes les classes et de toutes les facultés. Le détail en apparence le plus futile y trouve sa place comme la recommandation la plus importante. La distribution du temps, le choix des livres, l'imposition des devoirs, l'ordre des exercices, la manière de les faire, tout est indiqué au régent. C'est un fil conducteur qui, à travers le labyrinthe inextricable de la police d'une classe, dirige l'inexpérience du professeur novice ; un guide sûr qui l'empêche d'aller trop lentement ou qui l'arrête lorsqu'il se précipite vers le bien sans réflexion ; un régulateur qui maintient l'harmonie et l'uniformité ; un index, pour ainsi dire vivant, des questions qu'il faut traiter ou de celles qu'il importe d'omettre. La part du maître y paraît, sans contredit, la plus large ; celle de l'élève y est faite néanmoins dans de justes proportions. Ce livre exceptionnel a été populaire en Europe et au Nouveau-Monde ; on l'a publié dans tous les formats ; il a été accepté comme la règle, comme le traité pratique des études, et dans les royaumes où l'on ne lit plus ses prescriptions on les observe encore par souvenir ou par prévoyance.

Il y a quelque chose au-dessus des créations de l'homme, c'est l'expérience. Elle devient la pierre de touche des institutions humaines, l'épreuve la plus délicate à laquelle on puisse les soumettre. L'expérience des deux siècles où les belles-lettres et l'esprit produisirent les plus merveilleux résultats confirma l'œuvre d'Ignace de Loyola. Elle consacra la méthode d'éducation publique adoptée par les Jésuites ; et, jusqu'à leur suppression, les Pères n'eurent pour objet que de garder dans son intégrité primitive l'ouvrage de leur fondateur. Les cinquième et sixième Congrégations Générales, tenues sous Aquaviva, révisent et approuvent le *Ratio studiorum*. La sixième, plus explicite, décrète qu'une rare supériorité dans la littérature compense, pour l'élévation au grade de Profès, l'insuffisance relative dans les lettres sacrées. La septième, présidée par Mutio Vitelleschi, recommande les examens sérieux comme moyen de fortifier les études. La huitième insiste sur la connaissance plus spéciale du grec, et sur les progrès que doivent faire les écoles normales qui, dans la Compagnie de Jésus, s'appelaient Juvénats.

Mais, dans la neuvième, en 1649, des plaintes sont formulées contre les professeurs de philosophie et de théologie. A cette époque d'innovation, les hommes spéculatifs, que l'imagination entraînait dans les champs du possible, discutaient d'abord avec eux-mêmes, puis avec leurs disciples, les théories que des esprits éminents jetaient dans la circulation. Ces théories ardues, mais que le temps a sanctionnées ou fait oublier, poussaient la jeunesse au-delà des bornes tracées, elles amenaient les maîtres à empiét r sur le terrain les uns des autres. On était en plein dix-septième siècle; Bacon, Descartes, Galilée, Spinosa et Pascal avaient paru. L'examen privé ne s'essayait plus, comme au temps de Luther, de Calvin et de Mélanchthon, sur les dogmes religieux; il avait cherché, il avait trouvé un autre aliment. Il s'exerçait sur les doctrines humaines, sur les vérités scientifiques. Il fallait l'empêcher de brûler les chairs vives, sous prétexte de consumer les chairs mortes; on devait s'opposer à ce qu'il renversât tout, au moment où il se présentait pour tout sonder. François Piccolomini étant Général, la Congrégation crut que le meilleur remède à tant de maux se rencontrerait dans le *Ratio studiorum*. Piccolomini, par une longue ordonnance, posa les limites que la doctrine et le devoir ne peuvent franchir.

Les Congrégations suivantes tendirent au même but par les mêmes moyens; toutes s'occupèrent à combattre les nouveautés dangereuses, à s'approprier celles qui pouvaient être utiles, et à recommander la dissolution des petits établissements qui, par l'insuffisance des ressources ou des professeurs, nuisaient aux travaux et aux progrès. La quatrième partie des Constitutions de Loyola et le *Ratio studiorum*, ces deux créations littéraires de la Compagnie de Jésus, se plaçaient dans l'enseignement comme la borne au milieu des jeux olympiques; mais elles ne faisaient point obstacle à l'extension de l'intelligence. Ce n'était pas un lien de fer qui tenait l'esprit asservi et qui l'enchaînait au despotisme de la routine. Le Père Sacchini écrivait son *Parœnesis ad magistros scholarum inferiorum;* le Père Judde livrait à la publicité ses *Réflexions sur l'enseignement des belles-lettres,* et le Père de Tournemine composait son *Instruction pour les Régents.* Jouvency, dans le *Ratio discendi et docendi,* offrait des leçons de goût que le judicieux Rollin a acceptées, et que l'Université impériale a traduites comme le livre de l'expérience unie au savoir.

Des esprits sérieux, mais en petit nombre, ont essayé de détourner les Pères de l'Institut de la voie qu'ils se traçaient à différentes époques, et à la nôtre surtout, dans ce dix-neuvième siècle où les opinions se produisent et grandissent par la discussion, de hautes et belles intelligences cherchent à faire triompher un système opposé à celui des Jésuites et de la généralité des écoles. Ce système tend à substituer aux auteurs grecs et latins les poètes et les orateurs sacrés. Il a évoqué en Italie, en Allemagne et en France des athlètes qui n'ont pas manqué d'arguments spécieux pour le faire valoir. Il importe donc d'approfondir une question qui se renouvelle souvent, et qui se rattache par tant de liens à l'histoire de la Compagnie de Jésus.

Les promoteurs de l'éducation par les Saints-Pères grecs et latins ne se déguisent par les difficultés de l'entreprise; mais ne les croyant pas insurmontables et préjugeant tous les avantages que leur méthode doit nécessairement produire, ils blâment les Jésuites de n'avoir jamais osé rompre avec un passé de routine universitaire. Le blâme se réduit à quelques points principaux, à quatre objections qui mettent leur idée en saillie. Ils repoussent l'enseignement classique, parce que, disent-ils, c'est un abus introduit au siècle où surgit la réforme protestante, et que l'Église réunie au Concile de Trente a condamné cet abus en prohibant les ouvrages de l'antiquité païenne. Appuyés sur une autorité qui fait foi, ils ne veulent pas qu'on laisse entre les mains de l'enfance des poésies remplies de scènes lubriques, des livres où le paganisme exalte tellement ses divinités et ses héros que la jeunesse, en se complaisant à ces fictions, en admirant ces récits, se sent, malgré elle, attirée vers tant de merveilles, au détriment de la Religion chrétienne.

Cette thèse, féconde en aperçus ingénieux, a fourni de larges développements à ceux qui la soutiennent. La question était grave par elle-même, elle l'est devenue encore davantage, lorsque des hommes tels que le Théatin Ventura, le docteur Phillips et Goerres, s'en sont emparés. Remontons donc le cours des âges et voyons ce qu'il y a de réel dans ce nouveau système.

Un fait incontestable lui est acquis tout d'abord, et personne ne peut nier que les études classiques si florissantes au XVᵉ siècle, n'aient été négligées aux XIIIᵉ et XIVᵉ. Cet abandon, suivi d'une réaction littéraire si prononcée, implique-t-il qu'antérieurement l'Eglise ait répudié ce mode d'enseigner ? L'instruction donnée à la jeunesse dans les premiers âges du Christianisme, et propagée par le Clergé, a-t-elle été basée sur l'étude des anciens ? Voilà, il nous semble, le véritable point en litige, et c'est cette question que l'histoire peut résoudre. Or, jusqu'à la création des Universités, les cloîtres des monastères et des cathédrales étaient presque les seules écoles publiques. Qu'y enseignait-on ? Quand saint Basile, en Orient, fondait avec son Ordre l'instruction chrétienne, il s'appliquait à démontrer dans ses homélies l'utilité que les jeunes gens pouvaient retirer de l'étude des auteurs profanes [1], saint Jean Chrysostome recommandait ces écoles aux pères de famille, et saint Augustin déclarait [2] que les enfants devaient être versés dans les arts des païens, parce que ces arts étaient utiles et nécessaires à la société et à la Religion. Sa pensée se développe et, en le lisant, on reste convaincu que cette instruction dans les beaux-arts profanes se recueillait par les écrivains profanes. Dans sa *Cité de Dieu* [3], le grand Evêque d'Hippone, s'étonnant de voir qu'on ne range pas Julien l'apostat parmi les persécuteurs de l'Eglise, s'écrie : « Ne l'a-t-il pas persécutée, lorsqu'il défendit aux chrétiens d'apprendre les lettres et les beaux-arts ? » Ces expressions alors si-

---

[1] *Opera sancti Basilii*, t. i, Hom. XXIV.
[2] *De Doctrinâ Christianâ*, lib. II, nᵒ 60.
[3] *De Civitate Dei*, XVIII, 52.

gnifiaient les études classiques. L'historien Sozomène [1] complète la pensée de saint Augustin, lorsqu'il raconte qu'à cette époque « les fidèles substituaient aux auteurs de l'antiquité les poésies de saint Grégoire de Nazianze, mais qu'après la mort de Julien ils reprirent les classiques. » Dans la lettre où saint Jérôme [2] censure si amèrement les prêtres romains qui aimaient mieux se livrer à l'étude des poètes qu'à celle des Evangiles et des prophètes, le docteur de l'Eglise ajoute qu'il est nécessaire d'initier la jeunesse studieuse aux auteurs païens. Selon la pensée des Saints-Pères, ces auteurs sont l'apanage de la jeunesse, ils doivent la conduire plus tard à une connaissance sérieuse de l'Ecriture et des maîtres de la foi.

Mais, dira-t-on, l'étude des classiques était nécessaire dans les premiers temps du Christianisme, lorsque les Catholiques d'Orient se trouvaient chaque jour en contact avec les païens. Quand la Religion eut triomphé de ces poétiques erreurs, elle a dû renoncer à un enseignement qui offrait plus d'un péril.

La preuve que l'Eglise n'a jamais été effrayée de ce danger, c'est qu'en Occident, parmi des peuples ignorant jusqu'au nom des Grecs et des Romains, le même mode d'instruction se perpétue par les Bénédictins et par les Evêques. Dans les écoles qu'ils fondèrent, ces mêmes populations, arrachées à la barbarie, apprirent qu'il avait existé des idolâtres dont on leur mettait les œuvres sous les yeux. Quand le Pape Grégoire-le-Grand envoya le moine Augustin porter la lumière de l'Evangile à l'Angleterre, Augustin y établit des classes sur le modèle de celles de Rome [3]. Le Bénédictin Biscope les perfectionna en appliquant l'enseignement qui se distribuait en Italie et en France [4], pays que le saint avait visités. Au même siècle, Béda s'assit sur les bancs de ces écoles, et il raconte dans son *Histoire* [5], que ses condisciples parlaient grec et latin avec la même facilité que leur langue maternelle.

Où ces enfants s'étaient-ils ainsi formés? à quelles sources avaient-ils puisé? Nous trouvons parmi les œuvres de Bède

[1] Lib. I, cap. xii et xvi.
[2] *Epistola* 142, *ad Dam.*
[3] *Epist. sancti Greg.*, lib. xi, epist. 64.
[4] Mabillon, *Réflexions*, t. I, art. 12.
[5] Béda, *Hist.*, lib. I, c. xxvii.

plusieurs livres à l'usage de la jeunesse. Ce Père de l'Eglise
déclare qu'il les a composés pour elle; tous les exemples qu'il
cite sont extraits de Tite-Live, de Cicéron et de Virgile. Sous
Charlemagne, Alcuin fut chargé d'établir et de régler l'enseignement public. Au dernier volume de ses œuvres, on rencontre des cours de grammaire et de rhétorique; comme ceux
de Bède, ils abondent en passages de Virgile, d'Horace et
de la pléiade littéraire que produisit le règne d'Auguste.

Dans la vie des Saints, dans l'histoire des grands hommes
de ces siècles reculés, il est souvent fait mention des études
profanes dont s'enorgueillissaient la France, l'Italie, l'Angleterre et l'Allemagne [1]. En parcourant les écrits de saint Bernard, de saint Anselme, de saint Thomas et de tous les
docteurs de l'Eglise, on voit avec quelle ardeur ils s'étaient
nourris des classiques. Evidemment cette science remontait
pour eux au temps de la jeunesse. Lorsqu'aux XIIIe et XIVe
siècles, les écoles des monastères et des cathédrales eurent
perdu leur éclat, ce furent les Conciles qui essayèrent de réveiller l'ignorante torpeur dans laquelle le monde allait s'endormir. Celui de Vienne surtout se montra le plus vigilant et
le plus actif pour presser la résurrection littéraire. Si ces Conciles ne l'eussent pas désirée, sous la forme et avec les développements des âges passés, jamais peut-être plus belle occasion
ne se serait offerte pour exclure les auteurs de l'antiquité. Ils
les conservèrent néanmoins, et ce fut ainsi une nouvelle consécration.

Les adversaires du système classique ne paraissant pas tenir
compte de tous ces faits et forts de l'autorité du Concile de
Trente, ils se retranchent dans les prescriptions qu'il a données. Voici le texte complet de cette règle VIIe de l'Index si
souvent invoqué : « *Libri qui res lascivas seu obscœnas ex
professo tractant, narrant et docent, cùm non solùm fidei, sed
et morum, qui hujusmodi librorum lectione facilè corrumpi
solent, ratio habenda sit, omnino prohibentur; et qui eos
habuerint, severè ab Episcopo puniantur.*

[1] Voir Mabillon, *Acta S. S. Ord., S. Bened.*, sæc. III, P. II, p. 510-512. — *Surius*, 11 octobre. — Bolland, 7, acta SS. I. Jun.

» *Antiqui verò ab ethnicis conscripti propter sermonis elegantiam et proprietatem permittuntur; nullâ tamen ratione pueris prœlegendi sunt.* »

Cette règle du Concile et son annexe forment un même sens. Elles tendent au même but, c'est-à-dire à la proscription de tout livre qui raconte, qui peint, ou qui enseigne des choses lascives ou obscènes; mais il n'est pas possible d'admettre que les Evêques de la Catholicité réunis à Trente, aient eu l'intention de condamner les enfants à ne jamais lire les ouvrages des païens dans lesquels ne se rencontrerait aucune immoralité. Cela est si bien démontré que ces mêmes Evêques, encouragés par le Souverain-Pontife, s'empressèrent, après la tenue du Concile, de créer des petits séminaires. En ce même temps, les Jésuites établissaient leurs Colléges; partout à Rome, ainsi qu'à Paris, à Madrid, en Belgique, en Allemagne et dans les centres d'instruction publique, on adopta les auteurs profanes. On les confia à la jeunesse, au moment même où les actes de ce Synode si vénéré étaient promulgués. Aucune voix ne s'éleva pour réclamer l'application du principe que, de nos jours seulement, on croit trouver dans ce texte; l'expérience a confirmé la règle établie par les Pères assemblés à Trente; mais cette règle a rendu les maîtres plus circonspects. Ils n'ont jamais indistinctement admis les écrivains d'Athènes et de Rome dans l'éducation de la jeunesse.

Homère, Platon, Sophocle, Xénophon, Thucydide, Demosthènes, Pindare et Plutarque, d'un côté; de l'autre, Cornélius-Népos, César, Tite-Live, Cicéron, Tacite, Salluste, Quinte-Curce, Justin, Virgile, Ovide et Horace sont en général les auteurs choisis par tous les promoteurs de l'enseignement. Dans la plupart, il serait impossible de citer une parole blessant la pudeur de l'enfance; dans certains autres, tels que les poètes, il y a des tableaux où le vice respire et que la jeunesse comme l'âge mûr doit repousser [1], les Jésuites se chargèrent de les en purger. Mais, nous

---

[1] Les Jésuites ne furent pas les premiers qui conçurent cette idée morale. Quintilien, dans le livre 1er de *Institutione orat.*, s'explique ainsi : « On fera un choix non-seulement des poètes, mais encore de leurs ouvrages; car les Grecs sont souvent trop libres, et il y a des endroits dans Horace que je ne voudrais pas expliquer. (*Voir ci-dessus*, page 168.) »

répond-on, cette tâche elle-même fut et est encore une provocation ; elle excite la curiosité ; elle engage à rechercher les éditions originales.

Par ces mutilations auxquelles les mœurs publiques applaudiront sans cesse et qu'on leur a cependant reprochées avec tant d'amertume, les Jésuites ont préservé d'un péril imminent toutes les générations. Si, dans ces générations, il s'est rencontré, s'il se rencontre encore des hommes pour qui les mauvaises lectures soient un attrait, croyez-vous que ces mêmes hommes prendront la peine de traduire l'immoralité, le dictionnaire à la main, lorsque, dans la langue même de leur pays, ils trouveront des ouvrages impies ou obscènes, ne leur laissant que l'embarras du choix ?

Avec les docteurs et les chefs de l'Eglise, avec les princes qui se sont occupés de l'enseignement, la plus grave des questions sociales, les Jésuites pensèrent qu'il fallait présenter à la jeunesse des livres agréables ou utiles, des livres qui le sont dans la forme la plus parfaite. Les Saints-Pères se renferment dans un cadre peu propre à satisfaire ce vœu. Ils traitent des questions théologiques, ils exposent au peuple les dogmes de la religion, ils commentent l'Ecriture, ou, dans leurs homélies, ils font aimer la vertu. Les Jésuites acceptèrent ce qu'il y avait de praticable dans les œuvres des Saints-Pères, et la règle 13me du *Ratio studiorum* prescrit au professeur de rhétorique de faire expliquer aux élèves quelques morceaux choisis, extraits des docteurs grecs et latins. Mais, est-il possible de soumettre des enfants, destinés au monde, à certaines études que les Ordres religieux n'exigent pas eux-mêmes de leurs novices ? Le laïque n'a pas autant de devoirs pieux à remplir que le prêtre. Il vit de son travail, et il est forcé de veiller à ses affaires temporelles. Pourquoi, dans la même proportion, le contraindrait-on, écolier, à ne s'occuper que de choses saintes ? Les Jésuites savent façonner à la piété leur peuple de petits enfants, mais ils veulent aussi l'instruire, et c'est dans les classiques seuls, qu'ils rencontrent les plus sûrs modèles du beau.

Sans doute, on trouve parmi les Saints-Pères des orateurs d'une éloquence entraînante ; on lit avec admiration des pas-

sages qui grandissent et consolent l'humanité. Ces passages
ne sont point omis dans l'enseignement des Jésuites. On leur
accorde une place d'honneur, et il est à désirer que cette place
devienne chaque jour plus large chez les enfants de saint
Ignace ainsi que dans les Universités ; la littérature et le cœur
y gagneront également. Mais, pour établir un cours d'études,
cela peut-il suffire ? Au milieu de ces Pères de l'Eglise, qui
s'occupaient plutôt à toucher les âmes qu'à charmer les oreilles,
où trouvera-t-on un historien à substituer à Tacite ou à César ;
un poète qui remplacera Homère ? Rien ne corrompt plus vite
le goût que des modèles imparfaits ; or, les Saints-Pères,
les latins surtout, n'ont eu ni le temps ni la volonté de polir
leurs œuvres, et ils vivaient dans des siècles où déjà les langues
grecque et latine avaient subi de tristes altérations, leur style
a donc dû se sentir du contre-coup. Ce culte de la forme que
nous invoquons ici, ne sera jamais un purisme exagéré, mais
l'observation des règles de l'art, un plan bien tracé et suivi
avec constance, une élocution abondante et où tout viendra se
coordonner pour composer un ensemble unique. La littérature chrétienne a de magnifiques parties, de beaux passages
oratoires, des hymnes vraiment lyriques ; mais, tous ces frag-
ments épars rempliraient-ils le but que l'on se propose ?

Dans les livres classiques, les jeunes gens ne peuvent s'empêcher d'apprendre mille choses utiles, soit à la vie sociale,
soit à l'étude des sciences. Ces livres sont même remplis de doctrines et de faits susceptibles d'avoir une heureuse influence sur
le caractère. Nous n'établissons pas une comparaison menteuse
entre la sagesse des Grecs ou des Romains et l'Evangile, c'est
le crime des incrédules ; nous ne voulons pas aussi, à l'exemple
des Protestants et des Jansénistes, flétrir, comme souillé d'un
vice originel, tout ce qui se rattache au paganisme. Sa morale
enfante des erreurs, mais ces erreurs sont faciles à saisir. Quoique toujours imparfaite, elle ne se place pas sans cesse en opposition avec l'Evangile. Saint Basile, saint Augustin, et d'autres
lumières de l'Eglise acceptent cette sagesse comme la vertu
naturelle, humaine, qui, sans suffire au chrétien, n'en est pas
moins une véritable sagesse, une véritable vertu. Qu'on se sou-

vienne, répètent-ils dans plusieurs textes, de tant de discours, de tant de traités, de tant de livres de Cicéron, de Démosthènes, de Sophocle et de Virgile. Si notre jeunesse était insensible aux leçons qu'elle reçoit de pareils hommes, nous la regarderions comme fort à plaindre.

Il y a plus, saint Augustin et saint Grégoire de Nysse [1] estiment que le sentiment religieux peut être fécondé par ces ouvrages. Afin de prouver leurs dires, ils se servent de la comparaison de l'or et de l'argent que les Hébreux emportèrent d'Egypte. Ils affirment que chez les païens on découvre encore la trace des vérités révélées, qui leur furent léguées par la tradition. Saint Augustin, dans ses *Confessions*, fait même honneur à l'orateur consulaire, du premier mouvement qui le poussa vers Dieu. « J'étais, raconte-t-il [2], arrivé à un ouvrage de ce Cicéron, dont presque tous admirent le style, sans éprouver la même admiration pour son cœur. Cet ouvrage contient une exhortation à la philosophie, et il a pour titre *Hortensius* [3]. Puis l'éloquent pontife, qui n'a jamais été accusé d'être trop favorable aux païens, s'adressant tout-à-coup à Dieu, s'écrie : « Ce livre a changé mes affections ; vers vous, Seigneur, il a dirigé mes prières et mes vœux, et il a transformé mes désirs. Toute vaine espérance s'est tout-à-coup anéantie pour moi avec une incroyable énergie de cœur ; j'aspirais à l'immortalité de la sagesse et je commençais à me lever pour retourner vers vous. »

Le premier pas qu'Augustin confesse avoir fait dans le sentier de l'Evangile, c'est à une œuvre de Cicéron qu'il le doit. Il ne faut donc point établir en principe que les auteurs païens ne sont bons qu'à éloigner du Christianisme l'esprit de la jeunesse ; quand cette jeunesse aura pour maîtres des hommes de foi [4] et de vertu, des hommes qui ne feront pas métier de distribuer l'enseignement dans le but de s'enrichir ou de corrompre, elle apprendra, en lisant les écrivains de l'antiquité que, sans le

[1] *De vitâ Moysis*, oper., t. 1, p. 209.
[2] *Conf.* lib. iii, cap. iv.
[3] Cet ouvrage de Cicéron n'existe plus.
[4] Voir dans le Père Jouvency (*Ratio docendi*, c. 1, art. 3) quel parti les Jésuites savaient tirer de l'explication des auteurs profanes : « Ut scriptores, quamvis ethnici, omnes fiant quodammodo Christi præcones; hoc est, ut ad virtutis laudationem, et vitii vituperationem omnes revocentur. »

Christ, le monde peut conquérir les arts, la richesse et la gloire, mais que tout cela enfante une sagesse mêlée à mille erreurs grossières; on verra la morale régner dans les livres, et l'humanité en proie à toutes les passions. Ce que Bossuet a prouvé dans ses discours, ce qu'avant lui saint Augustin a démontré dans sa *Cité de Dieu*, ce que tant d'apologistes de la Religion mirent en lumière, se révélera sans peine à la raison des élèves, si une éducation chrétienne soutient le sentiment de la foi dans sa vivacité.

C'est ainsi qu'apparaissent toujours éloquentes, toujours belles de poésie pieuse, ces ruines de Rome qu'entourent les basiliques des saints, les sanctuaires des vierges et les tombes des martyrs; en face de ces magnificences du paganisme, de ces temples chancelant depuis dix-huit siècles, de ces thermes gigantesques et de ces arcs de triomphe, que la Croix couvre de son ombre protectrice; devant ces dieux mutilés de l'Olympe, que les Papes recueillent dans le palais du Vatican, comme pour les faire assister à la glorification de la vérité éternelle; à l'aspect de ces colonnes de bronze, du sommet desquelles sont tombés les empereurs Trajan et Antonin, pour faire place aux princes des Apôtres; au contact de ces vieux obélisques d'Egypte qui peuplent la capitale du monde Chrétien, portant au-dessus de leurs hiéroglyphes muets l'admirable *Christus vincit, Christus regnat, Christus imperat*, que la main de Sixte-Quint incrusta dans le granit, il y a sans aucun doute une grande leçon. Cette leçon, que Rome seule peut donner sur les débris toujours vivants de l'antiquité, se continue, se multiplie dans toutes les écoles. On dirait, on doit même croire que les Apôtres de l'Occident voulurent y perpétuer le souvenir des idées païennes, afin d'apprendre avec Isaïe, aux générations qui se succèdent dans la vie que [1] : « Toute chair n'est que de l'herbe, et toute sa gloire comme la fleur des champs. L'herbe s'est desséchée, et la fleur est tombée, parce que l'esprit du Seigneur a soufflé sur elle, mais la parole de notre Dieu demeure éternellement. »

Les Jésuites ne cherchaient pas seulement dans leurs col-

[1] Isaïe, cap. XXXX, v, 6.

léges à rendre la vertu aimable. Epris de cette passion littéraire
qui charme la solitude, qui embellit la captivité, qui, dans
toutes les circonstances de la vie, offre une consolation au malheur et une espérance au désespoir, ils s'efforçaient encore
d'étendre son empire. Afin de multiplier les progrès de chaque
génération, ils créaient des duels classiques, où la mémoire
s'oppose à la mémoire, l'esprit à l'esprit, et ces distributions
solennelles des prix, où se répandent les larmes fertiles de l'é-
mulation. Ils s'appliquaient à réduire en art les principes de
la littérature et dès sciences. Ils analysaient les volumineux
ouvrages de Budée, de Danès, de Turnèbe, de Vatable, de Robert Etienne. Ils redescendaient jusqu'à l'enfance pour l'élever
peu à peu à leur hauteur; ils ne dissertaient pas avec elle; ils
écartaient la monotonie et l'uniformité, les ennemis les plus mortels du goût. Ils ne voulaient pas seulement former des savants,
ils avaient pour vocation spéciale de faire des hommes honnêtes. Dans l'étude comme dans les jeux, ils s'improvisaient
petits avec les enfants, afin de les conduire graduellement à la
maturité. Pomey écrivait pour eux son *Traité des particules*,
son *Indiculus universalis*, son *Flos latinitatis* et ses ouvrages classiques, dont les professeurs instruits gardent encore
la mémoire. Emmanuel Alvarez leur consacrait sa Grammaire
latine; Riccioli, sa Prosodie, dont la réputation est européenne.
Giraudeau créait la Grammaire grecque et son Odyssée, sous le
nom de *Praxis linguæ græcæ*, puis il mettait à la portée de
la jeunesse l'étude de l'hébreu. Comme le Père Giraudeau, Jouvency aurait pu être l'un des hommes les plus remarquables de
son siècle par l'atticisme de son esprit et par la délicatesse de sa
pensée. Il s'annihila; il se condamna à une obscurité volontaire; il
consuma dans les colléges une existence laborieuse et de doctes
veilles, pour inspirer à la jeunesse l'amour du vrai et du beau;
car, avec Quintilien, ils croyaient tous que l'école où l'on aurait
appris à mieux vivre était de beaucoup préférable à celle où l'on
apprendrait seulement à mieux dire.

A quelque établissement de Jésuites que vous frappiez, vers
quelque collége que le hasard vous pousse, vous rencontrerez
partout un Père dévouant de rares facultés à l'éducation des

enfants. Ici, c'est du Cygne qui trace les préceptes méthodiques sur la rhétorique, la poésie et l'histoire ; du Cygne qui, dans son édition des Discours de Cicéron, donne à ses imitateurs un exemple d'analyse qu'ils ne pourront suivre que de loin. Là, c'est le Père de La Rue qui commente Horace et Virgile à la manière d'Alde Manuce. Plus loin, les générations de Jésuites portent dans les chaires de l'instruction publique, Guerrieri, Perpinien, Maldonat, Abram, La Cerda, Colonia, Benci, Gottifredi, Pimenta de Santarem, Rémond, Adrien de Boulogne, Cossart, Le Jay, Gauthier, Porée, Sanadon et Buffier, célébrités de collége que l'amitié, que la reconnaissance de leurs illustres disciples ont rendues immortelles dans l'histoire. Le Père Aler invente le *Gradus ad Parnassum;* le Père Lebrun collige son Dictionnaire, dont Lallemant s'est approprié la gloire[1], le Père Joubert devient le Noël de son temps ; d'Aquino compose ses Lexiques spéciaux sur la stratégie, l'architecture et l'agronomie ; Vanière publie son beau *Dictionnaire poétique;* Ferrari livre au monde savant son *Dictionnaire syriaque.* Dans le même temps, d'autres Pères de la Compagnie rédigent le fameux *Dictionnaire de Trévoux;* le Père L'Hoste écrit son ouvrage élémentaire sur la marine, le *livre du Jésuite,* ainsi que l'appelaient les marins. Il a servi à élever tous les chefs d'escadre qui, sur les flots, ont fait triompher le pavillon de leur patrie. Dans leurs expéditions navales, d'Estrées, Tourville et Mortemart voulaient toujours être accompagnés et conseillés par ce Père ; dans les écoles même d'Angleterre, le *livre du Jésuite* était devenu classique, et, jusqu'au commencement du dix-neuvième siècle, il a guidé ces officiers d'audace et d'expérience dont la marine britannique peut s'enorgueillir à si juste titre[2].

Les Jésuites ne s'arrêtent pas à ces travaux qui, pour leur Société, trouvaient une récompense dans l'admiration et dans l'estime de l'Europe littéraire. Le goût de l'étude, le besoin d'étendre, de perfectionner les connaissances humaines, ont pù,

---

[1] Le *Dictionnaire latin*, connu sous le nom de Lallemant (imprimeur), n'est que l'abrégé du dictionnaire du P. Lebrun.

[2] Le comte de Maistre, dans son ouvrage de *l'Église gallicane*, p. 60, confirme ce fait. « Un amiral anglais, raconte-t-il, m'assurait, il n'y a pas dix ans, qu'il avait reçu ses premières instructions dans le *livre du Jésuite.* »

en dehors du mobile de la Religion à laquelle ils devaient tout
rapporter, leur inspirer ce dévouement ; mais il se propage au-
delà des mers ; mais sur tous les continents où ils plantent la
croix et où leur sang va l'arroser, vous les rencontrez cherchant
le secret des idiomes les plus barbares. Au milieu des périls que
leur offrent les Missions, ils écrivent des livres élémentaires, ils
composent des Catéchismes. Les Indiens, les Japonais, les Chinois, les peuples de la vieille Asie comme les tribus errantes
de la nouvelle Amérique, s'étonnent de voir leur langue, qu'ils
connaissaient à peine, s'enrichir sous la main des Jésuites d'un
rudiment et d'un dictionnaire.

D'après Ribadeneira, Alegambe, Southwell, et Caballero, leur
continuateur, le nombre des Jésuites qui écrivirent, soit sur la
grammaire en général, soit sur les langues mortes ou vivantes,
dépasse le chiffre de trois cents. Ils préparèrent les enfants des
deux hémisphères à l'étude de plus de quatre-vingt-quinze langues, et le nombre des ouvrages élémentaires que la Société
produisit sur cette matière, si utile et si ingrate, s'élève au delà
de quatre cents. La plus célèbre de toutes les grammaires des
Jésuites est, sans contredit, celle du Père Emmanuel Alvarez,
que les latinistes ont tour à tour commentée, développée, abré-
gée, sans jamais pouvoir la surpasser. Pour mieux façonner la
jeunesse au latin, Alvarez en avait tracé les règles aussi correc-
tement que possible. Une méthode contraire a prévalu maintenant. Ce n'est point ici le lieu de les juger toutes deux, et de
mettre encore Port-Royal et l'Institut des Jésuites en opposition.
Cependant il faut dire qu'avec le plan d'Alvarez un temps précieux est économisé, puisque la langue qu'on veut apprendre à
l'enfance se grave dans son esprit en même temps que le précepte. La pratique venait ainsi avec la théorie, et l'on créait presque sans peine d'habiles latinistes. Cette méthode fut celle des
Jésuites et des Universités jusqu'au moment où Lancelot s'en
affranchit. Ce n'est pas le système d'enseigner le latin par le
latin qu'Alvarez inventa, mais bien l'art de l'enseigner. Il en
déduisit les règles avec une clarté pleine de précision ; il résolut
les difficultés, il appliqua le précepte et l'exemple. Son livre,
comme celui de Despautère, devint classique ; il produisit ces

générations que l'étude des grands modèles rendit si savantes.
Mais la perfection d'une grammaire n'empêcha pas les Jésuites
de chercher de nouvelles améliorations dans l'expérience. Ils
sentaient que leurs efforts devaient tendre à faire aimer le travail; et, tout en recommandant l'usage de la grammaire d'Alvarez, le *Ratio studiorum*[1] accorde aux Pères la liberté du
choix. Dans les colléges de France, où Despautère régnait, Alvarez ne le détrôna pas. Les Jésuites modifièrent l'un par l'autre, et ils se firent une règle à part.

Alvarez néanmoins n'est pas le premier de la Compagnie de
Jésus qui ait songé à mettre au jour un livre élémentaire. Le
Hollandais Corneille Crocus et le poète Frusis avaient déjà entrepris cette tâche à Rome, où semblent se féconder toutes les
heureuses initiatives. A Rome encore, le Père Turselin composait
son *Traité des Particules*, que les savants d'Allemagne, Tho-
masius, Schwartz et Heumann enrichirent de notes et d'importantes additions. Les Pères Antoine Vellez, Richard Esius,
Charles Pajot, Michel Coyssard, de Colonia, Monet, Pomey,
Fischet, François de La Croix, Pierre de Champneufs et cent
autres creusèrent les mystères de la syntaxe et de la prosodie
pour les mettre à la portée de l'enfance. Dans un but auquel la
science doit applaudir, ces hommes de haute intelligence consacraient leur vie à lever les difficultés pour ainsi dire matérielles
des langues mortes. Ils se plongeaient par dévouement dans
cette nuit obscure, d'où ils savaient faire jaillir la lumière. Les
uns expliquèrent, développèrent, rendirent faciles les principes
du grec et du latin; les autres, comme Monet, Bordois, Joubert
et Le Brun, commencèrent le vaste édifice des dictionnaires.
Des spéculateurs plus habiles, mais beaucoup moins doctes que
les Pères de la Compagnie, glanèrent après eux. Ils s'emparèrent du fruit de leurs veilles, et oublièrent jusqu'au nom de
ceux dont ils accaparaient les travaux. Ils se firent de ce larcin
une fortune et un titre de gloire. Noël s'est montré plus équi-

---

[1] « Dabit operam ut nostri magistri utantur grammaticâ Emmanuelis. Quòd si
methodi accuratioris quàm puerorum captus ferat alicubi videatur, vel romanam,
vel similem curet conficiendam, consulto Præposito Generali, salvâ tamen ipsâ vi
ac proprietate omnium præceptorum Emmanuelis. » (*Ratio studiorum*. Regula
provincialis, n° 23.)

table; dans la préface de son *Gradus*, il rend à l'Institut et au Père Vanière la part qui leur revient : « C'est aux Jésuites surtout, dit-il, qu'on doit l'idée et l'exécution du dictionnaire connu dans les études sous le nom de *Gradus ad Parnassum*. Un examen approfondi m'a convaincu que je ne pouvais mieux faire que de prendre cet ouvrage pour base et d'imiter Vanière... J'ai cru devoir consulter les différents classiques du même genre ; et, en comparant ceux d'Italie, de l'Allemagne, de l'Angleterre, etc., j'ai reconnu que c'était le même qu'on avait généralement adopté. »

L'impulsion donnée par les Jésuites se propageait dans les différentes contrées. Partout ils publiaient des livres élémentaires comme le fondement de l'éducation ; partout ils faisaient naître de savants lexicographes. L'Italie, l'Espagne, le Portugal, la Sicile, la Belgique et l'Allemagne en virent dans chaque siècle ; et les noms de François de Castro, de Barthélemy Bravo, de Gérard Montanus, de Pierre de Salas, de Jean de La Cerda, sont populaires en Espagne, comme en Italie ceux d'Horace Turselin, de Félix Felice, de Michel del Bono et de Pietro Ricci. Les Pères Jean Grothaus, Matthieu Maurach, Wolfgang Schonsleder, en Allemagne ; Constantin Syrwid et Grégoire Knapski, en Pologne ; Benoît Pereira, en Portugal, jouissent encore d'une estime méritée.

Ils avaient entassé d'immenses travaux pour simplifier l'étude du latin, d'autres accomplirent la même tâche pour le grec. André Perzivales, né en Crète à la fin de l'année 1599, résuma dans sa grammaire les principes qu'Antoine Laubegeois, Guillaume Bailly, Jacques Gretzer, Juan Villalobos, Martin de Roa et Sigismond Lauxmin avaient posés. Ce furent les premiers Jésuites qui s'occupèrent sous une forme didactique des règles de la langue grecque. Simon Derçkum, Bonaventure Giraudeau, Herman Goldhagen, Pierre Gras et Sanchez de Luna ne vinrent qu'après eux. Par l'ensemble de leurs études sur les racines, la syntaxe, la prosodie, l'accent, la quantité, les dialectes, les verbes et les idiotismes, ils arrivèrent à initier la jeunesse à la poésie d'Homère et à l'éloquence de Démosthènes. Les principales difficultés étaient vaincues : les Pères Charles

Pajot, Schonsleder, Gretser et Seiler se mirent les uns après les autres à composer des lexiques, à suivre l'étymologie des mots de la langue morte dans les locutions des langues vivantes. L'ingratitude d'un pareil travail ne rebuta point ces modestes savants. A force d'investigations et de labeurs, ils triomphèrent des obstacles. Ils s'étaient faits hellénistes pour en créer partout, partout ils réussirent dans leur plan.

Ignace Weitenauer, François Bouton et Bonaventure Giraudeau, marchant sur les traces de Bellarmin et de Mayr, s'occucupèrent de l'hébreu, et Giraudeau simplifia le système de Masclef. Ces trois Jésuites publièrent à différentes époques des études, des grammaires, des dictionnaires hébraïques, travaux qu'avaient ébauchés ou que terminèrent les Pères Adam Aigenler, Léopold Tirsch, Antoine Jordin, Edouard Slaughter et François Haselbauer, dont le mérite a franchi l'enceinte des séminaires ou des collèges. Kircher, le Jésuite universel, ouvre dans son *Prodromus Coptus* la porte aux savants qui viendront expliquer les hiéroglyphes. C'est lui qui rassemble les monuments littéraires des Coptes, et qui commence à débrouiller le chaos des antiquités égyptiennes. Le Père Ignace Rossi le suit dans cette voie si difficile. Kircher venait de ressusciter la langue des Pharaons; avec son *Iter Hetruscum*, il fait le même travail pour la vieille langue étrusque. Les Pères Placide Spatafora et Aloysius Lanzi poussent avec activité les recherches de Kircher; ils arrivent à leur donner un ensemble satisfaisant.

Les Jésuites ne préparaient pas seulement la diffusion des langues-mères. L'expérience leur avait appris que, pour pénétrer au cœur des masses, il fallait parler leur idiome et se mettre ainsi à la portée d'une ignorance que la charité seule devait combattre. Ils s'instituèrent les grammairiens et les lexicographes des Bretons, des Basques et des Lithuaniens. Le Père Maunoir composa une grammaire, un glossaire et des cantiques que la vieille Armorique regarde encore comme des chefs-d'œuvre. Les Pères Emmanuel de Larramendi et Constantin Syrwid firent pour les Basques et les Lithuaniens ce que les Pères Paul Pereszlengi, Jérôme Germain, Barthélemy Cassius, Jacques Micalia, Ardelius de la Bella et Holderman, entrepre-

naient pour le hongrois, le grec moderne, l'illyrien et le turc.
Ils avaient la lumière à répandre : les Jésuites espérèrent la
propager par l'instruction. A tous les coins du monde, partout
où il se trouva quelques hommes réunis en société, les Pères
cherchèrent d'abord à saisir leur idiome, aussi variable que leurs
désirs. A peine initiés à ces innombrables dialectes, ils en étudièrent les difficultés, ils les expliquèrent aux autres ; afin de
faciliter l'éducation, ils les réduisirent en principes, comme une
langue européenne.

Ainsi l'éthiopien et l'arabe eurent pour lexicographes et pour
auteurs les Pères Louis de Azévedo, André Oviédo, Antoine
Fernandez, Lopez de Castilla, Pierre Métoscita, Adrien Parvil-
liers, Laurenius et Sicard. Le Père Jérôme Xavier traça aux
Persans les éléments de leur langue ; Balthazar Gago, Edouard
de Sylva, Gaspard de Viléla, Baptiste Zola, Paul Miki et Pierre
Navarre forcèrent les Japonais à suivre le progrès que les Missionnaires imprimaient à leur idiome maternel. L'Arménie, l'In-
dostan, le Bengale, l'Angola, le Tong-King, la Cochinchine, virent en quelques années surgir des Jésuites qui, non contents de
leur apprendre les vérités éternelles, leur enseignaient, à eux et à
leurs enfants, l'amour de la famille. Tout était à faire au milieu
de ces royaumes, devenus barbares à force de superstitions :
les Pères firent tout ; mais, là comme ailleurs, ils crurent que
rien de stable ne pourrait s'établir tant qu'ils n'auraient pas
donné à tous ces dialectes une uniformité locale. Afin d'accomplir ce projet de civilisation, les Pères Jacques Villotte, Thomas Stephens, Pierre Diaz, François Fernandez, Alexandre de
Rhodes, Jérôme de Majorica et Gaspard d'Amaral devinrent
polyglottes. Des vocabulaires, des grammaires raisonnées parurent dans ces différentes régions. Les Jésuites en adoptaient
l'idiome, ils en faisaient connaître les fondements aux indigènes.
C'était un moyen de les attacher au pays et de les amener à goûter peu à peu les bienfaits de l'éducation.

En Chine les obstacles n'étaient pas les mêmes. Une ignorance presque invincible ne pesait pas sur le peuple ; mais, en
s'accommodant à ses mœurs, les Jésuites voulaient le façonner
par degrés au Christianisme qu'ils annonçaient et à l'instruction

dont ils étaient les missionnaires. Les Pères Matthieu Ricci, Martini, Longobardi, Schall, Gravina, Pantoya, Diaz, Froës, Govea, Orsini, Simoëns, et une multitude d'autres, furent les lexicographes du Céleste-Empire. Le Père Prémare, dans sa *Notitia linguæ sinicæ*, surpassait tous ces travaux. Ce n'est pas une grammaire ni même une rhétorique qu'il a composée, c'est un véritable traité de littérature chinoise. Robert de'Nobili, Joseph Beschi et Antoine Proenza approfondissaient le tamoul. Etienne de La Croix donnait aux brahmes les règles de leur langue. Jean Pons, et Ernest Hanxleden révélaient les mystères du sanscrit et du telenga. Saint François Xavier, Emmanuel Martins, Henriquez et Faraz composèrent le dictionnaire malabare. La grammaire et la syntaxe mexicaines eurent pour auteurs les Pères Galindo, Carochi, de Paredes et del Rincon. D'autres Jésuites, Valdivia, Febrès, Véga et Halberstad, formèrent la langue du Chili; André White, celle du Maryland; Joseph Anchiéta, de Aravio, Figueira et Léon publièrent le glossaire brésilien. Les Pères Vincent del Aguila à Cinaloa, Corneille Godinez sur les rives du Taramandahu, Pierre Gravina à la source du Xingu, Machoni chez les Lulles, Joseph Brigniel chez les Abipons, Marban chez les Moxes, Ortéga chez les Coréens, Villafañe au pays des Guazaves, Barséna et Anasco au Tucuman, Samaniego et de Aragona sur les bords du Paraguay, essayèrent de retrouver quelques vestiges de langage humain dans ces dialectes sauvages, auxquels ils se condamnaient, et qu'ils parvenaient à assouplir. Il fallait un idiome commun pour que leurs héritiers dans les fatigues de l'apostolat n'eussent pas incessamment à recommencer le travail qu'ils ébauchaient : ils créèrent cet idiome. Ils en apprirent les règles à la génération de qui ils le tenaient; puis, en y façonnant les enfants, ils arrivèrent à leur donner le goût de l'étude. Les progrès furent longtemps insensibles; mais la patience des Jésuites ne se lassa point. Enfin ils virent couronner par le succès des tentatives que le monde n'a jamais connues, et dont la civilisation a recueilli les fruits. La quantité de grammaires, de lexiques, de syntaxes et de livres élémentaires qu'ils ont produits dans toutes les langues du Nouveau-Monde a quelque

chose de merveilleux. Il est impossible de les réunir, et même
d'en savoir les titres ou le nombre. Nous n'en avons donné
qu'un faible aperçu; mais on peut par lui se faire une idée des
labeurs que les Jésuites entreprirent dans leurs Missions transatlantiques pour propager l'unité chrétienne et l'éducation, qui
est avec elle la source du bonheur.

Quand de pareils hommes distribuaient l'instruction avec le
zèle d'un apôtre, avec le désintéressement d'un religieux, et
cette charmante aménité dont les récits sont venus jusqu'à
nous, ils devaient, sans aucun doute, obtenir d'immenses succès. Pour s'en convaincre, il n'y a qu'à les suivre de génération en génération dans la pratique de l'enseignement. Entre
l'existence à peine achevée du Novice et celle du Missionnaire
qui va commencer, la Société avait créé une carrière intermédiaire. C'était la seconde épreuve; mais quelquefois le Jésuite
y consumait ses forces et sa vie. Tous les membres de l'Ordre
se savaient destinés au professorat. L'Institut choisissait parmi
eux; il en formait une élite qu'une corporation, basée sur le
même plan, peut seule espérer de faire naître. La noblesse, les
talents, les succès même, ne dispensaient pas de la règle commune. Elle était pour tous, tous s'y soumettaient. Dès le principe, on vit les premiers disciples, les amis, les émules de
Loyola, chargés par lui de rompre aux enfants le pain de la
science dont ils venaient de nourrir les Académies et les capitales de l'Europe.

Polanque et Frusis professaient à Padoue; Domenech et
Strada à Louvain; Simon Rodriguez et Cogordan à Coïmbre;
André Oviédo à Gandie; Salmeron et Bobadilla à Naples;
Araoz, Miron et Martin de Sainte-Croix à Valence; Villanova
dans la ville d'Alcala; Lefèvre, Canisius et Kessel à Cologne;
Jacques Mendoza et Gonzalve à Valladolid; Paluza à Bologne;
Gaudan et Galvanelli à Venise; Lancy à Palerme; Pelletier à
Ferrare; Laynès lui-même à Florence; Mercurian et Emond Au-
ger à Pérouse; Antoine de Cordova, Borgia et Bustamente à
Cordoue; Azévedo, Cyprien Suarez et Emmanuel Alvarez à Lis-
bonne; Natal et Perpinien à Evora ou à Paris.

Tous ces hommes, dont de beaux talents, dont des vertus

plus belles encore ont perpétué le nom, se faisaient humbles professeurs, après avoir fondé les collèges où une obéissance pleine d'avenir paraissait rapetisser leur zèle. Ignace de Loyola n'admettait ni Grec, ni Romain, ni Espagnol, ni Français. Il avait conçu la véritable unité, celle des esprits, se formant par l'accord des doctrines; la seule pacifique, la seule immuable, parce qu'elle existe dans le Catholicisme, où il y a unité de Dieu, de Religion et d'Église. Il semblait dédaigner cette unité que circonscrivent les fleuves, les montagnes, les traités diplomatiques, et qui, s'étendant avec la conquête, se fractionne avec le démembrement d'un empire; unité factice, qui n'est que l'égoïsme élevé à la hauteur d'un schisme humain. Son plan d'études embrassait le monde catholique; il l'avait adapté à cette idée d'association fraternelle; il l'appliquait dès le premier jour, en dirigeant des Français et des Allemands sur l'Espagne et sur l'Italie, des Espagnols et des Italiens sur la France, sur la Germanie et sur les Pays-Bas. Cette communication de langues et de mœurs, dans un siècle où elle était si rare entre les peuples, devenait un progrès évident pour l'éducation, une nouvelle branche de savoir, un lien de plus dans la charité.

Une pareille fusion était nécessaire à Ignace de Loyola. Il avait si bien réglé toutes choses, qu'elle ne sema jamais le trouble dans l'Institut ou dans les collèges. Avant les Jésuites, l'éducation nationale n'existait pas; cette migration de professeurs leur en donna peut-être l'idée; ce furent eux qui en développèrent le germe. Dans l'ancienne Université de Paris elle-même, l'éducation nationale était restée à l'état de théorie, et il n'en pouvait pas être autrement. On accourait de tous les points de l'Europe à ce foyer de lumière; des disciples anglais, allemands, italiens et espagnols se pressaient aux leçons du maître, qui souvent avait abandonné sa patrie pour briller sur un plus vaste théâtre. Dans ces conférences, on discutait sur toutes les matières; l'instruction s'y répandait à pleines mains; il était impossible d'y recevoir l'éducation, encore moins une éducation nationale. Les professeurs des Universités n'étaient point attachés à une doctrine identique par un lien commun. Isolés dans leur gloire ou dans leur rivalité, ils n'avaient pour but que d'accroître leur renommée ou de propager la science et la littérature. Il n'en était pas ainsi des Jésuites ; ils composaient une armée qui allait répandre simultanément l'amour des lettres dans chaque pays catholique. Ils n'ambitionnaient pas un triomphe viager, mais un succès perpétuel. Individus, ils passaient chez un peuple sans y laisser de traces profondes ; mais la Compagnie y résidait à toujours. Son esprit dominait ces obéissances, il les façonnait aux idées et aux doctrines qu'il fallait exposer. La fin déterminante du Jésuite était de faire des Chrétiens ; dans les devoirs que l'Évangile leur impose, le sentiment patriotique, le respect dû au prince et aux lois, sont compris. En s'appuyant sur ce levier, ils créaient donc des citoyens, et ils réalisaient le vœu que Bacon avait émis. « Une société nouvelle, dit le chancelier philosophe [1], en parlant de la Compagnie de Jésus, a porté la réforme dans les écoles ; pourquoi de tels hommes ne sont-ils pas de toutes les nations ? »

On leur suscita des obstacles de plus d'une sorte, en Allemagne, dans la Péninsule et en France ; ils les surmontèrent : avec leur système d'éducation forcément nationale ils introduisirent l'égalité dans leurs colléges. « Il y a, dit Descartes [2], quantité de jeunes gens de tous les quartiers de la France. Ils y font un certain mélange d'humeurs, par la conversation des uns et des autres, qui leur apprend presque la même chose que s'ils voyageaient ; et, enfin, l'égalité que les Jésuites mettent entre eux, en ne traitant guère d'autre manière ceux qui sont les plus distingués que ceux qui le sont moins, est une invention extrêmement bonne. »

Ce principe d'égalité, qui alors était une innovation, les Jésuites, au dire du grand philosophe, le faisaient descendre dans les travaux et dans les jeux de l'enfance. Les fils du peuple furent les condisciples, les camarades des Condé, des Savoie-Nemours, des Conti, des Longueville, des Lorraine et de tous les héritiers des plus illustres familles de l'Europe. Ils initiaient ces jeunes princes aux souffrances des pauvres, ils con-

1 *Annales de la Philosophie*, par le chancelier Bacon, t. II, p. 364.
2 *Œuvres* de René Descartes, lettre 90.

duisaient dans les hôpitaux leurs élèves nobles des Collèges Romain et Germanique, de Louis-le-Grand, à Paris ; du Collège Thérésien, à Vienne ; de l'Impérial, à Madrid. Ils les encourageaient à servir le malade, ils leur révélaient au chevet du mourant cette vie de douleurs qui, commencée dans la misère, se terminait dans l'abandon. Ils leur apprenaient à compatir à des maux qu'il était si facile à leur opulence de soulager ; en mettant sous leurs yeux le désespoir de l'indigent, ils leur enseignaient le secret de la bienfaisance. Ils faisaient plus, ils donnaient aux écoliers sans fortune des protecteurs qui suivaient leurs condisciples dans toutes les carrières ; et Armand de Bourbon, premier prince de Conti, qui s'était lié sur les bancs des Jésuites avec Molière, Chapelle et Bernier, le célèbre voyageur, resta toujours leur ami.

Les Jésuites « dont l'Institution, au dire de Bonald [1], est la plus parfaite qu'ait produite l'esprit du Christianisme, » s'étaient fait un devoir de deviner et d'appliquer tous les moyens les plus propres à exciter l'émulation. Un de ceux qui leur réussit le mieux dans les deux hémisphères, fut l'établissement des Congrégations de la Sainte-Vierge. Elles prirent naissance vers l'année 1569, à Rome, à Naples, à Gênes et à Pérouse, sous l'inspiration d'un jeune Jésuite, Jean Léon, régent de cinquième. Il réunissait tous les jours, dans l'intervalle des études, les plus pieux d'entre les élèves des classes inférieures à la rhétorique, et, tous ensemble, ils s'excitaient à la charité, à la science, à l'amour de Dieu. Cette idée se propagea si rapidement dans les maisons de la Compagnie, qu'en 1584 le Pape Grégoire XIII, par sa bulle *Omnipotentis*, érigea ces assemblées en Congrégation primaire dans l'église du Collège Romain. L'origine de cette affiliation n'avait eu pour but que de former des écoliers plus parfaits. Sous la main des Jésuites, dont le Général était le directeur suprême des Congrégations, elles prirent, comme le grain de sénevé, un rapide accroissement. Elles franchirent l'enceinte du collège avec les jeunes gens qui en sortaient pour embrasser une carrière, et qui désiraient rester

---

[1] *Législation primitive*, t. II.

en communauté de prières et de souvenirs avec leurs maîtres ou leurs condisciples. Elles devinrent un lien de protection ou d'amitié; elles se répandirent en Europe et aux Indes; elles relièrent dans la même association l'Orient et l'Occident, les peuples du Midi et ceux du Nord. Elles avaient des statuts, des règles, des prières et des devoirs communs. C'était une grande fraternité, qui s'étendait de Paris à Goa, et qui de Rome descendait jusqu'au sein de la ville la plus ignorée. Les Congrégations d'Avignon, d'Anvers, de Prague et de Fribourg furent les plus célèbres. Il en existait, composées d'ecclésiastiques, de militaires, de magistrats, de nobles, de bourgeois, de marchands [1], d'artisans et de domestiques, toutes s'occupant de bonnes œuvres; toutes, selon leurs facultés, secourant l'indigence, visitant les malades, consolant les prisonniers, instruisant les enfants et dotant les filles pauvres. Le Tasse et Lambertini, saint François-de-Sales et Fénelon, Alphonse de Liguori et Bossuet, Ferdinand d'Autriche et Maximilien de Bavière, les princes de Conti et de Turenne, la piété et le génie, la majesté du trône et la gloire militaire, s'associèrent à ces comices, qu'un Jésuite présidait sous le nom de directeur. Chaque Congrégation avait un préfet, deux assistants et un secrétaire. En 1705, celle de Louis-le-Grand était ainsi formée: Nicolas de Beaulieu, préfet; Joseph de Laistre et Antoine d'Albaret, assistants; François de Beaufort, secrétaire: le Père de Tournemine la dirigeait. L'année suivante, elle se composa de Timoléon de Brissac, de Claude Leclerc, de Claude d'Atilly, de Thomas Bocaud et du Père de Montigny.

Le culte de Marie avait réuni sous la même bannière des enfants de tous les pays; ils ne s'en séparèrent plus lorsque l'âge leur eut ouvert la carrière des honneurs ou du travail. Cette agrégation, qui embrassait l'univers, doublait les forces morales de la Société de Jésus; mais, protégée par les Papes, soutenue par les rois, elle marchait à l'accomplissement de son œuvre

---

[1] Le cardinal de Bausset, qui a vu la destruction des Jésuites en 1762, écrivait dans l'*Histoire de Fénelon* (t. I, p. 23): « On se ressouvient encore, dans les principales villes de commerce, que jamais il n'y eut plus d'ordre et de tranquillité, plus de probité dans les transactions, moins de faillites et moins de dépravations, que lorsque ces Congrégations y existaient. »

sans se préoccuper des attaques dont ses pratiques religieuses
étaient l'objet. On l'incriminait dans l'enfance, on la calomniait
dans l'âge mûr. Benoît XIV, ce Pape que les Protestants et les
Philosophes du dix-huitième siècle se sont plu à entourer de
leurs hommages, ne craignit pas, au temps même de sa popularité européenne, de donner aux Congrégations un témoignage
de son estime. Elève des Jésuites, il connaissait par expérience
l'esprit des associations qu'ils dirigeaient. Il en avait fait partie
dans sa jeunesse, et, le 27 septembre 1748, il publiait la bulle
d'or, *Gloriosæ Dominæ.*

Après avoir éloquemment développé la pensée créatrice d'I-
gnace de Loyola jetant les fondements de la Société des Jésuites, Benoît XIV ajoute du haut de la chaire apostolique : « Ils
ont encore sagement institué, comme on le sait, qu'entre les
exercices propres de leur Institut, par lesquels ils continuent à
rendre de très-utiles services, ils s'affectionneraient à élever la
jeunesse chrétienne et à lui inculquer de bons principes, prenant soin de la réunir dans de pieuses Associations ou Congrégations de la Très-Sainte-Vierge, mère de Dieu. Ainsi dévoués au service et à l'honneur de Marie, ils apprennent à cette
jeunesse, dans l'école pour ainsi dire de celle qui est la mère
de la belle dilection, de la crainte et de la reconnaissance, à
tendre au sommet de la perfection et à parvenir au dernier
terme du salut éternel. De cette louable et pieuse institution,
que modifient à l'infini de saintes, de salutaires règles, selon
les divers états des Congréganistes, et que gouvernent avec une
habile prévoyance de prudents directeurs, il est incroyable
quel bien a découlé sur les hommes de toutes les conditions.
Les uns, placés dès leur enfance sous le patronage de la Bienheureuse Vierge, dans la voie de l'innocence et de la piété, et
conservant, sans jamais dévier, des mœurs pures, une vie digne
de l'homme chrétien et d'un serviteur de Marie, ont, à travers
les âges, mérité la grâce de la persévérance finale; d'autres,
misérablement égarés par les séductions des vices, sont revenus, de la voie d'iniquité dans laquelle ils s'étaient engagés, à
une pleine conversion par les secours de la miséricordieuse
Mère du Sauveur, au service de qui ils s'étaient dévoués dans

les Congrégations. Ils ont embrassé une manière de vivre sobre, juste, pieuse même, et, soutenus par l'assiduité aux exercices religieux de ces Congrégations, ils ont, jusqu'à la fin, persévéré dans cette vie nouvelle.

» Nous enfin, qui dans notre jeunesse avons été membre de la Congrégation de la bienheureuse Vierge Marie, érigée, sous le vocable de son Assomption, dans la Maison-Professe de la Société de Jésus à Rome; nous qui nous rappelons avec un agréable souvenir d'avoir fréquenté ses pieux et instructifs exercices pour notre plus grande consolation spirituelle; nous donc, jugeant qu'il était du devoir de notre ministère pastoral de favoriser, de promouvoir à l'aide de notre autorité et de notre libéralité apostolique ces institutions solides, pieuses, qui font avancer dans la vertu et contribuent puissamment au salut des âmes, par nos lettres expédiées en forme de bref le 24 avril dernier, nous avons approuvé, confirmé, étendu et amplifié toutes les concessions et grâces antérieures de nos prédécesseurs, comme il se voit par la teneur même de ces lettres. »

Cette bulle d'or, qui manifeste les Jésuites dans leur plan d'instruction, dans leurs Congrégations, dans leurs œuvres apostoliques et dans leur vie, paraissait quelques années seulement avant la destruction de l'Institut. Elle émanait d'un Pontife dont le suffrage fait encore autorité; elle était contresignée par le cardinal Passionei. Elle expliquait le but et les résultats de ces Congrégations, qui, nées au fond des collèges, s'étaient propagées dans le monde avec la célérité que l'Ordre de Jésus imprimait à ses œuvres. C'était l'enseignement simultané de tous les âges et de toutes les conditions agissant sur le riche ainsi que sur le pauvre avec le même principe, et rattachant à un même culte et à une pensée identique des hommes qui ne devaient jamais avoir entre eux aucune relation personnelle. Cette idée d'enchaîner les individus par un lien religieux et de les associer par un doux souvenir d'enfance, fut pour les Jésuites un levier qui donna à leur enseignement une force dont ils surent admirablement tirer parti.

Jouvency, dont le *Ratio discendi et docendi* est encore la règle du beau et du vrai, a dit : « La grammaire et la latinité

sont des pays assez secs. Il faut égayer l'esprit si l'on veut qu'il
s'éveille. Les buissons plaisent quand ils sont fleuris. » Sous ces
poétiques images le Jésuite révélait le secret de l'éducation ; il
en avait approfondi le mystère, que l'Institut a si bien sondé ;
il y préparait le maître et l'élève.

Les Pères de la Compagnie de Jésus, pour rendre l'instruction aimable à l'enfance, la dégageaient de toutes les aridités
de l'école, ils la présentaient sous un aspect attrayant; ils lui
faisaient faire de rapides progrès, ils créaient même de nouvelles branches d'études. Ils ouvraient des cours publics de
mathématiques dans toutes les villes ; et à Caen, par exemple,
en 1667, une seule classe d'arithmétique et de géométrie, fondée par Louis XIV, comptait quatre cents élèves. Le professeur
était un Jésuite, et nous possédons une lettre de félicitations
que lui adressa Chamillard, alors intendant de la Basse-Normandie. La France n'était pas plus favorisée que les autres
royaumes. Le même accroissement dans les sciences se faisait
partout sentir ; les Jésuites le portaient avec eux. Ils avaient
l'industrie de l'éducation ; ils voulaient qu'elle pénétrât dans
toutes les hiérarchies sociales, qu'elle se répandît sous toutes les
formes. Les moyens les plus ingénieux étaient mis en pratique.
Ils s'improvisaient enfants pour instruire, pour amuser les enfants; et, ainsi que le dit un homme que le ministère de l'instruction publique comptait naguère au rang de ses dignitaires [1],
« ils avaient adopté un système plus en rapport avec les mœurs
du siècle. Leurs colléges étaient ouverts à tous les arts d'agrément. La danse, l'escrime même, n'en étaient pas bannies.
Tous les ans la distribution des prix était précédée non-seulement
de tragédies remplies d'allusions politiques, mais encore de bal-
lets composés par les révérends Pères et dansés par les plus
agiles de leurs élèves. Chez eux les études graves devenaient
une sorte de récréation. La physique consistait en une série
d'expériences amusantes où un démonstrateur ambulant venait
montrer quelques phénomènes électriques ou magnétiques,
quelques expériences dans le vide, la circulation du sang dans

[1] *Tableau de l'instruction secondaire*, par Kilian, p. 33.

le mésentère d'une grenouille, le spectacle du grossissement de quelques objets par le microscope. L'histoire, dont il n'était pas encore question dans les colléges de l'Université, s'apprenait surtout par l'inspection des médailles. »

De l'aveu même de leurs adversaires officiels et de leurs rivaux, les Jésuites ne restaient étrangers à aucune étude ; ils en élargissaient même le cadre. Pour fortifier la belle latinité ou apprendre aux jeunes gens à vaincre les difficultés de la langue française, ils les convoquaient à de poétiques tournois. Nous avons sous les yeux un recueil de vers composé en 1697 et 1699 par les élèves des Pères La Sante et Jouvency. Ces poésies, qui ne seraient pas encore aujourd'hui sans attraits, sont signées par Pomereu, Breteuil, Ripert de Monclar, Vérac, Saint-Aignan, Berthier, de Raineville, de Thorigny, d'Eaubonne, de Chauvelin, Riccoboni, Saint-Vallier, de Lamoignon, Châteaurenard, Danchet, Coëtlogon et Le Tellier.

Le Jésuite devenu régent n'avait qu'une occupation, à laquelle se rapportaient toutes les pensées, tous les actes de sa vie. Il appartenait corps et âme à ses disciples. Ses disciples étaient pour lui une affection, une famille, l'univers enfin. Il commençait avec eux les classes élémentaires, il les suivait jusqu'à la rhétorique. Ainsi, au collége de Clermont, auquel Louis XIV donna son nom, le Père Porée, dont « le plus grand mérite fut, selon la parole de Voltaire [1], de faire aimer les lettres et la vertu à ses disciples, » le Père Porée enseigna la rhétorique pendant plus de trente ans. Il compta parmi ses élèves dix-neuf membres de l'Académie française, honneur inouï dans les fastes du professorat. En 1651 cette maison possédait deux mille étudiants, en 1675 leur nombre dépassait trois mille. Chaque jour les Jésuites façonnaient les écoliers à l'étude et à la charité. A chaque fin d'année ils les appelaient à briller sur le théâtre. Les mieux faisants y représentaient des tragédies et des comédies dont les poètes de l'Ordre de Jésus étaient les auteurs. En 1650 ils jouent la tragédie de *Suzanne* [2] devant Louis XIV

---

[1] *Siècle de Louis XIV*, t. I, p. 243.

[2] Nous n'avons point voulu entrer dans le débat que les Solitaires de Port-Royal et les adversaires de l'Institut ont soulevé contre lui à propos du théâtre. Dans une question depuis si long-temps résolue, il nous a semblé qu'il n'y avait qu'à

enfant, qu'accompagnent Charles II d'Angleterre et le duc d'York ; le 19 août 1658 c'est *Athalie* en vers latins, cette même *Athalie* qui inspirera le chef-d'œuvre de Racine. Le 6 juin 1721 le collége de Louis-le-Grand descendait au Louvre, et Armand de la Trémouille, Louis de Mortemart, Etienne de Blanes, Jean de Nicolaï, Armand de Béthune-Charost, Fleuriau d'Armenonville, Victor de Rochechouart, Victor Méliant, Jean de Courmont et Gabriel Riquet donnaient devant le roi la première représentation des *Incommodités de la grandeur* [1].

Quand, au milieu des solennités littéraires, les Pères Labbe, Cossart, de La Rue, Porée, La Sante, Ménestrier, Edmond de Joyeuse, et tous les prédécesseurs ou les héritiers de ces vétérans de l'enseignement prenaient la parole ; quand, dans les exercices littéraires, les élèves se livraient à l'inspiration de leurs jeunes cœurs, c'était toujours à un but national que les Jésuites les ramenaient. Ils glorifiaient le nom de leur pays ; et, république ou monarchie, ils savaient évoquer ses grands hommes afin de les offrir aux enfants comme des modèles. Il existe en France la collection d'un journal qui a traversé deux siècles : c'est *le Mercure*, et dans ses pages oubliées on rencontre souvent la confirmation de ce fait. Ainsi le 21 août 1680, pour enflammer le courage de la jeunesse et éveiller dans son âme un profond sentiment d'orgueil patriotique, les Jésuites du collége Louis-le-Grand l'aident à célébrer les victoires de la France. Le 10 octobre 1684, le Père de La Baune, afin de lui

---

donner l'opinion d'un des juges les plus illustres. Bossuet dans ses *Maximes et Réflexions sur la Comédie*, t. XXXVII, p. 603 de ses *Œuvres complètes*, s'exprime ainsi :

« On voit en effet des représentations innocentes ; qui sera assez rigoureux pour condamner dans les Colléges celles d'une jeunesse réglée, à qui ses maîtres proposent de tels exercices pour leur aider à former ou leur style ou leur action, et en tout cas leur donner, surtout à la fin de l'année, quelque honnête relâchement ? Et néanmoins voici ce que dit sur ce sujet une savante Compagnie, qui s'est dévouée avec tant de zèle et de succès à l'instruction de la jeunesse : « Que les tragédies et les comédies, qui ne doivent être faites qu'en latin, et dont l'usage doit être très-rare, aient un sujet saint et pieux ; que les intermèdes des actes soient tous latins et n'aient rien qui s'éloigne de la bienséance, et qu'on n'y introduise aucun personnage femme, ni jamais l'habit de ce sexe. » (*Rat. stud.*, tit. *Reg. Rect.*, art. 13). Bossuet ajoute : « On voit cent traits de cette sagesse dans les Réglements de ce vénérable Institut. »

[1] Cette comédie est du Père Du Cerceau.

faire respecter les institutions du royaume, célèbre devant elle
les vieilles gloires du Parlement et les services qu'il a rendus.
En septembre 1717 on disserte publiquement sur l'état de vie le
plus utile au pays. Le 6 août 1720 on honore l'industrie et
l'agriculture. Au mois de janvier 1728 les jeunes gens se demandent si les Français l'emportent sur les autres nations dans
les œuvres du génie. Cette question s'agite ; elle se résout au
milieu de débats solennels. Ce qui se passait dans le royaume
très-chrétien se renouvelait dans les autres États. Aux enfants
nés sous le régime de la monarchie les Jésuites enseignaient la
fidélité du sujet, parce qu'ils étaient sujets eux-mêmes. Sous
le gouvernement démocratique, ils se faisaient républicains : ils
proposaient à leurs élèves les exemples fameux des héros qui
avaient conquis ou défendu la liberté.

Une éducation si franchement populaire, et dont Loyola s'é-
tait créé le promoteur, grandit avec son Institut. La marche
qu'il avait tracée fut suivie. Des orateurs, des poètes, des historiens, des mathématiciens, des missionnaires qui avaient fécondé le désert et évangélisé les sauvages, des hommes dont le
nom, la vertu, la science étaient une victoire, venaient tour à
tour occuper dans les colléges de modestes, mais d'utiles fonctions. C'était pour les parents une garantie, et pour les enfants
un honneur. Ils cherchaient à s'en rendre dignes par une émulation de toutes les heures. L'influence de ces maîtres ne restait pas circonscrite dans les murs de l'établissement; elle se
propageait au dehors, et le cardinal Maury a pu dire avec vérité [1] : « A Paris le grand Collége des Jésuites était un point
central qui attirait l'attention des meilleurs écrivains et des personnes distinguées de tous les rangs. C'était une espèce de tribunal permanent de littérature que le célèbre Piron, dans son
style emphatique, avait coutume d'appeler *la chambre ardente
des réputations littéraires*, toujours redoutée par les gens
de lettres comme la source principale et le foyer de l'opinion
publique dans la capitale. »

[1] *Eloge de l'abbé de Radonvilliers, de l'Académie française*, prononcé par le
cardinal Maury, le jour de sa réception à l'Institut de France, 6 mai 1807. L'abbé
de Radonvilliers avait été Jésuite.

La délicatesse de leur goût, la pureté de leur style les in-
vestirent de cette magistrature de la critique : on les vit toujours la remplir avec autant de tact que de conscience littéraire.
Les rois et les peuples avaient si bien compris l'ascendant des
Jésuites et les résultats qu'il devait obtenir sur le moral de la
jeunesse que, malgré les rivalités universitaires, la Compagnie
fut souvent dans la nécessité d'ajourner de nouveaux établissements. Néanmoins, à la fin de l'année 1710, elle opéra le recensement de ses maisons. Ce recensement produisit six cent
douze colléges, cent-cinquante-sept pensionnats ou écoles normales, cinquante-neuf noviciats, trois cent quarante résidences,
deux cents missions et vingt-quatre maisons professes. Elle possédait en outre vingt-quatre universités, dans lesquelles ses
Pères conféraient les grades académiques. Au moment de la dissolution, en 1762, l'atlas universel de l'Institut prouve que
dans les dernières années de la Compagnie elle était encore en
progrès et qu'elle se trouvait à la tête de six cent soixante-neuf
colléges. Les Jésuites ne s'imposaient point aux cités; le gouvernement n'en faisait une obligation ou une condition à aucune
ville. Les citoyens les appelaient librement ; ils dotaient le collége selon leurs facultés, et la mission des Pères commençait.
Chateaubriand, dans son *Génie du Christianisme*, en trace un
tableau que l'histoire doit recueillir : « L'Europe savante, dit-il [1],
a fait une perte irréparable dans les Jésuites. L'éducation ne
s'est jamais bien relevée depuis leur chute. Ils étaient singu-
lièrement agréables à la jeunesse. Leurs manières polies ôtaient
à leurs leçons le ton pédantesque qui rebute l'enfance. Comme
la plupart de leurs professeurs étaient des hommes de lettres
recherchés dans le monde, les jeunes gens ne se croyaient avec
eux que dans une illustre académie. Ils avaient su établir entre
leurs écoliers de différentes fortunes une sorte de patronage qui
tournait au profit des sciences. Ces liens, formés dans l'âge où
le cœur s'ouvre aux sentiments généreux, ne se brisaient plus
dans la suite, et établissaient entre le prince et l'homme de lettres ces antiques et nobles amitiés qui vivaient entre les Scipion
et les Lélius. »

[1] *Génie du Christianisme*, t. VIII, p. 199 (1804).

» Ils ménageaient encore ces vénérables relations de disciples et de maîtres, si chères aux écoles de Platon et de Pythagore. Ils s'enorgueillissaient du grand homme dont ils avaient préparé le génie, et réclamaient une partie de sa gloire [1]. Un Voltaire dédiant sa *Mérope* à un Père Porée, et l'appelant son *cher maître*, est une de ces choses aimables que l'éducation moderne ne présente plus. Naturalistes, chimistes, botanistes, mathématiciens, mécaniciens, astronomes, poètes, historiens, traducteurs, antiquaires, journalistes, il n'y a pas une branche des sciences que les Jésuites n'aient cultivée avec éclat. »

Leur éducation laissait sur toute une vie un cachet de religion, d'honneur et de probité. Elle a formé partout d'illustres pontifes, des généraux, des magistrats, des savants et des écrivains qui seront la gloire éternelle de leur patrie. Ici, ce sont les Bourbon, les Rohan, les Montmorency, Farnèse, Villars, Luxembourg, Radziwil, Montécuculli, Richelieu, Duras, Spinola, Gramont, Boufflers, Firmian, Furstemberg, Esterhazy, Mortemart, Tilly, Waldstein, d'Estrées, Broglie, Choiseul, don Juan d'Autriche, Beauveau, Laudon, Nadasti, Saint-Simon, Lord Lovat, Fabert, Colloredo, Saint-Germain et Créqui; là, Grégoire XIII, Benoît XIV et Pie VI; les cardinaux Noris et Marza Angelo, saint François de Sales et Bossuet, Liguori et le cardinal de Bérulle, Visconti et La Rochefoucauld, le cardinal de Polignac et Huet, l'abbé Fleury [2] et Belsunce, le cardinal de Fleury

---

[1] On racontait un jour au Père Porée que Voltaire avait dit : « Le Père Porée n'est pas un grand poète. » — « Au moins, reprit le modeste et spirituel professeur, il conviendra bien que j'ai su en faire. »

[2] L'abbé Fleury, l'historien de l'Eglise, conserva toujours pour les Jésuites, ses anciens maîtres, une respectueuse reconnaissance. Afin d'en laisser un gage solennel, il composa un petit poème sur la bibliothèque du Collège de Clermont ou de Louis-le-Grand. En voici un passage ou l'auteur confond dans un éloge mérité les Pères Perpinien, Maldonat, Auger, Fronton du Duc, Saillan, Sirmond, Cressoles, Petau et Caussin, autrefois professeurs à ce Collège, et dont les portraits étaient placés dans la bibliothèque :

« Contra dant ubi magna novem intervalla fenestræ,
Ora novem sunt picta virûm, quæ maxima *Claro*
Lumina fulserunt *Monti* dum vita manebat :
Nunc totidem æthereas exornant sidera sedes.
Primum PERPINIANUS habet, quem regia quondam
Dicentem plenis affusa Lutetia templis
Suspexit. Post hunc te, MALDONATE, videmus,
Cui nulla in sacris arcana impervia libris :
Et te doctrina clarum eloquioque potentem,

et Languet, Frédéric Borromée et Quirini, Bridaine et Mailly,
Edgeworth de Firmont et Bausset, avec le cortége de papes, de
cardinaux et d'évêques qui ont honoré l'Eglise par leurs vertus
et par leurs talents. Dans la magistrature, les Jésuites comptent parmi leurs élèves Lamoignon et Séguier, Dudon et Molé,
Novion et de Mesme, d'Aligre et d'Argenson, Pothier et Le Bret,
d'Ormesson et Le Jay, Montesquieu et Bouhier, Portail et
Maupeou, Amelot et Nicolaï, Hénault et Pontchartrain, Males-
herbes et De Sèze; dans les lettres et dans les sciences, le
Tasse [1] et Galilée, Juste Lipse et Santeuil, Descartes et Corneille [2], Cassini et Molière, Jean-Baptiste Rousseau et Scipion
Maffei, Goldoni et Varignon, Tournefort et Malézieux, Fontenelle et Mairan, Vico et Alfiéri, Saint-Lambert et d'Olivet, Pom-
pignan et Turgot, Volpi et Quadrio, Voltaire et Fréron, Mer-

> AUGERI, si qua est dicendi copia. Necnon
> Doctorum ornatur DUCÆUS FRONTO Pelasgum
> Insequitur, cui tantum, Chrysostome, debes.
> Nec SALIANUS abest ; quique antiquissima tanto
> Christiadum excussit studio monumenta priorum,
> SIRMONDUS, nulli scribendi laude secundus ;
> CRESSOLI deinde ora vides, quo doctior alter
> Non fuit, excepta sapientis mente PETAVI :
> Hunc latuit nihil humanum quo tendere posset
> Ingenium. Quidquid veteres scripsere Latini,
> Quodcumque Inachidum prisca de gente relictum est
> Noverat, hebreæque arcana volumina sectæ.
> Hic si romana lusisset carmina lingua,
> Carmina Virgilium Romæ lusisse putares.
> Sermonem Latio scripsisset more solutum,
> Sermonem poterat Cicero dictasse videri.
> Plura alii melius referent, quos inclytus heros
> Agnovit socios, aut qui stupuere docentem.
> Fata illum nobis etiam vidisse negarunt.
> Tu super unus eras calamo, CAUSSINE , diserto
> AULAM qui faceres dictu mirabile SANCTAM. »

[1] Le Tasse, qui a toujours vécu dans la plus affectueuse intimité avec le Père
François Guerrieri, son professeur de rhétorique, lui adressa un sonnet qui commence par un jeu de mots :
                    Hai col nome guerrier, Guerrier l'ingegno.
[2] Il existait en 1762 un exemplaire des œuvres du grand Corneille, dont il avait
fait hommage aux Jésuites, ses anciens maîtres. A la tête de l'ouvrage, on lisait cette
dédicace de la main même du sublime poète :
                         Patribus Societatis Jesu
                    Colendissimis præceptoribus suis,
                           Grati animi pignus
                         D. D. Petrus Corneille.
> DI majorum umbris tenuem et sine pondere terram,
> Qui præceptorem sancti voluere parentis
> Esse loco.

senne et Cavanillas, Edmond Burke et Kemble, l'orateur et le
tragique anglais; Filicaia et Bianchini, Salvini et Muratori,
Viviane et Redi, la Condamine et Gresset, Helvétius et Crébillon, Chomel et Mably, Buffon et Diderot, le Père Elysée et
Raynal, Maury et Canova, Barthélemy, Lagrange et Bernard
de Jussieu.

Par ce pêle-mêle de glorieuses individualités, n'ayant besoin
que d'être citées pour évoquer des souvenirs, et dont nous
pourrions grossir indéfiniment la liste, il sera facile de se convaincre que les Jésuites ne condamnaient pas leurs élèves à une
ignorance précoce, et qu'ils n'inclinaient pas leurs cœurs vers
le cloître ou le sacerdoce. Depuis leur origine jusqu'à leur suppression, c'est-à-dire dans l'espace de deux cent trente années,
ils ont fait l'éducation de l'Europe entière, et celle du siècle de
Louis XIV. Tous les jeunes gens de leurs collèges ne furent
pas, sans doute, des modèles de vertu, des génies ou de vaillants
capitaines. Sous des maîtres religieux, il peut se former des
impies; à l'école d'un savant, il y a des intelligences qui reste-
ront toujours à l'état d'inertie. C'est la condition de quelques
natures viciées; les Jésuites n'ont pu les vaincre, leurs efforts
ont échoué comme, en présence des mêmes caractères, échoueront toutes les tentatives. Ce n'est point dans l'exception qu'il
faut se placer, mais dans la réalité commune. Ils ne demandaient
à l'enfance que ce qu'elle pouvait produire; ils n'étiolaient pas en
serre chaude des orateurs, des astronomes, des poètes, des mathématiciens, des moralistes de douze ans. Ils avaient mis en
pratique, long temps avant le philosophe de Genève, la sage
leçon que Jean-Jacques Rousseau donne en théorie dans son
Emile. « Les progrès d'un enfant, dit-il, doivent être ceux d'un
enfant. Pourquoi vouloir qu'ils soient ceux d'un homme? Le
goût des lettres est tout ce que les collèges peuvent inspirer;
ils ouvrent la carrière, c'est au génie à la parcourir. »

Il est sorti des maisons de la Compagnie de hautes vertus et
de grands criminels; nous ne lui faisons ni l'honneur d'avoir
seule créé les premiers, ni l'injure d'avoir disposé au vice les
seconds. Ils exerçaient un inévitable ascendant sur le cœur de
leurs élèves; mais cet ascendant, que tant de passions, que tant

d'intérêts contradictoires essayaient d'atténuer dans le monde, n'était pas assez puissant sur des caractères fortement trempés pour ne déterminer que le bien ou pour étouffer tout le mal. Cependant, il est un reproche qui leur a été plus d'une fois adressé, et qu'ils n'ont jamais mérité. On les accuse d'avoir à leur insu, mais par une fausse direction, préparé la jeunesse que les excès de 1793 ont si fatalement immortalisée. Exilés de leurs établissements en 1762, proscrits comme Jésuites en 1764, ils n'assument que jusqu'à cette époque la responsabilité morale de l'éducation. Ce n'est pas lorsqu'ils occupaient le Collége de Louis-le-Grand que les Robespierre, les Camille Desmoulins, Fréron, Tallien, Chénier et tant d'autres, y entrèrent [1]. L'Université s'était portée héritière de l'Institut; au nom du Parlement de Paris, le Président Rolland la mit en possession du Collége de Louis-le-Grand. Elle y enseignait à la place des Jésuites; Robespierre et Chénier, Fréron et Tallien, furent la première génération qu'elle y forma, contre ses prévisions et ses espérances. Chose digne de remarque, bien peu d'entre les disciples de l'Ordre de Jésus, s'il en fut, prirent une part coupable aux mesures révolutionnaires. Beaucoup en furent victimes ; mais ses apostats eux-mêmes, tels que Raynal et Cérutti, ne sanctionnèrent point les crimes de cette époque.

Le régime intérieur des écoles de la Compagnie de Jésus était uniforme, et tel à peu près qu'il subsiste encore dans les colléges de Jésuites ou dans ceux qui ont pris modèle sur leur plan d'éducation. La seule différence sensible se trouve dans le gouvernement des externes. Les Pères avaient pensé que ce dépôt confié à leur garde par les familles était aussi sacré pour eux que celui des pensionnaires. Ils établirent donc une surveillance active sur les externes. Le préfet des études dressait un catalogue des maisons où les étudiants, éloignés de leurs parents, pouvaient choisir un demicile. A des jours indéterminés, il visitait ces maisons, afin de s'assurer par lui-même si le

---

[1] Un simple rapprochement de dates aura plus d'éloquence que toutes les dénégations. Robespierre est né en 1759, Danton aussi, Camille Desmoulins en 1762, Joseph Chénier en 1764, Fréron en 1756 et Tallien en 1769. Il est donc matériellement impossible qu'ils aient été élevés à Louis-le-Grand par les Jésuites, expulsés en 1762 de toutes leurs maisons de France.

bon ordre y régnait. Il recevait les plaintes, distribuait les conseils; et descendait, avec les enfants, jusqu'aux plus minutieux
détails. Les maîtres de pension étaient responsables de la conduite de leurs locataires ; on les obligeait à coopérer à l'exécution des réglements, et, si leur zèle ou leur prudence se refroi-
dissait, ils étaient à l'instant même rayés du catalogue. Cette
sécurité donnée aux familles en était une aussi pour les Jésuites.

La classe occupait les heures les plus précieuses de la journée ; mais afin d'aider ceux qui déployaient plus d'émulation que les autres, sans néanmoins décourager le plus grand
nombre, à qui suffisaient les devoirs communs, les Jésuites
avaient formé des académies. Pour en devenir membre, il fallait se distinguer par la piété et par l'application.

Le Concile de Trente, dont la prévoyance s'est étendue à
tout, devait nécessairement s'occuper de l'éducation, que l'hérésie et les vices avaient gangrenée. Il indiqua les moyens à
employer pour raviver le culte du vrai dans le cœur de la jeunesse ; il conseilla de doctes, de sages professeurs. La Congrégation, interprète de ce Synode, jetant les yeux sur la Société
naissante de Jésus, émit ce vœu dont l'expérience de deux siècles a confirmé la justesse [1] · « Et si l'on trouve des Jésuites,
il faut les préférer à tous les autres. » Un suffrage pareil, que
les Souverains-Pontifes, que les rois, que les Évêques, que les
peuples ont adopté comme la règle de leur conduite, et auquel
les savants de toutes les communions et de tous les pays adhérèrent dans de magnifiques témoignages, ne laisse plus rien à
dire sur ce code d'instruction, ainsi que sur la manière dont il
fut appliqué.

Quand les trois siècles les plus célèbres de l'histoire viennent, dans les hommes qu'ils ont produits, honorer le maître
qui les a formés, quand on se rappelle de quel amour les élèves
des Jésuites entouraient leurs professeurs, et qu'on trouve encore à chaque page des chefs-d'œuvre de la littérature européenne les traces de ce respect, dont Voltaire lui-même s'est

[1] *Et, si reperiantur Jesuitæ, cæteris anteponendi sunt. (Declarationes con-
gregationis Concilii, ad sess. XXIII. De Reformatione, c. XVIII, n° 34.)*

rarement départi ; quand surtout on compare ce sentiment de
pieuse gratitude avec le méprisant oubli qui accueille trop souvent le nom des universitaires qui élevèrent la génération actuelle, il faut bien s'avouer qu'il y avait chez les Jésuites un
principe vital, une éducation appropriée aux besoins de la famille et au vœu des jeunes gens.

Bacon, qui découvrit un nouveau monde dans les sciences,
résumait ainsi sa pensée sur le système d'études de la Compagnie : « En ce qui regarde l'éducation de la jeunesse, dit le
chancelier philosophe d'Angleterre, il serait plus simple de dire :
Consultez les écoles des Jésuites, car il ne peut se faire rien de
mieux que ce qui s'y pratique [1]. »

Mais Leibnitz, un autre protestant aussi illustre que le chancelier, Leibnitz, tout en accordant justice à la Société de Jésus
sur ses travaux dans l'instruction, croyait qu'il lui restait encore d'autres services à rendre au monde. « J'ai toujours
pensé, écrivait-il à Placcius [2], qu'on réformerait le genre humain, si l'on réformait l'éducation de la jeunesse. On ne pourra
facilement venir à bout de ce dernier point qu'avec le concours
de personnes qui, à la bonne volonté et aux connaissances, joignent encore l'autorité. Les Jésuites pouvaient faire des choses
étonnantes, surtout quand je considère que l'éducation des
jeunes gens fait en partie l'objet de leur Institut religieux. Mais,
à en juger par ce que nous voyons aujourd'hui, le succès n'a pas
pleinement répondu à l'attente, et je suis bien éloigné de penser
sur ce point comme Bacon, qui, lorsqu'il s'agit d'une meilleure
éducation, se contente de renvoyer aux écoles des Jésuites. »

Entre ces deux grands esprits du Protestantisme, la question
qui s'agite n'est que du plus au moins. Bacon trouve tout parfait dans l'ordre et l'objet des études. Il admire la méthode
pratique des Jésuites, leur zèle et leur habileté à former la jeunesse. Leibnitz, qui a vu les Pères aux prises avec tant de difficultés ; Leibnitz, qui les défend et qui s'honore de leur amitié,
pense que l'Institut n'a pas encore dit son dernier mot, il l'ap-

---

[1] *Ad pædagogicum quod attinet, brevissimum foret dictu : Consule scholas
Jesuitarum, nihil enim quod in usum venit, his melius.* (*De dignit. et augm.
scientiar.* lib. VII, p. 453.)

[2] *Œuvres* de Leibnitz, t. VI, p. 65.

pelle à la réalisation de son utopie chrétienne. Bacon et Leibnitz
différaient d'opinions sur le plan adopté. L'un l'approuvait sans
réserve, l'autre aurait désiré qu'il se modifiât pour que ses succès fussent plus complets. La vérité est entre cet éloge et ce
blâme conditionnel, qui peut s'appliquer à toutes les œuvres de
l'homme. Quoi qu'il en soit, il ressort évidemment des paroles de ces philosophes, que les Jésuites étaient alors sans
rivaux en Europe pour l'éducation de la jeunesse; et, comme
l'a dit le savant abbé Emery [1], que l'empereur Napoléon a si
souvent consulté : « On a expulsé les Jésuites, on a rejeté
leur méthode; que leur a-t-on substitué? Qu'est-il résulté de
tant de nouveaux systèmes d'éducation? Les jeunes gens ont-
ils été mieux instruits? leurs mœurs sont-elles devenues plus
pures? Hélas! leur ignorance présomptueuse, la corruption de
leurs mœurs portée à son comble, forcent la plupart des hommes
honnêtes à regretter bien vivement et la personne et la méthode
des anciens maîtres. »

[1] *Pensées de Leibnitz*, par M. Emery, supérieur-général de Saint-Sulpice,
p. 429 (édit. de 1803).

CHAPITRE IV.

Considérations sur les écrivains de la Compagnie de Jésus.— Leur point de vue.—
Les Jésuites jugés par Voltaire, d'Alembert, Lalande et l'abbé de Pradt. — Les
premiers théologiens de la Société — Laynès et ses ouvrages. — Manière d'étudier & de comprendre leur génie. — Salmeron et Canisius. — Possevin, théologien et diplomate.— Les savants de la Compagnie. — Tolet et Bellarmin. — Leur
science. — Les controversistes et leurs œuvres. — Les Pères Wetter et Garasse.
Causes des hyperboles scolastiques. — Suarez et Cornelius à Lapide. — Les
commentateurs de l'Ecriture-Sainte. — Travaux des Jésuites sur la Bible. — Les
Jésuites traducteurs des Pères de l'Eglise. — Le Père Sirmond et Théophile Raynaud. — Le Père Labbe et les collecteurs des Conciles. — Le Père Hardouin et
le Père Petau. — Caractère du talent de Petau.— Les théologiens relâchés. —
Escobar et Busembaum.— Les utopies théologiques des Jésuites.— Leurs propositions relâchées.— Explication de ces propositions.— Leur but. — Les ascètes.
— Les Pères Rodriguez, Nouet, Judde et Gonnelieu. — Effet que ces écrivains
produisirent dans le monde. — Les philosophes. — Causes qui ont empêché les
Jésuites de compter parmi eux un grand nombre de philosophes. — Malaperluis
et Fabri. — Suarez et sa métaphysique. — Gracian et ses ouvrages de morale. —
Boscovick et Buffier. — Le Père Guenard et l'Académie française. — L'éloquence
de la chaire et l'improvisation. — Les Jésuites prédicateurs.— Les Missionnaires.
— Les orateurs sacrés. — Différence entre eux. — Paul Segneri et les prédicateurs italiens.— Les portugais et les espagnols. — Le Père Juan de Isla fait la
critique de leurs défauts. — Les belges. — Les allemands et Jacques Wurz. —
Les français et Claude de Lingendes, créateur de l'éloquence sacrée en France.
— Bourdaloue.— La Rue et Cheminais.— Le Père de Neuville et le dix-huitième
siècle. — Les Jésuites historiens. — Les historiens de la Compagnie. — Orlandini, Sacchini, Jouvency et Bartoli. — Les biographes. — Les historiens ecclésiastiques ou profanes. — Mariana et Pallavicini. — Strada et Maffei. — D'Avrigny et Daniel. — Bougeant, Longueval, Brumoy et Berthier. — Caractère de ces
écrivains. — Du Halde et les *Lettres édifiantes*. — Berruyer et Griffet. — Les
Jésuites antiquaires. — La science épigraphique des Pères. — Les Bollandistes et
les hagiographes de la Compagnie. — Les Jésuites géographes. — Les Jésuites
canonistes. — Les Jésuites mathématiciens. — Clavius et ses élèves. — Guldin
et de Saint-Vincent. — Le Père Lallouère et Pascal.— Le Père Riccati et le calcul
intégral.— Découverte des Pères Riccioli et Grimaldi. — Etudes sur la lumière
et les couleurs. — Le Père Pardies géomètre. — Le Père L'Hoste et les marins.—
Les Jésuites hydrographes. — Le Père Zucchi et le télescope. — Le Père Kircher
et ses travaux. — L'aérostat inventé par le Père de Gusmao. — Il est traduit
au Saint-Office. — Le Père Lana et ses découvertes. — Les Jésuites minéralo-
gistes. — Les Jésuites peintres et horlogers. — Les Jésuites astronomes. — Le
Père Scheiner découvre les taches du Soleil. — Le Père Eschinardi devance
Cassini dans la découverte de la grande comète de 1668. — Deschales et les couleurs. — Le Père Boscovich. — Les Jésuites créent les principaux observatoires
de l'Europe. — Le Père Paëz découvre la source du Nil. — Le Père Marquette à
l'embouchure du Mississipi. — Les Jésuites sur l'Orénoque. — Le Père Manuel
Roman. — Le Père Albanel découvre la baie d'Hudson. — Les Jésuites et le
quinquina. — Découverte de la rhubarbe, de la vanille et de la gomme élastique.
— Le ginseng et la porcelaine.— Les Jésuites littérateurs et poètes. — Sarbiewski
et le Père Le Moine. — Frédéric de Spée et ses poèmes allemands. — Rapin et
Du Cygne. — Bouhours et Vanière. — Tournemine et Bettinelli. — Berthier et
le *Journal de Trévoux*.

Nous venons d'expliquer le plan d'études suivi par la Compagnie de Jésus. Avant de rentrer dans le récit des événe-

LE VÉNÉRABLE ROBERT BELLARMIN,
Cardinal, de la Compagnie de Jésus.

ments, nous croyons devoir tracer un tableau des hommes littéraires que ce plan a produits. Pour parler de tant d'auteurs célèbres à des titres si différents, pour réunir dans un même cadré le controversiste et le poète, l'historien et le géomètre, l'orateur et l'érudit, le grammairien et l'astronome, le savant des salons de Paris ou de Vienne et celui de la cour de Pékin, il importe tout d'abord de déterminer leur véritable point de vue. Ce n'est pas avec des idées paradoxales ou des préceptes d'avance stéréotypés dans sa tête, qu'un écrivain peut prononcer un jugement consciencieux sur tant d'écrivains ses prédécesseurs. Il faut qu'il place les hommes dont il va discuter les ouvrages en regard de leurs contemporains et de leurs rivaux. Toute grandeur humaine est relative; pour être appréciée, elle a besoin d'un terme de comparaison. Ce terme ne doit être pris ni dans l'état actuel de la Religion, des sciences, des lettres et des arts, ni même dans les préventions ou dans l'ignorance qui pourraient accueillir les études théologiques et morales. Les littérateurs d'un autre âge, d'une autre croyance, d'un autre système, ont droit d'être étudiés avec leur siècle, comme nous-mêmes pour être jugés plus tard, si un jugement est nécessaire, nous demanderons que l'on se reporte aux passions qui agitaient nos cœurs, au mouvement des esprits qui nous poussait lorsque nous livrions notre pensée à l'opinion publique.

En commençant ce chapitre, il y a un autre sophisme de l'intelligence dont nous avons tâché de nous défendre. Nous ne cherchons dans la Compagnie de Jésus, ni grands capitaines, ni grands révolutionnaires, ni grands romanciers, ni ces illustrations parasites qu'un jour d'enthousiasme ou de charlatanisme fait éclore, et dont une lueur de raison dissipe la gloire éphémère. Nous prenons les hommes dans la situation qui leur a été faite. Sans reprocher à la magistrature de n'avoir pas formé d'habiles généraux, ou à l'art militaire de n'avoir pas enfanté d'intègres magistrats, nous nous contenterons d'examiner si les Jésuites ont rempli leur vocation et s'ils ont, par le talent ainsi que par le travail, répondu au devoir social qu'ils s'étaient imposé. Ce devoir, c'était la propagation et la défense du Christianisme par la parole, par l'écriture, par l'exemple surtout. Il leur faut des docteurs et des martyrs; nous attendons de leur Institut des prêtres qui se distinguent dans la carrière de l'orateur et du polémiste, des lettrés, des savants et des poètes qui unissent l'art de bien écrire à celui de bien vivre.

Une question a été souvent agitée. Les adversaires de la Société de Jésus ont dit qu'elle n'avait jamais produit d'hommes de génie. Qu'entend-on par ce mot magique? Le rhéteur Sénèque ne l'entrevoit jamais qu'à travers un mélange de folie. *Nullum est*, dit-il, *magnum ingenium sine mixtura dementiæ.* Le rhéteur Villemain définit le génie [1] : « Un haut degré d'originalité dans le langage, une physionomie naturelle et expressive, quelque chose enfin qui a été fait par un homme, et qui n'aurait pas été fait par un autre. » De semblables aperçus, toujours plus spécieux que justes, et dans lesquels la singularité de l'expression s'efforce de racheter l'insuffisance de la pensée, ne sont jamais des raisons concluantes. Le génie, c'est l'invention jointe à la patience, et il faut bien avouer que, depuis Ignace de Loyola et Laynès jusqu'aux Pères Kircher, Berthier, Andrès, Tiraboschi et Boscovich, la Société de Jésus n'a pas manqué de ces hommes dans tous les genres. Pour s'en convaincre, il n'y a qu'à feuilleter les œuvres de Bacon, de Leibnitz et de Descartes. Le philosophe d'Alembert, Lalande, cet astronome dont un athéisme systématique a perpétué le nom; l'abbé de Pradt, cet archevêque que l'empire de Napoléon légua au libéralisme naissant, tous s'accordent pour démontrer avec Voltaire [2] « qu'il y a eu parmi les Jésuites des écrivains d'un rare mérite, des savants, des hommes éloquents, des génies. » D'Alembert, plus froid, plus haineux que son maître, s'exprime ainsi [3] : « Ajoutons, car il faut être juste, qu'aucune société religieuse, sans exception, ne peut se glorifier d'un aussi grand nombre d'hommes célèbres dans les sciences et dans les lettres. Les Jésuites se sont exercés avec succès dans tous les genres :

[1] *Cours de littérature du moyen-âge*, leçon IX, p. 316.
[2] *Dictionnaire philosophique*, art. *Jésuites.*
[3] *Destruction des Jésuites*, par d'Alembert.

éloquence, histoire, antiquités, géométrie, littérature profonde et agréable; il n'est presque aucune classe d'écrivains où elle ne compte des hommes du premier mérite. » Lalande, qui déclarait[1] : « Je les ai vus de près, c'était un peuple de héros, » renchérissait sur ce jugement, et il disait[2] : « Le nom de Jésuite intéresse mon cœur, mon esprit et ma reconnaissance. Carvalho et Choiseul ont détruit, sans retour, le plus bel ouvrage des hommes, dont aucun établissement sublunaire n'approchera jamais, l'objet éternel de ma reconnaissance et de mon admiration. »

L'astronome athée écrivait encore : « L'espèce humaine a perdu pour toujours cette réunion précieuse et étonnante de vingt mille sujets, occupés sans relâche et sans intérêt de l'instruction, de la prédication, des missions, des réconciliations, des secours aux mourants, c'est-à-dire des fonctions les plus chères et les plus utiles à l'humanité. »

De Pradt, en attaquant la Compagnie de Jésus au nom de la liberté révolutionnaire, qui n'est que le despotisme, s'écriait dans son style vagabond[3] : « Quelle institution que celle-là! en fut-il jamais une plus forte parmi les hommes? que sont les humbles vertus des autres cénobites auprès de cette virilité de génie? Aussi, comment le Jésuitisme a-t-il vécu? comment a-t-il succombé? A la manière des Titans, sous les foudres réunies de tous les dieux de l'Olympe d'ici-bas. L'aspect de la mort a-t-il glacé son courage? l'a-t-il fait reculer d'un pas? *Qu'ils soient ce qu'ils sont, a-t-il dit, ou qu'ils ne soient plus.* Voilà qui est mourir debout et à la manière des Empereurs. Par cet immense courage, il a montré comment avait dû vivre celui qui savait ainsi mourir... » Et ailleurs : « Qui pourrait dénier à saint Ignace et à son institution le titre de grands? dans l'ordre de la puissance du génie humain, il y aurait une grande injustice à leur refuser une première place. Ignace fut un grand conquérant; il eut le génie des conquêtes... Oui, Ignace fut grand, grand entre les grands, grand

[1] *Annales philosophiques*, t. i (année 1800).
[2] *Ibid.* Ou voir encore le journal intitulé *le Bien informé.*
[3] *Du Jésuitisme ancien et moderne*, par l'abbé de Pradt, ancien archevêque de Malines.

d'une grandeur inconnue jusqu'à lui. Conquérant d'une espèce
nouvelle, avec des moines désarmés il s'est approprié le monde
pendant deux cents ans. Il a planté au milieu du monde un
arbre aux racines éternelles, qui se régénère sous le fer qui le
mutile. Si ce n'est pas là de la grandeur de génie, qu'on dise
en quoi elle consiste. Il n'appartient pas à la médiocrité de jeter en bronze des colosses. » Ces éloges, que la vérité arrache à
des entraînements irréfléchis, mais que l'histoire ne doit sanctionner qu'après examen, sont un hommage bien extraordinaire rendu à la Société de Jésus. Nous les tenons pour ce
qu'ils valent, et nous pensons qu'au lieu de s'arrêter à des
phrases, on doit analyser ces savants, qui parurent si admirables aux adversaires de leur Institut.

La Société, créée par Loyola, n'a point eu besoin de grandir; elle n'a pas été contrainte d'attendre les siècles ou les années pour voir naître dans son sein des Jésuites illustres. Sous
ce rapport, elle n'a pas eu d'enfance; elle est sortie des mains
de saint Ignace comme le premier homme des mains du Créateur, dans la plénitude de l'âge et de la force. Les Pères de la
fondation furent presque tous d'indomptables athlètes, des orateurs aussi habiles dans l'art de soulever que de calmer les
masses. Ils apparaissaient dans un moment critique pour la
Catholicité. La Chaire de Pierre était ébranlée par l'hérésie,
que des apostats d'une haute capacité, que des princes d'une
rare valeur, que des peuples nombreux acceptaient comme un
drapeau levé contre Rome. Le péril était partout, le Siége
apostolique cherchait des cœurs éprouvés pour l'affronter, des
esprits supérieurs pour le conjurer, des caractères de fer pour
tenir tête tout à la fois aux passions que déchaînaient Luther et
Calvin, et aux vices qui servaient de prétexte à de telles passions. Ces hommes se trouvèrent dans les Jésuites. On sapait
les fondements de l'Eglise universelle; ils s'offrent pour la défendre. On l'incriminait dans ses mœurs, dans sa tradition,
dans ses dogmes; ils se déclarent, par état, par vocation et en
corps, ses champions les plus témérairement dévoués; ils se
précipitent presque seuls sur la brèche, ils sont à l'avant-garde,
dans les luttes théologiques, au milieu des révoltes à main

armée. Aux Evêques et aux princes catholiques, dont ils corro-
borent le courage, ils affirment que d'autres ne tarderont pas à
les suivre ; ils sont suivis en effet.

Il fallait plus que de l'audace pour entreprendre une pareille
tâche ; avec cette audace, on peut mourir généreusement, mais
on ne neutralise pas des doctrines que les ambitions déchaî-
nées rendent populaires. La science était donc encore plus indispensable que la hardiesse. Ces soldats de la Foi devinrent savants,
mais des savants qui brillaient beaucoup plus dans l'action que
dans la théorie. Laynès et Lefèvre, Salmeron et Pasquier-Brouet,
Le Jay et Canisius, Bobadilla et Strada, Araoz et Borgia ne commencèrent point la diffusion de l'Institut d'Ignace par des œuvres littéraires. Ils crurent qu'à une époque de bouleversement,
la plume n'exercerait jamais sur les multitudes le prestige qu'elles laissent prendre à une parole ardente. Ils s'improvisèrent les
tribuns de la Catholicité avant de songer à en devenir les docteurs.

La position militante qu'ils avaient prise, et que leurs successeurs ont toujours gardée, ne leur accordait que peu d'heures de liberté. Ils devaient les employer au sommeil, ils les
consacrèrent au travail. Tandis que Loyola dirigeait leur marche
à travers les deux mondes, tandis qu'il élaborait les *Constitutions* de son Ordre, eux demandaient à la science de fortifier
leurs discours ; ils écrivaient. Xavier, du fond de l'Orient, adressait à ses frères des lettres sur les Missions. Il composait un
Abrégé de la doctrine chrétienne, il la commentait en langue
malabare. Dans le même temps Laynès, afin de se reposer des
fatigues oratoires, se plongeait dans l'étude. Il traçait au courant de la plume ses *Prolégomènes sur l'Ecriture Sainte,* ses
quatre *Livres de la Providence et de la Trinité,* ses *Traités
sur le change et l'usure, sur la pluralité des bénéfices et la pa-
rure des femmes, sur le Royaume de Dieu et sur l'usage du
calice.* Théologien du Concile de Trente, il en expliquait la pensée sur les Sacrements : il léguait aux prédicateurs un plan
d'instructions. Le Jay, sous le titre de *Miroir du Prélat,* rappelait aux Evêques les devoirs qu'il importait de ne plus mettre
en oubli. Salmeron, théologien, orateur et diplomate, a lutté

comme ses frères. De longs combats n'ont fait que souffler à son esprit une impulsion plus dévorante. Seize voulumes in-folio, successivement édités à Madrid, à Brescia et à Anvers, attestent la profondeur de son savoir.

Mais ces hommes, comme la plupart de ceux dont nous allons énumérer les œuvres et indiquer la portée, ne songeaient pas que le style seul leur donnerait la consécration des siècles. Ils vivaient à une époque où l'on s'ingéniait peu à polir le langage, où la pensée éclatait plutôt d'inspiration que par calcul, et où l'image venait en aide au raisonnement, sans avoir jamais été torturée pour produire son effet. Ils n'avaient ni le temps ni la volonté d'adoucir leurs formes, de combiner les ressorts de leur esprit et de tailler ces heureuses péripéties dont des écrivains de plus de loisir devaient plus tard fournir le modèle. Ils ne consumaient pas leurs journées à arrondir d'élégantes périodes. Intelligences aussi fortes que leur siècle, mâles génies qui de la solitude s'élançaient dans l'arène où les discordes religieuses s'entre-choquaient, on ne les vit jamais transiger avec la véhémence de leurs idées. Ils n'attaquaient point à armes courtoises les doctrines que Luther, Calvin et leurs énergiques sectateurs jetaient dans la mêlée comme une artillerie meurtrière. La langue de Cicéron était leur langue ; mais dans ce latin, quelquefois dégénéré, il ne faut chercher ni l'ampleur du style, ni cet atticisme que l'orateur consulaire évoqua sous les ombrages de Tusculum, ou qu'Horace fit passer dans ses vers au bruit des cascatelles de Tibur.

Ce n'est pas pour défendre Milon accusé, ou pour remercier les dieux d'avoir accordé l'empire à Octave-Auguste, que les premiers Jésuites écrivent. A l'aide de la science ils reconstituent le Dogme catholique, sapé par l'hérésie. Enfants d'un siècle que passionne la dispute théologique, ils ne vont même pas demander à Erasme le secret de sa prétentieuse naïveté et l'art d'être toujours nouveau. Comme lui, ils n'ont pas au cœur cette froide indifférence qui s'arrange de tous les partis, et qui dans ses voluptueux loisirs ne lègue aux générations futures que des règles de savoir et de bon goût. A l'exemple des disciples que Luther et Calvin laissent après eux, les Jésuites savent qu'il ne s'agit que d'émouvoir fortement les peuples, que de convaincre les intelligences; que de aisonner enfin : ils argumentèrent, ils développèrent avec lucidité le thème abstrait sur lequel ils étaient appelés à faire revivre les traditions catholiques. On altérait les saintes Ecritures, on dénaturait le texte des Pères, on violentait l'histoire pour l'amener à confirmer par les faits l'hérésie marchant à la conquête de l'Europe. Les Jésuites ne s'occupèrent qu'à rétablir le sens primitif des Livres sacrés. Ils fouillèrent dans l'arsenal de l'Eglise pour démontrer que les armes employées contre elle ne s'y étaient jamais forgées; et, si, dans le feu de ces polémiques, si, dans cette agglomération de preuves et d'événements, il surnage de temps à autre une idée exprimée avec élégance, une page où la force de la vérité rend l'écrivain brillant d'éloquence, il faut en accuser l'inspiration plutôt que la volonté de l'auteur. L'auteur, quel qu'il fût, ne s'arrêtait pas à des résultats aussi minimes. Il courait à son but, il l'atteignait, il sauvegardait la Foi. La mise en œuvre n'avait rien à voir dans ce débat.

Depuis la naissance de l'Ordre de Jésus jusqu'au commencement du dix-septième siècle, les enfants de Loyola, se plaçant toujours sur de nouveaux champs de bataille, ne songeront guère à enrichir leurs livres théologiques de ce coloris qui immortalise les créations de l'esprit. Ils apparaîtront doctes et vigoureux, froids comme la raison, implacables comme la vérité; ils triompheront par l'érudition ou par la logique, par l'habileté ou par la passion; mais, en général, leurs ouvrages de science ou de discussion, ceux même de Maldonat et de Bellarmin, ne seront pour des lecteurs distraits que de longues controverses, dans lesquelles le travail n'a jamais essayé de se faire amnistier par l'éclat du style. Les premiers Jésuites, athlètes dans la guerre religieuse contre les sectaires, ne semblent pas avoir ambitionné cette gloire, qui sera si douce à leurs frères, aux Perpinien, Guerrieri, Cossart, Bouhours, Sarbiewski, Frusis, Tucci, Mariana, Rapin, Berthier, Commire, Jouvency, Vanière, Brumoy, Bartoli, Porée, Sanadon, Bougeant, La Rue et Giannatazzi. Leur plume était une épée à double tranchant : ils s'en servirent pour la défense de la so-

ciété religieuse et civile. Leurs œuvres, aujourd'hui ensevelies sous la poussière des bibliothèques, leurs œuvres composées dans les proportions exigées par leurs contemporains,
ont été plus efficaces pour sauver la Religion et la morale que
tous ces livres où d'ingénieux écrivains taillent une pensée
comme le lapidaire taille un diamant.

Autour de ces esprits, admirables dans leur spécialité, se
rangèrent des docteurs souvent égaux, quelquefois supérieurs à
leurs maîtres. Canisius fut le premier. Par une allusion à son
nom, les Protestants l'appelaient le Dogue autrichien, *Canem
austriacum*. Mais ce dogue tenait en respect les loups qui s'u-
nissaient pour disperser le troupeau du Christ; mais cet homme,
dont la présence était un faveur accordée aux princes, dont les
conseils étaient des ordres pour les peuples, fut sans contredit
l'un des auteurs les plus laborieux et les plus instruits de son
temps. Il a été tout à la fois historien, annotateur, controversiste, ascète; et à chaque page on le retrouve encore nouveau.
Qu'il réponde aux *Centuries d'Illiricus* ou qu'il rédige ses
Exercices académiques, qu'il narre la vie des saints de l'Hel-
vétie ou qu'il publie les lettres choisies de saint Jérôme, qu'il
se fasse l'éditeur de saint Léon-le-Grand ou de saint Cyrille
d'Alexandrie, ce sera toujours le même écrivain, soulevant
partout sur son passage l'admiration publique et ne rencontrant
dans ses rivaux que des enthousiastes. Les Cardinaux Hosius et
Baronius célébreront ses louanges; Sébastien Véron, Laurent
Beyerlinck, Henri Sedlius, François Agricola, Wilhem Eysen-
greim, André du Saussay et Ferreolus Locrius ne cesseront de
vanter sa gloire littéraire. Ce Jésuite était encore dans la vigueur
de son talent lorsque la Compagnie produisit d'autres athlètes:
Possevin, Auger, Hoffée, et cette nouvelle génération qui, dé-
barrassée un moment des disputes luthériennes, va cueillir dans
une étude moins tourmentée une palme qui ne lui échappera
jamais.

Possevin n'a pas seulement l'érudition des maîtres; le Ciel l'a
doué du génie des langues, et il est diplomate. Ses œuvres se
ressentiront de sa triple vocation de prêtre, de Jésuite et de
négociateur politique. Il écrira *la Perpétuité du sacrifice de la*

Messe, le livre du *Soldat Chrétien*, et son traité *de l'Honneur et de Pacification des Rois*. Il écrasera le fameux apostat Pierre Viret ; il donnera les *Causes et Remèdes de la peste ;* puis, de sa voix, que les princes ont l'habitude de respecter, il prémunira le Czar de Russie *Contre les marchands anglais.* Grande leçon que tous les rois, que tous les pays ne sauront pas comprendre ! Il racontera avec des détails pleins d'intérêt ses diverses ambassades ; il révélera la manière d'instruire les enfants ; il prononcera son jugement sur quatre auteurs dont les noms retentissent encore : Philippe de Lanoue, Machiavel, Jean Bodin et Mornay. Il touchera à toutes les sciences, à l'art oratoire par Cicéron, à la politique, à l'histoire, à la jurisprudence, à la médecine; puis, avec son *Apparat sacré*, il réunira comme dans un répertoire tout ce que les Conciles, tout ce que les Pères de l'Eglise grecque et latine ont dit sur l'Ancien et le Nouveau Testament.

Des individualités moins brillantes, mais aussi fécondes dans leur sphère, remplissent cette première période. Ici c'est Martin Olave, le professeur de philosophie dont l'Université de Paris applaudit les enseignements, Martin Olave, l'ami de Charles-Quint; là c'est Frusis, Français qui possède à un égal degré l'hébreu, le grec et le latin ; jurisconsulte, casuiste, poète, orateur, médecin, géomètre et musicien, improvisant des épigrammes comme Martial et traçant d'une main assurée de doctes *Commentaires sur la Bible* ou son traité de *la Simplicité chrétienne*. Plus loin voilà Strada, Domenech, de Torrès, Coster, Miron, Ribadeneira, Manare, Aver, Palmio, Vishavé, François Torrès, Ledesma, Gonzalès d'Avila, Elian l'Israélite, membre de la Compagnie de Jésus, Emmanuel Sà et Landini, évangélisant les multitudes, instruisant les rois, ouvrant des controverses publiques avec les chefs de l'hérésie; puis, à peine descendus des hauteurs de la théologie, venant rompre aux petits enfants le pain de la parole divine ou de la science. Tolet domine de toute la tête cette série de docteurs qui, dans l'ascétisme et le droit canon, qui, dans l'histoire de l'Eglise et les devoirs du Chrétien, ont jeté une lumière aussi vive que profonde.

Tolet, c'est le génie du seizième siècle à sa dernière puissance ; c'est l'intelligence qui conçoit, la sagesse qui mûrit et la force qui exécute. Cabassut, l'Oratorien si judicieusement disert, osait dire de lui : « Il faut attendre plusieurs siècles pour voir un homme tel que Tolet. » Bossuet, son émule, n'a pas été plus grand que le Jésuite cardinal ; mais, moins heureux que le sublime orateur de l'Eglise de France, Tolet n'a jamais pu, dans une studieuse retraite, composer à loisir ses innombrables ouvrages. Il n'a pas transmis à la postérité quelques-uns de ces livres dans lesquels la pensée se revêt des charmes de l'expression. De même que tous ses contemporains, il ne prenait que le temps d'être clair ; la gloire littéraire n'existait pour lui que dans les services rendus à l'Eglise. L'Eglise lui demandait de se multiplier, d'avoir le don d'ubiquité et le don d'improvisation sur des matières où un mot mal interprété peut se changer en hérésie involontaire : Tolet obéissait, abandonnant au caprice des vents une renommée dont il n'a jamais ambitionné l'éclat. Et cependant, au milieu de ses voyages, le Jésuite sut être le premier des prédicateurs de la ville et du monde. Son *Introduction à la logique*, ses *Commentaires sur Aristote*, ses huit *Livres de Physique occulte*, son traité sur *la Génération et la Dissolution*, ses trois *Livres sur l'âme*, sa *Somme des cas de conscience*, dont saint François-de-Sales et Bossuet se sont constitués les hérauts, tous ces ouvrages, au point de vue littéraire, ne manquent pas de splendeur. Il y a sous la poussière séculaire qui les enveloppe un parfum de science, une sublimité de foi qui descendent jusqu'à l'agrément. Tolet porte dans son langage la fierté castillane et la vieille naïveté française.

Ces premiers Jésuites dont nous osons esquisser les travaux, ne furent point des auteurs se laissant emporter à la fougue de leur imagination. Nés avec l'humeur batailleuse de leur époque, nourris dans de fortes études, et placés par l'Eglise au premier rang de ses défenseurs, ils mirent à son service toute l'activité de leur esprit. Ils n'eurent de sève et d'intrépidité que pour ébranler l'édifice de l'hérésie. Ils luttèrent avec ses chefs, avec ses plus éloquents adeptes ; ils parurent dans les diètes, dans les colloques; on les entendit à Ratisbonne, à Worms, à Nuremberg, comme à Augsbourg, à Cologne, ainsi qu'à Poissy. Ils se trouvèrent en face de Mélanchthon, de Bucer, de Carlstadt, de Pistorius, de Kemnitz, d'Hasenmuller, de Théodore de Bèze, de Pierre Martyr, de Faret, de Mornay et de Viret. L'esprit de parti a grandi les sectaires; au talent qu'ils déployaient dans ces tournois d'érudition, auxquels des princes comme Charles-Quint ou Maurice de Saxe, et des reines comme Catherine de Médicis, assistaient avec leur cour, en qualité de juges du camp; on ajouta des récits merveilleux qui se transmirent d'âge en âge.

Les Jésuites restaient maîtres du champ de bataille; l'hérésie cacha ses défaites sous la glorification de ses défenseurs. Les Pères de l'Institut, heureux d'avoir fait triompher l'orthodoxie, se dérobèrent aux louanges en s'ensevelissant dans l'humilité.

Ils avaient reconnu la position de leurs adversaires; ils sortaient de tenir tête aux attaques; ils jetèrent partout leurs sentinelles avancées. Pour rassurer les fidèles, ils voulurent porter la guerre sur le territoire ennemi, et reprendre les postes enlevés à l'Eglise. C'est alors qu'à la suite des contemporains de saint Ignace s'élève cette génération de controversistes qui, afin de mieux étudier les sciences sacrées, remonte à la source même où elles sont contenues, et rétablit l'enseignement véritable de l'Ecriture et de la Tradition. Ils se présentent si nombreux, leurs rangs sont tellement serrés, qu'il devient aussi impossible de les citer tous que d'enregistrer leurs écrits.

Bellarmin marche à la tête de cette légion qui, recrutée dans les diverses contrées de l'Europe, combattra sous des formes variées à l'infini le Protestantisme, et les excès qui découlent de la doctrine du libre examen. Homme qui, de même que le docteur Arnauld, renfermait dans un petit corps d'immenses ressources de savoir et de dialectique, auteur solide et brillant, à qui tout se révélait comme par intuition, Bellarmin a été plus heureux que ses devanciers et ses successeurs. Il s'est emparé de la postérité; mais, avec cette école, dont il est le chef, Bellarmin n'a pas toujours su contenir sa pensée dans de justes bornes.

Il n'a limité ni son exubérance ni ses arguments. Auteur fécond, et ne songeant à être pur que par instinct, il a écrit en face d'un siècle qui s'enthousiasmait pour ces querelles religieuses, comme à d'autres époques on voit les esprits se précipiter dans les débats politiques. Il ne s'agissait pas, à la fin du seizième siècle et au commencement du dix-septième, de questions oiseuses ou littéraires; l'avenir de la Foi catholique était engagé, le Saint-Siége se sentait attaqué; Bellarmin, qui le croyait immuable et infaillible, développa son principe d'autorité. Il le développa sans réticence, car ce n'était pas un de ces hommes astucieusement orgueilleux qui, pour se ménager d'inconséquents succès, étouffent la vérité en germe, et, du piédestal qu'ils se dressent, saluent du geste, de la parole et du regard l'ennemi qui les méprise.

L'hébreu, le grec, le latin, le français, l'espagnol et l'allemand furent pour lui comme sa langue maternelle; il s'en servait avec une égale facilité. Il corrigeait la paraphrase chaldaïque de la Bible, il publiait une grammaire en hébreu, il se faisait helléniste, il réfutait Jacques Ier, Barclay et Fra-Paolo; mais ces ouvrages s'effacent devant celui auquel il consacra toute sa vie. Les *Controverses de la Foi* sont, en effet, le livre qui place Bellarmin à la hauteur des Pères de l'Eglise. Là, dans ces quatre volumes in-folio, où il a coordonné d'une manière admirable la doctrine apostolique, il est canoniste, jurisconsulte et historien. Il aborde toutes les questions, et il les résout. Il traite *de la parole de Dieu écrite et non écrite; du Christ, chef de l'Église; du Pape, chef de l'Eglise militante; du Souverain-Pontife; de la translation de l'empire romain; du culte des images; des indulgences; des sacrements; de la grâce et de la justification.* Dans ce cadre, qu'il a rempli aux applaudissements de la Catholicité, dans cette œuvre, qui, en peu d'années, obtint l'honneur de dix-huit éditions, et que le cardinal Du Perron fit traduire en français, Bellarmin eut le courage de ses opinions. Ce courage l'a maintenu au niveau de son sujet. Il a été éloquent et hardi, sublime et circonspect; il n'a donné prise ni au doute ni à l'erreur, et, en présence de tant de difficultés que le dogme ou la politique accumulaient autour de lui, il est parvenu à créer un livre dont l'Église est encore plus fière que la Compagnie de Jésus.

Bellarmin traçait une voie nouvelle à son génie; des esprits d'élite y entrèrent à sa suite. Parsons et Campian en Angleterre, Coton en France, les deux Tanner, Pazmany, Contzen et Jung en Allemagne; Alphonse de Pisa et Peñalosa en Espagne; à Rome, Eudémon Joannès, le descendant des Paléologues; Scribani et Lessius dans les Pays-Bas, se montrèrent dignes de combattre à côté d'un pareil maître. Sans doute, dans des natures si diverses, il y a de grandes inégalités, mais chez tous apparaissent la même vigueur d'intelligence, la même force de raisonnement et une érudition qui étonne la patience la plus exercée. Ces controversistes, dont les Pères Halvérius, Pflaumer, Mayer, Gibbon, Hay, Graff, Burton, Wetter, Wilson, Gretzer, Razenried, Turnebulus, de Véga, Quadrantin, Bartz, Lechner, Valentia, Malou, Bosendorf, Hofer, Romée, Serarius, Pierre Michel, Jacques François, Busi, David, Keller, Hack, Vincens, Cobentzell, Ximenez, Georges Ernest, Stengel, Jenisson, Thyrée, Pelletan, Sturm, de Gouda, Schérer, Gautier, Holzhains, Walpole, Annat, de Champs, Ferrier, Daniel, Lévin de Meyer, Philippe Lallemant, Germon, Viva, de Reiffemberg, François Martinon, Jean Robert et Gordon, grossissent le nombre, ces controversistes débattront, tantôt sous une forme, tantôt sous une autre, les questions qui se rattachent au principe religieux et à l'ordre social. Les uns, comme le Père Coton dans la *Concorde des deux religions*, ou dans *Genève plagiaire et relapse*, uniront l'action à l'énergie; les autres, à l'exemple du Père Conrad Wetter, mettront leur gravité à la torture, et traduiront en in-quarto satiriques la pensée-mère et les hommes du culte réformé. Ils aiguiseront l'épigramme théologique sur ces arides matières; avec plus de justice que de goût, ils feront du pamphlet une arme dangereuse, qui, échappée des mains du Père Garasse, tombera dans celles de Pascal, pour blesser du premier coup la Compagnie de Jésus tout entière.

Dans ce temps-là, la plaisanterie était, comme le raisonnement, sans merci, sans pitié. Wetter, que la pureté de son langage fit surnommer le Cicéron germanique, et qui a si souvent forcé les hérétiques à rire eux-mêmes des sarcasmes dont il les mitraillait, Wetter, dans son *Purgatoire de Luther*, dans sa *Colère des prédicants d'Augsbourg*, et principalement dans sa *Lessive pour laver les têtes malsaines*, a plus d'une fois dépassé le but. Il suivait un pernicieux exemple, que l'hérésie n'aurait pas dû donner ; car si un bon mot, une fine épigramme popularisent la vérité, d'amères récriminations, des images grossières ne peuvent qu'altérer son éclat ou déparer sa mâle simplicité. La science parvenait alors à son point culminant ; la malice de l'esprit était encore un mystère.

Les controversistes, nourris d'études sérieuses et qui, comme le Père Scribani, étaient honorés par les rois et estimés par les peuples, jouissaient d'une légitime influence. Ils la devaient à la force de leur dialectique, à leur vertu, et peut-être aussi à cette virulence, à ces hyperboles qu'ils ont trop souvent mêlées à la discussion. Notre goût épuré se révolte devant de pareils excès ; nous ne comprenons plus leurs doctes colères, qui, selon une parole de La Mennais, embrassent tout et suffisent à tout. En les lisant même, nous nous sentons emportés par un désir de blâmer. Ce blâme, nous l'exprimons sans tenir compte des violences de la lutte, des ardeurs d'une polémique dans laquelle s'agitaient mille passions pour ainsi dire vierges. Le Luthéranisme et le Calvinisme n'étaient pas des ennemis ordinaires : ils frappaient avec l'épée, et, quand l'épée était brisée, la parole insultante ou la calomnie leur venait en aide. Les Jésuites italiens et espagnols se mêlèrent peu au duel théologique ; les allemands, les belges et les anglais le soutinrent sur le terrain même de la guerre ; car, à cette époque, c'était dans les Pays-Bas, en Allemagne et en Angleterre que l'Eglise catholique rencontrait ses adversaires les plus prononcés. Ce fut donc là que les Jésuites durent, dans l'intérêt de leur cause, se montrer aussi acerbes que leurs ennemis et forcer leur langage à descendre à la trivialité qu'on leur opposait, afin de séduire les multitudes par l'appât des sarcasmes. Les Jésuites n'ont fait que ce qu'ils voyaient faire. L'hérésie, fatiguée de leurs arguments, les appelait sur le

terrain de l'hyperbole, ils s'y rendirent [1]. On les soumettait à
l'action des moqueries, ils saisirent le fouet du ridicule. Sans
renoncer à leur premier système, ils flagellèrent ceux qui, non
contents de les calomnier ou de les massacrer, ameutaient contre
l'autorité de l'Eglise toutes les ambitions vénales, toutes les in-
candescences de la rue.

Wetter, avec son style plein d'âcreté et de mauvais goût,
avait réussi chez les Allemands; Garasse, en se livrant aux
·mêmes débauches de l'esprit, eut, en France, une popularité
encore plus grande. Le Jésuite Garasse, c'est la discussion
faite homme, c'est le pamphlet religieux s'élevant à la crudité
pantagruélique, et rachetant tous les abus de l'intelligence par
une charité qui le tuera dans l'hospice des pestiférés de Poitiers. Le Père Garasse, devenu théologien journaliste au com-·
mencement du dix-septième siècle, se livre à toutes ses colères
avec une prodigalité de verve que rien ne peut tarir. Il déchire
Pasquier; il couvre Servin de ridicule; il se multiplie pour défendre la raison. Le Jésuite ne succombe jamais à la peine;
toujours incisif au milieu même de ses excès, il réussit moins

---

[1] On sait bien que nous ne voulons pas fouiller dans tous les écrits de Luther et
de Calvin pour en exhumer la justification de quelques Jésuites qui, comme eux
et à leur exemple, se livrèrent à une polémique désordonnée. En accusant Wetter
et Garasse, nous croyons cependant qu'il sera utile de montrer comment les Pères
de la Réforme entendaient la discussion. Voici Luther qui va parler.

Peu de jours avant sa mort (1523), le Pape Adrien VI, qui regarda le pouvoir
comme le plus grand des malheurs, et qui fut l'âme la plus honnête de son siècle,
avait canonisé Benno, évêque de Misnie, dont la mémoire et les vertus sont encore
chères à la Saxe. Luther écrit son pamphlet intitulé : *Contrà novum idolum et
antiquum diabolum qui Misenæ exaltabitur;* et, au tome II, p. 446 de l'édition
d'Iéna, on lit : « Satan ne pouvant supporter l'éclat de l'étoile naissante de l'Évangile, a résolu de se venger, et, pour se moquer de Dieu, voilà qu'il imagine une
farce d'histrion, une fable bonne à jouer sur les tréteaux. Il prend le nom de
Benno et veut se faire adorer. Il s'est servi pour cette comédie du Pape Adrien,
dont ou vante la chasteté et l'innocence. Hypocrite impie, ennemi acharné de la
parole de Dieu, qui a fait mourir deux de nos Frères Augustins à Bruxelles, qui
tue les saints vivants du Seigneur et canonise le valet de Rome, ou plutôt le diable
lui-même! C'est comme à Constance, où les Pères du Concile ont répandu le sang
de Jean Hus et de Jérôme de Prague, deux fils de Dieu, deux saints, deux martyrs, et canonisé Thomas d'Aquin, fontaine et sentine d'hérésies! Qu'était-ce
que Benno ? Le séide de Grégoire VII, ce Polémon mitré, qui a jeté de son trône
l'empereur Henri IV. Si Benno n'a pas fait pénitence de ce crime, il est à tout
jamais damné. En mourant, il est tombé dans les mains du diable. Misniens, vous
allez adorer un sicaire, un infâme homicide, un voleur tout couvert de sang, l'auteur de toutes les calamités qui pèsent sur la Germanie, l'ennemi de l'Évangile, le
compagnon de l'Antechrist, un saint à la façon d'Anne et de Caïphe. »

C'est en ces termes si riches d'outrages que parle Luther; Calvin n'en est pas

à convaincre ses adversaires qu'à les blesser. Dans sa *Doctrine curieuse des beaux esprits de ce temps*, dans le *Banquet des sept sages dressé au logis de M. Louis Servin* [1], il se montre aussi impitoyable pour les principes que pour les personnes. C'est un marteau qui frappe partout, mais qui n'est pas ordinairement dirigé par une main habile. Garasse est cruel, emporté dans l'expression; et cependant cet homme, dont les fureurs littéraires sont si vraies et quelquefois si tristement justifiées, avait, au fond de ces extravagantes licences, quelques éclairs de poésie et une vaste érudition. Le Père Garasse est une victime dévouée à tous les satiriques qui ne connaissent de lui que son nom; sa mort compense, et au-delà, tous les fiévreux transports de son imagination. Pour faire connaître cet écrivain dans toute son originalité rabelaisienne, il faut le citer. En reprochant aux Protestants l'abus qu'ils faisaient des Livres sacrés, Garasse disait [2] :

« Quand je vois des gens fourrager dans l'Escriture-Saincte

moins prodigue. Un des panégyristes modernes de l'apostat de Noyon, M. Bretschneider, dans son ouvrage sur *Calvin et l'Eglise de Genève* (page 35), s'exprime ainsi : « Calvin, élevé au sein d'une capitale civilisée, poli par une vie sociale, plein de retenue et d'urbanité, accoutumé par l'étude de la jurisprudence à fuir les personnalités et à peser toutes les considérations extérieures, raffiné par ses rapports étendus avec tout le monde, demeura toujours dans les bornes de la décence. » Il reste à montrer, par une seule citation, de quelle manière Calvin justifie un semblable éloge. Gabriel de Saconay, grand-chantre de la basilique de Saint-Jean, à Lyon, était devenu odieux aux réformés par son talent et par sa charité. Calvin, qui demeura toujours dans les bornes de la modération, au dire de ses admirateurs, parlait ainsi de l'abbé de Saconay (*Recueil des Opuscules de Calvin*, Genève, 1566, p. 822) :

« Il y a un chapitre ou précenteur (comme il se nomme), en l'église de Lyon, à savoir Gabriel de Saconay, d'une façon bien diverse; car, ayant pris un masque d'un homme grave, et s'estant bien desguisé pour contrefaire le théologien, s'est mis en avant comme s'il fust monté sur un eschauffaut. Ainsi s'estant dressé sur ses argols, ou bien estant monté sur des eschasses, traite hardiment et avec une audace asseurée des sacrez mystères de l'Ecriture; comme s'il eust été nourri dès son enfance en l'escole des Apôtres et Prophètes, et s'il estait tout farci de la doctrine qui est requise à celui qui parle en telle qualité... Il fréquente force maisons pleines de vilenies, et en flaire la puanteur comme un chien de chasse, courant après comme si c'estait une odeur bien soueive. S'il entre en quelques-unes plus honnestes et aucunement reiglées, il ne faut point à les infecter de souillures..... Comment doncques, vilain, duquel la bouche est si puante qu'il n'en pourrait sortir que punaisie, falloit-il que tu osasses sonner le mot de chasteté? Il fait des invectives contre les paillardises, lesquelles il affirme aussi hardiment avoir la vogue entre nous, comme s'il contait des fables des isles neufves. »

En présence de ces aménités de Luther et de Calvin, que sont les injures dont les Pères Wetter et Garasse parsèment leur polémique?

[1] Ce pamphlet, publié sous le nom de M. d'Espeinceil, est devenu très-rare.

[2] *De l'abus des Ecritures*, p. 490.

et en tirer des textes exprès pour authoriser à leur advis leurs
gourmandises ; car, pour laisser les anciens hérétiques, liber-
tins, antitactes et carpocratiens, je trouve que cette impudence
a été pratiquée de notre temps plus impunément que jamais ;
et, l'un des premiers, à mon advis, qui a donné cette liberté
aux autres, ça été le gros homme Martin Luther ; car cet homme
basti de chair et de sang, estant enquis des gens d'honneur et
de quelques-uns de ses disciples qui avoient encore quelque
sentiment de vertu, d'où c'est qu'il parloit si souvent de man-
geaille et de breuvage, veu que c'estoit contre l'honnesteté, et
comment c'est qu'il pouvoit demeurer cinq ou six heures en
table, il répondit tout froidement, quoique ce fût après avoir
entonné quinze bons verres de vin : « d'autant, dit-il, au rapport
de Rebenstok en ses Colloques de table, qu'il est écrit en saint
Luc, chap. XXI : *Oportet hæc primùm fieri, sed nondum sta-
tim finis;* « que la première chose que nous devons faire comme
» bons enfants de la nature, c'est d'entretenir la bonne mère par
» le manger et le boire, et qu'il ne faut pas finir sitôt cet exer-
» cice. »

« Ce que je trouve fâcheux en cette affaire n'est pas qu'ils
s'enivrent comme bêtes, et qu'ils mangent comme pourceaux,
combien que cela est assez vilain de soi-même ; mais c'est qu'il
faut à leur compte que Dieu paye son escot et deffraye la compagnie. Qu'ils boivent et qu'ils mangent, à la bonne heure,
voyre qu'ils crèvent si bon leur semble, *non equidem invideo,*
car c'est ce que disoit souvent Martin Luther à ses disciples,
qui estoient quasi aussi gourmans que le maistre ; d'autant,
disoit-il, que l'homme est faict pour cela, et que les arbres
ne portent que pour nous saouler et nous enyvrer. Mais qu'il
faille authoriser leur yvrognerie et leur goumandise par texte
de l'Escriture-Saincte, et produire à cet effect les paroles du
Sainct-Esprit dans Joel, chapitre II, c'est ce que je ne puis en-
durer, puisque Martin Luther même le trouvoit insupportable [1]. »

[1] M. Sainte-Beuve, dans son *Histoire de Port-Royal*, livre Ier, p. 326, s'exprime ainsi sur le Père Garasse : « Il ne manquait pas de génie, disent également
Bayle et Rapin. Ce dernier ajoute qu'il avait étudié la langue et ne la savait pas
mal. Son mauvais goût est en grande partie celui du temps, et ce qu'il met en sus
prouve de l'imagination naturelle. Balzac en faisait cas, et lui écrivait en tête de

En se jugeant lui-même, Garasse disait dans l'*Avertisse-ment* de sa *Somme théologique :* « Pour la naissance de ce livre, elle est en quelque chose semblable à celle de l'empereur Com-mode. Il y en a qui la désirent; il y en a qui la craignent; il y en a qui la tiennent pour fort indifférente. » Puis cet homme, qui faisait abus de tout, ajoute : « De ma façon d'écrire je n'en dirai qu'un mot. Je tâche d'écrire nettement et sans déguise-ment de métaphores, tant qu'il nous est possible. Je sais que la chose est malaisée; car je pense qu'il en est des métaphores comme des femmes; c'est un mal nécessaire. »

Les controversistes de la Société de Jésus étaient pour le Saint-Siége un corps d'avant-garde, toujours prêt à entamer les hostilités; mais, dès que les Jésuites se furent reconnus sur un aussi large champ de bataille, lorsqu'ils eurent renfoncé leurs rangs, on les vit se préparer à des combats plus sérieux. Ils créèrent dans leur sein une phalange de théologiens, qui devaient consumer leur vie à la recherche, à la démonstration du dogme catholique.

Suarez, Vasquez, Molina et Cornelius *à Lapide*, ou plutôt Cornelissen van den Steen, ouvrent la marche. La théologie n'était pas seulement la science des choses de Dieu, elle deve-nait la polémique courante. Elle servait de point de départ à ces esprits tour à tour brillants et solides, nerveux et féconds, qui, dans chaque siècle, se constituent les avocats d'une vérité, d'un système, d'une idée ou d'un parti. Dans les âges qui pré-cédèrent le nôtre, les études théologiques étaient la pierre de touche des intelligences. On combattait pour Dieu et pour l'E-glise, comme maintenant on argumente en faveur de la liberté ou du roi. On discutait les principes de la morale, ainsi que, depuis cette époque, on s'est mis à régler le sort des empires et à préparer ou à entraver des révolutions. La scolastique des

la *Somme :* « Il ne tiendra pas à M. de Malherbe et à moi que vous n'ayez rang parmi les Pères du dernier siècle. » Le bon Racan, singulier docteur, contresignait après Malherbe les merveilles de la *Somme,* tout comme eût fait La Fontaine. Enfin, ce pauvre Père Garasse, tant bafoué, eut une belle mort, une mort à la Rotrou. Relégué à Poitiers, dans une peste, il demanda à ses supérieurs la faveur de soigner les malades. Il s'enferma avec eux dans l'hôpital qui leur était destiné, et mourut frappé lui-même, sur le lit d'honneur, en répétant ces paroles de l'E-criture : *Anticipent nos misericordiæ tuæ, Domine, quia pauperes facti su-mus nimis.* »

théologiens, c'est le journal mis en in-folio, mais un journal qui, plus heureux que les feuilles monarchiques ou constitutionnelles, absolutistes ou démocratiques, survit au jour qui l'a vu naître et à la circonstance qui le produisit. Les docteurs en théologie et en droit canon dépensèrent, comme les publicistes modernes, une rare sagacité et de vigoureux talents pour soutenir des croyances ou pour perpétuer un enseignement. Leurs livres surnagent, ils surnageront encore longtemps, parce qu'ils s'occupaient d'une science qui sera toujours la véritable science, et que leurs théories, plus ou moins exactes, allaient toutes puiser aux sources éternelles de la Foi. Les uns parlaient aux peuples des choses de Dieu, les autres ne les entretiennent que des intérêts humains, que des passions, que des calculs, que des crimes de l'homme.

Quand la Société de Jésus fut fondée, cette tendance à la dispute existait déjà; les membres de l'Institut la développèrent. Ils virent que l'hérésie alimentait ses erreurs en torturant la Bible, les Saints-Pères et la Tradition; par des poisons mortels elle corrompait les eaux fécondes de la vie. Les Jésuites tentèrent de les purifier, afin que les enfants de l'Eglise pussent s'y désaltérer sans danger; leurs théologiens cherchèrent dans le silence de l'étude à forcer l'hérésie dans ce retranchement qui lui paraissait inexpugnable. Suarez, appuyé sur ses vingt-trois volumes, embrassa et résolut les questions les plus ardues; Gabriel Vasquez commenta saint Thomas, expliqua saint Paul, donna l'intelligence des Pères et exposa la doctrine morale; Louis Molina chercha le système de la grâce; Cornelius à Lapide et Jacques Tyrin interprétèrent les livres sacrés; Jacques Bonfrère traça, dans son *Onomasticon*, la géographie de tous les lieux cités dans la Bible. Diégo de Celada se livrait aux mêmes travaux, tandis que Gaspard Sanctius et Jean de Pineda, orientalistes et historiens, se partageaient les commentaires sur Job, Salomon, les Prophètes et les Psaumes.

Les idées germaient alors; elles ne devaient porter que plus tard les fruits attendus. Cette immensité de travaux sur la Bible n'effraya point les Jésuites. Ils savaient que c'était le Code de tous les temps et de tous les pays; le livre où la vérité apparaît dans son état primitif, mais où elle sera éternellement mise en cause par l'erreur involontaire et par l'hérésie. Il importait d'expliquer les textes obscurs, de rétablir le sens d'une infinité de passages. Les uns, comme Jean Lorin, Nicolas Serarius, Sébastien Barradas, Adrien Crommius, François Pavoni et Diégo de Baeza, se livrèrent à des études qui occupaient toute une vie pour apporter leur pierre au monument; les autres, comme Etienne Ménochius, déblayaient la route par laquelle allaient s'avancer dans leur gloire rendue facile les grands hommes du dix-septième siècle. Ménochius, fils d'un jurisconsulte italien dont le nom fait encore autorité, comprit le premier qu'il y avait plus d'art à resserrer sa pensée qu'à l'étendre indéfiniment. Il sut être concis, lorsque la prolixité était un besoin du siècle. Dans ses *Institutions politiques et économiques, extraites des livres sacrés*, il ébaucha le plan que Bossuet et Fleury ont si magnifiquement déroulé. Ici, François de Mendoza, moins illustre par la naissance que par l'érudition, compose son *Viridarium*; là Jean-Baptiste Villalpando et Ribéra ressuscitent les antiquités hébraïques et le temple de Jérusalem, Martin Etienne en décrit les beautés, lorsque François de Montmorency, toujours malade, adoucit ses souffrances en paraphrasant lyriquement les Psaumes. Jean Maldonat, Jules Mazarini et Martin de Roa, Ferdinand de Salazar et Louis Dupont, Paul Sherlock et Christophe de Castro, Augustin de Quiros et Metellus Caraccioli, Gabriel Alvarez et Diégo Martinez; Ferdinand Jaën et Benoît Justiniani, Thomas Massutius et Blaise Viégas, Gaspard de Zamora et Jean Wilhem cherchent, chacun à son point de vue, chacun selon ses facultés, à éclaircir les doutes ou à résoudre les objections qu'on présente ou que le professorat fait naître dans leur esprit.

Les Dévoyés n'ont pas cessé de dire que l'Eglise catholique, et les Jésuites en particulier, dérobaient aux fidèles la connaissance des saintes Ecritures; cependant, en dehors de Bellarmin, de Tolet, de Sa et de Cornelius à Lapide, voilà la réponse que tant d'exégètes adressaient à de pareilles imputations. On les accusait de tenir la Bible sous le boisseau; ils en recommandent la lecture, ils la traduisent, ils l'expliquent dans toutes les chaires et dans toutes les langues. Ils semblent s'arracher les difficultés pour y donner des solutions, et ces solutions, aux yeux même de la science, doivent avoir plus d'autorité que celles dont les Protestants se sont si souvent glorifiés. Les érudits de la Compagnie de Jésus ne possédaient peut-être pas mieux que les érudits de l'Allemagne et de la France hérétique l'hébreu et le grec, le syriaque et l'arabe; mais les uns s'appuyaient sur un texte authentique, sur une base inébranlable, reconnue telle par le monde chrétien : les autres, après avoir rejeté la Vulgate, bâtissaient sur le sable mouvant de la parole humaine. Le Jésuite ne prononce pas en son nom privé : il marche avec la tradition; il s'attache au long enchaînement des Pères, des docteurs de l'Eglise; il les fait intervenir sans cesse, il les collationne, il les compare les uns avec les autres pour que la vérité jaillisse plus entière. Le Protestant, au contraire, répudie ces autorités; il substitue son opinion particulière à la voie des anciens; il n'étudie pas la Bible, il l'interprète. Les Jésuites, avec l'Eglise universelle, développaient ce qui doit être cru toujours, partout et par tous, *quod semper, quod ubique, quod ab omnibus;* les Huguenots ne remontaient pas aussi loin dans la tradition; c'est ce qui, aux yeux des Chrétiens et des savants, donne aux enseignements du Catholicisme un poids, une maturité contre lesquels échoueront tous les efforts de l'homme.

On a vu les Jésuites labourer dans toutes ses parties le champ de la Bible. Afin de saisir l'ensemble de leurs travaux intellectuels, il faut maintenant les voir interroger les Saints-Pères et les Conciles, gardiens et témoins de la tradition, autorités irréfragables dans les controverses religieuses. André Schott, dans ses chaires de Louvain, de Tolède et de Rome, annote, édite ou traduit saint Basile-le-Grand, saint Cyrille d'Alexandrie, saint Paulin et saint Isidore. Il écrit sur les Pères et sur les poètes grecs et latins; il se délasse de ses commentaires théologiques en commentant Sénèque, Æmilius Probus, Cornelius Nepos, Cicéron ou Pomponius Méla. Gilles Bucherius, Belge comme lui, se livre aux mêmes études : il obtient les mêmes succès. Il enrichit Grégoire de Tours de ses notes, il interprète Victorin d'Aquitaine, et démontre l'exactitude de la chronologie ecclé-

siastique. Balthazar Cordier, Charles Goswin et Christophe
Brouver réduisent en art la manière d'étudier. La mine était
inépuisable ; mais les Jésuites, sentant que leurs labeurs obscurs
et fastidieux jetaient un nouveau jour sur l'histoire du Christianisme, continuèrent le sillon déjà ouvert. Cordier, profond
helléniste, traduisit les Pères grecs ; Goswin réunit les œuvres
de Tertullien ; Brouver, dont le Cardinal Baronius fait si souvent l'éloge, s'appliqua à mettre en lumière Venance, Fortunat
et Raban Maur. Le Père François Viger fit passer du grec en
latin la Préparation évangélique d'Eusèbe. Un autre Jésuite de
Bordeaux, Fronton du Duc, s'emparait de saint Jean Chrysostome, de saint Basile-le-Grand, de saint Grégoire de Nysse, de
saint Grégoire de Nazianze, de Clément d'Alexandrie et de l'*Histoire ecclésiastique* de Nicéphore Callixte ; il donnait une consécration nouvelle à ces ouvrages, riches d'originalité. Jacques
Des Bans l'imitait, et le Père Sirmond conquérait, au milieu de
tant de doctes personnages, une place que personne n'osera lui
disputer.

Jacques Sirmond, en effet, n'est pas seulement un érudit tel
que ceux dont nous venons d'évoquer les titres. Ce n'est pas de
lui que Winkelmann aurait pu dire qu'un savant n'était qu'un
homme sachant quelque chose que d'autres surent mieux avant
lui. Il se manifeste tout à la fois antiquaire et théologien, helléniste et littérateur. Rien n'échappe à sa perspicacité ; mais il
sait la présenter sous une forme attrayante. A Rome, il a vécu
plus long temps dans la bibliothèque du Vatican que dans sa
cellule, où les cardinaux Baronius, d'Ossat et Barberini se
faisaient un titre d'honneur d'être reçus comme amis. C'est lui
qui a révélé au monde savant Théodoret de Cyr et les sermons
de saint Augustin ; lui qui a publié les lettres de Théodore Stu-
dite, les œuvres de Sidoine Apollinaire, de saint Valère et du
cardinal Geoffroi ; lui qui, jurisconsulte dans l'histoire, annota le
Code théodosien et les Capitulaires de Charles-le-Chauve ; lui
qui réunit en collection les anciens Conciles des Gaules et les
Constitutions des princes ; lui qui, au milieu de ses recherches,
trouva le temps de combattre Saumaise, Richer et Saint-Cyran [1].

---

[1] Pascal, dans une de ses *Provinciales*, n'a pas épargné le Père Sirmond ; mais

Le Père Sirmond était alors la gloire de sa Compagnie en France. D'autres Jésuites voulurent marcher sur ses pas, et l'on vit en d'autres temps surgir Théophile Raynaud et Jean Hardouin ; mais l'amour du paradoxe, la passion des idées singulières ou hardies ternirent trop souvent l'éclat de leur intelligence.

Cependant, à part ce reproche, que l'histoire doit adresser aux excès de l'imagination comme à l'abus des plus brillantes facultés, ces deux hommes se montrèrent dignes de leurs devanciers et de leurs successeurs. Le Père Théophile se fit l'annotateur de saint Anselme, de saint Léon-le-Grand, de saint Maxime, de saint Pierre Chrysologue, de saint Fulgence et de saint Astère. Raynaud, de même que le Jésuite Labbe, était un homme que les livres avaient fait vivre, que les livres avaient tué, selon une expression du Père Commire ; mais, comme lui, il ne se renfermait pas dans l'enceinte de son couvent. Il lui fallait du bruit et de l'éclat, le mouvement et la dispute. Doué des vertus du Religieux, il n'apparaissait dans le monde que pour envenimer les querelles. C'est le sort de ceux qui ne savent pas se contenter de la somme de bonheur départie à chacun, et qui, toujours mal à l'aise avec les autres, ne se mettent en contact que pour guerroyer. Cet esprit d'exclusion, qui tient à tant de causes humaines, et que nous signalons dans certains Jésuites, ne les empêcha pas de créer de grandes choses.

Sans doute dans quelques-uns de ces labeurs, où la patience est une espèce de génie, les Pères de l'Institut ont pu être surpassés. Les Bénédictins profitèrent de la voie si péniblement tracée par ces hommes studieux : ils y sont entrés à leur suite. Ils les éclipsèrent par une méthode plus nette ; mais l'idée-mère appartient à la Compagnie de Jésus. C'est cette Société qui, au milieu de ses Missions, de son enseignement, de ses triomphes ou de ses persécutions, a senti le besoin d'élever au monde catholique ce gigantesque édifice : c'est elle qui en a posé la pre-

Pascal a confondu probablement le neveu et l'oncle. Jacques Sirmond avait un neveu, le Père Antoine Sirmond, moins célèbre que lui. Les Jansénistes savaient que c'était Antoine qu'ils pouvaient réfuter ; par mauvaise foi ou mépris, ils chargèrent l'oncle des œuvres du neveu.

mière pierre, elle qui en a créé l'architecture. Les Bénédictins venaient après les Jésuites : ils pouvaient donc, ils devaient donc faire mieux qu'eux. Ils l'ont prouvé dans les éditions des Pères de l'Eglise ; mais dans les collections des Conciles la palme est restée à la Compagnie de Jésus.

Le Père Labbe, le plus docte et le plus modeste des hommes, ouvrait de nouvelles voies à la science. Après avoir dressé la Collection des Conciles, il composait soixante-quatre traités, qui ont tous un intérêt théologique ou historique. Labbe ne disait pas avec le Père Hardouin [1] : « Est-ce que par hasard vous croyez que je me lève tous les matins à quatre heures pour être de l'avis de tout le monde? » il était de son siècle, de son Institut surtout. Il abandonnait ses œuvres au jugement de l'Eglise et à celui de la Compagnie de Jésus. Le Père Hardouin, sans dépasser les bornes, se livra trop à la manie habituelle des savants : il affecta l'originalité lorsqu'il aurait pu, mieux que personne, chercher sa gloire dans la réalité du talent. Distrait par nature ou par calcul, il ne se contenta point de rivaliser avec Labbe en formant un recueil des Conciles ou en éditant Pline le naturaliste et Thémistius. Il ambitionna une de ces réputations que le paradoxe donne toujours : il l'obtint si complète qu'elle a préjudicié à celle dont tant d'ouvrages sérieux l'avaient mis en possession. Dans le royaume de France, de vastes travaux s'organisaient sur les Conciles. Joseph Hartzheim, Herman Scholl, Gilles Neissen et Charles Peterfi ne consentirent pas à ce que l'Allemagne, leur patrie, fût déshéritée de cette gloire dont les Jésuites, leurs confrères, dotaient l'Europe. Ils réunirent en dix volumes la collection des Synodes germaniques. Longtemps auparavant, le Père Joseph Acosta publiait son Concile de Lima et le Christ révélé; Gaspard Petrowski traduisait en Polonais le Concile de Florence, lorsque Pallavicini écrivait l'histoire de celui de Trente ; il fallait le faire connaître dans le Levant : le Père Elian le mit en arabe.

La nomenclature des théologiens qu'a produits l'Ordre de

---

[1] Huet, l'évêque d'Avranches, a peint d'un seul trait le caractère et le talent du Père Jean Hardouin. « Il a, disait Huet, travaillé pendant quarante ans à ruiner sa réputation, sans pouvoir en venir à bout. »

Jésus ne s'arrête pas à ce dernier chaînon de la science. On en trouvait qui se résignaient à devenir chronologistes et annotateurs; d'autres pâlissaient pour déchiffrer un texte ignoré, pour colliger les manuscrits épars d'un Père, d'un Docteur ou d'un Historien de l'Église. Mais dans chaque province de la Société il en apparaissait un plus grand nombre qui s'élançaient sur une route non encore frayée. Pierre d'Arrubal, l'un des jouteurs dans les Congrégations *de Auxiliis*, écrivit son traité sur Dieu, sur la Trinité et sur les Anges; Jean Azor, que Bossuet a loué dans ses statuts synodaux, composa ses *Institutions morales;* Avellaneda traita du secret de la confession; Louis Molina publia son immortel traité : *de Jure et justitia* [1] *;* Diégo Alvarez, le conseil et le guide des législateurs et des juristes de son temps, mit la dernière main à son livre sur les *Testaments et les Cas de conscience à l'article de la mort;* François Albertini déduisit ses corollaires théologiques des principes mêmes de la philosophie; François Aguado signala les vertus nécessaires au *Religieux parfait* et au *sage Chrétien;* Arias publia des livres ascétiques, que recommande saint François de Sales dans *la Vie dévote;* Balthasar Alvarez, de Portugal, rédigea son *Index;* Alvarez de Paz, qui a si bien dit, et qui a mieux fait encore; Louis Ballester, l'auteur de la *Hiérologie;* Gilles de Conninck, Antoine Carvalho, Diégo de Alarçon, Ruiz de Montoya, Bernardin de Villegas et Augustin Justiniani, le fils du doge de Gênes, forcèrent, avec leurs compagnons de la Société de Jésus, la science, l'histoire et la philosophie à proclamer les vérités dont ils se faisaient les apôtres.

Mais ces noms, glorieux sur les bancs de l'école, s'effacent devant un nom plus vulgaire et qui les a tous éclipsés. Denis Petau, le génie de l'érudition, le Jésuite qui a tout étudié et qui sait tout à la manière des grands hommes, paraît à vingt ans dans la chaire de philosophie de Bourges. Depuis ce jour

---

[1] Voici le jugement que portait de cet ouvrage un des plus savants jurisconsultes de notre temps, M. Toullier écrivant, le 1ᵉʳ novembre 1822, au docte théologien de Saint-Sulpice, M. Carrière, et lui recommandant le traité de Molina : « On convient, disait-il, que c'est l'ouvrage le plus savant et le plus achevé sur le droit et la justice. Il est fort étendu, mais il est fort utile. » Et le Franciscain Staidel, éditeur de la *Théologie du P. Antoine*, écrivait de Molina : *In peculiari istâ materiâ de justitiâ et jure, verè scriptor est, qui nec majorem, nec parem habere videatur* (t. IV, p. 176).

jusqu'à celui de sa mort, il n'est pas un triomphe qu'on ne fasse subir à son humilité. Professeur d'éloquence ou de théologie, orateur comme Cicéron, poëte comme Virgile, il réunit tous les contrastes. Les savants de l'Europe le consultent ; les Evêques acceptent ses décisions ; on le proclame le restaurateur de la théologie dogmatique, et Petau s'étonne du bruit qu'il fait autour de lui et aux confins de l'Europe. Il ignore ou il se cache son mérite. Cet homme, qui, à ses moments perdus, en se promenant, sait traduire en vers grecs les Psaumes de David, a laissé des ouvrages qui ne périront pas dans la mémoire des écrivains sacrés. Sa *Théologie dogmatique*, sa *Science des temps*, sa *Hiérarchie ecclésiastique* lui créent une place à part au milieu même de ces illustrations. Le Saint-Siége manifesta le désir de récompenser un pareil homme : le Souverain-Pontife, d'accord avec le roi de France, voulut placer au rang des Princes de l'Eglise le Jésuite qui s'élevait si haut par son mérite. A la nouvelle de la dignité dont il est menacé, Petau tremble et pâlit ; il pleure dans sa cellule, et il écrit que, si le Pape persiste à le revêtir de la pourpre romaine, il mourra. La fièvre s'empare de lui ; elle se déclare avec une telle intensité que, pour calmer ses transports, on est forcé de lui dire que les deux cours ont renoncé au projet de le faire cardinal. Cette assurance provoque une crise heureuse ; et, quand l'humble Jésuite fut guéri, le Pape et le roi n'osèrent plus exposer sa vie dans une lutte où la modestie l'emportait sur l'ambition.

Gaspard Hurtado, François de Lugo, Jean de Lugo, qu'Urbain VIII décora de la pourpre ; Léonard Lessius, Maldonat ; Martin Bécan, Ferdinand de Castro-Palao, Pierre Alagona, Antoine Escobar, Paul Layman, de Valentia, Thomas Sanchez, Pellizzario, Henriquez, Etienne Bauny, George Gobat, Vincent Filliucci, Claude Lacroix, Valère Réginald, Herman Busembaum et Thomas Tamburini, viennent jeter un nouveau reflet de grandeur théologique et d'érudition morale sur ce siècle qu'illumine le Père Petau.

Mais la juste critique des uns et le rigorisme pharisaïque des autres adressent à quelques-unes de ces célébrités de l'Ecole des reproches amers, des accusations dont la satire et la malignité publique [1] se sont emparées. Le nom d'Escobar a passé dans la langue française, synonyme de toutes les supercheries de conscience et de toutes les finesses répréhensibles soit devant Dieu, soit devant les hommes. On a peint ce Jésuite comme le prototype de la morale relâchée, ainsi qu'on a essayé de faire de beaucoup d'autres les arcs-boutants du régicide ou les approbateurs secrets de tous les crimes sociaux. La théologie des Pères a été souvent mise en cause, encore plus souvent torturée, et il est resté sur leurs graves in-folio, que le monde n'a jamais ouverts, dont il n'a jamais entendu prononcer le titre, un tel vernis de scandale qu'il importe à l'histoire d'en approfondir les causes.

Et d'abord produisons ici les principales propositions extraites de tous les traités de théologie de l'Ordre de Jésus qui ont pu donner lieu aux imputations de morale relâchée :

« Nous n'oserions condamner celui qui n'aurait fait qu'une fois en sa vie un acte formel et explicite de foi et d'amour.

» La foi d'un seul Dieu, et non d'un Dieu rémunérateur, paraît seule nécessaire de nécessité de moyen.

» On satisfait au précepte de la charité par les seuls actes extérieurs.

» Il est permis de se réjouir de la mort de son père, non en tant qu'elle est le mal du père, mais le bien du fils qui se réjouit.

» Le serviteur qui prête concours à son maître dans la perpétration d'un crime ne pèche pas mortellement s'il craint d'être maltraité ou renvoyé.

» Il est permis de prêter serment sans avoir l'intention de s'engager, s'il existe quelque raison.

» Sont excusés de la loi du jeûne ceux qui voyagent à cheval, même pour leur plaisir.

» Un militaire provoqué en duel peut l'accepter, s'il doit encourir le reproche de lâcheté. »

---

[1] Tout le monde connaît le couplet de la chanson à boire faite par Boileau à Bâville, chez le premier président de Lamoignon, où se trouvait Bourdaloue.

« Si Bourdaloue un peu sévère
Nous dit : Craignez la volupté,
Escobar, lui dit-on, mon Père,
Nous la permet pour la santé. »

Ces théories, développées par certains casuistes de la Société de Jésus, et flétries par elle avant de se voir condamnées par le Saint-Siége, ne sont point le produit de quelque corruption morale ou de quelque infirmité du cœur. Les Jésuites qui les égarèrent dans des volumes oubliés n'étaient pas de ces hommes qui, selon une parole de la Bible, sentent le vice filtrer comme l'eau dans leurs entrailles. Ils furent honorés pour leurs vertus et pour leur charité ; mais, avec la plupart des intelligences adonnées aux études spéculatives, ils se laissèrent emporter par le besoin de créer de nouvelles difficultés ou de n'imposer aux âmes tièdes ou rebelles que le moins lourd fardeau possible. Il y a des Chrétiens qui s'arrangent pour se glisser tout juste en paradis ; quelques Pères de l'Institut crurent qu'il était sage de se mettre au niveau de ces calculs et d'adoucir, jusqu'à la plus extrême tolérance, la rigueur des préceptes. Dans la virginité de leurs pensées, ils tendirent la main à toutes les faiblesses et à tous les déréglements ; ils excusèrent les unes, ils tentèrent d'expliquer les autres. Comme les hommes que la chasteté de leur vie rend quelquefois impurs dans l'expression, ils trouvèrent sur leurs lèvres de ces paroles, de ces images dont l'élégance dépravée du monde repousse l'obscénité de convention. Les uns, afin de découvrir un remède à des vices dont le tribunal de la pénitence leur révélait l'intensité, se jetèrent dans l'excès opposé ; les autres, par ce besoin d'innover qu'alors chaque école éprouvait, se mirent en frais d'imagination, tantôt pour résoudre des cas impossibles, tantôt pour tourner la difficulté morale. Ils cherchaient le mieux, ils trouvèrent le mal ; ils l'enseignèrent avec une candeur qui n'eut d'égale que leur obéissance lorsque le Souverain-Pontife et les chefs de l'Institut sévirent contre de pernicieuses doctrines. Elles ne pouvaient produire aucun résultat, elles étaient l'exception ; des esprits habitués aux luttes de la polémique fouillèrent dans les poudreux in-folios qui les contenaient ; ils les livrèrent à la publicité. Les Pères, auteurs de ces méfaits théologiques, étaient, sans aucun doute, blâmables ; mais, dit la grande *Encyclopédie* [1], « Je voudrais bien qu'un bon ca-

---

[1] *Encyclopédie*, t. II, p. 757.

suiste m'apprît qui est le plus coupable, ou de celui à qui il
échappe une proposition absurde, qui passerait sans conséquence, ou de celui qui la remarque et l'éternise. » La morale
relâchée d'Escobar, que tant de censures ont flétrie, est un
code dont peu d'hommes probes ou chrétiens selon le monde
se sentiraient la force de mettre en pratique les prescriptions.

A côté de ces docteurs, dissertant sur les lois de Dieu et de
l'Eglise, il y a une autre classe de théologiens. Ce sont les ascètes et les moralistes. Régulateurs de la piété, maîtres de la vie
spirituelle, ils ont créé dans la dévotion une littérature à part;
leurs ouvrages, beaucoup plus répandus, jouissent d'une popularité que personne n'a osé leur contester.

Les Jésuites ascètes devaient tout naturellement porter leur
premier regard sur les *Exercices* de Loyola. C'était le livre de
leurs méditations : ils en expliquèrent le sens et les beautés
mystiques. Cette tâche filiale fut accomplie avec succès. Parmi
les Pères qui la remplirent on compte Ignace Diertins, Antoine
Le Gaudier, Louis de Palma, Jean de Suffren, Gaspard Druz-
bicki, Tobie Lohner, Joseph Petit-Didier, Louis Bellecius, Antoine Vatier, Claude Judde, Julien Hayneuve, Gabriel Martel, etc.
François Neveu et Jacques Nouet se livrèrent à ces labeurs pieux
qui ont consacré leur nom ; ils donnèrent à leur style un éclat de
simplicité qui l'a rendu aussi attachant que solide. Jérôme de
Gonnelieu commenta *l'Imitation de Jésus-Christ*, le plus beau
livre, selon Fontenelle, qui soit sorti de la main des hommes.
Jean Brignon popularisa en France *le Combat spirituel*. *La
Perfection chrétienne*, livre d'expérience et de bon sens, tom-
ba de la plume de Rodriguez. Le Père Saint-Jure développa *la
Connaissance et l'amour de Jésus-Christ*. Rogacci en Italie,
Lanciski en Pologne, Jérémie Drexelius, Eusèbe de Nieremberg,
Jean Croiset, Henri Griffet, Herman Hugo avec ses *Pia Deside-
ria*, Antoine de Boissieu, Jérôme Platus, Balinghen et Jean
Crasset ressuscitèrent ou alimentèrent la piété par l'onction du
langage et par la méthode enfin introduite dans la prière. La
Doctrine spirituelle de Louis Lallemant, le *Catéchisme* et les
Dialogues de Joseph Surin recommandés par Bossuet, les *Lettres*
de Jean Rigoleu, les écrits si pleins de suavité de Vincent Huby,

ceux de François Guilloré présentent les maximes du mysti-
cisme chrétien ; Caussade et Louis Le Valois, Adrien Adriani,
Paul de Barry, Alexandre Orsini, Etienne Binet, Louis Spi-
nola, André Rentius, Antoine Vivien, Barthélemy Jacquinot,
Charles Musart, François de Bonald, Jacques de Machault,
Pinamonti, Busée, Laurent Chifflet, Luc Pinelli, Marc de Bon-
nières, Louis Makeblidius, Joseph de Arriaga, Philippe de
Berlaimont, Jules Nigroni, Philippe d'Oultreman, Pierre de
Gusman, Vaubert et cent autres excitèrent à la vertu par la direction, par l'exemple et par le conseil. Balthasar Alvarès, « un
des plus sublimes contemplatifs de son siècle, » au jugement de
Bossuet, et Louis Dupont, dont le grand Evêque de Meaux fait
le même éloge, furent avec Rodriguez les modèles de cette
partie de la littérature sacrée.

Dans l'espace d'un siècle les Jésuites avaient abordé et résolu
toutes les questions générales et particulières de morale chrétienne
ou de perfection religieuse. Ils se partageaient les travaux, ils écrivaient pour tous les états et pour tous les âges. Le roi et le soldat, le prêtre et le moine, le père et l'enfant, le maître et le serviteur, les jeunes gens surtout, chacun trouvait dans les œuvres
de ces Jésuites l'aliment de son âme. Elles étaient populaires
ainsi que la Religion, parce que, comme le livre du Père de Gal-
lifet sur la dévotion au sacré Cœur de Jésus, elles entraient dans
l'esprit, dans les besoins du peuple. Les disciples de l'Institut de
Loyola n'ont point ouvert la carrière de la littérature morale,
dont Bossuet et Fénelon nous léguèrent de si parfaits modèles.
Avant eux saint Augustin, saint Anselme, saint Climaque, saint
Bernard, saint Bonaventure et Louis de Grenade avaient, dans
leurs opuscules ascétiques, révélé cette source inépuisable de
tendres sentiments, de reconnaissance et d'amour. La voie était
tracée : les Jésuites la parcoururent, ils l'étendirent dans tous les
sens. Comme pour les sciences humaines, ils composèrent sur la
science divine une multitude de livres élémentaires que la Foi a
rendus classiques. Avec cet art de se multiplier qui semble inhérent à la Compagnie, ils propagèrent les institutions pieuses, les
retraites annuelles, les exercices spirituels. Après avoir défendu
le dogme et l'unité de l'Eglise, ils sont parvenus à les faire aimer.

De grands ouvrages de morale existaient avant l'Ordre de Jésus; d'autres furent composés depuis. Chez les anciens les *Caractères* de Théophraste, les *Dialogues* de Platon, les œuvres philosophiques de Cicéron et de Sénèque, le *Manuel* d'Epictète; chez les modernes les *Pensées* de Pascal, les *Caractères* de La Bruyère, les *Maximes* de La Rochefoucauld, les *Réflexions morales* d'Oxenstiern, les *Considérations* de Duclos, les *Maximes* de Vauvenargues jouissent à juste titre d'une gloire méritée. Mais ces ouvrages, quelque parfaits qu'ils soient, ont-ils opéré une réforme dans les mœurs? Sénèque, écrivant sur une table d'or son traité du mépris des richesses; Oxienstiern, ambitieux et flétrissant l'ambition; La Rochefoucauld, égoïste et flagellant l'égoïsme, corrigèrent-ils l'humanité de la soif de l'or, de l'ambition et de l'égoïsme? Quelle est la famille, où est l'individu qui leur doive et leur rapporte son bien-être et sa perfection? La philosophie jetée en apophthegmes, réduite en sentences, et, pour donner une couleur à sa phrase, cherchant à prendre les caprices du monde plutôt en dédain qu'en pitié, la philosophie est impuissante. Elle peut, comme les comiques de tous les temps, faire rire des travers de l'homme; elle peut critiquer le vice, railler les préjugés ou les passions; mais il ne lui sera jamais possible d'aller au-delà. Ce n'est pas elle qui inspirera les saintes pensées, qui refrénera les mauvaises. Elle n'a pas assez de force pour consoler, pour éclairer les âmes, pour alléger le poids des fatigues, pour adoucir l'amertume des douleurs, pour réprimer la violence des désirs, pour aider dans l'accomplissement des devoirs. Les écrivains moralistes ont créé des œuvres admirables au point de vue littéraire; ils ont disséqué avec une rare sagacité tous les instincts corrupteurs; ils sondèrent, ils analysèrent les plaies de la société. Dans cette autopsie faite sur le vif, rien ne leur est échappé, le remède seul leur a manqué. Les ascètes, et les Jésuites en particulier, ne mirent point la vanité de leur science à lutter avec eux de verve, d'ironie et de pessimisme. Ce n'était pas par amour de la gloire littéraire qu'ils descendaient dans le réceptacle des misères humaines, et qu'ils appliquaient sur chaque blessure le baume qui les cicatrisait. Sans parler avec autant de prestige ; ils connaissaient mieux le chemin du cœur : ils en maîtrisaient les penchants, ils l'initiaient aux mystérieuses consolations qu'inspirent la Foi, l'Espérance et la Charité.

Ces ascètes, dont le nombre et les travaux avaient quelque chose de prodigieux, éclipsèrent les savants d'un autre genre ; et, par leur multiciplité même, ils firent naître une accusation mal fondée : on a reproché aux Jésuites de n'avoir jamais produit de philosophes et de métaphysiciens distingués. La philosophie des seizième et dix-septième siècles, celle même du dix-huitième, à part les hommes qui s'emparèrent de son nom pour créer une nouvelle secte d'incrédules, rentrait essentiellement dans les attributions de la Compagnie. Malgré les obstacles que le devoir religieux lui imposait, malgré les difficultés que chaque Père trouvait dans l'étude de certaines matières philosophiques, il s'en rencontra beaucoup qui ne se laissèrent pas décourager. Ce n'était pas dans le but de créer de nouveaux systèmes que l'Institut avait été fondé, mais dans celui de rendre à l'Eglise et aux mœurs leur ancien lustre. Ils devaient se montrer plutôt actifs que spéculatifs ; et, avec cette volonté qui leur fut toujours imprimée, on s'étonne de compter parmi eux tant de savants de toute espèce ; car les exercices de leur ministère ne leur permettaient pas de se livrer pleinement et uniquement à des travaux qui absorbent toute une vie. Ils se savaient condamnés à la discrétion dans les systèmes philosophiques : ils n'y pouvaient entrer qu'avec réserve. L'erreur d'un seul devenait aux yeux du monde l'erreur de tous. Ils cherchèrent à comprimer un élan dangereux vers les enseignements idéalistes. Ils reportèrent la sève de leur génie inventeur sur les découvertes dans les sciences utiles, et aucun Ordre ne fut plus prodigue que celui de saint Ignace de Loyola de ces sortes de bienfaits.

A part les obstacles qui entravaient leur essor, les Jésuites cependant ne sont pas restés en arrière. Dans les branches purement intellectuelles de la philosophie, dans les différentes études ayant trait à cette science, ils comptent un grand nombre d'écrivains aussi profonds qu'ingénieux. Mais ils ne se sont pas fait un jeu et un art des nouvelles théories; ils n'ont pas même voulu se mettre, comme tant d'autres, à la poursuite d'idées impraticables ou de rêves impossibles. La philosophie ne fut pour eux qu'un moyen d'instruire les autres, de les former par le raisonnement au culte du beau et du vrai. Le premier qui entra dans cette voie féconde fut encore le Père Tolet, qui, par une *Introduction à la logique*, traça d'une main assurée les principes qu'il fallait adopter. Après lui Charles Malapert et Honoré Fabri jetèrent, par leur enseignement et par leurs écrits, de vives lumières sur cette science. Fabri, né en 1621 dans le diocèse de Belley, qui a produit tant d'illustrations, était, comme le Belge Malapert, plutôt philosophe que théologien. Il y avait dans leur tête un mouvement poétique qui les entraînait vers les abstractions; mais Fabri sut appliquer ce mouvement aux réalités de l'intelligence; et, dans sa chaire de Lyon ou de Rome, il développa les théories que ses *Eléments de métaphysique* nous ont conservées. Fabri joignait à la philosophie la physique et les mathématiques. En même temps que William Harvey il découvrit et révéla la circulation du sang [1]. Tandis que Fabri se livrait à d'utiles recherches, le Père Jean Garnier, qui a passé sa vie dans l'instruction, publiait son édition de *Marius mercator* et ses *Eléments de philosophie*. Pour se délasser de ces labeurs, que les savants estiment encore, il composait avec le Père Gabriel Cossart le *Systema bibliothœca Collegii parisiensis Societatis Jesu*. C'est un des meilleurs plans que les bibliographes peuvent suivre, et celui que Brunet adopta dans son *Manuel du libraire*. Les Pères Lorin, Giattini et Stengel commentaient la *Logique d'Aristote*.

Les Jésuites professèrent d'abord la philosophie; puis, lorsque sur leur route ils rencontrèrent un nouveau mode d'instruction ou quelques vérités applicables à la science, alors ils publièrent leurs investigations. Le Jésuite-cardinal Sfortia Pallavicini, les Pères Contzen, Pierre Hurtado de Mendoza, le

_____

[1] Le Père Honoré Fabri, à la page 204 de son traité intitulé : *De plantis, de generatione animalium et de homine* (édit. de 1666, in-4°), prouve qu'il a devancé, ou tout au moins marché de pair avec Harvey dans cette magnifique découverte de la circulation du sang.

subtil Arriaga, Léonard de Penafiel, Joseph Polizzi, et, à une époque moins éloignée de nous, Baptiste Horwath, Berthold Hauser et Para du Phanjas, ont perpétué les saines méthodes de l'enseignement philosophique. Sans doute parmi ces auteurs on peut en citer qui rajeunirent les vieilles thèses scolastiques et qui donnèrent pour point d'appui à la science les erreurs ou les préjugés de leur temps. D'autres, comme le Père Gautruche, l'*homo diffusæ eruditionis* du savant Évêque d'Avranches, d'autres mirent leur gloire dans des disputes qui formaient plutôt l'esprit à l'argumentation qu'à la pensée ; mais dans l'école le souvenir de Vasquez, de Pierre de Fonseca, de Théophile Raynaud, de Benoît Pereira et de Boscovich surnage encore. Dans leurs in-folios ces hommes, qui savaient tout, n'eurent pas le patient courage de se restreindre. Ils ont tout dit, jusqu'aux choses inutiles par leur objet direct. Cette surabondance de richesses préjudicie à leur renommée ; mais elle ne fait pas qu'ils n'aient point donné à l'esprit des idées justes, claires et précises. De l'Université de Coïmbre, dont les Jésuites étaient les maîtres, se répandirent dans le monde le goût de la science et l'amour de la philosophie ; et c'est en comparant les enseignements de la Compagnie de Jésus avec les autres du même siècle que René Descartes, si bon juge en ces matières, a pu écrire [1] : « Vous voulez savoir mon opinion sur l'éducation de votre fils, mande l'immortel philosophe à un père de famille qui l'a consulté ; parce que la philosophie est la clef des autres sciences, je crois qu'il est très-utile d'en avoir étudié le cours entier comme il s'enseigne dans les écoles des Jésuites. Je dois rendre cet honneur à mes anciens maîtres de dire qu'il n'y a aucun lieu du monde où je juge qu'elle s'enseigne mieux qu'à La Flèche. »

Le Père Suarez peut être regardé comme le chef de l'école philosophique des Jésuites ; il l'entraîna, par la force même des choses, vers des principes nouveaux. Quand Suarez parut, l'École saluait des noms de *doctor angelicus, doctor seraphicus, doctor subtilis*, saint Thomas, saint Bonaventure et Scott. Suarez, au

---

[1] *Œuvres* de Descartes, lettre 90.

témoignage de Paul V et de Benoît XIV, fut *doctor eximius*, le docteur par excellence. Il abandonna les routes frayées par saint Thomas et par Scott : au lieu de se condamner à disserter éternellement sur Aristote, il créa une métaphysique. Il l'exposa lui-même en deux volumes in-folio ; il fut clair au milieu des subtilités dont il prenait plaisir à hérisser son système. Il l'entoura de quelques raisonnements inutiles ; mais, au milieu de cet amas de science et de dilemmes, sacrifice fait au goût de son siècle, Suarez est encore, par la profondeur de ses aperçus, l'homme qui a peut-être rendu le plus de services aux études philosophiques. C'est à dater de lui que l'on a commencé à se détacher peu à peu du péripatétisme scolastique. Dans le même temps Benoît Pereira léguait au monde ses quinze livres sur les *Principes des choses naturelles*, il combattait, il dévoilait dans un autre ouvrage les prestiges de la magie et de l'astrologie, arts funestes, qui, en s'opposant aux progrès de la véritable science, altéraient l'essence même de la Religion.

Ce que Suarez avait entrepris pour la métaphysique, d'autres Jésuites le tentèrent pour la philosophie morale. Dès le commencement du dix-septième siècle Balthasar Gracian ou Gratianus se mit à faire l'autopsie du cœur humain. Il marchait sur un terrain mal affermi ; il analysait des passions qu'il n'avait jamais éprouvées, par une judicieuse satire il flétrissait des vices dont le souffle ne ternit jamais la pureté de son âme. Dans cette étude il sut allier tant d'originalité à tant d'idées neuves et de style quintessencié que ses livres devinrent la lecture favorite de tous les salons de l'Europe. Amelot de la Houssaye ; le contrôleur-général des finances, Etienne de Silhouette ; Monory et le Père de Courbeville traduisirent en français son *Homme de cour*, ses *Réflexions politiques*, le *Criticon* et l'*Homme universel*, que toutes les langues modernes s'approprièrent. On lisait Gracian avec avidité. Cette lecture porta les esprits vers une partie encore inculte de la philosophie. Elle préluda à des traités plus parfaits, dont La Rochefoucauld, Oxenstiern, La Bruyère, Addisson et Pope allaient offrir le modèle. Le Père Rapin marcha sur les traces de Gracian ; et, avec moins de variété et de grâce, il composa ses *Réflexions sur la philosophie*. Ce Jésuite, qui tous les

six mois publiait alternativement une œuvre de piété et de littérature, semblait servir Dieu et le monde par semestre. Il embrassa tous les genres ; il fut supérieur dans plus d'un ; mais le
Père Claude Buffier l'éclipsa pour la philosophie[1]. Comme Boscovich, Buffier chercha à réduire les aridités de la science. Ses
devanciers parlaient avec volupté la langue des abstractions, lui
s'attacha à être simple et concis, afin de former le jugement et
l'esprit des autres. Son *Cours des sciences*, où l'*Encyclopédie*
de d'Alembert et de Diderot a puisé à pleines mains, est encore
même de nos jours un ouvrage classique. Le *Traité des vérités
premières et la source de nos jugements*, la *Pratique de la
mémoire artificielle* consacrèrent le nom de ce Jésuite.

L'étude de la philosophie n'a donc pas été stérile pour la
Compagnie. Cependant ses Pères ne s'y sont pas portés avec
l'ardeur qui les poussait habituellement vers les travaux de la
pensée. On eût dit qu'ils sentaient d'avance l'inutilité de la
plupart des systèmes métaphysiques qu'un homme de génie
enfante, et auxquels viennent se rallier une multitude d'intelligences subalternes qui, sur la parole du maître, outrent le
principe. L'esprit des Jésuites était trop pratique pour se perdre dans les abîmes de l'imagination que Malebranche a si au-
dacieusement signalés, sans prévoir qu'il y tomberait lui-même.
Il fallait à ces âmes enchaînées à l'Eglise par le devoir, des
horizons moins spacieux, parce qu'elles comprenaient que ce
n'est point avec des théories plus ou moins ingénieuses que
l'on arrive à des résultats positifs. En 1755, au moment des
effervescences de l'Incrédulité, l'Académie française, subjuguée
par les innovations qu'elle protégeait, se vit elle-même obligée
de revenir à des principes plus salutaires et de couronner un
Jésuite qui, par le charme des idées vraies, rappelait devant
elle la voie ouverte à l'intelligence. L'Académie avait proposé
pour prix d'éloquence cette question : En quoi consiste l'esprit
philosophique ? Le Père Antoine Guénard ne craignit pas de le

---

1 « J'ai trouvé, dit le fondateur de l'école écossaise, dans le *Traité des Vérités
premières* du P. Buffier, plus de choses originales que dans la plupart des livres
de métaphysique. » (Reid). Et Stewart : « Je regarde le P. Buffier comme un des
philosophes les plus originaux et les plus exacts dont le dix-huitième siècle puisse
s'enorgueillir. »

révéler ; et, dans un discours que d'Alembert et La Harpe pro-
clamèrent un chef-d'œuvre, le Jésuite, à peine âgé de trente
ans, posait ainsi les bornes de l'entendement humain : « La Foi
laisse à l'esprit tout ce qu'il peut comprendre. Elle ne lui ôte
que les mystères et les objets impénétrables. Ce partage doit-il
irriter la raison ? Les chaînes qu'on lui donne ici sont aisées à
porter, et ne doivent paraître trop pesantes qu'aux esprits vains
et légers. Je dirai donc aux philosophes : Ne vous agitez point
contre ces mystères que la raison ne saurait percer. Attachez-
vous à l'examen de ces vérités qui se laissent approcher, qui se
laissent en quelque sorte toucher et manier, et qui vous répon-
dent de toutes les autres. Ces vérités sont des faits éclatants et
sensibles dont la Religion s'est comme enveloppée tout entière
afin de frapper également les esprits grossiers et subtils. On livre
ces faits à votre curiosité : voilà les fondements de la Religion.
Creusez donc autour de ces fondements, essayez de les ébranler ;
descendez avec le flambeau de la philosophie jusqu'à cette
pierre antique tant de fois rejetée par les Incrédules, et qui les
a tous écrasés ; mais, lorsque, arrivés à une certaine profondeur, vous aurez trouvé la main du Tout-Puissant, qui soutient
depuis l'origine du monde ce grand et majestueux édifice, toujours affermi par les orages mêmes et le torrent des années,
arrêtez-vous enfin, et ne creusez pas jusqu'aux enfers ! La philosophie ne saurait vous mener plus loin sans vous égarer.
Vous entrez dans les abîmes de l'infini : elle doit ici se voiler
les yeux comme le peuple, adorer sans voir, et remettre l'homme
avec confiance entre les mains de la Foi. La Religion ressemble
à cette nuée miraculeuse qui servait de guide aux enfants d'Is-
raël dans le désert. Le jour est d'un côté, et la nuit est de l'autre.
Si tout était ténèbres, la raison, qui ne verrait rien, s'enfui-
rait avec horreur loin de cet affreux objet. Mais on vous donne
assez de lumière pour satisfaire un œil qui n'est pas curieux à
l'excès. Laissez donc à Dieu cette nuit profonde, où il lui plaît
de se retirer avec sa foudre et ses mystères. »

C'était le siècle des sophismes et de la raillerie : l'Académie
ne croyait à rien. Le Jésuite-philosophe la condamnait à applaudir à ce langage, qui dut lui paraître inouï. L'œuvre était

si parfaite qu'une iniquité devenait impossible : le prix fut décerné au Père Guénard[1].

L'éloquence de la chaire offrait aux enfants de saint Ignace une carrière plus en rapport avec les Constitutions de l'Ordre et les besoins de l'humanité. Ils y entrèrent dès le premier jour de leur fondation ; on les y trouve encore au moment où la Compagnie succombe. Sa tâche de prédilection fut le développement de l'art oratoire. « C'est une grande et dangereuse entreprise, dit Cicéron[2], de se présenter au milieu d'une nombreuse assemblée qui vous entend discuter les plus importantes affaires ; car il n'y a presque personne qui ne remarque plus finement et avec plus de rigueur les défauts que les beautés de nos discours, et on nous juge toutes les fois que nous parlons en public. » Ignace de Loyola avait sans doute sous les yeux ce passage du consul romain lorsqu'il faisait à ses disciples une obligation de l'art oratoire. Il savait qu'il y aurait toujours des ignorants à instruire, des erreurs à combattre, des Chrétiens à diriger dans les voies de la perfection ; et il voulait que les Jésuites répondissent aux vœux des peuples. Les uns, suivant la coutume de leur patrie, se livrèrent à la vivacité de leurs inspirations ; et, par les mouvements d'une éloquence naturelle, ils opérèrent sur les masses des transformations merveilleuses. Ils improvisèrent leurs sermons ; ils mirent à la portée de tous les rangs la doctrine avec laquelle de longues études les familiarisaient. Ils surent enflammer et toucher les cœurs, dominer les esprits et se montrer toujours nouveaux, parce qu'ils s'emparaient de la passion du moment. Ainsi, en Espagne, en Italie, en France et en Allemagne, on vit les Pères Araoz, Strada, Barzée, Landini, Auger, Dupuy, Gonthéri ; et, à des époques plus récentes, François Régis, Pierre Wiltz, Maunoir, Zucchi, Chaurand, de Joyeuse, Serane, Lopez, Pardo, Chauhard, Duplessis et Beauregard créer des modèles d'improvisation. Ils ne couraient point après cette gloire éphémère qui aime mieux exciter les applau-

---

[1] Le Père Guénard avait consacré trente années de sa vie à un immense travail philosophique pour réfuter l'*Encyclopédie*. Pendant la terreur de 1793, il le brûla, pour ne pas compromettre les jours de madame de Beauvau, qui lui avait offert un généreux asile dans son château de Bléville, près Nancy, où il mourut en 1805.

[2] *Brutus*, XXVII, 125.

dissements que changer les convictions. Ils n'avaient pas soif
de louange ; la louange pour eux consistait dans les larmes ou
dans les remords qu'ils provoquaient. Ils s'adressaient à des
multitudes : ils leur communiquaient l'ardeur dont ils étaient
animés ; ils les subjuguaient par des images plutôt fortes que
justes ; ils étaient exaltés, ils exaltaient. Les fruits de ces véhé-
mentes inspirations sont restés dans le cœur des contemporains ;
mais la parole qui les produisit s'est éteinte avec la vie du pré--
dicateur. La tradition seule nous apprend les merveilles opérées
par ces hommes apostoliques.

D'autres Jésuites ne se laissèrent point gagner par cette fièvre oratoire qui domine les masses. Ils eurent à porter la parole de vie au sein des cours, dans les chaires de toutes les
cités, où des hommes plus instruits, moins malléables que le
peuple, se pressaient pour les écouter tantôt avec une respectueuse piété, tantôt d'une oreille distraite ou prévenue. Il fallut appeler l'art au secours de la Foi, et, pour propager les
enseignements chrétiens, « rassembler, selon la parole de
Cicéron [1], une forêt d'idées et de choses. » Ils creusèrent les
principes de l'élocution, ils remontèrent aux beaux jours où
les Augustin, les Chrysostome, les Ambroise et les Bernard
venaient, dans un langage aussi saint que magnifique, rappeler
aux princes de la terre et aux hommes de bonne volonté les
devoirs que l'Evangile leur traçait. L'éloquence de la chaire
fut ainsi créée. Elle est pour les Jésuites une source de gloire
que beaucoup ont pu leur envier, que personne ne leur a refusée.

Il ne s'agit plus ici d'être convaincu et de convaincre, il faut
plaire par le charme du style, par la progression du plan, par
la noblesse, par la facilité dans la manière de s'énoncer, par le
pathétique des images et par une onction persuasive. Les Jésuites se dévouèrent à cette tâche ; en étudiant leurs modèles, on
n'a plus besoin de se demander s'ils l'accomplirent. En Italie,
où la langue est si riche qu'elle semble faire tort à la pensée,
où l'harmonie poétique se mêle aux plus terribles mystères de

1 De Orat., 29.

l'Eglise, les Jésuites ont su être sobres au milieu de toutes les pompes de l'élocution. Ils ont produit des orateurs là où tout le monde naît poète. Les Pères Etienne Tucci, François Benci, Tarquin Galluzzi, Benoît Palmio, Paul Oliva, Achille Gagliardi, Jean Rho et Simon Bagnati ouvrent, avec talent, cette carrière dans laquelle Paul Segneri ne rencontrera pas de rivaux. A la suite de ce maître, dont les sermons furent traduits en français sous le titre du *Chrétien instruit dans sa loi*, Thomas Strozzi, Xavier Vanalesti, Louis Pellegrini, Ignace Venini, Jérôme Trento, Jean Granelli, Antoine Bellati, Jacques Bassani, Jérôme Tornielli, Alphonse Nicolaï et Pignatelli remplirent les chaires d'Italie du bruit de leur nom. Ils sont les prédicateurs des Souverains-Pontifes [1]; ils parlent en même temps à Rome et à Venise, à Naples et à Florence, à Gênes et à Milan. Leurs discours publiés n'ont fait qu'accroître leur renommée; car, souvent la véhémence ou la grâce dans l'expression vivifie la solidité des preuves et la justesse des aperçus.

En Espagne, c'est Tolet qui marche à la tête des prédicateurs; Tolet, dont le cardinal Frédéric Borromée disait [2] : « Quand on a entendu prêcher le Père Tolet, on ne peut plus rien désirer, » et dont Montaigne, son contemporain, faisait le même éloge. « Il y avait, raconte le philosophe des *Essais* dans son *Voyage en Italie* [3], un autre prêcheur qui prêchait au Pape et aux cardinaux, nomé Padre Toledo (en profondeur de sçavoir, en pertinance et en disposition, c'est un homme très rare.) » Après ce Jésuite, dont le nom revient à chaque branche

---

[1] Dans la liste des orateurs sacrés qui furent appelés à prêcher la Passion à la chapelle pontificale, en présence du Souverain-Pontife, on trouve, seulement de l'année 1573 à l'année 1660, dans l'espace de moins d'un siècle quarante-neuf Jésuites, dont voici les noms: Claude Aquaviva, Robert Bellarmin, Etienne Tucci, François Benci, Fulvio Carduli, Benedetto Justiniani, Mutio Vitelleschi, Giovanni Carettonio, Stephano de Bubalis, Bernardin Stephony, Antoine Marsilli, Jean Mazarelli, Térence Alciat, François Sacchini, Famian Strada, Bandini Gualfreducci, Jérôme Sopranis, Paolo Bombini, Valentin Mangioni, Tarquin Galucci, Torquato de Cupis, François Piccolomini, Léon Sanctius, Alexandre Donat, Baptiste Ferrari, Vincent Guinis, Ambroise Spinola, Jérôme Petrucci, Jean Floravantius, Angelo Galucci, Horace Grossi, Odon de Conti, François Brevius, Jacques Lampugnani, Jérôme Savignani, Louis Gonfalonieri, Jean Giattini, Paul Farnèse, Albert Moroni, Alexandre Pellegrini, Guillaume Dondini, Louis Bomplan, Jean Adriani, Gabriel Beati, Thomas Antonelli, Fernand Ximènes, Joseph de Requesens, Charles de Luca et François Eschinardi.

[2] *Meditamenta litteraria.*

[3] *Voyages en Allemagne et en Italie*, page 666 (édition du *Panthéon*).

de littérature, apparaît Jérôme Florentia, le Massillon espagnol,
l'orateur de toutes les solennités ; puis Gracian, Alphonse de
Andrada, Matthieu de La Cruz, Joseph Aguilar, François Labata,
Juan Coronel, Frias, Martin Guttierez, Pedro de Urteaga, Ro-
driguez de Gusman, Aguado, Ruiz de Montoya, Juan Godiño,
Déza, Thyrse Gonzalès et Pedro de Calatayud.

Le Portugal ne fut pas déshérité de cette gloire. Il entendit
dans ses chaires le Père Antoine Vieira, dont les œuvres sont
encore populaires, parce qu'il est un des auteurs qui écrivirent la langue portugaise avec la pureté la plus exquise.
« Vieira, si peu connu en France et dont les sermons, au dire
de l'abbé Grégoire [1], et les autres ouvrages sont dignes de
l'être, » a laissé une renommée qui grandit. Comme ceux qui
ne savent pas se modérer, il pousse à l'extrême les défauts de
son pays et de son temps ; il est exagéré, emphatique, mais
plus souvent encore il touche au sublime, ou il ravit par les
délicatesses de ses ardentes facultés. Antoine de Vasconcellos et
François de Mendoça sont les premiers après lui. Vieira était
le prédicateur de ses rois, leur ambassadeur, le missionnaire
des sauvages du Maragnon ; ce fut un homme d'inspiration et
d'expérience. .

La manière des Espagnols et des Portugais empruntait au
caractère national une espèce de grandiose dans les tableaux,
une magnificence ampoulée, qui a fait longtemps loi parmi les
littérateurs de la Péninsule. Leur imagination, toujours planant
au-dessus des nuages ou ne se rabattant sur la terre que pour
y trouver des souvenirs ou des pensées dont l'orgueilleuse exubérance trahissait le terroir, ne savait ni limiter son enthousiasme ni restreindre ses poétiques entraînements. Cervantes,
par son *Don Quichotte*, avait guéri l'Espagne de sa chevalerie
errante ; le Père Jean-François de Isla essaya le même remède
sur les sermonaires. Dans sa *Vida de fray Gerundio de
Campasas*, qu'il publia sous le pseudonyme de François Lo-
bon de Salasar, il se prit à flageller par le ridicule les vices
oratoires et particulièrement le faux bel esprit des Espagnols.
Ce précepte en action, ou plutôt en satire, frappait avec tant de

_____
[1] *Histoire des Confesseurs*, p. 246.

justesse que l'Index romain craignit de voir les saillies du Jésuite porter atteinte à la dignité de la chaire. Les moines de
tous les couvents, les prébendiers de tous les rangs se coali-
sèrent contre un livre qui excitait de trop vives colères pour
ne pas être l'expression d'un sentiment vrai. Le premier volume avait seul paru; le Père de Isla [1] reçut ordre de cesser
un badinage dont la spirituelle causticité n'était pas sans danger. Le Jésuite obéit; mais son œuvre, proscrite en Espagne
fut recueillie à Londres, puis traduite en allemand et en anglais.

La Belgique, si féconde en savants et en controversistes, n'a
produit qu'un petit nombre d'orateurs, dont trois des plus distingués sont les Pères Jean Coster, Corneille Hazart et Henri
Engelgrave. En Allemagne où, comme en France, la langue
n'était pas encore formée, les Jésuites qui ont publié leurs discours les firent paraître en latin. Guillaume Bécan, Adam Tanner, Mathias Faber, Frédéric de Spée et Gaspard Hirckmann
suivirent cet exemple : mais Canisius, Jean Gans, Théodore Dul-
man et Georges Scherer ne s'astreignirent point à cet usage,
qui ne répandait leur enseignement que parmi les érudits. Ces
Pères adoptèrent le langage vulgaire. Il n'était pas encore dé-
grossi; leurs discours portent donc l'empreinte de ce style
moitié latin, moitié tudesque. La pensée même se ressent de la
torture qu'ils lui imprimèrent; cependant, le sacrifice national
que les Jésuites faisaient à leur amour-propre d'auteur vulgarisa
l'allemand. Les Pères Frantz Hunold, Neumayer, Aloys Merz et
Jacques Wurs ne tardèrent pas à s'élever au rang des premiers
prédicateurs. Jacques Wurs surtout, qui étudia, qui traduisit
Bossuet, La Rue et Cicéri, déploya, dans ses discours, une
éloquence si rare en Allemagne, que ses compatriotes, dans un
accès d'admiration peut-être exagérée, le comparent encore à
Bourdaloue pour la solidité, à Massillon pour l'élégance, à La
Colombière pour la persuasion. Les Pères Georges Forro et
Georges Caldi en Hongrie, Stanislas Gródicz et Michel Ginckie-
wicz en Pologne se servirent de l'idiome vulgaire; mais dans

[1] On grava sur la tombe du Père de Isla une épitaphe qui fait bien ressortir ses
différents genres de talent. Elle est ainsi conçue :
« In oratione Tullius, in historia Livius,
In lyricis et Judicris Horatius. »

ce dernier empire il avait paru deux hommes qui font époque.
C'étaient les Pères Scarga et Casimir Sarbiewski; l'un métho-
dique et chaleureux, l'autre revêtant son style de couleurs plus
brillantes, tout à la fois orateur et poète.

Ce fut encore un enfant de Loyola qui, en France, créa l'éloquence sacrée. Jusqu'au Père Claude de Lingendes, ce royaume
avait compté de puissants orateurs, tels que les Pères Coton,
Arnoux, Séguiran, Dinet, Suffren, Viger et Caussin; mais Lingendes eut l'art de coordonner ses plans, de disposer ses preuves, de ménager les transitions, de varier son style, et de donner à l'ensemble du discours la forme qui seule peut faire vivre
les œuvres de l'esprit. Avant ce Jésuite, la France avait compté
dans la Société de Jésus et dans le Clergé des hommes brûlants
d'éloquence ; « ils ne furent pas orateurs, ainsi que le dit Cicéron [1], mais des ouvriers exercés à une grande volubilité de
langue. » Dans l'ardeur de leur mauvais goût, ils mêlèrent le
sacré au profane, le trivial au sublime; Lingendes réforma ces
abus, par le précepte et par l'exemple. Il fraya la route à Bossuet, à Bourdaloue, à Massillon. Chose singulière pourtant, ce
fut en latin que le Jésuite donna des modèles à la chaire française. Lingendes ne trouvait pas l'idiome national assez pur
pour développer sa pensée ; il craignait peut-être de succomber,
comme ses devanciers, à l'attrait de ce vieux style si diapré et
si abondant. Il voulut exposer les vérités évangéliques avec précision, user sobrement des ressorts de terreur et de tendresse
que la chaire mettait à sa disposition. Il eut l'insigne honneur
d'être le dernier des orateurs latins et le premier des prédicateurs français [2]. Lingendes avait exposé les règles du beau, le
Père Texier les adopta; il devint pour Bossuet ainsi que pour
Bourdaloue une mine où ces deux génies puisèrent plus d'une
fois. Le pieux La Colombière, l'ami de Patru, Jacques Giroust,
Martin Pallu et Houdry, formés à l'école nouvelle, se montrèrent
dignes de prêcher, même à côté de Bourdaloue, leur confrère
dans la Société de Jésus.

Par la sagesse de ses idées, par la fécondité de ses plans, qui

[1] *Brutus*, 18, 83.
[2] Lingendes prêchait en français les sermons qu'il écrivait en latin.

ne se ressemblent jamais, Bourdaloue eut-le mérite de l'orateur [1], que Quintilien compare à l'habileté du général dirigeant
une armée. Sa logique nerveuse ne laisse place ni aux sophismes ni aux paradoxes ; il possède l'art de fonder nos devoirs
sur nos intérêts, le secret de faire tourner les détails des mœurs
et des passions en preuves de son sujet, l'abondance du génie
qui ne permet pas d'imaginer quelque chose au-delà de ses discours. Il est simple et noble, touchant et terrible; il réunit,
il combine tous les contrastes, et Bossuet a pu dire de lui [2] :
« Cet homme-là sera éternellement notre maître en tout. » Eloge
sublime qui dispense de tous les autres.

Bourdaloue avait créé une école; les Pères de La Rue,
Honoré Gaillard, Timoléon Cheminais de Montaigu, de Segaud, Daubenton, d'Orléans, de La Pesse, Cathalan et Bretonneau la continuèrent. L'intervalle est immense entr'eux ;
les uns, comme La Rue, poussent au plus haut degré le charme
et le naturel de la diction; les autres, ainsi que Cheminais et
Segaud, ont la douceur et l'énergie en partage. Ces soldats de
la parole sous Bourdaloue en devinrent les rois après sa mort;
mais, ainsi que toutes les choses humaines, ce genre de littérature, parvenu à son apogée, n'avait plus qu'à descendre. Les
Jésuites adoucirent sa chute; et, sous le règne de Louis XV,
le Père Charles Frey de Neuville jette un beau reflet de gloire
sur la chaire. Ce n'est déjà plus cette sobriété de pensées, cet
éclat contenu, qui fait de Bourdaloue le maître des maîtres.
L'emphase a succédé à la simplicité ; les néologismes apparaissent à la place des idées, et les prédicateurs, sacrifiant à la maladie de leur siècle, oublient, comme tous les rhéteurs de l'A-
cadémie, l'ingénieuse recommandation de Quintilien disant [3] :
« Les orateurs doivent regarder les mots d'une langue comme
des pièces de monnaie dont il ne faut pas se charger, lorsque
le peuple ne les reçoit point. » Neuville ne fut pas exempt de
ce système, qui appauvrit au lieu d'enrichir; il ne sut pas assez,
selon la maxime de Cicéron [4], que « la commisération doit être

---

[1] *Inst.*, lib. II.
[2] *Eloge de Bourdaloue,* par le président de Lamoignon.
[3] *Inst.*, lib. III.
[4] Cicero, *Ad Herennium,* lib. II, 31.

de peu de durée , car rien ne sèche plus promptement que les larmes. » Le Jésuite était le messager des tristes nouvelles, le consolateur des grandes infortunes. Cette expansion de tendre charité que les familles en deuil sollicitaient comme un allégement à leurs douleurs, a donné à ses sermons une teinte déclamatoire, qui se rapproche beaucoup plus de l'amplification de Thomas que de la magnificence de Bourdaloue Mais si le faux goût du rhéteur apparaît de temps à autre dans le Père Neuville, ce défaut inhérent à son siècle est racheté par des effets d'éloquence, par des élans de profonde sensibilité. Autour de lui se groupent Dufay , Pérusseau , Griffet , Le Chapelain , Bullonde , Cuny, Richard, Dessauret, Perrin, Lanfant et Beauregard, qui, dans une ère de décadence, surent avec de Beauvais, évêque de Sénez, et l'abbé Maury , raviver l'éloquence sacrée.

Dès le milieu du dix-huitième siècle , la chaire avait beaucoup perdu de son prestige; et le cardinal de Fleury mandait, le 9 février 1740 , au cardinal de Tencin : « Il est fâcheux que les Jésuites baissent de crédit, parce qu'il faut convenir qu'il n'y a presque qu'eux qui défendent l'Eglise , et qu'ils sont les seuls prédicateurs qui nous restent. » Ainsi , un contemporain des grandeurs de Louis XIV , le premier ministre du royaume , sentait s'affaisser sous lui tous les éléments de puissance, il voyait dégénérer la monarchie, attaquer le Catholicisme , et il proclamait que, dans cet abaissement des pouvoirs, les Jésuites seuls restaient debout pour combattre par l'enseignement et par la parole.

Les travaux intellectuels que l'Institut voua au triomphe de la Religion viennent d'être esquissés; nous n'avons cependant pas tout dit; il y a une foule de noms honorés par l'Eglise ou par l'école qui échappent à nos récits, car il est difficile de reconstruire tout ce glorieux passé et d'assigner à chacun la place qu'il doit occuper dans l'estime publique. Mais, en dehors de ces ouvrages destinés au dogme, à la morale, à toutes les questions religieuses, d'autres Jésuites cherchèrent à rendre à la littérature, aux sciences et aux beaux-arts le lustre ancien que tant de révolutions leur avaient enlevé. Ils se firent historiens, jurisconsultes, astronomes, mathématiciens, poètes, voyageurs et artistes, comme ils étaient devenus controversistes ou orateurs, ascètes ou théologiens. Ils fouillèrent dans les archives encore ignorées des nations. Ils remontèrent à l'origine des peuples et des lois; ils se livrèrent à l'étude de la chronologie et de la géographie. Ils ont spécialement marqué leur passage dans l'histoire par des livres servant encore de modèles aux annalistes qui ne les surpassent pas.

Les Jésuites, ainsi que cela devait être, ont commencé par faire l'histoire de leur Ordre. Ils se constituèrent les biographes ou les panégyristes des hommes apostoliques, des Saints ou des Martyrs que la Compagnie enfantait. « Voltaire, disait Montesquieu, ne sera jamais un bon historien; il écrit trop pour son couvent. » La même sentence peut s'appliquer aux Jésuites racontant la vie de leurs frères. C'est une pieuse vénération qui déborde en style admiratif, et qui accepte sans discussion le merveilleux que l'Eglise seule a le droit d'imposer aux croyances. Ils vivaient dans un siècle de prodiges; ils en voyaient s'accomplir en Europe et au-delà des mers. Ils avaient cette puissance de la Foi qui transporte les montagnes; ils écrivirent sous cette impression. Les uns se passionnaient pour un de ces Missionnaires qui entraîna les tribus sauvages, qui les domina par l'ascendant de sa vertu, et qui mourut par elles et pour elles; les autres s'efforçaient, dans leurs méditations, de raconter les événements qui agitèrent l'existence d'Ignace de Loyola et de ses premiers disciples. Ils combattaient avec Lefèvre; ils dissertaient avec Laynès et Salmeron; ils honoraient les vertus angéliques de Louis de Gonzague et de Stanislas de Kostka. De cet enthousiasme qu'ils communiquèrent à leurs Novices il est né une multitude de livres qui ont pu charmer la piété, mais dont la lecture n'offre à l'esprit qu'une longue série d'éloges et de détails intimes.

Ce n'est pas là de l'histoire; car l'histoire vit d'impartialité : elle peut provoquer l'admiration; elle n'a pas le droit d'admirer elle-même. Nous ne rangeons donc point ces panégyristes au nombre des auteurs vraiment sérieux; mais ce n'est pas par ces travaux, pour ainsi dire d'intérieur, que l'Ordre de Jésus a con-

quis au soleil des études historiques la place qui ne lui fut jamais
disputée. Il s'est trouvé parmi ses Pères des hommes qui, même
en recueillant les événements auxquels l'Institut prit part, surent s'armer d'une judicieuse critique. Orlandini, Sacchini,
Jouvency, Cordara, Possinus, Henri Morus, petit neveu du chancelier d'Angleterre, Franco et Bartoli sont en réalité les historiens de la Compagnie. Tous, à l'exception de Bartoli, composèrent leurs annales en latin. Ils se servaient de la langue
ecclésiastique, qui, en France même, jusqu'après le président
de Thou, a été universelle. Ainsi que ce grand écrivain, ils ne
surent pas se restreindre. Leur intelligence embrassait un vaste
horizon : leur plume essaya de tout rendre, de tout exprimer.
Ils n'ont ni l'énergique concision de Tacite ni l'élégante rapidité de Tite-Live; ils semblent se rapprocher davantage de Thucydide; mais leur œuvre, si précieuse par la multiplicité des
faits, pèche par l'ensemble. Elle se noie, comme celle d'Auguste de Thou, dans l'insignifiance des détails. Cependant, à
part ce vice de structure, on y voit surgir de beaux récits, de
fortes pensées, des caractères vigoureusement accusés. Bartoli,
qui s'est fait l'historiographe d'Ignace de Loyola, qui s'est dévoué, comme Orlandini et Sacchini, à tracer les annales de la
Société de Jésus, s'est placé dans un autre ordre d'idées. Ses
devanciers ou ses successeurs écrivaient pour le monde savant;
lui, avec son génie italien, avec sa sève qui ne s'épuise jamais,
a popularisé ses ouvrages. Ce n'est plus la gravité du maître qui
raconte, qui disserte et qui instruit sans prétention. En lisant
Bartoli on serait tenté de croire que sa plume s'est changée en
pinceau. Tout est portrait, tout est tableau pour lui. Sa vive
imagination se complaît dans les narrations qu'il présente. Son
style s'anime; il est pompeux, il surabonde de richesses, il ne
tarit jamais. C'est l'improvisateur dans toute sa fougue, mais
l'improvisateur que le talent a mûri, et qui, sûr de lui-même, ne
fatigue jamais le lecteur. Jouvency est plus disert, mais il n'a
pas la rapidité de Bartoli; il connaît mieux les hommes, il ne les
peint pas avec autant de coloris.

La Société de Jésus avait ses historiographes; elle en fournit
à toutes les nations. Pallavicini écrit en italien sa belle *Histoire*

du Concile de Trente; Mariana donne à l'Espagne l'œuvre qui l'élève au niveau des maîtres de l'antiquité. Ce n'est pas cependant par l'*Histoire d'Espagne* qu'il a conquis sa plus éclatante renommée. Son pays le salue encore comme le Tite-Live de la Péninsule ; l'Europe a fait passer dans sa littérature cet ouvrage fécond en beautés. Néanmoins le souvenir de Mariana se perpétue par un autre livre, qui offrit plus de prise sur la Compagnie de Jésus. Le Père Jean Mariana avait été choisi par Philippe II pour apprendre à l'Infant d'Espagne les devoirs des princes, dans ce but il publia son traité intitulé : *De Rege et Regis institutione.* Le Jésuite s'adressait à un roi dont le nom est presque devenu le synonyme de despote; et ce souverain absolu approuvait, il faisait chaque jour lire à l'héritier présomptif de ses couronnes les théories de régicide que l'âme classiquement républicaine de Mariana exposait avec une audacieuse éloquence. Ces leçons d'histoire, évoquées par un Jésuite sous les voûtes même de l'Escurial, forment un contraste si étrange que, pour indiquer la différence des époques et des opinions, nous croyons devoir en citer un passage. Mariana s'exprime ainsi [1] :

« Mais, direz-vous, que deviendra le respect envers les princes — sans lequel il n'y a plus d'empire possible — si l'on persuade aux peuples qu'il est permis de tirer vengeance des crimes de ceux qui les gouvernent? On ne manquera pas alors de prétextes, tantôt vrais, tantôt faux, pour troubler la tranquillité de l'Etat,

[1] « Qui autem reverentia erga principes (sine qua quid est imperium ?) constabit, si fuerit populis persuasum fas esse subditis principum peccata judicare? Veris sæpe aut assimilatis causis Reipublicæ tranquillitas, qua nihil est præstantius, turbabitur, omnesque calamitates seditione facta incurrent, parte populi in partem armata. Quæ mala qui non existimabit esse omni ratione vitanda, ferreus sit communi aliorum hominum sensu defectus. Sic disputant qui tyranni partes tuentur. Populi patroni non pauciora neque minora præsidia habent:

» Ab omni memoria, consideramus, in magna laude fuisse quicumque tyrannos perimere aggressi sunt. Quid enim Thrasybuli nomen gloria ad cœlum evexit, nisi gravi triginta tyrannorum dominatu patriam liberasse ? Quid Harmodium et Aristogitonem dicam? Quid utrumque Brutum ? Quorum laus gratissima memoria posteritatis inclusa, et publica auctoritate testata est. Multi in Domitium Neronem conspirarunt, conatu infelici, sine reprehensione tamen, ac potius cum laude omnium sæculorum. Sic Caius Chereæ conjuratione periit, monstrum horrendum et grave; Domitianus, Stephani; Caracalla, Martialis ferro occubuit. Prætoriani Heliogabalum peremerunt, prodigium et dedecus imperii, ipsiusmet sanguine expiatum piaculum. Quorum audaciam quis unquam vituperavit, ac non potius summis laudibus dignam duxit? Et est communis sensus quasi quædam naturæ

ce bien précieux sur lequel rien ne doit l'emporter. De là naîtra la sédition, entraînant à sa suite toutes sortes de calamités, lorsqu'une partie du peuple s'armera contre l'autre. Penser qu'on ne doit pas faire tous ses efforts pour éloigner de si grands maux, c'est ce qui n'appartient qu'à une âme de fer, à une âme dépouillée de tous sentiments d'humanité. Voilà comment raisonnent ceux qui plaident la cause des tyrans ; mais les défenseurs du peuple leur opposent des moyens qui ne le cèdent ni en nombre ni en force aux premiers.

» Dans tous les temps, disent-ils, nous voyons qu'on a comblé d'éloges ceux qui ont attenté à la vie des tyrans ; car quelle action glorieuse a élevé jusqu'au ciel le nom de Thrasybule, si ce n'est d'avoir délivré sa patrie de la cruelle domination de trente tyrans? Que dirai-je d'Harmodius et d'Aristogiton? que dirai-je des deux Brutus, dont la gloire n'est pas seulement renfermée dans le souvenir de la postérité, mais se trouve même attestée par l'autorité publique? Plusieurs conspirèrent contre la vie de Domitius Néron, à la vérité sans succès, mais sans avoir néanmoins encouru de blâme, et plutôt avec l'éloge de tous les siècles. C'est la conjuration de Chéréas qui fit périr Caïus (Caligula), ce monstre horrible et insupportable ; c'est celle d'Etienne qui enleva Domitien ; c'est le fer de Martial qui trancha le fil des jours de Caracalla ; les prétoriens massacrèrent Héliogabale, ce prodige d'horreur, l'opprobre de l'empire. Ils lui firent expier ses forfaits dans son propre sang. Eh! qui a jamais condamné leur hardiesse, ou plutôt qui ne l'a pas

vox mentibus nostris indita, auribus insonans lex qua a turpi honestum secernimus.

» An dissimulandum judicas? An non potius laudes, si quis vitæ suæ periculo publicam incolumitatem redimet ?... Matrem carissimam aut uxorem si in conspectu vexari videas, neque succurras cum possis, crudelis sis, ignaviæque et impietatis reprehensionem incurras : patriam, cui amplius quam parentibus debemus, vexandam, exagitandam pro libidine tyranno relinquas ! Apage tantum nefas, tantaque ignavia. Si vita, si laus, si fortunæ periclitandæ sint, patriam tamen periculo, patriam exitio liberabimus.

» Miseram plane vitam (tyranni) cujus ea conditio est, ut qui occiderit, in magna tum gratia, tum laude futurus sit ! Hoc omne genus pestiferum et exitiale ex hominum communitate exterminare gloriosum est. Enim vero membra quædam secantur, si putrida sunt, ne reliquum corpus inficiant. Sic ista, in hominis specie, bestiæ immanitas a republica tanquam a corpore amoveri debet, ferroque exscindi. Timeat videlicet necesse est, qui terret : neque major si terror incussus quam metus susceptus. » *Joannis Marianæ è S. J. De Rege et regis institutione libri tres* (lib. I, p. 56, 64).

déclarée digne de toutes sortes de louanges? Tel est en effet le jugement que nous dicte le sens commun, qui est, comme la voix de la nature parlant à nos âmes, une loi qui retentit à nos oreilles, et nous apprend à discerner ce qui est honnête de ce qui ne l'est pas.

» Pensez-vous qu'il faille dissimuler les excès de la tyrannie, et qu'on ne doive pas plutôt des louanges à celui qui procurerait le salut de sa patrie au risque de ses propres jours? Qu'on outrage à vos yeux une mère chérie ou votre épouse; si vous négligez de les secourir, en ayant le pouvoir, n'êtes-vous pas un barbare, ou même ne vous reprochera-t-on pas à bon droit d'être une âme lâche et dénaturée? Comment donc pouvez-vous souffrir qu'un tyran opprime votre patrie, à laquelle vous devez beaucoup plus qu'à vos proches, et qu'il la bouleverse au gré de son caprice et de sa cruauté? Loin de nous un pareil crime et une lâcheté si grande! Oui, s'il le faut, nous exposerons notre vie, notre honneur, nos biens, pour le salut de cette chère patrie; nous nous sacrifierons tout entiers pour la délivrer [1].

» En vérité, la vie d'un tyran est bien misérable! vie si peu assurée, que celui qui pourra le tuer doit s'attendre à la faveur et aux applaudissements du monde. Il est glorieux en effet d'exterminer cette race d'hommes pernicieux et funestes à la société; car, de même qu'on coupe un membre gangrené de peur qu'il n'infecte le reste du corps, ainsi l'on doit retrancher du corps de la République cette bête féroce couverte des apparences de l'humanité. Qu'il tremble donc, l'homme qui règne par la crainte! et que la terreur qu'il reçoit ne le cède point à celle qu'il imprime! »

Tandis que Mariana donnait aux rois ces terribles leçons, qui pèseront éternellement sur sa mémoire comme une accusation de régicide, d'autres Jésuites se plongeaient dans l'étude des temps passés ou narraient les événements contemporains. Pierre Mafféi, l'ami de Grégoire XIII et de Philippe II d'Espagne,

---

[1] Ici, Mariana établit la distinction célèbre entre le tyran d'usurpation et le tyran de possession. La question a été traitée au chapitre de la Ligue, dans le deuxième volume de cette histoire. Nous n'avons pas à y revenir; nous ne cherchons maintenant qu'à faire comprendre l'éloquente rudesse de ce talent.

composait son *Histoire des Indes,* dont le début a quelque chose de sublime ; Famien Strada racontait dans un latin aussi beau que celui de Mariana les *Guerres des Pays-Bas* depuis la mort de Charles-Quint ; Horace Turselin publiait son *Abrégé de l'histoire universelle jusqu'en* 1598. C'est l'origine du *Discours sur l'histoire universelle* de Bossuet ; le Jésuite qui avait conçu cette pensée ne put pas la féconder ; les éléments de chronologie et de critique lui manquèrent. Son œuvre attendait une main plus exercée : Bossuet l'accomplit. Le Père Jean de Machault réfutait le président de Thou ; mais son livre, plein de curieuses remarques, n'est souvent qu'une virulente satire, et ce n'est pas ainsi que la vérité doit se manifester.

A partir de cette époque, les Jésuites semblent s'adonner avec plus de ferveur aux études historiques. Le Père Gabriel Daniel écrit son *Histoire de France* et celle *de la Milice française,* fruit de l'érudition, de la conscience et du talent. Daniel ne cherche pas à arranger les faits à la convenance d'une utopie ou d'un système ; il n'en a qu'un, c'est d'être toujours clair, toujours judicieux, toujours modéré. Il ne prête pas à l'histoire ces vives couleurs empruntées au roman ; il ne demande pas à l'imagination de soutenir sa marche à travers les événements ; il a le calme de la vérité et de l'exactitude. D'Avrigny, dans ses *Mémoires chronologiques et dogmatiques* et dans son autre travail, *Mémoires pour servir à l'Histoire universelle de l'Europe depuis* 1600 *jusqu'en* 1716, possède toutes les qualités de Daniel ; mais il n'a pas su se garder de quelques traits satiriques. D'Avrigny est Français, il le montre souvent avec trop de partialité.

Les historiens sont toujours exposés au contre-coup de l'opinion. Daniel, qui avait légué à la France un véridique récit de ses exploits, de ses calamités et de ses mœurs anciennes, fut sévèrement jugé par ceux qui aiment à faire de l'histoire le piédestal de leurs passions ou de leurs idées. Les uns ont dit que les Jésuites, que le Père Daniel principalement, n'avaient jamais porté le flambeau de la philosophie sur les événements, et qu'ils ne voyaient partout que des armées, des rois, des princes et le Clergé. Les autres se plaignirent de ce que les

Jésuites n'étaient pas descendus dans la nuit des prétendus droits imprescriptibles de la nation, et ils incriminèrent ces auteurs, parce que, comme eux, ils ne torturaient pas la réalité au gré de leurs systèmes. Les Pères Daniel, Bougeant, Longueval, Brumoy et Berthier n'ont point procédé ainsi. Ils n'eurent que l'ambition d'être véridiques : ils parlèrent de ce qui existait, et non pas de leurs rêves ou de leurs espérances. L'œuvre était assez ardue par elle-même : ils se crurent dispensés d'y introduire comme élément le préjugé du jour ou l'opinion dominante. On ne demande pas à l'historien des tableaux de convention, des théories philosophiques, constitutionnelles, nationales, socialistes ou humanitaires; mais des événements, de judicieuses et sobres réflexions, des portraits sagement touchés, une appréciation impartiale des caractères, des mœurs et des affaires. Daniel et ses imitateurs furent dans le vrai : ce sera toujours le plus bel éloge décerné à l'historien. Après beaucoup de révolutions, leur œuvre subsiste, tandis que l'oubli a dévoré d'autres ouvrages qui brillèrent d'un plus vif éclat.

Deux Jésuites élevaient à la France un monument; un autre Père de la même Compagnie, Jacques Longueval, consacra sa vie à en créer un encore plus difficile : il jeta les fondements de l'*Histoire de l'Eglise gallicane*. Il mourut à la peine; mais il avait si bien commencé que d'autres Jésuites, les Pères Fontenay, Brumoy et Berthier, vinrent les uns après les autres apporter à cet immense travail le tribut de leurs veilles. Longueval avait laissé les premiers volumes, ses successeurs poursuivirent l'histoire avec la même sagesse. Ils retraçaient dans un style nerveux et limpide les combats, les gloires et les vertus de la France cléricale. Vers le même temps le Père Xavier de Charlevoix publiait l'Histoire des Chrétientés nouvelles que les Jésuites conquéraient à la croix. Le Japon, le Paraguay, l'île de Saint-Domingue et le Canada trouvèrent en lui le Tacite de leurs superstitions païennes et de leur dévouement chrétien. Besson, un de ces missionnaires de la Compagnie, servant en même temps la cause de la Religion et celle des sciences, écrit sur les lieux mêmes la *Syria sacra*, livre toujours plein d'intérêt qui, depuis près de deux cents ans, est consulté, est cité par tous les voyageurs chez les Maronites. François Catrou donnait son *Histoire générale de l'empire du Mogol*, et avec le Père Rouillé il s'occupa de celle du peuple romain. Le Père Borgia Keri racontait l'*Histoire des Empereurs d'Orient, depuis Constantin jusqu'à la chute du Bas Empire*. L'œuvre achevée, il passait à l'*Histoire des Empereurs ottomans*, et le Père Nicolas Schmidt se faisait son continuateur.

Jean-Baptiste Du Halde réalisa pour la Chine ce que Charlevoix avait tenté pour d'autres peuples : il composa sa *Description historique, géographique et physique de l'empire de la Chine et de la Tartarie chinoise*, étonnant édifice devant lequel s'inclinent encore les savants. Avec quelques autres Jésuites cet homme, si profondément érudit, se constituait l'éditeur des *Lettres édifiantes*. Il pouvait, il devait peut-être, dans l'intérêt de la Religion et de la science, ne pas se détourner de ses occupations. A l'exemple de tous les écrivains, il avait, sans aucun doute, une jalouse affection pour ses études privilégiées ; il y renonça, afin de classer cette correspondance qui, venue de tous les points du globe, allait éclairer le monde sur des peuples dont les mœurs n'étaient pas plus connues que le langage. Du Halde se fit le modeste éditeur de ce répertoire, dans lequel des Missionnaires tels que Laynès, Tachard, Bouchet, de Bourzes, Fontaney, Sicard, Parrenin et Gaubil, absorbés par les soins de l'apostolat, initiaient l'Europe à leurs découvertes [1]. C'était de l'histoire prise dans le vif, de la science jetée sans prétention, sans espoir même que les faits racontés pourraient un jour être offerts à la publicité. Il y a de ces lettres qui sont adressées aux Pères de la Compagnie, d'autres à des savants. Le Frère Attiret se

[1] Les auteurs de la *Notice critique* qui précède la *Géographie mathématique, physique et politique de toutes les parties du monde publiée par Edme Mentelle et Malte-Brun* (Paris, 1804), après avoir cité les collections recueillies par Prévost, La Harpe et quelques autres, se trouvent amenés à parler des *Lettres édifiantes*. A la page 22, ils rendent aux Jésuites, qui n'existent plus comme Institut religieux, une justice que les Pères n'ont pas toujours trouvée. Ils s'expriment ainsi :

« Les savants citeront avec plus de confiance et surtout avec plus de reconnaissance les *Lettres édifiantes et curieuses*, par quelques Missionnaires de la Compagnie de Jésus. Assurément tout vrai philosophe avouera que cette célèbre et malheureuse Société a beaucoup fait pour la civilisation des nations barbares. Par une suite naturelle, la géographie lui doit beaucoup de renseignements utiles. »

trouve, lui, en correspondance familière avec le duc d'Orléans.

Les *Lettres édifiantes et curieuses* eurent, comme tous les livres de durée, leurs enthousiastes et leurs dépréciateurs; elles ont survécu à ces deux sentiments opposés, parce qu'elles peignaient des mœurs réelles et des souffrances plus réelles encore. A côté de Charlevoix et du Père Du Halde, Joseph d'Orléans [1] rappelle des malheurs qui eurent plus de retentissement en Europe. Il dévoile les *révolutions d'Angleterre et d'Espagne*. Il peint à grands traits les désastres que le fanatisme protestant enfanta. Louis La Guille, l'un des négociateurs secrets du Congrès de Bade, évoque l'*Histoire de l'Alsace ancienne et moderne*; Hyacinthe Bougeant, diplomate consommé, et que le prince Eugène admirera, analyse, dans son *Histoire du Traité de Westphalie*, les règles des négociateurs [2] et les devoirs des généraux d'armée. Henri Griffet réunit les matériaux pour servir au règne de Louis XIII, et ce Jésuite reste l'historiographe d'une époque dont il n'a songé qu'à être l'archiviste. Le Père Joseph-Isaac Berruyer seul fait tache sur cet ensemble. Son *Histoire du peuple de Dieu* fut une heureuse conception, mais, en dehors des erreurs que sa Compagnie, que la Sorbonne, que le Saint-Siège condamnèrent, que l'auteur lui-même désavoua et qui ont disparu dans de nouvelles éditions, cet ouvrage péchait sous plus d'un rapport. La surabondance poétique et les excès d'imagination y contrastent d'une si bizarre manière avec la sublimité et la concision de la Bible, que l'esprit tour à tour brillant et facile de Berruyer a succombé dans la lutte.

[1] On lit dans un *Mémoire historique sur le Berry*, par M. de Bengy-Puyvallée, l'anecdote suivante :

« Le fameux Père d'Orléans, Jésuite, né à Bourges en 1641, sortait de cette maison, qui était une des plus considérables et des plus distinguées de la province. On raconte que le Père d'Orléans s'étant trouvé avec le duc d'Orléans, frère de Louis XIV, ce prince lui dit en riant : « Nous portons le même nom, nous pourrions bien être parents, car probablement vous descendez de quelques bâtards de la maison de France. » Le bon Père Jésuite lui répondit modestement : « Monseigneur, je n'ai pas l'honneur de vous appartenir. La maison d'Orléans dont je sors portait le nom d'Orléans trois cents ans avant qu'aucun prince de la maison royale eût pris le nom d'Orléans, » et ce qu'il disait était vrai. »

[2] « Un homme qui a passé honorablement par les affaires, un ancien ministre des relations extérieures, mettait devant moi au premier rang des lectures nécessaires à un diplomate, l'*Histoire du traité de Westphalie*, du Jésuite Bougeant. » (*Associations religieuses*, par M. Charles Lenormant, membre de l'Institut de France, p 42.)

Ces labeurs historiques ne sont pas les seuls ; la Société de Jésus a d'autres écrivains à mettre en ligne : d'Acosta et Maimbourg, le Hongrois Georges Pray et le Mexicain Clavigero, annalistes de leur patrie ; Bouhours et Boleslas Balbin, Duchesne et de Mailla, Dobrizhoffer et Masdeu, Conti et Trigault, Intorcetta et Doucin, de Magalhans et Lecomte, les deux Lafitau et Tournemine, Melchior Inchoffer et Haiden, Pilgram et de Bussières, Villotte et Labbe ont rendu, chacun dans la sphère de ses idées, d'utiles services à l'étude des faits. Ainsi, le Père Alexandre Wiltheim, par ses recherches sur les Dyptiques [1] de Liége et de Bourges, forçait les savants à s'occuper sérieusement des débris de l'antiquité chrétienne. Le Père Lupi reconstituait l'épigraphique en publiant son opuscule sur l'*Epitaphium Severæ martyris*. Au moment où tous ces Jésuites semblent se partager le champ encore mal défriché de l'histoire, d'autres Pères de l'Institut entreprennent dans les Pays-Bas une œuvre de patiente investigation qui doit illuminer les temps les plus reculés du Christianisme.

Au commencement du dix-septième siècle, il se trouvait à Utrecht un Jésuite nommé Héribert Rosweyde. Il sait que les traditions ecclésiastiques sont défigurées par des récits sans autorité, et qu'à l'aide de ces fables, le Protestantisme accuse l'Eglise d'erreur et de mensonge. Il conçoit le dessein d'abattre arbre par arbre cette forêt enchantée de la légende si chère à nos ancêtres, et d'élever sur ses débris une collection de vies de tous les saints, mois par mois, jour par jour. Il prépare le plan de ce gigantesque ouvrage, sans autre appui que sa volonté, il va le mettre à exécution, lorsqu'il meurt le 5 octobre 1629. Cette idée, dont la source remonte au Père Canisius, avait souri à Bellarmin et aux chefs de l'Ordre. Jean Bolland reçoit mission de poursuivre les travaux commencés par Rosweyde : en 1643, le Jésuite publie à Anvers les deux premiers volumes des *Acta Sanctorum* ; mais, quelle que fût l'instruction de Bolland, la main d'un seul ne pouvait réunir et compul-

---

[1] Les Dyptiques sont des registres où l'on conservait chez les anciens les noms des consuls, des magistrats et des généraux. Dans les églises primitives, cet usage s'était maintenu.

ser tant de matériaux : il fallait une génération sans cesse re-
naissante d'hagiographes aussi persévérants que lui pour assurer
le succès de l'entreprise. La Compagnie de Jésus en évoqua ; les
Pères Godefroi Henschen et Daniel Papebrock (ou Papenbroeck) se
présentèrent. Ces trois hommes, d'une érudition qui touche au
génie, donnèrent naissance à l'agrégation de savants connus sous
le nom de *Bollandistes*. Ils appartiennent tous à la Compagnie
de Jésus, et les prodiges qu'ils ont accomplis sont incalcula-
bles. Les volumes des *Acta sanctorum* se succédèrent avec
rapidité. La mort des fondateurs ne mit point d'obstacle à la
réalisation de leurs promesses ; car, dans les Pères Janninck,
Baerts, Pinius, Cuper, Van-Den Bosch, Stiltinck, Suyskene,
Périer, Sticker, du Sollier, Limpen, de Bye, Clé, Ghesquière
et Huben, ils rencontrèrent des héritiers de leur science. « Tels
furent, dit Gachard, archiviste du royaume de Belgique [1] dans
son *Mémoire sur les Bollandistes*, tels furent l'économie et
l'ordre qui présidèrent à l'association Bollandienne, que, sans
autres ressources que le produit de la vente de leurs ouvrages,
la pension payée par la cour impériale et les libéralités du Père
Papebrock et de quelques autres personnes, parmi lesquelles
on compte les Evêques, de Smet de Gand et van Susteren de
Bruges, les Jésuites hagiographes étaient parvenus, à l'époque
de l'extinction de leur Ordre, à amasser un capital de 136,000
fl. B., qui, placé en rentes, leur donnait un revenu annuel de
9,133 fl., revenu que le débit des *Acta Sanctorum* augmen-
tait, année commune, de 2,400 fl. Par la suppression de leur
Ordre, ajoute l'archiviste belge, tous leurs capitaux et leurs
propriétés furent dévolus au fisc royal. »

Cette association de Jésuites, au sein même de la Compagnie, s'étendait par tout l'univers. Les hagiographes des provinces belges correspondaient avec les hagiographes, avec les
érudits de l'Institut de Loyola, dispersés sur le globe. Chacun
apportait aux Bollandistes le fruit de ses recherches ; c'est ainsi
que ce répertoire, si nécessaire à l'Eglise et aux annales du

---

[1] *Mémoire sur les Bollandistes et leurs travaux*, lu à la commission royale
d'histoire le 3 avril 1835.

Voir l'ingénieux et savant ouvrage de dom Pitra : *Etudes sur la Collection des
Actes des Saints, par les Pères Jésuites Bollandistes.* (Paris, 1850.)

mondé, a pu être continué. Il n'a pas suffi aux Jésuites de créer
une *Encyclopédie chrétienne*, dont Leibnitz a plus d'une fois fait
l'éloge ; elle leur inspira l'idée et l'art de reconnaître les diplômes
authentiques. C'est à eux, disent les *Mémoires de Gœttingen*[1],
que l'on est redevable de la diplomatique comme science.

Pour accélérer les progrès de l'histoire, il se rencontra quelques Jésuites dévoués à des études moins retentissantes, mais
aussi utiles. Les uns s'adonnèrent à la numismatique, comme
les Pères Lachaise, Chamillard, Weillamer, Chifflet, Paul Xavier, Lempereur, Étienne Souciet, Frœlich, Khell, Bonanni,
Alexandre Panel, Benedetti et Eckel, le législateur de la science
des médailles. Les autres, à l'exemples des Pères Campian, Jacques Malebranche, Gordon, Taffin, Petau, Briet, Théophile Raynaud et Calini, se plongèrent dans la chronologie ou dans les
antiquités. Quelques-uns rétablirent, à force d'érudition, la géographie ancienne ; ils la comparèrent à la moderne, et les noms
des Pères Marquette, Villotte, Sicard et Brévedent ne sont pas
encore oubliés. On en voyait qui, dans un intérêt religieux marchaient, même dans le dernier siècle, sur les traces du Père
Cornelius à Lapide et des Hébraïsants que la Société a fournis.
Mayr, l'élève de Bellarmin, Giraudeau et Haselbauer travaillaient sur la langue primitive comme pour ne laisser en friche
aucune partie de l'héritage de leurs devanciers dans l'Ordre.

Le chaos se faisait partout, dans l'histoire mutilée des Conciles ainsi que dans l'histoire des peuples ; partout il surgit des
Jésuites qui le débrouillèrent. Ils poursuivaient l'erreur sous
toutes les formes ; ils la saisissaient dans les synodes, dans les
légendes, dans les médailles, dans la chronologie ; d'autres la
découvrirent dans le droit canon : ils se créèrent jurisconsultes.
A force d'investigations, ils parvinrent à reconstituer le droit
ecclésiastique et les décrétales. Les Pères Paul Layman, Pierre
Alagona, Benoît de Saxo, Ferdinand Herbestein en donnèrent
la clef. Henri Pirhing, Christophe Schorrer, François Bardi,
Jean Riccioli, Paul Léon et Frédéric Spée[2], développèrent,

---

[1] Gatterer, *Mémoires de Gœttingen*.
[2] Dans la première partie de sa *Théodicée*, Leibnitz, parlant de ce Jésuite, dit
que « c'est un excellent homme, dont la mémoire doit être précieuse aux papes et
aux savants. »

dans plusieurs ouvrages encore estimés des canonistes, les antiquités et le droit des nations. Plus tard, dans le dix-huitième
siècle, et comme si les Jésuites de tous les pays tenaient à réaliser incessamment l'éloge que dom Lobineau faisait d'eux, ils
continuèrent avec l'ardeur des premiers jours la tâche commencée. « Il n'y a point d'Ordre dans l'Église, dit le célèbre
Bénédictin [1], qui ait produit ou ait donné plus d'écrivains en
tout genre de littérature. Leurs maisons de Paris en ont donné
un grand nombre, soit théologiens, soit philosophes, historiens,
poètes, grammairiens et autres. »

Il fallait se rendre digne du suffrage d'un pareil rival. Les
Pères Mathias Lineck, Vogler, Ignace Schwartz, Horace Stefanucci, Gui Pichler et Xavier Zech se mirent à l'œuvre. Le
champ était vaste ; leur érudition sut y recueillir d'abondantes
moissons. Lineck composa son traité *De Legibus ;* Schwartz, ses
Institutiones juris universalis naturæ et gentium, et ses
Collegia, que le génie de l'histoire semble avoir inspiré.
Stefanucci, l'ami, le confesseur du fameux cardinal Albani et
du cardinal d'York, le dernier des Stuarts, publia les *Disser-*
tationes canonicæ ; il écrivit son *Synodus Tusculana* à la
même place où Cicéron avait dicté ses *Tusculanes.* Sur d'autres
points, la jurisprudence évoquait de nouveaux Jésuites pour expliquer ses mystères. Les Pères Jean Lascaris, Dominique Mur-
riel, Joseph d'Albert, Adam Huth, Ferdinand Krimer, Jacques
Wiestner, François Schmalzgrueber, Schmidt, Weinter et Fran-
çois-de Sales Widman composaient des ouvrages qui, comme
l'*Apparatus eruditionis ad Jurisprudentiam* du Père Joseph
Biner, firent faire un pas de géant à l'histoire et la science du
droit. Dans ces in-folio, qui ont coûté tant de recherches à
leurs auteurs, sans doute il y a des lacunes, des longueurs,
une critique dont toutes les propositions ne sont pas pleinement
justifiées. C'est la destinée des hommes qui portent la lumière
dans les ténèbres faites autour d'eux. Les premiers Jésuites
n'échappèrent point à cette loi commune, qui atteignit les Bénédictins de Saint-Maur eux-mêmes. Ils dégrossissaient, ils tail-

---

[1] *Histoire de la ville de Paris,* liv. XXI, nᵒ 85, t. II, p. 1102.

laient les pierres de l'édifice que d'autres Pères de l'Institut
devaient avoir l'honneur d'élever. Ils en furent les infatigables
ouvriers, ne réclamant pour eux aucune auréole des gloires
humaines, et se contentant jusqu'à la mort de travailler dans
leur chère solitude; ils ont obtenu tout ce qu'ils désiraient et au-
delà. Leurs investigations, la manière habituellement lucide dont
ils les présentaient, offrirent un nouveau champ à l'avide perspicacité des érudits. On s'empara de leurs systèmes, de leurs innovations, de leur plan. Le monument s'acheva, et ceux qui en
avaient posé la base furent oubliés par les générations dont ils
étaient la lumière.

Ainsi que tous les véritables savants, la Société de Jésus s'inquiétait fort peu que l'on fît remonter à sa source la gloire d'une
idée, pourvu que l'idée triomphât. La Société ne dénonçait
même pas ses plagiaires; elle les acceptait comme instruments;
elle marchait avec eux, parce que, avant tout, elle tenait à
éclairer. Les Canonistes de la Compagnie furent mis à contri-
bution ainsi que ses historiens et ses lexicographes; elle ne se
plaignit jamais. L'Ordre de Jésus n'avait pas été institué pour
moissonner des louanges, mais pour faire germer des idées; il ne
dévia point de sa mission. Il avait de valeureux soldats et parfois
d'habiles capitaines engagés sur les champs de bataille de la
science; dans le même moment, il produisait d'autres écrivains. Les études profanes ne sont pas pour eux une occupation
essentielle, elles ne viennent que sur le second plan; encore,
pour qu'elles soient cultivées, faut-il qu'elles présentent un
moyen terrestre d'obtenir un but chrétien. Les mathématiques
étaient de ce nombre; les Jésuites les trouvèrent peu ou mal enseignées.

Le génie des sciences exactes étouffait, parce que la théologie
tenait encore le sceptre dans les Universités, et que les arts, la
guerre et l'industrie ne les regardaient pas comme des guides
indispensables. Sans doute, si les Jésuites ne s'étaient pas
offerts pour frayer la route, la route ne s'en fût pas moins
ouverte; mais ils l'ont rendue plus facile à leur siècle: ils l'é-
largirent, ils en reculèrent les bornes. A quelque degré de
perfection qu'elles aient été conduites, il ne faut pas pousser

l'ingratitude jusqu'à oublier leur point de départ et les savants qui leur donnèrent l'impulsion. Le Père Christophe Clavius, dès le seizième siècle, s'y livra avec une infatigable ardeur. Les mathématiques étaient ensevelies sous les ténèbres, elles sommeillaient. Clavius, en traduisant, en commentant Euclide, devint l'oracle de ses contemporains. Il leur révéla la sphère de Théodosius, celle de Jean de Sacrobosco et l'astrolabe; il leur enseigna la gnomonique et la composition des instruments. C'est une de ces gloires ignorées que les progrès de l'art ont fait déchoir, mais qui ne doit pas perdre le prix de ses travaux. Clavius, le réformateur du calendrier, forma des élèves de sa Compagnie qui propagèrent ses doctrines : Matthieu Ricci, dans le céleste Empire ; Grégoire de Saint-Vincent en Europe, Charles Malapert et Mario Bettini continuèrent son œuvre. Les Pères de La Faille et Paul Guldin assignèrent le centre de gravité des différentes parties du cercle et des ellipses. Guldin, né à Saint-Gall en 1577, était issu de parents hérétiques, il entra chez les Jésuites en qualité de coadjuteur temporel. Mais ce jeune homme, sans éducation première, possédait l'instinct de la géométrie. La Compagnie développa cet instinct ; bientôt, dans les chaires de mathématiques de Rome et de Vienne, le Père Guldin put résoudre les plus difficiles problèmes de Kepler et faire l'application du centre de gravité à la mesure des figures produites par circonvolution. Guldin se mettait en contact intellectuel avec Kepler; le Père Lalouère [1] eut en France le même honneur avec Pascal. « Pascal, dit Leibnitz, trouva quelques vérités profondes en ce temps-là sur la cycloïde. Il les proposa par manière de problème; mais M. Wallis en Angleterre, le Père Lalouère en France, et quelques autres encore, parvinrent à les résoudre. »

Un Jésuite, disciple de Clavius, le Père Grégoire de Saint-Vincent, né à Bruges en 1584, efface par l'étendue de ses connaissances mathématiques tous ceux qui l'ont précédé. Il a été le favori de l'empereur Ferdinand II et de Philippe IV d'Espagne, le maître de don Juan d'Autriche. « Il a, dit Andrès [2],

[1] Antoine Lalouère. Il signait : La Lovera.
[2] Andrès, t. IV, p. 161, *Dell' origine,... d'ogni letteratura.*

semé ses ouvrages d'un nombre inconcevable de vérités nouvelles, de vues profondes, de recherches étendues, de principes féconds, de méthodes générales. « Selon Leibnitz, ce Jésuite, si connu par ses *Theoremata mathematica*, ainsi que
par son *Opus geometricum quadraturæ circuli*, forme, avec
Descartes et Fermat, le triumvirat de la géométrie. Il s'était
posé une question insoluble; comme tous les savants, il s'y
attacha par les difficultés même. Sarrassa et Aynscom, ses
élèves, défendent sa théorie de la quadrature du cercle, tandis
qu'un autre Jésuite, Vincent de Léotaud, la combat. Les Pères
Pierre Nicolas et Jacques Kresa le Morave analysent les principes de la trigonométrie; Thomas Ceva, Laurent Béraud et
Frédéric Sanvitali jettent sur les mathématiques de nouvelles
lumières.

Toutes ces grandeurs s'éclipsent devant un nom que la postérité distingue encore. Le Père Vincent Riccati, fils du marquis Jacques Riccati, dont le talent est honoré même de nos
jours, devint, en Italie, le créateur de l'algèbre transcendante.
Son traité du *Calcul intégral* n'a pas été surpassé ; Riccati
est toujours clair, toujours exact. Quand il invente de nouvelles méthodes, de nouveaux théorèmes, ces méthodes et ces
théorèmes trouvent à l'instant leur adaptation. Riccati donnait
l'élan ; sur tous les points de l'Europe, avant lui et avec lui, la
Compagnie de Jésus mettait en ligne des mathématiciens tels que
Jean Térence, Pierre Bourdin, Oswald Kruger, Joseph Zara-
gosse, Jean Lantz, André Arzet, Horace Burgundio, Charles
Pajot, Jean Caraccioli, Antoine Duclos, Louis d'Hautecourt,
Jean Junglingk, Georges Mezburg, Niderndoff, Rigolini, Wi-
dra, Zallinger et Dumas, le maître de Lalande, de Bossut et
de Montucla, l'historien des mathématiques.

Galilée, disciple des Jésuites, avait vu la cour de Rome
douter de la réalité de ses découvertes. Le savant avait été accusé dans ses systèmes ; deux Jésuites italiens, Riccioli et Grimaldi, confirment par des expériences irréfutables la vérité de
ses enseignements. Astronomes, physiciens et géomètres, ils
étudient la chute des corps. Riccioli embrasse, dans un ouvrage, fruit d'une vaste érudition, l'astronomie ancienne et

nouvelle ; il trace les règles de l'hydrographie ; il découvre et nomme les taches de la lune ; Grimaldi, de concert avec lui, augmente de cinq cent cinq étoiles le catalogue de Kepler. Seul il se livre à de profondes études sur la diffraction de la lumière et sur les couleurs, et le traité *De lumine et coloribus iridis* fournira à Newton les principes fondamentaux de son optique. Le Père Grimaldi combat le premier son hypothèse de l'émission, et c'est ce Jésuite qui le premier encore ouvrira aux physiciens la voie du système des ondulations, qui, selon Pineau [1], a fait une révolution dans la théorie de la lumière.

Le Père Gaston Pardies, le correspondant et l'ami de Newton, mourut, jeune encore, atteint d'une maladie contagieuse que sa charité lui fit contracter dans les cabanons de Bicêtre. Cette mort enleva aux sciences un homme qui leur était dévoué ; mais Pardies s'est survécu dans ses *Eléments de géométrie*. Ce qui donne surtout à son nom une véritable gloire, c'est qu'il a osé appliquer les méthodes modernes de la géométrie sublime et de la mécanique à la manœuvre et à la conduite des vaisseaux. Les progrès de l'art ont fait renoncer à ce mode ; quelque grands qu'ils soient, il ne serait pas juste d'oublier celui qui, en déterminant la dérive d'un navire par les lois de la mécanique, contribua puissamment à ouvrir de nouvelles routes à la science nautique. Pardies se rendait utile aux marins en les initiant à des mystères jusqu'alors incompréhensibles. Le Père Paul L'Hoste, professeur de mathématiques à l'Ecole royale de Toulon, et, pour ainsi dire, le frère de mer des amiraux d'Estrées et Tourville, mit à profit son expérience pour populariser l'art du navigateur. Ses *Traités de la construction des vaisseaux* et *des évolutions navales*, son *Recueil des mathématiques les plus nécessaires à un officier* sont des œuvres qui, pendant plus d'un siècle, servirent à former les marins de France, d'Angleterre et de Hollande. Les Pères Fournier et Deschales travaillèrent sur l'hydrographie et sur la navigation démontrée par principes. Le Père Jean–Jacques du Chatellard consacra trente–trois années de sa vie à instruire

[1] *Physique élémentaire*, par Pineau.

les jeunes gardes de la marine royale, et il composa pour eux un *Recueil des traités de mathématiques.* Des Jésuites enseignaient la théorie et la pratique de la mer; un autre, Charles Borgo, expliqua *l'Art de la fortification et de la défense des places.*

Nicolas Zucchi, le prédicateur du sacré Palais, était un Jésuite éloquent et un mathématicien illustre. Ses observations astronomiques et ses dissertations sur le vide, les perfectionnements qu'il a donnés au télescope lui ont créé un nom que Cassini a grandi. Ce Père avait acquis une telle célébrité que c'est à lui que plusieurs savants attribuent l'invention des télescopes catoptriques; d'autres, et c'est la majorité, en accordent la gloire à l'Anglais Grégory. Il n'est pas le seul Père qui se soit distingué dans les sciences physico-mathématiques. Adam Tanner, Schott, Scheiner, Kéri, Mangold, Kilian, Confalonieri, Lecchi, Renault et Antoine Rivoire ne se montrèrent pas indignes de l'héritage des Zucchi et des Kircher. Tous ils eurent une pierre à apporter à l'édifice que la science élevait; car déjà en 1622 le Père Schonberger, dans sa *Demonstratio et constructio novorum horologiorum,* découvrait les cadrans solaires à réfraction; et le Père Eusèbe Nieremberg constatait le premier le *Caractère des édentées.*

Il fallait arracher ses secrets à la nature : les Pères Gaspard Schott, Fabri, Lana, Cabéo, Gusmao, Boscovich et Kircher parurent. Athanase Kircher ou Kirker, c'est le savant dans son universalité. Il a touché à tout, il a tout approfondi. Les sciences exactes, la physique, les mathématiques, les langues, les hiéroglyphes, l'histoire, la musique, les antiquités, tout lui appartient. Il jette sur chaque branche des connaissances humaines un jour aussi brillant qu'inattendu; il embrasse un espace dont l'imagination elle-même ne saisit pas le terme, et il le remplit. Kircher n'était pas seulement un homme spéculatif qui, du fond de son laboratoire, coordonne des problèmes; il a besoin de s'expliquer les causes et les effets des irruptions du Vésuve : il se fait descendre dans le volcan. Il cherche un point d'unité dans les nations; il invente l'écriture universelle, que chacun peut lire dans sa langue. Kircher donne la solution de sa théorie en latin, en italien, en français, en espagnol et en allemand. Le vocabulaire qu'il a créé se compose d'environ seize cents mots; il exprime par des signes convenus les formes variables des noms et des verbes. Sa sténographie est plus ingénieuse que celle de Jean Trithème, et elle a servi de base au *Manuel interprète de correspondance.* Le Jésuite s'est emparé de la renommée avec tant d'autorité que les rois, que les princes protestants se font un honneur de lui fournir les sommes nécessaires pour ses expériences. Il est à Rome : tous ces monarques lui adressent les raretés antiques ou naturelles qu'ils peuvent réunir; il correspond avec eux, ainsi qu'avec les grandes intelligences de l'Europe. Au milieu de tant de soins le Jésuite trouve encore des heures pour composer trente-deux ouvrages. Kircher s'est égaré quelquefois; il a soutenu des erreurs qui lui étaient propres et d'autres que son siècle avait adoptées. Ceux qui exploitèrent les théories de ce Jésuite, les savants modernes qui lui ont emprunté ses découvertes ou les matériaux de ses systèmes, essaient d'obscurcir sa renommée. Ils ne disent pas avec Pline [1] : « Il est de la probité et de l'honneur de rendre une sorte d'hommage à ceux dont on a tiré quelques secours ou quelque lumière, et c'est une extrême petitesse d'esprit d'aimer mieux être surpris honteusement dans le larcin que d'avouer ingénument sa dette. »

Gaspard Schott, lui, n'a pas songé à creuser si avant que Kircher. Il a créé les résultats amusants, les découvertes qui peuvent charmer les loisirs du monde. C'est dans sa *Physica curiosa,* dans ses *Mirabilia naturæ et artis* que se manifeste l'origine des écritures cachées, de la palingénésie des plantes, de la marche sur les eaux, des têtes parlantes, les premières idées de la machine pneumatique ainsi que de l'instruction des sourds et muets. On croirait que rien ne doit rester étranger aux Jésuites et qu'ils sont appelés à produire la plupart des merveilles dont les siècles suivants s'enrichiront. Le Père Barthélemy de Gusmao est au Brésil; il a un génie pénétrant, une imagination audacieuse, et il aime à étudier la nature

---

[1] *Præf. Hist. nat.*

des choses. Un jour il aperçoit un corps léger, sphérique et concave, peut-être une coquille d'œuf ou une écorce sèche de citron, s'élevant peu à peu et flottant dans les airs. Ce phénomène frappe son esprit toujours tendu. Il en cherche l'explication : il essaie lui-même de renouveler cette expérience. Elle ne réussira qu'avec une machine présentant sous le moindre poids possible la plus grande surface de l'atmosphère. Il combine plusieurs moyens, enfin il fabrique le premier aérostat. C'était un ballon de toile, qui réalisa complétement sa pensée. Le Jésuite part pour Lisbonne ; il a saisi la portée de sa découverte : il offre de s'élancer dans les airs avec son aérostat. Mais Gusmao froissait trop vivement les idées reçues pour ne pas évoquer les contradicteurs de bonne foi. L'Inquisition portugaise s'effraie de cette innovation ; le Jésuite, pour la rassurer, propose d'enlever du même coup le Saint-Office et le Grand-Inquisiteur. Cette raillerie de savant était un outrage. Le peuple de Lisbonne croit que le Père Gusmao est possédé du démon ; les Inquisiteurs voient de la magie là où il n'y a qu'une heureuse connaissance des lois de la gravitation. Gusmao est traduit au tribunal du Saint-Office ; comme Galilée, il y parut avec assurance. Il maintint que son invention n'était contraire à aucun dogme, à aucun précepte de l'Eglise. Le Jésuite fut néanmoins condamné au cachot ; mais les Pères de l'Institut parvinrent à le délivrer, et Gusmao, toujours convaincu, se retira en Espagne, où il mourut en 1724.

Avant lui un autre Jésuite, François Lana-Terzi, né à Brescia le 13 décembre 1631, avait, dans son *Prodromo di alcune invenzione nuove* et dans le *Magisterium naturæ et artis,* trouvé par d'autres moyens le secret des aérostats. Ce génie singulier, qui a enseigné la transmutation des métaux, qui a même cru indiquer une voie sûre pour arriver à la pierre philosophale, ne s'est pas arrêté à ces erreurs de la science. Au chapitre vi du *Prodromo,* il décrit la barque volante qu'il a rêvée : il la suspend à quatre globes composés de lames métalliques ; il montre de quelle manière on pompera l'air pour rendre ces globes plus légers qu'un égal volume d'air atmosphérique. Lana, par la force de ses calculs, était

parvenu à découvrir l'aérostat ; mais la pauvreté à laquelle le
condamnaient ses vœux de Jésuite ne lui permit pas, et c'est
lui qui l'avoue, de tenter l'épreuve dont Leibnitz doutait dans
son *Hypothesis physica nova*. Le ballon resta à l'état de projet
jusqu'à Gusmao, qui, sans avoir lu l'ouvrage de Lana, en conçut l'idée, comme plus tard Montgolfier l'appliquera par une
nouvelle inspiration. Le Père Lana était un homme d'initiative, un de ces esprits qui devancent leur siècle. C'est lui
qui inventa le semoir dont en 1733 Tull se donna pour le
créateur [1] ; c'est lui qui, cent ans avant l'abbé de l'Epée et
Sicard, enseigna la manière d'apprendre à écrire et même à
parler aux sourds-muets de naissance ; lui qui organisa les
chiffres mystérieux par lesquels les aveugles-nés pouvaient correspondre entre eux et se mettre en rapport avec les hommes
qui se serviraient des mêmes caractères. Lana poussa plus loin
ses investigations, il pressentit les merveilles que la science
était appelée à réaliser. Par un prodige d'intuition, il révéla, du
fond de sa cellule, la route qu'il fallait prendre pour y arriver.

La physique avait ses martyrs dans la Compagnie de Jésus ;
la minéralogie y vit croître ses érudits. Le Père Bernard Cési
composa les *Trésors de philosophie naturelle*. Les Pères Martin
Stenzivany, Michel Boym, de Bèze, Bonanni, Joseph Acosta,
Thomas Gouye, membre de l'Académie des sciences, et Etienne
Souciet propagèrent par leurs écrits et par leurs leçons la connaissance de l'histoire naturelle. L'Institut de Loyola possédait des savants de toute espèce ; il forma dans son sein des
peintres, des sculpteurs et des architectes. Le Père Jacques
Courtois peignit des batailles, André Pozzo chercha les règles
de la perspective. Daniel Seghers [2], Joseph Valeriano, Pierre
Latri, Castiglione, Dandini et le Frère Attiret furent des artistes célèbres dans un temps où la peinture était à son plus haut
point de perfection. Le Père Fiammieri devint sculpteur ; François de Raut, Edmond Massé et les frères Matlange se révélè-

---

[1] Algarotti, au tome x de ses *Œuvres*, fait la description de ce semoir, aujour-
d'hui en usage dans toute l'Europe.

[2] Le Père Seghers était si estimé, que Frédéric-Henri, prince d'Orange, lui fit
un présent digne d'un prince et d'un artiste. Il lui donna une palette et des pinceaux en or, qui, en 1762, se conservaient encore au Collège des Jésuites d'Anvers.

rent architectes. Le Père de Ventavon, les coadjuteurs Paulus et Thibault se distinguèrent dans l'horlogerie. Les frères Du Breuil et Bourgoing travaillèrent sur la perspective ; Erasme Marotta fut un musicien célèbre ; Christophe Matter s'illustra par ses connaissances médicales.

Les Jésuites n'ont pas encore parcouru le cercle de toutes les sciences. L'astronomie leur offrait un moyen de rendre de nouveaux services à la civilisation, ils le saisirent. Ils devinrent astronomes comme ils étaient controversistes et historiens. Les premiers qui parurent dans cette carrière, où tout restait à l'état de doute, où la réalité elle-même prenait les apparences de l'erreur, furent les Pères Clavius, Alexandre de Angelis, Jean Voell et Odon Malcotius. Ils jetèrent les fondements de ces études dont le Père Georges Scheiner fut l'oracle. Scheiner observa les taches du soleil longtemps avant Galilée ; mais, par respect pour les préjugés contemporains et par déférence pour ses supérieurs, il se contenta de communiquer son secret au savant Welser [1]. Quand le Jésuite, plus libre et plus hardi par l'éclat de sa renommée, revendiqua sa découverte, Welser eut la probité de la confirmer ; et, au témoignage du baron Christiern de Wolff, les ouvrages du Père Scheiner sur cette matière sont autant de chefs-d'œuvre. Le Père Christophe Grimberger publiait sa *Prospectiva nova cœlestis*, « livre remarquable, dit Lalande [2], en ce qu'il contient la première idée des projections centrales, c'est-à-dire la projection de la sphère sur un plan qui la touche en un point, l'œil étant au centre. » Tandis que les Pères Aleni, Charles Spinola et Bressani se livraient dans le Japon et dans l'Asie à des observations astronomiques, et que les Missionnaires chinois, comme nous le raconterons au chapitre spécial des Missions, faisaient faire de rapides progrès à la science, François Aguillon, Joseph Blancani, Michel de Mourgues, Georges Schonberger, Albert Curtz, Etienne Moro, Hugon Sempilius, Pierre Robinet, Jean Lévrechron, Emmanuel Diaz et Horace Grassi, l'antagoniste de Galilée, fé-

[1] Les lettres du Père Scheiner sont intitulées : *Ad Velserum de maculis solaribus epistolæ.*
[2] *Bibliographie astronomique*, p. 157.

condaient l'astronomie et régularisaient son enseignement. Le Père Eschinardi, dans son observatoire du Collége Romain, devançait Cassini pour la découverte de la merveilleuse comète de 1668. D'autres Jésuites, répandus sur les mers, la signalèrent ; ils en calculèrent la marche lors même qu'elle était encore ignorée en Europe.

Chaque année semble marquée dans la Compagnie de Jésus par quelque grand travail. Ici ce sont Antoine Pimenta, Jérôme Tarteron, Jean Richaud, Rokauski, Fontaney, Bonfa, Hancke et André Tacquet, qui étudient la marche des astres ; là Claude Millet Deschales démontre que la réfraction de la lumière est une condition essentielle à la production des couleurs dans l'arc-en-ciel ainsi que dans les verres ; puissante découverte qui servira de base à la théorie de Newton. Plus loin les Pères Visdelou et Lecomte observent les éclipses des satellites ; Jacques Krésa, « homme universel, » selon Lalande [1], Antoine Laval, Combes, Taillandier, Castel, Gaubil, Koegler, Slaviseck et Joseph-Roger Boscovich soutiennent avec honneur le rang que l'Institut de Jésus a pris dans les sciences exactes. Boscovich est la lumière de ces nouvelles générations. Admirateur de Newton, il en modifie, il en réforme les idées, afin de les affranchir des objections qui embarrassent leur marche. Cela ne suffit pas au Jésuite ; il faut qu'il trace aux newtoniens modernes les règles de leur foi astronomique : *l'Attraction considérée comme loi universelle* paraît. C'était le bréviaire du savant. Les Pères Charles Benvenuti à Rome, Paul Mako et Charles Scherfer à Vienne, Léopold Birvald à Gratz, Horwath à Tirnau, adoptent et popularisent cette doctrine, tout à la fois simple et positive. Le Jésuite Boscovich était en relation avec d'Alembert et Condorcet ; la Société royale de Londres l'appelait dans son sein ; les monarques de l'Europe l'honoraient de leur affection ; il dirigeait l'Observatoire de Milan. Néanmoins, au milieu de ces travaux et de ces illustres amitiés, Boscovich composa son beau poëme astronomique : *De Solis ac Lunæ Defectibus* [2].

1 *Bibliographie astronomique*, p. 333.

2 Le nom de ce Jésuite était si célèbre que, même pendant la Révolution française, il fut permis à Lalande de faire publiquement son éloge dans le *Journal des savants* (février 1792).

Sur d'autres points l'influence de la Société de Jésus se faisait également sentir. Melchior de La Briga, André Meyer, Philippe Simonelli, Barthélemy Maire, Rivoire, Maximilien Hell, Weiss, Béraud, Stepling, Hallerstein, de Rocha, Pilgram, Chatellain, Césaire Anman et Bullinger se font les apôtres de la science. L'Europe comptait à peine dans ses capitales quelques observatoires : les Jésuites, vers le milieu du dix-septième siècle, s'avouent la nécessité de consacrer à l'astronomie des édifices spéciaux. Ils s'instituent les propagateurs de cette idée : ils créent des machines d'optique, ils intéressent les rois et les princes à ces monuments, qui bientôt sont en voie d'exécution. A Wurzbourg, le Père François Huberti préside lui-même à la construction de son observatoire ; à Vienne, le Père Hell obtient de l'impératrice Marie-Thérèse que celui du Collége Académique sera agrandi à ses frais ; Charles-Théodore, électeur de Bavière, offre aux Pères Mayer et Metzger l'édifice que, sur leurs instances, il a fondé dans la ville de Manheim ; le Père Kéri en élève un à Tirnau, en Hongrie ; le Père Stepling, secondé par François Retz, Général de la Compagnie, se consacre à celui de Prague : le Collége des Jésuites crée l'observatoire de Gratz : à Vilna, ce sont les Pères Poczobut et Lebrowski qui donnent le signal : Pallavicini bâtit celui de Milan sur les dessins de Boscovich et aux frais de la Compagnie de Jésus ; les Pères Ximenez à Florence, Belgrado à Parme, Panigay à Venise, Cavalli à Brescia, Asclépi à Rome, Carboni et Copasse à Lisbonne, Laval et Pézenas à Marseille, Bonfa dans la vieille cité pontificale d'Avignon, se livrent aux mêmes projets, ils réalisent les mêmes établissements. « A Lyon, dit Montucla [1], les Jésuites avaient fait pratiquer dans leur magnifique collége un observatoire dans une situation des plus avantageuses. Il avait été fondé et construit par les soins du Père de Saint-Bonnet. Il fut remplacé par le Père Rabuel, savant commentateur de la *Géométrie* de Descartes, auquel succéda le Père Duclos, et enfin le Père Béraud, physicien ingénieux, excellent géomètre et observateur zélé et industrieux. « Je suis charmé, ajoute l'historien des mathématiques qui publia

---

1 *Histoire des mathématiques*, t. IV, p. 347.

son ouvrage pendant la révolution française, de jeter ici quelques fleurs sur la tombe de ce savant et respectable Jésuite, qui m'a mis en quelque sorte entre les mains le premier livre de géométrie, de même qu'aux citoyens Lalande et Bossut. »

Comme les associations à qui l'uniformité de principes et de vues donne l'uniformité d'action, les Jésuites, quoique souvent séparés par tout le diamètre de la terre, quoique inconnus les uns aux autres, correspondaient entre eux de chaque point du globe. Epars dans l'univers, ils signalaient les phénomènes de la nature ; ils en transmettaient la description à leurs frères d'Europe ; ce récit, fait sur les lieux, devenait autorité dans les académies. La féconde activité des Missionnaires ne laissait rien passer sans observation ; tout était pour eux matière à enseignement, car, au fond de ces empires labourés par leur apostolat, ils rencontraient partout des vestiges de culte ou d'histoire, des monuments oubliés, des arts nouveaux et des plantes que la médecine allait utiliser. Sur ce terrain, le plus vaste qu'aucune agrégation d'hommes ait jamais vu se déployer à ses yeux, ils marchèrent, depuis leur origine jusqu'à leur chute, avec une persévérance qui ne s'accorda pas un seul jour de repos. Ils avaient des savants qui, dans les grands centres européens, fertilisaient la pensée humaine en propageant l'idée religieuse. Ils en eurent d'autres qui, épars sur les mers, qui disséminés sur tous les continents, se rattachèrent à leur patrie par le souvenir d'un bienfait ou par la conquête d'une science. Ces Missionnaires n'étaient pas seulement des apôtres annonçant aux peuples du vieux monde et aux tribus sauvages du nouveau, le Dieu mort sur la croix pour le salut de tous. Leur œuvre de civilisation ne s'est pas arrêtée là. Le Christianisme était leur but principal ; mais le Christianisme embrasse tout : on les vit donc se mêler à tout.

Le 21 avril 1618, le Jésuite Pierre Paëz accompagnait l'empereur d'Ethiopie dans le royaume de Gojam. L'armée était campée sur le territoire de Sacala, « près d'une petite montagne qui ne paraît pas fort haute, parce que celles qui l'environnent le sont beaucoup plus ; ainsi s'exprime le Père Paëz lui-même dans sa *Relation de la découverte des sources du*

Nil. J'allai et parcourus des yeux assez attentivement tout ce qui était autour de moi. J'aperçus deux fontaines rondes, dont l'une pouvait avoir quatre palmes de diamètre. Je ne puis exprimer quelle fut ma joie en considérant ce que Cyrus, ce que Cambyse, ce qu'Alexandre, ce que Jules-César avaient désiré si ardemment et si inutilement de savoir. Ces fontaines ne regorgent jamais, parce que l'eau, ayant une sorte de pente, s'échappe avec impétuosité au pied de la montagne. Les paysans du voisinage m'assurèrent que, comme l'année avait été extrêmement sèche, la montagne avait tremblé, et quelquefois elle s'agite avec tant de violence, qu'on ne peut y aller sans danger. »

C'était la source du Nil. L'empereur d'Ethiopie et les habitants du Gojam n'avaient vu dans ces phénomènes de la nature que des choses ordinaires ; le Père essaya de sonder le mystère qui se révélait. Il suivit l'eau dans toutes ses directions, il traversa les rochers d'où elle retombe en écume et en fumée, puis il arriva à constater la naissance du fleuve roi [1]. En 1740, Manuel Ramon, Supérieur des Missions de l'Orénoque, se met pendant neuf mois à en étudier le cours. Il sait de quelle utilité est pour l'apostolat et pour le commerce la connaissance de tous les fleuves ; il s'efforce de s'en rendre compte. Après de longues fatigues, il arrive à trouver le point de jonction entre l'Orénoque et le Maragnon. Avant ce Jésuite espagnol, le Père Jacques Marquette, dans l'Amérique septentrionale, donnait cet exemple d'investigation qu'adoptaient les Missionnaires de l'Amérique méridionale. En 1673, il part du lac Michigan avec quelques rameurs; il se dirige vers le sud. Il n'a que de vagues indications fournies par des sauvages, mais il comprend que l'embouchure du Mississipi ne doit pas être éloignée : il la cherche, il la trouve dans le golfe mexicain. Marquette, au milieu de ses explorations, avait entendu les peuplades des bords du Mississipi parler de la grande mer occidentale qui apparaissait en remontant le fleuve, après avoir suivi le cours d'une autre rivière. La tradition de ce fait s'était conservée

[1] Vosgien, dans son *Dictionnaire géographique*, confirme les paroles du Jésuite. A l'article *Nil*, nous lisons : « Le Père Pierre Paëz est le premier Européen qui en ait découvert la source, au mois d'avril 1618. »

parmi les enfants de Loyola ; ils l'avaient communiqué au gouvernement français en démontrant les avantages politiques de
cette découverte par des mémoires qui existent encore ; ils demandaient qu'on les mît à même d'ouvrir une nouvelle route
au commerce. La France de Louis XV n'écouta pas ces avis ;
elle laissa à un Anglais l'honneur de l'entreprise.

D'autres Jésuites marchent à de plus difficiles conquêtes. Il
y en a qui préparent la découverte de l'Orégon, dont un navire américain viendra, en 1791, saluer les rives fertiles du
nom de Colombia. Le Père Charles Albanel part le 8 août 1671
pour frayer à ses compatriotes un chemin vers la baie d'Hudson. Les Anglais fournissent par mer des armes et des muni-
tions aux peuplades voisines du Canada ; ils entretiennent ainsi
la guerre contre la métropole. Talon, intendant général de la
colonie, veut savoir le point sur lequel débarquent les trafi-
quants britanniques. Plus de huit cents lieues de déserts impraticables l'en séparaient ; il fallait affronter d'immenses chutes
d'eau et s'engager dans des régions inconnues. La tentative était
si périlleuse, que les officiers les plus déterminés s'étaient vus
forcés d'y renoncer à trois reprises différentes. Talon ne se dé-
courage pas comme eux ; les soldats n'osent plus s'aventurer dans
les marais de Tadousac ; en désespoir de cause, il y lance un
Jésuite ; le Père Albanel part avec M. de Saint-Simon et six sauvages. Au bout d'un an, il revient à Québec, après avoir ouvert
aux Français une voie sûre pour arriver à la baie d'Hudson.

Ainsi, toujours guidés par la même pensée, les Jésuites posaient les premiers jalons des explorations scientifiques aux
quatre points cardinaux de l'Amérique septentrionale. Le Père
Biard, dans sa naïve relation de 1614, décrivait les côtes orien-
tales du Canada ; en 1620, Jérôme des Angelis pénétrait le premier dans le pays d'Yesso ; en 1626, le Père Charles Lallemant
faisait connaître les régions voisines de Québec. En 1673, le
Père Marquette ouvrait la route au midi et le Père Albanel au
nord. Peu de temps auparavant, le Père Antoine de Andrada
s'avançait vers les sources encore inconnues du Gange ; il les
étudiait. Le même Jésuite, toujours poussé par le désir d'apprend-
dre, gravissait le Grand-Thibet, dont aucun Européen ne soup-

çonnait l'existence. En 1674, les Pères Béchamel et Grillet s'enfoncent dans les déserts inexplorés de la Guyane. En 1701, c'est le Père Eusèbe Kino qui, dans ses voyages, découvre le Rio-Azul ou la Rivière-Bleue; en 1707, Samuel Fritz remonte à la source du fleuve des Amazones; et en 1716, le Père Desideri s'élance sur le second Thibet. De longues années, de sanglantes révolutions ont passé sur tous ces pays. Les projets des hommes ont été brisés ou anéantis comme les fortunes individuelles, et voilà qu'en 1844, un Jésuite, le Père Pierre de Smet [1], emporté par la passion d'évangéliser les sauvages, pénètre dans les Montagnes Rocheuses, suit jusqu'à leurs sources le Mississipi et le Missouri, puis réalise à lui tout seul les désirs et les espérances des anciens de l'Institut.

Dans leurs excursions religieuses, ils n'étaient pas seulement Missionnaires, ils avaient toujours présent à leurs cœurs le souvenir de la patrie absente, et avec une sollicitude que les peuples oublient si vite, ils s'occupaient de faire tourner leurs voyages au profit de l'humanité, des arts européens et de la richesse nationale. Les uns devinaient les qualités fébrifuges du quinquina, et ils le faisaient passer en Europe, d'où il se répandit dans tout le monde [2]; ils recueillaient chez les Tartares la graine de rhubarbe, et ils naturalisaient en Europe cette plante précieuse. Dans les forêts de la Guyane et de l'Amérique ils découvraient et livraient au commerce la gomme élastique, la vanille, le baume de copahu. Le Père Lafitau transplantait du Canada en France le ginseng, dont le Père Jartoux analysait les propriétés à la Chine. D'autres Jésuites se signalaient dans le céleste Empire. L'un rapportait à sa patrie le coq et la poule d'Inde, l'autre le marronnier.

Du fond de l'Orient, ils songeaient à développer l'industrie

---

[1] *Voyage et séjour chez les peuples des Montagnes Rocheuses* (Malines, 1844).

[2] La première personne d'Europe guérie de la fièvre par le quinquina fut la comtesse de Chinchon, vice-reine du Pérou. Les Jésuites connaissaient déjà les propriétés de cette poudre des Hérès; ils en firent passer à leurs frères d'Espagne. Le Père, depuis cardinal Jean de Lugo, la porta à Rome; le Père Annat, en France, où elle sauva la vie à Louis XIV, au même moment que d'autres Jésuites l'introduisaient en Chine pour délivrer l'empereur Kang-Hi d'une fièvre pernicieuse. Le quinquina a été longtemps connu en Espagne sous le nom de *poudre de la comtesse*, à Rome sous celui de *poudre du cardinal de Lugo*. En France et en Angleterre on l'appela *poudre des Jésuites*.

nationale; ils faisaient passer en France les premières notions sur la manière de fabriquer le maroquin et de teindre les cotons en rouge. Dans l'Inde, où il vivait avec les naturels, un Jésuite se prit à examiner attentivement les procédés et les mordants pour l'impression des toiles peintes; ce fut un nouveau patrimoine qu'il légua aux manufactures de son pays. L'Europe était tributaire de la Chine pour la porcelaine. Le Père Xavier d'Entrecolles fixa durant plus d'une année son séjour à King-te-Tching, province de Kiang-Si, dans la seule ville où travaillent ces ingénieux artistes. Avec ses néophytes, ouvriers eux-mêmes, il étudie le mélange des terres, leur fabrication, la forme des fours, les dessins. Il réunit des échantillons de kaolin et de pétuntse, dont l'habile fusion constitue la porcelaine. Il saisit les procédés de cuisson et de vernis, et il adresse ses descriptions au gouvernement français, qui a su si magnifiquement en tirer parti.

Jusqu'à ce jour, la Compagnie de Jésus semble avoir beaucoup plus vécu sur la réputation de ses poètes, de ses historiens et de ses hommes de lettres que sur celle de ses théologiens et de ses savants. Le monde connaissait les uns, il n'avait jamais entendu prononcer le nom des autres qu'à travers un nuage d'ennui scientifique. Les poètes et les littérateurs servirent à faire amnistier tous ces doctes personnages. Le monde s'avoua qu'ils pourraient bien être de profonds controversistes, de grands mathématiciens, parce que Bouhours était un homme aimable, et que Le Moyne, Rapin, Vanière et un grand nombre d'autres Jésuites rivalisaient d'enthousiasme ou de grâce lyrique avec les chefs de l'école du dix-septième siècle. Le profane servit de passe-port au sacré. On aimait ces écrivains diserts, dont les ouvrages pleins d'élégance étaient accueillis partout; on admira sur parole les maîtres dont ils s'honoraient d'être les disciples, et on fit des Jésuites plutôt une société de lettrés qu'un Institut de religieux. La poésie et la littérature proprement dites ne sont pourtant et ne devaient être en réalité qu'une exception. Ce n'était pas dans le but de former des versificateurs et des académiciens que saint Ignace avait fondé sa Compagnie. Pour s'abandonner aux exaltations et aux rêveries, pour

épier dans la nature ou dans le cœur humain les accents de
pitié, de terreur ou d'amour qui constituent le poète, il faut
pouvoir se livrer en toute sécurité à ses joies, à ses tristesses,
au repos ou au travail. La première condition de l'existence
claustrale s'oppose à cette capricieuse liberté. Le Jésuite a un
cercle d'occupations qu'il lui est impossible de franchir; il vit
dans la prière et dans l'étude, dans l'exercice des devoirs sa-
cerdotaux ou dans les voyages apostoliques. Le temps lui man-
que donc pour accomplir les œuvres que son imagination voit
passer en songe, et s'il est poète, ce ne sera que dans les années de la jeunesse ou au milieu des soins du professorat.

Beaucoup d'entre eux cependant trouvèrent moyen de jeter
sur leur Ordre un nouveau reflet de gloire. Ils devinrent célèbres à leur temps perdu; ils firent des vers pour se reposer
d'études plus graves, pour exciter par leur exemple les élèves
à l'amour des belles-lettres. Ces vers ont acquis à leur nom une
immortalité sur laquelle personne n'avait compté.

Le latin était la langue de prédilection des savants et des
colléges; ce fut en latin que la plupart écrivirent. Frusis, Tucci,
Perpinien, Maffei, Cressoles, Benci, Monet, Saillan, Hosschius,
Fichet, Caussin, Galuzzi et Richeome furent les premiers qui
se distinguèrent dans la poésie et dans l'art oratoire. Il ne faut
point chercher dans leurs œuvres les tristes ou joyeux mouvements du cœur que la jalousie, la haine ou le bonheur font
naître sur la lyre. Depuis Homère, l'amour a été le mobile déterminant de toute poésie; les Jésuites sont, par devoir, condamnés à ne jamais employer ce levier. Ils ne peuvent puiser
le sujet de leurs chants que dans un ordre d'idées morales ou
agrestes peu favorables à l'élan des passions qui vivent de fé-
licités factices et de douleurs réelles. Ils n'ont pas la ressource
d'émouvoir par la peinture des voluptés ou des tourments qui
agitent l'homme; la satire elle-même est interdite à leur charité. Il faut qu'ils se résignent au genre descriptif, et si une
épigramme tombe de leurs lèvres, cette épigramme, passée au
creuset de l'amour du prochain, se réduira à quelques anti-
thèses sans fiel, à une méchanceté qui ne blesserait même pas
la vanité la plus ombrageuse.

La poésie fut donc pour les Jésuites plutôt un passe-temps qu'une occupation : ils lui demandèrent d'innocents plaisirs, jamais de fortes émotions. Néanmoins, dans ce cadre si restreint, il se trouva des Pères qui, comme Frusis, surent conquérir une belle place. Casimir Sarbiewski composa ou retoucha les hymnes du Bréviaire Romain; il eut avant Santeuil le lyrisme catholique, et Grotius dit du Jésuite polonais [1] qu'il marche à côté d'Horace, et que parfois même il le surpasse. Jacques Balde eut dans l'Allemagne, sa patrie, le même honneur. Comme Sarbiewski, il possède à un haut degré le désordre de l'enthousiasme et le rhythme latin. C'est du génie enfoui dans les langues mortes, mais du génie que ses contemporains saluèrent avec des cris d'admiration. Le plus célèbre des ouvrages du Père Balde est *Uranie victorieuse* ou *le Combat de l'âme contre les cinq sens*, et à une époque littéraire, en 1660, ce poème obtint les honneurs d'une quintuple impression. Moins d'une année après, en 1661, Jacques Masenius jetait dans le monde littéraire la *Sarcothée*, œuvre poétique dont Milton ne dédaigna point d'imiter de nombreux passages dans son *Paradis perdu* [2]. Le Père Vincart publiait alors ses héroïdes sacrées, Jean de Bussières son poème de *Scanderberg* et sa *Rhéa délivrée*, tableaux incomplets où la pureté du style ne répond pas toujours aux magnificences de la pensée. Baudouin Cabillavius, Gualfreducci, Stephoni, Charles Papin, Antoine Millieu, Bauhusius, Werpœs, Pulcharelli, Pimenta de Santarem, Bravo et Gilbert Jonin, surnommé par son siècle l'Anacréon chrétien, ont tous laissé des chants pieux, de saintes élégies ou des poèmes dont la Vierge est presque le seul objet.

Les Pères Charles de La Rue et Gabriel Cossart continuaient en France ces gloires littéraires de la Société de Jésus. La Rue célébra en beaux vers latins les conquêtes de Louis XIV, que

---

[1] *Horatium assecutus est, imo aliquando superavit.*

[2] Sans vouloir dire que Milton soit un plagiaire, on ne peut cependant nier, car les traits de ressemblance sont trop frappants, qu'il n'ait plus d'une fois imité de beaux passages du poème si remarquable de la *Sarcothée*. Ainsi les Jésuites se sont trouvés en rapport avec les quatre plus célèbres poètes de l'épopée chrétienne. Le Dante fut traduit en vers latins par le Père d'Aquino. L'on connaît les relations amicales du Tasse et du Père Guerrieri, son professeur, et celles du Père Cordosa avec Camoëns. Voilà maintenant Milton qui emprunte au Père Masenius de nobles idées et des vers pleins de lyrisme.

le grand Corneille, son ami, traduisit en beaux vers français. La Rue, vivant dans une atmosphère d'éloquence et de
poésie, se distingua dans plus d'un genre. Il fut orateur élégant et auteur tragique plein d'élévation ; il fit des tragédies latines, il en composa même dans sa langue maternelle ;
et *Lysimachus* ainsi que *Sylla* ne sont pas encore sans mérite. La forme était beaucoup pour lui. Esprit délicat, il aimait la simplicité et l'harmonie ; il fut le modèle de la plupart de ses contemporains dans la Société de Jésus. Tandis
que le Père Thomas Strozzi, à Naples, chantait la *Manière
de faire le chocolat* et discourait sur la liberté dont les républiques sont si jalouses, tandis que le Père Laurent Le
Brun faisait son *Virgile* et son *Ovide chrétien*, René Rapin [1] publiait son chef-d'œuvre *des Jardins*. Delille en a
paraphrasé les descriptions, il lui emprunta des détails pleins
de charme et de sensibilité. Commire n'a pas cette imagination riante ni la hardiesse qui décèle l'inspiration ; son vers
est pur ; néanmoins il se ressent un peu de la brusquerie de
son caractère. Il sait être simple à force d'art ; mais souvent
il dépasse le but. Commire, dans un discours *de Arte parandæ
famæ*, jette un coup d'œil sur les manœuvres littéraires de
son temps ; et, sans le vouloir peut-être, il est prophète pour
tous les siècles [2]. Rapin a chanté les jardins, Vanière célèbre la
maison rustique. Son *Prædium rusticum* [3] a quelque chose

---

[1] Santeuil, dont l'originalité de caractère a peut-être contribué à rehausser la
gloire, avait parié deux cents livres tournois avec Du Perrier qu'il faisait mieux les
vers que lui. Ils composèrent un poème et prièrent Ménage de décider quel était le
meilleur. Ménage s'étant récusé, ils choisirent le Père Rapin pour juge. Après avoir
lu les deux pièces de vers, le Jésuite rencontra Santeuil et Du Perrier sur le par-
vis de l'église des Victorins ; il leur dit que des hommes raisonnables et chrétiens
devaient rougir de montrer tant de vanité, et qu'il fallait qu'ils fussent bien riches
pour engager vingt pistoles sur de semblables bagatelles. Puis, s'approchant du
tronc de l'église de Saint-Victor : « Les pauvres, ajouta-t-il, profiteront de l'inutilité
de vos disputes et du superflu de votre bien. »
La poésie, on le voit, n'était pour un poète célèbre de la Compagnie de Jésus
qu'une bagatelle.

[2] On lit dans un passage de ce curieux tableau, qui sera vrai tant qu'il y aura
des gens de lettres : « Exercent quasi quædam monopolia famæ et societates lau-
dum, » laudant mutuò ut laudentur, fœnore gloriam dant et accipiunt, cæteris omnibus obtrectant. »

[3] Quand le Père Vanière vint à Paris, Louis XIV fit frapper une médaille d'or
en son honneur. La République de Venise, en 1774, rendit le même hommage
au Père Vincent Riccoti, l'un des plus célèbres mathématiciens de la Société de
Jésus.

de naïf, d'harmonieusement agreste, et l'on comprend que la
campagne a été les amours du Jésuite. Etienne Sanadon ressuscite, à l'exemple de ses maîtres, les beautés de Virgile
et d'Horace. Poète comme eux, il trouve toujours au bout de
sa pensée l'expression la plus vraie, le rhythme le plus nombreux. A leur suite le Père Augustin Souciet, avec ses poèmes
sur *l'Agriculture* et *les Comètes*, Brumoy avec ceux *des Passions* et *de la Verrerie*, Rainier Carsughi, de La Sante, Jacques de La Baune, Charles d'Aquino, Buffier, Frédéric Sanvitali, Sautel, Jérôme Lagomarsini et Joseph Desbillons, ce
dernier des Romains, digne rival d'Esope et de Phèdre, maintinrent dans l'Ordre de Jésus la prééminence que tant d'agréables ouvrages lui avaient conquise.

Ces hommes qui, avec Santeuil, forment un des faisceaux
de la gloire du siècle de Louis XIV, ont conservé, jusqu'à
nos jours, une réputation éclatante ; on les honore même
quand on ne les lit plus. Ils eurent cette sobriété de la muse
sans laquelle les œuvres de l'esprit ne peuvent aspirer à un
durable succès. Les poètes latins de la Compagnie n'avaient
risqué que des témérités approuvées par le goût ; un autre
Jésuite, Pierre Le Moyne, se livra à tous les déréglements de
l'imagination. Ce n'est plus à la langue des anciens qu'il demande le mot dont sa pensée a besoin. Le Moyne veut chanter
Saint Louis dans l'idiome national. La langue subissait alors
sa révolution ; elle était privée de la naïveté de Marot ; elle
ne s'élevait pas encore avec Corneille ; elle se trouvait dans
ces époques de transition si funestes au talent. Le Moyne était
un écrivain à la verve impétueuse, mais qui ne sut jamais
soumettre au frein ses puissantes facultés. Il aurait créé l'excès,
si l'excès n'eût pas régné avant lui. Il fut tour à tour sublime ou ridicule, éloquent ou barbare ; il développa un tel
luxe d'images que souvent, des hauteurs de la poésie, il
tombe tout-à-coup dans la trivialité des métaphores. Le Moyne
était digne d'un meilleur sort ; il possédait le mouvement
épique, ce feu continu qui alimente les passions. Avec tant
de ressources dans le cœur, il chancela comme un homme ivre,
parce qu'il ne sut pas deviner la loi si difficile des convenances,

ni être simple ou magnifique à propos [1]. Dans l'histoire littéraire de la France, il ne sera jamais que le trait d'union qui
rattache à Ronsard et à Du Bartas les poètes du dix-septième
siècle.

Quelques années auparavant, un Jésuite allemand, dont le
nom est cher à l'humanité, avait entrepris pour son pays le
même travail de réhabilitation, et il l'avait obtenu plus complet.
Le Père Frédéric de Spée essaya de démontrer à ses compatriotes que leur langue n'était pas plus rebelle qu'une autre au
rhythme poétique; dans son *Frutz-Nachtigall*, il offrit en
même temps le précepte et l'exemple. Il y a du lyrisme dans
ces chants d'amour envers Dieu, des sentiments naturels,
d'heureuses pensées, de vives images, de touchantes descriptions. Spée avait vaincu une difficulté jusqu'alors déclarée in-
surmontable. Il avait prouvé que la langue germanique pouvait
s'assouplir et se discipliner. Les Catholiques et les Luthériens firent trève à la guerre de Trente-Ans pour saluer de leurs cris
d'admiration le poète national qui les initiait aux trésors de leur
langue. Cette auréole de gloire dont les contemporains du Père
de Spée couronnèrent sa tête, les âges suivants l'ont consacrée.
Son nom est populaire au delà du Rhin et, à deux cents ans
d'intervalle, il se rencontre encore des libraires protestants qui
se font les éditeurs des poésies catholiques de cet enfant de saint
Ignace.

Les Jésuites qui, comme le Père Le Moyne, s'occupèrent après
lui de poésie française, ont répudié l'héritage des paroles de six
pieds qu'il leur avait légué: ils furent plus corrects, plus classiques que lui; pourtant ils n'eurent pas sa verve entraînante et
son exubérance de génie. Les Pères Porée, du Cerceau, Vionnet [2].

---

1 C'est dans une épître du Père Le Moyne que se trouvent ces quatre vers sur le
ciel, jusqu'à ce jour attribués à Voltaire. Voltaire est assez riche pour ne pas em-
prunter quelques perles au fumier de l'Ennius de la Société de Jésus.

　　　Et ces vastes pays d'azur et de lumière,
　　　Tirés du sein du vide et formés sans matière,
　　　Arrondis sans compas, suspendus sans pivot,
　　　Ont à peine coûté la dépense d'un mot.

2 Le Jésuite Vionnet, voulant lutter contre Crébillon, opposa à la tragédie de
Xercès une autre tragédie de sa façon portant le même titre. Il l'adressa à Voltaire,
qui, le 14 décembre 1749, lui fit cette réponse curieuse et inédite:
« J'ai l'honneur, mon Révérend Père, de vous marquer une faible reconnaissance

Kervillars, Gresset[1] et une multitude d'autres dont les vers
excellents ou médiocres sont condamnés à l'oubli, se firent
une réputation de bon goût et d'élégance. La poésie ne fut
pour eux qu'un accessoire ; ils n'y brillèrent que par distraction ;
mais dans un autre genre ils déployèrent de grandes ressources
de diction. L'éloquence profane, celle surtout du panégyrique
et de l'oraison funèbre, les place sous un nouveau jour. Ils ap-
pliquèrent le précepte et l'exemple ; les harangues des Pères
Albert Koialoviez, Louis Juglar, François de Soto, Antoine
Viguier, César Lorenzo, Scipion Paulucci, Pierre Rouvière, Thomas Politien, de Salas, Pardo, Vavasseur, Jean Rhò, Michel
de Saint-Roman, Le Jay et Cossart, qui furent les maîtres, les
contemporains ou les héritiers de Bourdaloue et de La Rue,
ont laissé dans ce genre académique des éloges qui disparaissent avant même le souvenir du mort dont ils devaient im-
mortaliser la mémoire.

Il n'y pas une branche de littérature honnête à laquelle on
ne soit forcé de mêler le nom d'un Jésuite. Avec le Père Martin
Du Cygne, ils recherchent les sources de l'éloquence et ils ap-
précient les comiques latins. Avec Brunoy, ils ont traduit ou
analysé le *Théâtre des Grecs*, afin de donner aux tragiques
de tous les siècles des modèles de noble simplicité. Joseph de
Tournemine est, dans leur *Journal de Trévoux*, l'oracle
des savants et de la critique[2] ; Jouvency trace les règles du

d'un fort beau présent. Vos manufactures de Lyon valent mieux que les nôtres ;
mais j'offre ce que j'ai. Il me paraît que vous êtes un plus grand ennemi de Crébillon que moi ; vous avez fait plus de tort à son *Xercès* que je n'en ai fait à sa
Sémiramis. Vous et moi nous combattons contre lui. Il y a longtemps que je suis
sous les étendards de votre Société. Vous n'avez guère de plus mince soldat, mais
aussi il n'y en a point de plus fidèle. Vous augmentez encore en moi cet attachement par les sentiments particuliers que vous m'inspirez pour vous, et avec
lesquels j'ai l'honneur d'être très-respectueusement, mon Révérend Père, votre
très-humble et obéissant serviteur.   VOLTAIRE. »

[1] Gresset fut l'un des poètes français les plus distingués de l'Institut ; mais son
penchant pour la poésie était si décidé, que les Jésuites ne crurent pas devoir le
conserver dans la Société. Il resta du moins toujours fidèle à l'amour de son Ordre.

[2] Le *Journal de Trévoux* ou *Mémoires pour servir à l'histoire des Sciences
et des Beaux-Arts,* est pour la Société de Jésus un beau titre de gloire dans les
annales de la littérature française. Commencé à Trévoux en 1701, par les Pères
Catrou et Rouillé, ce recueil fut ensuite continué à Paris jusqu'en 1762, époque de
la destruction de l'Ordre. Il compta parmi ses principaux collaborateurs les Pères
Tournemine, Buffier, Marquer, Letellier, Germon, Castel, du Cerceau, Brumoy,
Hongnant, Dorival, Souciet, Bougeant, Charlevoix, Fontenay, de La Tour et Ber-

goût; Xavier Bettinelli adresse à Voltaire ses belles *Lettres sur Virgile*. Poète et rhéteur italien, il a moins d'enthousiasme que de jugement; il ne procède pas par le génie, mais par l'esprit. Le Père Bouhours, son devancier, eut, comme lui, la grâce du style; comme lui aussi, il sut découvrir avec trop de perspicacité les négligences échappées aux grands écrivains. Claude Menestrier, c'est l'ingénieux architecte de la Compagnie de Jésus, le maître dans la science du blason, des tournois et du décorateur. Jean-Baptiste Blanchard, par son *Ecole des Mœurs*, se faisait le moraliste de tous les âges; au même moment, les Pères Berthier et Zaccaria deviennent en France et en Italie les chefs littéraires de la réaction religieuse contre les incrédules du dix-huitième siècle. La Compagnie qui va succomber se voit encore à la tête d'une phalange sacrée, dont nous raconterons plus tard les travaux, et qui, commençant à Tiraboschi, à Feller, à François de Ligny et aux deux Guérin du Rocher, trouvera de dignes héritiers dans le Jésuite cardinal Angelo Mai, qui a découvert le traité de Cicéron *de Republicâ*, dans les Pères Rosaven, Perrone, Maccarthy, Ravignan, Finetti, Montemayor, Van-Hecke, Secchi, Vico, Pianciani, Arthur Martin et Cahier.

Dans un ouvrage publié à Lisbonne en 1830, sous le titre de : *Les Jésuites et les Lettres*, un écrivain portugais, Joseph de Macedo, se demande : Si tous les livres qui furent composés sur les sciences en général et sur chacune d'elles en particulier venaient à périr et qu'il ne restât que ceux dont les Jésuites sont auteurs, s'apercevrait-on de quelque vide dans la république si étendue des lettres ? A cette question, Macedo répond d'une manière négative, et il développe les motifs de son sentiment. C'est de l'exagération; nous n'en voulons ni dans la louange ni dans le blâme. Autant que l'insuffisance de nos forces l'a permis, nous avons essayé d'indiquer la portée et le caractère des labeurs intellectuels de la Société de Jésus. Nous n'avons pas eu la prétention de faire un tableau, mais une simple esquisse, afin de

thier. Il se compose de 300 volumes petit in-12. Après la suppression des Jésuites en France, divers écrivains tentèrent de ressusciter sous divers noms ces mémoires littéraires; l'abbé Grosier, ancien Jésuite, rédigea les trois dernières années, de 1779 à 781, sous le titre de : *Journal de littérature des Sciences et des Arts.*

réunir dans un même cadre les services rendus aux lettres et les bienfaits prodigués à l'humanité. Ce cadre aurait pu s'élargir démesurément, car nous n'avons pas tout dit, et sur les hommes et sur les écrits. Il servira néanmoins à démontrer que dans tous les temps, que sous tous les climats, les Jésuites furent les apôtres de la science humaine, comme ils étaient les propagateurs de la Foi divine. Ils ont rempli dans le monde une double mission aussi glorieuse que difficile; et par l'enseignement, par les idées de toute nature qu'ils jetèrent dans la circulation, ils ont atteint le but religieux qu'ils se proposaient.

CHAPITRE V.

Henri IV par son règne, les cardinaux de Richelieu et Mazarin par leur ministère, les Jésuites par l'éducation, avaient préparé un de ces siècles qui font époque dans les annales du

monde. Il restait à trouver un prince digne de continuer l'œuvre
si péniblement élaborée; Louis XIV naquit. Dans toute l'ardeur
de la jeunesse et des passions, beau comme l'espérance, et
portant au plus haut degré le sentiment de sa force et de l'honneur de son pays, il allait recueillir le triple héritage que
trois grands hommes léguaient à son inexpérience. Les plaisirs,
les carrousels et les amours chevaleresques devaient être sa
seule occupation ; le jour même de la mort de Mazarin, il voulut
être roi ; il le fut dans toute la majesté de ce titre. Il devint,
sans transition, populaire et juste, magnifique et économe,
conquérant et législateur. L'enfant avait été bercé par les tumultes de la Fronde ou au milieu du cercle dans lequel Anne
d'Autriche, sa mère, unissait la galanterie espagnole aux délicatesses de la conversation française. Le jeune homme avait,
par gratitude, abandonné les rênes de l'Etat au ministre de sa
minorité. Mazarin n'était plus; Louis se sentit appelé à gouverner par lui-même. L'instinct du pouvoir lui révéla la connaissance des hommes et des affaires ; l'orgueil de commander à la
France lui apprit le rôle qu'il devait jouer en Europe, et cette
tête si brillante sous la couronne ne consentit jamais à un sacrifice de dignité nationale. Louis XIV honora la France dans ses
victoires comme dans ses revers ; il lui inspira d'avoir foi en ses
illustres capitaines, en ses puissants administrateurs, en ses célèbres écrivains, foi surtout en son peuple, que toutes les généreuses passions enflamment. Il fut sur le trône le bon sens qui
commande au génie.

Sous un roi ne laissant rien à faire aux autres, les Jésuites
comprirent qu'ils n'avaient plus à redouter cette instabilité légale
que les corps de magistrature tenaient toujours suspendue sur
leur tête comme une menace. Avec Louis XIV, dont le Parlement voyait l'énergie à l'œuvre, rien de contraire à son bon
plaisir ne pouvait être admis ou réalisé. A la cour comme dans
leurs colléges, à Paris ainsi qu'au fond des provinces, ils se
disposèrent à travailler à la prospérité de la Religion et de l'enseignement. Le roi, avec son omnipotence encore novice, avait
besoin d'un guide éclairé ; il le rencontra dans le Père Annat, son
confesseur.

François Annat, né à Rhodez le 5 février 1591, était une de ces natures âpres et bonnes, telles que les montagnes du Rouergue en ont tant fourni à l'Eglise. Sa rude franchise, sa science profonde, mais que le contact de la cour n'avait pu rendre élégante, sa physionomie aussi pleine de simplicité que de finesse, donnaient à ce Jésuite un cachet particulier. Il avait rempli sans éclat, mais avec un mérite incontestable, les premières charges de son Ordre; il était depuis longtemps le directeur spirituel du monarque, lorsqu'un événement inattendu brouilla le chef de l'Eglise et le roi très-chrétien. Louis XIV prétendait être le premier partout et toujours. Sa fierté naturelle, que rehaussaient tant de victoires et tant de paix glorieuses, le rendait intraitable sur ses droits de préséance. Afin de fortifier son autorité au dedans, il voulait que le nom de son pays fût respecté au dehors. Déjà, dans un conflit élevé, vers la fin de l'année 1661, entre le comte de Wateville, ambassadeur d'Espagne, et le comte d'Estrades, ambassadeur de France, il avait pris des mesures si décisives, que Philippe IV, son beau-père, intimidé, se soumit à ses exigences et reconnut que le petit-fils de Charles-Quint devait céder le pas au successeur de François Ier. Un an après, le monarque s'engageait dans une querelle du même genre; mais ici la question était plus épineuse, car Louis XIV se plaignait de la cour de Rome. Le duc de Créqui, ambassadeur auprès du Saint-Siége, tolérait la licence de ses gens qui avaient insulté une compagnie corse de la garde papale. Le roi n'aurait sans doute ni éludé ni différé la réparation de cet outrage; on laissa les Corses se venger de leurs propres mains. Ils assaillirent le duc de Créqui dans son palais; ils firent feu sur la voiture de l'ambassadrice; ils tuèrent ou blessèrent plusieurs Français. A la nouvelle de cet attentat au droit des gens, Louis XIV fait saisir le comtat Venaissin; il mande à Alexandre VII que son armée va franchir les Alpes et marcher sur Rome, si une éclatante satisfaction ne lui est pas accordée.

La position des Jésuites entre le Saint-Siége et la France était difficile. Le Père Annat connaissait le respect de Louis XIV pour la chaire apostolique; mais il savait aussi que son orgueil

justement irrité ne reculerait devant aucune conséquence. Les
droits de l'Eglise n'étaient point en jeu dans ce démêlé, pourtant ils pouvaient se trouver lésés par une guerre. Le Père Annat, à l'instigation du roi, se porta médiateur officieux par
l'entremise du Général de la Société de Jésus. Le Souverain-
Pontife venait de faire un inutile appel aux princes catholiques,
qui tous déclinèrent l'honneur de défendre la cour de Rome contre les armes françaises. Le Pape était resté étranger à l'insulte
que son neveu, le cardinal Chigi, avait autorisée, ou tout au
moins laissée impunie. Annat s'empara de cette circonstance pour
plaider auprès d'Alexandre VII et de Louis XIV les droits de chacun et atténuer les torts mutuels. Le 18 janvier 1663, il écrivit
de Paris au Général des Jésuites :

« Je ne puis m'empêcher de communiquer ma douleur à Votre
Paternité, en voyant tromper l'espérance que j'avais conçue du
prochain rétablissement de la paix entre le Souverain-Pontife et
le Roi Très-Chrétien. Il semblerait qu'il n'y a rien de plus probable que la réconciliation de deux esprits l'un et l'autre amis
de la concorde ; mais je ne sais quelle fâcheuse coïncidence d'é-
vénements renverse toutes mes prévisions. Le Roi Très-Chrétien
prend à regret l'offensive. Sa répugnance même est un gage
de la constante vigueur avec laquelle il poussera l'attaque jusqu'à
ce qu'il ait obtenu réparation complète. Il a du Saint-Père lui-
même un aveu de l'atrocité de l'insulte faite à la France au
milieu de Rome, non par un ou deux individus, mais par une
troupe nombreuses de soldats corses. Le Roi se plaint que l'outrage ayant été public, on n'ait pu, depuis quatre ou cinq mois,
découvrir un seul auteur ou promoteur de ce délit, personne qui,
par sa négligence à prévenir, arrêter et châtier les coupables, se
soit constitué leur complice.

» Votre Paternité comprend mieux que je ne pourrais l'exprimer les désastreuses suites de ce différend. Le commencement
d'une guerre est bien au pouvoir des parties belligérantes, mais
la fin souvent ne dépend pas d'elles. Le danger imminent qui
menace en ce royaume la sainte hiérarchie de l'Eglise, et la rupture de toute subordination sont pour moi un feu intérieur qui
me brûle d'une manière incroyable. Je n'ai pas entendu parler

ouvertement de renouveler la Pragmatique-Sanction ; je sais seulement qu'un des premiers ministres s'occupe de la forme à suivre pour régler les affaires de l'Eglise de France lorsque la guerre interrompra toute communication avec le Saint-Siége. On dit que les Parlements seront associés à cette administration. Il y aura seulement une assemblée d'Evêques qu'on consultera ; les avis y seront très-partagés, et je crains fort que du conflit il ne sorte un désastre pour l'Eglise. Si, pendant les hostilités, on prend l'habitude de violer les droits du Saint-Siége, il sera très-difficile de renoncer à un système de gouvernement ecclésiastique dont Rome demandera l'abrogation, mais que la France ne voudra peut-être pas abandonner, parce qu'il aura commencé avec certaines apparences de justice. Enfin, cette affaire est de telle nature, que l'Eglise a peut-être plus à craindre de la victoire que de l'insuccès. Les Français vaincus et comptant parmi eux une multitude d'hérétiques, ne seront-ils pas tentés, dans l'exaspération de la défaite, de courir à l'hérésie, ou tout au moins au schisme ?

» Quant à moi, je puis promettre qu'avec le secours de Dieu je ne faillirai pas à mon devoir, mais contre le torrent que peut un roseau ? Ajoutez qu'on ressuscite à notre préjudice la vieille accusation de Papisme. Une lettre dernièrement écrite de Rome sous ce mauvais jour a notablement affaibli nos efforts. Les sectaires anciens et modernes, tous ennemis de la Compagnie, se liguent en cette occasion ; ce sera merveille si nous ne recevons pas de terribles atteintes dans la tempête.

» Je puis dire que le Roi Très-Chrétien pense très-honorablement du Souverain-Pontife ; il en parle de même et n'oublie pas de le reconnaître pour le chef de l'Eglise ; mais il est persuadé qu'il y a pour lui obligation de ne pas laisser avilir la majesté royale si cruellement outragée. Quand le Saint-Siége se proposait d'envoyer à Paris un légat, j'ai entendu dire au Roi qu'il l'accueillerait avec plus d'honneurs que d'habitude. Il sera, je pense, agréable à Votre Paternité de lire ici le témoignage de gratitude que je dois au cardinal Antonio [1]. Il conduit très-bien

---

[1] Le cardinal Antonio Barberin, grand-aumônier de France et archevêque de Reims.

cette affaire, cherchant à concilier les droits débattus et à rendre
au Roi les services qu'il lui doit sans manquer en rien à ses devoirs envers le chef de l'Eglise. »

La cour de Rome conservait, dans ses rapports diplomatiques avec les Princes, un sentiment si haut de sa dignité qu'il
en coûtait à ses agents d'avouer des torts personnels. La lettre
du Père Annat ne permettait plus d'incertitude; il fallait souscrire à la réparation qu'exigeait Louis XIV, ou affronter les
chances d'une guerre dont le Jésuite énumérait habilement
toutes les calamités religieuses. Alexandre VII aima mieux sacrifier l'orgueil de ses ministres que l'intégrité de la tiare. Le
cardinal Chigi vint lui-même offrir au roi les excuses du Pape,
et une pyramide s'éleva au centre de la ville pontificale pour
éterniser le souvenir de la réparation que le fils aîné de l'Eglise
infligeait à sa mère. Annat, dans ses négociations, s'était montré aussi dévoué au Vatican qu'au trône de France. Louis XIV
lui sut gré d'avoir calmé ses colères, et Alexandre VII le re-
mercia par un bref de son heureuse intervention. Le 16 octobre 1664, le Jésuite répondait au Souverain-Pontife : « J'ai été
confondu à la lecture du bref apostolique dont Votre Sainteté a
daigné m'honorer, faveur que je n'avais point méritée et que je
n'avais aucun sujet d'attendre. Mais, lorsque Votre Sainteté a
semblé me recommander l'affaire, dont la conclusion a été
confiée à l'illustre Nonce, archevêque de Tarse, j'ai accueilli
cette insinuation comme un ordre, l'ordre comme un bienfait.
Il ne sera pas difficile de faire goûter les pieux projets et les justes demandes de Votre Sainteté au Roi Très-Chrétien. Tout ce
qui intéresse le culte divin et l'accroissement de la Foi est pour
lui de haute importance, et chaque jour il en donne d'innombrables témoignages. Je ne doute pas qu'il n'offre encore des
preuves plus éclatantes de son zèle, maintenant que la concorde
va être rétablie entre le Siège Apostolique et sa Majesté Royale,
comme il convient qu'elle subsiste entre le meilleur des pères
et le meilleur des fils. »

Les Jésuites étaient, pour Louis XIV dans l'ivresse de sa
puissance et de ses passions, un frein modérateur; ils cherchèrent à ne tourner que vers le bien les éminentes qualités qu'il

déployait. Entouré de flatteurs et de poètes, qu'un mot de sa
bouche, qu'un signe de sa main, qu'un regard comblait de
bonheur ou plongeait dans le désespoir ; amant de la gloire et,
comme le roi son aïeul, ne sachant jamais résister aux séductions de l'amour, ce prince pouvait s'effaroucher des sages conseils d'un vieillard dont l'austérité était pour lui un reproche
vivant. L'histoire et la poésie ont consacré le souvenir de mademoiselle de La Vallière; mais le Père Annat se garda bien de
s'associer à l'entraînement universel. On déifiait Louis XIV;
ses vices même étaient adoptés comme des vertus. Les Jésuites
déclarèrent la guerre à son cœur, et, selon la tradition de l'é-
poque, « le Père Annat chagrinait tous les jours ce prince là-
dessus, et ne lui donnait point de repos [1]. »

Dans cette succession si rapide de fêtes et de combats, de
plaisirs et de victoires qui signale les trente premières années
du règne de Louis, la Compagnie de Jésus ne se contenta pas
de jouir à l'ombre du trône d'un appui qui ne lui fit jamais défaut. Elle n'était pas née seulement pour vivre à la cour; elle
ne croyait point avoir rempli sa mission lorsqu'elle avait inspiré
de pieux sentiments à quelque grande-famille. Préoccupée des
soins nécessaires à l'éducation de la France, elle n'oublia pas
qu'elle se devait encore à la conversion des hérétiques et au
maintien du Catholicisme dans les provinces. Elle trouvait dans
ses rangs assez de Jésuites pour populariser ce triple apostolat.
Le royaume goûtait une paix intérieure qui permettait de régulariser le zèle. Louis XIV leur accordait toute latitude : ils
en profitèrent, et, comme le monarque, ils se mirent à marcher de succès en succès.

Après la bataille des Dunes, où Turenne battit, en 1658, le
prince de Condé et don Juan d'Autriche, la ville de Dunkerque
fut cédée aux Anglais; mais Mazarin, qui gouvernait encore,
spécifia, dans les clauses du traité, que le Père Jean Cañaye,
sous le titre de *rerum catholicarum moderator*, resterait dans
la cité, afin de protéger la Foi des habitants. La France songeait à revendiquer plus tard cette place maritime, et, ne voulant pas accorder aux Anglais tous les droits de propriété, Maza-

[1] Bayle, *Dictionnaire historique*, article *Annat*.

rin l'attachait au sol par le culte. Le Jésuite avait charge d'entretenir dans les cœurs le patriotisme et la religion; en face du drapeau britannique, il sut si bien préserver les citoyens des erreurs de l'Anglicanisme que, lorsque, en 1662, Louis XIV, après la paix des Pyrénées, racheta Dunkerque, il ne s'y rencontra que des Catholiques et des Français.

Par l'entremise de Robert Arnauld d'Andilly, diplomate de Port-Royal, le maréchal Fabert avait été entraîné sur le terrain du Jansénisme. A ce vieux soldat, dont l'honneur ne faisait pas plus de doute en Europe que la piété, d'Andilly avait prodigué tout le parfum des flatteries. Une correspondance aussi curieuse qu'instructive et qui est déposée à la Bibliothèque de l'Arsenal à Paris [1], démontre à chaque page avec quels raffinements d'adresse les Jansénistes pratiquaient l'art de l'embauchage religieux. Fabert s'était laissé peu à peu gagner à ce langage sous lequel le miel de la caresse s'efforçait de déguiser le venin de la passion et de la haine. Un jour vint où cependant la haute intelligence du maréchal comprit que les dangereux épanchements de Robert Arnauld lui préparaient un piége; Fabert voulut y échapper par un coup de maître. Il était gouverneur de Sedan, ville où le protestantisme avait jeté de profondes racines; il appelle des Jésuites auprès de lui.

Le Père Jean Adam, missionnaire de la Compagnie, était estimé des hérétiques de Sedan; ils aimaient son caractère, ses talents et sa tolérance. Le 21 avril et le 19 mai 1660, Fabert lui écrit : « En revenant ici, vous pourrez travailler avec succès. Votre manière d'agir y a donné une forte opinion de votre ardent désir pour le salut de ceux que vous croyez en danger. Les Huguenots sont convaincus que vous n'avez d'autres intentions que de leur faire du bien; et la connaissance qu'ils ont de votre capacité et de votre modération est un préjugé favorable que vous ne travaillerez pas en vain à leur conversion. Les ministres de Sedan parlent de vous avec une grande estime et amitié. Vous avez la clef de leur cœur. »

---

[1] Cette correspondance inédite a servi à M. P. Varin, conservateur de la Bibliothèque de l'Arsenal, pour la publication de son savant et véridique ouvrage intitulé : *La vérité sur les Arnauld.*

Dans ce temps-là les *Provincial s* de Pascal et les écrits d'Arnauld n'avaient pas assez d'énergique amertume pour flétrir l'intolérance des Jésuites à l'égard des Protestants que, trois années auparavant, d'Andilly, par sa correspondance avec Fabert, vouait à l'exil ou au massacre. Pour les protéger contre cette réaction, c'est à un Père de la Société que les Protestants s'adressent. Ils demandaient la liberté de conscience. Le Jésuite se rend à la cour comme interprète de leur vœu ; et, le 18 juillet 1660, le maréchal lui écrit la lettre suivante : « Je vous dois en cette rencontre la meilleure partie de l'obligation que j'ai au roi et à la reine. J'ai fait voir aux religionnaires et aux principaux de Sedan la reconnoissance qu'ils vous doivent pour avoir si utilement porté leurs intérêts auprès de Sa Majesté. Ils ressentent ce bienfait comme ils doivent le ressentir ; et je leur en ai témoigné ma satisfaction quand j'ai sçu qu'ils en étoient aussi reconnoissants que moi. Ils m'ont dit des choses là-dessus qui m'ont touché, et qui me font de plus en plus connoître que si vous ne faites pas avec eux ce que vous souhaitez pour leur réunion à l'Eglise, c'est que Dieu voudra punir mes péchés en n'accordant pas à votre zèle le succès qu'il se propose. »

Une semblable lettre, écrite dans l'intimité et livrée enfin à l'histoire, n'éclaircit-elle pas un peu mieux la question que toutes les plaisanteries de Pascal? Fabert a été poussé à l'intolérance par ses sympathies jansénistes. La Providence met un Jésuite sur son chemin ; Fabert, à l'instant même, sans trahir aucun de ses devoirs, se porte le défenseur de la liberté de conscience et, avec le Père Adam, il réclame en faveur du principe consacré par l'Edit de Nantes.

Un Arnauld était conseiller au parlement de Metz. Ce parlement s'oppose à ce que le présidial de Sedan soit composé par moitié de Catholiques et de Calvinistes. La lutte s'engage, vive et opiniâtre. Le 10 mai 1662, Fabert adresse un mémoire au roi pour soutenir la cause des Huguenots : « Je ne demande pas, dit-il dans cette dépêche, qu'on m'en croie sur ma parole. On peut s'informer au Père Adam, Jésuite, si la Religion catholique recevra quelque préjudice de l'honneur qu'on leur fera en leur donnant des charges du présidial. Je consens même qu'on s'en rapporte au Père Annat, confesseur du roi, après qu'il aura, sur ce point, entendu le Père Bacio, et sur ce qu'il rapportera au roi de bien ou de mal, Sa Majesté pourra me retirer ou me laisser le pouvoir de nommer aux charges du présidial. »

L'esprit de tolérance jésuitique l'emporta encore une fois sur l'esprit d'exclusion janséniste et parlementaire. La douceur du Père Adam portait ses fruits, et le 13 mai 1661, il le constatait lui-même dans une lettre au maréchal. « J'ai assuré Leurs Majestés, écrit le Jésuite, que les religionnaires de Sedan sont très-disposés à rentrer dans l'Eglise ; que les ministres en usent parfaitement bien dans leurs prêches et dans leurs conversations, et qu'ils sont presque d'accord avec nous. »

La parole de Dieu, annoncée sous de pareils auspices, devait obtenir d'heureux résultats. Ils furent immenses. Quatre Missions, en moins de cinq années, attestèrent aux Calvinistes de Sedan que les Jésuites étaient des hommes de discussion, ne voulant assurer le triomphe de leur foi que par la liberté. Les Jansénistes n'en étaient pas là ; et en dehors de leur correspondance, Bayle, qui souvent a servi leur rancune, ne se gêne pas pour dénaturer des faits expliqués aujourd'hui. « Ceux de la religion, dit-il dans son *Dictionnaire* [1], se trouvaient fort à leur aise sous le gouvernement du maréchal Fabert. Les choses changèrent après sa mort. Ils furent inquiétés en mille manières par le Père Adam et obligés de payer des sommes qui lui donnèrent moyen d'établir le Collége qu'il méditait. »

Fabert était mort ; on lui faisait honneur d'une tolérance que les Jésuites, vivant toujours, lui avaient inspirée et dont il avait suivi les conseils, malgré les Jansénistes.

Dans le même temps, le Collége des Jésuites de La Flèche était témoin d'une nouvelle victoire sur l'Anglicanisme. La comtesse de Sussex, son fils et toute sa famille abjuraient l'hérésie. Le comte de la Suze et la marquise de Beauvau imitaient cet exemple à la Maison-Professe de Paris ; madame de Montpinson à Alençon, Louis de Croy à Uzès, de Bagais à Nîmes, et la famille

[1] Bayle, *verbo*, Jean Adam.

de La Claye à Meaux rentraient, sous la direction des Pères, dans le sein de l'Eglise. L'Eglise comptait par eux de nouveaux fidèles ; la Société de Jésus trouva dans les bénédictions du peuple la récompense qu'elle attendait de ses travaux. Le comte de Dunois, fils de Henri d'Orléans, duc de Longueville, vint, escorté par le Grand Condé, son oncle, frapper à la porte du Noviciat ; il s'offrit à l'Institut après avoir cédé ses droits d'aînesse à son frère Saint-Paul de Longueville, qui périra au passage du Rhin. La Compagnie partageait son ardeur entre toutes les œuvres ; on voyait des enfants de Loyola suivre les armées et mourir, comme le Père de La Borde, au sein de la victoire qu'ils avaient préparée par leurs exhortations ; d'autres, au fond des provinces et loin du tumulte des camps, fondaient, vers 1664, des maisons de retraite sur le plan que saint Ignace de Loyola et saint Vincent de Paul, après lui, avaient conçu. Ce fut en Bretagne, dans ce pays dont les Pères Maunoir, Martin, Rigoleu, Thomas et Huby renouvelèrent l'esprit, que les premières maisons de retraite furent créées. Maunoir avait réalisé des miracles dans cette province ; le Clergé, le peuple, la noblesse, tout devenait fervent sous le feu de sa parole ; il portait la conviction dans les âmes, la réforme dans les mœurs. Pour perpétuer ces fruits de salut, l'abbé de Kerlivio, grand-vicaire de Vannes, mademoiselle de Francheville et le Père Vincent Huby s'associèrent dans le but de doter leur patrie de quelques maisons de retraite. Les ecclésiastiques, les laïcs, les femmes elles-mêmes devaient séparément s'y retremper dans la piété. Le Père Huby régla les exercices et composa les méditations. Sa charité était industrieuse ; il connaissait l'art de toucher les endurcis, de fortifier les faibles, de réchauffer les tièdes et d'entretenir la ferveur. Le Père Huby avait pris une sainte initiative ; d'autres maisons s'élevèrent en Bretagne, et ces Congrégations y répandirent la semence religieuse.

Ce qui avait réussi sur les bords de l'Océan fut tenté dans d'autres contrées [1] ; les Jésuites obtinrent partout les mêmes ré-

---

[1] L'impulsion donnée par le Père Huby se fit sentir dans plusieurs provinces de France. La Bretagne avait ses maisons de retraite ; Paris, Amiens, Orléans, Caen et plusieurs autres villes voulurent avoir les leurs. Les Etats-Romains, le Piémont et la Sicile adoptèrent cette œuvre éminemment religieuse ; mais aucune contrée ne

sultats. Le Père Louis Le Valois, né à Autun en 1639, et dont
la Normandie avait admiré le zèle apostolique, accourut à Paris
pour continuer l'œuvre; il choisit le Noviciat de la Compagnie.
Le roi, au milieu même de ses triomphes et de ses plaisirs,
attacha son nom à une idée qui contribuait à la tranquillité des
familles et au bon ordre de la Société. Le maréchal de Belle-
fonds, l'ami de Bossuet, prit une part active à ces retraites; il
y assista, confondu avec les fidèles de tout rang, car le Père
Le Valois en avait établi pour toutes les classes. Le Valois, et
après lui Sanadon, cherchèrent à propager la morale et l'instruction chez les ouvriers; un autre Jésuite, le Père Honoré
Chaurand, dont la vie n'a été qu'un dévouement continu,
réalise à lui tout seul une institution presque impossible à un
gouvernement.

Il a vu de près, il a étudié la lèpre de la mendicité; afin de
commencer à la guérir, il fonde des maisons de travail où il
réunit les pauvres. Il n'a que sa charité, que son éloquence
pour auxiliaires; il triomphe des penchants mauvais, de l'oisiveté et de la débauche. A partir de 1650 à 1697, il visite la
France dans tous les sens; il crée cent vingt-six hôpitaux, et
leur applique les plus sages réglements. Chaurand avait le don
de persuasion, il entraînait les indigents sur ses pas, il leur
révélait le prix du travail, il leur apprenait que cette existence
vagabonde était un fardeau pour eux et pour le pays. Les mendiants consolés et encouragés ne désespéraient ni du ciel ni des
hommes. Chaurand les avait pris sous sa sauvegarde; les gou-
verneurs des provinces, les Evêques, les riches de la terre l'appelèrent pour former dans leurs villes ou dans leurs propriétés
de semblables établissements. La réputation que le Jésuite s'é-
tait faite, son aptitude à maîtriser, par une bonté toujours
ingénieuse, les malheureux que l'oisiveté ou la faim poussait
au vice ou au crime, franchirent les Alpes. Sur le récit des
merveilles opérées par un homme sans fortune, mais qui sait

realisa plus avec la Bretagne que l'Amérique méridionale. Il n'y eut peut-être pas
une ile de ce vaste continent qui n'élevât dans son sein une maison de retraite.
Mexico, La Puebla de los Angeles, Carthagène, Santa-Fé de Bogota, Lima, Quito,
lago du Chili, Buénos-Ayres s'empressèrent d'en établir. Elles subsistent encore
presque toutes. Comme en Bretagne, elles sont restées debout au milieu des ruines
amoncelées autour d'elles.

féconder la bienfaisance, le Pape Innocent XII conçoit le projet
d'implanter dans sa capitale l'œuvre que le Père a organisée en
France. Il change son palais de Latran en hôpital; le Souverain-
Pontife ne songe pas seulement à imiter Chaurand, il désire que
le Jésuite applique lui-même les règles qu'il a prescrites; il
veut apprendre de sa bouche les ressources que son zèle fit germer. Chaurand arrive à Rome; le Pape l'entretient à diverses
reprises, il le comble de témoignages d'affection, il l'admire
dans sa charité, et quand, le 19 novembre 1697, le Jésuite
mourut au noviciat d'Avignon, sa pensée créatrice ne s'éteignit
point avec lui. D'autres Pères de l'Institut marchèrent sur ses
traces; ils surent encore stimuler la générosité du riche et féconder le travail du pauvre.

A quelques années d'intervalle, un autre Jésuite provençal
étend au Piémont et à la Savoie l'œuvre de Chaurand. En 1717,
le Père André Guevarre fonde l'hôpital général de Turin, et un
bureau de charité dans les capitales des dix-huit provinces héréditaires du duc de Savoie : ces bureaux de charité, déjà ainsi
nommés par les contemporains, se multiplient dans les villes et
dans les campagnes, à Alexandrie, à Verceil, à Chieri, et au sein
de la plupart des cités. Guevarre établit une maison où les
pauvres sont reçus et nourris, où on les instruit en leur inspirant le goût du travail. Le Père compose des ouvrages où il développe ses plans de bienfaisance; ces ouvrages sont imprimés
aux frais du trésor royal; le prince encourage l'humble Religieux. Lorsque Guevarre eut mis la dernière main à toutes ces
fondations, il expira, le 22 juillet 1724, à l'âge de soixante-dix-
huit ans.

Rien ne restait étranger aux Jésuites. Ils étaient partout, partout n'y avait-il pas de grandes choses à entreprendre? Leur
Ordre était devenu une pépinière de savants et de Missionnaires,
de confesseurs des rois et d'instituteurs des peuples. Chaque
ville de Lorraine et de Champagne leur offrait de nouvelles maisons. En 1665 une seconde chaire de philosophie est créée au
collége de Reims; les habitants de la vieille cité de saint Remy
votent une illumination générale pour honorer la Compagnie de
Jésus. Charles de Linoncourt, marquis de Blainville, renonce à

son immense fortune pour entrer dans l'Institut; mais à quelques
années d'intervalle, la mort jette le deuil dans la Société. Le
5 juin 1667 le Jésuite cardinal Pallavicini, l'un des meilleurs
historiens de la Catholicité, succombe dans un âge encore peu
avancé. Le 27 juin 1673 le Père Thomas de Villers expire après
cinquante-trois ans de travaux apostoliques ; le 9 janvier 1667
le Père Edmond de Joyeuse meurt à Metz sur la brèche de l'enseignement et de la prédication. La ville de Dijon pleure le Père
Jean-Baptiste de Châteaubornay.

Ce fut à cette époque, où le génie de la charité grandissait
comme le génie de l'histoire, de la poésie et des arts, que les Jésuites virent sortir de leurs rangs un orateur digne rival de Bossuet, de Fléchier et de Massillon. Louis Bourdaloue, né à Bourges en 1642, répandit sur la chaire un éclat que le temps n'a
jamais pu affaiblir. Louis XIV avait des généraux tels que Fabert, Condé, Turenne et Schomberg ; Vauban fortifiait les frontières de France, Tourville et Forbin en commandaient les es-
cadres ; ses ministres, ses ambassadeurs étaient Louvois, Colbert,
d'Avaux, d'Estrades et Torcy. Il comptait parmi ses magistrats
d'Ormesson, Achille de Harlay, Lamoignon, Talon, Joly de
Fleury et d'Aguesseau. Le duc de Montausier et Bossuet élevaient son fils, Mansart et Perrault construisaient ses palais,
Lebrun racontait sur la toile les victoires que la poésie immor-
talisait. Le roi créait l'Académie de peinture et de sculpture,
l'Observatoire de Paris et le Jardin de botanique. Il comman-
dait à Tournefort d'entreprendre ses doctes voyages. A sa voix
Cassini et Bernouilli abandonnaient leur patrie pour enrichir
de leurs talents le royaume de France. Corneille, Racine et
Boileau composaient leurs chefs-d'œuvre; Molière peignait
les vices de son temps, Bourdaloue parut pour les combattre
avec la raison chrétienne. Ce Jésuite au front sévère et à
l'âme pleine de bienveillance, se sent, dès sa première parole,
à la hauteur de tant de gloires. Mais ce n'est point le bruit
qu'il recherche; il n'a pas placé son ambition dans les applaudissements du monde. Bourdaloue, appelé à distribuer les
enseignements de l'Evangile, avait de beaux modèles sous les
yeux : Mascaron, Fléchier et Bossuet en première ligne. Il les

égala, il les surpassa tous en faisant entrer l'éloquence sacrée
dans une nouvelle voie. Au milieu d'un siècle où les choses de
l'esprit étaient accueillies avec un enthousiame si fertile en
nobles délicatesses, le Père Bourdaloue fut plus qu'un orateur :
il devint apôtre beaucoup plus par la sainteté de sa vie que par
l'éminence de son talent. L'exercice habituel du ministère, la
direction des âmes, la visite des malades, l'amour des pauvres,
lui donnèrent cette connaissance du cœur humain qui a été
tant célébrée, et qui de chacun de ses discours semble faire un
traité de morale pratique. La foule se pressait pour recueillir
ses leçons, et, au témoignage de madame de Sévigné, l'église
était envahie deux jours avant l'heure où le Jésuite rompait le
pain de la parole. « J'ai entendu la Passion de Mascaron, écrit-
elle le Vendredi Saint 27 mars 1671[1]. J'avais grande envie de
me jeter dans le Bourdaloue; mais l'impossibilité m'en a ôté le
goût. Les laquais y étaient dès le mercredi, et la presse était
à mourir. »

Prédicateur de la cour, le Jésuite avait d'austères devoirs à
remplir. L'admiration dont Louis XIV se sentait l'objet, le succès qui couronnait partout ses généraux ou ses négociateurs,
les grands événements et les grands hommes qui surgissaient
autour de lui, tout avait contribué à persuader au roi qu'il était
au-dessus de l'humanité. Il s'y plaçait par les splendeurs de son
règne. Il espéra légitimer ses passions devant Dieu, comme il
les faisait accepter par ses adulateurs et par la France entière.
La marquise de Montespan avait succédé à mademoiselle de La
Vallière, devenue Carmélite et expiant son bonheur d'un jour
par d'éternels remords. Tout se taisait devant ce double adultère. La cour était aux pieds de la favorite; le Père Bourdaloue
crut qu'il importait à la dignité de son ministère de faire entendre au roi un courageux avertissement. Mascaron, Evêque de
Tulle, et le Jésuite prêchaient le carême de 1675 en présence
de Louis XIV. Le Jésuite, expliquant un jour la parabole de
Nathan, osa la lui appliquer directement, et plus d'une fois

[1] Le 27 février 1679, madame de Sévigné écrit encore : « Bourdaloue tonne à
Saint-Jacques-la-Boucherie. La presse et les carrosses y font une telle confusion,
que tout le commerce de ce quartier-là est interrompu. »

dans son discours le terrible *Tu es ille vir* retentit aux oreilles du souverain [1]. Au sortir de la chapelle royale, Louis demande ce que Bourdaloue a voulu dire. Les courtisans restaient muets, quand tout-à-coup le duc de Montausier, dont la rigide franchise ne connaît pas de ménagements, s'écrie : « Sire, il a dit à Votre Majesté : Tu es cet homme-là. » A cette apostrophe, le roi ne peut maîtriser un mouvement d'indignation ; mais, après avoir réfléchi quelques instants : « Messieurs, reprit-il, le Père Bourdaloue a fait son devoir, faisons le nôtre. » A partir de ce jour, Louis XIV sembla entrer dans une vie moins féconde en scandales de famille.

Au commencement de 1670 le Père Annat, qui pendant seize ans fut chargé de la direction spirituelle du roi, pensa que la vieillesse ne lui permettait plus d'offrir au prince des conseils qui n'étaient pas toujours écoutés : il abandonna la cour et résolut de mourir en simple religieux. Un autre Jésuite du Rouergue, le Père Jean Ferrier, lui succéda. « Petit homme quant à la taille, dit Amelot de la Houssaye [2], mais grand homme quant à l'esprit, » Ferrier arrivait dans des circonstances difficiles. Ce n'était ni la mansuétude pleine de rudesse du Père Annat, ni l'élégante douceur du Père Lachaise. Ferrier avait des qualités plus tranchées. Il savait qu'au milieu des égarements de son cœur, le roi conservait un profond respect pour la Religion : il osa lui en imposer un témoignage solennel. « Plus d'une fois, raconte Choisy dans ses *Mémoires* [3], au scandale du petit peuple, mais à l'édification des gens sages et éclairés, le roi a mieux aimé s'éloigner des saints mystères, quoique la politique en murmurât, que de s'en approcher indignement. »

Dans l'attente d'un retour prévu, le Jésuite, que ses fonctions de confesseur de Louis XIV appelaient au maniement des affaires religieuses, s'occupa de la prospérité de l'Eglise et des intérêts du Clergé. Il aimait l'Institut de saint Ignace avec tout le dévouement d'un Jésuite ; mais, s'il faut en croire Amelot de la Houssaye, qui a beaucoup connu ce Père, ce n'était ni

---

[1] Quelques écrivains ont attribué à Mascaron ces paroles si courageuses.
[2] *Mémoires* d'Amelot de La Houssaye, t. III, p. 290.
[3] *Mémoires* de l'abbé de Choisy (édition Petitot), t. LXXII, p. 174.

par des injustices ni par des faveurs qu'il prétendait le servir. « Souvent, raconte cet annaliste [1], je lui ai entendu dire à des Jésuites, qui voulaient le faire entrer dans leurs querelles particulières pour être appuyés de son crédit, que le roi ne l'avait pas fait son confesseur pour être l'avocat des méchantes causes. » Une pareille indépendance de caractère, soutenue par une fermeté qui ne se démentit jamais, provoqua plus d'une plainte. Louis XIV s'était déchargé du soin des nominations ecclésiastiques sur un conseil de conscience dont le Père Annat faisait partie. Ferrier y fut appelé au même titre; mais bientôt il ne se contenta pas de son suffrage isolé. Il écarta François de Harlay, le nouvel archevêque de Paris. Il s'arrogea insensiblement, disent les adversaires de la Compagnie de Jésus, une autorité prépondérante, et il fut le canal de toutes les grâces, le promoteur de tous les choix.

C'était une espèce de ministère que Louis XIV avait créé. Il crut plus convenable de le confier à un prêtre qui ne pouvait rien désirer qu'à plusieurs prélats dont les familles ou les amis ne cesseraient jamais de solliciter tantôt pour eux, tantôt pour les autres. Ce droit attribué à un Jésuite de disposer des bénéfices et des évêchés devait susciter de nombreux mécontentements. Ferrier ne s'en préoccupa point, et jusqu'à son dernier jour il fit des choix que Louis XIV ratifia [2]. Le 29 octobre 1674 le Père Ferrier mourut à la Maison-Professe de Paris.

Le titre de confesseur du roi devenait un poste éminent. Il importait aux ambitieux d'avoir un homme selon leur cœur. Louis XIV demandait un prêtre juste et prudent à la Compagnie de Jésus; elle délibérait encore lorsque le maréchal de Villeroy fit accepter au monarque le Père Lachaise, dont il ne cessait de vanter la droiture, la douceur et la capacité. Annat

[1] *Mémoires* d'Amelot, t. III. p. 290.

[2] Durant sa dernière maladie, raconte Choisy dans ses *Mémoires*, et Oroux, dans l'*Histoire ecclésiastique de la cour de France*, le Père Ferrier manda à l'évêque de Marseille (Forbin de Janson), alors ambassadeur en Pologne, qu'il lui donnait l'archevêché de Sens. Mais six jours après il lui fit écrire qu'il ne pouvait pas lui tenir parole, et que, se sentant prêt à paraître devant Dieu, il se croyait obligé, en conscience, de mettre sur ce siége un Évêque qui fût en état de résider. La veille de sa mort, il envoya au roi la feuille des bénéfices vacants, remplie des noms de ceux qu'il estimait les plus dignes. Sa Majesté, dit-on, y fit peu de changements.

et Ferrier avaient été amenés à se mêler des affaires de l'Eglise :
par une pente insensible le dernier s'en était rendu maître à
peu près exclusif. Le confesseur, par sa position, se transformait en personnage politique, en homme qui dispense les grâces
et qui tient la clef des faveurs. Le crédit que ces fonctions faisaient rejaillir sur un Jésuite s'appliquait à tout l'Ordre, que
chacun regardait comme solidaire des vertus ou des erreurs de ses
membres. Son pouvoir était au moins toléré ; à notre sens, ce fut
une faute. La Société de saint Ignace dévia du principe posé par
Aquaviva et surtout par son fondateur ; mais elle en dévia plutôt
par quelques-uns de ses membres que par ses chefs. Louis XIV
lui forçait la main ; on la contraignait à accepter un fardeau,
dont les Pères Auger, Coton, Lamormaini et Caussin auraient
décliné la responsabilité. On la vit se charger par l'un des siens
de la distribution des bénéfices. C'était, bon gré, mal gré, se
glisser par une porte entr'ouverte dans l'administration du temporel, dans le gouvernement des choses de ce monde ; et les
Jésuites devaient rester en dehors de tous ces calculs. Les nécessités du moment, la volonté de Louis XIV, la confiance du
Saint-Siége, le besoin de donner des garanties à l'épiscopat
purent bien violenter une détermination qui brisait tout un passé
de sacrifices, mais il n'en reste pas moins acquis à l'histoire
que le Père Ferrier et le Père Lachaise après lui furent chargés de fonctions que la règle de leur Institut déclarait incompatibles avec les quatre vœux. Il eût mieux valu pour les Jésuites ne jamais sortir du demi-jour dans lequel ils s'étaient
placés jusqu'alors, que de venir proclamer leur autorité à la face
du monde. Cette autorité ne faisait plus doute ; elle se révélait
par les services, par les travaux, par les martyres. Il ne fallait
pas, pour évoquer de nouvelles agressions, la consacrer par un
éclat officiel qui n'ajoutait rien à sa force réelle. On changeait
ainsi ses conditions d'existence ; on l'investissait d'une puissance
à laquelle personne n'avait jamais songé ; mais cette puissance
renfermait une occasion prochaine de chute. Il importe donc
d'étudier quel usage les confesseurs de Louis XIV firent du pouvoir que les événements leur accordèrent.

François de Lachaise, né dans le Forez le 25 août 1624, était

petit-neveu du Père Coton, que l'amitié de Henri IV a rendu
célèbre, et neveu du Père d'Aix, renommé par sa science ainsi
que par l'austérité de ses mœurs. Après avoir parcouru les carrières qui conduisent à la profession des quatre vœux, François
de Lachaise fut élu Provincial de Lyon, puis nommé confesseur
du souverain. Le maréchal de Villeroy et Camille de Villeroy,
son frère, archevêque de Lyon, avaient eu la main heureuse
pour la première fois. « Le Père Lachaise, dit Saint-Simon [1], et
dans sa bouche l'éloge d'un Jésuite ne sera point suspect, le Père
Lachaise était un esprit médiocre, mais d'un bon caractère. Juste,
droit, sensé, sage, doux et modéré, fort ennemi de la délation,
de la violence, des éclats, il avait de l'honneur, de la probité,
de l'humanité. On le trouvait toujours poli, modeste et très-res-
pectueux. On lui rend ce témoignage qu'il était obligeant, juste,
non vindicatif ni entreprenant, fort Jésuite, mais sans rage et
servitude, les connaissant mieux qu'il ne le montrait, mais
parmi eux comme l'un d'entre eux. Le roi rapportait de lui une
réplique qui fait plus d'honneur à l'un qu'à l'autre : « Je lui re-
prochais un jour, dit-il, qu'il était trop bon. Il me répondit,
— Ce n'est pas moi qui suis trop bon, mais c'est vous qui êtes
trop dur. » Il fut longtemps distributeur des bénéfices, et il faisait d'assez bons choix. « Le Père Lachaise, ajoute Saint-Simon [2],
avait une figure noble et intéresante. Juste dans la décision des
affaires, actif, pressant, persuasif, toujours occupé sans le paraître jamais, désintéressé en tout genre, quoique fort attaché à sa
famille, facile à revenir quand il avait été trompé et ardent à réparer le mal que son erreur lui avait fait faire, d'ailleurs judicieux
et précautionné, il ne fit jamais de mal qu'à son corps défendant.
Les ennemis même des Jésuites furent forcés de lui rendre justice
et d'avouer que c'était un homme de bien, honnêtement né et
très-digne de remplir sa place. »

Tel est le portrait que la plume satirique de Saint-Simon a
tracé du Jésuite. La louange y est circonscrite par ce sentiment
d'égoïsme qui, chez l'écrivain grand seigneur, ne lui permettait d'aimer et d'admirer que ce qui tenait à ses proches ou à

[1] *Mémoires* du duc de Saint-Simon, t. IX, p. 18 et 21.
[2] Ibid.

son rang, mais le blâme y trouve des correctifs décelant une impartialité relative. Le Père Lachaise, par la longue influence qu'il exerça sur Louis XIV, est devenu un personnage au milieu même des célébrités de tout genre qui entouraient le trône. Il a pris part aux événements de ce règne, il en a conseillé, dirigé quelques-uns ; on l'accusa d'en avoir inspiré plusieurs. Son nom est si intimement lié à l'histoire du dix-septième siècle en France que des auteurs mal renseignés ou peu exacts ont voulu le mêler aux intrigues de la cour lors même qu'il résidait à Lyon[1]. Ce ne fut qu'au commencement de l'année 1675 que Lachaise entra en fonctions. C'était un de ces hommes que des études, que des goûts paisibles avaient rendu modéré, et dont le caractère ainsi que le tempérament ne se seraient pas accommodés de la vivacité des luttes religieuses ou politiques. Sans ambition personnelle, sans faste, il se résignait au pouvoir par obéissance. Il avait puisé à l'école des Jésuites une piété sincère qui n'excluait ni l'enjouement, ni cette espèce de sybaritisme intellectuel qu'un bonheur trop uniforme communique si vite. Il aimait les arts et les gens de lettres : l'entretien des savants était un de ses plus doux plaisirs ; et, par la beauté de sa physionomie comme par l'élégance de ses manières, il semblait fait pour tenir une place distinguée même auprès de Louis XIV.

Les premières années qui suivirent la nomination du Père

[1] On lit dans le *Dictionnaire historique et critique* du protestant Bayle (article *Annat*, note B) la rectification de plus d'une erreur concernant le Père Lachaise. Bayle dit : « Une satire, imprimée à Cologne en 1693, sous ce titre : *Histoire du Père de Lachaise, Jésuite et confesseur du roi Louis XIV*, assure que ce Père ayant servi beaucoup à porter le Pape à ce que le roi souhaitait de Sa Sainteté, après l'insulte de la garde corse, le cardinal Mazarin, en reconnaissance de ce service, lui fit mille caresses, le recommanda au roi, et le fit admettre de son vivant dans le conseil de conscience, ce qui était proprement le rendre coadjuteur du confesseur ; et l'on date ces faits des années 1663 et 1665. C'est bien savoir l'histoire moderne ! Où est l'homme qui ne sache que le cardinal Mazarin mourut en 1661 ? On ajoute que le Père de Lachaise supplanta (en 1667) le Père Annat, en excusant les amours du roi pour La Vallière sur l'infirmité de la nature, au lieu que le Père Annat chagrinait tous les jours ce prince là-dessus, et ne lui donnait point de repos. J'avoue que je ne comprends rien à une telle hardiesse, car il est de notoriété publique que le Père Annat ne prit congé de la cour qu'en 1670 ; qu'un Jésuite du Rouergue, nommé le Père Ferrier, prit sa place, et que le Père Lachaise n'y entra qu'après la mort du Père Ferrier. A quoi songent des gens qui publient des faussetés si grossières ? et comment ne voient-ils pas qu'ils ruinent leur principal but ? *Est ars etiam maledicendi*, disait Scaliger. Ceux qui l'ignorent diffament moins leur ennemi qu'ils ne témoignent l'envie qu'ils ont de le diffamer. »

Lachaise ne furent signalées pour l'Institut par aucun fait remarquable. Le confesseur n'avait pas encore pris sur son royal pénitent l'ascendant dont une bonté presque paternelle fit jouir Annat, et que Ferrier conserva par une rigueur procédant beaucoup plus du cloître que de la cour. Le plaisir avait provoqué le remords dans l'âme du roi ; mais ce remords n'éclatait que par intervalles, et Lachaise n'osait pas le sanctionner aux yeux de l'Eglise. Néanmoins, plein de prudence jusque dans ses scrupules, il l'abritait sous des raisons de santé dont l'insuffisance n'échappait à personne. « Les fêtes de Pâques, raconte Saint-Simon, lui causaient des maladies de politique pendant l'attachement du Roi à madame de Montespan. Une fois entre autres il lui envoya le Père de Champs en sa place, qui bravement lui refusa l'absolution. »

Cependant le Père Lachaise s'était peu à peu emparé de la confiance du monarque. Versé dans la science des médailles [1], il étudiait l'histoire avec lui sur ces monuments du passé ; et, au milieu de ces entretiens, il savait avec un art infini détacher le prince de la marquise de Montespan. Aux fêtes de Pâques 1680, le roi reprit l'usage des Sacrements. A partir de ce jour, le crédit du Père Lachaise s'accrut avec autant de rapidité que celui de madame de Maintenon ; c'est aussi de cette époque que datent les questions religieuses transportées dans la politique. Louis XIV avait reçu de la nature un don d'autorité que l'Espagne, l'Autriche et l'Angleterre, rivales de la France, s'étaient vues forcées de reconnaître. Tant de succès avaient si bien légitimé son orgueil que la nation se montra fière de l'accepter à son tour. Louis XIV avait une telle foi en son pouvoir qu'il se persuada que sa volonté devait partout faire règle. Il ne discutait pas avec lui-même le principe de sa puissance ; tous s'y soumirent sans réflexion.

[1] La science numismatique doit au Père de Lachaise, selon la parole du savant de Boze, une grande partie des progrès qu'elle a faits dans le dix-septième siècle. Vaillant lui a dédié son *Histoire des rois de Syrie par médailles*, et il déclare dans cet ouvrage qu'il en doit au Jésuite l'idée et la perfection. Le protestant Spon lui a aussi dédié la relation de ses voyages, et ce n'est pas au Père de la Compagnie de Jésus, mais à l'érudit, qu'il paie ce tribut d'hommages. (Voir l'éloge du Père Lachaise dans l'*Histoire de l'Académie des inscriptions et belles-lettres*, dont il fut membre.)

Il se trouvait sur la chaire de saint Pierre un Pontife que des prétentions peut-être mal définies poussaient dans une voie tout opposée à Louis XIV. Innocent XI, de la famille Odescalchi, avait été élu Pape le 21 septembre 1676. Tête altière, intelligence active, quoique sans éducation première, et portant partout l'inflexibilité de sa vertu, le nouveau Pape était austère et pieux; mais il n'avait rien en lui qui pût justifier le mot de Machiavel : « L'univers appartient aux esprits froids; » mot profond de patience, et qui semble avoir été dérobé à la politique de la cour de Rome dans les affaires terrestres. Attaché du fond des entrailles aux droits du Saint-Siége, Innocent XI les soutenait avec une âpreté de formes et une rigueur de procédés qui devaient vivement blesser les susceptibilités d'un prince à qui la France vouait une espèce de culte. Le Pape était, au dire d'Antoine Arnauld, un pilier qui n'avance ni ne recule. Louis XIV connaissait le caractère de ce souverain, dont il avait essayé de faire échouer l'élection. Fils respectueux de l'Eglise, mais inabordable sur les prérogatives de sa couronne, on eût dit qu'il n'épiait que l'occasion de susciter une querelle. L'affaire de la Régale fut le prétexte qu'ils saisirent tous deux pour ouvrir au sein de la Catholicité des discussions de puissance que l'intérêt de l'Eglise et du Trône aurait dû condamner à l'oubli. Le droit de régale, invoqué par Louis XIV, n'était rien en lui-même; néanmoins il rendit au Parlement, devenu muet, le don de la parole; il amena la convocation de la célèbre Assemblée générale de 1682. A ce titre, il eut sur les affaires de l'Eglise et de la Compagnie de Jésus une influence que les événements ont consacrée.

Sous l'ancienne monarchie française, on appelait droit de régale le pouvoir attribué au roi très-chrétien de conférer les bénéfices ecclésiastiques durant la vacance du siége épiscopal, à qui en appartenait la collation ordinaire, et de disposer de leurs revenus dans l'intervalle. L'origine de ce droit remontait, comme celle de tant d'autres, à des concessions faites par la reconnaissance de la Chaire apostolique aux princes fondateurs de ces églises. Ce n'était qu'une exception : en 1673 Louis XIV l'étendit à tous les diocèses de France; il l'établit d'une manière uniforme, à la réserve des siéges qui en étaient exempts à titre onéreux. L'ordonnance s'adressait particulièrement aux évêchés voisins des Alpes et des Pyrénées. La volonté du roi était absolue : la plupart des Evêques obéirent; ceux de Pamiers et d'Aleth résistèrent. Le Prélat qui siégeait à Pamiers était Caulet, l'un des plus chauds partisans du Jansénisme. Il osa seul tenir tête à Louis XIV, et refusa l'entrée de son chapitre à deux prêtres pourvus en régale. Montpezat, archevêque de Toulouse, annulle son ordonnance en qualité de métropolitain. Caulet interjette appel à Rome, où il espère que sa fermeté excitera le zèle du Souverain-Pontife pour les droits menacés de l'Eglise. Son temporel est saisi; Caulet ne se laisse pas intimider. Il excommunie ceux que le roi investit de bénéfices par le principe de la régale. Le Chapitre de Pamiers, qui a toujours vécu en désaccord avec son Evêque, prend fait et cause en sa faveur; et, lorsque, en 1680, Caulet mourut, il laissa ses Chanoines encore plus ardents que lui pour défendre les immunités ecclésiastiques. Les Régalistes et les anti-Régalistes élurent, chacun de son côté, des Vicaires-généraux capitulaires. Des séditions éclatèrent dans cette ville; bientôt la question ne s'agita plus à Pamiers, mais à Rome et à Paris, entre le Souverain-Pontife et Louis XIV.

Dans le manifeste que, au moment de la destruction de l'Ordre de Jésus, Pombal adresse aux Evêques de Portugal sous le nom du roi dont il est le ministre, on lit : « Les Jésuites intriguèrent sourdement pour indisposer le Roi Très-Chrétien contre le Pape, semer la discorde entre le Sacerdoce et l'Empire et mettre la confusion et le trouble dans l'Eglise ainsi que dans l'Etat. Ils réussirent en effet : on vit s'élever ces affligeantes contestations sur la régale, qui chagrinèrent le Monarque, bouleversèrent le Clergé, affligèrent Rome, firent pleurer le Pontife et tressaillir de joie les Jésuites. Ces bons Pères furent atteints et convaincus de s'être tous ligués contre le Saint-Siége. »

Les Jésuites ici ne sont plus accusés d'Ultramontanisme; ils tendent à ébranler la Chaire apostolique, dont ils ont fait vœu d'être les plus fermes soutiens. Examinons quelle fut leur con-

duite au milieu de ces conflits. Innocent XI avait charge de
défendre les droits de chaque église et de les venger d'une injuste oppression : il était le conservateur-né des priviléges ecclésiastiques et de la juridiction établie. Un Evêque s'adressait
au Saint-Siége pour obtenir justice ; le Saint-Siége devait-il,
pour sauvegarder la royauté, sacrifier la dignité de l'épiscopat
tout entier ? Caulet était partisan des doctrines de Jansénius :
Innocent XI crut que l'erreur du prélat l'engageait double-
ment dans cette querelle disciplinaire. Il reçut son appel, et,
au lieu de se présenter comme médiateur entre les deux partis, il se constitua arbitre suprême du différend. Les prélats de
France, Le Tellier, archevêque de Reims, à leur tête, proclamaient le droit de régale inaliénable et imprescriptible ; ils prétendaient que sur ce point les rois très-chrétiens ne devaient
pas déférence à la discipline de l'Eglise : une sage modération
pouvait seule concilier des opinions si divergentes. Innocent XI
ne consentit pas à rester dans les bornes qu'elle lui prescrivait.
Sans se rendre compte de la disposition des esprits en France,
il adressa au roi, à l'archevêque de Toulouse et au Chapitre de
Pamiers des brefs où la forme du langage ne sert même point
de passe-port à la rudesse de la pensée. Ces brefs, datés du
1er janvier 1681, avaient quelque chose de si étrange, lorsqu'on
les rapprochait de la mansuétude et du style paternel de la cour
romaine, que le 31 mars, sur la requête du procureur-général,
le Parlement en ordonna la suppression. Achille de Harlay
ne se contenta pas de cet arrêt. Soit pour donner au Pape le
temps de la réflexion, soit pour exciter davantage ses ressentiments, il déclara que ces lettres comminatoires n'émanaient
point du Saint-Siége ; mais qu'elles paraissaient être l'œuvre
d'esprits brouillons ayant intérêt à semer la discorde entre le
Vatican et les Tuileries.

Ce doute complaisant ou calculé fut un outrage aux yeux
d'Innocent XI. Afin de régulariser sa position dans un débat
où il protégeait les immunités de quelques églises contre les
empiétements du temporel, il ordonna à Charles de Noyelle,
Vicaire Général de l'Institut des Jésuites, de communiquer officiellement les brefs aux Provinciaux de France ainsi que de

Toulouse, en même temps d'enjoindre à tous les Pères de la Compagnie de rendre publics ces actes de sa volonté, comme d'en certifier l'authenticité. C'était, dans de plus larges proportions, la même affaire que celle dont Venise fut le théâtre en 1606. Le Pape en appelait à l'obéissance de la Compagnie, il lui demandait de se sacrifier pour soutenir sa querelle ; mais, aux termes des lois existantes, la République s'était mise dans un tort évident L'interdit prononcé avait donc tous les caractères de légalité. A Venise encore les bulles ou brefs étaient admis sans le consentement du Prégadi ; la seule publication les rendait obligatoires. Il n'en était pas de même dans le royaume de France pour les actes pontificaux qui, en dehors du dogme, ne s'attachaient qu'à la discipline. Ces derniers n'obtenaient force de loi que par l'enregistrement des cours souveraines ou après avoir été reçus avec une certaine solennité.

Il y avait des Jésuites à Pamiers, à Toulouse, à Paris et à Rome, sur les différents points où la question s'agitait. A Pamiers et à Toulouse, ils se tenaient dans la neutralité, cette question leur étant étrangère dans le principe. Ils continuèrent à entretenir de bonnes relations avec les Régalistes, frappés par l'interdit papal, comme avec les anti-Régalistes, que les ordonnances royales dépouillaient de leurs biens [1], et que l'archevêque métropolitain avait excommuniés. Les Jésuites s'étaient placés sur la réserve ; ils n'écrivaient, ils ne parlaient ni pour ni contre la régale. Le Père Maimbourg seul justifia avec véhémence la prérogative du roi. Son ouvrage sur un sujet aussi délicat contraignait la Société de Jésus à prendre parti. Le Général de l'Ordre exigea, en 1680, le renvoi immédiat du Père ; Louis XIV s'y opposa. Cependant Maimbourg, comprenant que son adhésion aux doctrines professées par les Régalistes serait une cause d'embarras pour ses frères, sollicita lui-même sa retraite de l'Institut, et en 1681 le roi y consentit.

Par la confiance que le Souverain-Pontife leur témoignait,

---

[1] Dans un mémoire manuscrit envoyé à Rome par les Jésuites de Pamiers, il est dit que Caulet vivait familièrement avec les Pères de la Compagnie, et qu'après la mort de ce prélat, ils s'abstinrent de toute discussion avec le Chapitre.

les Jésuites se trouvaient placés dans une situation embarras-
sante. Leur Général était chargé de faire passer les brefs en
France, et les Provinciaux recevaient ordre de les publier
comme véritablement émanés du Saint-Siége. Noyelle s'acquitta
de la mission dont Innocent XI l'investissait. Il fallait braver les
lois du royaume et la colère de Louis XIV, ou encourir les reproches du Pape. Les lettres étaient parvenues à leur adresse ;
mais les adversaires de la Compagnie, unis aux anti-Régalistes,
en firent tant de bruit, peut-être les Jésuites eux-mêmes s'ar-
rangèrent-ils si bien que les Parlements de Paris et de Toulouse
furent informés des précautions prises par Innocent XI. Ces
deux cours judiciaires citèrent à leur barre les supérieurs ainsi
mis en cause, et le 20 juin le Père de Verthamont, recteur de
la Maison-Professe, fut interrogé par le premier président de
Novion. L'avocat-général, Denis Talon, exposa la gravité de l'affaire et les dangers que la mesure adoptée par le Saint-Siége
ferait naître dans l'Eglise gallicane. Le Parlement félicita les
Jésuites « de ce qu'on ne surprenait pas plus leur sagesse qu'on
ne corrompait leur fidélité, » et il défendit de publier les brefs
venus de Rome.

Dans les registres du Parlement de Toulouse, à la date du 7
juillet 1681, les explications fournies par les Jésuites jettent
une plus vive lumière sur le conflit. « Ce jour-là, y est-il dit,
les gens du roi sont entrés en la grand'chambre, et en leur présence mandé venir le P. Sartre, supérieur de la Maison-Professe ; le P. Duranti, recteur du Collége ; le P. Germain,
recteur du Noviciat des Jésuites, et le P. Lacoste, procureur
de la Province. M. le premier président leur a dit : La cour,
étant informée que votre Provincial de Toulouse devoit avoir
reçu, de même que celui de Paris, un prétendu bref du Pape
qui lui avoit été envoyé par votre Général avec ordre de le rendre
public, vous a mandés pour, après un éclaircissement plus entier
de ce que votre Compagnie a su de cette affaire, pourvoir à ce
qu'elle jugera devoir être fait pour le service du roi et de son
Etat dans une cause si importante. C'est dans ce dessein que la
cour vous a fait avertir de vous rendre ici pour être informée au
vrai de ce qui s'est passé sur cette affaire par le récit véritable

que vous lui ferez de tout ce qui a été mandé et ordonné par votre Général. En quoi la cour ne doute point que vous ne témoigniez le même zèle et la même fidélité pour le service du roi que votre Compagnie a fait paroître en cette occasion et en toute autre. »

Afin de ne pas engager l'autorité trop avant, les deux Provinciaux s'étaient abstenus de comparaître. Le Père de Verthamont avait répondu à Paris, le Père Sartre porta la parole à Toulouse. Il déclara « que leur Provincial n'avoit reçu aucun bref du Pape qui lui fût adressé ou à quelque autre de la Compagnie, mais qu'il avoit seulement reçu un paquet de Rome, dans lequel étoit une lettre de leur Général du 23 avril dernier, avec une copie en langue italienne, non signée, d'un ordre que l'assesseur de l'Inquisition lui avoit remis de la part du Pape, qui lui commandoit d'envoyer au Provincial de Toulouse une copie en forme authentique du bref de Sa Sainteté du 1ᵉʳ janvier de l'année présente, touchant les grands-vicaires établis dans le diocèse de Pamiers, le siége vacant, avec ordre de le commmuniquer aux Jésuites de Toulouse et de Pamiers, et une autre copie de ce bref au Provincial de Paris, leur ordonnant à tous de reconnoître ce bref et de le déclarer véritable. »

Le Jésuite n'allait pas plus loin dans sa déclaration ; il y proclamait en même temps son respect filial pour le Saint-Siége et son inébranlable fidélité envers le roi. « Et, après l'arrêt prononcé, » relate la délibération de la cour, « ledit Père Sartre ayant mis lesdites pièces sur le bureau, M. le premier président a dit aux Jésuites : « La cour est satisfaite de votre soumission, » et ensuite les gens du Roi et eux se sont retirés. »

Innocent XI avait placé les Jésuites français dans l'alternative de désobéir au Saint-Siége et à leur Général, ou de violer la jurisprudence de leur pays sur des matières qui n'intéressaient point la Foi. Ils ne balancèrent pas ; au risque de faire éclater l'indignation du Pape, ce qui arriva en effet, ils voulurent se montrer tels qu'ils étaient. Cet acte de respect envers les lois du royaume avait pour eux une gravité qui n'échappera à personne,

et, en 1761, lorsque Louis XV consulta les Évêques français
pour savoir si l'obéissance des Jésuites à leur Général n'entraînait point quelque danger, l'Assemblée générale du Clergé rappela le fait que nous racontons, et elle ajouta[1] : Ce
seul trait prouve, mieux que tous les raisonnements, que
tous les Jésuites sont persuadés que l'obéissance à leur Général, telle qu'elle est prescrite par leurs Constitutions, ne les
oblige point dans tout ce qui pourrait être ordonné de contraire à la soumission et à la fidélité qu'ils doivent à leurs souverains. »

Aux yeux des prêtres, qui ne se mêlaient point à ces débats,
les brefs de Rome étaient comme non avenus, puisqu'ils n'a-
vaient pas été publiés en forme canonique, et que même on ne
les connaissait que par des récits exagérés. Les Jésuites seuls les
avaient lus ; ils se conformèrent néanmoins à l'exemple des autres Instituts religieux ; on les vit prêcher et administrer les sacrements, comme si rien d'extraordinaire ne s'était passé. Les
curés du diocèse de Pamiers adressèrent au Pape des plaintes
débordant d'amertume : ils accusèrent les Pères d'enfreindre
ses ordres. Les Jésuites, connaissant les difficultés de leur
position, se défendirent avec habileté ; ils prouvèrent que, dans
l'intérêt de l'Eglise et de la France, il eût été impossible d'agir
autrement. Ils étaient pressés des deux côtés : ici par le Saint
Siége, là par l'autorité civile ; ils se tirèrent de ce double embarras en ne flattant aucune passion et en essayant de rester
dans le droit. Une lettre du Père Espaignac, recteur du collége
de Pamiers, écrite à Rome le 18 décembre 1631, révèle leur
perplexité :

« Hier matin, mande Espaignac, M. notre gouverneur m'envoya quérir pour me lire lui-même la minute ou la copie d'une
espèce de supplique que les curés du diocèse adressent à Sa
Sainteté. Ils s'y plaignent beaucoup des violences qu'on exerce
ici contre eux ; ils y déclament fort contre M. Dandaure, sub-
délégué par monseigneur l'Archevêque de Tolose (sic), pour être
son vicaire-général en ce diocèse ; et, par une fausseté insigne

---

[1] *Procès-verbaux des Assemblées générales du Clergé de France*, t. VIII,
2ᵉ partie. (Pièces justificatives, nᵒ 1, p. 349.)

et malicieuse, ils y disent que c'est par le conseil des Jésuites de cette ville que M. Dandaure en agit ainsi. Je puis protester à Votre Révérence, et par vous au révérend Père général et au Père Assistant, qu'il n'est rien de plus faux que cette supposition, car ce vicaire-général ne nous consulte ici ni de près ni de loin. »

Innocent XI était, nous l'avons dit, intraitable sur les droits du Saint-Siège ; il ne transigeait ni avec ses devoirs ni avec ses préventions. A quelques années d'intervalle, le roi avait, à deux reprises, saisi le patrimoine de l'Eglise et porté la main sur le comtat d'Avignon. Ainsi que les rois ses ancêtres et Louis XV son successeur, ainsi que les rois de Naples s'emparant de la principauté de Bénévent, lorsqu'une discussion s'élevait entre ces princes et la cour de Rome, Louis, en agissant de la sorte, espérait amener le Pape à souscrire à des vœux ou à des projets qu'il ne pouvait approuver. Cette spoliation momentanée était un défi et une contrainte ; elle n'intimida point le Pontife. Louis XIV allait faire proclamer par le Clergé de France qu'il ne tenait sa couronne que de Dieu et de son épée. Le Pape était déshérité du privilége contesté de déposer les monarques et de transmettre leurs Etats à d'autres. Par une inconséquence au moins étrange, le roi se rendait arbitrairement maître du territoire ecclésiastique, et il refusait à un Pape, souverain comme lui, la prérogative qu'il s'attribuait. Innocent XI ne consentit point à laisser outrager en sa personne la dignité pontificale ; dans un accès d'irritation, peut-être justifiée, il fulmina un bref d'excommunication contre Louis XIV.

Il fallait le faire passer à Paris ; Innocent s'adresse à un Jésuite français alors à Rome ; ce Jésuite était le Père Dez. Il s'en chargea, car, dans sa pensée, il importait de donner au Pape le temps de la réflexion ; ce que Dez prévoyait se réalisa. Innocent lui avait signifié l'ordre de publier le bref d'excommunication aussitôt après son retour à Paris : le Jésuite se garda bien d'obtempérer à une injonction qui, dans l'état des affaires, pouvait rompre à tous jamais l'Unité. Il garda le secret sur l'acte dont il était dépositaire. Les Pères qui en eurent connaissance écrivirent en toute hâte à leur Général pour demander l'anéantissement de ce décret, que

le Pontife semblait condamner lui-même à l'obscurité, puisqu'il
ne le faisait pas promulguer en la forme obligée. Le Saint-Père
frappa son œuvre de nullité; il reconnut enfin que les Jésuites
avaient sagement agi, et cette excommunication, dont la trace
même est perdue à Rome, n'eut aucun retentissement; elle ne
servit qu'à démontrer la prudence des enfants de Loyola.

Comme il arrive toujours dans de semblables discussions, les
esprits s'aigrirent, les têtes les plus calmes s'échauffèrent, et
quarante prélats, unis au Parlement, demandèrent au roi de
convoquer un Synode national ou une Assemblée générale du
Clergé. Ils disaient [1] : « Le Pape nous a poussés, il s'en repen-
tira. » Au témoignage de Fénelon, ils ne s'arrêtèrent pas à une
menace seulement temporelle. « La plupart des Evêques, affirme le grand écrivain [2], se précipitaient, d'un mouvement
aveugle, du côté où le monarque inclinait; et l'on ne doit pas
s'en étonner. Ils ne connaissaient que le roi seul, de qui ils
tenaient leur dignité, leur autorité, leurs richesses; tandis que,
dans l'état des choses, ils pensaient n'avoir rien à espérer, rien
à redouter du Siége apostolique. Ils voyaient toute la discipline
entre les mains du roi, et on les entendait répéter souvent que,
même en matière de dogme, soit pour établir, soit pour condamner, il fallait étudier le vent de la cour. Il y avait pourtant
encore quelques pieux Prélats qui auraient affermi dans la voie
droite la plupart des autres, si la masse n'eût été entraînée par
des chefs corrompus dans leurs sentiments. »

La gravité de ces paroles de Fénelon explique bien les passions qui agitaient le haut Clergé; mais, en présence des événements et des hommes, en face surtout de Louis XIV, qui
tenait beaucoup plus à la Foi catholique qu'à ses idées de domination, ces paroles nous semblent exagérées. Il régnait une
certaine fermentation dans les cœurs; Innocent XI avait mé-
contenté le roi et froissé les Evêques par son inflexibilité de
principes; cependant trop de liens attachaient l'Eglise de France
à la Chaire apostolique pour qu'une dispute, plutôt dans les

---

[1] *Nouveaux opuscules* de l'abbé Fleury, p. 142.
[2] *Memoriale sanctissimo Domino nostro clam legendum* (t. xii, p. 604 des
Œuvres de Fénelon).

mots que dans les choses, vint briser cette Unité, que Charlemagne et saint Louis, que François Iᵉʳ et Henri IV avaient si
glorieusement proclamée. Le Parlement lui-même, toujours
esclave de ses préjugés contre Rome, n'aurait pas accédé à
cette séparation violente. Bossuet, l'oracle de l'Eglise gallicane,
connaissait le fond de la pensée royale ; il fut chargé par le
prince de jeter l'autorité de son génie à la traverse des espérances coupables. Le 9 novembre 1681, l'Assemblée générale
du Clergé s'ouvrit par le discours de l'Evêque de Meaux. Quelques prélats, afin de complaire à l'irritation dont ils supposaient
que Louis XIV était animé, s'occupaient de faire une manifes-
tation contre le Saint-Siége ; Bossuet, dans des paroles que la
Religion, l'histoire et l'éloquence ont consacrées, s'écriait :

« Qu'elle est grande l'Eglise romaine, soutenant toutes les
Eglises, portant le fardeau de tous ceux qui souffrent, entrete-
nant l'Unité, confirmant la Foi, liant et déliant les pécheurs,
ouvrant et fermant le ciel ! Qu'elle est grande, encore une fois,
lorsque, pleine de l'autorité de saint Pierre, de tous les Apôtres, de tous les Conciles, elle en exécute, avec autant de force
que de discrétion, les salutaires décrets ! Sainte Eglise romaine,
mère des églises et de tous les fidèles, Eglise choisie de Dieu
pour unir ses enfants dans la même foi et dans la même charité, nous tiendrons toujours à ton unité par le fond de nos
entrailles. Si je t'oublie, Eglise romaine, puissé-je m'oublier
moi-même ! Que ma langue se sèche et demeure immobile dans
ma bouche, si tu n'es pas toujours la première dans mon souvenir, si je ne te mets pas au commencement de mes cantiques
de réjouissance ! »

Ce n'était pas ainsi que la France pouvait préluder au schisme,
et Louis XIV, qui avait autorisé une aussi sublime expression
de dévouement au siége de saint Pierre, ne songeait pas à
s'écarter de la ligne de ses devoirs. Le Pape le blessait dans les
droits de sa couronne ; il voulut, par une résistance calculée,
effrayer Innocent XI, et lui donner une preuve de sa puissance.

Les prélats s'étaient assemblés pour discuter à fond le droit
de régale. Le 19 mars 1662, ils adoptèrent la Déclaration des
quatre articles.

Faite dans un moment où les passions de quelques prélats étaient surexcitées contre Rome, cette déclaration de liberté allait traîner la servitude après elle. Le 22 mars, il fut enjoint à tous les corps enseignants, à tous les Instituts religieux, d'avoir à signer et à professer ces quatre articles, avec défense de mettre au jour des opinions contraires. « Plusieurs docteurs de Sorbonne, dit le continuateur de Mézeray [1], furent exilés pour n'avoir point voulu déférer à un ordre si violent, sans égard à leur âge, à leur caractère, à leur profession et aux raisons qu'ils pouvaient avoir de ne pas le faire. L'Évêque d'Arras fut même disgracié pour avoir fait connaître que les quatre propositions n'étaient pas toutes soutenables. » Dans une lettre de Nicole à Arnauld [2], la même répugnance de la Sorbonne se manifeste. L'auteur des *Essais de morale* rend compte de la manière dont les docteurs de l'Université accueillirent l'édit du roi, et il ajoute : « MM. de Sorbonne ont disputé la gloire du silence aux religieux de la Trappe ; jamais il n'y en eut de pareil. » Puis, le Janséniste continue : « Si les quatre articles sont des vérités, comme je le crois, ils les pouvaient recevoir un peu moins silencieusement ; et si c'étaient des erreurs, comme beaucoup de cette assemblée le croyaient peut-être, je ne sais ce que c'est que ces serments qu'ils ont faits de soutenir la vérité aux dépens de leur vie. C'est un docteur qui m'a écrit ces détails. Il était du nombre des infaillibilitants. »

Les Jésuites étaient à peu près les seuls maîtres de l'éducation en France ; on les regardait comme les sentinelles avancées du Catholicisme, et ils se faisaient gloire d'être attachés d'une manière spéciale à la Chaire apostolique ; néanmoins, il ne paraît pas que Louis XIV ait exigé d'eux une adhésion formelle aux actes de 1682. Les Jésuites venaient de rendre à la France et au roi un service signalé dans l'affaire des brefs et de l'excommunication ; on croit qu'il les dispensa de signer les quatre articles. L'on raconte même que le Père Lachaise refusa de ratifier cette exception, sous prétexte que les Jésuites étaient aussi bons Français que les autres prêtres du royaume.

---

[1] *Abrégé chronologique de l'Histoire de France*, t. XIII, p. 493.
[2] Lettre de Nicole, *Essais de morale*, t. VIII, 2ᵉ partie, p. 91.

Louis XIV, ajoute-t-on, maintint la dispense en leur faveur.

Qu'y a-t-il de vrai ou de faux dans cette tradition? cela nous semble impossible à déterminer. Les ouvrages qui traitent de la Déclaration de 1682, les mémoires du temps et les archives du Gesù n'offrent aucune trace d'engagement pris par la Compagnie pour professer les quatre articles. Tout ce qu'on peut conclure des lettres du Père Lachaise au Général de l'Institut, c'est que les Jésuites y auraient adhéré si on leur en eût fait une loi. Lorsqu'en 1761, le duc de Choiseul et les Parlements exigèrent d'eux une soumission officielle à l'acte de l'Assemblée générale du Clergé, les Jésuites obéirent, en renouvelant les déclarations déjà données par eux en 1626, 1713 et 1757. L'adhésion de 1761, dont nous discuterons en son temps la valeur et la portée, accepte ce qui a été décidé en 1682; mais elle ne dit point que les Jésuites souscrivirent aux doctrines émises à cette époque. C'eût été pourtant l'occasion la plus naturelle de le rappeler, et cette omission prouve qu'ils ne signèrent pas l'acte si grave du Clergé de France.

Les quatre articles n'ont jamais été condamnés comme doctrine hérétique. Les Papes, et Innocent XI lui-même, se sont abstenus de jugement décisif et solennel; cependant, à diverses reprises, le Saint-Siége cassa et annula la Déclaration de 1682. Alexandre VIII en 1691, Clément XI le 31 août 1706 et Pie VI en 1794 ont condamné les quatre propositions, surtout comme acte du Clergé de France, prescrivant d'enseigner telle doctrine et réprouvant la doctrine contraire, qui est la plus généralement reçue dans l'Eglise. C'était de la part du Clergé de France, réuni non en Concile, mais en simple Assemblée, s'arroger les droits du Pape et de l'Eglise universelle.

Louis XIV, par des motifs pleins de prévoyance politique, avait désiré que les Jésuites restassent neutres dans les débats ecclésiastiques qui agitaient la France. Il ne prétendait pas rompre avec le Saint-Siége, ni même se brouiller trop ouvertement avec Innocent XI; les Pères de l'Institut lui servaient d'intermédiaires, il les garda comme ses futurs conciliateurs. La Déclaration du Clergé fut un coup violent pour la Catholicité et pour le Souverain-Pontife. Il le reçut, ainsi qu'à Rome on accepte tout,

avec dignité, avec confiance ; car là, on sait mieux qu'ailleurs que
les passions des hommes roulent toujours dans le même, cercle,
et qu'elles ne peuvent jamais prévaloir contre la Pierre sur laquelle Dieu a bâti son Eglise. De longues discussions s'élevèrent
pour défendre ou pour attaquer les décrets de l'Assemblée du
Clergé ; Innocent XI et Louis XIV eurent leurs théologiens et
leurs jurisconsultes. Les difficultés de la position dans laquelle les
Jésuites se trouvaient engagés à Paris et à Rome, devaient leur
susciter des embarras auprès du Saint-Siége. La fermeté de
Louis XIV était aussi inébranlable que celle d'Innocent XI. On
accusa les Pères de l'Institut d'exciter le roi de France et de le
pousser aux extrêmes ; on espérait ainsi aigrir les ressentiments
du Pontife, et l'amener, par un moment d'irritation, à dissoudre
la Société dans le royaume très-chrétien. On dit que le Pape
menaça de porter ce grand coup [1] ; mais alors Louis XIV et le
Parlement intervinrent ; ils couvrirent les Jésuites de la protection
de leur équité. La Compagnie avait été blessée au service de la
France ; nous verrons plus tard le gouvernement de Louis XV et
les Parlementaires se faire un argument de cette blessure pour
frapper au cœur l'Institut de Loyola. Ce fut de l'injustice et de la
lâcheté ; on ne prit pas le temps de raisonner avec ses haines, et,
en France, l'on fit un grief aux Jésuites d'avoir été trop Français.

[1] Innocent XI a été et est encore un très-illustre Pape aux yeux des adversaires
de la Compagnie de Jésus, par la seule raion qu'il voulut, à ce qu'ils prétendent,
détruire cet Ordre religieux. On a oublié ses longs démêlés avec la France, pour ne
se souvenir que de sa colère d'un jour contre les Jésuites, et l'on cite comme une
gloire de son pontificat la défense qu'il fit à la Société de recevoir des novices. En
témoignage de cette prohibition, qui ne laissait aux disciples de saint Ignace qu'une
existence précaire, on s'appuie sur la déclaration suivante : « Inhibendum est Patri
Generali totique Societati ne in posterum recipiant novicios, neque admittant ad
vota, sive simplicia, sive solemnia, sub pœnâ nullitatis aliisque arbitrio Sanctissimi, donec cum effectu pareant et paruisse probaverint decretis et ordinationibus
circa superius dictas missiones emanatis. »
    Ceux qui se sont autorisés de cette déclaration ignoraient sans doute le style et
les usages de la chancellerie romaine, car il est évident que le Souverain-Pontife,
parlant en son nom, n'a pu se servir de ces locutions : *Inhibendum est sub pœnâ
nullitatis aliisque arbitrio Sanctissimi*. Dans un décret émané de son plein pouvoir, le Pape ne dit jamais : « Il faut défendre, » mais : « Nous défendons ; » il ne
se désigne pas aussi sous le titre de Sa Sainteté. Cet acte fut fait dans la Congrégation de la Propagande, où alors les Jésuites trouvaient des antagonistes nés au
contact des affaires de France. Il est daté de 1684, fut restreint dès 1685 par la
Propagande elle-même aux seules Provinces d'Italie, ne fut jamais approuvé par le
Saint-Siége, et, ayant été présenté à Innocent XI sous une autre forme et seulement pour interdire aux Jésuites d'admettre des novices dans les Missions de l'Asie
orientale, cet acte fut rejeté par le Souverain-Pontife.

Des deux côtés il y avait animosité ; les choses n'en restèrent pas là. La cour de Rome refusa d'accorder l'institution canonique aux Évêques nommés par le roi; ce fut pour tâcher de mettre fin à ces conflits que le Père Lachaise, adressa, le 23 mars 1686, la dépêche suivante au Général de la Compagnie de Jésus :

« Mon très-révérend Père, j'ai reçu la lettre du 15 de janvier, que Votre Paternité m'a fait l'honneur de m'écrire, et j'y ay veu avec d'autant plus de joye ce qu'elle me marque des sentiments de tendresse et de reconnoissance que le Souverain-Pontife témoigne pour la personne du roi, que personne ne sait mieux que moy jusqu'à quel point Sa Majesté les mérite, non-seulement pour les choses admirables qu'elle fait pour la Religion, qui passent de beaucoup tout ce qu'on peut vous en mander et ce qu'on peut dire, mais beaucoup plus par le zèle pur et sincère pour la vraye Foy et pour le salut des âmes avec lequel il les fait, préférant à tous ses intérêts ceux de Dieu et du Christianisme. Je suis sûr que, si Sa Sainteté voyoit cela dans sa source, elle n'en demeureroit pas à de simples désirs de lui faire plaisir ny à des démonstrations stériles de sa tendresse paternelle, et que rien ne pourroit l'empêcher de lui en donner des marques qui fissent honneur à Sa Sainteté mesme, et qui édifieroient l'Eglise. Votre Paternité sçait et aura reconnu, en plusieurs occasions, mon attachement particulier pour le Saint-Siége et mon extrême vénération pour le Pontife qui l'occupe aujourd'hui, et j'ose dire que si mes vœux et mes gémissements continuels avoient été écoutez, et si mes péchés n'avoient rendu mes soins intiles, il en auroit lui-même esté persuadé par les preuves les plus agréables qu'il eût pu en recevoir; mais ma douleur est d'autant plus grande de voir toutes mes bonnes intentions frustrées de leur attente, que ce qui en assure le succès semble si peu capable de pouvoir former dans le cœur tendre et zélé de Sa Sainteté des obstacles au bonheur de toute la Chrétienté; car, mon très-révérend Père, pour ce qui regarde la Régale, je ne puis assez admirer par quel artifice on a pu en faire une grande affaire à Sa Sainteté, puisqu'en trois ans de temps elle n'a produit au Roy la nomination de plus de deux petits canonicats : en sorte qu'il n'y a pas ici un homme de bien qui puisse comprendre que Sa Sainteté ne prist pas plaisir à sacrifier un si petit intérêt au bien de l'Eglise et aux grands et solides avantages qu'elle trouveroit de la satisfaction de Sa Majesté ; car Dieu me préserve de croire que Sa Sainteté ne puisse, sans péchés, dispenser d'un réglement si peu important, comme Votre Paternité me l'insinue. A l'égard des Evêques nommés auxquels Sa Sainteté refuse des bulles, je puis protester à Vôtre Paternité que ce sont les meilleurs sujets du royaume et pour leur piété et pour leur capacité. C'est, mon très-révérend Père, ce que je puis répondre de plus précis et de plus certain sur ces deux points de la lettre de Votre Paternité. »

Cette dépêche ne produisit pas l'effet attendu. Le Pape s'opiniâtrait à maintenir ses droits pontificaux ; Lachaise se montra plus pressant, et, dans une autre lettre de la même année, nous lisons : « Pour ce qui est de ceux qui ont été nommés aux évêchés à qui Sa Sainteté refuse des bulles, il est certain qu'on ne pouvoit en aucune manière résoudre Sa Majesté à révoquer ces nominations. Elle regarde comme la fonction la plus importante de son règne de ne donner que de dignes Prélats aux églises de son royaume, et elle a fait choix de ceux-ci parce qu'ils avoient plus de mérite, de vertu et de capacité. Aussi ne semble-t-il pas que Sa Sainteté ait tout-à-fait le sujet que vous semblez croire de refuser d'accorder des bulles à ces messieurs, et il faut pour cela qu'on lui ait caché la manière dont les choses se sont passées ; car il est constant que, ceux du second ordre n'ayant point eu de voix délibérative dans cette assemblée dont se plaint Sa Sainteté, ils n'ont pu avoir part à aucune des délibérations qui s'y sont faites ni des résolutions qui s'y sont prises, et qu'ils n'y ont signé que comme témoins de ce qui s'y passe et comme on y fait signer aux officiers même laïques dans ces sortes de rencontres. De manière que, comme on ne peut pas dire que ces décisions soient des sentiments dont ils aient fait profession en signant, suivant la coutume, les actes de cette assemblée, Sa Sainteté, étant informée de ce fait, peut sans doute, sans intéresser nullement sa conscience ni commettre le

moins du monde son autorité, cesser ce refus de bulles, si préjudiciable à la Religion, et qui tient vingt-trois églises dans une
si longue et si déplorable viduité. »

Innocent XI resta inébranlable, et, dit le Protestant Schœll[1]
« Louis XIV fit une expérience qui s'est renouvelée de nos jours :
il apprit que tout le pouvoir des Princes échoue contre la
persévérance des Papes quand elle est fondée sur la justice. » A
la mort d'Innocent, en 1689, il y avait trente diocèses dépourvus
de premiers pasteurs. Les Evêques nommés comprirent les susceptibilités de ce pontife, dont Louis XIV lui-même honorait la
vertu : ils résolurent de donner satisfaction au Saint-Siége. « Le
roi, dont la fermeté était fatiguée, le permit. Chacun d'eux, raconte Voltaire[2], écrivit séparément qu'il était douloureusement
affligé des procédés de l'Assemblée ; chacun d'eux déclare dans
sa lettre qu'il ne reçoit point comme décidé ce qu'on y a décidé,
ni comme ordonné ce qu'on y a ordonné. Innocent XII (Pignatelli), plus conciliant qu'Odescalchi, se contenta de cette démarche.

Dans la situation des choses et avec un roi tel que Louis XIV,
il était difficile d'en exiger une qui fût plus décisive en faveur
de la Chaire de Saint-Pierre. La réflexion avait fait naître des
doutes sur la légalité ecclésiastique de la Déclaration de 1682.
Les Jansénistes s'en étaient emparés, comme toute opposition
s'empare du principe ou du fait qui peut devenir une arme
entre ses mains ; ils en outraient les conséquences. En mêlant
le nom de Jésuite à celui d'Ultramontain, ils espéraient battre
ainsi en brèche le pouvoir du Pape, dont l'Eglise de France
n'avait jamais songé à affaiblir la suprématie. Ils attaquaient
tout afin de tout envenimer. Louis XIV s'aperçut que ce n'é-
taient point les anciennes doctrines de l'Eglise gallicane qui
étaient menacées, mais l'ordre social et la Foi universelle. Le
Jansénisme, en décriant l'autorité pontificale et en essayant de
souffler au cœur du peuple la défiance contre les Jésuites,
comptait, à l'aide des articles de 1682, mettre en suspicion le

---

[1] *Cours d'histoire des Etats Européens*, t. xxvııı, p. 106.
[2] *OEuvres complètes* de Voltaire. *Siècle de Louis XIV*, t. xxı, p. 306. Voici le
texte même de la lettre : « Il n'a pas été dans notre intention de rien décréter, et
tout ce qu'on a pu croire être un décret ne doit pas être regardé comme tel. »

Saint-Siége et amener peu à peu les esprits à une rupture avec
Rome, rupture qui finirait par la création d'une Eglise nationale. Ouvrir le schisme dans l'Unité, c'est donner aux révolutions politiques droit de suzeraineté dans l'Etat; Louis XIV
pensa qu'il valait mieux reculer que de se placer sur un abîme
sans fond. Il était roi dans toute la sublime acception du mot,
roi surtout sachant faire respecter l'inviolabilité de sa couronne;
mais, au-dessus de ses obligations comme prince, il avait des
devoirs religieux à remplir. Il s'honorait d'être catholique ; et,
en s'adressant au Pape le 14 septembre 1693, il ne craignit
pas d'en offrir un gage éclatant [1].

« Je suis bien aise, mande-t-il à Innocent XII, de faire
savoir à Votre Sainteté que j'ai donné les ordres nécessaires
pour que les choses contenues dans mon édit du 22 mars 1682,
touchant la Déclaration faite par le Clergé de France, à quoi les
conjonctures passées m'avoient obligé, ne soient pas observées. »

Mise en regard des aveux faits par Bossuet ainsi que par les
Evêques nommés, cette dépêche réduisait à une lettre morte
la Déclaration de 1682 en tout ce qu'elle innovait ou prescrivait d'enseigner contre le pouvoir spirituel. L'Assemblée générale du Clergé avait, par entraînement ou par colère, adopté
des mesures qui attentaient à la liberté des consciences. Le
roi et les prélats renonçaient virtuellement aux points ecclésiastiques de la Déclaration : ces points tombèrent dans le
domaine des factieux, des avocats [2] et de quelques prêtres
pour qui le bruit et l'intrigue sont un besoin. Cette lettre, dit
judicieusement une des gloires de la magistrature française [3],

---

[1] Le Père Letellier a été, il est encore le point de mire de tous les ennemis de
l'Eglise : Jansénistes, philosophes ou écrivains panthéistes. Dans ses notes sur
l'*Eloge de Bossuet*, d'Alembert accuse le Jésuite d'avoir dicté à Louis XIV cette
lettre par laquelle le roi promet à Innocent XII de ne ne pas faire observer les
quatre articles en France. Or, c'est en 1693 que Louis XIV adressa cette lettre au
Pape, et Letellier ne vit le roi pour la première fois qu'en 1709.

[2] L'abbé Frayssinous, évêque d'Hermopolis, s'exprime ainsi dans son ouvrage
des *Vrais principes de l'Eglise gallicane*, p. 43 :

« Je dirai sans doute qu'on ne doit chercher nos libertés ni dans des *factum*
d'avocats, plus jurisconsultes que théologiens, ni dans des maximes sans fondement
solide, qu'on peut nier avec la même facilité qu'on les affirme, ni dans une jurisprudence qui tendait autrefois à tout envahir, et qui ne faisait que donner des
chaînes au ministère ecclésiastique. »

[3] *OEuvres* de d'Aguesseau, t. XIII.

fut le sceau de l'accommodement entre la cour de Rome et le Clergé de France, et le Roi remplit l'engagement qu'elle contenait. »

Les choses restèrent donc en l'état où elles étaient avant 1682. La Déclaration, répudiée individuellement par la majorité de l'Assemblée et par Louis XIV, ne fut plus qu'un prétexte à de dangereuses nouveautés. Elle sera toujours un levier dont le Jansénisme et à sa suite les esprits ambitieux d'incrédulité ou de troubles, les prêtres amants de scandale, se serviront, en dehors des Gallicans sincères, pour miner l'Eglise et renverser les pouvoirs établis. Ce n'est pas de la théologie que nous faisons ici, mais de l'histoire. Nous n'argumentons pas sur l'infaillibilité du Pape et sur les droits impossibles de Rome au temporel des princes. Ces questions, qui n'en sont plus pour les hommes de religion et de monarchie, ne nous regardent que dans leurs rapports avec les événements et les caractères. Partout nous voyons les principes faussés de l'Eglise gallicane devenir une armure pour les schismes naissants ; partout ils nous apparaissent comme le bouclier derrière lequel s'abritent des passions turbulentes ou des vanités égoïstes, qui n'ont pas dit leur dernier mot. Nous n'examinons point la force canonique des actes de 1682 ; nous constatons un fait. Ce fait, vrai sous Louis XIV, vrai au commencement de la révolution française, se réalise encore de nos jours.

Tandis que l'assemblée générale du Clergé cherchait à venger l'omnipotence de Louis XIV, devant laquelle le Pape Innocent XI n'humiliait pas la tiare, ce prince, laissant de côté les querelles intestines, s'efforçait de ramener les hérétiques dans le sein de l'Unité. La paix de Nimègue l'avait montré l'arbitre des destinées de l'Europe ; il crut que, afin d'éterniser son pouvoir et sa dynastie, il ne fallait en France qu'une seule Foi, qu'un seul Culte, comme il n'y avait qu'un seul Roi. Le Père Lachaise le faisait triompher de ses passions ainsi qu'alors il triomphait de ses ennemis par Catinat, Vendôme, Luxembourg, Noailles et Boufflers. Louis XIV était catholique : comme pour effacer le souvenir des chicanes de discipline suscitées à Innocent XI, le roi songea à réaliser un projet que la Religion et

la politique lui avaient inspiré. Les sectaires devenaient pour
lui un continuel sujet de défiance. « Mon grand-père, disait-
il, aimait les Calvinistes, mon père les craignait; moi, je ne
les aime ni ne les crains. » Dans son gouvernement intérieur,
il leur avait prouvé que le temps des concessions était à jamais
passé. Le Protestantisme se montrait envahissant, de même que
toutes les sectes et tous les partis beaucoup plus fidèles à leurs
haines qu'à leurs principes. Richelieu avait démantelé leurs
places fortes; mais les priviléges et les temples que l'édit de
Nantes leur accordait subsistaient encore. Les Dévoyés regardaient cet édit comme une œuvre de salut, comme une loi que
le souverain n'oserait jamais violer. Dans des prévisions d'avenir, Grotius, quoique hérétique lui-même, ne craignait pas,
dès l'année 1645, de résoudre cette question, et il disait [1] :
« Que ceux qui adoptent le nom de Réformés se souviennent
que ces édits ne sont point des traités d'alliance, mais des déclarations des rois, qui les ont portés en vue du bien public,
et qui les révoqueront si le bien public l'exige. » Cette décision
du savant jurisconsulte n'effraya point les sectaires. Ils se
croyaient redoutables par leur nombre, par leur esprit remuant,
par l'appui qu'ils tiraient de tous les royaumes livrés à l'erreur;
et, avec Papire Masson, ils ne se prenaient pas à maudire le
jour où leur Hérésiarque était né pour le malheur de la patrie [2].

On les vit se faire partout une arme de l'intolérance, et,
comme Sainte-Aldegonde, l'un de leurs chefs les plus fervents,
le mandait [3] à Théodore de Bèze le 10 janvier 1566, « trouver
fort étrange qu'il y eût encore des hommes si tendres de cœur
qui mettent en dispute si le magistrat doit mettre la main à punir par extérieure et corporelle punition et amendes l'insolence
commise au service de Dieu et de la Foi. » Partout ils s'étaient
emparés du pouvoir; à Genève comme en Hongrie, dans le
Béarn ainsi qu'en Bohême, en Saxe et en Suède, dans les

---

[1] *Rivetiani Apologet. pro schismate, etc.*, p. 22.

[2] On lit dans les *Éloges* de Papire Masson, p. 455 : « Hæc de vitâ Calvini scri-
bimus neque amici neque inimici, quem si labem et perniciem Galliæ dixero,
nihil mentiar. Atque utinam aut nunquam natus esset aut in pueritiâ mortuus;
tantum enim malorum intulit in patriam, ut cunabula ejus merito detestari atque
odisse debeas. »

[3] *Antidote*, p. 10.

Cantons helvétiques et en Autriche, dans les Pays-Bas et en France, ils prirent à la lettre le conseil de Flaccus Illyricus, le centuriateur de Magdebourg : « Ils ravagèrent, suivant ses paroles[1], les églises, et épouvantèrent les princes par la crainte des séditions plutôt que de souffrir un seul surplis. » Incessamment en guerre avec les diverses sectes qui se détachaient de l'hérésie, on apercevait tous les partis, le luthérien, le socinien, le calviniste, l'anabaptiste, le quaker, l'anglican, le puritain, le gomariste et l'arminien, se réunir dans une étonnante communauté de pensées lorsqu'il fallait attaquer l'Eglise ou saper un trône. Ici on proscrivait les Catholiques pour le seul fait de leur religion, là ils ne pouvaient pas posséder; leurs enfants étaient de droit Luthériens. Le sectaire que la conviction ramenait à la Foi de ses aïeux se voyait à jamais banni de sa patrie et dépouillé de ses propriétés. De pareilles lois existent encore en Suède et en Danemark. On les mitige quelquefois dans la pratique; mais à cette époque elles se trouvaient dans toute leur vigueur. En Angleterre et en Irlande la persécution contre les Papistes, que l'acte du *Test* venait de sanctionner, était le plus monstrueux des outrages fait à la tolérance et à la liberté. Louis XIV, avec sa profonde connaissance des hommes et des affaires, avec son merveilleux instinct du pouvoir, observait l'hérésie dans ses diverses phases. Bossuet, le vainqueur de Claude et de Jurieu, l'initiait, par l'*Histoire des Variations*, aux tendances désorganisatrices du Calvinisme. Les Jésuites, qui le combattaient depuis leur naissance, qui l'avaient rencontré sur tant de champs de bataille, corroborèrent par leurs entretiens ou par leurs ouvrages la répulsion que le roi manifestait Les orages du passé servaient de leçon au présent et à l'avenir. Chacun savait avec Grotius[2] que « partout où les disciples de Calvin étaient devenus dominants ils avaient bouleversé les gouvernements. L'esprit du Calvinisme, ajoute le savant Hollandais, est de tout remuer et de tout brouiller. » Ce fut cette pensée qui présida à la révocation.

[1] Flaccus Illyricus vociferabatur potius vastitatem faciendam in templis, et principes seditionum metu terrendos, quam linea saltem vestis admittatur. (*Melch. Adam, in Vit. philos.*, p. 195)

[2] Grotius, *in Animad. Riveti*, op. I, 4, p. 649.

Des mesures sévères avaient été adoptées, à partir de l'année 1664, pour restreindre l'édit de Nantes. La Réforme était sapée dans ses fondements ; et, au moment où l'Assemblée générale du Clergé se réunit pour proclamer les libertés de l'Eglise gallicane, il ne restait plus que l'ombre des concessions arrachées à Henri IV ; car, dans ses *Mémoires d'Etat*, le chancelier Chiverny, qui a rédigé l'édit, déclare que [1] « peu à peu l'autorité du roi l'a fait recevoir partout, à la honte et confusion de cet Etat. » Les Calvinistes habiles se soumettaient à l'Unité ; d'autres, prévoyant des calamités prochaines, ne voulaient pas s'y voir exposés : ils revenaient au vieux culte, tantôt par ambition, tantôt par crainte, tantôt par désir de plaire au roi ; mais ces retours dans le giron de l'Eglise, quel qu'en fût le prétexte, affaiblissaient le parti, et ne produisaient à la seconde génération que des Catholiques. Avec le prestige de puissance dont Louis XIV était armé, il eût été sage de laisser au temps et à l'Eglise le soin d'assoupir les derniers ferments de discorde religieuse. Le monarque était assez fort pour ne pas tourner contre ses sujets hérétiques les odieux décrets, qui à l'extérieur déshonoraient le Protestantisme. Les princes et les peuples séparés de la Communion romaine avaient donné un exemple de persécution : le droit de représailles était naturel. Louis XIV néanmoins eût agi avec plus de prudence, s'il se fût contenté de surveiller les Dévoyés, et d'encourager le Clergé et les Jésuites dans les missions entreprises pour répandre la lumière. Tous les esprits éclairés, toutes les familles ayant quelque avenir ou quelque fortune revenaient, par conviction ou par calcul, à la Foi de leurs ancêtres. Les Jésuites avaient imprimé ce mouvement, il fallait le seconder avec adresse, et ne pas fournir un motif de révolte ou de plainte à des populations que le fanatisme pouvait rendre dangereuses.

Jusqu'en 1682, le plan tracé par les Pères de la Compagnie de Jésus avait réussi ; Louis XIV l'appliqua aux Protestants de Strasbourg comme le maréchal Fabert et le Père Adam l'avaient appliqué aux hérétiques de Sedan ; il obtint le même succès.

---

[1] *Mémoires d'Etat* de Chiverny, p. 346, édition de 1636.

Mais alors le chancelier Le Tellier et Louvois, son fils, s'emparèrent de ce succès pour porter le dernier coup aux Huguenots, et l'annulation de l'édit de Nantes fut décidée en principe.

La ville de Strasbourg était enfin acquise au royaume ; mais l'hérésie y dominait, et l'Evêque François de Furstemberg, ainsi que son chapitre, s'étaient vus forcés de chercher un refuge à Molsheim. Dès que Louis XIV eut pris possession de cette nouvelle clef de la France, son premier soin fut d'y créer un séminaire et un collége ; il en confia la direction aux Jésuites. Le 8 juillet 1682, l'Evêque et le grand chapitre s'engagèrent par contrat à pourvoir à la subsistance de douze Pères de la Compagnie, et, au nom de la Société dont il était membre, Jean Dez[1] accepta ces conditions. Les Jésuites procédèrent à Strasbourg par la douceur et par la tolérance. Sur les pas des Pères Dez et Scheffmacher, qui connaissaient les mœurs, les préventions et la franchise de leurs compatriotes, ils se mirent d'abord à évangéliser le peuple des campagnes. Une grande partie de l'Alsace était protestante, des Jésuites allemands lui furent envoyés comme messagers de paix et de salut. Le Père Dez, profond théologien, ouvrit des conférences, il publia des livres dont la réunion à l'Eglise romaine formait toujours le sujet. Il fallait convaincre les esprits et gagner les cœurs. Dez et Scheffmacher ne reculèrent devant aucune difficulté. Les sectaires reconnaissaient pour chefs Pistorius et Stachs. Le Jésuite les amène à convenir de leurs erreurs, ils abjurent l'hérésie dans la vieille cathédrale de Strasbourg, où ils l'ont si souvent prêchée. Ulric Obrecht est, par sa science et par sa vertu, une des lumières du Protestantisme ; Pélisson et Bossuet, avec qui il a souvent conféré de vive voix ou par écrit, l'ont à peine ébranlé : le Père Dez tente cette conquête, qui en décidera beaucoup d'autres, et, en 1684, Obrecht part pour Meaux. Il vient, dans un juste sentiment d'ad-

---

[1] Ce Père Dez est le même qui apporta en France la bulle d'excommunication contre Louis XIV. Il fut, en 1688, choisi par le roi pour accompagner le dauphin et le duc du Maine dans la campagne que couronna la prise de Philipsbourg, de Manheim et de Trèves. Quand il fallut se séparer, le dauphin dit au Jésuite : « Je ne sais, mon Père, si vous êtes content de moi autant que je le suis de vous ; mais, si je fais encore une campagne, je n'aurai pas d'autre confesseur que vous. »

miration, renoncer à l'hérésie entre les mains de Bossuet lui-même. Le nouveau Catholique voulut donner des gages de sa foi à l'Eglise et aux Jésuites; il traduisit les œuvres de controverse du Père Dez, et il seconda activement l'impulsion catholique.

Dans l'*Etat présenté à la diète de Ratisbonne après la paix de Ryswick*, on trouve le nom de toutes les cités, de tous les villages de l'Alsace où les Jésuites portèrent le germe de la vraie Foi : en se rendant compte des obstacles qu'ils eurent à vaincre on s'étonne du zèle et de la patience qu'il fallut déployer pour arriver à un pareil résultat. Ils ne s'adressaient pas en effet à des hommes qu'une instruction première préparait à recevoir la vérité; ils avaient à faire pénétrer dans les cœurs des idées que les populations s'étaient habituées à regarder comme de superstitieuses croyances. Cependant ils ne désespérèrent point de leur cause. En quelques années, ils surent si merveilleusement disposer ces natures grossières, ils reçurent tant d'abjurations publiques ou secrètes que le nombre des Catholiques surpassa même leur attente. Les fruits abondants qu'ils recueillaient persuadèrent à Louis XIV et à ses conseillers que rien n'était plus facile que d'obtenir partout de semblables triomphes. Les Jésuites avaient réussi en Alsace par des voies de douceur et d'équité; on crut que le Protestantisme, qui cédait au raisonnement, s'empresserait de se rendre à la menace. Le vieux chancelier détestait les Dévoyés ; son fils, le terrible ministre de Louis XIV, ne les aimait pas, parce qu'il croyait que Colbert, son rival dans la confiance du roi, était leur protecteur. Un grand nombre d'Evêques pensaient qu'il importait au repos futur de l'Eglise d'en finir avec une secte qui, sous huit monarques, avait toujours semé le trouble dans l'Etat. Le Parlement lui-même et l'Université de Paris s'associaient à ses vœux ; l'affaire fut soumise au conseil.

Une femme plus vieille que Louis XIV, âgée de quarante-sept ans, mais pleine de discrétion, d'esprit et d'ambitieuse amabilité, acquérait sur son caractère une influence irrésistible. C'était madame de Maintenon, dont tous les écrivains ont plutôt fait la satire que l'histoire. Cette femme, que la misère avait

poussée à unir sa jeune destinée à celle de Scarron, le burlesque
poëte du dix-septième siècle, séduisit le roi par ses vertus,
comme La Vallière, Montespan et Fontanges l'avaient séduit par
leur beauté. Après la mort de la reine Marie d'Espagne, il osa
descendre de son trône pour y faire asseoir secrètement une de
ses sujettes. La position qu'il allait créer à la marquise de Maintenon parut si exceptionnelle au Père Lachaise, qu'il essaya de
dissuader Louis XIV de ses projets. Le monarque résista aux
avis de son confesseur, et madame de Maintenon ne pardonna
jamais à ce Jésuite la franchise dont il avait fait preuve. Néanmoins ce fut le Père Lachaise qui, en présence de François de
Harlay, archevêque de Paris, du chevalier de Forbin, de Mont-
chevreuil et de Bontemps, valet de chambre du roi, officia à la
cérémonie du mystérieux mariage, dont la date doit remonter à
l'année 1685. Maîtresse du cœur de Louis, connaissant ses ma-
jestueuses faiblesses, et le dominant par une raison toujours
lucide et toujours modeste, la nouvelle épouse ne craignit pas de
seconder les vues du chancelier Le Tellier et des Catholiques [1].

Les Jésuites furent consultés sur la mesure. Les Jésuites,
sous ce règne, apparaissent comme les confidents de Louis XIV
et de ses ministres; il y en avait un dans chaque illustre famille.
Le Père Bouhours était le commensal du grand Colbert; et
souvent ce ministre, qui a fondé en France le crédit et l'industrie, appelait Bourdaloue à Sceaux pour délibérer avec lui
et avec Tronson, supérieur général de Saint-Sulpice, sur
des affaires qui intéressaient le royaume [2]. Les Jésuites, en

[1] Schœll nous paraît assez équitable à l'égard de madame de Maintenon. Voici le
portrait qu'il en trace dans ses *Etats européens*, t. XXIX, p. 131 :
   « Madame de Maintenon conserva son ancienne modestie; mais elle partagea avec
le roi le fardeau du gouvernement, sur lequel elle eut pendant trente ans la plus
grande influence. Son esprit juste, mais manquant de vues élevées, ne la préserva
pas, dans cette position difficile, d'erreurs et de fautes; mais elle ne mérite pas les
reproches qui lui ont été faits par l'aveugle prévention. Ses intentions étaient toujours droites; elle obéissait à la voix de sa conscience; elle soumettait constamment
sa manière de voir à celle de son royal époux. Si l'ambition a été le premier mobile de ses actions, elle l'a bien expiée par trente années d'ennui...
   » Ce n'est pas que nous croyions nécessaire de repousser le reproche de dévotion
que le fanatisme irréligieux adresse à l'amie de Louis XIV. Quant à la persécution
qu'éprouvèrent les Protestants, elle en fut innocente... »
[2] Il existe une lettre de M. Tronson au Père Bourdaloue, à la date du 7 octobre 1680,
par laquelle le Sulpicien demande un rendez-vous au Jésuite, afin de conférer sur
une affaire dans laquelle Colbert désirait avoir l'avis de l'un et de l'autre.

France, en Angleterre, dans les Pays-Bas et en Allemagne s'étaient vus, ainsi que dans leurs Missions au-delà des mers, en butte aux cruautés des sectaires. Mieux que personne, ils avaient expérimenté leurs tortures, et ils n'ignoraient point que leur intolérance était partout sans pitié. Cependant, au milieu de cette atmosphère de rigueurs dont ils se sentent enveloppés, en face de ces excès de zèle que chacun manifeste, soit pour satisfaire ses passions religieuses, soit pour assurer la paix à la France, les Jésuites se trouvèrent divisés sur l'opportunité de la révocation de l'édit de Nantes.

. Il existe aux archives de l'Etat deux mémoires adressés à Louis XIV; ils traitent à fond cette grave question. L'un fut écrit par d'Aguesseau, intendant du Limousin, et présenté au nom des Jansénistes; l'autre était rédigé et appuyé par la Compagnie de Jésus. Ces mémoires, dont Rulhière eut connaissance lorsqu'il écrivit ses *Eclaircissements historiques sur les causes de la révocation de l'édit de Nantes*, concluent tous deux, par des motifs différents, au maintien de l'acte de 1598. Mais ils sont sans signature, ils révèlent seulement leur authenticité par les traces que le temps y a laissées; on ne peut les accueillir qu'avec réserve; il faut donc, pour apprécier la situation des partis, consulter les historiens de l'époque. Elie Benoît, protestant réfugié, a publié un ouvrage sur les causes de l'exil de ses coreligionnaires; il accuse le Père Lachaise d'être l'auteur de l'ordonnance de révocation et de toutes les calamités qui s'ensuivirent. Schœll lui-même, ordinairement si modéré, reproche au confesseur de Louis XIV d'avoir été, avec madame de Maintenon et Louvois, l'adversaire le plus actif des Huguenots.

Ces assertions durent nécessairement se trouver sous leur plume. Ils étaient persécutés et proscrits, ils s'en prenaient aux Jésuites, qui n'avaient jamais cessé de les combattre. Quoique écrivant sans apporter aucune preuve, aucune autorité à l'appui de leurs dires, ils ont convaincu tous ceux qui ne demandaient pas mieux que d'accepter une version hostile à la Société de Jésus.

D'autres annalistes, en recueillant les souvenirs de la géné-

ration contemporaine, n'ont pas été aussi explicites. Les uns
n'avaient aucune affinité avec les Jésuites, les autres étaient
leurs rivaux. Néanmoins, ils s'accordent pour mettre les Pères
de l'Institut hors de cause. L'abbé de Choisy, qui vivait à la
cour, qui en connaissait et en divulguait les intrigues, expose
les événements d'une manière toute différente. Il raconte que
Louvois, toujours jaloux de son crédit, était inquiet des entretiens que l'Archevêque de Paris, le Père Lachaise et Pélisson
avaient avec Louis XIV. Ces trois hommes, que le monarque
consultait, tendaient à affaiblir ou à détruire le Calvinisme en
France; mais leur système repoussait les moyens violents et
personnels. « Louvois, continue Choisy après cet exposé de la
situation, voulut couper court à ces entretiens, qui lui devenaient suspects, et, sans tant de façons, il pressa fortement la
révocation de l'édit de Nantes. Le Roi mit la chose en délibération dans son conseil [1]. »

Il y avait alors dans ce conseil un vieillard dont Bossuet a
célébré le patriotisme, c'était le chancelier Le Tellier; il étudiait depuis longtemps et pas à pas la marche des Dévoyés de
l'Eglise; il venait de les saisir, en 1683, dressant un plan d'u-
nion générale dans les provinces de Poitou, de Saintonge, de
Guyenne, de Dauphiné et de Languedoc; il savait que les ministres du culte réformé mettaient les armes aux mains des
montagnards, et que ces *Missionnaires bottés*, ainsi que les
Huguenots les surnommèrent, ne cherchaient qu'à fanatiser
des multitudes ignorantes. Le Tellier se sentait frappé à mort;
avant de mourir, il souhaitait avec passion d'attacher son nom
à la mesure dont il avait toujours été le promoteur le plus
énergique. Le 22 octobre 1685, en scellant l'édit de révocation, le chancelier put s'écrier comme Siméon : « *Nunc dimit-
tis servum tuum, Domine.* »

Louis XIV avait cru étouffer le Calvinisme; par la persécution, il lui donna une seconde vie. L'exercice du culte réformé
était interdit même dans les maisons particulières; quinze jours
après la publication de l'ordonnance royale, tous les ministres

---

[1] *Mémoires* de Choisy. t. LXIII, p. 284 (édit. Petitot).

qui n'auraient pas renoncé à l'erreur devaient sortir du territoire de France, et ceux qui se convertissaient au Catholicisme
étaient comblés de faveurs. Les Protestants ne pouvaient ni
émigrer ni transporter à l'étranger leur fortune, sous peine
des galères ou de la confiscation. Avec l'esprit d'intolérance
dont Louvois était animé, un semblable décret ne devait enfanter que des injustices. Elles eurent lieu ; elles amenèrent de
sanglants résultats. Quelle part les Jésuites y prirent-ils? Le
marquis de La Fare, leur ennemi, avoue dans ses *Mémoires*[1],
« que le Père Lachaise, confesseur du roi, n'avait pas lui-
même été de l'avis des violences qu'on a faites. » Duclos s'é-
crie[2] : « Le Père Lachaise, dont on vantait la douceur, ne pouvait-il pas persuader à son pénitent qu'il n'expierait pas le
scandale de sa vie passée par des actes de fureur? » Oroux,
répondant d'avance à cette accusation sous forme dubitative,
s'exprime ainsi[3] : « C'est bien peu connaître le caractère du
P. Lachaise.... On sait qu'au contraire il s'éleva contre l'exhu-
mation des cadavres des Protestants traînés sur la claie et jetés à
la voirie. Il représenta fortement à Sa Majesté tout ce que cette
action avait d'odieux et de barbare; aussi, le ministre Jurieu[4],
plus équitable à son égard que ne l'ont été quelques écrivains,
même catholiques, ne pouvait-il pas s'imaginer qu'il fût capable
des procédés sévères dont se plaignait la prétendue réforme? »

Nous sommes par principe et par conviction opposé à toute espèce de rigueur contre les croyances qui ne se traduisent pas en
révolte. Violenter les consciences, appeler au martyre un culte
ou un parti que l'on peut tuer par le raisonnement, qu'il est si
aisé de laisser mourir dans les langueurs de l'indifférence, c'est le
raviver dans le sang, c'est déshonorer la cause de la vérité en la
faisant défendre par des fanatiques ou par la force brutale.
Louis XIV et tous ceux qui s'associèrent à la révocation de l'édit
de Nantes n'avaient sans doute pas calculé les excès que le désespoir des Huguenots allait provoquer; ils crurent que la masse
obéirait sans répugnance, et que la crainte comprimerait les

[1] *Mémoires* de La Fare (édit. Petitot), t. LXV, p. 234.
[2] *Mémoires* de Duclos (édit. Petitot), t. LXXVI, p. 188.
[3] *Histoire ecclésiastique de la cour de France*, t. II, p. 531.
[4] *L'Esprit de M. Arnauld*, t. II.

moins résignés. Ce fut une erreur déplorable. On a vu la conduite du Père Lachaise dans ces événements ; il reste à raconter ce que firent les autres Jésuites.

De 1682 à 1688, ils organisent des Missions à Troyes, à Lunel, à Vitré, à Orbec, à Soissons et à Bourges. Chénard, curé de la ville d'Alençon, y appelle le Père du Parc ; les entretiens du Jésuite ramènent plusieurs hérétiques à l'Unité. La Compagnie de Jésus prévoyait les malheurs que l'opiniâtreté des sectaires entraînerait ; elle s'efforça de les conjurer en répandant partout les lumières de la Foi. Des enfants de Loyola accourent avec les Capucins dans les provinces où le Calvinisme est encore vigoureux. Ils prêchent, ils évangélisent en même temps dans le Roussillon et dans le Poitou, dans l'Alsace et dans le Languedoc, dans l'Aunis et dans le Béarn. Il y avait de grands services à rendre à l'Eglise et au pays ; les Jésuites les plus célèbres donnent l'exemple. Le Père Bourdaloue s'arrache aux applaudissements de la cour, afin d'éclairer, par sa nerveuse dialectique, les Protestants de Montpellier. La Rue, dont de beaux succès littéraires ont consacré le nom, s'élance dans les campagnes du Languedoc. Comme l'éloquent capucin Honoré de Cannes, il fait toujours entendre des paroles conciliatrices ; mais ces paroles semblent frappées de stérilité. Les conversions qu'ils opèrent ne produisent dans les cœurs qu'une répugnance plus invincible. Dans ces Missionnaires, livrés à l'ardeur du zèle, le Huguenot ne voit que des avant-coureurs de la persécution. Le ministère pacifique reste presque sans efficacité sur l'enthousiasme des populations auxquelles on impose un retour immédiat à la vieille Foi. Elles résistent en attendant le martyre, ou elles accusent de lâcheté et d'apostasie leurs coreligionnaires qui ne montrent pas la même obstination. Les hautes classes se prêtèrent plus facilement que les autres à l'apostolat des Missionnaires. Pour se laisser convaincre, elles avaient, en dehors de leur éducation, des instincts conservateurs, des motifs ambiteux que l'isolement auquel on les assujettissait ne pouvait satisfaire ; mais le peuple des campagnes n'acceptait pas avec autant d'empressement les ordres royaux. On lui disait qu'au bout de ces révoltes de l'esprit il faudrait avoir recours à la force ; le peuple qui n'avait rien à perdre défiait la violence, en se livrant à son sauvage enthousiasme. Cette irritation produisit la guerre des Cévennes, et Cavalier, qui vendra ses camisards pour avoir l'honneur de traiter avec le maréchal de Villars.

La révocation de l'édit de Nantes devint une source de récriminations amères contre Louis XIV et les Jésuites, auxquels on imputait cette mesure. Les hérétiques de toutes les sectes et de tous les pays avaient dépouillé de leurs biens, emprisonné, proscrit ou égorgé les fidèles ; ils avaient brisé, comme un hochet d'enfant, la liberté et le droit d'association ; ils descendaient même jusqu'au fond des consciences pour imposer le parjure ou l'apostasie. Mais, à la nouvelle que le roi de France rend à leurs coreligionnaires une partie des maux qu'ils firent peser sur les Catholiques, une indignation de commande s'empare de tous les esprits. Les Dévoyés de l'Eglise refusèrent à Louis XIV la faculté de persécuter l'hérésie, quand l'hérésie, s'attribuant le monopole de l'intolérance, sévissait partout où elle pouvait glisser ses ministres et sa croyance. Ceux qui venaient de repousser du sol de la patrie les Catholiques inébranlables dans leur Foi, s'émurent jusqu'à la fureur, en recevant, au foyer de l'hospitalité calviniste, les Huguenots qui émigraient.

Il y eut des douleurs de convention et des colères instruites à feindre ; car, dans le fond de leurs âmes, il n'était pas possible que les sectaires ne reconnussent aux autres le droit d'user d'un principe dont ils avaient si largement abusé ; mais il fallait déplacer la question pour égarer les multitudes et fausser l'esprit de l'histoire. Les Protestants réussirent dans leur double entreprise. De Genève et de Londres, il ne s'éleva qu'un cri contre l'intolérance de Louis XIV ; ce cri retentit encore ; en Hollande, il évoqua des hommes qui ne se contentèrent pas de faire écho ; là, les Protestants dédaignèrent le rôle de martyrs pour celui d'inquisiteurs.

Par sa position inexpugnable, par son commerce sur tous les marchés du monde, par ses victoires navales et par son besoin d'alimenter les révolutions dans les autres Etats, la Hollande était devenue, en moins d'un siècle, une des puissances les plus redoutables de l'Europe. Elle ouvrait son sein à tous les mécontents ; elle accueillait toutes les ambitions déçues ; elle soudoyait toutes les plumes qui se vendaient à ses libraires ; elle faisait la guerre à coups de canon et à coups de calomnies ; elle outrageait ceux dont elle ne pouvait triompher. Forte de la bravoure à froid de ses enfants, plus forte encore du talent de ses amiraux et de ses diplomates, elle jetait dans la balance européenne une épée ou un pamphlet. Elle accueillit les Jansénistes vaincus ; elle fut pour eux une terre de promission, comprenant bien que les disciples de Jansénius étaient un levier dont elle aurait toujours l'emploi contre l'Eglise universelle. Guillaume d'Orange avait un autre but. Le Catholicisme, en Angleterre, sortait de ses ruines avec la Compagnie de Jésus ; cette résurrection allait donner un trône à ses ambitieux calculs ; le Stathouder n'épargnait rien pour y arriver. La révocation de l'édit de Nantes fut un nouveau prétexte offert à son ardeur contenue : il le saisit avec avidité, et ce prince, qui ne croyait qu'à son intérêt, se montra zélé Protestant, parce que Louis XIV et Jacques II étaient fervents catholiques. Il y avait des Jésuites dans les Provinces-Unies ; il fit retomber sur eux le poids de ses vengeances. Persécuter les Catholiques et la Société de Jésus, c'était offrir des arrhes à ses complices préparant la révolution de 1688, et se faire un appui de tous les Huguenots ; Guillaume joua la partie avec autant d'adresse que de bonheur.

A cette époque, l'Institut possédait en Hollande quarante-cinq résidences, qu'administraient soixante-quatorze Pères. Afin de légitimer les moyens coercitifs, qui enfin avaient un prétexte, on transforma le roi de France en Jésuite [1] ; tout aussitôt, ce seul titre fut un arrêt de proscription. Les églises qu'ils occupaient furent soumises à d'exorbitantes amendes ; on traîna dans les prisons les Missionnaires et leurs adhérents ; la profanation et le sacrilège marchèrent tête levée. Dans la Frise, le Père Ernest de Wissenkerke est en butte aux menaces des sectaires ;

---

[1] Persequente reformatæ religionis homines Rege Galliæ de numero Jesuitarum.

il s'y soustrait en fuyant d'asile en asile. A Zutphen, dans la
Gueldre, à Alkmaër, à Hoorne, à Enckhuysen, à La Haye et à
Utrecht, des manifestations semblables eurent lieu. Le Protestantisme est encouragé par les Jansénistes belges ou réfugiés;
ils l'excitent contre les Pères, en tâchant de séparer la cause de
la Compagnie de celle des autres Catholiques. On veut abattre
le drapeau, afin de disperser ou d'affaiblir l'armée. Les Etats-
Généraux mettent en discussion l'existence des Jésuites; un
décret d'exil définitif est imminent; le supérieur de la Société
en Hollande écrit à ses frères le 2 novembre 1685 :

« Dans l'état critique où se trouve notre Mission par suite des
mesures rigoureuses prises en France, je fais part à nos Pères
de plusieurs observations dont ils voudront bien tenir compte.

» 1° Je recommande instamment aux prières et aux sacrifices
de tous la situation de notre Compagnie. Je n'impose aucune
prière d'obligation; j'aime mieux m'en rapporter au bon esprit
et au zèle dont chacun est animé, bien persuadé que, de cette
manière, j'obtiendrais plus que je ne pourrois jamais exiger;

» 2° Que chacun se tienne modestement à son poste; qu'on
ne fasse rien qui puisse offenser qui que ce soit, et accroître le
danger auquel nous sommes exposés;

» 3° Que chacun sache à temps et avec prudence cacher ce
qui pourrait compromettre nos personnes et notre sacré ministère auprès des hérétiques, ou confier en mains amies et sûres
ce qui sera jugé devoir être soustrait aux recherches de nos
ennemis, et l'on aura soin de s'en faire délivrer un reçu.

» 4° Si, ce qu'à Dieu ne plaise, l'on venoit à ordonner notre
proscription actuelle ou future, il faudroit l'accepter avec toute
la résignation qu'inspire le Christianisme, et la souffrir avec la
patience des Apôtres. Alors, on pourroit se retirer dans les lo-
calités qui offrent le plus de sécurité, comme, par exemple,
dans les fermes, dans les maisons de campagne de nos amis, et
s'y tenir bien cachés.

» Avec ces précautions, j'espère que nous nous tirerons
d'affaire.

» Je vous supplie tous d'employer ces moyens et d'autres
encore, s'il s'en offre de meilleurs, pour le bien de la Mission. »

Telles sont les précautions secrètes qu'à la veille des calamités adoptent ces hardis conspirateurs. Les Etats de Hollande vont appeler sur leurs têtes la vengeance du Ciel et des hommes : on les dénonce comme la pierre angulaire de la politique ; on les accuse de toutes les mesures dont les princes croient devoir s'entourer dans l'intérêt de leur couronne. Eux s'adressent aux chefs parlementaires de la république des Provinces-Unies, et, dans un mémoire ils présentent leur défense. Hollandais, ils arguent de leur droit de citoyens ; Catholiques et prêtres, ils font valoir que la liberté de conscience est aussi bien pour les Jésuites que pour les Gomaristes ou les Arminiens. Ils ne demandent pas de priviléges, ils ne réclament pas de subvention pour élever la jeunesse et fortifier leurs frères dans la Foi ; ils veulent rester libres sous un gouvernement qui a proclamé la liberté.

Ce mémoire était embarrassant, parce qu'il posait la question avec netteté. Les Jésuites hollandais affirmaient, ils prouvaient que des motifs purement humains avaient seuls décidé Louis XIV à révoquer l'édit de Nantes. En même temps ils écrivaient au Père Lachaise : « On assure, dans ce pays, que vous êtes l'auteur des persécutions exercées en France contre les Calvinistes, et l'on cherche se venger sur nous. Le comte d'Avaux connaît notre position, et vous en rendra compte à Paris. Nous vous supplions, par l'amour que vous avez pour notre Mission et pour l'Eglise, de faire modifier aux Etats ce jugement inique sur les causes de la révocation de l'édit de Nantes, et, s'il est possible, de détourner le coup qui nous menace. »

Il y avait pour Vicaire apostolique, en Hollande, un prêtre de l'Oratoire, que le Saint-Siége venait d'élever à la dignité d'archevêque de Sébaste. Il se nommait Pierre Codde et succédait à Jean de Néercassel, qui, sous le titre d'Evêque de Castorie, s'était montré tout dévoué aux doctrines du Jansénisme. Pierre Codde l'imita dans ses erreurs ; disciple de l'*Augustinus*, il se prit à exciter contre les Jésuites la tempête qui grondait déjà. Les Pères de l'Institut étaient depuis longtemps en hostilités ouvertes avec ces deux Vicaires apostoliques. Codde, représentant du Saint-Siége, aima mieux donner satisfaction à ses haines théologiques que de soutenir de son autorité et du crédit de ses parents à Amsterdam le Catholicisme mis en cause. L'archevêque de Sébaste se fit l'auxiliaire de l'hérésie ; il accusa les Jésuites, il essaya d'entraîner dans ses idées schismatiques les fidèles dont il devait éclairer et maintenir la Foi. Avec Quesnel, son confrère de l'Oratoire, il en appelait les décisions pontificales aux Etats-Généraux de la Hollande protestante. Pour couvrir ses erreurs, il transformait en docteurs de l'Eglise les partisans de Luther ou de Calvin ; afin de rétablir l'Unité que ses intrigues compromettaient, il sollicitait la décision de quelques laïcs, divisés eux-mêmes en autant de sectes que de familles. La cour de Rome jugea que ce scandale devait cesser ; le 3 avril 1704, un bref émané du Saint-Siége déposa l'archevêque de Sébaste. Les Etats-Généraux avaient senti qu'un pareil auxiliaire était plus utile dans leur guerre contre les Jésuites que toutes les spoliations et les moyens acerbes ; ils prirent parti en sa faveur. Le nouveau Vicaire apostolique, Cock, reçoit ordre de sortir des Provinces-Unies ; on chasse en même temps les ecclésiastiques séculiers qui adhèrent aux injonctions du Souverain-Pontife ; mais les Jésuites éludaient avec tant de sagacité les mesures prises, ils s'étaient si bien renfermés dans le cercle de leurs attributions, que les hérétiques n'avaient jamais trouvé un prétexte spécieux pour réaliser leur plan.

Le 27 mars 1705, les Etats-Généraux font citer à leur barre les Pères Jean de Bruyn, supérieur de la Mission, François Van Hier, Jacques Claesman et Charles Vandenborgth. Le syndic Akersloot leur déclare « que les très-puissants Seigneurs des Etats, désirant mettre fin aux divisions qui existent entre les Catholiques, ont jeté les yeux sur les Jésuites, et qu'ils les somment d'avoir à s'employer auprès du Pape pour rétablir M. Codde dans ses fonctions de Vicaire apostolique, ou pour satisfaire en tout point aux réclamations des Jansénistes. » A cet ultimatum, le Père de Bruyn ne se déconcerte pas, il demande de quelle manière les Jésuites doivent s'y prendre afin d'obtenir ce résultat. Pour toute réponse, le syndic lit une seconde fois les propositions, et il ajoute qu'il faut absolument que, par l'entremise des Jésuites, Pierre Codde soit réintégré dans sa charge avant le 15 juin. La menace des hérétiques s'abritait sous le manteau du Jansénisme ; les Pères de l'Institut comprirent que l'alternative qui leur était laissée devenait pour eux une occasion de chute ; ils ne furent pas tentés de s'abaisser en présence de ces menées. Le 6 avril 1705, Bruyn écrit à Rome, mais il prévient les États que sa lettre n'exercera aucune influence sur les déterminations pontificales, et qu'elle a été rédigée en ce sens. Le 9 mai, la réponse attendue arrive ; elle est telle que les Jésuites la pressentaient. Leur expulsion en dépend ; ils n'ont pas voulu que l'Eglise fît un sacrifice de dignité pour obtenir une liberté précaire.

Depuis plus de vingt ans on les tenait sous le coup de l'exil. On avait fomenté l'insurrection et organisé le pillage contre eux ; la révocation de l'édit de Nantes n'apparaissait plus comme leur œuvre ; mais le Protestantisme hollandais, dont la vengeance avait été morcelée, désirait accorder à ses alliés du Jansénisme une prime d'encouragement. Le 20 juin 1705 les Pères furent bannis des Provinces-Unies.

Il y a dans la Société de Jésus une persévérance si pleine de ténacité, les enfants de Loyola sont si bien façonnés à braver les chances de toute sorte, que la proscription les effraie beaucoup moins que le bonheur. On dirait qu'elle fut toujours la condition de leur existence, et que cette vie d'agitations et de combats est pour eux un élément de succès. Comme tant d'autres Ordres religieux, ils pouvaient, jouissant des travaux et de la gloire de leurs anciens, descendre en paix le fleuve et s'endormir sur les flots devenus faciles. Les Jésuites pensèrent qu'à remonter sans cesse le courant le bras se fortifie. La tête haute, l'œil ouvert, la poitrine tendue et déchirée, ils aimèrent mieux s'avancer vers le port auquel ils n'abordaient jamais, mais d'où des voix amies, des émules quelquefois, les encourageaient dans cette lutte hardie. On les bannissait, ils trouvent moyen de résister. Leurs fidèles sont peu nombreux, ils se sentent dispersés, inquiets ; les Jésuites les rassurent, ils font passer dans les cœurs catholiques la sérénité de leurs âmes ; ils leur inspirent la force de regarder sans pâlir les tribulations que l'hérésie leur réserve. Au mois de février, les Etats songent à mettre un terme à cette situation. Les Pères comparaissent encore devant eux; on les somme de faire ratifier par le Saint-Siége, dans l'espace de trois mois, l'ultimatum proposé, ou de se voir exclus à perpétuité des possessions hollandaises. L'Eglise, par l'intermédiaire du Cardinal Paulucci, répondit au Père de Bruyn :

« C'est avec une vive douleur que Sa Sainteté a reçu l'exposition des tristes événements rapportés dans la lettre de votre Paternité du 28 février de l'année dernière, à savoir l'intimation à vos confrères et à vous, de la part des Etats de Hollande de quitter leur territoire dans l'espace de trois mois, sous peine d'être punis comme perturbateurs du repos public, avec la clause, toutefois, que si, dans cet intervalle, les dissensions qui règnent entre les communautés catholiques romaines disparaissent entièrement, il vous sera loisible d'aller présenter aux Etats votre requête pour une prolongation de séjour; mais que, ce délai une fois expiré, on sévirait contre vous, et que, de plus, toutes vos églises et chapelles seraient fermées pour n'être plus rouvertes. Sa Sainteté comprend très-bien que cet orage a été soulevé contre vous par les menées des Jansénistes, qui mettent tout en œuvre pour attirer sur vous, innocents, pacifiques, cet exil qu'ils méritent eux-mêmes à tant de titres. Elle s'est grandement étonnée de voir les Etats pousser la condescendance en faveur de ces réfractaires non-seulement jusqu'à laisser pleine liberté aux trames des véritables auteurs et fauteurs de ces discordes, mais à se voir entraîner, par leurs manœuvres secrètes, à des arrêts indignes, ce semble, de l'équité naturelle des Etats, en même temps que de l'affection que Sa Sainteté n'a cessé de leur témoigner par tous les bons offices que sa conscience lui a permis.....

» Du reste, Sa Sainteté n'ignore pas que la raison de cette mesure, tirée des divisions qui existeraient entre les congrégations catholiques, est absolument fausse. Les vrais Catholiques de Hollande, en même temps qu'ils conservent l'obéissance au Saint-Siége, entretiennent la paix parmi eux. C'est à tort qu'on donne le nom de Catholiques aux Jansénistes, honteusement rebelles au Saint-Siége; ils sont regardés par le Souverain-Pontife non-seulement comme excommuniés et séparés de l'unité de l'Eglise romaine, mais encore condamnés, repoussés comme ennemis de l'Eglise et de l'autorité pontificale.

» Sa Sainteté désire qu'au plus tôt vous rappeliez de sa part ces faits aux représentants des Etats, attendant de leur justice et de leur prudence pour vous un traitement moins sévère, et pour les autres répression de leur audace. Que si la violence et l'intrigue de ces derniers prévalaient sur vos justes demandes ; et que, malgré votre innocence, il vous fallût subir l'exil décerné contre vous, le Saint-Père vous exhorte à soutenir cette calamité avec cette force et cette constance d'âme dont votre vertu éprouvée lui donne les garanties. Sa pensée pleine de sollicitude vous suivra lorsque, selon l'avertissement de l'Evangile, bannis d'une région, vous fuirez dans une autre, après avoir secoué la poussière de vos pieds sur eux, en témoignage de leur obstination à repousser le salut. Elle vous engage à vous souvenir que, pour la gloire de Dieu et la défense de l'Eglise, non-seulement l'exil, mais encore les tourments, mais la mort, s'il le faut, doivent être subis avec patience, et même accueillis avec joie, et que le divin Sauveur donne surtout le titre de bienheureux, avec promesse du royaume des Cieux, aux persécutés pour la justice. En témoignage de sa charité paternelle, elle vous départ avec effusion de cœur la bénédiction apostolique. Et moi, qui, par ses ordres, écris à Votre Paternité, je demande à Dieu, pour vous, avec l'accroissement des dons spirituels, toutes sortes de prospérités.

» J. Cardinal PAULUCCI. »

Il ne restait plus aux Jésuites hollandais qu'à subir l'ostracisme dont les Jansénistes faisaient une loi aux Protestants. Le 16 juin 1708, les Etats ne leur accordaient que vingt-quatre heures pour avoir à fuir leur patrie et à abandonner leur troupeau formé dans la souffrance ; les Jésuites ne purent se décider à ce sacrifice. On les menaçait de mort, s'ils n'obtempéraient point à l'injonction des Etats : ils se réfugièrent dans la province d'Utrecht ; de là, ils calmèrent l'irritation des Catholiques, ils leur apprirent que les jours du danger passent encore plus vite que les heures du bonheur. L'édit de bannissement devait recevoir son exécution immédiate. Quelques années après, quand les ardeurs du Jansénisme et les colères luthériennes furent éteintes, les Jésuites reprirent peu à peu leurs missions. Ils sont à Amsterdam, à Leyde, à Delft, à Rotterdam, à Groningue, à Gouda et dans toutes les provinces où se trouvent des fidèles. A La Haye, ils deviennent les aumôniers des plénipotentiaires étrangers. Leur ministère a quelque chose de clandestin; ils se cachent dans l'ombre. Ces précautions ne sont pas prises contre les magistrats de Hollande, qui enfin donnent à la liberté une plus large interprétation, mais contre les prêtres que l'Eglise a frappés d'interdit, et qui exploitent dans ce pays tous les scandales de l'Europe. Ces prêtres soulevèrent plus d'une fois la tempête; les Etats-Généraux se firent une arme de tant de calomnies, ils décrétèrent souvent qu'il fallait chasser « cette pernicieuse et parricide secte des Jésuites. » Elle courba la tête et laissa passer l'orage, car elle comprenait qu'un devoir impérieux l'attachait à cette Hollande où elle avait beaucoup souffert, mais où elle fécondait le germe qui devait produire tant de vertus chrétiennes.

Les Hollandais essayaient d'anéantir dans leur pays la Compagnie de Jésus, qui, forte d'une patience à toute épreuve, déjouait les calomnies les mieux combinées, et faisait échouer les prescriptions les plus menaçantes; dans le même temps, elle se voyait en partie proscrite de Sicile. La cause de cette mesure tenait à une discussion du pouvoir ecclésiastique que, dans certaines circonstances, les magistrats civils se croyaient en droit d'exercer. Les monarques de Sicile prétendaient qu'en vertu d'une bulle accordée à Roger, fils de Tancrède, par Urbain II, ils jouissaient, comme légats à perpétuité, de presque toute la plénitude de l'autorité pontificale dans l'île conquise par leurs armes. L'Evêque de Lipari avait, pour un motif des plus futiles, excommunié quelques magistrats subalternes; ils s'adressèrent à ceux qui, sous le titre de tribunal de la monarchie, usaient de la prérogative concédée par Urbain II, prérogative que depuis longtemps l'Eglise romaine arguait comme nulle et sans valeur. Ce droit, attribué à des laïcs, était une chimère ; il se trouva des hommes pour le défendre, car, dans les petits Etats les priviléges les plus minimes s'élèvent à des proportions gigantesques. Quelques prélats siciliens, regardant la chose comme sérieuse, lancent l'interdit sur leurs diocèses et se dérobent par la fuite aux conséquences de leur acte. Les magistrats séculiers s'opposent à l'excommunication ; le Souverain-Pontife en soutient la validité. Buglio, le délégué du vice-roi, prononce la peine de cinq ans d'exil contre tout religieux qui obéira à la bulle avant qu'elle ait reçu l'*exequatur* royal. Dans ce conflit de juridiction, les Jésuites de Catane, dirigés par le Père Barbieri, leur Provincial, se rangent sous la bannière du Saint-Siége.

Telle était la position des choses, lorsque, le 24 décembre 1713, Philippe V d'Espagne abandonna la Sicile à Victor-Amédée, duc de Savoie, aussi vaillant capitaine que politique expérimenté. Le nouveau prince fait annoncer par les Evêques de Mazzara et de Cefalu qu'il donnera satisfaction entière à la cour de Rome, que les abus du tribunal de la monarchie seront réformés, mais qu'il ne consentira jamais à dépouiller ses Etats de leur privilége. Le duc de Savoie parlait ainsi pour se rendre populaire ; les autorités espagnoles prennent le contre-pied de ses déclarations. Il demandait que le Clergé, que les Jésuites notamment, ouvrissent les églises et y célébrassent l'office divin ; la menace se trouvait à côté des caresses. Les Jésuites se décident à obtempérer aux prières et aux ordres du roi. Ce que le Provincial Barbieri avait établi, le Père Sala, son successeur, le continua. Leurs précautions conciliatrices se voient désapprouvées à Rome ; malgré la sévérité des injonctions de Victor-Amédée, le bref du Pontife et les lettres du Général de la Société sont introduits en Sicile ; les Jésuites s'y conforment ; ils ferment aussitôt leurs églises de Catane et de Girgenti. C'était l'exil pour cinquante d'entre eux ; l'exil est accepté. Cet exemple modifia l'opposition des autres Instituts : ils ne voulurent pas se prêter, comme les Pères de la Société de Jésus, à une obéissance qui compromettait leur avenir. Par une bulle du 20 février 1715, Clément XI abolit le privilége et le tribunal de la monarchie en Sicile. La querelle

alors passa dans les écrits ; elle fut alimentée par es controverses sans fin auxquelles prirent une part active les Jésuites
Pisano, Catalano, Chiaveta et Buònincontro. De nouvelles
transactions diplomatiques intervinrent entre l'Empereur d'Allemagne et Victor-Amédée. Il renonça à la Sicile pour la
couronne de Sardaigne ; sur-le-champ, Albéroni tenta la conquête des provinces enlevées à la monarchie espagnole. Une
armée parut en Sicile ; les villes ouvrirent leurs portes, les
campagnes se montrèrent heureuses de rentrer sous la domination de leurs anciens rois ; mais, pour don de joyeux avénement toutes demandaient qu'on mît fin aux troubles, toutes
exigeaient le rappel des Jésuites et des autres exilés Le Pape
et Philippe V traitèrent sur ces bases, puis les dernières traces
de ce long démêlé disparurent sous la main du temps.

La Compagnie de Jésus était à la même heure repoussée et
de la Hollande protestante et de la Sicile catholique ; par un de
ces revirements d'opinions si fréquents dans son existence, elle
se trouvait appelée à préparer le retour de la famille souveraine
de Saxe à l'Unité catholique. Jusqu'à ce jour, les princes de
cette maison avaient été les plus vigilants défenseurs et les généraux les plus intrépides du Luthéranisme. Depuis Charles-
Quint, l'Allemagne hérétique devait à leur épée d'innombrables
succès. Au mois de novembre 1689, Chrétien-Auguste de Saxe
embrasse le Catholicisme ; il est sacré Evêque de Raab et promu
au cardinalat. Il était revenu à la religion de ses aïeux ; il
forma le projet d'y ramener sa famille. Le premier dont il
triompha fut Frédéric-Auguste II, électeur de Saxe, qui, le
1er juin 1697, abjura le Protestantisme. Frédéric, dont la vie
s'écoulait dans les magnificences et sur les champs de bataille,
était un de ces hommes de fer à qui la vérité n'a jamais fait
peur. Pour être nommé roi de Pologne après la mort de
Sobieski, il pratiqua en grand la corruption électorale, il
voulut acheter la moitié des suffrages de la Diète ; tous, à
quelques exceptions près, s'offrirent au marché royal. Catholique au 1er juin, Frédéric-Auguste fut élu le 27 du même
mois, et couronné à Cracovie le 27 septembre. La conversion
du prince pouvait paraître à l'Eglise une transaction entre sa

conscience et le diadème de Pologne; le Saint-Siége lui conseilla de s'entourer de ministres aussi fermes que prudents.
Le nouveau monarque était un hardi soldat, qui avait longtemps
tenu tête aux Français, qui avait vaincu les Turcs, et qui
allait se trouver face à face avec Charles XII de Suède, dans
les plaines de Clissow et de Frawstadt. Il sentait que les Catholiques attendaient un gage de sa sincérité; il le donna en choi-
sissant pour confesseur le Père Charles-Maurice Vota. Le Jésuite
avait été l'ami de Jean Sobieski sur ce trône où Frédéric s'asseyait
après lui; il connaissait la situation des esprits, il avait été mêlé
à toutes les affaires du dernier règne; il était aimé des Polonais:
ce choix fut donc accueilli à Rome ainsi qu'à Varsovie.

Frédéric-Auguste, après avoir pourvu aux premiers besoins
de son peuple, songea à revenir dans ses Etats héréditaires
afin d'y accorder la liberté de conscience. Vota l'accompagna;
mais, dans la ferveur de son néophytisme, le roi portait plus
loin ses désirs: il aspirait à détruire par la violence la révolution dont Luther avait donné le signal. Le Jésuite, plus calme
et moins belliqueux, s'opposait à ces appels à la force. Il pensait que la liberté de discussion suffirait pour agir sur les cœurs
et pour convaincre les esprits. Le prince Egon de Furstemberg, le
ministre d'Etat Baichling, le Nonce Paulucci, se rangèrent à son
avis. La modération de Vota triompha des emportements du zélé.
A peine arrivé à Dresde, le Jésuite s'occupa de se mettre en rapport avec les pasteurs luthériens. L'Electrice, Anne-Sophie,
mère de Frédéric-Auguste, et la reine Christine de Brandebourg,
son épouse, professaient le culte réformé. Elles avaient vu avec
un vif sentiment de douleur l'abjuration du prince. Vota se fit
l'intermédiaire entre eux: il s'improvisa conciliateur de la famille
de Saxe; et, en maintenant les droits de tous, il sut faire respecter par chacun le ministère de sa parole. Les desseins de Vota
n'étaient un secret pour personne; mais ce fut par le raisonnement qu'il espéra les réaliser. La Saxe protestante devait, dans son
idée, revenir au Catholicisme; il essaya d'accomplir ce changement par la persuasion.

Quelques années s'écoulèrent ainsi dans le travail des Missions
ou dans la lutte théologique contre les Luthériens. Avec un

prince qui n'avait jamais connu d'obstacle il pouvait tout oser. Le
Jésuite procède par voie de ménagement; il fonde une Église à
Dresde et à Leipsick. Préfet apostolique au nom du Saint-Siége,
il gouverne le roi et les Catholiques. Mais ses forces s'usèrent
dans des travaux de toutes sortes; Vota sentit que l'heure de
la retraite allait sonner pour lui. Afin de mettre un intervalle
entre le monde et l'éternité, il obtint du roi la permission de se
rendre à Rome en 1713. Quelques années après il y mourut, et
le bien dont il avait pris l'initiative se continua par d'autres
Pères de la Compagnie de Jésus. Vota avait laissé une grande
œuvre inachevée. Ami du roi, le suivant dans la guerre et dans
la paix, il possédait toute sa confiance et celle de Pierre Ier,
empereur de Russie; mais le prince héréditaire de Saxe, élevé
par son aïeule et par sa mère, restait attaché à l'hérésie : il devenait un obstacle pour les Catholiques, une espérance pour les
Protestants.

Rien de durable ne pouvait s'opérer tant que l'héritier de la
couronne ne séparerait pas sa cause de celle de la Réforme. Il
était jeune; Clément XI, de la famille Albani, ne consentit pas
à laisser échapper l'occasion de reconquérir à la Foi une des
plus belles parties de l'Allemagne. Son neveu, Annibal Albani,
Nonce extraordinaire près des cours germaniques, arrive à
Dresde afin de travailler à cette conversion. Le Père Jean
Salerno l'accompagne en qualité de théologien et de conseiller.
Le Prince était entre les mains des Luthériens saxons, qui le
regardaient comme une sécurité pour l'avenir. Il fallait lui
donner une éducation catholique; les Jésuites pensaient avec
Albani qu'avant tout il importait de ne rien brusquer, afin de
ne pas exciter de haine dans les esprits. Frédéric-Auguste écrivait, le 23 janvier 1712, au Souverain-Pontife : « Si, contre
notre attente, la paix en Pologne, de quoi Dieu nous préserve !
ne se rétablissait pas de longtemps, il est néanmoins dans ma
ferme et irrévocable volonté que mon fils abandonne la Saxe
et entreprenne un voyage dans les pays catholiques. Il y sera
escorté de personnes de la même Religion ; mais, si Votre
Sainteté connaissait une voie plus courte et plus sûre, je vous
prie de me l'indiquer. »

La mort de Joseph Ier, empereur d'Allemagne, et la convocation de la Diète à Francfort fournirent l'occasion tant désirée.
Le roi fit partir son fils pour l'Italie. A Bologne il rencontra
les Pères Salerno et Vogler, chargés par Frédéric-Auguste de
présider à son éducation. Le jeune prince se fit si docile aux
enseignements des Jésuites, que dirigeait le cardinal-légat
Laurent Casoni, que le Souverain-Pontife, en transmettant ces
nouvelles au roi Auguste II, lui mandait de n'avoir rien à
craindre des hérétiques. Clément XI l'assurait que tous les
monarques épouseraient sa querelle ; et, « si les Protestants,
ajoutait-il, attaquaient vos Etats héréditaires, nous promettons,
en cas de besoin, d'engager ou de vendre jusqu'à notre tiare. »
Le Pape sentait de quel avantage serait pour l'Eglise universelle
ce triomphe, si bien préparé par les Jésuites. Il aspirait à le
conserver en ne laissant aucun soupçon dans les esprits des
familles luthériennes. Afin de faciliter leur retour à la Foi antique, il leur accordait d'avance, de sa pleine autorité, les
biens ecclésiastiques dont leurs ancêtres s'étaient emparés ;
puis il terminait ainsi sa dépêche : « Nous attendons avec impatience le jour auquel nous aurons la consolation de voir et
d'embrasser à Rome le prince héréditaire votre fils, que nous
regardons déjà comme la prunelle de notre œil et l'instrument
dont la divine Providence se servira peut-être pour nous consoler abondamment de tout ce que nous avons souffert dans ces
douze années si laborieuses de notre pontificat. »

Ce jour tant souhaité par Clément XI et par le roi de Pologne luit enfin. Le 27 novembre 1712 le Prince, âgé de seize
ans, abjura le Protestantisme entre les mains du Père Salerno.

A cette nouvelle, les Dévoyés d'Allemagne et de Saxe réunissent leurs efforts pour accabler Frédéric-Auguste et contraindre
son fils à déclarer nuls les actes consommés à Bologne. Clément XI et les Jésuites s'opposent à leurs projets : dans le but
de les ruiner, il est décidé que le Père Salerno partira pour
Vienne, chargé de négocier le mariage du prince avec une des
archiduchesses d'Autriche. Salerno était l'ami du prince Eugène et du comte de Stahremberg : il les dispose à cette union,
indispensable à l'Unité catholique. L'empereur Charles VI

souscrit à sa demande, et le Père Guarini accourt encore, au nom du Saint-Siége, presser l'issue d'un événement si heureux pour lui. La Religion de la maison de Saxe devenait la Religion catholique; car l'Empereur posait en condition absolue que tous les enfants seraient élevés dans le sein de l'Eglise romaine. Les Jésuites avaient puissamment contribué à cette victoire sur l'hérésie; pour la faire fructifier, il fallait la ménager : ils engagèrent l'Empereur et Frédéric-Auguste à promulguer la liberté de conscience en faveur des sectaires. Le 20 août 1819 le mariage fut célébré à Vienne. Salerno avait si bien su manier tous les esprits dans ces circonstances délicates que les Luthériens de Saxe eux-mêmes se joignirent aux Catholiques, et le félicitèrent de sa modération. Il avait beaucoup fait en faveur de l'Unité : l'Empereur, le roi de Pologne et le prince Eugène voulurent lui offrir un témoignage public de reconnaissance : ils supplièrent le Pape de l'élever à la dignité de cardinal. Le 19 décembre 1719 le Père Jean-Baptiste Salerno fût revêtu de la pourpre sacrée.

Six ans auparavant, le même Pape avait, de son propre mouvement, récompensé les services et l'éminente piété du Père Tolomei en le forçant d'accepter la dignité de cardinal. Le 30 septembre 1720, il appelait encore un autre Jésuite aux mêmes honneurs; ce Jésuite était le Père Alvarès Cienfuegos. Cienfuegos était lié de la plus étroite amitié avec Jean-Thomas Henriquez, le fameux amirante de Castille pendant la guerre de la succession espagnole. Il le suivit lorsque Henriquez, nommé ambassadeur à Paris, conçut un hardi stratagème, et, au lieu de se rendre à son poste, prit la route de Portugal. Le Jésuite s'était dévoué à la fortune de l'archiduc Charles d'Autriche, qui fut plus tard l'empereur Charles VI; ce prince le choisit pour remplir de hautes missions diplomatiques dans les cours de Madrid, de Lisbonne, de Londres et en Hollande; puis il demanda pour lui un chapeau de cardinal. Cette triple nomination, faite par le même Pape, fournissait des armes aux antagonistes de la Société de Jésus. Personne ne tint compte des exigences politiques, des volontés impériales, ou royales, qui mettaient leur gratitude à la traverse du renoncement aux honneurs tant recommandé par l'Institut. Les Jésuites s'effrayèrent de ces trois princes de l'Eglise coup sur coup tirés du sein de leur Compagnie; il fut résolu tacitement qu'à partir de ce jour l'on ferait en sorte de ne plus s'exposer à des faveurs qui compromettaient l'essence de l'Ordre. Cienfuegos fut, en effet, le dernier cardinal Jésuite avant la suppression.

A la demande de l'empereur d'Allemagne, Pierre-le-Grand avait ouvert la frontière de Russie aux disciples de Loyola; des documents inédits tendraient même à faire croire qu'il les appela dans son empire par un acte spontané : toujours est-il qu'en 1719 ils y résidaient, et qu'ils jouissaient auprès du Czar d'un crédit que semblaient accroître leurs succès. Pierre-le-Grand voulait amener son peuple de la barbarie à la civilisation comme il façonnait un soldat à la manœuvre. Ce prince, qui a laissé un si long reflet de gloire sur les annales de la Russie, avait vu tant de sauvages volontés se courber sous sa merveilleuse intelligence, qu'après avoir vaincu Charles XII de Suède à Pultawa, il ne connaissait plus d'obstacles. Encore à demi Tartare dans les mesures, mais plein de génie dans la conception de ses plans civilisateurs, il changeait les mœurs et les lois. La force était sa dernière raison sur un peuple enfant; la force triompha de tous les préjugés anciens. Au milieu de ces améliorations dictées par la violence et qui ne devaient que plus tard porter d'heureux fruits, Pierre Ier forma le projet de bouleverser la religion grecque. Il consulta les Jésuites sur les modifications à tenter; les Jésuites lui communiquèrent leurs idées; ces idées étaient en désaccord avec les siennes. Le Czar voyait par lui-même les bons effets qu'un petit nombre de Pères disséminés dans ses villes obtenaient par l'éducation. Ces moyens parurent trop longs à sa fiévreuse impatience; il crut que de semblables conseils cachaient un piége; et, comme il se trouvait en dissentiment sur plusieurs points de politique générale avec l'empereur Charles VI, il saisit cette double occasion de bannir de ses Etats les Jésuites qu'il y avait appelés. Ils s'étaient montrés peu favorables à ses innovations religieuses, il s'empara de tous les papiers, afin de savoir par lui-même jusqu'où leur opposition s'était étendue. Cette recherche ne produisit aucun résultat, ce qui n'a point empêché les adversaires de la Compagnie de dire que Pierre-le-Grand ne trouva de sûreté pour sa personne et de moyens de tranquilliser son empire que dans l'expulsion des Jésuites.

En ce laps de temps, les chefs de l'Institut s'étaient plus d'une fois renouvelés; des Congrégations Générales avaient eu lieu. Ces élections provoquèrent si peu de secousses parmi les Pères répandus sur le globe, que c'est à peine si le changement de personnes se fait sentir. Ils ont un gouvernement électif; chaque assemblée peut mettre les passions ou les ambitions en jeu. Cependant tout s'y passe avec tant de calme, tout est si parfaitement réglé, que la mort du titulaire n'apporte pas plus de brigues et de troubles intérieurs que le choix du successeur.

Paul Oliva expirait au milieu des querelles suscitées en France par le droit de régale. Il mourut le 26 novembre 1681, après avoir gouverné l'Institut durant dix-sept années. C'était un homme d'une piété, d'une habileté consommées, et qui, par sa correspondance avec les rois et les princes, s'était vu mêlé à tous les événements de son époque. Ses lettres, adressées aux empereurs d'Allemagne, aux rois de France, d'Espagne et de Pologne, à des reines et aux ducs de Savoie, de Bavière, de Mantoue, de Modène, de Toscane, de Brunswick et au landgrave de Hesse, traitaient avec une incontestable supériorité les points les plus délicats des faits contemporains. On parlait de les publier en les dénaturant. Vers la dernière période de sa vie, Oliva résolut de les livrer lui-même à l'impression, et elles parurent à Rome. Il avait nommé Charles de Noyelle pour Vicaire-Général. Le 21 juin 1682, la douzième Congrégation se réunit au Gesù. On remarquait parmi les Profès assemblés les Pères Daniel Bartoli, Nicolas Avancin, Etienne de Champs, Paul Fontaine, Paul Casati, Dominique de Marini, Octave Rubeo, Martin de Esparza, Joseph de Seyxas et Ladislas Vid. Le 5 juillet, Charles de Noyelle, né à Bruxelles le 28 juillet 1615, obtint au premier tour de scrutin tous les suffrages, le sien excepté. Ce Jésuite n'avait pas en partage les brillantes qualités de ses prédécesseurs; mais, modeste et prudent, il devenait entre Innocent XI et Louis XIV un conciliateur ou tout au moins un

homme qui, en inspirant aux Pères français des sentiments de
modération, amortirait les colères et neutraliserait leur contre-
coup. Ce fut à cette pensée qu'il dut une pareille unanimité.

La Congrégation, qui se sépara le 6 septembre 1682, rendit
cinquante-six décrets. Noyelle, dont le généralat ne dura que
quatre ans et demi, avait eu de difficiles épreuves à traverser ; il
s'était vu, malgré lui, engagé dans les querelles du Pape avec la
France ; quoique forcé d'obéir aux ordres d'Innocent XI, il avait
si bien su ménager les esprits et laisser aux Jésuites leur liberté
d'action, que la Compagnie passa sans se briser entre ces deux
écueils. D'aussi graves préoccupations n'absorbaient pas tous ses
moments. Sa correspondance témoigne de son activité [1]. Noyelle
appartenait à une famille distinguée, mais alors déchue de son
antique opulence. On savait son amitié pour ses proches ; on lui
insinua qu'il ne tenait qu'à lui de leur rendre la fortune et une
haute position, s'il consentait à servir plus chaudement les intérêts de la France. Noyelle répondit avec simplicité : « Je n'ai
plus pour parents que les enfants de la Société. » Le 12 décembre 1686, il mourut en nommant Vicaire-Général le Père
de Marini. Ce dernier convoqua l'assemblée des Profès pour le
21 juin 1687, et, le 6 juillet, Thyrse Gonzalès de Santalla fut
élu au troisième scrutin par quarante-huit voix sur quatre-
vingt-six.

Cette nomination avait été vivement disputée. Gonzalès, ancien docteur de l'université de Salamanque avant d'entrer dans
l'Ordre de Jésus, s'était fait, en Espagne, une réputation d'éloquence. Il se disposait à se rendre en Afrique pour prêcher le
Christianisme aux Mahométans, lorsque la Province de Castille
le choisit comme député à la treizième Congrégation Générale.
Thyrse Gonzalès était un théologien de mérite et un vigoureux
adversaire des Jansénistes. Ses opinions bien connues sur la
doctrine de l'*Augustinus* ne l'empêchèrent point cependant de
combattre le Probabilisme ; il l'attaqua comme si la plupart des
Jésuites n'eussent pas adopté ce système. Il avait rencontré des

[1] En 1686, le Général de l'Institut félicite le Père Thomas Vjeyski d'avoir ré-
concilié les Pères de l'Ordre de saint Basile avec le métropolitain de Russie.
Vjeyski, Évêque de Chisow, avait renoncé aux honneurs de l'épiscopat pour entrer dans la Compagnie.

obstacles à la publication de son œuvre ; ces obstacles se manifestèrent encore dans le vote de l'élection ; mais, une fois à la
tête de l'Institut, Gonzalès ne veut pas condamner son livre au
silence. Il le fait imprimer en déclarant que ce n'est pas comme
Général de l'Ordre, mais comme théologien, qu'il écrit. Il avait
encore composé un autre ouvrage, spécialement dirigé contre les
quatre propositions de l'Assemblée du Clergé de 1682. Ce livre
pouvait exciter des craintes et provoquer des répugnances dans
la pensée de Louis XIV ; il n'en fut rien : le temps avait calmé
la première irritation ; des deux côtés l'on sentait déjà qu'il ne
fallait pas, pour d'impraticables théories, semer la désunion dans
le champ de l'Eglise. Gonzalès lui-même, quoique sincèrement
attaché aux doctrines ultramontaines, conseillait des voies de
douceur, et, dans son généralat de dix-huit années, il ne s'en
écarta pas un seul instant. Il avait pu être un théologien iras-
cible ; chef de l'Ordre de Jésus, il comprit que de plus grands
devoirs lui restaient à remplir ; il les accomplit tous avec une
fermeté pleine de réserve.

La Congrégation confirma, dans leurs charges d'Assistants,
Paul Fontaine pour la France, Paschase de Casa-Nueva pour
l'Espagne, Antoine de Rego pour le Portugal ; elle choisit Jules
Balbi pour l'assistance de l'Italie, Eusèbe Truschez pour celle
d'Allemagne.

Aux termes du bref d'Innocent X, l'assemblée des Profès
devait se réunir tous les neuf ans. Le 16 novembre 1696,
Thyrse Gonzalès la convoqua. Les Pères Aloys Albertini, Jacques Willi, visiteur en Bohême, Pierre Dozenne, Prosper Paras-
coso, Emmanuel Correa, Alexandre Zampi, Ignace Diertins,
Ignace Tartas, Pierre Zapata, Vincent Grimaldi, Grégoire
Sarmiento, John Persall, Provinciaux de Naples, de France,
de Sardaigne, de Portugal, de Venise, de la Flandre-Belgique,
de Guyenne, d'Andalousie, de Sicile, de Castille et d'Angleterre, s'y trouvèrent avec les Pères Michel-Ange Tamburini et
François Guérin, secrétaire de l'Ordre. Les Profès votèrent
vingt-neuf décrets ; le huitième seulement a quelque importance historique. Il accepte la proposition que font les Pères de
Bohême, de publier à leurs frais le recueil des Constitu-

tions de l'Institut ; ce recueil est connu sous le nom d'édition
de Prague. (2 volumes in-folio, 1705 et 1757.)

Le 27 octobre 1705, Thyrse Gonzalès rendait le dernier
soupir, et Michel-Ange Tamburini, que le Général avait déjà
nommé Vicaire, convoqua, pour le 17 janvier 1706, la Congrégation Générale. On y remarquait les Pères Guillaume Daubenton, Michel Letellier, Frédéric Lamberti, André Waibl,
Maurice, Antonelli, Ignace Alleman, Valentin Quech, Louis
Montesdoca, Jean de Gamis, Curtio Sestio, Jean Dez, Albert
Melcht, Salvator Rivadeo et Michel Diaz. Le 30 janvier, Tamburini réunit soixante-deux suffrages au second tour de scrutin
en concurrence avec Daubenton, et il fut proclamé Général. Né à Modène le 27 septembre 1648, le nouveau Général
avait passé par chaque degré de l'Institut, et laissé partout une
réputation de vertu, de modération et de science, qui ne se démentit point pendant les vingt-quatre années de son gouvernement.

Vers cette époque, le Père Ardelio della Bella fondait la mission de la Dalmatie vénitienne. A la voix des douze Evêques qui
administrent le diocèse de cette contrée, le Jésuite et ses compagnons sillonnent en tous sens les âpres montagnes dont elle
est hérissée ; ils sèment partout des paroles d'espérance et de réconciliation, ils recueillent partout des fruits de salut. Dans le
même temps, saint François de Hiéronymo, plus connu en Italie sous le nom de François de Girolamo, remplissait la ville et
le royaume de Naples du bruit de ses vertus. Infatigable Missionnaire, ce Jésuite, comme saint François Régis et Maunoir, s'é-
tait consacré à sa patrie ; il en fut le régénérateur. Né le 17 décembre 1642 à Grottaglia, il embrassa l'Institut de Saint-Ignace,
et, à partir de ce jour, il devint le promoteur de la charité, l'ennemi le plus ardent du vice et de l'oisiveté. Hiéronymo s'était
créé un genre d'élocution populaire : il mettait à la portée de ce
peuple de Lazzaroni, si expansif et si impressionnable, tous les
trésors de son âme ; en face d'un soleil qui énerve les forces, sur
le rivage de Chiaïa, il leur révélait le besoin de la pénitence et
l'amour du travail. De même que saint Vincent de Paul, il s'occupa d'instruire les campagnes, de consoler les malades et les

indigents, de délivrer les esclaves aux terres infidèles. Ainsi que lui encore, il porta la réforme des mœurs dans les bagnes et dans les prisons ; il apprit à ceux que la justice humaine flétrissait dans leur existence, qu'il y avait une autre vie à laquelle le repentir pouvait les faire participer. Le Jésuite ne s'arrêtait pas à des conseils ou à des leçons : il donnait l'exemple, il visitait les riches pour leur apprendre à secourir les pauvres ; mais l'homme de Dieu se montrait plus souvent dans les hôpitaux que dans les palais. Ce fut au milieu de ces Missions dans la Pouille et à Naples, Missions qu'il n'interrompit jamais, que s'écoulèrent les jours du Père François. Selon la pensée de saint Bernard, le juste avait vécu avec patience, il mourut avec joie ; il était plein de bonnes œuvres et de vertus ; le 11 mai 1716, il expira à l'âge de soixante-treize ans. Il avait été aimé durant sa vie, il fut honoré dans sa mort ; des miracles s'opérèrent par son intercession. Benoît XIV le déclara vénérable en 1751 ; le 2 mai 1806, il fut béatifié par Pie VII ; et le 26 mai 1839, Grégoire XVI le plaça au nombre des saints.

CHAPITRE VI.

L'ascendant que Louis XIV exerçait en Europe réagissait sur les mœurs ainsi que sur les lois. La France s'entourait d'un tel éclat, sa gloire littéraire, sa puissance guerrière, sa prépondérance diplomatique étaient si manifestes que, sans se l'avouer et comme par entraînement, les rois et les peuples suivaient son initiative ; ils se conformaient à ses vertus ou à ses défauts, à ses idées et à ses passions. Louis XIV, honoré au dedans, était envié et redouté au dehors ; les magnificences de son règne avaient quelque chose de si prodigieux que ce prince soumettait, par le prestige du génie français, les nations qui lui résistaient encore par les armes. Ce fut au milieu de l'enivrement de tant de grandeurs que le roi songea à modifier l'essence même de l'Institut de saint Ignace. La politique des Jésuites était aussi invariable que leurs Constitutions ; ils venaient de servir les intérêts de l'Etat sans se montrer hostiles au Saint-Siége, ils s'étaient efforcés de calmer les irritations ; Louis XIV essaya de les détacher de Rome, espérant ainsi leur donner dans son royaume une importance moins exposée aux soupçons gallicans. Durant le généralat d'Aquaviva, Philippe II d'Espagne avait tenté d'altérer les Constitutions de l'Ordre dans leur unité de pouvoir, et il demandait un chef particulier pour la Péninsule. Louis XIV, oubliant en cela les traditions de son aïeul, rêva d'établir une ligne de démarcation entre les Pères français et ceux des autres pays. Henri IV écrivait, le 28 novembre 1607, à la sixième Congrégation :

« A nos très-chers et bien-amés Pères de la Compagnie de Jésus :

» Très-féaux et bien-amés, comme nous avons appris que, de toutes les parties de l'univers chrestien, vous vous estes assemblés à Rome pour le bien commun de votre Société, que nous regardons comme inséparablement liée au bien de l'Eglise elle-même ; vu l'amour singulier que nous portons à vostre Ordre, nous avons jugé utile de vous faire cette lettre par laquelle nous vous témoignons la constante bienveillance que nous avons pour vous tous et pour chacun en particulier, et nous vous accordons tout ce qui dépend de la protection de notre autorité. Nous vous prions ensuite et nous vous exhortons de *veiller maintenant, autant que faire se pourra, à la conservation de vos règles et de votre Institut, afin qu'ils gardent leur ancien éclat et pureté.* Enfin, nous recommandons en vos saints sacrifices et prières les intérêts de nostre royaume, nostre personne et celle de la reine, nostre très-chère épouse ; et des fils que Dieu a daigné nous accorder ; vous certifiant que nous récompenserons vos peines dans les occasions qui s'offriront de contribuer au bonheur et à l'accroissement de vostre Ordre, comme vous le jugerez par l'effet même.

» HENRY. »

Les raisons qui déterminèrent Louis XIV à scinder la Compagnie de Jésus étaient de plusieurs espèces. Les Jésuites subissaient le contre-coup des querelles de préséance que les rois d'Espagne et de France se faisaient, car chacun de ces monarques exigeait qu'à Rome le Général, au jour de son installation, rendît la première visite à ses ambassadeurs. Quand le Père Charles de Noyelle fut élu, il se présenta, au sortir du Vatican, chez le duc d'Estrées, ambassadeur de France. A cette nouvelle, le roi d'Espagne fit éclater une vive colère, que son confesseur, le Dominicain Thomas Carbonello, Evêque de Siguença, eut beaucoup de peine à calmer. L'orage s'apaisait dans la Péninsule, lorsque Louis XIV, déjà en guerre avec Innocent XI pour la régale, demanda, en 1682, que la Flandre, nouvellement conquise par ses armes, fût unie à l'Assistance de France. Le roi d'Espagne sollicita pour la sienne toutes les Provinces de la Compagnie dépendantes de son empire.

C'était miner l'ordre établi. Noyelle, dont les deux princes

IV.   24

honoraient le caractère, obtint un sursis; mais, le jour même de l'élection de son successeur, 6 juillet 1687, l'ambassadeur de Louis XIV renouvela les vœux de son maître; le plénipotentiaire d'Espagne suivit la même marche. La Congrégation Générale supplia les deux souverains de se désister de leurs exigences; elle ne put rien obtenir. Le 25 avril 1688, Louis XIV ordonna au Père Paul Fontaine, Assistant de France, de rentrer dans le royaume avec tous les Jésuites, ses sujets, qui se trouvaient à Rome; ils obéirent sur-le-champ. Le 11 octobre de la même année, le roi interdit aux Provinciaux et aux Jésuites de correspondre avec le Général de la Compagnie : les Pères se prêtèrent encore à cette nouvelle injonction; mais les inconvénients d'un pareil état ne tardèrent pas à se faire sentir. Il était impossible de remplacer les Supérieurs et de créer des Profès, puisque, aux termes de l'Institut, ces fonctions ne peuvent être légitimement exercées que sous l'autorité du Général.

L'idée du roi était jusqu'à ce jour restée enveloppée de ténèbres; elle se manifesta enfin. Il proposa d'établir un supérieur particulier qui gouvernerait les Provinces françaises sous le titre de Vicaire. Thyrse Gonzalès repoussa cette idée [1] que plusieurs Jésuites avaient accueillie, et dont ils pressaient la réalisation sans comprendre que le lendemain ils n'étaient plus que des prêtres isolés. La pensée de Louis XIV se traduisait promptement en fait. Les cinq Provinciaux espérèrent qu'ils pourraient détourner cet orage, auquel il paraît que le Souverain-Pontife, Innocent XI, n'était pas resté étranger. Les Pères Jacques Le Picart, Guillaume de Monchamin, Jean Bonnier,

---

[1] La position du Général était critique : à Madrid, on l'accusait de sacrifier la Compagnie de Jésus aux intérêts de la France; à Versailles, au contraire, on prétendait qu'il était l'instrument du Conseil de Castille. La conduite de Gonzalès fut prudente et digne. Truschez, Assistant d'Allemagne, et les Pères les plus considérables de la Province romaine admettaient un expédient proposé par l'ambassadeur de France auprès du Saint-Siége. Il s'agissait de confier au Provincial de Paris, ou au Père Fontaine, Assistant, le gouvernement provisoire des cinq Provinces du royaume, en réservant l'autorité du Père Général. Dans la crainte des effets que cette mesure pourrait avoir plus tard, Gonzalès s'y opposa. « La mésintelligence actuelle entre le roi de France et le Général de la Compagnie, disait-il, finira au plus tard à la mort de l'un des deux; et j'ai un espoir fondé qu'elle cessera plus tôt : il n'en serait pas ainsi de l'atteinte portée à l'autorité du Général; elle serait irréparable!

Pierre Dozenne et Louis de Camaret, Provinciaux de Paris, de Lyon, de Guienne, de Toulouse et de Champagne, allèrent se jeter aux pieds du roi, le priant de rendre la paix à l'Institut et de lui permettre de se gouverner selon ses Constitutions. Les Jésuites parlèrent avec tant de force du respect que les têtes couronnées devaient inspirer en faveur des principes d'autorité légitime, que Louis XIV comprit ses obligations de Chrétien et de monarque. Le 22 octobre 1690 il adressa aux cinq Provinciaux la lettre suivante :

« Cher et bien amé, le Général de votre Ordre nous ayant donné tout sujet de satisfaction à l'égard des choses qui nous avoient obligé, par notre dépêche du 11 octobre 1688, de vous ordonner que vous, ni aucun supérieur ou inférieur de votre Province n'eût à entretenir commerce avec ledit Général sans en avoir reçu ordre exprès de nous, nous vous faisons celle-ci pour vous dire que nous trouvons bon que dorénavant vous ayez commerce avec le dit Général pour les affaires qui regardent le bon gouvernement de votre Compagnie, tout ainsi que vous aviez coutume de faire auparavant la réception de notre dite dépêche ; vous assurant qu'il ne se peut rien ajouter au gré que nous vous savons de l'exactitude que vous avez gardée en l'observation ponctuelle de ce que nous vous avions ordonné par icelle, et que nous vous en donnerons des témoignages en toutes les occasions qui s'en présenteront ; et, la présente n'étant pas pour autre fin, nous ne vous la faisons plus longue ni plus expresse. »

Au moment où Louis XIV renonçait au projet de distraire les Jésuites de l'obédience due à leur Général, Antoine Arnauld, dont l'âge n'avait point affaibli les forces ou calmé les belliqueuses passions, trouvait encore jour à attaquer la Compagnie. Cette fois-là du moins ses accusations reposaient sur quelque fondement.

En étudiant l'histoire de l'Eglise, en suivant ses docteurs et même quelques Saints Pères dans leurs combats contre l'erreur, on peut faire la remarque qu'ils tombent parfois ou paraissent tomber dans l'erreur opposée. Les théologiens de la Société, qui, en réfutant Baïus et les disciples de Jansénius, défendirent l'inculpabilité de certains actes procédant d'une ignorance invincible, ne furent pas à l'abri de ces excès de l'esprit. Plusieurs Jésuites de Louvain allèrent trop loin dans une telle question. Ils n'avaient pas inventé cette doctrine; mais ils la soutenaient avec tant d'ardeur qu'ils parurent se l'approprier. Dans l'école elle a pris le nom de *doctrine du péché philosophique*. Quelques Pères s'y attachèrent en Belgique afin de repousser le principe du Jansénisme; mais à Rome, véritable source et centre de l'enseignement chrétien, l'Institut de saint Ignace censura toujours de semblables thèses.

Il existe dans les archives du Collége Romain un registre où les réviseurs généraux de l'Ordre de Jésus consignent les décisions rendues sur les livres soumis à l'examen par les Pères des diverses nations. A la date du 14 février 1619, on lit une proposition faite par un théologien, et dont voici la substance : « Si quelqu'un, ignorant Dieu invinciblement, discernant toutefois la malice morale de l'acte, agissait contre les lumières de sa raison dans une matière même très-grave, il ne pécherait pas mortellement. » C'est l'idée du péché philosophique. Les Pères Didace Secco, Jean Chamerosa, Jean Lorin et Marc Vadoorn, réviseurs de la Compagnie, donnèrent la solution suivante : « On répond que, bien que certains auteurs catholiques aient avancé cette doctrine, le professeur qui l'a soutenue doit se rétracter quand l'occasion se présentera et dicter le contraire à ses élèves, parce qu'elle est pernicieuse. »

A trente ans de distance, au mois de février 1659, la même thèse en faveur du péché philosophique est résolue dans le même sens et par la même tradition. Néanmoins, malgré la réprobation dont le péché philosophique était frappé à Rome par l'Institut au nom de tous, la question fut agitée à Dijon. Le Père François Musnier, après avoir distingué le péché philosophique contre la raison et le péché philosophique contre Dieu, déclara que : « le péché philosophique dans celui qui ignore Dieu ou qui ne pense pas actuellement à Dieu est sans doute une faute grave, mais non une offense à Dieu ou un péché mortel susceptible de détruire l'affection de la Providence et digne de la peine éternelle. » Le Père Musnier n'offrait pas sa thèse dans un sens absolu, mais conditionnel; elle n'est pourtant excusable en aucun cas. Arnauld prenait un Jésuite sur le fait. Il laissa de côté le Père Musnier pour atteindre plus haut; un Jésuite se trompait, il accusa tout l'Ordre de partager, d'encourager la même erreur, et il se mit en campagne contre la *nouvelle hérésie* propagée par les Pères. Trois années s'étaient écoulées depuis que Musnier avait développé son idée. De plus graves événements occupaient les esprits; mais l'infatigable Arnauld couvait sa proie. Lorsqu'il crut que sa voix ne serait pas étouffée, il dénonça la Compagnie. Musnier expliqua le sens de ses paroles; les Jésuites prouvèrent qu'ils y étaient étrangers, et que de tout temps leurs théologiens combattaient ce principe. Arnauld tint bon. Le 14 août 1690, le système du péché philosophique fut condamné à Rome; mais de son côté le docteur janséniste se précipita dans une erreur opposée : il adopta la pensée de Calvin déclarant que Dieu fait parfois des commandements aux hommes sans leur donner la force de les accomplir.

Le 15 juillet 1697, Charles-Maurice Le Tellier, archevêque de Reims, engage une lutte contre la Société de Jésus à propos de deux thèses soutenues par les Pères dans le Collége de cette ville. Le Tellier, frère de Louvois, était un prélat dont le faste est historique, et dont la science ainsi que la vertu ne se trouvaient pas à la hauteur de son orgueil. Tout en censurant les doctrines molinistes, il frappa du même coup et les enfants de Loyola et ceux de Jansénius. Quesnel et Gerberon relevèrent le gant; car, comme leurs maîtres de Port-Royal, ces disciples de l'*Augustinus* étaient impatients du combat. Le Tellier les poursuivait; ils l'accablèrent sous le poids de leur colère ou de leurs sarcasmes [1]. La plume de Pascal ne s'était pas émoussée entre

---

1 Gerberon, dans sa *Lettre d'un théologien à M. l'archevêque de Reims*, s'écriait : « Tout le monde conviendra que M. l'archevêque de Reims est donc cet enflé d'orgueil dont parle saint Paul; ce docteur qui ne sait rien de la science des saints, et ce possédé d'une maladie d'esprit d'où naissent les envies, les médisances, les mauvais soupçons et les disputes pernicieuses. » Le Tellier avait encore, dans son Ordonnance, attaqué un abbé du nom de Maurolicus. Un pamphlet parut pour le venger, et, dans un parallèle que cet abbé était supposé établir entre l'archevêque de Reims et lui, les Jansénistes faisaient ainsi parler ce dernier : « Maurolicus, disoient-ils, étoit un savant homme et fort considéré dans son temps, et M. l'archevêque de Reims, leur répondois-je, est le premier pair de France, et fort redouté

leurs mains. Par des satires en prose ou en vers, ils firent cruellement expier à Le Tellier son agression. La Compagnie de Jésus chargea le Père Daniel de répondre à l'archevêque. Les Jansénistes le livraient à la risée publique, Daniel prit la contre-partie : il fut respectueux envers le prélat, plein de ménagements pour l'homme, et incisif seulement en développant la doctrine condamnée à tort. Le Tellier n'avait rien à répliquer. Le fond de la *remontrance* était à l'abri de tout blâme, il accusa la forme. Il chercha à poursuivre les Jésuites comme ayant eu recours à la publicité lorsqu'ils devaient prendre les voies canoniques. Il les traduisit au Parlement, parce que Louis XV refusait de lui laisser choisir quatre Evêques pour arbitres. Mais le premier président de Harlay fit comprendre au roi qu'une cause pareille exciterait des scandales sans utilité, et qu'il valait mieux obtenir des Jésuites un acte de déférence, que d'accorder au prélat le droit de perdre son procès. L'orthodoxie de l'Institut n'étant plus mise en question, les Pères se soumirent à ce que de Harlay exigea d'eux au nom du roi. Ils allèrent demander à Le Tellier l'honneur de son amitié et lui témoigner le regret d'avoir encouru sa disgrâce.

Un livre qui devait avoir plus de retentissement que ces œuvres de polémique éphémère paraissait alors. Fénelon, archevêque de Cambrai, le publiait sous le titre d'*Explication des Maximes des Saints sur la vie intérieure*. Bossuet, avec son implacable logique et l'autorité de son nom, crut devoir s'élever contre le pur amour et les exagérations du quiétisme que popularisaient l'esprit et les vertus de madame Guyon. Avant d'être promu au siége de Cambrai, Fénelon était l'ami et l'admirateur de cette femme spiritualiste, qui, comme toutes les imaginations fatiguées du positif de la vie, cherchait dans des rêves incompréhensibles la source du bonheur et de la paix. Madame Guyon s'adressait aux cœurs

de son diocèse. — Maurolicus, poursuivoient-ils, étoit un homme d'une piété édifiante et d'une conduite très-régulière; et M. l'archevêque de Reims, repartois-je, est commandeur de l'Ordre du Saint-Esprit, et maître de la chapelle du roi. — Maurolicus, ajoutoient-ils, étoit un homme de qualité de l'ancienne maison de Marolles; et M. l'archevêque de Reims, répliquois-je, est proviseur de Sorbonne. A cela, Monseigneur, ils n'avoient pas le mot à dire. »

vierges, aux intelligences d'élite ; 'sa doctrine était obscure,
elle fit de nombreux adeptes. Fénelon, tout en la condamnant
sur beaucoup de points, essaya de l'expliquer. Son ouvrage, né
d'une sainte pensée, devait, même par la candeur pleine d'habileté qui avait présidé à sa rédaction, enfanter de déplorables
abus. Bossuet venait de sévir contre la thaumaturge ; il s'opposa avec encore plus de vigueur aux théories que l'archevêque
de Cambrai prenait sous la protection de son génie. Une lutte s'é-
tablit entre les deux prélats. Le Père Lachaise paraissait encore
jouir d'un degré de faveur [1]. A une époque où les questions
religieuses se présentaient toujours comme des questions politiques, le Jésuite se voyait consulté sur les affaires de la Foi ;
il patronait de tout son crédit l'archevêque de Cambrai, dévoué à l'Ordre de Jésus, qui lui rendait son dévouement en
affection respectueuse. Le confesseur du roi avait lu, il avait
admiré les *Maximes des Saints ;* on dit même qu'il s'était
engagé à soutenir le livre. Mais Lachaise savait faire céder

1 Nous croyons devoir rectifier une erreur que les journaux et les écrivains ont
popularisée en parlant du cimetière de l'Est, plus connu sous le nom de cimetière
du Père-Lachaise. S'il fallait s'en rapporter à tous les contes mis en circulation
sur ce lieu de funèbre célébrité, Louis XIV aurait donné à son confesseur une magnifique maison de campagne, que par reconnaissance le Père Lachaise aurait sur-
nommée le Mont-Louis. La villa, les jardins, les bosquets où le Jésuite venait se
reposer des fatigues de la cour, tout cela maintenant serait occupé par les morts.
Malheureusement l'histoire se trouve en contradiction avec cette fable.
  Les Jésuites de la Maison-Professe achetèrent, le 11 août 1626, une campagne
qu'on appelait alors *la Folie-Regnault,* du nom de son propriétaire, un épicier
qui, en 1420 ou en 1430, selon les archives de l'Evêché de Paris, avait donné son
nom à la rue Regnault-Folie. Au dire de Jaillot, dans ses *Recherches critiques,
historiques, topographiques sur Paris,* t. III, p. 73, les Jésuites acquirent successivement plusieurs terrains autour de leur nouvelle demeure, et, dans les titres de
propriété, elle s'appelle Mont-Louis ou Mont-Saint-Louis dès 1627. Louis XIV n'a
donc pas pu offrir, après l'année 1675, ce que les Pères de l'Institut possédaient
longtemps auparavant par droit d'acquisition. Lachaise ne fut confesseur du roi
qu'au commencement de 1675, et, comme tous les Profès, il allait respirer un peu
d'air pur à la campagne de la Société ; il paya même quelques portions de terre
enclavées dans les jardins. Le Père Lachaise était un haut personnage aux yeux du
peuple ; il voyait le roi à ses genoux, il devait être tout-puissant sur son esprit.
Les habitants du faubourg Saint-Antoine ne voulurent plus se souvenir que les
Jésuites étaient depuis longtemps possesseurs du Mont-Louis. Le Mont-Louis dis-
parut pour eux ; il ne fut connu que sous le nom de la maison du Père Lachaise.
Le Père Lachaise y allait passer quelques heures par semaine ; on le supposait si
omnipotent, qu'on le fit propriétaire. L'opinion publique avait peu à peu adopté
une erreur ; elle y persévéra, et le cimetière qui a remplacé la maison s'appellera
longtemps encore le *Père-Lachaise.* Le 31 août 1763, au moment de la suppression
des Jésuites, le Mont-Louis fut vendu en vertu d'un arrêt du 11 mars précédent,
et revendu le 16 décembre 1774.

l'amitié au devoir. Sur les instances peut-être trop acerbes de Bossuet, vingt-trois propositions extraites du livre de Fénelon sont condamnées par le Souverain-Pontife. Lachaise avait pu y adhérer avant le jugement de Rome ; cet acte ne lui laissait plus le droit d'écouter ses sentiments particuliers : le Jésuite fit comme le prélat, il obéit à la décision pontificale. Il n'eut pas, ainsi que le dit Fontenelle, toute la coquetterie d'humilité de l'auteur du *Télémaque ;* mais, en prêtre soumis à l'autorité, il accepta la sentence. Les admirateurs de Fénelon l'accusèrent de l'avoir sacrifié aux défiances et à l'aversion instinctive de Louis XIV. Madame de Maintenon fut plus juste ; et, quoique peu favorable au Jésuite, elle ne put s'empêcher d'écrire[1], le 13 octobre 1708, que « ce Père avait osé louer en présence du roi la générosité et le dévouement de Fénelon. »

Après avoir commencé par la galanterie, le siècle de Louis XIV suivait le cours assez ordinaire des choses humaines dans les temps de foi : il finissait par la dévotion. Aux carrousels de 1660 succédaient les disputes religieuses ; et, dans le feu des guerres que soutenait encore glorieusement une dernière génération de vaillants capitaines, tels que Villars, Luxembourg, Vendôme, Conti et Philippe duc d'Orléans, la querelle théologique ne perdait pas de son charme. Arnauld était mort à Malines le 8 août 1694, à l'âge de quatre-vingt-trois ans, dans la plénitude de son intelligence. Il avait vécu Janséniste, il ne rétracta point l'erreur de toute sa vie. Il expira entre les bras de l'Oratorien Pasquier-Quesnel, le disciple bien-aimé, l'Elisée de cet Elie du Jansénisme. Peu de mois après, Nicole suivit le grand Arnauld dans la tombe. Les hommes qui avaient jeté un si vif éclat sur Port-Royal, et qui pendant la moitié d'un siècle venaient de lutter contre l'Eglise catholique et la Compagnie de Jésus, disparaissaient peu à peu. Quesnel se posa en héritier de leurs principes. Il n'avait pas l'éloquence batailleuse d'Arnauld, son érudition, et cette influence que soixante-dix années de vertu avaient conquise à ses cheveux blanchis sous les travaux de la pensée ou dans les amertumes de l'exil ; mais, comme lui, il possédait à

---

[1] Lettre de madame de Maintenon au cardinal de Noailles.

un rare degré l'opiniâtreté d'un chef de secte. Il savait s'abuser
lui-même afin de tromper plus facilement les autres. Arnauld ne
cherchait point à dominer son parti ; il le gouvernait par le prestige de son nom, par les illustres amitiés dont il était entouré.
Quesnel ne jouissait d'aucun de ces avantages : il s'en créa de
nouveaux en disciplinant le Jansénisme et en l'élevant presque
au rang d'opposition politique, lorsque tout le monde se faisait
une gloire de l'obéissance.

Arnauld et Nicole s'étaient retirés sous leur tente, et, sans renoncer à aucune de leurs idées, ils avaient, après la paix de
Clément IX, montré des dispositions plus réservées. Quesnel
s'aperçut que le Jansénisme périrait sous l'indifférence s'il ne
trouvait pas un moyen de raviver les querelles que d'autres événements avaient fait oublier. Afin d'attirer sur sa tête un orage
nécessaire à ses plans, il donna le signal de la résurrection du
Jansénisme en répandant coup sur coup plusieurs éditions de ses
Réflexions morales. L'Oratorien aspirait à changer le terrain de
la bataille : il ne la circonscrivit plus dans les bornes où ses
devanciers la maintenaient. Il fallut, par des allusions détournées, attaquer les deux pouvoirs et prêter aux opinions de Jansénius un sens qu'elles n'avaient jamais eu. « Dans une troisième
édition, que Quesnel donna, en 1693, de ses *Réflexions* sous le
titre de *Nouveau Testament en français avec des réflexions
morales sur chaque verset,* raconte Schœll [1], il enseigna tout le
système du Jansénisme. Louis-Antoine de Noailles, Evêque de
Châlons-sur-Marne, séduit par les charmes du style ou trompé
par l'approbation que son prédécesseur avait donnée à la
première édition de cet ouvrage, en permit formellement la
lecture dans son diocèse par une lettre pastorale du 23 juin
1695. »

Félix de Vialart, évêque de Châlons, et Noailles après lui,
avaient approuvé un petit livre. Ce livre arrivait aux proportions de quatre gros volumes, et, ainsi que l'avait prévu Quesnel, il recélait dans ses pages une conspiration contre l'Eglise
et contre la monarchie. On le multipliait sous tous les formats,

---

[1] *Cours d'histoire des Etats européens,* t. XXIX, p. 94.

on le faisait pénétrer dans chaque famille, on le louait avec une affectation d'enthousiame qui n'était pas de bon augure pour la paix des esprits. Les Jésuites soupçonnèrent qu'un ouvrage si chaudement prôné par les Jansénistes devait contenir quelque poison : ils l'examinèrent avec soin, ils se convainquirent que leurs prévisions n'étaient que trop justifiées. Pendant ce temps Antoine de Noailles était transféré sur le siége de Paris après la mort de François de Harlay. Quesnel avait trompé l'ancien Evêque de Châlons, ses émules espérèrent fasciner le nouvel Archevêque de Paris ; mais là, sous les yeux de Louis XIV et des Jésuites, ils trouvèrent une vigilance plus active. Les *Réflexions morales* étaient dédiées à Noailles, qui leur avaient accordé une approbation sans réticence. L'abbé de Barcos, neveu de Saint-Cyran, reproduisit mot pour mot leur doctrine dans son *Exposition de la Foi touchant la Grâce*. La provocation était directe. Noailles se vit contraint de sévir, et en 1696 il condamna ce livre sans remarquer peut-être que l'ouvrage ne faisait que développer les principes dont il se déclarait le protecteur. Les sectaires avaient tendu un piége à sa bonne foi, ils la lui firent expier en publiant un pamphlet sous le titre de *Problème ecclésiastique à l'abbé Boileau*. Dans cette satire théologique, on rapprochait les textes approuvés et censurés par le prélat à quelques mois de distance ; puis, sous le manteau d'une savante perplexité, on livrait à la risée publique l'archevêque de Paris. Le pamphlet était anonyme. Son auteur, le Bénédictin dom Thierry de Viaixnes, se cachait dans l'ombre ; et, selon le Protestant Schœll [1], « ce Janséniste outré avait si bien imité la manière des Jésuites que plusieurs Pères de cette Compagnie y furent trompés »

Noailles, esprit indécis, caractère léger, mais homme de piété sincère, de science douteuse et d'une immense charité, ne se trouvait pas à la hauteur du poste qu'il occupait. Louis XIV et madame de Maintenon avaient cru que ses qualités se développeraient sur un plus vaste théâtre ; ses défauts seuls parurent s'accroître aux luttes qu'il était appelé à comprimer ou à

---

[1] *Cours d'histoire des Etats européens*, t. XXIX, p. 93.

diriger. Il espéra en se montrant plein de conciliation et d'é-
gards envers les sectaires, qu'il obtiendrait d'eux quelque
trêve. Ce fut ce qu'il appela, suivant l'expression de d'Aguesseau, l'égalité de sa justice. Ses ménagements les enhardirent.
Ils le voyaient toujours prêt à trembler devant eux ; cette attitude leur donna plus d'audace; et, quand on lui versa goutte à
goutte l'outrage sous la forme d'un problème, ce ne fut pas
aux Jansénistes que s'en prit l'archevêque. Il les croyait ses
amis; ils lui avaient peint les Jésuites comme ses adversaires
les plus prononcés. Noailles accusa le Père Doucin de la satire
de Viaixnes. La faiblesse chez le prélat était une source inépuisable de ressentiments contre ceux dont il redoutait l'énergie.
Entraîné par de secrètes propensions vers le Jansénisme, qui
l'adulait publiquement en lui faisant payer bien cher ses flatteries, il se défiait, ainsi que toutes les natures sans consistance,
de ceux qui s'estimaient assez pour lui dire la vérité. Les sarcasmes dont le Problème le rendait l'objet, les excitations des
Jansénistes envenimèrent encore ses dispositions à la malveil-
lance; et dans l'Assemblée de 1700, dont il fut le président,
Noailles, pour se venger, fit condamner cent vingt-sept propositions extraites de divers théologiens. Plusieurs appartenaient à
l'Ordre de Jésus, entre autres, le Père Matthieu de Moya, qui,
dans l'*Amadeus Guimenius*, avait prouvé que toutes les
erreurs de morale reprochées aux docteurs de l'Institut étaient
enseignées longtemps avant la naissance de la Société de saint
Ignace [1]. Sur ces entrefaites, Noailles est revêtu de la pourpre
romaine, et l'affaire du *Cas de conscience* fut soulevée. C'é-
tait encore une intrigue des Jansénistes ; Bossuet la déjoua, il
la flétrit. Le nouveau cardinal devait à son tour porter un jugement. Quesnel et ses sectaires répandirent le bruit qu'il avait
adhéré verbalement au cas de conscience proposé, et qu'il lui

[1] Le Père Matthieu de Moya, confesseur de la reine d'Espagne, avait, sous le
pseudonyme d'*Amadeus Guimenius*, publié un opuscule où il démontrait que les
opinions de quelques Jésuites, trouvées répréhensibles, avaient été professées par
de nombreux théologiens avant et depuis l'institution de l'Ordre de Jésus. Cet
opuscule fut censuré, non pas précisément parce qu'il enseignait des propositions
condamnables, mais parce qu'il les reproduisait. Dans une lettre, rendue publique
et adressée à Innocent XI, Moya lui-même applaudit à la censure de son livre et il
en donna une troisième édition, avec la réfutation des propositions dignes de censures. (*Biographie universelle*, art. Moya.)

serait impossible de le désavouer par écrit. Leur joug était lourd, comme celui de tout parti qui domine l'autorité : il se faisait cruellement sentir. Mais Louis XIV désirait mettre un terme à tant de discordes ; il soupçonnait les Jansénistes de ne plus s'arrêter à des opinions théologiques ; il les croyait les ennemis de la monarchie française. Quesnel et le Bénédictin Gerberon vivaient réfugiés à Malines, d'où ils soufflaient le feu en France et dans toute la Catholicité. Le roi d'Espagne les fait arrêter en 1703 à la demande de son aïeul. « On assure, dit Schœll [1], que parmi leurs papiers on trouva la preuve que cette secte travaillait à changer la constitution politique et religieuse de la France. » Voltaire n'est pas moins explicite : « On saisit tous les papiers, raconte-t-il [2], et on y trouva tout ce qui caractérise un parti formé. » Puis il ajoute : « On trouva encore dans les manuscrits de Quesnel un projet plus coupable, s'il n'avait été insensé. Louis XIV ayant envoyé en Hollande, en 1684, le comte d'Avaux avec pleins pouvoirs d'admettre à une trêve de vingt années les puissances qui voudraient y entrer, les Jansénistes, sous le nom de *Disciples de saint Augustin*, avaient imaginé de se faire comprendre dans cette trêve comme s'ils avaient été en effet un parti formidable, tel que celui des Calvinistes le fut si longtemps. »

A la révélation d'un complot qui ne prend plus la peine de se déguiser, et contre lequel les Jésuites l'ont si souvent prémuni, Louis XIV, qui s'est toujours défié des Jansénistes, veut être inexorable. Il a sévi contre les premiers chefs de la secte ; il croit qu'il faut sévir encore. Le culte de l'autorité était inné dans son âme ; il la vénérait chez les Souverains-Pontifes par conviction pieuse et par calcul royal ; mais il savait la faire respecter dans sa personne. Quand le pouvoir faiblissait devant une attaque préméditée, Louis XIV était toujours là pour le défendre ; il ne fomentait pas les révolutions dans les autres royaumes, afin d'avoir la paix sur son trône ou de tirer un misérable profit des calamités monarchiques. Le secret du Jansénisme lui était dévoilé ; il résolut d'écraser une secte orgueilleuse et indocile. Par les correspon-

---

[1] *Cours d'histoire des Etats européens*, p. 94.
[2] *Siècle de Louis XIV*, t. III, ch. XXXVII, p. 153.

dances saisies à Malines dans les portefeuilles de Quesnel et de Gerberon, plusieurs personnes se trouvaient compromises. Deux Bénédictins, Jean Thiroux et Viaixnes [1], l'auteur du Problème ecclésiastique, qui avouait son œuvre, furent enfermés à la Bastille et à Vincennes. Le roi chargea les Jésuites d'étudier leurs cahiers, afin de connaître à fond leurs principes. Ces cahiers furent envoyés à la maison de campagne du Mont-Louis, où les théologiens de l'Ordre les examinèrent, et c'est cette circonstance qui, dénaturée ou mal comprise, a donné lieu à Voltaire de dire que les interrogatoires judiciaires des prisonniers étaient portés au Père Letellier.

Parmi ceux que le Jansénisme avait enrôlés sous son drapeau, il se rencontrait un recteur de l'université de Paris, un homme que de hautes vertus et qu'une science heureuse dans ses applications recommandaient à l'indulgence royale : c'était Rollin. Son caractère simple et ingénu devenait aux yeux de Louis XIV un danger de plus ; car, sous les apparences de l'honnêteté, il pouvait glisser le venin d'une doctrine funeste au cœur de la jeunesse. Ses lettres à Quesnel étaient entre les mains du roi ; ordre avait déjà été signifié d'arrêter l'ancien recteur, lorsque le Père Lachaise se présente devant Louis XIV. Le Jésuite a seul le pouvoir d'incliner le monarque à la clémence ; lui seul peut inspirer des sentiments de douceur à cette âme absolue. Il intercède en faveur de Rollin, il se porte caution pour lui, et c'est à un Père de la Compagnie de Jésus que le chef de l'Université dut sa liberté, qu'il avait tristement compromise.

Le Jansénisme se démasquait dans ses œuvres vives. Le 16 juillet 1705, Clément XI par sa bulle *Vineam Domini Sabaoth*, condamna, sur le fait comme sur le droit, le silence respectueux qui, selon les sectaires augustiniens, était l'unique soumission due aux décrets de la Chaire apostolique. Cette bulle fut acceptée par le Clergé de France, et enregistrée au Parlement. Le silence respectueux des Jansénistes n'était pas plus favorablement accueilli que leur système d'opposition ; les reli-

---

1 Ce Bénédictin était un homme si remuant, qu'après être sorti du donjon en 1710, il se fit exiler de Paris, puis bannir sous la régence de Philippe d'Orléans, dans un temps où les Jésuites n'avaient aucune autorité.

gieuses de Port-Royal l'abandonnèrent comme un vêtement
inutile ; la mère Elisabeth-Sainte-Anne Boulard, abbesse du
monastère, refusa de souscrire à la bulle que le Clergé et le
Parlement recevaient. Quesnel, échappé de prison, dirigeait ces
désobéissances. Les calamités qui alors pesaient sur le pays, les
désastres militaires, la vieillesse du roi, tout contribuait à
relever les espérances du Jansénisme. Abandonné de la fortune,
mais plus grand dans ses revers que dans ses prospérités, Louis
opposait aux coups du destin une sérénité stoïquement chrétienne. Les ennemis extérieurs ne l'intimidaient pas ; il ne
recula point devant l'audace de ceux de l'intérieur. Le Jansénisme avait commencé par la haine contre les Jésuites, il finissait
par des conspirations d'autant plus dangereuses qu'elles s'appuyaient sur des subtilités théologiques. Ce n'étaient que quelques prêtres dispersés et des religieuses croyant vivre dans la
retraite ; mais, du fond de cet exil, il surnageait des mécontentements, des projets coupables et des pensées révolutionnaires. Tout leur semblait autorisé pour faire du bruit, tout leur devenait légal aussitôt qu'ils y entrevoyaient une possibilité même
éloignée d'agitation. Ils résistaient à tout et sur tout ; ils torturaient les lois avec la savante cruauté des légistes ; ils trouvaient
dans l'acte le plus clair de sa nature matière à distinguer, à
expliquer et à bouleverser. La position n'était plus tenable ; les
religieuses de Port-Royal-des-Champs donnaient le signal de ces
hostilités ; Louis XIV demanda au Pape la suppression du
monastère. Par une bulle du 27 mars 1708, Clément XI accède
à ce vœu, et il désigne la solitude de Port-Royal sous le nom
de nid d'hérésies. Une pareille appellation fait bondir de colère
Quesnel et ses adhérents. « Je ne crois pas, écrivait-il alors,
que ce soit un moindre blasphème que celui que les Pharisiens
et les Scribes commirent en attribuant au démon l'opération
divine du Saint-Esprit qui chassait les démons des corps qu'ils
possédaient. » Un arrêt du conseil déclara qu'il n'y avait plus
qu'un seul Port-Royal, et, en conservant celui de Paris, il
supprima l'autre.

    « Les doctrines de Port-Royal, dit M. de Balzac [1], étaient,

---

[1] De Balzac, *Revue parisienne* du 25 août 1840.

sous le masque de la dévotion la plus outrée, sous le couvert de l'ascétisme, de la piété, une opposition tenace aux principes de l'Eglise et de la Monarchie. MM. de Port-Royal, malgré leur manteau religieux, furent les précurseurs des Economistes, des Encyclopédistes du temps de Louis XV, des Doctrinaires d'aujourd'hui, qui tous voulaient des comptes, des garanties, des explications, qui abritaient des révolutions sous les mots tolérance et laissez faire. La tolérance est, comme la liberté, une sublime niaiserie. Port-Royal était une sédition commencée dans le cercle des idées religieuses, le plus terrible point d'appui des habiles oppositions... L'Eglise et le Monarque n'ont point failli à leur devoir, ils ont étouffé Port-Royal. »

Maintenant que les hommes peuvent suivre dans son cours l'idée révolutionnaire, cette opinion ne paraîtra que juste à tous les esprits réfléchis; au siècle de Louis XIV, elle souleva des murmures qui trouvèrent de l'écho dans quelques écrivains dont la seule politique consiste à blâmer tout ce qui s'entreprend en faveur de la Religion, de la Monarchie et de l'ordre social. On prêta un charme poétique au sombre entêtement des Jansénistes, on dramatisa leur persécution, on changea ces natures atrabilaires en précurseurs, en martyrs de la science et de la liberté, puis on accusa les Jésuites. Quesnel avait besoin d'un prétexte pour discuter les actes émanés du Siége pontifical, il dit que les enfants de saint Ignace tenaient au Vatican la plume qui le condamnait. Il fallait montrer le prince le plus absolu, le plus maître de lui-même et des autres, dirigé par une invisible puissance, afin d'humilier ses grandeurs et de jeter du discrédit sur les précautions que la sûreté de ses Etats lui imposait. Les Jansénistes transformèrent en vieillard sans énergie et dominé par la crainte incessante de l'enfer le prince qui, voyant ses frontières envahies, allait, à quelques années de là, écrire au maréchal de Villars la lettre la plus royalement française : « Si je ne puis obtenir une paix équitable, je me mettrai à la tête de ma brave noblesse, et j'irai m'ensevelir sous les débris de mon trône. »

On peut juger diversement le grand roi; mais il y a des caractères que, pour l'honneur de l'humanité, on ne doit jamais

abaisser. Les Jansénistes n'étaient que par contre-coup les ennemis de Louis XIV ; ce prince aimait, il favorisait, il écoutait les
Jésuites ; aux yeux de leurs adversaires, ce fut son seul crime.
Ils eurent l'habileté de le plaindre tout haut, afin de le déshonorer tout bas ; en le plaçant entre madame de Maintenon et le
Père Letellier, une vieille femme et un Jésuite, ils crurent
avoir partie gagnée. La destruction de Port-Royal-des-Champs,
la herse passant sur cette maison sanctifiée par d'austères vertus
et par de grands services rendus aux lettres, devinrent, contre
Louis XIV et contre la Société de Jésus, un reproche qu'il
importe d'éclaircir.

Le 27 mars 1708, une bulle ordonnait la suppression du
nid d'hérésies. Le cardinal de Noailles, protecteur de Port-
Royal, et le Parlement adhérèrent à la volonté des deux pouvoirs. Tout cela se concluait dans la dernière année de la vie
du Père Lachaise ; le 20 janvier 1709, le Jésuite expira. C'était
le seul que Louis XIV connût personnellement ; tout en accordant à sa mémoire de profonds regrets, il chargea les ducs de
Beauvilliers, de Chevreuse et La Chétardie, curé de Saint-
Sulpice, de lui choisir un confesseur parmi plusieurs Pères
dont Lachaise lui avait laissé le nom. Beauvilliers, Chevreuse
et La Chétardie pensaient que, dans les circonstances présentes,
il fallait un homme plus ferme que lui, ils voulaient surtout
qu'il n'appartînt pas à quelque famille titrée ; ils désignèrent le
Père Letellier, qui entra en fonctions le 21 février.

Michel Letellier, né à Vire en 1643, était alors Provincial de
France. Caractère ardent, inflexible, rude à lui-même et aux
autres, il formait un tel contraste avec la mansuétude du Père
Lachaise, qu'il semblait accaparer d'avance l'impopularité des
faits déjà consommés. Quand il parut devant le roi, Louis XIV,
qui ne le connaissait pas, lui demanda s'il était parent du chancelier Michel Le Tellier : « Moi, Sire, parent de MM. Le
Tellier ! répondit le Jésuite, il n'en est rien. Je suis un pauvre
paysan de la Basse-Normandie, où mon père était fermier. »
Ces paroles déplurent aux courtisans, au duc de Saint-Simon
surtout. Un Jésuite qui allait disposer de la conscience royale
et de la feuille des bénéfices osait avouer son origine. Le grand

seigneur janséniste déclare [1] « qu'il était de la lie du peuple, et qu'il ne s'en cachait pas. » Cette note, infamante à ses yeux, rendit le Père Letellier capable de tous les crimes; Saint-Simon ne l'entrevit qu'à travers sa roture, si dignement constatée, et il l'a peint tel qu'il le rêvait. Le Père Letellier avait franchi tous les degrés de son Institut; en chaque phase de sa carrière, il s'était signalé hostile au Jansénisme. « Nourri dans ces principes, dit Saint-Simon [2], admis dans tous les secrets de sa Société, par le génie qu'elle lui avait reconnu, il n'avait vécu, depuis qu'il y était entré; que de ces questions et de l'histoire intérieure de leur avancement, que du désir de parvenir,, de l'opinion que, pour arriver à ce but, il n'y avait rien qui ne fût permis, qui ne se dût entreprendre. D'un esprit dur, entêté, appliqué sans relâche, dépourvu de tout autre goût, ennemi de toute dissipation, de toute société, de tout amusement, incapable d'en prendre avec ses propres confrères, il ne faisait cas d'aucun que selon la mesure de la conformité de leur passion avec celle qui l'occupait tout entier. Sa vie était dure par goût et par habitude; il ne connaissait qu'un travail assidu et sans interruption; il l'exigeait pareil des autres, sans aucun égard, et ne comprenait pas qu'on dût en avoir. Sa tête et sa santé étaient de fer, sa conduite en était aussi, son naturel cruel et farouche. »

Il y a de l'amertume dans ces lignes; Saint-Simon, et, après lui, tous les historiens, se sont acharnés à représenter Letellier comme l'auteur des persécutions qui atteignirent le Jansénisme [3]

---

[1] *Mémoires* de Saint-Simon, t. VII, p. 26.

[2] Ibid., p. 25.

[3] Quand on étudie de sang-froid les accusations portées contre quelques Jésuites dont les noms sont dévolus à la calomnie ou servent de passe-port à toutes les haines, on ne sait comment expliquer la confusion de dates et d'événements faite par la plupart des écrivains. Le duc de Saint-Simon était le contemporain des hommes qu'il peignait; il vivait à la cour, il en suivait heure par heure tous les mouvements. Cependant, pour tromper la postérité et rendre odieux le Père Letellier, cet annaliste n'a pas craint de se condamner à des mensonges que détruisent les plus simples notions de l'histoire. En parlant de la Bulle *Vineam Domini Sabaoth*, Saint-Simon dit que Letellier, pour nuire à Port-Royal et embarrasser le cardinal de Noailles, fut cause « que le roi ordonna au Prélat de faire signer cette constitution. » (*Mémoires de Saint-Simon*, t. VII, pages 421, 422, 423.) La vérité se trouve en complet désaccord avec le chroniqueur janséniste. La Bulle *Vineam Domini* fut publiée en 1705; moins d'une année après, le cardinal de Noailles exigea que les religieuses de Port-Royal adhérassent à cet acte pontifical. En 1707, le cardinal leur interdit l'usage des sacrements; en 1708, le Pape, par une bulle, et le roi, par des lettres patentes, supprimèrent Port-Royal-des-Champs. Or, c'est en

et des calamités qui frappèrent le pays. Sans entrer dans le
détail de tant d'événements, nous devons néanmoins étudier
leur ensemble pour en faire jaillir la lumière. Au moment où
le Père se vit chargé de diriger la conscience du roi, il n'y
avait plus rien à faire pour l'exaspérer contre les Jansénistes.
Ses appréhensions étaient justifiées, et au-delà ; la suppression
de Port-Royal-des-Champs se trouvait accomplie ; il ne restait
plus qu'à sanctionner la mesure prise. Le cardinal de Noailles
s'y associa, et le 29 octobre 1709, d'Argenson, lieutenant de
police, fit enlever et conduire dans différents monastères les
religieuses de Port-Royal. C'était ce que Louis XIV avait essayé
dans les plus belles années de son règne. A cette première
époque, Arnauld, Le Maître, Sacy et Nicole auraient jugé indigne de leur cause de transformer cette solitude en un lieu de
pèlerinage. Ils se croyaient assez forts de leurs talents pour
n'avoir pas recours à ces artifices de superstition ou de fanatisme ; leurs héritiers ne furent pas aussi discrets.

Des miracles apocryphes, des lamentations pleines d'hypocrisie
attirèrent à Port-Royal-des-Champs une foule que l'esprit de
cabale et la curiosité y entretinrent. On pleurait sur les tombeaux
abandonnés ; on parcourait les appartements déserts ; on cherchait, par toute espèce de moyens, à alimenter l'irritation.
Louis XIV ne consentit pas à tolérer, aux portes de Versailles,
des menées que le malheur des temps pouvait rendre dangereuses ; il commanda de détruire ce couvent célèbre : ses ordres
furent exécutés. Le cardinal de Noailles, hostile aux Jésuites,
était, comme toutes les natures faibles, jaloux de son autorité ;
ce fut donc lui seul qui, en sa qualité d'archevêque de Paris, se
chargea d'exécuter l'arrêt de proscription des religieuses. Le
gouvernement s'occupa de faire raser Port-Royal-des-Champs,
et par un triste retour des choses d'ici-bas, le petit-fils de Robert
d'Andilly, le petit-neveu du grand Arnauld, Nicolas Simon,
second marquis de Pomponne, s'offrit pour détruire cette maison à laquelle sa famille attachait un si haut prix. Les Arnauld

1709 que, pour la première fois, Louis XIV vit Letellier, qui, jusqu'à cette époque, n'avait eu aucune relation avec la cour. Mais ce Jésuite était voué par le Jansénisme à l'impopularité ; on le chargea, on le charge encore de faits dont il est
aussi innocent matériellement que moralement.

avaient créé Port-Royal ; leur héritier, encore plus courtisan que d'Andilly, adressa un placet au cardinal de Noailles. Dans cette inconcevable supplique, Pomponne demandait au roi : « de transporter soit à Saint-Méry de Paris où était la sépulture de ses ancêtres, soit à Pomponne, les corps de ses parents qui avaient été ensevelis à Port-Royal, afin que sa postérité perdît la mémoire qu'ils avaient été enterrés dans un lieu qui avait eu le malheur de déplaire à Sa Majesté. »

Le descendant des Arnauld présidait à ces exhumations ; les historiens ont oublié le rôle qu'il avait sollicité, et ils sont tous venus à l'envi accuser le Père Letellier d'avoir fait passer la charrue sur ce monument.

Nous n'attachons pas grand prix à une pareille imputation, nous qui avons vu la liberté de 1793 entasser tant de ruines autour de nous ; mais, puisque cet acte, si peu sérieux de sa nature, servit de base à des récriminations de toute sorte, il faut bien l'approfondir. Or, en lisant les écrivains jansénistes eux-mêmes, ce n'est pas la main du Père Letellier qui porta la hache et le marteau sur la demeure des Solitaires, mais celle des Sulpiciens. Dom Clémencet ne s'en cache pas ; il dit [1] : « MM. de Saint-Sulpice, à ce qu'on prétend, obtinrent, par le crédit de madame de Maintenon, la démolition de Port-Royal-des-Champs, en lui représentant que, si on le laissait subsister, les temps pouvant changer, les Jansénistes pourraient aussi y revenir et rétablir leurs erreurs. Cela fait voir, continue-t-il, que ce n'est point aux Jésuites qu'il faut attribuer la démolition de Port-Royal-des-Champs ; non qu'ils n'en fussent capables, mais parce que cela était contraire à leurs desseins et à leurs intérêts. ».

[1] *Histoire générale de Port-Royal*, t. x, p. 4. Une chose digne de remarque et à laquelle presque aucun annaliste n'a fait attention se présente ici : c'est que de l'année 1697 à 1709, les Jésuites n'eurent aucune influence à la cour. Le grand âge du Père Lachaise l'avait réduit à un état de faiblesse que ses contemporains ne prennent pas la peine de dissimuler. Madame de Maintenon en parle à diverses reprises. On lit dans la correspondance de Fénelon (t. viii, p. 56, Lettre à l'abbé de Chanterac, 1697) : « qu'à la cour le Père de Lachaise et sa Compagnie n'ont plus de crédit. » Au volume ix, p. 105, en 1699, Fénelon, qui constate le même fait, ajoute : « Le crédit du cardinal (de Noailles) s'en élève d'autant plus. » Saint-Simon, dans ses *Mémoires*, dit en parlant des dernières années du Père Lachaise, que c'était plutôt un cadavre qu'un homme qu'on transportait à Versailles pour y entendre son royal pénitent. »

Jérôme Besoigne, docteur de Sorbonne et Janséniste renommé, publie la même version, et il ajoute [1] : « On était déjà autorisé par la dernière bulle, qui ordonnait que ce nid d'erreurs fût ruiné de fond en comble, *evellatur et eradicetur*. Il ne s'agissait que d'obtenir un arrêt du conseil en conformité de cette bulle. La chose se fit le 12 janvier 1710; c'est la date de l'arrêt qui ordonne la démolition et allègue pour motifs la dépense que l'entretien et les réparations causeraient à l'abbaye de Port-Royal de Paris, et l'avantage que les créanciers de cette abbaye retireraient de la vente des matériaux. »

Ces raisons, déduites dans un acte officiel, sont illusoires; ce n'est pas là qu'est la vérité; il fallait enlever aux factieux un prétexte permanent de sédition. Le fanatisme des Jansénistes ne connaissait plus de limites, et, quand Besoigne raconte la translation d'une partie des corps qui réposaient dans le cimetière de Port-Royal, il révèle un fait qui, à lui seul, dut éclairer l'autorité. On planta une croix de bois sur les fosses; mais il fut bientôt nécessaire de la renouveler, « car, dit le docteur de Sorbonne, les pèlerins, dont il y avait concours à cette bienheureuse terre consacrée par tant de reliques respectables, coupaient tous des morceaux de cette croix qu'ils emportaient. » Ces auteurs ne parlent pas du soc nivelant les débris du monastère; seulement, dans un pamphlet janséniste, on lit [2] « que Louis XIV avait fait passer, en quelque

[1] *Histoire de Port-Royal*, t. III, p. 221. Aucun auteur contemporain (Saint-Simon excepté, dont les *Mémoires* ne devaient paraître et ne parurent qu'après sa mort) n'accuse le Père Letellier ni les Jésuites de la destruction de Port-Royal. Mais personne n'est plus explicite et plus décisif en ce point que Guillebert dans ses *Mémoires historiques et chronologiques sur Port-Royal*. Au t. VI, p. 257 et suiv., il expose l'histoire de cette destruction; au n° 3, p. 270 : « Ce ne sont pas les Jésuites, dit Guillebert, mais une fausse démarche des amis de Port-Royal-des-Champs, qui en occasionna la démolition. Mademoiselle de Joncoux, connue par la traduction des notes latines de Wendrock (Nicole) sur les *Provinciales*, fut la cause innocente de cette ruine! » — L'éditeur des *Mémoires de l'abbé Pincault*, sur la destruction de Port-Royal, y a inséré une note sur mademoiselle de Joncoux, et il confirme le même fait. En parlant des secours abondants qu'elle procura aux Jansénistes persécutés, il ajoute : « Cette chère amie, en travaillant, même après notre dispersion, à nous conserver notre maison pour des temps plus favorables, contribua malgré elle à la faire raser et détruire de fond en comble. » — Voilà le témoignage unanime des Jansénistes contemporains; que dire maintenant de toutes les déclamations banales contre l'intolérance du P. Letellier, destructeur de Port-Royal?

[2] *Du rétablissement des Jésuites en France* par un ancien magistrat (Paris, 1816).

manière, la charrue sur le terrain de Port-Royal. » Cet *en quelque manière* peut justifier des licences poétiques ; il n'autorisera jamais à accepter de pareils récits. Au dire des Jansénistes eux-mêmes, les Pères de la Compagnie de Jésus ne trempèrent pas dans la démolition du couvent, que des spéculations religieuses et politiques livraient à la fanatique piété de leurs adeptes. Ce sont les Sulpiciens qui en furent les auteurs; et les hommes sensés leur en sauront toujours gré, parce qu'il vaut mieux briser quelques pierres entassées les unes sur les autres que de sacrifier la tranquillité d'un Etat.

Le premier crime du Père Letellier, cet attentat si durement reproché à l'Institut, s'efface donc devant l'histoire. Le Jésuite, par sa position à la cour, devenait le point de mire des attaques; les Jansénistes, les courtisans insatiables personnifiaient en lui la Compagnie de Jésus; on la rendait responsable des choix ou des refus qu'il faisait; elle essuyait le contre-coup de ressentiments dont le Père ne se préoccupait même pas. Letellier ignorait ce que c'était que la popularité; s'il en eût connu les honteux profits et les amertumes, il est probable qu'il n'eût jamais cherché à capter ses inconstances. Dans cette âme de fer, il y avait une vigueur presque égale à sa modestie. A la cour, où chacun l'entourait d'hommages, il était resté ce que la nature et l'éducation l'avaient fait, abrupte par tempérament, courageux par conviction, inébranlable dans ses volontés, humble dans sa manière de vivre. Un jour, raconte le chancelier d'Aguesseau [1], le roi ayant demandé au Père Letellier pourquoi il ne se servait pas d'un carrosse à six chevaux comme son prédécesseur; il répondit : « Sire, cela ne convient point à mon état, et je serais encore plus honteux de le faire depuis que j'ai rencontré, dans une chaise à deux chevaux, sur le chemin de Versailles, un homme de l'âge, des services et de la dignité de M. d'Aguesseau. » Letellier connaissait à fond le Jansénisme; il le redoutait pour la paix de l'Eglise et pour celle du royaume; mais la crainte du principe ne s'étendait pas jusqu'aux hommes. Quand l'Oratorien Fabre,

---

[1] Discours sur la vie et la mort de M. d'Aguesseau, par le Chancelier, son fils.

son ennemi, fut expulsé de cette communauté, le Jésuite oublia les injures dont le Janséniste l'avait accablé; il sut généreusement venir au secours de sa misère [1]. Le 18 avril 1710, Gerberon, repentant, sortait du donjon de Vincennes, à la demande de Letellier; et le Jésuite lui adressait une lettre où il se révèle tout entier.

A cette époque, Louis XIV expiait cruellement les pompes de son règne. Il avait placé sur la tête de son petit-fils la couronne d'Espagne; ce résultat d'une grande pensée armait l'Europe contre lui; et la France, que tant de victoires appauvrissaient, succombait enfin sous le poids de ses glorieuses adversités. La famine arrivait à la suite d'un rigoureux hiver; mais l'honneur et l'intérêt du pays exigèrent de nouveaux sacrifices : le roi demanda le dixième des revenus. Dans de pareilles circonstances, cet impôt nécessaire excita des murmures. Duclos et l'abbé Grégoire [2] accusent le Père Letellier de l'avoir inspiré, d'avoir même obtenu une délibération de la Sorbonne et des casuistes de la Société pour rassurer la conscience du roi. S'il n'y avait que ce moyen de sauver le pays du joug de l'étranger, le Jésuite, sans aucun doute, a patriotiquement agi, et Duclos, qui le blâme, donne presque à la même page l'adhésion la plus complète à cette mesure désespérée. « L'établissement du dixième des revenus en 1710 fut, dit-il, d'une tout autre importance pour l'Etat, et en fit peut-être le salut, quoiqu'on ne le levât pas avec toute la rigueur qu'on a exercée depuis. »

Il y a dans la correspondance de Fénelon des lettres qui sont pour le Jésuite un véritable titre de gloire. Fénelon a, par son *Télémaque*, blessé les orgueilleuses susceptibilités de Louis XIV : il est relégué dans son diocèse de Cambrai. De là ce cœur si aimant et si plein de tolérance se prend pour le Père Letellier d'une affection basée sur l'estime. Le 9 avril 1709 le duc de Chevreuse mande au prélat [3] : « Le confesseur du roi paraît avoir tout ce qu'il faut, si la cour, qu'il n'a connue

[1] *Dictionnaire* de Moréri, article *Fabre*.
[2] *Mémoires* de Duclos, p. 61. — *Histoire des Confesseurs*, p. 376.
[3] *Œuvres* de Fénelon, t. xxiii, p. 289 (édit. de Leclère, 1827).

jusqu'à présent que par ouï-dire, ne le change pas. » Un an
après, en février 1710, l'archevêque de Cambrai adresse un
mémoire au Jésuite. Du fond de son exil l'illustre Pontife
voit l'orage s'amonceler sur la France : il veut le détourner;
et, afin que ses paroles ne soient pas interprétées comme un
regret ou comme un sentiment ambitieux, il dit[1] : « Pour moi,
je n'ai aucun besoin ni désir de changer ma situation. Je commence à être vieux, et je suis infirme. Il ne faut pas que le Père
Letellier se commette jamais ni ne fasse aucun pas douteux pour
mon compte. » Et il ajoutait plus bas : « Je conjure donc le Père
Letellier de ne rien hasarder et de ne s'exposer jamais à se
rendre inutile au bien de l'Eglise pour un homme qui est, Dieu
merci ! en paix dans l'état humiliant où Dieu l'a mis. Tout ce
que je désire, c'est la liberté de défendre l'Eglise contre les novateurs. »

Cette liberté que le génie demandait à la force, l'inflexible
Letellier eût été heureux de l'accorder. Il avait combattu lui-
même l'hérésie du Jansénisme; mais, au timon des affaires,
plus à portée d'apprécier les obstacles qui entourent le pouvoir,
le Jésuite se sentait obligé à des ménagements que les individus
condamnent ou repoussent. L'homme d'énergie faiblissait devant
l'homme de douceur : Fénelon stimulait Letellier, il l'accusait de
tolérance, et le 19 mai 1711 il lui mandait[2] : « Dieu veuille que
je me trompe, mais j'oserais répondre que vous n'obtiendrez
que des expédients flatteurs et équivoques qui augmenteront le
mal en le cachant. Il y a déjà plus de quarante ans que le Jansénisme croît sans mesure par ces fausses paix qu'on cherche
par la crainte du scandale, et à la faveur desquelles on achève
d'empoisonner toutes les écoles. On aura recours aux remèdes
efficaces lorsqu'il ne sera plus temps. » Dans une lettre au duc
de Chevreuse, Fénelon découvre encore mieux sa pensée : « On
a laissé, dit-il, empoisonner les sources publiques des études. La
nonchalance de feu M. de Paris (de Harlay) et la bonté trop facile du Père de Lachaise en ont été la cause. M. le Cardinal
de Noailles a achevé le mal, qui est au comble. »

[1] *Œuvres* de Fénelon, t. xxv, p. 241.
[2] *Ibidem*, t. xxv, p. 352.

Le 12 mars 1711 l'Archevêque de Cambrai intervertit tout-à-fait les rôles que l'histoire a distribués d'une si imprudente manière. Fénelon veut combattre, c'est Letellier qui le retient. « Vous me direz [1], mon révérend Père, que je dois craindre de me tromper et d'être trop prévenu contre le livre de M. Habert. Je l'avoue : aussi veux-je prendre les plus rigoureuses précautions contre moi-même..... J'ose dire, mon R. P., que le moins que vous puissiez faire dans un besoin si pressant de l'Eglise est de montrer ma lettre à Sa Majesté. Je vous le demande, non pour moi, mais pour la vérité, à qui vous devez tout dans la place où Dieu vous a mis. »

Letellier dominait Louis XIV. On a même prétendu que le roi portait son joug par crainte [2] ; et cependant ce Jésuite si vindicatif, si implacable, au dire de quelques chroniqueurs, enchaînait l'ardeur belliqueuse de Fénelon. Le prélat lui écrivait encore [3] : « Je croirais trahir ma conscience si je ne vous suppliais pas instamment de lire cette lettre au roi. J'avoue que rien n'est plus digne de sa sagesse que de vouloir éviter les disputes publiques sur la Religion. C'est un grand scandale. Ceux qui le commencent sans nécessité sont inexcusables ; mais j'ose dire que toute la puissance du roi ne peut empêcher ce mal par les questions du Jansénisme... Les écrits pernicieux ne viennent pas seulement de Hollande, on en imprime en France. Nulle vigilance, nulle rigueur de la police ne peut l'empêcher. C'est un fait visible qui saute aux yeux. Les bons Catholiques veulent-ils publier un écrit pour la défense de la Foi? ils souffrent mille traverses... Le parti veut-il publier un livre hérétique, séditieux? on le débite impunément ; il est applaudi. »

Ainsi provoqué, le Jésuite qui tient dans ses mains le cœur de Louis XIV reste impassible. Avec Fénelon il s'effraie de ce débordement d'ouvrages coupables, il en gémit, et il n'ose

---

[1] OEuvres de Fénelon, t. xv. p. 351.

[2] Dans une lettre écrite à Fénelon par le duc de Chevreuse, dont Saint-Simon loue la sagesse et la vertu, on voit jusqu'où s'étendait cette domination. « Je crois, dit Chevreuse le 13 mars 1710, que le Père Letellier agit un peu sur ce qui est personnel à ce dernier (Louis XIV); mais il ne se juge pas en droit de le faire sur certains points qui, ne paraissant pas de sa compétence, donneraient lieu de lui fermer la bouche. »

[3] OEuvres de Fénelon, t. xxvi, p. 139.

même pas accorder au prélat le droit de défendre leurs principes. Il tremble d'envenimer les questions, de rendre tout
rapprochement impossible. Il se réduit à parlementer, il atter-
moie. Letellier, qui est la terreur des courtisans, ne sent pas
l'aiguillon dont l'archevêque de Cambrai le tourmente. Dans
le maniement des grandes affaires, cet homme, tout à la fois impétueux et plein de dextérité, a compris l'insuffisance de cette
guerre de paroles, qui alimente les factions au lieu de les
abattre. Il voit que la secte suit la marche de toutes les hérésies et de tous les partis, qu'elle cherche à diviser pour
faire des recrues, qu'elle attise le feu afin de produire un
incendie. La discussion n'est plus permise avec de pareils adversaires, s'abritant sous la nécessité, dernière excuse de la
mauvaise foi. Les Evêques de France ne pouvaient plus prendre
la parole sur les questions en litige sans qu'aussitôt les Jansénistes ne criassent à l'outrage ou à la persécution. Ils vivaient du martyre, ils l'exploitaient par l'intimidation, et en
se servant de la vanité du cardinal de Noailles comme d'un
bouclier. Champflour et Lescure, Evêques de La Rochelle et
de Luçon, n'osent pas rester muets témoins de tant de calamités prochaines. Le 15 juillet 1710 ils publient une instruction pastorale par laquelle ils condamnent, ainsi que la cour
de Rome, les *Réflexions morales* de Quesnel. C'était attaquer le Jansénisme. Le cardinal de Noailles se croit mis en
cause; il a approuvé ce livre; il proclame son orthodoxie en
prenant à partie les deux prélats. La guerre se ravivait malgré
le Père Letellier [1]. Le roi, pour la faire cesser, propose sa

---

[1] Le 10 mai 1711, les Evêques de Luçon et de La Rochelle adressaient un mémoire à Louis XIV pour se justifier contre les attaques du cardinal de Noailles,
et ils priaient en ces termes le Jésuite-confesseur de le mettre sous les yeux du
roi. « Nous vous supplions, mon très-révérend Père, de représenter à Sa Majesté
les choses suivantes, et nous en chargeons votre conscience, puisqu'il s'agit des
intérêts les plus pressants de la Religion. » Le 1er juin, Letellier répondait à l'Evêque de La Rochelle, et, après avoir, selon le désir du monarque, engagé les deux
prélats à faire une démarche de réconciliation auprès du cardinal de Noailles, il
ajoutait : « Excepté donc de parler contre votre conscience, en disant quelque
chose que vous sauriez être faux, ou en rétractant ce que vous croyez vrai, je
suis persuadé, Monseigneur, qu'il n'y a rien que vous ne deviez faire en cette
occasion pour contenter le roi, d'autant plus qu'il n'attend cela de vous que pour
être en état d'accommoder les choses à l'avantage de l'Eglise. » (*OEuvres de Fénelon*, t. XXV, p. 387.)

médiation. Une commission est nommée; le duc de Bourgogne
la préside. Elle invite le cardinal à flétrir le livre des *Réflexions morales;* Noailles promet d'abord, il hésite ensuite.
Le roi lui laisse le choix ou de se soumettre au jugement
de la commission, ou d'en référer au Pape. Cette dernière
voie était un moyen de gagner du temps : les Jansénistes lui
conseillent de l'adopter.

Ce fut dans ces circonstances que le Père Letellier crut enfin
devoir agir. La question avait été nettement posée : le Saint-
Siége était appelé à la trancher de nouveau. Il fallait que le
Clergé de France intervînt; Letellier se chargea de lui donner
l'impulsion. Disséminés dans le royaume, les Evêques n'avaient
pas le temps de se réunir et de se concerter : un guide leur était
nécessaire. Quelques-uns jettent les yeux sur le Jésuite; ils viennent chercher le mot d'ordre auprès de lui. Il rédige un projet
de lettre au roi; et, afin que le sens dans lequel les Evêques
vont parler soit identique, ce projet est secrètement envoyé à
tous les prélats.

Soit hasard, soit trahison, une de ces dépêches que l'abbé
Bochard, trésorier de la Sainte-Chapelle de Vincennes, adressait à son oncle, l'Evêque de Clermont, est interceptée par les
Jansénistes et aussitôt communiquée au cardinal de Noailles,
dont elle devait justifier le courroux. Il existait un complot
permanent contre la Foi catholique, le Père Letellier le minait
par un autre complot. La lettre de Bochart de Saron, dont le
cardinal se faisait une arme en la publiant, était ainsi conçue :

« J'ai eu d'assez longues conférences avec le R. P. touchant
l'affaire des deux Evêques et de Son Eminence. Voici, mon
très-honoré seigneur et oncle, où les choses en sont : M. le
Dauphin, M. l'Archevêque de Bordeaux, M. l'Evêque de Meaux,
MM. Voisin, de Beauvilliers et Desmarets travaillent, par ordre
du Roi, à examiner le fond de l'affaire; et, quand ils auront
trouvé les biais nécessaires pour finir cette contestation, ils en
feront rapport à Sa Majesté. Pour les procédés personnels, on
est dans la résolution de donner quelque satisfaction à Son
Eminence; mais, sur le fond, ces deux Evêques gagneront leur
procès. Le livre du Père Quesnel sera proscrit, et l'on fera justice

aux Evêques que le mandement a attaqués. J'ai vu entre les
mains du Père Letellier plus de trente lettres des meilleures têtes
du Clergé qui demandent justice au roi du procédé de Son
Eminence. Le Père Letellier m'a dit qu'avant huit jours il en
auroit encore autant. Le secret est promis à tous ceux qui
écriront, et jamais Son Eminence ni le public n'en auront aucune connoissance. J'ai l'honneur de vous envoyer la lettre au
Roi, que le Père Letellier vous prie de signer. Il en garde une
copie pour l'envoyer sans signature à plusieurs Prélats qui lui
demandent un modèle. Il faut, s'il vous plaît, que vous y met-
tiez une enveloppe et un cachet volant. J'ai ordre du Père Letellier de la lui envoyer à Fontainebleau en cet état. Il part
aujourd'hui pour s'y rendre, et le Roi va coucher à Petitbourg
chez M. d'Antin. Je vous envoie la relation de ce qui s'est
passé en Flandres le douzième : c'est M. l'abbé de Saint-Pierre
qui me l'apporta hier de Versailles. J'assistai lundi au service
de la Sainte-Chapelle de Paris pour Monseigneur. La cérémonie
fut magnifique, et le Père Massillon y fit un beau discours.
Vous le verrez imprimé. La pièce de M. l'Evêque d'Angers
paroît imprimée. Elle est sifflée de tout le monde. Le Père
Letellier n'a point vu le mandement que vous devez signer avec
l'Evêque de Saint-Flour. Il trouve votre précaution sage de
souhaiter qu'il soit vu avant que de paroître. Vous pouvez me
l'adresser, si vous le souhaitez. Je le donnerai à de bons réviseurs, qui l'éplucheront exactement.

» J'ai l'honneur d'être, mon très-honoré seigneur et
oncle, etc.

» *Signé :* L'ABBÉ BOCHART.

» A Vincennes, le 15 juillet 1711. »

Cette pièce, déposée au greffe de l'Officialité de Paris, ne
tarda point à fournir aux sectaires de nombreux motifs d'attaques contre Letellier et contre les Jésuites. Ils oublièrent
que saint Vincent de Paul et Olier avaient employé le même
moyen pour arriver au même but dans l'affaire des cinq Propositions extraites de l'*Augustinus*. On avait saisi la main de
Letellier faisant mouvoir l'Episcopat : sans songer que le Jé-

suite se trouvait, pour ainsi dire, par ses fonctions et par la
feuille des bénéfices, ministre des affaires ecclésiastiques du
royaume, on incrimina sa pensée, on déclara toute la Compagnie responsable de son acte. C'était jouer habilement ; mais le
Souverain-Pontife, Louis XIV, les Evêques et les Catholiques
ne tombèrent pas dans le piége. On imputait aux Pères de
l'Institut de tout diriger, de tout envenimer, afin de satisfaire
leur animosité contre les disciples de Jansénius ; et, au mois
de juin 1712, Fénelon écrivait [1] : « Le Cardinal ferme les yeux
pour n'apercevoir ni le Vicaire de Jésus-Christ ni des Evêques
très-vénérables ; il ne veut voir que les Jésuites dans cette affaire pour pouvoir irriter le monde contre eux en les montrant
comme ses persécuteurs. Telle est la mode du parti. A l'entendre, les Jésuites font tout : sans eux le fantôme d'une hérésie imaginaire disparaîtrait en un moment. Ils font tous les
mandements des Evêques et même toutes les constitutions du
Siége apostolique. Qu'y a-t-il de plus absurde et de plus indigne d'être écouté sérieusement que des déclamations si outrées? »

Dans la même année, dans le même mois, Fénelon invoque encore leur assistance. La lettre de Bochart lui est connue, cependant il regarde que Letellier n'a encore rien fait. « Les écrivains
du parti, mande-t-il au duc de Chevreuse [2], remplissent le
monde d'écrits séduisants. Je suis réduit au silence... Les Jésuites pourraient écrire utilement et ne le font pas. Au nom
de Dieu, pressez là-dessus le P. Letellier. »

Ces discussions, qui désormais n'ont qu'un intérêt historique,
tenaient alors en haleine toute l'Europe, que les guerres les
plus acharnées ne parvenaient pas à distraire. On parlait presque autant du Père Letellier que du prince Eugène et de Villars. Quesnel et le cardinal de Noailles occupaient aussi vivement les esprits que les succès de Berwick ou les plans de
campagne de Marlboroug. Le cardinal, exaspéré, demande réparation au Saint-Siége et à Louis XIV; les oreilles se ferment à
ses plaintes. Il ne peut obtenir justice, il se décide à se la ren-

---

[1] *Œuvres de Fénelon*, t. XXVI, p. 52.
[2] *Ibidem,* t. XXIII, p. 540.

dre lui-même. Il fulmine l'interdit contre tous les Jésuites de son diocèse, les confesseurs du roi et des princes de la maison royale exceptés. Ainsi le coupable seul n'était pas puni. Louis XIV et madame de Maintenon adressent des reproches au cardinal; Noailles affirme que les Jésuites le persécutent à outrance, et qu'en les privant du droit d'exercer le sacerdoce il n'a fait qu'obéir à son devoir d'Évêque. Madame de Maintenon, avec la discrétion d'une femme d'esprit, lui répond : « Mon cœur ne peut se résoudre à vous flatter, et mon respect ne me permet pas de m'expliquer sincèrement... Vous traitez l'affaire des Jésuites d'affaire spirituelle, et Sa Majesté la regarde comme un procédé particulier, comme une vengeance contre des gens que vous avez cru qui vous offensaient, et qui vous offensaient en effet. C'est le ressentiment de votre vengeance que le Roi voudrait que vous sacrifiassiez à ce que vous lui devez et à l'amitié qu'il a toujours eue pour vous. Car de dire que les Jésuites sont incapables de confesser, il n'est pas possible qu'ils soient devenus tels dans un moment. »

Les Jésuites, au témoignage de Noailles, étaient indignes d'exercer le ministère ecclésiastique. Ce Prélat tenait tête au Pape ainsi qu'à l'Eglise pour accorder satisfaction à sa conscience dans les matières dogmatiques, et le même homme, en matière de grave discipline, se soumettait, contre cette même conscience, au bon plaisir du roi. Louis XIV désire garder le Jésuite pour directeur : le cardinal-archevêque, obéissant à cette volonté, écrit le 20 août 1711 à madame de Maintenon : « Je donne de nouveaux pouvoirs au Père Letellier, quoique ce soit celui qui mérite le mieux de n'en pas avoir. » Le courtisan transige avec son devoir, le prélat janséniste refuse d'adhérer au jugement de la Chaire apostolique. Letellier échappait à ses coups, et Noailles condamnait pour relâchement de morale les Pères Gonnelieu, Brignon, Gravé, Martineau, Pallu, Maillard, Paulmier, Sanadon, Bretonneau, Judde, Vaubert, La Rue, Belingan, Lallemant et plusieurs autres Jésuites qui dans ce temps-là se distinguaient par leurs ouvrages ascétiques et par la pureté de leur doctrine. L'interdiction épiscopale, aux termes des lois ecclésiastiques, ne peut s'étendre sur toute une communauté; il faut

qu'elle soit individuelle, nominative et pour cause d'indignité ou
d'incapacité. Les Jansénistes ne s'arrêtent point à ces obstacles.
Ils croient qu'en frappant un grand coup sur la Compagnie
de Jésus ils diviseront les Catholiques, ou que tout au moins ils
enlèveront à leurs adversaires un puissant moyen d'action. Pour
se soustraire aux instances du roi et de ses collègues dans l'épiscopat, le cardinal de Noailles avait le premier indiqué l'appel à
Rome, promettant de se conformer à la décision souveraine. En
agissant ainsi, le cardinal pensait que les lenteurs habituelles de
la cour pontificale lui permettraient de gagner du temps, et
c'était tout ce que les Jansénistes désiraient. Mais le Père Letellier
aplanit les obstacles qu'on s'attendait à voir surgir entre Rome et
Versailles, et le 12 décembre 1711 Louis XIV pria Clément XI de
s'expliquer sur les erreurs de Quesnel. Afin d'accélérer l'enregistrement de la bulle future, il fit insinuer au Pape, dit le Protestant Schœll [1], qu'il serait convenable que dans ses réponses il
évitât certaines expressions qui pourraient choquer en France,
comme les phrases suivantes: *ex plenitudine potestatis, ex
scientia certa, motu proprio.* »

Ces clauses étaient une dérogation aux usages de la cour
romaine, une concession demandée à la dignité du Saint-Siège
par l'Eglise gallicane en péril. Il importait avant tout de cica-
triser les plaies que la dépêche du roi signalait au Pontife en
invoquant sa tendresse paternelle. Clément XI se prêta aux
vœux de la France, et il nomma une Congrégation de cardinaux, de théologiens et de jurisconsultes pour juger cet ouvrage
s'élevant jusqu'au niveau d'un événement. Les cinq membres du
sacré-collége qui présidèrent aux travaux de la Congrégation
étaient Spada, Ferrari, Fabroni, Cassini et Toloméi. Après
vingt-trois assemblées tenues en présence du Souverain-Pontife [2], le cardinal Fabroni rédigea un projet de bulle qui fut
communiqué au cardinal de la Trémouille, ambassadeur de

[1] *Cours d'histoire des Etats européens*, t. XXIX, p. 113.

[2] C'était à Rome que le combat se livrait. Fénelon voulut y prendre part; il adressa
au Jésuite Daubenton, Assistant de France, un mémoire, et, le 4 août 1713, une lettre dans laquelle on lit : « Il faut se hâter de finir en frappant un grand coup, qui
ne laisse aucune évasion sérieuse au parti. Si je vais trop loin, il est facile de
m'arrêter; mais si je ne dis rien de trop, il faut se hâter de sauver le sacré dépôt. »
Huit jours après la publication de la bulle, le Jésuite, répondant à Fénelon, lui

France, et approuvé par lui. Le 8 septembre 1713, on promulgua à Rome la Constitution *Unigenitus Dei Filius*.

Bossuet, mort depuis neuf ans, avait trouvé dans les *Réflexions morales* de Quesnel cent vingt propositions suspectes ; l'Eglise romaine, plus tolérante que le génie du Gallicanisme et que Fénelon, n'en réprouva que cent une, littéralement extraites de l'ouvrage. Elle les flétrit comme hérétiques, comme renouvelant plusieurs hérésies, et principalement celles qui sont renfermées dans les fameuses propositions de Jansénius, et cela dans le sens qui 'a fait condamner ces dernières. Jusqu'alors le cardinal de Noailles a pu se tromper ou être trompé ; mais, à la réception de la bulle, si l'erreur s'est glissée dans son âme, la vérité doit enfin s'y faire jour. Religieusement et historiquement, il ne s'agit plus des Jésuites, ils s'effacent dans le débat ; il ne reste plus en cause que des sectaires et l'Eglise universelle. Au mois de juin 1712, Fénelon, car c'est toujours à ce grand homme qu'il faut en revenir pour apprécier l'esprit du temps ; au mois de juin 1712 donc, Fénelon, dans un mémoire au roi traçait ces lignes si foudroyantes de logique :

écrivait de Rome (16 septembre) : « Il y a des propositions qui font peur, parmi celles qui sont condamnées ; il y en a qui frappent peu d'abord et qui ne paraissent pas dignes de censure ; mais, pour peu qu'on s'attache à en pénétrer le sens, on en découvre le venin. Jamais peut-être aucun livre n'a été examiné ni plus longtemps ni avec plus de précaution. On a employé à cet examen, pendant près de trois ans, les plus habiles théologiens de Rome, tirés de toutes les écoles les plus fameuses : M. Ledrou, de l'école de Saint-Augustin ; le maître du Sacré-Palais, le secrétaire de l'Index, tous deux de l'école des Thomistes ; les Pères Palermo et Sautelia, de l'école des Scotistes, le Père Alfaro, théologien du Pape, de l'école des Jésuites ; monseigneur Tedeschi, Bénédictin de l'école de Saint-Anselme ; M. Castelli, de la Mission ; le Père Tévoni, Barnabite. Après dix-sept conférences de ces théologiens, en présence des cardinaux Ferrari et Fabroni, on a examiné les propositions en présence du Pape et de neuf cardinaux du Saint-Office dans vingt-trois Congrégations. Il n'y a aucune proposition qui n'ait coûté au Pape trois ou quatre heures d'étude particulière. »

Ranke (*Histoire de la Papauté*, t. IV, p. 482) dit que « la Bulle *Unigenitus* fut la dernière décision sur les anciennes questions de dogme suscitées par Molina : La cour de Rome, après de si longues hésitations, se mit enfin du côté des Jésuites. » L'historien protestant est ici dans l'erreur. La Bulle *Unigenitus* n'a aucun rapport avec les questions suscitées par le Père Molina ; elle n'est point une adhésion des Papes à la doctrine des Jésuites ; elle laisse en liberté toutes les écoles ; elle condamne la doctrine des cinq Propositions de Jansénius, ressuscitées par Quesnel, avec d'autres hérésies sur l'Eglise et sur la puissance ecclésiastique ou civile. Cette bulle fut rédigée, on le voit, au nom seul des membres de la Congrégation, par des docteurs opposés aux Molinistes. Un seul Jésuite, théologien du Pape, prit part aux délibérations ; les Thomistes et les Augustiniens y formèrent la majorité.

« Rien n'est plus diffamant pour une compagnie religieuse
que de l'accuser à la face de toute la chrétienté d'avoir une mauvaise doctrine, d'être coupable d'une conduite irrégulière à l'é-
gard des Evêques, et de vouloir être aujourd'hui leurs maîtres et
leurs juges. Plus l'accusation est grave, plus la preuve doit être
démonstrative. Il faut donc que le Cardinal démontre tous les
faits allégués ou qu'il succombe comme un insigne calomniateur.
S'il ne fait que continuer des plaintes et des déclamations vagues, il ne fera que ce qui est ordinaire à tous les auteurs passionnés de libelles diffamatoires. Il ne lui reste plus aucun moyen
de reculer, il faut qu'il entre en preuve, et qu'un éternel opprobre tombe sur les Jésuites ou sur lui. Mais, si les preuves ju-
ridiques lui manquent, il doit réparer la calomnie, en la rétractant avec autant d'éclat qu'il l'a publiée. Dieu dont il a blessé
la vérité, l'Eglise qu'il a scandalisée, sa conscience dont il a
étouffé la voix pour contenter son ressentiment, sa dignité
même dont il a abusé pour noircir des innocents, demandent
cette humiliante réparation. »

Fénelon avait assez de confiance en la vertu des autres pour
prêcher un exemple qu'un jour il offrit avec tant de pieux repentir. Fénelon était un héros d'humilité, le cardinal de Noailles
ne sut être qu'un homme de faction. Il pouvait noblement racheter ses fautes; l'amour-propre, le besoin d'une popularité
dont le Jansénisme faisait briller le prestige à ses yeux, de mesquines rivalités de sacristie éblouirent ce prince de l'Eglise;
elles le poussèrent à ménager tous les partis, au risque de devenir pour tous un objet de pitié. Il n'osa ni accuser franchement
le schisme, ni le défendre avec une audace que le danger aurait
pu faire estimer, tout en déplorant ses résultats. Afin de faciliter
son retour, Louis XIV, conseillé par le Père Letellier, nomma le
cardinal de Rohan président de la commission des huit Evêques
chargés de faire un rapport sur la bulle. Ces prélats furent lais-
sés au choix du cardinal de Noailles. Le 23 janvier 1714, l'Assemblée accepta le décret pontifical. Le cardinal de Noailles et
huit Evêques se réservèrent de soumettre au Saint-Siége plusieurs difficultés; mais, le 15 février, le Parlement enregistra
les lettres patentes du roi pour l'exécution de la bulle. Dix jours

après, le cardinal, forcé dans ses derniers retranchements, adoptait une neutralité non moins coupable que l'hérésie elle-même. Il condamna les *Réflexions morales* de Quesnel et défendit en même temps de soutenir la Constitution *Unigenitus*. La bulle fut adressée à tous les Evêques de France; cent huit l'acceptèrent purement et simplement, treize ajournèrent leur adhésion ou proposèrent des modifications; un seul, de La Broue, Evêque de Mirepoix, refusa de blâmer la doctrine de Quesnel.

Nous n'avons point à suivre dans ses diverses phases l'histoire de cette bulle, si fameuse dans les annales de la France, qui fut reçue par la presque unanimité des Evêques de l'Eglise gallicane et par toute la Catholicité. Elle froissait une secte plus puissante par l'opiniâtreté que par le nombre; mais cette secte savait que, dans le royaume très-chrétien, l'opposition contre le pouvoir régulièrement établi a toujours des chances inespérées de succès. La secte basait sur l'imprévu ses plus hardis projets, l'imprévu ne lui fit jamais défaut. Les Jansénistes voyaient la mort planer sur la famille royale; elle avait déjà moissonné toute la jeune génération; il ne restait plus qu'un vieillard et un enfant. Louis XIV avait comprimé les mauvaises passions; la guerre civile, la Fronde elle-même, n'étaient plus réalisables; mais le pays était menacé d'une régence. Des troubles, nés de l'ambition du duc d'Orléans, dont les vices étaient un appât pour toutes les licences, allaient naître; il importait de les fomenter : les Jansénistes se tinrent à l'affût. Pour propager leurs systèmes, ils commencèrent à empoisonner la ville et la cour de ces anecdotes controuvées dont l'abbé Dorsanne, grand-vicaire du cardinal de Noailles et Janséniste fougueux, se fit l'inventeur en son journal, et que Duclos reproduisit dans ses Mémoires.

Louis XIV vieillissait; le malheur venait avec l'âge; il frappait sans l'abattre cette énergique maturité, restant impassible en face des tombeaux entr'ouverts de son fils et de ses petits-enfants. La mort était dans son palais, la désolation aux frontières; néanmoins le Monarque, presque octogénaire, n'avait rien perdu de sa force. Ce Priam de la race des Bourbons regardait d'un œil sec et la douleur dans l'âme tous ces cadavres

sortant les uns après les autres du château de Versailles pour
l'attendre sous les voûtes funèbres de Saint-Denis. Il semblait
destiné à porter le deuil de sa dynastie ; le père de famille était
livré à ses désespoirs intérieurs, mais le roi dominait encore
l'homme. Sous le coup de tant de funérailles, il ne permettait
pas à son front majestueux de tristesse de révéler l'amertume de
ses pensées. Tant d'efforts contenus allaient briser les liens qui
l'attachaient à la vie ; les Jansénistes jugèrent que pour eux ce
n'était plus qu'une affaire de temps. En épiant l'heure si désirée
de la mort de Louis XIV, ils se mirent à calomnier les Jésuites.

Les Jésuites se personnifiaient dans le Père Letellier, dont la
correspondance intime de Fénelon vient de manifester la politique. Letellier était le plus en vue ; il avait la confiance du roi,
les événements l'armaient d'un pouvoir excessif : ce fut sur lui
qu'on dirigea les manœuvres de la secte. Le cardinal de Noailles
se trouvait en opposition avec lui ; on chargea le Jésuite de
toutes les fables que la malignité peut inventer. On montra avec
tristesse les hautes murailles de la Bastille où languissaient tant
de victimes de son despotisme monacal. Bientôt on ne se contenta
plus de ces hypocrites doléances ; on imagina qu'il avait résolu
de faire arrêter le cardinal de Noailles lui-même. La peur d'un
martyre en expectative devait pousser cette faiblesse en pourpre
romaine jusqu'au courage de la vengeance. Duclos, dans ses
Mémoires secrets, raconte ainsi le fait [1] :

« Le confesseur, ayant vu l'inutilité de cette conférence, dit
au roi qu'il ne restait d'autre moyen qu'un lit de justice pour
réduire un Parlement rebelle et un Prélat hérétique ; qu'il fallait faire enlever le cardinal de Noailles, le conduire à Pierre-
Encise, et de là à Rome, où il serait dégradé en plein Consistoire ; suspendre d'Aguesseau de ses fonctions, et en charger,
par commission, Chauvelin, qui ferait le réquisitoire. Le roi ré-
pugnait à tant de violence ; mais le fougueux confesseur effraya
son pénitent du grand intérêt de Dieu, et le projet fut au moment de s'exécuter. Tellier en douta si peu, qu'il écrivit à Chau-

[1] *Mémoires* de Duclos, t. I, p. 146.

velin, pour lui détailler le plan de l'opération; mais Chauvelin ayant été ce jour-là même attaqué de la petite-vérole, dont il mourut, la lettre tomba en main tierce, et il s'en répandit des copies. J'ai sous les yeux, dans le moment où j'écris, ce qu'on prétend être l'original de cette lettre; et j'avoue que la signature ne m'en paraît pas exactement conforme à celle des trois lettres de Tellier auxquelles je viens de la confronter au dépôt des affaires étrangères. Je soupçonne cette lettre une de ces fraudes pieuses que les différents partis se permettent. »

L'annaliste suspecte enfin la fraude qu'il se démontre à lui-même, il l'avoue, mais il n'en persiste pas moins à croire au projet d'enlèvement du cardinal. La famille de l'avocat-général Chauvelin déclare que c'est une lettre apocryphe [1]. Dorsanne enregistre le démenti, et il arguë du fait comme si rien ne pouvait ébranler sa croyance. L'histoire, écrite par la passion, n'a pas besoin de s'appuyer sur des preuves ou sur des documents irréfragables. Elle s'adresse à la crédulité publique; la crédulité accepte sans examen.

Tandis que la bulle *Unigenitus* préoccupait ainsi les esprits et qu'elle se changeait contre les Jésuites en un levier qui plus tard servira à la destruction de leur Ordre, les Pères, l vrés, à Paris et dans les provinces, aux travaux apostoliques, se créaient chez les grands et dans le peuple une autorité difficile à neutraliser. Ils étaient à tout et à tous; Louis XIV utilisait leur zèle, il cherchait même à déployer leurs talents sur le terrain de la politique. Il les plaçait dans toutes les positions, il leur demandait de rendre service à la France; la France, à l'exemple de son roi, prêtait une oreille docile à leurs enseignements. En 1690, les Jésuites sont chargés, à Brest et à Toulon, de former des aumôniers pour les flottes royales; ils élèvent les jeunes officiers de marine; ils préparent les ecclésiastiques, qui les soutiendront dans les dangers, qui leur adouciront l'aspect d'une

1 Dorsanne, dans son *Journal*, t. 1, p. 205, dit : « On trouva chez ce magistrat (Chauvelin) une lettre que le Père Letellier lui avait adressée le jour même de sa mort, dont il se répandit des copies dans le public. . On y lisoit entre autres choses : « Les lettres de cachet pour faire arrêter le cardinal de Noailles sont toutes prêtes; on le fera conduire sous bonne garde à Pierre-Encise. » Puis Dorsanne ajoute : « La famille de M. de Chauvelin désavoua . par une protestation publique, cette lettre comme supposée. »

mort bravée loin de la patrie. Ici, ils évangélisent le faubourg
Saint-Marceau à Paris, et vingt-deux mille communiants mettent au pied des autels le sceau de leur réconciliation avec le
Dieu des miséricordes; là, un arrêt que le Parlement de Bretagne rend, en 1701, nomme deux Jésuites examinateurs des
ouvrages; plus tard, lorsque, en 1712, la bibliothèque des
Pères de Rennes sera consumée par les flammes, les États de
cette province leur accorderont une somme de 5,000 francs,
afin de les aider à réparer le désastre. A Rouen, le Père Bar-
bereau s'est fait, par sa charité, l'ami du pauvre et le conseil
du riche.

Partout où des malheureux ont besoin de secours, un Jésuite
apparaît. Ils s'adressent avec la même égalité d'amour au Catholique qui triomphe et au Calviniste qui souffre. On les trouve
tout à la fois sous le chaume de l'indigence et dans le palais
des puissants de la terre; ils visitent les bagnes et la cour, ils
sont au milieu des hôpitaux et sous les lambris des somptueux
hôtels. Mêlés au monde, ils le voient dans ses joies et dans ses
douleurs. Le Père Bouhours reçoit le dernier soupir du duc
de Longueville; Rapin est aimé du cardinal Rospigliosi; le maréchal Fabert s'associe aux Missions du Père Jean Adam; le
prince de Conti est le confident des poésies de Vanière; Bourdaloue devient le commensal du premier président de Lamoignon; Tournemine converse avec les courtisans spirituels; on le
rencontre avec Cavoie dans les jardins de Versailles, et avec le
duc d'Antin sous les ombrages de Petit-Bourg. Les Pères François Berger et de Champs sont dans l'intimité du prince de
Condé. Lorsque, au mois de décembre 1686, le héros sentit
qu'il fallait abandonner la terre, il demanda à Dieu la grâce de
bien mourir; ce fut au Jésuite de Champs qu'il eut recours
dans ce moment suprême. » Sans être averti par la mort, raconte Bossuet [1], sans être pressé par le temps, ce grand Prince
exécuta ce qu'il méditait. Un sage religieux, qu'il appelle exprès, règle les affaires de sa conscience; il obéit, humble chrétien, à sa décision, et nul n'a jamais douté de sa bonne foi. »

_____

[1] Œuvres de Bossuet, Oraison funèbre du prince de Condé.

Louis XIV recevait en même temps le Père La Rue et Boileau ; il s'entretenait des choses littéraires avec l'orateur jésuite et le poète janséniste. Le Père Le Valois, l'ami de Fénelon et du duc de Beauvilliers, partageait avec eux les soins de l'éducation du petit-fils du roi; le Père Martineau dirigeait la conscience du jeune duc de Bourgogne, ce Marcellus que l'archevêque de Cambrai annonçait à la monarchie française; le Père Gouye s'associait aux travaux de l'Académie des sciences; Jacques de Rosel et Gilles Alleaume élevaient le duc de Bourbon, fils du vainqueur de Rocroi; le Père Matthieu de La Bourdonnaye était le confesseur de Philippe d'Orléans, et, dans ces fonctions purement honorifiques, il sut se faire respecter d'un prince qui, au jugement de Louis XIV, poussa le vice jusqu'à la fanfaronnade [1]. Le Père César de la Trémouille pense que noblesse oblige, il se dévoue pour les pauvres; un autre Jésuite, Pierre Pommereau, règle la piété de la reine de Portugal. René de Carné, qui a passé soixante-deux ans de sa vie dans la Compagnie de Jésus, est le maître spirituel de ses collègues de Sorbonne; les chefs d'escadre Tourville, Nesmond et Château-Renaud ont sur leur vaisseau-amiral un Jésuite qui leur rend le commandement plus facile. Le Jésuite, dans ce siècle, était l'homme indispensable; le duc de Saint-Simon lui-même ne put échapper à leur ascendant, « Mon père et ma mère, écrit-il, me mirent entre les mains des Jésuites pour me former à la Religion, et ils choisirent fort heureusement; car, quelque chose qui se publie d'eux, il ne faut pas croire qu'il ne s'y trouve pas par-ci par-là des hommes fort saints et fort éclairés. Je demeurais donc où on m'avait mis, mais sans commerce avec d'autres qu'avec celui auquel je m'adressais. Il s'appelait le Père Sanadon. » Le duc de Saint-Simon n'a vu de près qu'un Jésuite, il était saint et éclairé; il

---

[2] Le Père de La Bourdonnaye avait plusieurs fois menacé le duc d'Orléans de se retirer du Palais-Royal s'il ne changeait de vie ; et, dans son *Histoire des Confesseurs*, page 380, le conventionnel Grégoire raconte qu'au temps du Jubilé de 1700, madame de Maintenon, voyant le prince triste, lui en demanda le motif : « Ce diable de Jubilé, répondit-il, me fait faire de diables de réflexions. J'ai fait tant de mal, je ne sais comment expier tout cela. » Et cependant il communia dans le Jubilé. Mais une lettre de madame de Maintenon, qui le dit, insinue en même temps que le Père de La Bourdonnaye n'avait aucune part à cette communion. »

n'a connu les autres que par ouï-dire, il les peint sous les traits
les plus odieux.

C'était dans leur maison de Paris que Huet, évêque d'A-
vranches, se retirait pour mettre un intervalle entre l'étude et
la mort; ce fut à leur Noviciat que l'amiral de Coëtlogon passa
les dernières années de sa glorieuse vie, afin de ne plus s'occuper que de son salut [1], selon la parole de Duclos. « Quatre
jours avant sa mort, raconte l'annaliste secret [2], on lui apporta
le bâton de maréchal de France. Il répondit à son confesseur,
qui le lui annonçait, qu'il y aurait été fort sensible autrefois, mais que, dans l'état où il était, il ne voyait plus que le
néant du monde, et il le pria de ne lui plus parler que de
Dieu. »

Telle était la fin que les Jésuites savaient préparer aux
hommes du dix-septième siècle. En France, on vivait par leurs
conseils, on expirait entre leurs bras; en Italie, le Père Jules
de Brignole, que les pauvres surnomment le Caissier de Dieu,
tombait épuisé de bonnes œuvres; et, comme si les Jésuites
devaient, après la tempête, recueillir les débris de tous les
naufrages, Emmanuel-Théodose de La Tour d'Auvergne, cardinal de Bouillon, abrite ses derniers jours à leur Noviciat de
Saint-André de Rome. Les Jésuites avaient aimé, dès sa jeunesse, ce prince de l'Eglise que Turenne, son oncle, recommandait avec tant d'aimable modestie au Général de la
Compagnie. En souvenir du grand capitaine, ils lui furent
fidèles dans sa prospérité ainsi que dans ses disgrâces. Lorsque,
fatigué de sa vie d'agitations, d'intrigues et de désenchante-
ments, le cardinal voulut compter avec l'éternité, ce fut à
ceux qui ne lui avaient donné que de sages conseils qu'il vint
demander un port tranquille.

Colbert, Louvois, Seignelai, Pontchartrain et Croissy, les
ministres de Louis XIV, s'entouraient des avis du Père Antoine
Verjus, le maréchal de Luxembourg et Villars prenaient son
opinion dans les affaires importantes; son frère Verjus, comte
de Crécy, ambassadeur de France près la Diète germanique,

---

[1] *Mémoires secrets* de Duclos, t. LXVI, p. 254 (Collection Petitot).
[2] *Ibidem.*

ne consentit pas à être seul privé des lumières du Jésuite. Il
supplia Louis XIV d'obtenir des chefs de l'Institut cet auxiliaire
diplomatique ; le Père Verjus fut autorisé à se rendre en Allemagne. Par l'étendue de son esprit ainsi que par la modération
de son caractère, il se fit bientôt estimer de tous les princes
catholiques et des Protestants eux-mêmes. Le baron de Schwe-
rin, ministre de l'électeur de Brandebourg ; Grote, ministre
du duc de Hanovre, tous deux zélés Luthériens, furent ses
amis les plus chers. Le Père Bertrand de Saint-Pierre était, au
Palais-Royal, dans l'intimité de la duchesse d'Orléans ; les
plus célèbres parlementaires suivaient les conseils pieux de Jean
Crasset ; le Victorin Santeuil faisait assaut d'épigrammes poétiques avec le bon Rollin et le Père Commire.

De même que le Catholicisme, les Jésuites s'appuyaient
beaucoup plus sur l'homme que sur la femme. On les accusa,
et on les accuse encore de chercher à saisir de tous côtés
l'homme et l'enfant au moyen de la femme ; mais, en étudiant
à fond leur histoire, c'est le contraire qui apparaît. Ainsi
madame de Maintenon raconte elle-même dans ses *Entretiens*
qu'elle pria Bourdaloue de la diriger, et que le Père ne consentit à l'entendre que deux fois par année. » Pourtant, ajoute
avec naïveté cette reine de France dans les petits appartements
de Versailles, la direction de ma conscience n'était pas à dédaigner. » Le motif de la préférence accordée aux hommes
se trouve dans une lettre de saint François-Xavier au Père
Barzée. L'Apôtre des Indes, qui recommande d'avoir avec les
femmes les rapports les plus rares et les plus prudents, ajoute
dans cet écrit [1], proposé par l'Ordre tout entier comme règle
de conduite aux Pères de l'Institut : « La légèreté et l'humeur
des femmes, ainsi parle saint François-Xavier, donnant aux
confesseurs plus de travail que de profit, je leur conseillerai
toujours de cultiver de préférence les maris aux femmes. Il
y a plus de profit à instruire les hommes, car la nature leur
a départi plus de force, plus de constance. D'ailleurs le bon
ordre des familles, la piété des femmes dépendent communé-

---

[1] *Lettres de saint François-Xavier*, t. II, p. 73.

ment de la vertu des hommes ; et ainsi que dit le Sage,
Qualis est rector civitatis , tales et inhabitantes in ea. »
Les Jésuites laissèrent la femme dans la condition où Dieu l'a
placée. Ils n'encouragèrent son active impulsion que pour des
œuvres de charité : ils l'appelèrent seulement à secourir l'indigence et à consoler ceux qui souffraient. Comme les Jansénistes, ils n'eurent jamais de femmes formant un cénacle
autour d'eux. Ce n'est pas sous leur égide que l'on voit la
duchesse de Longueville, la princesse de Conti, mademoiselle
de Vertus, mesdames de Saint-Ange et de Sablé, les Mères
Angélique et Agnès Arnauld venir abriter leur coquetterie ou
leur pudeur séditieuse. Ils n'ont pas, comme les philosophes
du dix-huitième siècle, des Egéries toujours prêtes à chanter
leurs louanges ; les Du Deffant, les L'Espinasse, les Saint-
Julien, les maréchale de Luxembourg et les Geoffrin ne tiennent point bureau d'esprit en leur honneur. Les Jésuites ont
vu le monde tel qu'il était. Ils se sont adressés aux hommes ;
et, sans reculer devant l'intervention de la femme, ils ne lui
ont laissé que le rôle auquel Dieu la destine. Ils semblent tous
se conformer au précepte de saint François-Xavier, dont le
Père Bourdaloue a si bien commenté la pensée en face de madame de Maintenon. La femme, devenant le nerf et la vie
intérieure du Catholicisme, est tout-à-fait d'invention moderne.
Les Jésuites avaient d'autres moyens d'action, et le tableau
que nous venons de tracer le prouve d'une manière incontestable. Néanmoins du fond de ce tableau se détachent encore
quelques ombres ; de temps à autre, même sous Louis XIV,
il s'élève des orages contre la Société de Jésus. Ici ce sont
les *Anecdotes* d'Antoine Blache, là l'*Histoire de la Compagnie*
par le Père Jouvency, que le Parlement supprime.

Blache est un de ces hommes qui vivent de complots et dont
l'imagination toujours en travail découvre partout des crimes
ou des empoisonnements. Ce Dauphinois, docteur en théologie,
s'est donné mission de veiller sur la vie du roi : dans ses rêves
ou dans ses calculs, il voit Louis XIV et sa famille entourés
d'invisibles assassins. Il s'épuise à préciser, à coordonner les
détails de leurs attentats imaginaires. Il devait sa première

haine à l'Evêque de son diocèse : le cardinal Le Camus en recueillit les fruits, mais les disciples de l'Institut en eurent la
plénitude. Blache finit par se persuader que le cardinal de
Grenoble, de concert avec les Jésuites, dont il était l'antagoniste, avait été la cause déterminante de la guerre de 1688,
guerre que lui seul aurait pu empêcher. De 1699 à 1709
on laissa cet insensé, peut-être de bonne foi, se dévouer chaque jour en faveur de la Monarchie et de la Religion, tantôt
par la calomnie, tantôt par les plus étranges projets. Tenace,
comme tous les hommes à idée fixe, et portant ses déceptions
au compte des ennemis qu'il se créait, on le vit sauver régulièrement la France en multipliant ses attaques contre la Société de Jésus. Les objets de ses terreurs, Harlay, archevêque
de Paris, Le Camus, le Père Lachaise, d'Assérac et le cardinal
de Retz, étaient descendus dans la tombe ; mais l'Ordre de
Jésus survivait : ce fut cet Ordre qu'il rendit l'exécuteur de ses
complots. Blache avait conquis une place à Charenton : en 1709
on le renferma à la Bastille, où il mourut le 29 janvier 1714.
La folie peut quelquefois devenir l'auxiliaire des vengeances.
En 1768 le Parlement évoqua toutes les préventions, toutes
les fables de l'abbé Blache ; il prit plaisir à confondre dans
la même iniquité la mémoire de Louis XIV et les Jésuites, alors
proscrits de France [1].

De semblables mensonges sont, dans des jours de colère,
jetés en pâture au peuple, qui, selon Shaftesbury, n'ajoute foi
qu'au merveilleux de l'absurde ; ils ne lui furent point épargnés.
Mais vers la même époque l'ouvrage de Jouvency raviva les
vieilles querelles entre le Parlement et la Société de saint Ignace.
C'était la continuation du travail entrepris par Orlandini et
Sacchini sur les annales de l'Institut. Jouvency oublia que la
partie historique échue à ses labeurs offrait de graves difficultés.

---

[1] Les Jésuites ont cherché à faire périr Louis XIV, tel fut le thème que Blache
développa durant toute sa vie. Cet homme raconte dans ses *Mémoires :* qu'il consulta trois prêtres du noviciat des Jésuites, le Père Guilloré, le Père Seignes et le
Recteur ; mais il fut bien surpris, avoue-t-il naïvement, qu'ils voulussent tous trois
séparément, et sans s'être concertés, le détourner d'empêcher l'exécution du complot, « lui disant que le conseil qu'ils lui donnaient était conforme à la volonté de
Dieu, qui ne permet ces grands événements, tels que celui dont il leur paraissait
effrayé, que pour de grands desseins que sa providence cache aux hommes. »

Elle embrassait la Ligue, l'expulsion des Jésuites après l'attentat de Châtel et les injustices parlementaires dont la Société fut alors la victime. Le Père avait été Ultramontain dans ses récits : le 24 mars 1713, la cour judiciaire usa de son droit en supprimant le livre ; mais, non contente de cet arrêt, elle allait pousser l'affaire plus loin, quand les Jésuites remirent à Louis XIV une déclaration « après laquelle, dit Joly de Fleury dans son réquisitoire, le Roi les a jugés plus dignes que jamais de la protection dont il les honore. »

L'évocation de l'Ultramontanisme était regardée par Louis XIV lui-même comme un hors-d'œuvre. L'Eglise gallicane et la Catholicité avaient sur les bras des ennemis plus dangereux que les théoriciens discutant sur l'origine des pouvoirs. Le roi de France craignait peu les doctrines d'au-delà les monts ; mais il redoutait à bon droit le Jansénisme, dont sa vieillesse suivait avec inquiétude la tendance et les progrès. Il avait pensé que le cardinal de Noailles serait fidèle aux promesses données à l'Évêque d'Agen, et qu'après le jugement pontifical sollicité par lui ce prince de l'Eglise se soumettrait, ainsi qu'il s'y était engagé par une lettre dans laquelle on lit : « Non, je n'ai pas balancé de dire à tous ceux qui ont voulu l'entendre qu'on ne me verrait jamais ni mettre ni souffrir la division dans l'Eglise pour un livre dont la Religion peut se passer. Si notre Saint-Père le Pape jugeait à propos de censurer celui-ci dans les formes, je recevrais sa Constitution et sa censure avec tout le respect possible, et je serais le premier à donner l'exemple d'une parfaite soumission d'esprit et de cœur. »

Quesnel, dans une apologie de ses sentiments, avait, en 1713, fait une déclaration équivalente : « Je soumets très-volontiers, écrivait-il, et mes *Réflexions sur le Nouveau Testament* et toutes les explications que j'y ai apportées, au jugement de la sainte Eglise catholique, apostolique et romaine, dont je serai jusqu'au dernier soupir un fils très-soumis et très-obéissant. »

La sentence était encore en délibération, le cardinal et l'Hérésiarque adhéraient à ses futurs effets, ils juraient obéissance avant la promulgation de la loi. A peine la loi fut-elle publiée qu'ils résistèrent chacun dans la mesure de ses forces. Noailles tergiversa, il cacha les misères de sa vanité sous des subterfuges aussi pleins d'inconséquence que d'orgueilleuse faiblesse. Quesnel alla plus directement à son but. La Constitution du 8 septembre l'improuvait au nom de l'Eglise universelle. Il osa seul se donner raison contre la Catholicité, et le fils très-soumis se transforma en rebelle. Il proclama « que la bulle renversait la Foi de fond en comble, qu'elle frappait d'un seul coup cent une vérités, et que l'accepter, se serait réaliser la prophétie de Daniel, lorsqu'il dit qu'une partie des forts est tombée comme les étoiles du ciel. » La marche adoptée par les Jansénistes était celle que suit toujours le cœur humain dans ses aberrations. Louis XIV n'avait pas osé croire à tant de mauvaise foi, que Fénelon et le Père Letellier entrevoyaient à travers ces protestations exagérées de dévouement se brisant devant un mécompte de l'amour-propre ou un calcul de parti. L'éclat des fêtes, les illusions de la gloire, les prospérités de la France chantées par ses grands hommes, tout cela avait disparu pour faire place à des deuils de famille et à des calamités nationales. Louis était toujours le roi; mais on supputait les jours qui lui restaient. Dans cette lente agonie du plus long et du plus grand règne de la monarchie française, chacun s'arrangeait une place à sa convenance au soleil naissant de la régence.

Les pouvoirs publics s'affaissaient, et le Parlement, réduit pendant soixante années au droit de distribuer la justice, prévoyait enfin que son intervention allait devenir indispensable; il commençait à la faire sentir. Le Jansénisme avait dans ses rangs des néophytes pleins d'ardeur. Afin d'entretenir les espérances et les troubles, il luttait contre la bulle, il employait tous les faux-fuyants pour l'annihiler, toutes les calomnies pour la rendre méprisable. Ce n'était pas l'Eglise qui parlait dans cet acte solennel; mais bien les passions des Jésuites. Le Pape avait eu la main forcée, le roi gémissait sous une contrainte morale, et les Evêques français se prêtaient, en courtisans serviles, au despotisme de Letellier. Noailles et les quelques prélats récusants comme lui demandaient des explications. Le roi voulut couper court à ces interminables débats par la tenue

d'un lit de justice qui précéderait l'ouverture d'un synode national. Sur ces entrefaites, le président de Maisons, médiateur
entre le cardinal de Noailles et l'Episcopat de France, alla
trouver le Père Letellier afin de lui exposer ses vues. L'abbé
Dorsanne, dans son journal [1], raconte cette entrevue; le récit
du Janséniste met parfaitement en saillie le caractère du
Jésuite.

Letellier, dit-il, refusa de rien entendre, par la raison que
c'était une affaire dont il n'avait pas à se mêler. Enfin, par déférence pour ce magistrat, il consentit à en entendre parler
historiquement et par manière de conversation. Le président
proposa deux expédients : le premier, que le Pape donnât des
explications à la bulle; le second, qu'on permît aux Evêques
d'en donner relativement à l'acceptation. Le Jésuite paraissait
opposé à tous deux : Maisons proposa le concile national avec
ses inconvénients. Ces inconvénients n'effrayèrent point le Père
Letellier. « Alors, ajoute Dorsanne, M. de Maisons, ne gagnant
rien sur ce Père, lui fit voir que sa Société jouoit gros jeu dans
tout ceci, qu'il pouvoit être un temps qu'elle n'auroit pas la
protection qu'elle avoit actuellement; que, ce temps arrivant,
tout étoit à craindre pour eux. Le Père demeura ferme à
la vue de l'orage, et dit que plusieurs d'entre eux alloient chercher la mort en Angleterre et dans d'autres pays, qu'ils devoient
être prêts à souffrir dans le lieu de leur naissance si c'étoit l'ordre de Dieu. »

Le Jésuite pressent la fin prochaine du roi. On le sollicite,
au nom des intérêts de sa Compagnie, d'accorder une ombre de
satisfaction à un parti qui va dominer, et le Jésuite, qui croit
être dans la limite de ses devoirs, se résigne d'avance à l'exil
ou à la mort. C'est la condition de ses frères, il la subira comme
eux. Le 1er septembre 1715, Louis XIV expire entre les bras de
Letellier : le lendemain les Pères de la Compagnie de Jésus sont
en butte à des attaques que certaines concessions, faites à temps,
mais que la conscience réprouvait, auraient peut-être étouffées.

Une nouvelle ère s'ouvrait pour le royaume très-chrétien.

---

[1] *Journal* de l'abbé Dorsanne, t. 1, p. 173.

Sous le règne qui finissait, la volupté elle-même avait en sa décence, les passions les plus coupables s'étaient cachées sous un
voile majestueux. Ici, l'esprit se substituait au génie ; déjà l'on
s'essayait à l'orgie et à l'impiété pour faire sa cour au Régent.
Prince dont la dissolution précoce ne s'éleva jamais jusqu'au
crime, « il était, dit Saint-Simon, son confident et son ami,
incapable de suite dans rien, avait une sorte d'insensibilité
pour tout, se flattait de savoir tromper tout le monde, se défiait aussi de tout le monde. » Philippe d'Orléans se croyait
vicieux par nature, et la réaction commença le jour même où
Louis XIV rendit le dernier soupir. Par son testament il avait
réglé l'administration des pouvoirs, organisé leur mode d'action,
mais ces dernières volontés d'un mourant ne furent pas respec-
tées. Le Parlement se mit à la disposition de Philippe d'Orléans ; il annula toutes les mesures qui lui étaient désagréables
ou hostiles. Louis XIV avait légué son cœur à la Maison-Professe des Jésuites, ce fut la seule clause qui reçut son entière
exécution ; personne ne sachant que faire de ce grand cœur,
qui avait tant aimé et tant glorifié la France.

L'Europe honorait la mémoire de Louis XIV ; l'empereur
d'Allemagne annonçait cette perte à ses ministres en leur disant : « Messieurs, le Roi est mort ! » Les Jansénistes ne surent
pas contenir les transports de leur joie ; ils ameutèrent la po-
pulace autour du cercueil, ils firent prodiguer l'insulte aux
restes mortels qu'il contenait. Louis avait gouverné en s'appuyant sur les Jésuites, Philippe d'Orléans chercha ses auxiliaires parmi les sectateurs de Jansénius. Il crut ainsi rendre
son autorité plus populaire et se débarrasser des querelles théologiques. Le gage de l'accord fut la nomination du cardinal de
Noailles à la présidence du conseil des affaires ecclésiastiques
et l'exil du Père Letellier. Philippe n'avait pour lui ni haine ni
affection ; mais il fallait une victime à ses alliés, il la leur laissa
déchirer. Letellier, relégué à Amiens, les inquiétait encore : on
le fit partir pour La Flèche, où il mourut en 1719. Cependant
ce n'était pas à une proscription individuelle que tendaient les
factieux. Il importait de séduire la multitude et, en flattant les
désordres du Régent, d'arriver à la propagation de leurs doc-

trines. L'impulsion fut donnée par la calomnie. Cette calomnie
a survécu même au Jansénisme ; elle a passé dans les croyances
populaires; il faut donc la juger sur pièces.

Voltaire, qui avait reçu de première main le dépôt de ces
outrages à la vérité, et qui se servait de toutes les armes pour
anéantir la Foi catholique, dit [1] qu'en 1713 le ministère avait
peine à suffire aux lettres de cachet qui envoyaient en prison
ou en exil les opposants... Puis, afin de démontrer sa proposition, il ajoute : « Les esprit étaient surtout révoltés contre le
Jésuite Letellier..... Toutes les prisons étaient pleines depuis
longtemps de citoyens accusés de Jansénisme. » Grégoire tient
le même langage : « Après la mort de Louis XIV, raconte ce
prélat constitutionnel [2], le Régent vida les prisons d'Etat, que
Letellier avait remplies des ennemis de la bulle. » Lacretelle
était plus loin des événements que Voltaire et Grégoire. Il
dramatise leur récit. « Le Régent, raconte-t-il [3], commença
par faire sortir des prisons les malheureux Jansénistes que le
Père Letellier y avait entassés. Leurs parents et cette foule
d'amis qu'on trouve dans un parti qui sort de l'oppression les
attendaient à la porte de la Bastille et du donjon de Vincennes.
Le Régent eut l'attention délicate et politique de ne les rendre
à la liberté que deux jours après les funérailles de Louis XIV,
afin que leur aspect n'irritât point les ressentiments déjà trop
manifestes du peuple contre ce monarque. »

De même que les Protestants pour la Saint-Barthélemy, les
Jansénistes se sont donné le nécrologe de leurs martyrs, ou
l'histoire officielle des persécutions endurées par eux avant et
après la bulle Unigenitus. Tout ce qu'ils souffrirent, tout ce
qu'ils tentèrent en faveur de l'Augustinus et de Quesnel, est
exposé avec ce luxe de minutieux détails que les convictions
ardentes peuvent seules étaler. Nous avons lu leur Nécrologe [4],
et il en résulte que de 1709 à 1715, durant les six années que
Letellier exerça son pouvoir, si fabuleusement redoutable, il y

---

[1] Siècle de Louis XIV, t. III, ch. XXXVII, p. 162.
[2] Histoire des Confesseurs, p. 379.
[3] Histoire de France pendant le dix-huitième siècle, t. I, p. 129.
[4] Nécrologe des plus célèbres défenseurs et confesseurs de la vérité aux dix-
septième et dix-huitième siècles, 5 vol. in-12 avec supplément.

eut deux Jansénistes mis à la Bastille, le Bénédictin Thierry de Viaixnes et le Dominicain Antoine d'Albizzi. Le premier, qui en était sorti en 1710, y rentra en 1714; le second, le 4 avril 1715 [1]. Dans un autre ouvrage janséniste [2], le chiffre des prisonniers est porté à six : quatre enfermés à la Bastille et deux à Vincennes [3]. Le *Nécrologe* accepte encore comme défenseurs célèbres de la vérité trois prêtres jansénistes qui, après avoir abandonné Marseille, furent, en 1715, découverts à Paris par le lieutenant de police d'Argenson, et confiés à la garde d'un exempt; un prêtre de Tournay ayant la cité de Lille pour prison, cinq religieux que leurs supérieurs firent changer de couvent ou qu'on retint aux arrêts dans le leur, puis quatre docteurs de Sorbonne et deux Feuillants éloignés de Paris.

[1] Nous avons dit que le Bénédictin fut banni du royaume par le Régent; nous devons ajouter que plus tard le Dominicain fut expulsé de son Ordre comme incorrigible.

[2] *Preuves de la liberté de l'Eglise de France dans l'acceptation de la Constitution*, ou *Recueil des ordres émanés de l'autorité séculière pour faire recevoir la Bulle*. In-4°. (Edit 1726.)

[3] Six prisonniers sortirent en effet de la Bastille et de Vincennes après la mort de Louis XIV; mais deux seulement, Viaixnes et d'Albizzi, y avaient été enfermés sous le Père Letellier; les quatre autres s'y trouvaient avant son entrée à la cour. Le nom de deux de ces captifs a été conservé : l'un s'appelait d'Aremberg, on l'accusait d'avoir favorisé l'évasion de Quesnel des prisons de Malines; l'autre était Le Noir de Saint-Claude, avocat janséniste, mis à la Bastille en 1708 pour plaidoiries séditieuses. Ces détails, empruntés aux archives mêmes du Jansénisme, qui n'aura certes pas diminué le nombre des victimes, sont peu d'accord avec les exagérations de Voltaire, de Grégoire, de Lacretelle et de la plupart des écrivains. Nous raisonnons avec les chiffres et avec les faits à l'appui; eux n'ont tracé qu'un tableau de fantaisie, offrant à l'histoire un permis de pitié mensongère.

Nous venons de voir les sévérités de Louis XIV envers des sujets rebelles à l'Eglise et à l'Etat. Celles du bon Régent les surpassèrent, et plus on avance vers la liberté, plus on s'aperçoit que ces sévérités ne furent que des jeux d'enfant en comparaison des mesures dont la Révolution française se fit un devoir. Ce n'est point avec elle que nous établissons un parallèle, nous n'infligerons jamais à Louis XIV une pareille honte; mais l'empereur Napoléon eut, lui aussi, quelques démêlés avec l'Eglise, et, dans l'espace de trois ans, de 1810 à 1813, voici en raccourci le tableau de ses actes :

« Pie VII prisonnier à Savone et à Fontainebleau, le cardinal Pacca dans la forteresse de Fénestrelle, un grand nombre d'Evêques et de prêtres exilés ou emprisonnés en Italie. En France, les cardinaux Oppizoni, Gabrielli et di Pietro; de Boulogne, Evêque de Troyes; de Broglie, Evêque de Gand; Hirn, Evêque de Tournay, furent enfermés à Vincennes avec le Père Fontana et les abbés di Grégorio, d'Astros, Perrault, Duvivier, Van Hemme et Van Alphen. Quinze cardinaux, plusieurs prélats romains et plus de soixante-dix prêtres furent exilés arbitrairement dans l'intérieur de l'empire, et placés sous la surveillance des préfets. »

Ce que l'empereur des Français faisait dans un intérêt de domination temporelle, pourquoi Louis XIV n'aurait-il pas eu le droit de l'essayer en petit, afin d'éviter un schisme et les troubles dont le Jansénisme menaçait le royaume de France?

Voilà le chiffre que six années de terreur produisirent, au
témoignage même des persécutés. Nous ne grossissons ni n'at-
ténuons les faits, nous les présentons tels qu'ils apparaissent,
dépouillés de cette fantasmagorie que l'on arrange pour saisir
plus vivement l'esprit des masses. Les historiens ont souvent
joué de malheur avec la Bastille ; à travers ses épaisses murailles, ils virent des désespoirs aussi imaginaires que ces captifs
dont Voltaire et Grégoire remplissent ses cachots, et dont Lacretelle suit la longue procession au milieu de leurs parents ou
de leurs amis. Il y en avait deux ou six, selon les Jansénistes ;
mais le nombre s'arrête là : c'est à peu près le même qui s'y
trouvera lorsque, dans un de ces jours de fol enthousiasme et
de colère inutile, le peuple de Paris croira avoir couru quelque
danger et conquis une gloire éternelle en prenant d'assaut une
vieille forteresse qui ne se défendait pas.

Le despotisme de Louis XIV, les fanatiques vengeances du
Jésuite Letellier, se réduisent à dix-sept personnes embastillées,
exilées ou retenues dans leurs maisons ; la liberté que Philippe
d'Orléans regretta bientôt d'avoir accordée aux Jansénistes
leur réserva plus de martyrs pendant un an que Letellier durant les six qu'il dirigea la conscience du roi. En 1721 seulement, le Nécrologe janséniste compte quarante-sept des siens
qui subirent l'ostracisme de la régence : quatre dans les fers,
trente en exil, et les autres gardés à vue. L'année 1722 est
moins riche en victimes : elle n'en compte cependant pas moins
de trente-quatre. Sous Louis XIV, l'Université de Paris n'avait
exclu de son sein que quatre docteurs jansénistes ; c'était déjà
beaucoup ; les Jansénistes se montrèrent plus exigeants. Le
cardinal de Noailles, comme proviseur de Sorbonne et défenseur
né des droits de tous, se laissa forcer la main ; d'un seul coup
on en proscrivit vingt-deux[1], parmi lesquels on distingue Honoré Tournely, le plus savant théologien de cette époque.

C'est par ces chiffres officiels qu'il faut juger de la persécution des uns et de la modération des autres. Le Régent ne croyait
ni à la religion ni à la vertu ; ses confesseurs, les Pères de La
Bourdonnaye et du Trévoux, quoique Jésuites, étaient au Pa-

[1] *Journal* de Dorsanne, t. I.

lais-Royal pour la forme. Philippe n'avait foi que dans ses roués
et dans ses maîtresses ; la partialité des historiens l'amnistie de
ses sévérités contre les Jansénistes, afin de pouvoir accuser les
justices de Louis XIV, et de jeter un reproche de plus à la Compagnie de Jésus.

La régence fut une époque d'abandon et de folie, d'agiotage
et de prodigalité : elle ouvrit le dix-huitième siècle par le scandale de la pensée et par le cynisme des mœurs ; elle déshonora
la France en la mettant à la suite de l'Angleterre. Ce souvenir
de honteuses voluptés, de marchés infâmes et de démoralisa-
tion légale domine tout le siècle ; il le ferme sur la page la plus
sanglante des annales du monde. Pour rattacher les joies in-
sensées de la régence à l'échafaud de la Révolution française,
il se trouve encore un duc d'Orléans ; mais ce dernier n'aura
en partage que les vices de son aïeul. Philippe les poussa jusqu'à un excès fabuleux ; néanmoins, dans cette déplorable orgie du pouvoir, il ne faut pas oublier que ce prince, doué d'heureuses qualités, sut, pour être juste, échapper plus d'une fois
à son atmosphère de dépravation.

Au milieu du vertige qui s'emparait de toutes les têtes, et
qui abrita ses insouciances et ses plaisirs sous les complaisantes
austérités du Jansénisme, les Jésuites se tinrent à l'écart ; ils
crurent que ces transports de délirante ivresse n'auraient qu'un
temps, et que le calme ou la fatigue ramèneraient le Régent
lui-même aux réalités de la vie. Les Jansénistes le laissaient se
livrer aux emportements de ses désirs, et ils marchaient sans
détour à l'attaque contre la Société de Jésus. Ils aspiraient à la
miner, afin de se trouver les directeurs de l'éducation et d'inculquer à la jeunesse le venin de leurs sophismes. Comme le
Parlement, l'Université sortit enfin de son silence ; elle songea
à mettre à profit le désordre qui régnait dans les esprits pour
solliciter des faveurs : ces faveurs étaient tout naturellement des
entraves apportées aux maisons de la Compagnie. Le Régent
prête l'oreille à ces vœux ; mais, quand il en a saisi l'étendue :
« Pour ce qui est des Colléges des Jésuites, je veux que rien n'y
soit changé, » répond-il. On lui propose de signer un décret
privant de tous les grades académiques ceux qui feront leurs

études sous les Pères de l'Institut; il s'écrie : « Jamais, tant
que je gouvernerai la France, je ne permettrai que le Collége
de mon oncle subisse quelque changement. » Peu de jours après
il écrit au Père du Trévoux, afin de rassurer les Jésuites sur
ses intentions, et de leur recommander le jeune chevalier d'Orléans, son fils naturel, qui suivait les cours de Louis-le-Grand.

On n'avait pu surprendre la bonne foi du Régent, on espéra
que l'on serait plus heureux en lui inspirant des inquiétudes
sur le pouvoir dont les Pères jouissaient auprès de l'armée.
Lemontey raconte ainsi l'événement [1] : « Dans cette crise les
Jésuites se conduisirent en hommes accoutumés aux orages. Ils
dissimulèrent avec patience les injures de détail qu'ils eurent
à essuyer, et attendirent un meilleur sort du temps, des fautes
de leurs adversaires et du besoin qu'une régence corrompue ne
manquerait pas d'avoir de leur flexible doctrine. Gardant néanmoins la prudence pour eux seuls, ils ne laissèrent pas d'exciter
en secret à diverses résolutions la cour de Rome et les Evêques
partisans de la bulle. Mais ce qui peint admirablement la politique vivace de ces religieux, c'est qu'ils tentèrent alors une
entreprise si hardie et si profonde qu'ils n'avaient osé la concevoir au temps de leur plus haute prospérité. Ils imaginèrent de
fonder dans les villes de garnison des Congrégations de soldats;
et les Jésuites auraient eu leur armée, si le Gouvernement ne
se fût hâté de prévenir ce pieux embauchage et de soustraire
la discipline militaire à une si habile corruption. »

L'accusation de congréganiser l'armée était beaucoup plus
nouvelle que le fait en lui-même. En France, depuis Henri II
jusqu'à Louis XIV; en Europe, depuis 1547 jusqu'à 1715, les
Jésuites vivaient sous la tente du soldat; ils se trouvaient avec
lui sur tous les champs de bataille, l'animant dans la mêlée, le
consolant dans la défaite, lui ouvrant les cieux à l'heure de la
mort, et devenant une Providence pour les blessés. Ils lui apprenaient à rester fidèle à Dieu, afin d'être plus fidèle à son
pays et à son roi; ils avaient formé une espèce de littérature
militaire, ils y retraçaient les devoirs du soldat [2]. Dans les steppes

---

[1] *Histoire de la Régence*, par Lemontey, t. i, p. 138.
[2] Les Pères Emond Auger, Possev.n, Grafft, Audrada, François Antoine, Henri

de la Pologne, dans les montagnes de la Bohême, dans les plaines de Flandre ou au fond des places de guerre de France, ils
avaient institué des Congrégations dont le Jansénisme prenait
ombrage, comme si elles eussent été une nouveauté. Le Régent,
dans ses campagnes, avait pu remarquer, comme le grand Condé
et Turenne, que la piété du soldat devenait un aiguillon pour
son courage et pour son obéissance ; mais, croyant avoir encore
besoin de ménager la réaction janséniste, il renvoya l'affaire au
Conseil. Dans la séance du 19 juillet 1716 [1], les réunions de
militaires présidées par un Jésuite sont interdites. Les Pères
obéirent sur-le-champ, et toutes leurs Congrégations furent dis-
soutes. Ils s'étaient conformés sans aucune résistance aux ordres de l'autorité ; les Jansénistes se plaignirent que cette déférence cachât un piége : ils persuadèrent au Régent que sa
volonté était éludée. Le maréchal de Villars se trouvait alors à
la tête de l'administration de la guerre. Elève des Jésuites, soldat et général d'armée, il avait fait partie de ces pieuses assemblées. Le vainqueur de Denain n'était pas homme à déguiser sa
pensée; à la lecture de semblables imputations, sa rude franchise ne peut se contenir, et il s'écrie : « Quels sont donc les
téméraires qui osent avancer une imposture si palpable? J'ai
entre mes mains les réponses des officiers-généraux et des gou-
verneurs de places; tous attestent que les ordres du Roi sont
strictement remplis. » Puis tout-à-coup, s'adressant à ses collègues : « Pour moi, Messieurs, je l'avoue; tant que j'ai été à la
tête des armées, je n'ai jamais vu de soldats plus actifs, plus
prompts à exécuter mes ordres, plus intrépides que ceux qui
appartenaient aux Congrégations tant accusées aujourd'hui. »

Le 20 novembre 1715, le cardinal de Noailles, afin de donner un gage de ses sentiments modérés, annule en partie l'interdit porté contre les Jésuites de son diocèse ; il accorde des
pouvoirs à douze Pères, au nombre desquels on comptait de

Marcel, Bembo, Le Blanc, Sailli, Daguet ont composé, pour les hommes de guerre,
des ouvrages où la piété est mise à leur portée. Les titres seuls de ces livres révèlent
leur but : c'est le *Maître d'armes*, le *Soldat Chrétien*, le *Miroir des soldats*,
le *Bon Soldat*, *Avis pour les Soldats*, le *Manuel du Soldat chrétien*, le *Guerrier chrétien*, le *Soldat glorieux* et les *Instructions pour le Soldat chrétien*.
Nous ne citons ici que les principaux.

[1] *Registres du Conseil de guerre* sous la régence.

Lignières, du Trévoux, Gaillard, La Rue, Martineau et Tournemine ; mais bientôt de nouvelles susceptibilités de juridiction,
alimentées et grossies par les Jansénistes, font éclater de nouvelles rigueurs. Le Père Louis de La Ferté, fils du maréchal de
ce nom, était le parent et l'ami d'enfance de Noailles. Le Régent
a choisi ce Jésuite pour prêcher l'Avent de 1716 à la cour, qui
l'a déjà entendu annoncer la parole de Dieu durant le dernier
carême. Noailles n'a fait aucune opposition, car c'eût été empié-
ter sur la prérogative du cardinal de Rohan, grand aumônier de
France ; mais il pressent que les amis des Jésuites, que les
Jésuites eux-mêmes ne se résigneront pas toujours à ce rôle
passif que le Jansénisme veut leur imposer. Sous main, il propose à Philippe d'Orléans de prendre un autre prédicateur ; le
Régent s'y refuse, et le prince de Rohan, frère du grand aumônier, écrit, le 31 octobre, au Père de La Ferté, qui se désiste de
son droit et ne veut pas être la cause d'un conflit : « Le duc
d'Orléans m'a ordonné de vous porter l'ordre de venir demain
prêcher devant le roi, et un ordre répété et appuyé devant madame la duchesse de Ventadour ; en telle sorte que vos raisons
particulières ne peuvent plus tenir contre le respect que vous
devez au roi et à S. A. R. » La Ferté paraît le 1er novembre 1716 dans la chaire des Tuileries. Néanmoins, le jour même,
il supplie le Régent de le dispenser de cet honneur ; il lui déduit
les motifs de son refus : le prince les approuve. Le cardinal
de Noailles avait été vaincu dans la lutte engagée ; dix jours
après, il fulmine l'interdit contre tous les Jésuites de Paris, et
nommément contre le Père de La Ferté, sans doute plus coupable que les autres, parce qu'il avait obéi aux ordres du prince.
Le scandale faisait les affaires du Jansénisme ; on conseille à la
vanité froissée de Noailles de prendre la voie la plus bruyante.
L'interdit est signifié aux Pères par un huissier, contrairement à
l'usage de l'Officialité ; des crieurs publics parcourent la ville en
proclamant dans les rues et sur les places la sentence archiépiscopale.

Ces procédés durent paraître étranges ; les Jansénistes se perdaient en faisant servir le pouvoir à des vengeances inutiles,
et les excès contre la Société de Jésus devaient inévitablement

réagir en sa faveur. Le joug du Jansénisme commençait à paraître bien lourd ; on établit des points de comparaison, la balance pencha du côté de ceux que le cardinal de Noailles poursuivait avec tant de rigueur. Le Régent lui-même ne put cacher son opinion, et, au témoignage de Dorsanne[1], « l'acte de révocation des Jésuites surprit, et fit un peu de peine au duc d'Orléans. » Cet interdit n'avait pas seulement pour but la satisfaction de quelques haines, un profond calcul politique l'inspirait au cardinal de Noailles, qui l'accomplissait sans y participer, sans même le deviner. La secte avait renversé l'édifice des Congrégations militaires ; elle aspirait, de concert avec ses adhérents de l'Université, à s'emparer de l'éducation, afin de façonner la jeunesse à leurs idées ou à leurs rêves. La trame était artificieusement ourdie ; on provoquait les pères de famille à retirer leurs enfants de ces maisons de Jésuites, sur lesquels pesait l'anathème ; on excitait les prélats à suivre l'exemple du cardinal de Noailles. Son frère, l'Evêque de Châlons ; Coislin, Evêque de Metz ; Colbert. Evêque de Montpellier, ainsi que ceux de Verdun et de Laon, s'y conformèrent; mais la presque unanimité de l'Épiscopat dédaigna de se prêter à ces menées. On persécutait les Jésuites dans leur enseignement et dans leur foi. L'Eglise gallicane, qui partageait leurs sentiments, les couvrit de sa protection ; les familles elles-mêmes s'associèrent à cette résistance catholique. De 1716 à 1729, les Jésuites ne pouvant se livrer au ministère sacré, reportèrent sur l'étude des belles-lettres le temps qu'ils consacraient aux œuvres de la prédication et de la direction. Dans ces quelques années, leurs Colléges furent plus florissants que jamais. Les Pères de Paris écrivaient à Rome [2] en 1716 :

« Il ne nous reste donc plus que de former à la science et à la vertu l'esprit et le cœur de nos enfants. Tous les autres ministères que nous exercions avec ardeur ont cessé. Nos prédicateurs ne font plus entendre leurs voix dans les temples ni dans les chapelles particulières; les hôpitaux et les prisons se ferment à notre zèle ; nos confessionnaux sont déserts. Les Congrégations de la Vierge n'entendent plus la parole sainte, et

[1] *Journal* de l'abbé Dorsanne, t. I, p. 298.
[2] *Archives du Gesù.*

peu à peu elles se voient abandonnées. Souffrir, prendre patience, nous abstenir de toute plainte, fléchir le Ciel par nos prières, lire ou composer de bons ouvrages de littérature et de piété, montrer aux autres la voie du salut par des discours privés ou par l'exemple d'une vie sans tache; voilà tout ce qui nous est permis, voilà la seule consolation qui nous reste, et que personne ne peut nous ravir. »

On exploitait les puériles colères du cardinal de Noailles, les Jansénistes le posaient en pacificateur et en thaumaturge. Avec cette facilité qu'ont toujours les partis pour improviser de grands citoyens, ils faisaient de ce prince de l'Eglise le rempart derrière lequel il leur était permis de combattre à l'ombre; ils abusèrent de ses vertus comme de sa faiblesse : puis, maîtres pendant douze années de la chaire et du confessionnal, ils assistèrent, pour ainsi dire, les bras croisés, à la débauche intellectuelle dont la régence donna le signal. Sans doute, les Pères de la Compagnie n'auraient point arrêté le torrent qui débordait; il ne leur eût pas été possible de calmer cette soif de voluptés irritantes, dont étaient tourmentés Philippe d'Orléans, la duchesse de Berri, sa fille, et les favoris du Palais-Royal. La corruption et le scandale, l'amour effréné de l'argent et l'attrait de la nouveauté dominaient trop les hautes classes de la société, les financiers et les bourgeois de la capitale, pour qu'on pût réaliser quelque bien au milieu des dépravations d'une partie de la noblesse française.

Les Jésuites auraient échoué en présence de ces désordres que, par une inconcevable aberration d'esprit, on éleva jusqu'à une sorte d'attentat contre l'honneur national; mais il était possible d'empêcher la gangrène de s'étendre sur les classes moyennes. Le peuple ne rougissait pas encore de sa vieille probité; il ne comprenait rien au honteux agiotage de Law; il gardait religieusement ses mœurs pures et sévères : on pouvait donc, même par l'exemple du vice officiel, le maintenir dans la piété; il manqua de guides au moment où l'ambition et le plaisir allaient étouffer le dernier cri de sa vertu.

En donnant satisfaction au Jansénisme, le Régent avait espéré qu'il se débarrasserait des questions religieuses. Il réduisait les Jésuites au silence, afin d'obtenir la paix de leurs ennemis; ceux-ci ne se contentèrent pas d'un triomphe infructueux. La bulle *Unigenitus* flétrissait Quesnel et leur doctrine; une imperceptible minorité dans l'Episcopat s'opposait à son acceptation, ils grandirent cette minorité[1]. Une licence dangereuse pour la morale et pour la vie des Etats s'introduisait dans les mœurs et dans les écrits, l'anarchie régnait sur les intelligences, ils essayèrent de la faire pénétrer dans les pouvoirs publics. Ils trouvèrent dans le Parlement quelques magistrats tout disposés à se déjuger et à outrer les conséquences de la Déclaration du Clergé de 1682; ils les poussèrent à favoriser les Evêques appelant de la bulle au Pape qui l'avait promulguée. Dans son existence de désordre, Philippe d'Orléans conservait l'instinct du gouvernement; son cœur et sa tête n'étaient pas toujours à la merci d'un caprice ou d'une honte. Il entrevit que les Jansénistes cherchaient à tuer l'autorité, afin d'amener des déchirements intérieurs; de

[1] Quelques historiens, comme Voltaire et Duclos, ont prétendu que la Constitution *Unigenitus* n'était pas une règle de Foi catholique; c'est une erreur au point de vue religieux et historique. Cette bulle, adressée à toute l'Eglise, a été adoptée et reçue comme décision dogmatique par la Catholicité, par l'Episcopat et par toutes les Universités. Elle est déclarée règle de Foi par plusieurs Conciles, et notamment par celui qui fut tenu à Saint-Jean-de-Latran en 1725, sous Benoît XIII. Il n'y eut d'opposants contre elle que le cardinal de Noailles, quatorze Évêques et quinze cents, d'autres disent deux mille, réfractaires, prêtres, religieux ou laïques. Cette opposition était imperceptible, mais elle sut faire tant de bruit qu'elle sembla parler au nom de tous. Voltaire se crut donc en droit de dire avec sa véracité ordinaire (*Siècle de Louis XIV*, t. III, ch. XXXVII) : « L'Eglise de France resta divisée en deux factions. Les acceptants étaient les cent Evêques qui avaient adhéré sous Louis XIV, avec les Jésuites et les Capucins. Les récusants étaient quinze Evêques et toute la nation. »

Dès ce temps-là, la nation était exploitée par les mécontents, qui se l'adjugeaient. Voltaire a fait ces calculs sans réflexion; mais le grand-vicaire du cardinal de Noailles, le Janséniste Dorsanne, publie dans son *Journal* une curieuse statistique de cette unanimité. A la page 7 du deuxième volume, il dit que « loin de voir croître le nombre des appelants, on le voyait diminuer; » puis, passant la revue de quelques Evêques jansénistes, Dorsanne ajoute : « MM. les Evêques de Tréguier et d'Arras souffraient de voir leurs diocèses presque entièrement opposés au parti qu'ils avaient pris. M. de La Broue, évêque de Mirepoix, n'avait pas un seul appelant dans son diocèse. L'évêque de Pamiers était dans la même situation que M. de Mirepoix .. Les Parlements de province ne présentaient pas de ressources. Plusieurs étaient ultramontains et constitutionnaires, Grenoble, Besançon, Dijon, Douai, etc.» « Un motif, continue Dorsanne, qui faisait encore beaucoup d'impression sur M. de Noailles, était que des Evêques des églises étrangères, attentifs à ce qui se passait en France... on n'en voyait aucun qui se détachât pour s'unir aux appelants. »

Les Evêques jansénistes ne trouvaient aucun adhérent, même dans leurs diocèses! cela néanmoins s'appelait la nation.

ce jour, il songea à réparer le mal que son incurie avait développé.

Il fallait en finir avec cette faction qui s'agitait en tout sens et qui entretenait la discorde dans l'Eglise, en se flattant de la semer dans l'Etat. Un Jésuite s'était risqué à gagner la confiance du Régent; il se nommait Pierre-François Lafitau : né à Bordeaux en 1685, il unissait à un esprit fécond en saillies, inépuisable en ressources, un jugement solide, une ambition qui ne se trahissait pas et une aménité qui savait plaire à tous. Le Régent eut occasion de le voir ; le Père Lafitau entra si bien dans ses bonnes grâces, que, malgré son entourage, Philippe d'Orléans le choisit pour négociateur secret auprès du Saint-Siége. Lafitau s'était fait aimer du Régent, il s'insinua dans la faveur de Clément XI ; il servit ainsi de lien entre les deux puissances pour accélérer la chute des Jansénistes. Lafitau avait les vertus d'un bon prêtre, mais il s'aperçut, ou on lui fit entrevoir qu'il ne possédait pas à un égal degré celles qui constituent le Jésuite. Dans l'année 1719, il fut dégagé des vœux simples qu'il avait prononcés ; et il se sépara de la Compagnie, dont il resta l'ami pendant toute sa vie. Cette retraite lui permettait de courir la carrière des honneurs. Le Pape et le Régent le nommèrent Evêque de Sisteron quelques mois après, en 1720. Le 4 décembre de la même année, Philippe contraignit le Parlement à enregistrer la bulle *Unigenitus;* la cour judiciaire obéit ; alors les Jansénistes, dont le plan d'attaque était démasqué, ne gardèrent plus de mesure.

La corruption des mœurs avait engendré la prostitution dans l'histoire ; chacun peignait à sa guise les hommes et les caractères ; chacun faisait d'un conte de ruelle, d'une calomnie de boudoir ou de quelques méchancetés de salon, un événement que recueillaient mille plumes satiriques ; ces fables devaient, plus tard, servir à tromper jusqu'aux écrivains probes. Les Jansénistes établirent de grands ateliers de diffamation ; ils dénaturèrent les faits, ils inventèrent des anecdotes, l'aliment qui va le mieux au goût et à l'esprit français ; ils se mirent à fouiller dans la vie privée des rois et dans les secrets de leurs conseillers. Rien n'échappa à leurs sarcasmes, et, depuis le

Souverain-Pontife jusqu'au dernier des confidents de Philippe, tout passa au crible de ces imposteurs anonymes, dont des annalistes plus sérieux allaient prendre les mensonges sous l'égide de leur talent. L'autorité de leur choix avait, en acceptant la bulle, renversé des espérances longtemps caressées ; dans cette conduite pleine de prévision du Régent, ils virent un odieux marché, dont Lafitau, Tencin et Gamache, auditeur de Rote pour la France, furent les entremetteurs, et l'abbé Dubois le mobile.

En un temps où l'esprit de parti ne laisse debout aucune gloire, aucune vertu, et où les hommes les plus estimés dans un camp deviennent nécessairement pour les autres un objet de répulsion plus ou moins justifiée par les colères politiques, nous croyons qu'il sera beaucoup plus facile de faire comprendre notre pensée. Nous avons vu si souvent les ministres, les généraux, les orateurs, les écrivains les plus illustres, les monarques eux-mêmes accusés par leurs adversaires, souvent même par leurs amis, de tant de crimes impossibles, de tant de méfaits, que la disgrâce, l'exil, la mort ou un revirement d'opinion condamnaient à un précoce oubli, que nous ne devons pas plus ajouter foi aux exagérations de l'enthousiasme qu'aux insultes de la haine. L'expérience est venue avec le temps, et aujourd'hui il faut autre chose que des bons mots ou des romans riches de mensonges pour juger un homme qui a gouverné son pays. L'abbé Guillaume Dubois se trouve dans ce cas. Il avait été le précepteur, le ministre secret ou avoué de Philippe d'Orléans ; il vivait au Palais-Royal ; il était ambitieux, adroit courtisan, se faisant un marchepied de la voluptueuse incurie de son maître, flattant ses passions, et lui donnant peut-être l'exemple de l'immoralité. Dans cette atmosphère de roués et de femmes galantes, Dubois, qui n'avait aucun engagement ecclésiastique, a pu se laisser entraîner au torrent et se mêler à cette existence de débauches, qui rendit célèbres les Broglie et les Nocé. C'est un compte qu'il a débattu avec Dieu. Il avait plutôt le cynisme du vice que le vice lui-même ; mais, quand la fortune l'eut poussé aux honneurs, cet homme, qui avait vendu son pays à l'Angleterre, et qui cependant compta au

nombre de ses amis Fénelon, Rohan, Massillon, Fontenelle [1],
de La Tour, le Général des Oratoriens, et d'Argenson, sentit la
nécessité de donner la paix à la France. Une pensée d'égoïsme
ne fut pas étrangère à cette résolution ; Dubois pouvait prétendre
à tout ; son travail suppléait aux langueurs du Régent ; ses sarcasmes réveillaient dans son âme le désir qui s'y éteignait sous
les ennuis de la satiété. Afin de monter au trône ministériel, il
rêva qu'il devait commencer par se faire nommer archevêque
et prince de l'Eglise romaine. Dans l'espoir de ne trouver aucun
obstacle sur sa route, il résolut de mettre à l'épreuve la gratitude
du Saint-Siége par un service signalé. Il força le Parlement à
enregistrer la bulle *Unigenitus ;* puis il chargea Lafitau de
solliciter à Rome la récompense qu'il s'était promise. Dubois,
présenté par le Régent, fut promu à l'archevêché de Cambrai.
La mort de Clément XI ayant ouvert le Conclave, le cardinal
Conti fut élu Pape, sous le nom d'Innocent XIII, et, en revêtant
Dubois de la pourpre, il céda autant aux sollicitations de Philippe d'Orléans [2] qu'au besoin de pacifier l'Eglise.

Le cardinalat n'est point une fonction à charge d'âmes, mais
une dignité accordée, sur la prière de quelques monarques, à
des hommes que la cour romaine ne connaît pas, et qui, jouissant d'une grande autorité dans leur patrie, peuvent, en bien
ou en mal, influer sur les affaires ecclésiastiques. Dans la position des choses, le sacrifice d'un chapeau de cardinal exigé
par le Régent en faveur de Dubois ne fut peut-être pas une
faute ; mais il ne fallait pas appeler le ministre du Palais-Royal
aux honneurs de l'épiscopat. L'épiscopat entraîne à sa suite des

---

[1] Fontenelle, parlant au nom de l'Académie française, disait au cardinal Dubois,
le jour de sa réception : « Vous vous souvenez que mes vœux vous appelaient ici
longtemps avant que vous pussiez y apporter tant de titres ; personne ne savait
mieux que moi que vous y eussiez apporté ceux que nous préférons toujours à tous
les autres .. » Le directeur de l'Académie ajoutait encore : « Tous les souverains
ont concouru à vous faire obtenir la pourpre. Le Souverain-Pontife n'a entendu
qu'une demande de tous les ambassadeurs, et vous avez paru un prélat de tous les
Etats catholiques, et un ministre de toutes les cours. »

[2] Dorsanne, en son *Journal*, donne une grande part au cardinal de Rohan dans
les transactions qui eurent lieu à Rome pour ce chapeau. Il avoue qu'il était
chargé par le Régent de négocier cette affaire et, au mois de septembre 1721, le docteur de Sorbonne, François Vivant, écrivait de Rome au cardinal de Noailles :
« M. le cardinal (de Rohan) ne perd pas son temps. Il ne s'est pas borné à procurer
le chapeau que demandait Son Altesse Royale ; en outre, il prépare quelque chose
de plus éclatant. »

devoirs de conscience incompatibles avec la vie de Dubois : il n'en remplit aucun ; c'est ce qu'il put faire de mieux. Son élévation au rang de prince de l'Eglise lui donnait l'entrée du conseil ; elle le faisait marcher de pair avec la plus haute noblesse du royaume. Dubois devint l'arbitre de la France ; il ne gouverna pas plus mal que le Régent.

L'Evêque de Sisteron ne lui avait pas été inutile dans ses négociations avec Rome ; ce prélat, qui a écrit l'*Histoire de la Bulle Unigenitus*, désirait, avec tout le Clergé gallican, que l'on mît un terme aux discordes religieuses dont le royaume était depuis si longtemps le théâtre. La peste de Marseille venait, en 1720, de porter l'épouvante dans le Midi et le deuil dans toute la France. Les Jésuites étaient tenus à l'écart ; mais à Marseille une occasion de se dévouer s'offrait à leur charité, ils la saisirent. Sur les pas de Belzunce, Evêque de cette ville, et leur ancien confrère dans l'Institut de saint Ignace, ils courent où le danger est le plus imminent. Le fléau tue plus de mille personnes par jour ; il a frappé de mort dix-huit Jésuites de Marseille, même le Père Claude-François Milley[1], qui remplaça les magistrats civils enlevés à leurs fonctions par l'effroi ou par la mort. Un seul de cette résidence survit ; c'est un vieillard octogénaire, Jean-Pierre Levert, qui a plus d'une fois bravé la peste aux Missions d'Egypte, de Perse et de Syrie. Dans la désolation générale, le Père Levert s'associe aux hommes dont la terreur n'a point paralysé le courage. Il est avec Belzunce au chevet des malades ; avec Estelle et Moustier, les échevins de la ville, avec Langeron, qui en a pris le commandement, et le chevalier Rose, il veille sur tous ces gouffres de la mort ; il marche à côté de Chicoineau, de Deydier et de Verni, trois médecins, dont les noms sont chers à l'humanité. Il prie pour les mourants, il fortifie le peuple encore plus par son exemple que

---

[1] Tout porte à croire, dit Lemontey en parlant de la peste de Marseille, au cinquième volume de ses *OEuvres*, page 339, que la grandeur de caractère, les pensées généreuses et les fortes diversions éloignent de l'homme une certaine disposition passive qu'on s'accorde à regarder comme nécessaire à la communication du venin pestilentiel. Elle fut sans doute l'égide qui couvrit dans Marseille deux autres commissaires, que je ne dois pas passer sous silence. Le premier fut le Jésuite Milley, le seul parmi les réguliers qui consentit à réunir les fonctions civiles aux travaux religieux ; le second fut le peintre Serres, élève du Pugel. »

par ses conseils. Le gouvernement n'a pris aucune précaution, n'a fait passer aucun secours; la famine donne la main à la peste. A ces nouvelles, le Souverain-Pontife sent qu'un nouveau lien l'attache à cette ville si catholique dans le bonheur, si pieuse dans le désespoir. Deux navires, chargés de blé, sont adressés à Belzunce, c'est le Pape qui les envoie; l'Evêque et le Jésuite distribuent à chaque famille le pain du Père commun. Levert avait affronté tous les périls, une grande pensée de charité soutenait l'énergie du vieillard; quand le fléau eut cessé ses ravages, le Missionnaire, dont une pareille surexcitation a dévoré les dernières forces, expire dans les bras de Belzunce en bénissant ce peuple qu'il avait consolé [1].

Le dévouement des Jésuites de Marseille fit impression sur le Régent. L'abbé Fleury, qui avait été nommé confesseur du jeune roi, désirait se retirer. Agé de quatre-vingt-douze ans, il se regardait comme incapable de diriger les premières passions de Louis XV touchant à sa majorité; on songea à lui chercher un successeur. Le cardinal de Noailles excluait les Pères de la Compagnie; le cardinal Dubois, son antagoniste, en présenta un. « Il n'avait, selon le témoignage de Duclos [2], aucune obligation de son chapeau aux Jésuites; » mais Noailles leur

---

[1] Dans le catalogue de la Province de Lyon (1720, 1721), on lit les noms suivants des Jésuites morts victimes de leur dévouement pendant la peste de Provence; à Marseille : les Pères Jos. de Mouthe, Claude du Fay, Barth. Hyver, Jacq. Joffre, Jean Vial, Chrys. Perrin, F.-X. Favier, J.-B. Gudin, Cl. Merlin, Aug. Megronnet, Jacq. Bernaudet, J.-B. Thioly, J. Guillaumont, Th. Gallet, Cl. Prost, et le Père Claude-François Milley; — à Aix : les Pères Benoît Laroche, Pierre-H. Bourgeois, Nic. Barrel, Jos. Choulin, Léop. Prost, Jos. Beauchamp, Benoît Bailloux, J.-B. Girbon, Jos. Merindal, Jos. Chomet; — à Toulon : les Pères Jos. d'Autrechaux, Nic. Fleurot, Mich.-M. Jacobini, Dom. Devarez; — à Arles : les Pères Jos. Barberin, Gaspard Perrier, Jean Jobard, Vincent d'Harelan, Simon Masclary et Jacq. Joannou, Provincial de Toulouse; — à Avignon : Ant. de La Mothe. — Le dévouement des Jésuites au service de leurs semblables attaqués d'un mal contagieux n'était ni nouveau ni rare. Depuis le P. Pasquier-Brouet, un des premiers compagnons de saint Ignace, mort à Paris, victime de sa charité, en 1562, jusqu'à la peste de Marseille, toutes les contrées de la terre ont vu les disciples de l'Institut affronter et recevoir le coup de la mort au milieu des malades et des mourants, frappés du fléau destructeur. Dans le catalogue du P. Alegambe, continué par Nadasi, sous le titre de *Héros et Victimes de la Charité*, de l'année 1556 à l'année 1657, nous trouvons onze cent quatre-vingt-dix-sept Pères ou Frères coadjuteurs victimes de leur charité. — Pour les années suivantes, les documents nous manquent; mais, depuis l'année 1679 à l'année 1726, on voit, en l'espace de 47 années, trois cent treize Jésuites morts au service des malades, dans les temps de peste, ou dans les bagnes et les hôpitaux. Jusqu'à ces dernières années, ce saint zèle ne s'est point ralenti.

[2] *Mémoires* de Duclos, t. 1, p. 473.

était hostile, ce fut un motif pour Dubois de les mettre en
avant; le Père Taschereau de Lignières, directeur de la duchesse
d'Orléans, mère de Philippe, fut nommé en 1722. Les Pères
avaient attendu patiemment des jours plus sereins; ces jours
leur revenaient par la nécessité même des choses. Le Régent,
fatigué de scandales, éprouvait le besoin de rendre aux Catholiques la paix compromise par tant de fatales concessions

Bertrand-Claude de Lignières avait plus de sagesse dans le
caractère que de brillant dans l'esprit. Simple et doux, sans
ambition et sans initiative, c'était un homme inoffensif, et dont
l'avénement n'offusquait aucun parti. Les Jansénistes ne virent
en lui que le précurseur de son Ordre. Noailles l'avait excepté
de l'interdit général fulminé contre les Jésuites; mais, afin
d'entraver son ministère auprès du roi, le cardinal s'obstine à
lui refuser l'approbation de l'Ordinaire. Le roi peut le faire autoriser par le Pape; les Jésuites et le Régent crurent qu'il valait
mieux ne pas user de ce privilége. La cour fut transférée à Versailles; et Louis XV se vit forcé d'aller se confesser à Saint-Cyr,
qui dépendait du diocèse de Chartres. En 1723, le duc de
Bourbon, premier ministre, ne voulut plus exposer la majesté
royale à ces échappatoires; il déclara que, si le cardinal de
Noailles n'accordait pas de pouvoirs au Père de Lignières, le
Jésuite se servirait de ceux que, par un bref du 19 mai 1722,
le Souverain-Pontife lui avait adressés. Les Jansénistes perdaient chaque jour du terrain; le cardinal estima que son opposition serait sans effet, il se décida donc à subir la loi. Les
Jésuites rentrèrent à la cour; mais les orages soulevés contre
les directeurs de la conscience royale avaient causé de trop
vives alarmes à la Société pour qu'elle n'essayât pas d'en détruire la cause. Elle renonça à la feuille des bénéfices, et elle
stipula que le confesseur, renfermé dans ses attributions, resterait étranger aux affaires. A dater de ce jour, les Pères de
Lignières, Pérusseau et Desmaretz n'exercèrent aucune influence, même dans les questions ecclésiastiques.

Sans être Janséniste, le cardinal de Noailles avait porté la
perturbation au sein de l'Eglise par son éternelle résistance. A
peine investi de l'autorité, le cardinal de Fleury songe à répa-

rer tant de maux; il fait condamner et déposer Soanen, Evêque
de Sénez, vieillard dont les vertus privées étaient presque aussi
grandes que son opiniâtreté. Ce coup de force intimide l'archevêque de Paris; il se résigne à l'obéissance, et adresse au
Saint-Siége sa rétractation pure et simple. Le 30 avril 1730, la
bulle *Unigenitus* fut enregistrée au Parlement, ainsi que
toutes celles rendues par les Papes dans l'affaire du Jansénisme.
Noailles, quoique animé d'un repentir sincère, ne consentit
jamais à lever l'interdit fulminé par lui contre les Jésuites. Il
laissa ce soin à Charles de Vintimille, qui lui succéda sur le
siége de Paris en 1729. Le Jansénisme alors s'abîma sous le
ridicule, il devint convulsionnaire au tombeau du diacre Pâris,
tandis que les Jésuites, marchant toujours dans la même route,
et poursuivant leur apostolat par l'éducation, se trouvaient sur
le champ de bataille de Fontenoy comme aumôniers de l'armée
française.

La politique de Louis XIV donnait la couronne d'Espagne
au duc d'Anjou, son petit-fils. Les Jésuites de la Péninsule, à
l'exception de quelques-uns, se rangèrent sous le drapeau du
monarque qui, pour régner sur un pays dévoué à l'Eglise,
n'avait pas, comme son compétiteur, recours aux Anglicans et
aux sectaires germaniques. L'Espagne s'était prononcée en faveur du prince français, les Jésuites lui restèrent fidèles dans
la bonne et dans la mauvaise fortune; ils coururent toutes les
chances de cette longue guerre de succession. Les Anglais de
lord Peterborough travaillaient beaucoup moins à asseoir sur
le trône l'archiduc Charles d'Autriche qu'à propager l'hérésie
chez un peuple essentiellement catholique. A Barcelone ainsi
que dans d'autres villes, ils avaient établi des prêches où l'erreur s'enseignait à l'abri des baïonnettes; les Jésuites combat-
tent avec la parole ce prosélytisme qui s'étend partout. La
France et l'Espagne font la guerre à coups de canon, eux la
soutiennent à force d'éloquence. A Girone, pendant les hor-
reurs du siége de cette ville, ils prodiguent leurs soins aux habitants. « Plusieurs moines, dit le marquis de Saint-Philippe [1].

---

[1] *Mémoires pour servir à l'histoire d'Espagne sous Philippe V*, par Vincent
Bacallar, marquis de Saint-Philippe, t. III, p. 78.

abandonnèrent la cité ; mais les Jésuites assistèrent toujours avec une merveilleuse charité les pauvres et les malades, qui étaient en grand nombre dans de si cruels périls. »

Ce n'est point sur de pareils faits que les annalistes ont basé leurs récits du règne de Philippe V ; ils avaient à suivre un Père de la Société de Jésus dans les intrigues d'une cour, à épier ses démarches, à grossir ses fautes, et, comme Michel Letellier, Guillaume Daubenton est sorti tout mutilé de cette lutte avec l'histoire. Daubenton était choisi par Louis XIV pour accompagner le jeune roi en Espagne. Confesseur de ce prince, dès ses plus tendres années, le Jésuite lisait en son âme ; mais, dans cette époque féconde en cabales, il se trouvait une femme qui, par les grâces de son esprit ambitieux, ne tarda pas à prendre sur la reine Louise de Savoie un ascendant dont Louis XIV crut avoir sujet de redouter les conséquences. La princesse des Ursins, sous le titre de camerera-major, entretenait chez la reine des préventions contre la France ; elle dominait le caractère faible et indécis de Philippe V, elle l'entraînait dans des projets qui auraient compromis l'avenir des deux Etats. Le Père Daubenton s'y opposa, il les fit échouer ; il parvint même à faire renvoyer en France la princesse des Ursins, qui, trop sûre de son crédit sur Louise de Savoie, ne sut pas déjouer les plans du Jésuite. Daubenton l'avait expulsée de Madrid ; elle y rentre peu d'années après, et, à son tour, elle l'oblige à quitter l'Espagne. Le Père Robinet lui succéda. « Jamais, raconte Duclos [1], confesseur ne convint mieux à sa place et n'y fut moins attaché que le Père Robinet. Plein de vertus et de lumières, pénétré des plus saintes maximes, zélé Français, également passionné pour l'honneur de l'Espagne, sa seconde patrie, ce fut lui qui conseilla au roi de réformer la nonciature lorsque le Pape reconnut l'archiduc pour roi d'Espagne. »

En agissant de la sorte, les Jésuites que Philippe V consulta, Robinet, Ramirez et le Dominicain Blanco, ne songèrent point à être hostiles à la Chaire apostolique. Les Souverains avaient obtenu d'ériger ce tribunal du Nonce pour favoriser les Espagnols dans leurs relations avec la cour de Rome. Quelques abus

_____
[1] *Mémoires secrets* de Duclos, t. 1, p. 112.

s'étaient introduits dans cette administration. Le Pape se déclarait l'ennemi de Philippe V ; les Jésuites , sans trahir l'obéissance spirituelle due au Siége pontifical , ne consentirent cependant pas à se taire sur une démarche tendant à renverser
du trône le roi que l'Espagne acceptait. Le Père Robinet était
l'ennemi juré des abus : il s'efforçait de les réprimer avec une
vivacité plus opiniâtre que réfléchie. Mais bientôt il se vit as-
sailli par des difficultés plus grandes que celles qu'offrait le
gouvernement ecclésiastique. La reine Louise était morte en
1712, et la princesse des Ursins, sa favorite , nourrissait l'espérance de jouer à l'Escurial le rôle de la marquise de Maintenon à Versailles. A force d'art, elle serait, sans aucun doute,
parvenue à son but, lorsque le Père Robinet se jeta à la traverse de ses intrigues. Il savait qu'en attaquant de front Philippe V, qu'en le surprenant en face de toute la cour, il le dé-
terminerait à se prononcer contre une pareille alliance : il résolut
de tout risquer. « Le roi, aimant, ainsi s'exprime Duclos [1], à
s'entretenir des nouvelles de France avec son confesseur, lui
demanda un jour ce qui se passait à Paris. — Sire, répondit
Robinet, on y dit que Votre Majesté va épouser madame des
Ursins.—Oh ! pour cela, non, dit le roi sèchement, et il passa. »

Le Jésuite connaissait son pénitent, rien ne l'aurait fait revenir sur une parole donnée publiquement ; Robinet l'engageait
au-delà même de ses prévisions. La princesse des Ursins , se
voyant obligée de renoncer à l'idée d'être reine, voulut au moins
marier Philippe V avec une femme dont elle disposerait à son
gré. Albéroni lui persuada de choisir Elisabeth Farnèse. En
1714 un insultant exil fut la récompense de ses calculs. Madame des Ursins avait été vaincue par l'ingénieuse rudesse d'un
Jésuite, elle fut trompée par l'astuce d'Albéroni, elle succomba
sous l'impérieuse candeur d'une jeune fille. Cette atmosphère de
petites trahisons, d'imperceptibles complots, n'allait pas au caractère décidé du Père Robinet. « Une action juste et raisonnable, raconte Duclos [2], causa sa disgrâce. L'archevêché de Tolède, valant neuf cent mille livres de rentes, était vacant. Le

[1] *Mémoires secrets*, t. 1, p. 101.
[2] *Mémoires secrets*, t. 1, p. 172.

cardinal del Judice le fit demander au roi par la reine. Le
prince, avant de se déterminer, voulut consulter son confesseur.
Celui-ci fut d'un avis tout différent, et représenta que, le cardinal ayant déjà toute la fortune nécessaire à sa dignité, il fallait répartir les grâces dont la masse est toujours inférieure à celle des
demandes et souvent des besoins. Il proposa pour Tolède Valéro
Léra, Espagnol, préférable à un étranger, et dont le choix serait
applaudi par toute la nation. Ce Valéro, étant curé de campagne, avait rendu les plus grands services à Philippe V dans
les temps que la couronne était encore flottante sur sa tête.
Le roi lui avait donné l'évêché de Badajoz. Il fut Évêque
comme il avait été curé, ne voyant dans cette dignité que
des devoirs de plus à remplir, et ne paraissant jamais à la
cour. Robinet fit sentir au roi que les Espagnols, à la valeur,
à l'amour, à la constance desquels il devait sa couronne, se
croiraient tous récompensés dans la personne d'un compa-
triote tel que Valéro, et que c'était enfin répandre sur les
pauvres les revenus de l'archevêché de Tolède par les mains
d'un prélat qui n'en savait pas faire un autre usage. Le roi
le nomma (mars 1715).

« La reine et son ministre furent outrés de la victoire de
Robinet. Les suites les effrayèrent. Ils se liguèrent contre une
vertu si dangereuse; et, à force de séductions et d'intrigues,
ils parvinrent à faire éloigner de la cour un homme qui ne demandait qu'à s'en éloigner.

» Robinet, emportant avec lui pour tout bien l'estime et les
regrets de l'Espagne, se retira dans la maison des Jésuites de
Strasbourg, où il vécut et mourut tranquille après avoir plus
édifié sa Société qu'il ne l'avait servie [1]. »

Au moment de se séparer d'un Jésuite qui ne l'avait jamais
flatté, Philippe V lui demanda un dernier conseil · il le pria
d'indiquer le Père de l'Institut entre les mains duquel il dépo-
serait le fardeau de sa conscience. Robinet « insinua, selon le
récit du marquis de Saint-Philippe [2], que le Père Daubenton

[2] L'abbé Grégoire raconte le même fait dans son *Histoire des Confesseurs*,
p. 224, et il est consigné dans les *Mémoires* de Maurepas, t. 1, p. 228.
[1] *Mémoires* de Saint-Philippe, t. 111, p 454.

serait plus agréable que lui aux Espagnols, dont il avait déjà mérité l'estime : » sur-le-champ le roi lui écrivit afin de hâter son
retour.

Daubenton était Assistant de France à Rome, où le Pape
Clément XI l'honorait d'une affection particulière. L'enfant qu'il
avait élevé, le roi qu'il avait suivi au milieu des périls, l'appelait, après dix ans de séparation, pour lui rendre sa confiance.
Le Jésuite n'hésita pas. A peine arrivé à Madrid, il lui fut
aisé de s'apercevoir que sa présence allait devenir un sujet
d'inquiétudes pour le ministre dirigeant. La tête d'Albéroni fer-
mentait, et ce Richelieu italien aspirait à dominer l'Europe ou à
la bouleverser pour se créer une grande place dans l'histoire. Il
négociait simultanément avec le Czar Pierre de Russie, avec la
Porte ottomane et avec Charles XII ; il les armait contre l'empereur d'Allemagne et contre l'Angleterre ; il rêvait de rétablir
les Stuarts sur le trône, d'enlever le pouvoir au duc d'Orléans
et de rendre l'Espagne l'arbitre des destinées du monde, comme
sous Charles-Quint et Philippe II. En entendant dérouler tant de
vastes projets, qui pour l'imagination d'Albéroni ne semblaient
être qu'un jeu, Daubenton ne perdit rien de son calme habituel ;
mais il comprit qu'il importait de prémunir le roi contre l'heureuse audace d'un homme qui pouvait mettre l'Europe en feu.
Il le fit avec dextérité, et, « dans sa disgrâce, raconte Saint-
Philippe [1], le Cardinal Albéroni était persuadé que le Père Daubenton animait la persécution qu'on lui faisait : mais c'était une
idée ; car la modération et la droiture de ce Jésuite le rendaient
incapable de chercher à se venger, quoique du reste il inspirât
toujours au roi ce qui était juste. »

Le cardinal Albéroni avait affaire à forte partie. Ses chimères d'omnipotence lui donnaient pour ennemis le duc d'Orléans et Dubois, le roi d'Angleterre et le Père Daubenton : il
succomba. Le Jésuite était plus que jamais l'arbitre de la conscience de Philippe V. On n'avait pu l'outrager dans sa vie, on le
calomnia dans sa mort. Il se trouva un Franciscain, déjà condamné comme hérétique, et dont Voltaire seul ose se faire
l'écho, qui arrangea les faits au gré de ses haines. Ce Francis-

---

[1] *Ibidem*, t. IV, p. 144.

cain, nommé Bellando, raconte donc, dans un ouvrage qui fut
supprimé en Espagne ², que le Jésuite fit confidence à Philippe
d'Orléans de l'idée d'abdication dont le roi était tourmenté, afin
que le duc profitât de la révélation dans l'intérêt de sa politique.
Le roi découvrit la perfidie de son confesseur : il la lui reprocha
avec amertume. Ces reproches accablants foudroyèrent le Père
Daubenton, qui tomba frappé d'apoplexie sous les yeux de
Philippe V.

D'après cette version, qu'aucun historien adversaire des Jésuites n'a daigné accepter, que Saint-Simon, Noailles et Duclos,
contemporains des événements, ont rejetée comme indigne
même de leur partialité, et que l'abbé Grégoire a méprisée, le
Père Daubenton aurait vendu au Régent les mystères du confessionnal, ou tout au moins livré à des étrangers le secret d'Etat
qu'un prince lui confiait. Sacerdotalement et politiquement
parlant, ce forfait serait inqualifiable. Daubenton et le marquis
de Grimaldo, successeur d'Albéroni dans les fonctions de principal ministre, gouvernaient bien le roi et l'Espagne; le Jésuite
était entré dans les négociations du mariage de l'infant don Louis
avec mademoiselle de Montpensier, fille du Régent, il avait
contribué à fiancer Louis XV avec l'infante; mais de là à une
trahison il y a tout un abîme d'impossibilités. C'est cet abîme
que les annalistes contemporains ne se sont pas senti la force de
franchir même pour calomnier un Jésuite.

L'idée d'abdication germait depuis longtemps dans le cœur
de Philippe V. Ardent et mélancolique, toujours regrettant la
France et le diadème dont il s'était désisté, ce prince aspirait
à ensevelir dans la retraite une vie traversée par les orages. Il
ne cachait ni son dégoût pour les grandeurs, ni ses rêves de
solitude. Le Régent avait loyalement respecté la couronne dont
un enfant le séparait; le crime d'usurpation n'entra jamais
dans sa pensée. En pressant Philippe V de consommer son
sacrifice volontaire, il espérait placer sa fille sur un trône; c'é-
tait de l'ambition paternelle n'emportant aucune idée coupable.
Il fit des ouvertures en ce sens au Père Daubenton: elles furent
repoussées; car le Jésuite était celui qui, avec la reine, s'op-

1 *Histoire civile d'Espagne*, t. III, p. 305 et 306.

posait le plus vivement au projet de Philippe V. Tant que
Daubenton vécut, le roi se laissa contraindre par lui à garder
le sceptre. La mort ne vint pas le frapper sous le coup des reproches imaginaires dont le Monarque l'accablait; et voici de
quelle manière un témoin oculaire, un serviteur dévoué du
roi d'Espagne, rend compte de cet événement : « Le 7 août
1723, dit le marquis de Saint-Philippe [1], le Père Daubenton
était mort au Noviciat des Jésuites avec beaucoup d'édification.
Il s'y était fait transporter de Balsain aussitôt qu'il se sentit
mal, afin d'avoir la consolation de mourir dans la maison de
saint Ignace. Sa mort fut accompagnée de preuves si sensibles
de piété et de religion, qu'elles firent impression sur plusieurs
personnes. » Le roi n'avait cessé de placer sa confiance en ce
Jésuite, et il l'avait prié de désigner lui-même son successeur.
Daubenton indiqua le Père Bermudez ; mais les témoignages de
l'affection royale suivirent jusque dans le tombeau le prêtre
dont, au dire d'un moine apostat, le prince et tous les cœurs
probes devaient flétrir la mémoire. Pour glorifier le guide de son
enfance et de sa maturité, Philippe V ordonna que la cour, les
ministres et les officiers de la couronne assisteraient aux funérailles du Père Daubenton ; il décerna à ce Jésuite, mort sous
la malédiction royale, les honneurs réservés aux grands du
royaume.

Daubenton était un homme de résolution; il avait su combattre les langueurs du Monarque, et guérir par son énergie
les faiblesses maladives de Philippe, les scrupules vains ou peu
fondés qui parfois s'emparaient de son esprit. Il ne lui avait
jamais permis d'abdiquer, ainsi que le duc d'Orléans l'en sollicitait. Bermudez n'eut pas la force de s'opposer à ce dessein.
Il se renferma dans ses attributions de directeur, il laissa le
prince livré aux délicatesses naturelles de sa conscience et à ses
incertitudes. Le 15 mars 1725, le roi renonça au trône en
faveur de Louis, son fils aîné, qui, cinq mois après, mourut
sans enfants; et, le 6 septembre de la même année, Philippe V, le deuil dans l'âme, se condamna à reprendre les rênes
de l'État.

---

[1] *Mémoires* de Saint-Philippe, t. IV, p. 127.

A peu près vers la même époque, les Jésuites de Portugal se trouvèrent dans une étrange perplexité. Un grand nombre de bénéfices que la Chambre apostolique accordait sur la présentation des rois de Portugal venaient d'être réunis à des établissements religieux. Afin de ne pas priver le Saint-Siége du droit d'annates, dont il jouissait lorsque ces bénéfices passaient d'un titulaire à un autre, la cour romaine décréta qu'ils seraient regardés comme vacants dans chaque période de quinze années, et que les communautés acquitteraient ainsi l'impôt ecclésiastique, auquel on donna le nom de *quindenia*. Les Jésuites portugais possédaient à ce titre plusieurs abbayes ; mais, outre celles déjà assujetties aux quindenia, leurs colléges, leurs maisons, leurs églises avaient acquis d'autres biens non soumis au droit d'annates, et conférés par l'Ordinaire, sur la seule présentation de la Couronne. En 1703, les délégués de la Trésorerie pontificale, s'appuyant sur d'anciens décrets, veulent étendre jusqu'à ces derniers bénéfices le prélèvement des quindenia. Le Nonce apostolique, Michel-Ange Conti, qui sera bientôt Pape sous le nom d'Innocent XIII, s'adresse d'abord aux Jésuites, afin de ne pas rencontrer d'opposition dans les autres Instituts ; il menace le Provincial Dominique Nuñez de le dépouiller de sa charge, s'il ne paie pas le quindenia en litige. Le roi don Pédro II croit que la dignité de son trône est intéressée dans ce conflit : il déclare à Nuñez qu'il bannira de ses Etats l'Ordre de Jésus, s'il obtempère à la demande.

A tort ou à raison, Conti suppose que le monarque et les Jésuites sont d'accord pour effrayer l'Eglise ; il invoque l'autorité du Général de la Compagnie. Clément XI presse Thyrse Gonzalès de donner une solution à la difficulté, ce dernier la tranche en faveur de la Trésorerie ; mais le roi s'opiniâtre, et Nuñez ballotté entre les deux puissances, en appelle de l'une à l'autre. La mort de don Pédro (1707) permettait à son successeur Jean V de concilier les parties. Le duc de Cadaval et Conti arbitrèrent les sommes dues et la quotité des quindenia futurs. Deux ans après, le Pape refuse d'approuver la transaction de son ambassadeur ; il annonce qu'il va dépouiller les maisons de la Société de Jésus de leurs bénéfices. Le Père Em-

manuel Diaz, alors Provincial, croit mettre un terme à toutes
ces discussions ; sans consulter le prince, il fait verser la
somme exigée dans le trésor de Saint-Pierre. Cette mesure pacifique soulève la tempête : Jean V exile Diaz et défend aux
Jésuites ses sujets d'exécuter les ordres que le Général leur
adressera. Les esprits s'échauffaient. En 1712, le Père Ribeiro,
qui a pris parti contre les officiers du Saint-Siége, est dénoncé par eux à Clément XI. Le Pape veut qu'il soit à l'instant
même expulsé de la Compagnie ; ses ordres sont suivis. Les
noviciats se voient suspendus ou fermés, depuis que ces différends, qui sont beaucoup plus une affaire de juridiction que
d'argent, ont été élevés. Les Jésuites, placés entre deux feux,
sacrifient au Saint-Siége leur tranquillité intérieure et la confiance du roi ; on les exile parce que, avant tout, ils ne veulent
amener aucune collision dans l'Eglise ou dans l'Empire ; mais
un semblable état de choses ne pouvait durer. Les canonistes,
les jurisconsultes portugais déclaraient de toute nullité l'interdiction des noviciats ; les Pères l'acceptent comme valide, ils
s'y soumettent. C'était la mort pour les Missions d'au-delà des
mers ; le Pontife et le roi ne crurent pas devoir se résigner à
ce suicide, et, en 1716, Jean V permit aux Jésuites de payer
à la cour romaine les quindenia qu'ils n'avaient jamais refusés.

Ces faits se passaient au moment où les Jansénistes accusaient la Compagnie de régner au Vatican et d'imposer ses volontés au Pape. Les Jésuites dominaient les Pontifes et le sacré-collége ; ils dictaient aux rois les mesures qu'il fallait
prendre ; et, dans ce cas, comme dans beaucoup d'autres plus
importants, nous les voyons toujours sacrifier leurs intérêts
ou leurs opinions au maintien de la paix. Ils se sentaient assez
forts pour obéir ; le respect de l'autorité les a soutenus en présence de tant d'ennemis qui tramaient leur perte. Ce respect,
dont ils ne se sont écartés qu'une fois dans l'espace de deux
cent trente années, et la grandeur qu'il fit rejaillir sur leur
Ordre deviennent l'argument le plus décisif que l'histoire puisse
apporter en faveur du principe d'obéissance.

TABLE DES CHAPITRES.

FIN DE LA TABLE DU QUATRIÈME VOLUME.

Lettre de la mère Angélique Arnauld
à ses sœurs.

Du P R + du St Sacremt.
Ce 1 9 fev 1652

Mes tres chere Sœurs

nous auons receu Celle quil vous a pleu nous
escrire & veu le desir q̃ vous aues de venir auec
nous auquel Ie vous prie asseurer que sil ne ce
rencontroit point dautre dificulte q̃ de nre part
vous series bien tost en possession de ce q̃ vous
nous demandes auec tant dardeur nre Seigneur
nous ayant donné un grand desir de vous assister
de tout nre pouuoir tout depuis q̃ nous auons
apris le pitoyable estat ou vous esties reduite, mais
mes tres chere Sœurs vous & nous sõ̃es depandantes
de nos superieurs de sorte quil faut q̃ n ayons
leur permission & q̃   nous suiuions le conseil
de nos amis p[our] fayre toute chose En la maniere
la meilleure p[our] la gloyre de Dieu & nre bien le
bon Monsieur de Berniere vous verra pour auiser
a toute chose ____ lexperience q̃ vous aues de
Sa charité ____ vous doit fayre esperer quil fera tout
ce quil pourra p[our] nre bien cependant Mes tres
chere Sœurs continues a prier beaucoup Dieu
nõe nous ferons auec son ayde de nre Cœur afin

17

qu'il Conduise au St esprit Celuy de ceus de qui
nous depandons & voures pr luy are En tout sa ste
volonte Je suis

Mes tres chere soeurs

Votre tres huble & tres obeissante soeur & servante
En N.S. Sr Marie Angelique Re indigne

Lettre de Turenne,
Au Général de la Compagnie de Jésus. (Le P. Oliva)

a Paris ce 13.e Decemb: 1668.

Mon tres reuerend pere

vous pouués bien cuiger auec quels
sentiments d'estime et de respect
J'ai veeu La lre qui a pleu a
V.P.R de m'escrire et faudroit
que i'eusse eu plus de cognoissance
pour n'auoir pas sceu le tout senfies
La reuanation que le clergé auquel
vous estés tre grande fiide et science
vous ont acquis dans l'eglise
et comme lieu m'a fait La grace
di enpres se puens d cire heure
prant auec plaisir au surque
que vos grands dons contribuent

20

a luy donner se son huise a ou
ardeur qu'il plaise a dieu que se
ni donne pas de mauuais exemples
restouuant pas q' afflou su d'autres
auantages, vous auez sceü la
grace que le roi a fait a mon neueu
par la nomination au cardinalat s'en
ai escrit a SS de sa bonté du quel
sai desia receü beaucoup de temoignages
et i'ose bien m'attendre aus offices
de VIZ dans l'esperance que ceux
qui aiment veritablement l'eglise
ne seront point trompés dans l'opinion
qu'ils ont de sa pieté, come ie serai
que mon ordre en fait vne sin cere
profession se son huise beaucoup
son aprubation pour lui, et pour moi

de ne me pas rendre tout a fais indigne
des marques qu'il vous plaise me donner
de votre estime Lesquelles me serviront
a me rendre de chemin que je dois
tenir, il ne peut messe mauqué
par une personne que j'honore plus
que vous et de qui je fois avec
plein de respect

Monsieur votre très humble
Serviteur
SUZANNE

Lettre du Père Letellier,
à Dom Gabriel Gerberon, au sortir du donjon de Vincennes.

A Paris le 24 avril 1710

Mon R.d père

Monsr le Tresorier de vincennes peut vous avoir dit la raison
pourquoy ie n'ay pas fait plutost réponse à la lettre qu'il vous
à plû de m'ecrire du 19 de ce mois. Je l'ai remis a versailles
avec la copie de vostre declaration, qui devoit etre inserée
dans le procés verbal dressé par ordre de Mgr le Cardinale
son Eminence avoit deja annoncé au Roy ce que vous aviez
promis de faire, et sa majesté eut une extreme ioye de
sçavoir que tout ce qui dependoit de vous etoit deja fait par
vostre signature du formulaire et de la declaration que vous
y avez aioustée. Sa majesté voulut que ie luy en fisse la
lecture d'un bout à l'autre, et elle en fut tres edifiée. ——
Permettez moy de vous dire, mon Reverend pere, qu'il n'y à
personne qui doive etre si content que vous de ce que vous
venez de faire, et qui ait tant de suiet de benir Dieu,
dont la bonté a sçu vous conduire par des routtes connües
de luy seul, a un terme ou selon touttes les apparences vous
ne seriez jamais arrivé sans ce qui s'est passé a nostre
egard. vous sçavez mieux que personne quelle est la force
d'un engagement mal pris en fait de doctrine, et combien
peu de gens ont asséz de courage ou de bonne foy pour
s'en retirer. plus les exemples en sont rares, plus vous
meritez de louanges, d'avoir sacrifié tous les respects humains
a vostre devoir; mais aussi plus vous en devez d'actions de
graces à celuy qui vous a ainsi distingué entre tant d'autres.

Vous ne sauriez vous en acquitter mieux qu'en le priant, et
en prouvant selon votre pouvoir, que cette grace vous devienne
commune avec plusieurs. Vous y êtes d'autant plus obligé
que votre exemple et vos écrits ont contribué a ietter et à
retenir bien des gens dans des preventions que vous condam-
nez et que vous deplorez maintenant. Il y à sujet d'esperer
que ceux qui n'y sont entrés que de bonne foy que votre
authorité n'aura pas moins de force pour ramener d'où le
bon chemin, qu'elle en avoit à deuant pour les en eloigner,
c'est ce qui arriveroit plus certainement, s'ils etoient instruits
non seulement de la demarche que vous avez faite et qui
va etre publique, mais encore des motifs qui vous ont
engagé à la faire; Les raisons qu'ils ont accoutumé de
mepriser dans la bouche de ceux qu'ils regardent comme
peu eclairés ou comme passionnés, ne sauroient manquer
d'avoir beaucoup de force dans la bouche d'un homme tel
que vous, qu'ils ne peuvent pas accuser ny de precaution
ny d'ignorance. Comme l'on aura droit de leur dire,
qui secutus es errantem, sequere poenitentem, aussi devez
vous compter que le Seigneur vous dit en quelque sorte ce
qu'il disoit à St pierre, Et tu aliquando conversus confirma
fratres tuos. Mais il n'est pas besoin de vous representer
ce que vous comprenez assés de vous même, je ne vous
parle icy que pour vous marquer l'estime que j'ay de vost.
personne et un desir sincere de vostre veritable honneur
qui se trouve joint à l'interest de l'église. Je vous prie d'en
etre persuadé et de me croire tous jours

Mon Reverend pere

Votre très humble et très obéissant
serviteur en n. S.

Le Tellier j.

Lettre de Fénelon, Archevêque de Cambrai,
au Père Daubenton, de la Compagnie de Jésus,
Assistant de France à Rome.

a L. 17 Juillet 1702

Je vous prie, mon Reverend Père, d'avoir la bonté de faire demander compte

pour moi au pape de ce qui regarde ma lettre, que M. le Card. de N. a donné

depuis peu au public.

Il est vrai que quand il publia L'an 169me son ordonnance instruction pastorale

contre le Livre intitulé [Exposition de la doctrine de la grace &c] cette ordonnance

me parut utile. D'un costé la première partie étoit conçue en termes assez

forts contre le Jansenisme en gnal. D'un autre costé la seconde partie

ne sembloit 'etablir que la grace efficace, avec la certitude de l'accom-

plissement de la prédestination. praeparatio mediorum, quibus certissime

liberantur quicunque liberantur. c'est ce que toutes les écoles catholiques

enseignent unanimement.

Je ne doutois nullement du zèle de M. le C. de N. contre le Jansenisme, et je

n'avois garde d'aller chercher dans son texte un faux mauvais sens,

pendant que j'y en trouvois un bon, dont j'étois édifié.

mais j'avouë que les suittes m'affligèrent bien après. Je vis les pères

Quesnel, du qué, et Juénin expliquer ce même texte dans le sens le plus

Janseniste, et en triompher. Ils se sont vantez dans tous leurs écrits

d'avoir l'auteur de cette ordonnance, pour le défenseur de leur doctrine.

Ils en ont cité et expliqué les paroles à leur mode. Ils ont soutenu qu'on

18

ne leur montroit jamais aucune difference réelle entre leur doctrine et celle de ce Cardinal. Ils en ont fait une espece de rempart contre tous ceux qui veulent refuter le systême de Jansénius. C'étoit l'occasion, où ce Card. si sensible ^{sur tout ce qui a rapport à lui} auroit dû justifier son ordonnance, confondre les écrivains du parti, desavoüer leur interpretation de son texte, et montrer précisément en quoi sa doctrine est différente de la leur. c'est ce qu'il n'a jamais voulu faire depuis près de 16 ans. ^{pendant qu'il éclatte contre} Il n'a pas voulu parler sur les Evêques qui soutiennent le jugement du S. Siege ^{sur le livre du} contre le P. Quesnel, et il ne peut se répandre ni à revoquer l'approbation contagieuse qu'il a donnée au livre du chef du parti, ni à desavoüer l'explication Janseniste que ^{ce chef du parti} ose donner à l'ordonnance de ce Card. voila ce qui m'afflige. voila ce que je ne puis excuser, quelque desir que j'eusse de le faire.

Je ne juge point des sentiments de ce Card. par les expressions générales de son ordonnance) ^{car un acte} qui par sa généralité ^{même} est susceptible de divers sens. mais je suis fort peiné de voir ^{dans que le public} juge de son ordonnance par les sentimens que le parti lui impute, et qu'il n'ose desavoüer. son silence dans un si pressant besoin de parler pour justifier sa foi, et pour arrester la contagion, ^{parmi} un consentement tacite. veut il que le public lui soit plus favorable qu'il ne l'est lui même. veut il qu'on desavoüe pour lui son sens de son texte, qu'il refuse de desavoüer, pendant que le parti le lui impute avec tant d'assurance!

pour moi je ne veux point me mesler de l'affaire de ce Card. avec les
Eueques. Elle est en bonne main. Le Vicaire de J.C. qui est si éclairé, et si
Zélé pour la saine doctrine, decidera, et nous ne deuons être en peine de
rien. Ce Card. a beau me citer auec art, et me montrer dans des choses,
ou je n'entre point. Je demeureray dans un profond Silence. ~~le bien faire~~
Ie veux bien l'épargner dans une occasion ou il ne me ménage point.
Il croit auoir besoin de donner des ombrages a mon égard, pour tâcher
de faire une diuersion. mais j'espere qu'on ne prendra le change ni a
Rome, ni a Versailles. Loin de vouloir attaquer ni directement ni indirectemt
ce Card. je veux plus que jamais ~~l'épargner~~ lui rendre le bien pour le mal
dans l'embarras ou il se trouve.
Je prie Dieu de tout mon coeur qu'il fasse des pas decisifs pour se déclarer
contre le vrai Iansenisme. Ie voudrois qu'il rompit tellement auec ce parti,
que le parti n'osât plus le citer coe son protecteur, et se vanter d'être
uni de doctrine auec lui. Ie serois content si je voyais les coriphées du
parti esperdé comble de louanges, et se plaindre de sa preuention
contre eux. alors je serois consolé auec tous les bons catholiques.
voila, mon R. pere, ce que je vs prie de dire a sa sainteté. Elle jugera sans
doute mieux que personne, combien il est capital pour la conseruation de
la pure foi, et de l'unité catholique, qu'on aille promptement jusqu'a la racine
du mal, pendant que nous auons un saint et docte Pontife auec un Roi
trés sage et trés Zélé pour l'eglise, qui puissent agir de concert
c'est auec une sincere veneration que je suis M R p. v. t. h. et t. o. S. *F. A. D. del*

www.ingramcontent.com/pod-product-compliance
Lightning Source LLC
Chambersburg PA
CBHW070752030726
47504CB00003B/532